Anselm L. Strauss
Qualitative Sozialforschung

Übergänge Band 10

Übergänge

Texte und Studien zu
Handlung, Sprache und Lebenswelt

herausgegeben von

Richard Grathoff
Bernhard Waldenfels

Band 10

Anselm L. Strauss

Grundlagen qualitativer Sozialforschung

Datenanalyse und Theoriebildung in der empirischen soziologischen Forschung

Aus dem Amerikanischen
von Astrid Hildenbrand

Mit einem Vorwort
von Bruno Hildenbrand

Wilhelm Fink Verlag

CIP-Titelaufnahme der Deutschen Bibliothek

Strauss, Anselm L.:
Qualitative Sozialforschung: Datenanalyse und Theoriebildung in der empirischen und soziologischen Forschung / Anselm L. Strauss. Aus dem Amerikan. von Astrid Hildenbrand. – München : Fink, 1991
(Übergänge ; Bd. 10)
Einheitssacht.: Qualitative analysis for social scientists < dt. >
ISBN 3-7705-2656-2
NE: GT

ISBN 3-7705-2656-2

Herstellung: Ferdinand Schöningh GmbH, Paderborn
Umschlagentwurf: Heinz Dieter Mayer

Inhaltsverzeichnis

Anhang

Vorwort

Einem Methodenbuch von Anselm Strauss ein Vorwort vorauszuschicken wäre im Grunde vermessen, wenn es nicht einige erhebliche Mißverständnisse gäbe, die aus bisherigen Übersetzungen resultieren. Wir kennen von diesem Autor die übersetzten Werke „Spiegel und Masken – die Suche nach der Identität" (Frankfurt am Main 1968) sowie (zusammen mit Barney Glaser) „Interaktion mit Sterbenden" (Göttingen 1974), die in ihrem jeweiligen thematischen Kontext ihren Weg gefunden haben. Aber kein Begriff von Anselm Strauss ist im deutschen Sprachraum mißverstandener als *grounded theory,* und dies hat den Diskurs über dieses sozialwissenschaftliche Verfahren erheblich verstellt. Versuchen wir hier also, die Dinge etwas zurechtzurücken.

Der Verweis auf die *grounded theory* gehört inzwischen zum Standard „qualitativer" oder „interpretativer" sozialwissenschaftlicher Untersuchungen. Doch was heißt *grounded?* „The Discovery of Grounded Theory", jener inzwischen zum Klassiker soziologischer Methodenliteratur gewordene Vorläufer des vorliegenden Buches, wurde mit „Entdeckung gegenstandsbezogener Theorie" übersetzt. Doch Gegenstandsbezogenheit gehört von vornherein zu jeder sozialwissenschaftlichen Theorie, die sich mit der Wirklichkeit des Alltags beschäftigt. Mit diesem Begriff kann also nicht das gemeint sein, was den Kern und das Spezifische der *grounded theory* ausmacht, von der hier die Rede ist.

Die Spezifika der *grounded theory,* ihre zentralen Merkmale, die sie als eine eigenständige Methodenlehre gegenüber anderen Verfahrensweisen ausweist, sind die folgenden: Der Fall als eigenständige Untersuchungseinheit; soziologische Interpretation als Kunstlehre; Kontinuität von alltagsweltlichem und wissenschaftlichem Denken; Offenheit sozialwissenschaftlicher Begriffsbildung. Mir ist keine sozialwissenschaftliche Methodenlehre bekannt, die diese vier Punkte in dieser Kombination als Grundlage soziologischer Forschung nicht nur proklamiert, sondern auch in eine praktikable lehr- und lernbare Forschungsstrategie umsetzt. Diese vier zentralen Merkmale der *grounded theory* werden im folgenden zunächst charakterisiert; danach werde ich auf den wissenschaftsgeschichtlichen Kontext, in dem diese Methodenlehre entstanden ist, auf die Gegenstandsbereiche, in denen sie entwickelt worden ist, und schließlich auf die Person, mit deren Namen die *grounded theory* untrennbar verbunden ist, zu sprechen kommen.

Der Fall als eigenständige Untersuchungseinheit. Unter einem „Fall" wird hier eine autonome Handlungseinheit verstanden, die eine Geschichte hat. Das kann ein Krankenhaus sein, eine Familie, eine Person, aber darunter fallen auch Sozialzusammenhänge, die Anselm Strauss „soziale Welten" nennt. Dies sind Diskursgemeinschaften wie z.B. die soziale Welt der AIDS-Kranken oder des Kanu-Sports, die zum „Fall" sozialwissenschaftlicher Forschung werden können. Das aus der Untersuchung eines Falles gewonnene Datenmaterial dient in der *grounded theory* nicht etwa zur Illustration theoretischer Überlegungen. Ein Fall wird immer zuerst in seiner Eigenlogik rekonstruiert, und dies bedeutet, den Fall *als* Fall zur Sprache zu bringen. Während aber einerseits der Fall in der *grounded theory* nicht in einer Theorie untergeht, sondern die theoretischen Überlegungen immer auf den Fall bezogen bleiben und immer wieder zu ihm zurückkehren, gilt auch das Umgekehrte: Der Fall wird nicht *l'art pour l'art,* sondern in theoriebildender Absicht rekonstruiert. Es geht der *grounded theory* nicht um eine Abbildung von Wirklichkeit, wie es beispielsweise in bestimmten Spielarten einer „Geschichte von unten" der Fall ist, in der das Reproduzieren oder Nacherzählen eigener Erlebnisse alltäglich Handelnder schon für Forschung gehalten wird. Es geht hier auch nicht um einen naiven Realismus, wie es der *grounded theory* gelegentlich vorgeworfen wurde. Vielleicht hat der Untertitel eines früheren Lehrbuches („Field Research" von L. Schatzman und Anselm Strauss), in dem von einer „natural sociology" die Rede war, zu dieser unzutreffenden Einschätzung unnötigerweise beigetragen. In der *grounded theory* wird Wirklichkeit theoriebildend gestaltet, und dieser Prozeß schließt im Kern das Rekonstruieren von Fällen sowie das Kontrastieren dieser Fälle ein. „Etwas erscheint *als* etwas *für* jemanden" heißt dieser Theoriegenerierungsprozeß bei den Phänomenologen. Forschung ist demnach ein Interaktionsprozeß zwischen Forschern und ihrem Gegenstand („etwas erscheint *als* etwas"), und dieser Prozeß ist geleitet von einem Erkenntnisinteresse auf seiten des Forschers (*„für* jemanden"). Damit wird deutlich, daß dieses „etwas" kein amorphes Stück Wirklichkeit sein kann, sondern eine strukturierte Handlungseinheit mit identifizierbaren Grenzen sein muß: eben ein Fall.

Sozialwissenschaftliche Interpretation als Kunstlehre. Als weitere zentrale Eigenschaft der *grounded theory* kann ein spezifisches Verständnis vom Theoriegenerierungsprozeß gelten, wodurch das Handeln des Wissenschaftlers in die Nähe künstlerischen Handelns rückt. Anselm Strauss bezieht sich hier auf C.W. Mills, der in seinem berühmten Buch von „Sociological Imagination“ (1959) gesprochen hat, und auf den amerikanischen Pragmatisten John Dewey, der künstlerisches Handeln als einen Erfahrungsprozeß beschrieben hat. Anselm Strauss selbst zieht gern Beispiele aus dem musikalischen Schaffen heran, wenn er Schritte im Datenanalyseprozeß deutlich machen möchte. Aber wir können auch einen Künstler selbst zu Wort kommen lassen, um zu verstehen, was Anselm Strauss hier meint. Cézanne zum Beispiel schreibt: „Die Natur – ich wollte sie kopieren. Es gelang mir nicht. Aber ich war mit mir zufrieden, als ich entdeckte, daß sich zum Beispiel die Sonne nicht einfach wiedergeben ließ, daß man sie vielmehr durch etwas anderes zum Ausdruck bringen mußte ... durch Farbe.“ Und an anderer Stelle heißt es bei ihm: „Wie schwer ist es doch, unbefangen an die Wiedergabe der Natur zu gehen ... Man sollte sehen können wie ein Neugeborener.“ Hier kommen zwei zentrale Momente des künstlerischen wie des wissenschaftlichen Prozesses zum Ausdruck, die widersprüchlich zu sein scheinen, zusammengenommen aber den Prozeß des Schaffens eines künstlerischen Werks wie auch des Herstellens einer sozialwissenschaftlichen Theorie ausmachen: zum einen *der unvoreingenommene Blick* (extrem beim Neugeborenen), zum anderen *das Gestalten von Wirklichkeit* in der wissenschaftlichen oder künstlerischen Auseinandersetzung mit dieser Wirklichkeit. Während diese widersprüchliche Einheit Kennzeichen eines jeden professionellen Handelns ist und auch wissenschaftliches Handeln jedweder Provenienz charakterisiert, hat im Bereich der sozialwissenschaftlichen Forschung die *grounded theory* eine Kunstlehre entwickelt, die auch das nötige Handwerkszeug bereithält.

Kontinuität von alltagsweltlichem und wissenschaftlichem Denken. Es mag auf den ersten Blick verwundern, aber das Theoretisieren im Stil der *grounded theory* hat nicht nur eine Nähe zum künstlerischen Handeln, sondern auch zum alltäglichen Handeln. Die beiden Zitate von Cézanne haben dies allerdings schon ahnen lassen. Daß alltagsweltliches und wissenschaftliches Verständnis vom menschlichen Handeln strukturell nicht voneinander unterschieden sind, hat u.a. Alfred Schütz überzeugend dargelegt; letzteres unterscheidet sich von ersterem durch einen höheren Grad an Explizitheit schon deshalb, weil es über das Privileg der Handlungsentlastung verfügt. Das Alltagswissen ist eine unverzichtbare Ressource für den wissenschaftlichen Prozeß, und die *grounded theory* hat es verstanden, diese Ressource fruchtbar zu machen. Das alltägliche Erfahrungswissen wie auch berufliches Wissen z.B. von Sozialarbeitern und Krankenschwestern wird im *theoretical sampling,* einem grundlegenden Verfahren innerhalb der *grounded theory,* systematisch genutzt. Dadurch werden soziologisch bedeutsame wie auch für den Arbeitszusammenhang dieser Berufsgruppen wichtige theoretische Überlegungen zutage gefördert, und es bietet gleichzeitig einen hervorragenden Ansatzpunkt zur Zusammenarbeit von Soziologen mit Praktikern in klinischen Handlungsfeldern. Umgekehrt ist die lebendige Entwicklung der *grounded theory* nicht verwunderlich, wenn man bedenkt, daß sie gerade im Bereich medizinischen Handelns entstanden ist. In diesem Feld, in dem grundlegende menschliche Probleme, oft genug unter Handlungsdruck, zu lösen sind und in dem es auf den unvoreingenommenen Blick auf jeden einzelnen Patienten (=Fall) und auf das rasche und zugleich sichere Handeln entscheidend ankommt, fand diese Kunstlehre jenen Nährboden, den sie brauchte, um zu dem zu werden, was sie heute ist. Dem steht nicht entgegen, daß Strauss in seinen Arbeiten oft vehement gegen die Medizin dort zu Felde zieht, wo sie seinen Untersuchungsergebnissen zufolge den Patienten schadet. Im Gegenteil: Er kritisiert die zur apparativen Technik verkommene Medizin, die genau das vermissen läßt, was nicht allein die professionelle Medizin auszeichnet, sondern gerade auch zu einer adäquaten sozialwissenschaftliche Methodenlehre gehört: den unvoreingenommenen Blick auf den singulären Fall vor dem Hintergrund theoretischer Informiertheit.

Offenheit in der sozialwissenschaftlichen Begriffsbildung. Forschung im Stil der *grounded theory* bringt keine unumstößlichen Theorien hervor. So, wie Wirklichkeit im wesentlichen prozeßhaft ist, d.h. eine dauernde Auseinandersetzung zwischen Determination und Emergenz, vergleichbar dem Goetheschen „Stirb und werde“, so ist auch das wissenschaftliche Wissen dem Wandel unterworfen: es reagiert auf die Prozeßhaftigkeit von Sozialität. Die im Forschungsstil der *grounded theory* entwickelten Begriffe, Konzepte und Kategorien müssen ihre Tauglichkeit zum wissenschaftlichen Erschließen alltäglicher Wirklichkeit in jeder Untersuchung neu erweisen. Hier denkt man an Max Webers „ewige Jugendlichkeit“ kulturwissenschaftlicher Typenbildung.

Mit einigen weiterführenden Fragen zum Autor und seinem Werk soll das Theoriekonzept der *grounded theory* weiter geklärt werden. In welchem intellektuellen Umfeld ist dieser Forschungsstil entstanden? Was ist zur Person von Anselm Strauss zu sagen, mit der die *grounded theory* untrennbar verbunden ist? Zur Beantwortung der ersten Frage können wir uns einer autobiographischen Skizze bedienen, die im Sozialwissenschaftlichen Archiv Konstanz vorhanden ist.

Anselm Strauss wird 1916 in der Bronx geboren. Nach einem Medizinstudium, das er im 5. Semester abbricht, wechselt er zur Soziologie und hat zunächst einen von Robert E. Park („The Marginal Man") beeinflußten Lehrer. Hier lernt er die Klassiker des amerikanischen Pragmatismus kennen, und eine der ersten großen empirischen Studien, mit der er sich auseinandersetzt, ist „The Polish Peasant in Europe and America", jenes berühmte Werk von Thomas und Znaniecki, in dem anhand autobiographischen Materials (hauptsächlich Briefe) ein breites Gemälde der Situation der polnischen Landbevölkerung entfaltet wird.

Als Student in Chicago lernt Anselm Strauss Herbert Blumer kennen, den letzten direkten Mitarbeiter von George Herbert Mead und den Schöpfer des Begriffs „Symbolischer Interaktionismus". Durch ihn wird er an das Werk von Mead herangeführt, bei ihm verfaßt er seine Magisterarbeit über die Soziologie der Einstellungen. Später ist Anselm Strauss bei Ernest W. Burgess, wie Park ein Vertreter der damaligen ökologischen Orientierung in der Soziologie, Mitarbeiter in einem Forschungsprojekt über Ehebeziehungen. Es folgen kürzere Arbeitsaufenthalte an einem College und an der Indiana-Universität, wo er 1949 mit seinem Freund und Kollegen Alfred Lindesmith das Lehrbuch „Social Psychology" verfaßt, das 1988 in der sechsten Auflage erscheint (in dieser Auflage trat zu den bisherigen Verfassern Norman K. Denzin hinzu).

Wieder (ab 1952) in Chicago, kommt es zu ersten medizinsoziologischen Studien. In einem von Everett C. Hughes geleiteten Forschungsprojekt über Professionalisierung in medizinischen Handlungsfeldern arbeitet Anselm Strauss mit Howard Becker und Blanche Geer, um nur die bekanntesten Namen zu nennen. „Boys in White", das Fazit dieses Projekts, erscheint 1961. 1956 hält sich Anselm Strauss für einige Monate in der Bundesrepublik Deutschland auf, u.a. in Frankfurt, wo er seinen stadtsoziologischen Interessen nachgeht und Untersuchungen zum Wiederaufbau der zerstörten Städte im Nachkriegsdeutschland durchführt. Als Ergebnis seiner stadtsoziologischen Forschungen erscheint Ende der 50er Jahre „Images of the American City". 1958 wechselt er an das Institut für psychosomatische und psychotherapeutische Forschung am Michael Reese Hospital in Chicago, wo er sein erstes eigenes, auf Feldforschung basierendes Projekt in Angriff nimmt, dessen Ergebnisse unter dem Titel „Psychiatric Ideologies and Institutions" (1964) veröffentlicht werden. Seit 1960 forscht und lehrt Anselm Strauss an der University of California in San Francisco. Hier entstehen zunächst in Zusammenarbeit mit Barney Glaser jene beiden Bücher, die Anselm Strauss zu seinen wichtigsten zählt: „Awareness of Dying" (dt.: Interaktion mit Sterbenden, Göttingen 1974) und „Time for Dying". Sie befassen sich mit der Bewältigung von Sterbeprozessen im Krankenhaus. Eine Fallstudie aus diesen Forschungen wird unter dem Titel „Anguish" gesondert veröffentlicht. Dies zeigt die Bedeutung, die der einzelne Fall im Denken dieser Forscher hat. „Chronic Illness and Quality of Life" (1975, Neuauflage 1984), „The Politics of Pain Management" (1977), „The Social Organization of Medical Work" (1985) sowie (zusammen mit J. Corbin) „Unending Work and Care" fassen die Ergebnisse der wichtigsten Forschungsarbeiten von A. Strauss in den letzten Jahren zusammen.

Anselm Strauss hat eine Auswahl von Texten von George Herbert Mead veröffentlicht (Sozialpsychologie, dt. 1969 bei Luchterhand, Neuwied und Berlin), er hat das erwähnte Buch „Spiegel und Masken" sowie „Negotiations" (1978) geschrieben, und allein diese Publikationen weisen deutliche Bezüge zum Symbolischen Interaktionismus auf, in dessen Tradition Anselm Strauss steht. Er lehnt es jedoch ab, sich als Symbolischen Interaktionisten zu etikettieren, wenn damit die Zugehörigkeit zu einer *Schule* gemeint ist.

Was sind diese Grundannahmen? Sie besagen, daß Menschen gegenüber Objekten, die als soziale Objekte verstanden werden, auf der Basis von Bedeutungen handeln, die diese Objekte für sie haben; daß diese Bedeutungen in sozialen Interaktionen entstehen; daß sie in einem Interpretationsprozeß entwickelt und modifiziert werden. Soziale Sinnstrukturen sind damit Produkte menschlichen Handelns und kontinuierlichem Wandel unterworfen. Daß diese Produkte sich objektivieren und zum – wiederum einem Interpretationsprozeß zugänglichen und damit nie vollständig determinierendem – Bedingungsrahmen menschlichen Handelns werden, wird von Kritikern des Symbolischen Interaktionismus gern übersehen, die diesen für eine liberalistische Ideologie halten.

Interessant ist, wo A. Strauss die Wurzeln und Bezüge dieser Grundannahmen sieht: im amerikanischen Pragmatismus von James, Peirce, Dewey und Mead; und über Dewey und Mead im deutschen Idealismus von Hegel und Kant.[1] Eine stattliche Ahnengalerie, fürwahr, und angesichts dieser Namen wird deutlich, weshalb die *grounded theory* nicht für die eine -logie oder den anderen -ismus soziologischer Provenienz zu vereinnahmen ist. Oder positiv formuliert: Überall dort, wo die Annahme zugrunde liegt, daß menschliche Wirk-

[1] Eine Synopsis dieser unterschiedlichen Richtungen bis hin zu Marx haben Berger und Luckmann mit ihrer Theorie der Wissenssoziologie vorgelegt, vgl. P. Berger und T. Luckmann, Die gesellschaftliche Konstruktion der Wirklichkeit, Frankfurt am Main: Fischer 1970. Dieses Buch sei zur begleitenden Lektüre empfohlen.

lichkeit interpretierte Wirklichkeit ist und daß diese Wirklichkeit in Interaktionsprozessen konstruiert wird, liefert die *grounded theory* das passende methodische Rüstzeug, das dort seinen Ansatzpunkt findet, „wo was los ist", um mit Goffman zu sprechen: im Alltagsleben selbst.

Abschließend sei es gestattet, aus der eigenen Studienerfahrung mit A. Strauss als Lehrer zu berichten. Nicht zufällig war es ein phänomenologisch orientierter Soziologe (Richard Grathoff), der 1975 A. Strauss zu einem ersten Forschungssemester, dem weitere Aufenthalte folgen sollten, an das damals im Aufbau befindliche Sozialwissenschaftliche Archiv an der Universität Konstanz holte. Denn als Alfred Schütz knapp 40 Jahre früher in die USA emigrieren mußte, war es das Werk von G.H. Mead, mit dem dieser sich zunächst auseinandersetzte, um sich einen Zugang zur amerikanischen Sozialwissenschaft zu erschließen. Wir standen damals in Konstanz am Beginn eines Forschungsprojekts über Biographien psychisch Kranker.[2] A. Strauss kam, sah und hörte zu: Er stellte Fragen, hörte sich die Antworten an und stellte wieder Fragen. Er ließ geduldig unsere weitschweifigen philosophischen Exkurse über sich ergehen und brachte mit *einer* Frage die Diskussion wieder dorthin, wo sie – da es um sozialwissenschaftliche Forschung ging – hingehörte: zum Fall, zu den Beobachtungsprotokollen, zu den Interviewtranskripten. Dabei achtete er uns wie Kollegen, so unerfahren wir auch waren, er führte mit uns jene Art von Dialog, die den Schüler in seiner Autonomie anerkennt – den mäeutischen. Auf diese Weise lehrte er uns, Sinnstrukturen zu entdekken, und diesen Geist des Lehrens, der im Symbolischen Interaktionismus gute Tradition hat, atmet auch dieses Buch.

Bruno Hildenbrand

[2] Vgl. J.R. Bergmann, Interaktion und Exploration: Eine konversations-analytische Studie zur sozialen Organisation der Eröffnungsphase von psychiatrischen Aufnahmegesprächen, Dissertation, Universität Konstanz 1980, sowie Bruno Hildenbrand, Alltag und Krankheit – Ethnographie einer Familie. Stuttgart: Klett-Cotta 1983.

Einleitung

Dieses Buch ist ein Handbuch, das durch einen ganz bestimmten Stil von qualitativer Datenanalyse *(Grounded Theory)* zu einem tieferen Verständnis von sozialen Phänomenen beitragen soll. Der hier vorgestellte Analysemodus ist nur einer von vielen Möglichkeiten, nach denen in der qualitativen Forschung gearbeitet wird, und er ist vor allem darauf ausgelegt, eine *Theorie zu generieren und zu überprüfen.* Obwohl seine Urheber und die danach arbeitenden Wissenschaftler aus der Soziologie kommen, haben auch andere Sozialwissenschaftler sowie Forscher in pädagogischen Bereichen, im Gesundheitswesen, in der Sozialarbeit und Krankenpflege den Wert der Grounded Theory erkannt – und zwar deshalb, weil diese allgemeine Art des Analysierens nicht von den Perspektiven einer Disziplin abhängig ist.

Das Ziel dieses Buches ist es, jeden zu unterweisen, der daran Interesse hat, die Fähigkeit, Daten qualitativ zu analysieren, zu erwerben oder zu erweitern. Traditionell lernt der Forscher das Analysieren nach der „trial and error"-Methode oder durch die Zusammenarbeit mit erfahrenen Wissenschaftlern in Forschungsprojekten. In der Literatur zur qualitativen Methodologie und qualitativen Forschung, zu ethnographischen Methoden, zur Arbeit im Forschungsfeld und zu Techniken des Interviewens wird ausführlich über die Datenerhebung und über Forschungserfahrungen diskutiert und nur spärlich über das Analysieren, also darüber, wie man das Datenmaterial interpretiert (Miles/Huberman 1984, S. 125–126). Wie oft hört man den verzweifelten Hilferuf eines Wissenschaftlers: „Was mache ich jetzt nur mit diesen ganzen Daten, die ich erhoben habe?" Von Wissenschaftlern mit größerer Forschungserfahrung ist zu hören: „Ich hätte viel mehr aus diesen Daten herausholen sollen – oder zumindest schneller arbeiten können."

Also habe ich in diesem Handbuch versucht, die Fragen zu behandeln, *wie* man Datenmaterial theoriegeleitet interpretiert und dabei rationell und effektiv vorgeht. (Ich setze hier voraus, daß der Leser mit Methoden der qualitativen Datenerhebung aus eigener Anschauung oder zumindest aus der Literatur vertraut ist.) Aus diesem Grund werden elementare analytische Verfahren ausführlich diskutiert und Faustregeln benannt, wie man mit diesen Verfahren arbeitet. Die Illustrationsmaterialien stammen aus meinen eigenen Forschungen oder aus den Arbeiten von Kollegen und Studenten; dabei werden immer wieder Daten aus drei Forschungsprojekten herangezogen, um den Sinn für die Kontinuität der Analyseverfahren zu schärfen. Zu diesen Materialien habe ich spezifische Kommentare geschrieben, um deutlich zu machen, was in der Analyse vor sich geht. Berücksichtigt wurden auch typische Probleme, die man beim Erlernen des Analysemodus nach der Grounded Theory (und wahrscheinlich auch jeder anderen Art von qualitativer Analyse) hat; dann wird die Frage besprochen, wie man Forschungsergebnisse und Interpretationen für die Veröffentlichung aufbereitet. Ein weiteres Kapitel – wie im Grunde das gesamte Buch – befaßt sich mit der Vermittlung des Analysierens.

Wie man dann die qualitative Analyse *konkret* durchführt, wird an realen Situationen veranschaulicht, wo Forscher in ihren Funktionen als Lehrer, Schüler und Forschungskollegen gemeinsam an einer Sache arbeiten. Die Gegebenheiten des Analyseverfahrens – ob jemand allein forscht oder das Glück hat, mit Kollegen zu arbeiten – sind besonders schwer zu vermitteln, es sei denn, man schaut Forschern *bei ihrer Arbeit* zu. Diskussionen darüber, wie man analysiert, und sogar Beschreibungen, wie die Analyse gemacht werden sollte, sind zwecklos, solange man nicht am konkreten Beispiel – in natura oder in schriftlichen Wiedergaben, wie es hier versucht wird – aus der Forschungspraxis gesehen hat, wie Forscher arbeiten.

Noch ein Wort zu den Illustrationsmaterialien: Bei deren Zusammenstellung mußte nach bestimmten Auswahlkriterien verfahren werden. Ursprünglich wollte ich Materialien verwenden, die Phänomene aus einer verhältnismäßig breiten Palette von Gegenstandsbereichen zum Thema haben. Schließlich entschied ich mich für Materialien aus meiner eigenen Forschungs- und Lehrtätigkeit, weil diese trotz ihres zwangsläufig eingeschränkten Spektrums besser vermitteln, wie Analysieren gelehrt und gelernt wird, und eher geeignet sind, analytische Operationen für den Leser verstehbar zu machen. Aus meiner umfangreichen Forschungserfahrung habe ich gelernt, daß bestimmte analytische Verfahren – vor allem das Kodieren, die vergleichende Analyse, das Theoretical Sampling und die Integration von Ergebnissen in eine kohärente theoretische Darstellung – besonders schwer zu vermitteln und keineswegs mühelos durchzuführen sind. In den Anschauungsmaterialien spiegeln sich meine persönlichen Forschungsinteressen (vor allem die Soziologie der Gesundheit und der Krankheit sowie die Arbeits- und Berufssoziologie) wider; doch der Analysemodus nach der Grounded Theory wurde auch bei anderen Gegenstandsbereichen erfolgreich eingesetzt, u.a. in soziologischen Studien über die Arbeit von Wissenschaftlern (Gerson 1983; Star 1983, 1985, 1986; Star/Gerson 1987; Volberg 1983; Clarke 1984), über den Drogenmißbrauch (Biernacki 1986; Rosenbaum 1981), die Häuserarchitektur (Glaser 1976), über Aushandlungen (Strauss 1978), über die soziale Sicherung alter Menschen (Bowers 1983), den Alkoholismus (Wiener 1981), über Rückgang und Verschiebungen der Arbeitsteilung in Organisationen (Hazan 1985), über die Wiederverheiratung von Geschiedenen mittleren Alters (Cauhape 1983), Biographien (Schütze 1981; Riemann 1987), die Adoption (Hoffman-Riem 1984), über die Sozialisation Erwachsener (Broadhead 1983), über Organisationen (Gerson/Star 1986) usw. Kurz gesagt, ist die Analyse nach der Grounded Theory ein genereller Forschungsstil, der in seiner Reichweite bezüglich analysierbarer Daten überhaupt nicht eingeschränkt ist.

Der Leser kann sich dieses recht umfangreiche Buch folgendermaßen erschließen. Erstens liest man das ganze Buch sehr schnell durch und überfliegt die Illustrationsmaterialien nur. Zweitens liest man es noch einmal sorgfältig durch. Drittens studiert man ausgewählte Kapitel, vor allem diejenigen, in denen Arbeitstechniken wie das Kodieren, Memos schreiben, die Integration besprochen werden, sowie die detaillierten analytischen Kommentare. Betrachten Sie das Buch wie einen gedeckten Tisch: Lassen Sie Ihren Blick über die dargebotenen Speisen wandern, nehmen Sie dann die Grundnahrung, und greifen Sie daraufhin immer wieder zu den Speisen, die Ihnen fehlen – oder *noch* fehlen. Vielleicht stellen Sie fest, daß sich Ihre Ansprüche, die Sie in einer bestimmten Forschungsphase (oder in einem bestimmten Entwicklungsstadium Ihrer Forschungsarbeit) an dieses Buch haben, verändern, sobald Sie in eine neue Phase bzw. in ein neues Stadium Ihrer Arbeit eintreten. Möglicherweise hat das Buch von Zeit zu Zeit auch die Funktion eines Nachschlagewerks.

Den hier vorgestellten Analysemodus kann jeder kompetente Sozialwissenschaftler perfekt erlernen, wenn er nach diesem Modus (entweder ohne quantitative Methoden oder aber in Kombination damit) sein Datenmaterial interpretieren möchte. Um nach dieser Analyseart effektiv arbeiten zu können, bedarf es keines außergewöhnlichen Genies. Allerdings, wenn Studenten zum ersten Mal eine Analyse nach der Grounded Theory erleben, lauschen sie oft voller Ehrfurcht den Ausführungen des Dozenten/Forschers und murmeln etwas von Begabung für diese Arbeit, zweifeln aber an den eigenen Fähigkeiten für diese Art des Analysierens. Sie könnten das niemals! (Auf dieses psychologische Problem gehe ich später noch ein.) Naturgemäß kommen die Studenten über diese Phase hinweg, so unglücklich sie in dieser Zeit auch gewesen sind, sobald sie sich eine gewisse Kompetenz erarbeitet und Vertrauen in diese Kompetenz gewonnen haben. Daß sie fähig sind, nach diesem Analysemodus zu arbeiten, glauben sie natürlich erst, wenn sie ihr erstes Meisterstück – in der Regel eine Dissertation – vollendet haben.

Verweilen wir aber nicht länger bei den Studenten: Der Punkt ist der, daß diese Art von qualitativer Analyse erlernbar ist. Wie das Erlernen jeder Fertigkeit, so ist auch dieser Lernprozeß mit harter Arbeit, Ausdauer und manchen nicht immer angenehmen Erfahrungen verbunden. Letztere sind übrigens notwendig, damit man als Forscher die individuellen Adaptationen einer Methodologie (oder Technologie) erkennen kann, die aus dem situativen Kontext, der persönlichen Biographie, aus Klugheit, einem Gespür für theoretische Fragestellung und soziale Zusammenhänge, aus einem Körnchen Glück – und Mut erwachsen.

Damit komme ich zu dem zweiten – wenn auch weniger wichtigen – Ziel, das mit diesem Buch verbunden ist. Wie gesagt, ist die Literatur über das qualitative Analysieren nicht besonders umfangreich, und selbst die ethnographischen Monographien sagen im allgemeinen wenig darüber aus, welche Analyseprozesse die Autoren durchführen. Ich meine aber, daß diese lange Phase der schnellen Forschungsergebnisse und der theorielastigen wissenschaftlichen Sozialisation, in der man relativ selten über Analysetechniken, Forschungsstile und Erfahrungen öffentlich diskutiert hat, allmählich bereichert wird durch Bücher wie das hier oder wie das 1984 erschienene *Source Book of New Methods* von Miles/Huberman. Also war der zweite Grund, weshalb ich dieses Buch geschrieben habe, der, die systematische, detaillierte und ausführliche Darstellung von *analytischen* Arbeitsweisen – Modi, Techniken *und* Erfahrungen – weiterzuentwickeln.

Noch eine letzte Anmerkung: Mein Kollege Barney Glaser, der die qualitative Analyse im Stil der Grounded Theory mitentwickelt hat, lehrt und benutzt diesen Analysemodus im Prinzip genau so, wie ich das auch tue. Es gibt schon ein paar – doch nur geringfügige – Unterschiede in den spezifischen Lehrstrategien und vielleicht auch in der konkreten Durchführung der Forschung. Ich bin ihm sehr zu Dank verpflichtet für seinen entscheidenden Beitrag, den er zur Entwicklung dieses Analysestils geleistet hat, für den kontinuierlichen Austausch über Vermittlung und Durchführung der Analyse und für seine Erlaubnis, im 1. Kapitel ausgiebig aus seinem Buch *Theoretical Sensitivity* (1978) zitieren zu dürfen. In der Tat ist die zweite Hälfte dieses Kapitels, von einigen Erläuterungen abgesehen, im wesentlichen sein Werk. Die Teile aus seinem Buch und die Textstellen aus unserem gemeinsamen Band *Discovery of Grounded Theory* (1967) wurden als Zitate markiert und gelegentlich unserem Zweck entsprechend leicht bearbeitet oder umformuliert. Ich empfehle beide Bücher als ergänzende Lektüre: *Discovery* wegen allgemeiner Informationen, die diesem Ansatz qualitativen Analysierens zugrundeliegen, und *Theoretical Sensitivity* wegen der detaillierten Darstellung einiger Verfahren und der weiterführenden Diskussion über die Hintergründe ihres Gebrauchs (siehe auch Charmaz 1983).

Danken möchte ich noch vielen anderen Kollegen, die direkt und indirekt zum Entstehen dieses Buches, das im Prinzip ein kollektives Erzeugnis ist, beigetragen haben. Leigh Star (Tremont Research Institute, San Francisco), Juliet Corbin (University of California, San Francisco) und Joseph Schneider (Drake University) haben den ersten Entwurf in allen Einzelheiten kritisiert, und viele ihrer Vorschläge habe ich in die überarbeitete Fassung aufgenommen. Wertvolle Anregungen kamen auch von Peter Conrad (Brandeis University), Adele Clarke und Nan Chico (Tremont Research Institute and University of California, San Francisco) und Paul Atkinson (University of Cardiff, Wales). Über all die Jahre habe ich viel von den Studenten in Forschungsseminaren und in Beratungssitzungen gelernt: Sie werden meine Verpflichtung ihnen gegenüber erkennen, wenn sie dieses Buch lesen, auch wenn sie selbst bzw. ihre Materialien nicht namentlich erwähnt sind. Das gilt auch für meine Freunde und Kollegen Elihu Gerson (Leiterin des Tremont Research Institute), Leonard Schatzman (University of California, San Francisco) und Fritz Schütze (Universität Kassel), mit denen ich jahrelang zahllose Diskussionen über methodologische Themen geführt habe; und natürlich möchte ich meine Projektmitarbeiter erwähnen: Shizuko Fagerhaugh, Barbara Suczek, Carolyn Wiener und noch einmal Juliet Corbin. Durch die enge Zusammenarbeit mit ihnen konnte ich meinen Stil, in dem ich die Analyse vermittle, sowie die eigene Analysearbeit verfeinern und weiterentwickeln. Zu den europäischen Wissenschaftlern, die mein Denken über die Analyse und deren Vermittlung durch Lehre und Beratung gefördert haben, zählen vor allem: Richard Grathoff (Universität Bielefeld), Bruno Hildenbrand (Universität Marburg und Frankfurt), Hans-Georg Soeffner und seine Mitarbeiter (Fern-Universität Hagen); gleichermaßen vier ehemalige Gastwissenschaftler an der University of California: Herman Coenen (Universität Tilburg, Niederlande), Gerhard Rieman (Gesamthochschule Kassel), Christa Hoffman-Riem (Universität Hamburg) und Wolfram Fischer (Universität Gießen). Die Bedeutung der in diesem Buch genannten Faustregeln geht auf Leigh Star zurück, die darauf bestand, daß diese Leitlinien klar ausformuliert werden. Stellenweise habe ich sehr ausgiebig aus Transkriptionen und Materialien zitiert, in denen Kollegen und Studenten erwähnt werden oder die von diesen geschrieben wurden. Ihnen bin ich zu besonderem Dank verpflichtet, weil ihre Beiträge den Kern des Anschauungsmaterials bilden: Ritch Adison, Barbara Bowers, Nan Chico, Juliet Corbin, Adele Clarke, Shizuko Fagerhaugh, Elihu Gerson, Anna Hazan, Gail Hornstein, Katarin Jurich, F. Raymond Marks, Misty MacCready, Evelyn Peterson, Aaron Smith, Leigh Star, Barbara Suczek, Steve Wallace und Carolyn Wiener. Die meisten von ihnen waren Studenten in meinen Forschungsseminaren, aber auch ihren Studienkollegen gebührt mein Dank; denn sie waren es schließlich, die mir indirekt, manchmal aber auch ganz direkt beigebracht haben, wie man qualitatives Arbeiten effizienter vermitteln kann. Die letzten in dieser Liste – aber nicht in ihrer Bedeutung für dieses Buch – sind zwei Mitarbeiterinnen, die für die Reinschrift des Manuskripts sorgten und mir außerordentlich hilfreiche editorische Hinweise gaben: meine Sekretärin Sally Maeth und meine Frau Frances Strauss.

1 Einführung

Teil 1

Voraussetzungen

Unserem Ansatz von Datenanalyse und Theoriebildung liegt eine Reihe von Voraussetzungen zugrunde, die zunächst aufgeführt und anschließend kurz diskutiert werden.

1. Aus völlig unterschiedlichen Materialien (Interviews, Transkriptionen von Gruppengesprächen, Gerichtsverhandlungen, Feldbeobachtungen, anderen Dokumenten wie Tagebüchern und Briefen, Fragebögen, Statistiken usw.) werden in der Sozialforschung unentbehrliche Daten.
2. Im Vergleich zur quantitativen Datenanalyse und der Art, wie qualitativ arbeitende Forscher gegenwärtig Daten erheben, sind die Methoden, nach denen Datenmaterialien qualitativ *analysiert* werden, noch in den Anfängen. Diese Methoden müssen weiterentwickelt werden und in den Sozialwissenschaften auf breiter Basis und explizit Verbreitung finden.
3. Es besteht – auf verschiedenen Ebenen der Generalisierung – ein Bedarf an effektiver Theoriebildung, die auf der qualitativen Analyse von Daten beruht.
4. Wenn eine Theorie nicht in Daten gründet, wird sie spekulativ und folglich ineffektiv.
5. Soziale Phänomene sind komplex: Also braucht man, um sie zu erfassen, eine komplexe Grounded Theory. Damit ist eine konzeptuell dichte Theorie gemeint, die sehr viele Aspekte der untersuchten Phänomene erklärt.
6. Für die Methode der qualitativen Datenanalyse können zwar keine festen und dauerhaften Regeln aufgestellt werden – wenn man die Vielfalt von sozialen Feldern, Forschungsprojekten, individuellen Forschungsstilen und Unwägbarkeiten, die die Forschungsarbeit beeinflussen, berücksichtigt –, aber es ist möglich, allgemeine Leitlinien und Faustregeln für eine effektive Datenanalyse bereitzustellen.
7. Wissenschaftler in unterschiedlichen Bereichen (Soziologie, Anthropologie, Politikwissenschaft, Psychologie, Gesundheitswesen, Krankenpflege, Erziehungswissenschaft) können – unabhängig von „Tradition" oder „theoretischem Ansatz" – von derartigen Leitlinien profitieren, und zwar genau so lange, wie sie glauben, daß ihre Forschungsarbeit durch die qualitative Analyse von Datenmaterial gefördert wird. Im übrigen können solche Analysemethoden von Nutzen sein, ob man als Forscher nun der Idee der reinen Sozialwissenschaft oder eher humanistischen Versionen der Sozialforschung („Verstehen", „Aufklären") verbunden ist.
8. Schließlich bedeutet Forschung grundsätzlich Arbeit, d.h. physische und kognitive Tätigkeiten, die von den Wissenschaftlern geleistet wird. Qualitative Datenanalyse kann effizienter entwickelt, angewandt und vermittelt werden, wenn man die Analysearbeit speziell unter dem Aspekt der Organisation und Durchführung dieser Arbeit betrachtet.

Innerhalb der Sozialwissenschaften unterscheidet man gewöhnlich zwischen der quantitativen und der qualitativen Forschungsrichtung. Der Ursprung dieser Unterscheidung liegt zum Teil in der Geschichte einiger Wissenschaftszweige, besonders bei der Soziologie und der Sozialanthropologie: In der Soziologie hat es seit dem 2. Weltkrieg mancherlei Tendenzen gegeben, Fragebögen und andere Umfrageverfahren zur Datenerhebung und ihrer statistischen Auswertung zu begünstigen; in der Anthropologie werden die Felddaten vorwiegend nach der qualitativen Methode analysiert, obwohl seit einiger Zeit quantitative Methoden Verbreitung finden, und zwar zum Mißfallen vieler Wissenschaftler, die fest auf qualitative Methoden bauen. Der Begriff „qualitative Methoden" ist im allgemeinen auch eingesetzt worden, um die Forschungsarbeit von Wissenschaftlern zu bezeichnen, die so differenziert arbeiten wie Ethnographen, klinische und theoretische Psychologen, Soziologen, die nach der Grounded Theory arbeiten, oder Makrohistoriker/-soziologen. Qualitativ arbeitende Wissenschaftler legen großen Wert auf situative und oft strukturelle Kontexte im Gegensatz zu vielen quantitativ arbeitenden Forschern, deren Arbeiten zwar vielseitig, im Hinblick auf Kontext aber oft schwach sind. Doch qualitativ arbeitende Wissenschaftler neigen zu schwachen Quervergleichen, weil sie oft nur einzelne Situationen, Organisationen und Institutionen untersuchen. (Siehe jedoch neuere Diskussionen und Methoden, die sich mit Quervergleichen bei der qualitativen Analyse befassen: Miles/Huberman 1984, S. 151–209; Miles 1979; und auch andere, die Verfahren entwickeln und überprüfen, um quantitative und qualitative Analyse miteinander zu verbinden: Louis 1982; Smith/Robbins 1982; Jick 1983; Sieber 1976; McClintock u.a. 1983.)

Ganz abgesehen von historischen Betrachtungen behaupten wir, daß die wirklich sinnvolle Trennung darin besteht, wie das Datenmaterial *analytisch* behandelt wird. (Es gibt weder logische noch gefühlsmäßige Gründe, daß die beiden Analysemodi einander gegenübergestellt werden. Ich möchte ihre miteinander kombinierte Anwendung hier nicht diskutieren, weil ich damit keine aktuellen Forschungs- oder Lehrerfahrungen habe.) In der quantitativen Forschung setzt man für die Analyse von Daten statistische Verfahren oder andere mathematische Operationen ein. In der qualitativen Forschung werden mathematische Verfahren dafür überhaupt nicht oder nur in geringem Umfang angewandt, obwohl sicherlich auch hier ansatzweise oder implizit gezählt und gemessen wird (wieviel? wie oft? bis zu welchem Grad?).

Bei der qualitativen Datenanalyse arbeitet man mit einer Vielfalt von speziellen nicht-mathematischen Techniken oder gemeinhin mit Vorgehensweisen, die sich nicht sonderlich von den pragmatischen Analyseverfahren des Alltagsmenschen unterscheiden, wenn er über seine Probleme nachdenkt. (Leonard Schatzman bezeichnet das als *natürliche Analyse.)* Wenn sich aber qualitativ arbeitende Forscher eher wissenschaftlichen als praktischen oder persönlichen Problemen zuwenden, dann gebrauchen sie diese alltagsweltlichen Denkmuster bewußter und „wissenschaftlich rigoroser".

Gehen wir nun zu den Forschungsmaterialien: Sie kommen in unterschiedlichen Formen vor und sind in dieser Formenvielfalt von Sozialwissenschaftlern – wie auch von Historikern, Psychologen, Pädagogen und Juristen – bearbeitet worden, obwohl in einzelnen Disziplinen oder Spezialgebieten dem einen oder anderen Materialtyp der Vorzug gegeben wird. Zu den Forschern, die überwiegend nach qualitativen Methoden vorgehen, gehören die Ethnographen, die sich hauptsächlich auf Feldbeobachtungen in Form von Beobachtungsprotokollen und auf Interviews stützen. Historiker arbeiten mit Interviews, wenn sie aktuelle oder noch verhältnismäßig junge Ereignisse untersuchen, im Prinzip aber ziehen sie völlig unterschiedliche Arten von Dokumenten als Daten heran, je nach dem, wie ihre spezifischen Forschungsziele aussehen oder wie Materialien verfügbar und zugänglich sind: verschiedene Typen von Aufzeichnungen, Memoiren, offizielle und persönliche Briefe, Tagebücher, Zeitungen, Landkarten, Photographien und Gemälde. Forscher im Bereich der klinischen Psychologie gründen ihre Schlußfolgerungen primär auf Beobachtungen des nonverbalen oder verbalen Verhaltens von Patienten und auf therapeutische Interviews. Viele Soziologen ziehen es vor, geschriebene Texte zu analysieren, anstatt ins Forschungsfeld zu gehen oder Interviews durchzuführen; andere generieren Datenmaterialien, indem sie Unterhaltungen auf Tonband aufnehmen, Gerichtsverhandlungen transkribieren und dergleichen. Während einiges an Datenmaterial vom Forscher selbst erzeugt werden muß – z.B. durch Interviews, Beobachtungsprotokolle, Videoaufzeichnungen –, existiert ein Großteil davon schon an öffentlichen oder privaten Stellen; der kundige Wissenschaftler kann diese Daten benutzen, wenn er sie entdeckt und sich Zugang dazu verschaffen kann – oder aber einfach das Glück hat, sie aufzuspüren.

Diese Materialien sind dann für qualitativ arbeitende Wissenschaftler in allen sozialwissenschaftlichen Bereichen von Nutzen. In manchen Disziplinen oder Spezialgebieten wandelt man Datenmaterialien durch Zähl- und Meßverfahren in quantitative Daten um. In anderen Bereichen kommen dem Zählen oder der quantitativen Messung kaum

Bedeutung zu, und diese Verfahren werden sogar aus verständlichen, wohldurchdachten Gründen zurückgewiesen. Ob man der qualitativen oder der quantitativen Analyse den Vorzug gibt, ist manchmal eine Frage der Ideologie (die zur Tradition erstarren kann), in den meisten Fällen aber eine bewußte Entscheidung. Auf jeden Fall sind qualitative Analyseverfahren mehr als nur nützlich: Sie sind oft unentbehrlich.

Natürlich hat im Alltagsleben jeder mit irgendeiner Form von qualitativer Analyse zu tun, ohne daß er lange darüber reflektiert; denn Urteile, Entscheidungen, Handlungen wären ohne Analyse nicht durchführbar. In gewissem Sinne beruhen also Schlußfolgerungen des Alltagsmenschen wie auch des „Wissenschaftlers“ auf „qualitativen Daten“. Ohne die Sorgfalt, Bewußtheit und den systematischen Charakter vieler pragmatischer Analysen im Alltag zu verunglimpfen (tatsächlich wären Wissenschaftler erzürnt, wenn man ihnen einen Mangel an solchen Tugenden in ihrem Alltagsdenken vorwerfen würde), ist es selbstverständlich, daß man als Wissenschaftler den mit „guter Forschung“ assoziierten Verfahren der Disziplin verpflichtet ist und Forschungsergebnisse als unqualifizierte kritisieren oder ignorieren wird, wenn diese eine sorgfältige, gewissenhafte, systematische Analyse von soliden Daten vermissen lassen.

Für unsere Zwecke hier ist es wichtig, daß die qualitative Datenanalyse verbessert werden kann, und dazu braucht man klarer formulierte, zuverlässigere und validere Methoden, als sie gegenwärtig vorhanden sind. *Analyse* ist gleichbedeutend mit der *Interpretation* von Daten. Damit ist eine Forschungsaktivität gemeint, die mehrere unterschiedliche, aber miteinander in Beziehung stehende Elemente (oder Operationen) umfaßt. (Bei Miles/Huberman 1984, S. 214, werden die Akzente etwas anders gesetzt.) Qualitative Datenanalyse wird auf verschiedenen Ebenen von Explizitheit, Abstraktion und Systematisierung durchgeführt. Am Anfang eines Forschungsprojekts, wenn der Forscher einen Satz liest oder eine Handlung beobachtet, ist die Analyse vielleicht noch ganz implizit; gewiß handelt es sich aber schon um Analyse insofern, als die Wahrnehmung selektiv und durch Sprache und Erfahrung vermittelt ist. Im weiteren Verlauf der Forschungsarbeit oder sogar schon in den ersten Tagen, wenn eine beobachtete Szene, ein Interview oder ein durchgearbeitetes Dokument den analytischen Verstand des Forschers herausfordert, werden die Folgerungen expliziter und wahrscheinlich systematischer. Je nach Forschungsziel können die Schlußfolgerungen, die im Laufe des Projekts gezogen werden, in ihrem Abstraktionsniveau stark voneinander abweichen. Auf den untersten Ebenen der Abstraktion können sie „deskriptiv“

sein, und auf den höchsten Ebenen können Theorien allgemeinster Art angestrebt werden. Doch die Deskription selbst kann auf „unterem Niveau" liegen – vielleicht nur die Worte der Informanten oder deren Handlungen reproduzieren – oder aber auf einem eher komplexen und systematischen Niveau, auf der Interpretationsebene angesiedelt sein. Wenn das Ziel der Forschungsarbeit eine sozialwissenschaftliche Theorie ist, dann kann diese mehr oder weniger systematisch und mit variierenden Abstraktionsgraden aufgestellt werden. Im übrigen kann eine Theorie auf jeder Ebene einen breiteren oder engeren Aussagebereich haben und vielleicht mit einer anderen Theorie, die mehr oder weniger ausgebaut ist, verknüpft werden.

Methoden für die qualitative Datenanalyse

Sozialwissenschaftler, die ausschließlich oder vorwiegend qualitativ arbeiten, pflichten im allgemeinen der Ansicht bei, daß in Handbüchern und während der Hochschulausbildung die Methodologie der quantitativen Analyse im Vordergrund steht. Wie wir vor einigen Jahren in *The Discovery of Grounded Theory* (1967) schon dargelegt haben, haben quantitativ arbeitende Wissenschaftler seit den 20er Jahren relativ strenge Methoden, nach denen Daten erhoben und behandelt werden, entwickelt und ausführlich darüber geschrieben. Im Gegensatz dazu ist die Aufmerksamkeit von qualitativ arbeitenden Forschern immer noch darauf gerichtet, die Techniken der Datenerhebung zu verbessern und explizit zu machen – analytische Betrachtungen sind allenfalls zweitrangig und werden als solche auf einer einfachen Ebene eher implizit als explizit vermittelt. Eine Reihe von Wissenschaftlern hat jedoch effektive Methoden entwickelt, um unterschiedliche Typen von Datenmaterial qualitativ zu analysieren. Charakteristische Merkmale dieser Methoden sind gelegentlich in ihren Bezeichnungen angedeutet: Konversationsanalyse, (qualitative) Netzwerkanalyse, biographischer Ansatz, soziolinguistische Vorgehensweise, dramaturgisches Verfahren oder Soziodrama, Textanalyse. Diese Methoden oder Techniken entstanden in Verbindung mit spezifischen Forschungsrichtungen und theoretischen Interessen oder Verpflichtungen.

Grounded Theory

Methodologisch gesehen ist die Analyse qualitativer Daten nach der Grounded Theory auf die Entwicklung einer Theorie gerichtet, ohne an spezielle Datentypen, Forschungsrichtungen oder theoretische

Interessen gebunden zu sein. In diesem Sinne ist die Grounded Theory keine spezifische Methode oder Technik. Sie ist vielmehr als ein Stil zu verstehen, nach dem man Daten qualitativ analysiert und der auf eine Reihe von charakteristischen Merkmalen hinweist: Hierzu gehören u. a. das Theoretical Sampling und gewisse methodologische Leitlinien, wie etwa das kontinuierliche Vergleichen und die Anwendung eines Kodierparadigmas, um die Entwicklung und Verdichtung von Konzepten sicherzustellen.

In den frühen 60er Jahren wurde diese Herangehensweise an die qualitative Analyse von Glaser und Strauss während einer Feldstudie darüber, wie Klinikpersonal mit sterbenden Patienten umgeht (1965, 1968), entwickelt. Zu ihrer Entstehung trugen zwei Arbeits- und Denkrichtungen bei: Erstens die allgemeine Richtung des Amerikanischen Pragmatismus (insbesondere die Schriften von John Dewey, aber auch diejenigen von George H. Mead und Charles S. Peirce), der das Gewicht auf Handlung und problematische Situation und auf die Notwendigkeit legt, Methode im Rahmen von Problemlösungsprozessen zu begreifen. Zweitens die seit den 20er Jahren bis in die Mitte der 50er Jahre bestehende Tradition der „Chicagoer Schule der Soziologie" an der Universität Chicago, die ausgiebigen Gebrauch machte von Feldbeobachtungen und intensiven Interviews als Techniken der Datenerhebung und die die Forschung im Bereich der Arbeitssoziologie voranbrachte. Sowohl in den philosophischen als auch in den soziologischen Traditionen ging man davon aus, daß Wandel ein konstantes Merkmal des sozialen Lebens ist, daß aber seine spezifischen Richtungen erklärt werden müssen; sie rückten auch die soziale Interaktion und die sozialen Prozesse in den Mittelpunkt ihrer Betrachtungen. Darüber hinaus betonte die Chicagoer Schule fast von Anfang an die Notwendigkeit, die Standpunkte der Handelnden zu erfassen, um Interaktion, Prozeß und sozialen Wandel verstehen zu können. Die Studie über Sterbende von Glaser und Strauss, in der zum ersten Mal nach dem Analysestil der Grounded Theory gearbeitet wurde, profitierte sowohl von den philosophischen als auch von den soziologischen Traditionen. (Um den Hintergrund der Grounded Theory historisch besser zu verstehen, empfiehlt es sich, John Dewey: *Logic: The Theory of Inquiry,* 1937, und die Aufsätze von Everett C. Hughes über Berufe und Arbeit und über Feldforschung in *The Sociological Eye,* 1971, zu lesen.)[1]

---

[1] Barney Glaser studierte bei Paul Lazarsfeld an der Columbia University. So ist es zu erklären, daß die multivariate Analyse, die Lazarsfeld hervorgehoben hat, in den Ansatz der Grounded Theory eingegangen ist. Die Chicagoer Schule betont in ähnlicher Weise die Variation.

Selbstverständlich werden Theorien sogar von solchen Wissenschaftlern generiert und an der Wirklichkeit überprüft, deren analytische Methoden relativ implizit bleiben; aber beim Analysestil der Grounded Theory setzt man voraus, daß eine Theorie auf unterschiedlichen Ebenen der Generalisierung unerläßlich ist, um soziale Phänomene besser verstehen zu können (Glaser/Strauss 1967; Glaser 1978). Wir argumentierten auch, daß eine solche Theorie in enger Verbindung mit Daten entwickelt werden sollte und mit Forschern, die ganz klar sehen, daß sie selbst Instrumente bei der Entwicklung der Grounded Theory sind. Dabei spielt es keine Rolle, ob der Wissenschaftler die Daten persönlich generiert hat oder ob er seine theoretische Arbeit in Daten gründet, die von Forscherkollegen erhoben worden sind. Als wir im Jahre 1967 diese Position vertraten, war es vielleicht noch notwendiger als heute, die Sozialwissenschaftler an die Notwendigkeit zu erinnern, daß sie ihre Theorien in Daten gründen sollten.

Komplexe Theorie

Wir sind der festen Überzeugung, daß soziale Phänomene komplexe Phänomene sind. In weiten Bereichen der Sozialforschung scheint man gerade das Gegenteil anzunehmen; zumindest gibt es Wissenschaftler in unterschiedlichen Forschungstraditionen, die die untersuchten Phänomene in verhältnismäßig einfachen Begriffen beschreiben und analysieren. Sie haben den Glauben an die Möglichkeit aufgegeben, das „dröhnende, verflixte Durcheinander" der Erfahrung ordnen zu können, es sei denn, sie ignorieren einfach „eine Zeitlang" deren Komplexität. Anscheinend gehen sie davon aus, daß spätere Forschergenerationen auf die gegenwärtigen Bemühungen aufbauen – also eine Art Akkumulationspostulat, was durchaus vernünftig zu sein scheint, weil nicht alle Aspekte gleichzeitig untersucht werden können. Trotzdem kann weitaus mehr an Komplexität erfaßt werden, als dies oft bei recht kompetenten oder sogar begabten Wissenschaftlern der Fall ist. Aus diesem Grunde legen wir bei der Methodologie der Grounded Theory großen Wert darauf, daß viele Konzepte einschließlich ihrer Bezüge untereinander erarbeitet werden. Damit fangen wir einen großen Teil der Variation ein, durch die die im Mittelpunkt des Forschungsprojekts stehenden Phänomene charakterisiert sind. Zum Thema Komplexität haben wir in diesem Buch noch viel zu sagen.

Leitlinien und Faustregeln, keine Vorschriften

Geleitet von einer falschen (auf spekulativer Philosophie beruhenden) Vorstellung, derzufolge eine effektive Forschungsarbeit exakt, präzise und klar in der Technik sei, gehen Studenten der Sozialwissenschaften oft davon aus, daß es möglich sein müßte, Regeln festzulegen, nach denen sozialwissenschaftliche Untersuchungen durchgeführt werden. Wir halten dies für eine nicht zutreffende Beschreibung davon, wie Arbeit – gleich welcher Art – verrichtet wird. Sie trifft wahrscheinlich niemals auf solche Forscher zu, die eine neue Theorie entwickeln oder eine schon bestehende Theorie ausbauen möchten. Selbst in den präziseren naturwissenschaftlichen Untersuchungen sind Zufälligkeiten unvermeidbar. Folglich sind Ermessensspielräume ratsam und oft sogar ausschlaggebend. Überdies ist unter den Philosophen unserer Zeit die vorherrschende Ansicht die, daß eine derartig strenge Systematisierung von Forschungsarbeit ohnehin unmöglich ist.

Wir möchten diesen Gedanken nicht weiter ausführen, sondern nur noch einmal wiederholen, daß in der Sozialforschung etliche strukturelle Bedingungen gegen eine strikte Systematisierung von methodologischen Regeln sprechen. Zu diesen Bedingungen gehören die Vielfalt von sozialweltlichen Gegebenheiten und die damit verbundenen Zufälligkeiten. Diese wirken sich nicht nur auf die Datenerhebung aus, sondern auch darauf, wie diese Daten analysiert werden müssen und können – ganz abgesehen davon, daß die einzelnen Wissenschaftler oft völlig verschiedene Ziele mit ihren Datenanalysen verfolgen. Jeder Forscher hat auch seinen eigenen Arbeitsstil, ganz zu schweigen von individuellen Fähigkeiten und Begabungen, so daß eine Standardisierung von Methoden (wenn man sie für bare Münze nimmt) alle Anstrengungen eines Sozialwissenschaftlers nur hemmen oder sogar ersticken würde.

Deshalb weisen wir noch einmal darauf hin, daß die von uns vorgeschlagenen Methoden auf keinen Fall als starre Regeln zu verstehen sind, nach denen Datenmaterialien in eine effektive Theorie umgewandelt werden können. Sie sind lediglich Leitlinien, die den meisten Wissenschaftlern bei ihren Forschungen Orientierungshilfen geben können. Dafür muß man als Wissenschaftler – wie wir zu zeigen versuchen – nicht nur die Eingeschränktheit und Herausforderungen von Forschungssituationen und -zielen klar erkennen können, sondern auch das Wesen des zu bearbeitenden Datenmaterials. Man muß sich auch im klaren sein über die temporalen Aspekte oder Phasen der Forschungsarbeit, über das offene Ende sogar der „besten Forschung" in jeder Disziplin, über die immense Bedeutung der eigenen Erfahrungen als Forscher und über die Kontexte, in denen die Forschungen durchgeführt werden.

Unsere Leitlinien, nach denen eine Theorie entwickelt werden kann, sind jedoch nicht nur eine Aufzählung von Vorschlägen. Sie sind mehr als das, weil aus ihnen hervorgeht, daß bestimmte Operationen ausgeführt werden müssen. Kodieren muß sein, im allgemeinen schon bald nach Beginn der Forschungsarbeit und kontinuierlich bis zum Ende des Projekts. Analytische Memos müssen in Verbindung mit dem Kodieren auch schon frühzeitig und kontinuierlich geschrieben werden. Und ein paar Konzepte, die locker miteinander verknüpft sind, können den Anforderungen an die Entwicklung einer sozialen Theorie nicht genügen. Wir möchten aber auch betonen, daß die Analysearbeit weniger effektiv sein wird, wenn der individuelle Arbeitsrhythmus und die persönlichen Erfahrungen ignoriert werden. Wir meinen nicht, daß man präzise Instruktionen geben kann, wie jeder einzelne Wissenschaftler im Detail mit allen Typen von Datenmaterialien, für alle Arten von Forschungen und in allen Phasen des Forschungsprojekts zu verfahren hat. Aber wir haben an vielen Stellen des Buches Faustregeln aufgelistet. Diese sollten als Verfahrenshilfen, die sich in unseren Forschungen als nützlich erwiesen haben, betrachtet werden. *Studieren* Sie diese Faustregeln, *wenden* Sie sie an, aber *modifizieren* Sie sie entsprechend den Erfordernissen Ihrer Forschungsarbeit. Denn schließlich werden Methoden entwickelt und den sich verändernden Arbeitskontexten angepaßt.

So gesehen werden unsere Leitlinien und Faustregeln jedem Wissenschaftler von Nutzen sein, der mit uns das Interesse teilt, über die Entwicklung der einen oder anderen Ebene von Theorie soziale Phänomene besser verstehen zu wollen, und zwar unabhängig vom substantiellen Charakter des Datenmaterials und vom Spezialgebiet, in dem er ausgebildet ist. Dies gilt u.E. auch für die Forscher, die sogar innerhalb ein und derselben Disziplin unterschiedlichen Wissenschaftstraditionen oder theoretischen Ansätzen verpflichtet sind. Voraussetzung dafür ist, daß die Kraft dieser Traditionen und Ansätze genutzt wird – indem man wichtige Probleme zur Sprache bringt, sich relevante oder vernachlässigte Bereiche des sozialen Lebens anschaut – und daß ihre Anhänger nicht in dogmatische Positionen gedrängt werden. Denn dies nimmt ihnen die Möglichkeit, solche Aspekte, die für die eigenen Traditionen stehen, in Frage zu stellen.

Einigen Positionen der Gegenwart liegen die gegensätzlichen Annahmen zugrunde, daß eine Sozialwissenschaft als solche möglich ist oder aber daß sie zugunsten humanistischerer Wissenssysteme über menschliches Handeln aufgegeben werden sollte. Unsere Position ist irgendwo zwischen diesen Extremen angesiedelt, doch werden manche Anhänger der Methodologie der Grounded Theory in die eine oder andere Richtung tendieren. Dennoch sind wir der Überzeugung, daß die methodologischen Leitlinien und allgemeinen Verfahrensweisen den Forschern gute Dienste leisten, und zwar ungeachtet dessen, wo sie in dieser trennenden und seit langer Zeit bestehenden Kontroverse innerhalb der Sozialwissenschaften stehen.

Forschung als Arbeit

Schließlich liegt dem Ansatz der Grounded Theory die Annahme zugrunde, daß Forschung als Arbeit zu verstehen ist. Im Prinzip plädieren wir für eine in hohem Maße selbst-reflexive Herangehensweise an die Forschungsarbeit, d.h. man muß sich überlegen, wie die Arbeit beschaffen ist und unter verschiedenartigen Bedingungen in den einzelnen Forschungsphasen durchgeführt werden kann. Auch hat jeder Wissenschaftler eine individuelle Vorgehensweise, nach der er sich Informationen beschafft, diese untersucht und interpretiert, woraus sich schließlich sein zu analysierendes Datenmaterial ergibt. Demzufolge basiert dieses Buch nicht nur auf einer klaren arbeitssoziologischen Perspektive, sondern es soll dem Leser auch die Möglichkeit eröffnen, in diesem Rahmen über die eigene Forschungsarbeit nachzudenken. Wir sollten auch hinzufügen, daß Forschungsarbeit aus mehr besteht als aus einer Reihung von Aufgaben oder einer klaren Formulierung der Ziele solcher Aufgaben. Sie erfordert, daß die Arbeit organisiert wird; das bedeutet, daß Aufgaben koordiniert werden (an sich eine Arbeitsform), und das schließt den Umgang mit physischen, sozialen, persönlichen Ressourcen ein, der notwendig ist, damit die Forschungsarbeit getan werden kann – gleichgültig, ob man allein, mit einem Kollegen oder im Team arbeitet.

Vielleicht sollte man auch darauf hinweisen, daß aus arbeitssoziologischer Sicht die temporalen Aspekte des Forschungsprozesses wie auch der zu untersuchenden Phänomene von Bedeutung sind. Dadurch wird natürlich unsere eigene Haltung der Wirklichkeit gegenüber konstituiert. Von daher sind wir der Überzeugung, daß die Betrachtung der Forschungsaktivität vom arbeitssoziologischen Standpunkt aus selbst dann sinnvoll ist, wenn es ein Wissenschaftler vorzieht, bei seiner Arbeit temporale Aspekte zeitweilig zu ignorieren, herunterzuspielen oder zu leugnen. Aber zugegebenermaßen besteht bei unserem Analyseansatz, der die Komplexität von Phänomenen und die die Phänomene sowie den Forschungsverlauf selbst beeinflussenden Unwägbarkeiten hervorhebt, die Tendenz, daß die Zeitlichkeit für den Forscher in den Mittelpunkt rückt.

Auch wenn schließlich die Forschungsarbeit über weite Strecken zur Routine und zeitweise sogar langweilig wird, so kann sie doch an bestimmten Stellen wieder ganz aufregend, lustig, herausfordernd und manchmal auch äußerst lästig und schmerzlich sein. Das bedeutet, daß sich der Forscher als Arbeiter begreift, der seine Aufgaben *sehr ernst* nehmen kann und sollte – der also nicht nur nach Forschungsergebnissen streben oder an seiner Anerkennung als Forscher arbeiten, sondern einen tieferen Sinn in seiner Arbeit finden sollte. Zwischen dem Wissenschaftler und seiner Arbeit besteht eine intensive Wechselwirkung genau in dem Sinn, in dem Dewey über die Arbeit des Künstlers schreibt (Dewey sieht zwischen künstlerischem und wissenschaftlichem Arbeiten keinen grundlegenden Unterschied): „Der Ausdrucksakt, aus dem sich ein Kunstwerk entwickelt, . . . ist keine momentane Äußerung. Diese Behauptung ... bedeutet, daß der Ausdruck des Selbst in einem und durch ein Medium – was das eigentliche Kunstwerk ausmacht – *an sich* eine Verlängerung einer Interaktion von etwas dem Selbst Entstammendem mit konkreten Umständen ist – ein Prozeß, in dem *beide* (Hervorhebungen von mir) eine Ordnung und Form annehmen, die sie vorher nicht besaßen" (Dewey 1934, S. 65; zitiert nach Übersetzung 1980, S. 79). Kurz gesagt: Der Wissenschaftler wird, wenn er mehr als nur sachkundig ist, – mit seinen Gefühlen und seinem Intellekt – „in seiner Arbeit" sein und von Erfahrungen, die er im Forschungsprozeß gemacht hat, tief beeinflußt werden.

Qualitative Datenanalyse: eine Einführung

Neben diesen allgemeinen Voraussetzungen, auf denen unsere Herangehensweise an die qualitative Datenanalyse beruht, sind noch einige zusätzliche Bemerkungen angebracht, bevor die mehr technischen Details der Analyse nach der Grounded Theory diskutiert werden.

Komplexität

Die grundlegende Frage, der wir gegenüberstehen, ist die, wie die Komplexität der von uns untersuchten Wirklichkeit (Phänomene) erfaßt und überzeugend formuliert werden kann. Zum Teil wird Wirklichkeit natürlich dadurch erfaßt, daß man in größerem Umfang Daten erhebt. Aber einen verstehenden Zugang zu komplexen Daten finden heißt dreierlei. Erstens, daß sowohl die vielschichtigen Interpretationen als auch die Datenerhebung geleitet werden von den sukzessiv sich entfaltenden Interpretationen, die im Verlauf der Studie entstehen. (Die Endergebnisse sind dann Analysen, die auf einer relativ hohen Abstraktionsebene durchgeführt wurden, d.h. *Theorien.*) Zweitens, daß eine Theorie, wenn man eine vereinfachende Darstellung der untersuchten Phänomene vermeiden will, konzeptuell dicht sein muß – also müssen viele Konzepte mit ihren Querverbindungen erarbeitet werden. (Selbst die besten Monographien sind oft ziemlich mager in ihrer konzeptuellen Anlage, was man ihrem Sachregister entnehmen kann, das nur wenig neue, wenn überhaupt, Konzepte enthält.) Drittens, daß es notwendig ist, eine detaillierte, intensive, sehr genaue Untersuchung der Daten vorzunehmen, um die erstaunliche Komplexität aufzudecken, die in, hinter und jenseits der Daten vorhanden ist. (Später gehen wir näher auf die Komplexität und darauf, wie man diese mit der Analyse erfaßt, ein.)

Kontextwissen

Wie noch zu zeigen ist, bringt der Forscher in diese Analyse die unterschiedlichsten Arten von Erfahrungen ein. Wenn er im Forschungsbetrieb kein Neuling ist, kommen noch Fertigkeiten und Klugheit in bezug auf die Forschungstätigkeit hinzu. Auch die Kenntnis der Fachliteratur fließt in die Analyse ein, ob nun in Form von speziellen Hypothesen und Konzepten oder, etwa diffuser, als eine sachlich gegründete theoretische Sensitivität (Art und Weise, über Daten in theoretischen Begriffen zu reflektieren) – bis hin zu Feinheiten im Datenmaterial, die ein weniger belesener Forscher vielleicht übersehen würde. Gleichermaßen wichtig ist es, daß der Wissenschaftler sein Kontextwissen einbringt; dazu gehören nicht nur sein Fachwissen und seine Forschungserfahrungen, sondern auch seine persönlichen Erfahrungen (siehe auch den nächsten Abschnitt über Induktion, Deduktion und Verifikation). Dieses Kontextwissen sollte wegen der in der Forschung vorherrschenden Lehrmeinungen, derzufolge die Forschung tendenziös wird, wenn persönliche Erfahrungen und Daten ins Spiel kommen, nicht ausgeblendet werden; denn derlei Maßstäbe führen dazu, daß wertvolles Kontextwissen unterdrückt wird. Wir sagen aber lieber: „Graben Sie in Ihrem Erfahrungsschatz, möglicherweise finden Sie Gold!“

Das Kontextwissen ist ein wesentlicher Datenfundus, weil es nicht nur die Sensitivität bei der Theoriebildung erhöht, sondern eine Fülle von Möglichkeiten liefert, um Vergleiche anzustellen, Variationen zu entdecken und das Verfahren des Theoretical Sampling anzuwenden. Insgesamt trägt dies dazu bei, daß der Forscher schließlich eine konzeptuell dichte und sorgfältig aufgebaute Theorie formulieren kann. Seine Interpretation des Datenmaterials ist sicherlich nicht die einzig mögliche (nur Gottes Interpretationen können „absolute Vollständigkeit" beanspruchen), aber sie wird nachvollziehbar und sinnvoll sein und weiteren Ausarbeitungen und Überprüfungen an der Wirklichkeit standhalten.

Die Aufforderung, das Kontextwissen einzusetzen, gibt dem Wissenschaftler ein Gefühl von Freiheit und gleichzeitig auch die Einsicht, daß damit kein Freibrief verbunden ist, sondern daß er sich in einem festen Rahmen bewegt, der durch den behutsamen Umgang mit der Triade Daten erheben-Kodieren-Memoschreiben zusammengehalten wird. Diese Triade hat die Funktion, die persönlichen Einstellungen und Meinungen des Forschers von Grund auf zu kontrollieren.

Induktion, Deduktion und Verifikation

Die Analyse nach der Grounded Theory schließt – wie jede systematische Theorie, die nicht rein spekulativ ist – eine Begründung im Datenmaterial ein. Wissenschaftliche Theorien müssen zuerst entworfen, dann ausgearbeitet, dann überprüft werden. Darin ist man sich einig. Uneinigkeit besteht hin und wieder darin, wie diese drei Aspekte von wissenschaftlicher Untersuchung exakt zu benennen sind. Die Begriffe, die wir bevorzugen, sind Induktion, Deduktion und Verifikation. Mit Induktion sind die Handlungen gemeint, die zur Entwicklung einer Hypothese führen – d.h. der Forscher hat eine Vermutung oder eine Idee, die er dann in eine Hypothese umwandelt und schaut, ob diese, zumindest vorläufig, als Teilbedingung für einen Typus von Ereignis, Handlung, Beziehung, Strategie usw. brauchbar ist. Hypothesen sind sowohl vorläufig als auch konditional. Deduktion heißt, daß der Forscher Implikationen aus Hypothesen oder Hypothesensystemen ableitet, um die Verifikation vorzubereiten. Die Verifikation bezieht sich auf Verfahren, mit denen Hypothesen auf ihre Richtigkeit überprüft werden, d.h. ob sie sich ganz oder teilweise bestätigen lassen oder verworfen werden müssen. Mit Induktion, Deduktion und Verifikation arbeitet der Forscher über die gesamte Dauer des Projekts. Wahrscheinlich geben sich nur wenige empirisch arbeitende Wissenschaftler dem Glauben hin, daß diese drei Verfahrensweisen in einer simplen sequentiellen Beziehung zueinander stehen.

Aufgrund unserer früheren Aussagen in *Discovery* (1967), wo wir eine spekulative Theorie – die nicht in Daten gründet – kritisiert haben, beziehen sich viele Wissenschaftler fälschlicherweise auf die Grounded Theory als eine „induktive Theorie", um diese mit, sagen wir mal, den Theorien von Parsons oder Blau zu kontrastieren. Aber wie wir schon erwähnt haben, sind alle drei Aspekte der wissenschaftlichen Untersuchung (Induktion, Deduktion, Verifikation) absolut notwendig. Natürlich wäre eine Forschungsarbeit verkürzt, wenn die Deduktion ohne Verifikation bzw. Bestätigung oder selbst ohne Ablehnung einer Hypothese oder einer Hypothesenreihe bliebe. Offensichtlich kann auch die Verifikation nicht ohne Deduktion auskommen: Hypothesen sind für eine Datenerhebung nutzlos, wenn sie keinen Bezug zu Implikationen von theoretischen Hypothesen haben. Und wie können Hypothesen entwickelt werden, wenn der Forscher nicht über die Implikationen von erhobenen Daten oder von „Daten in seinem Kopf" (ob Kontextwissen oder Erfahrungen aus früheren Studien) reflektiert, was schließlich zu sogenannten Verdachtsmomenten, Einsichten und vagen Formulierungen von Hypothesen führt?

Es ist tatsächlich wichtig zu verstehen, daß die unterschiedlichen Arten von Erfahrungen bei diesen Verfahrensmodi – Induktion, Deduktion und Verifikation –, die in die Forschungsarbeit einfließen, eine zentrale Rolle spielen. Betrachten wir zunächst die Induktion: Woher kommen die Einsichten, Verdachtsmomente, generativen Fragen, die die Induktion ausmachen? Antwort: Sie kommen aus einer Erfahrung mit dieser Art von Phänomen; dabei ist es gleichgültig, ob die Erfahrung persönlicher Natur ist oder sich „professionell" herleiten läßt, z.B. aus einer aktuellen Explorationsstudie über dieses Phänomen, aus einem früheren Forschungsprogramm oder aus der Sensitivität des Forschers gegenüber Theorien, die auf seine Kenntnis der Fachliteratur zurückgeht.[2] Was die Deduktion anbelangt, so beruht ihr Erfolg nicht allein auf der Fähigkeit, logisch zu denken, sondern auch auf der Fähigkeit zur Erfahrung, wie man über einen bestimmten Datentyp nachdenkt. Der Forscher ist imstande, effektiv – und in theoretischen Begriffen – zu reflektieren, weil er Erfahrung damit hat, wie man über Untersuchungsdaten nachdenkt und Vergleiche anstellt, was die Deduktionslinien spürbar weiterbringt. Ferner geht dieser Fähigkeit zur Deduktion eine spezielle Art der Vorbereitung voraus:

[2] Vgl. dazu die Schriften von Charles S. Peirce, dem Vertreter des Amerikanischen Pragmatismus, dessen Konzept von *Abduktion* die entscheidende Rolle hervorhebt, die die Erfahrung in der ersten Phase von Forschungsarbeiten spielt (Fann 1970; Hartshorne u.a. 1958).

daß man sich nicht nur in deduktiven Prozeduren Erfahrung angeeignet hat, sondern auch in anderen Verfahren, mit denen insbesondere in Forschungsprojekten gearbeitet wird. Und was die Verifikation betrifft, so ist es ganz klar, daß diese Arbeit nicht primär eine Sache des Tuns oder der Fähigkeit ist. Dazu muß der Forscher über Schauplätze, Ereignisse, Handlungen, Handelnde Bescheid wissen, ebenso Vorgehensweisen und Techniken kennen (und sich Fertigkeiten im Reflektieren darüber angeeignet haben). Wiederum beruhen diese Kenntnisse auf persönlicher und fachbezogener Erfahrung.

Die Rolle, die die Erfahrung bei der Forschungsarbeit spielt, ist von Wissenschaftstheoretikern in ihrer Bedeutung immer wieder heruntergespielt worden, wahrscheinlich deshalb, weil diese mit empirischer Forschung keine praktische Erfahrung haben; ebenso von positivistisch denkenden, wenn auch methodologisch reflektierten Sozialwissenschaftlern, die alles, was nach „Subjektivität" riecht, aus der Wissenschaft heraushalten und weiche Daten zugunsten von harten (oder „realen") Daten auf ein Minimum reduzieren möchten.

Wenn also die Erfahrung und die dementsprechend erlernten Fertigkeiten in bezug auf Verifikation, Deduktion und Induktion von zentraler Bedeutung für eine erfolgreiche Forschung sind, tragen dann Talent, Begabung, Genie nicht zu diesem Erfolg bei? Offensichtlich doch; aber weniger offensichtlich ist es, daß diese Frage nur mit einem qualifizierten und komplexen Ja beantwortet werden kann. Warum? Weil jeder dieser drei zentralen Untersuchungsmodi unterschiedliche Fähigkeiten erfordert. Manche Forscher können besser generative Fragen stellen, haben Geistesblitze, Ideen usw. Manche sind besser im „Theoretisieren", d.h. sie können gut Hypothesen entwickeln und Schlüsse daraus ziehen. Und manche Forscher können am besten die Arbeit des Verifizierens ausführen: das sind die emsigen Laborarbeiter, die begabten Interviewer, die einfühlsamen Beobachter im Forschungsfeld, die fähigen Fragenbogenkonstrukteure. Manche Wissenschaftler sind gut in zwei dieser zentralen Untersuchungsmodi, manche in allen dreien. Darüber hinaus hängt die Leistung, die man in einem Untersuchungsverfahren erbringt, davon ab, wie kontinuierlich nach einem einzelnen Modus (Verifikation, Deduktion, Induktion) gearbeitet wird. Das „wahre Genie" führt alle drei Prozeduren durch, und zwar brilliant. Bis jetzt sollte aber deutlich geworden sein, daß analytische Fähigkeiten entwickelt und zufriedenstellende, wenn nicht gar ausgezeichnete Ausführungen im einen oder anderen Untersuchungsmodus erreicht werden können. Gute Forschungsarbeit kann vermittelt und erlernt werden: Sie wird einem nicht in die Wiege gelegt.

Wenn eine bereits existierende Grounded Theory am Anfang eines

Forschungsprojekts steht oder in einer frühen Phase des Projekts in die Untersuchung eingebracht wird, dann bilden sich Deduktionen in Form von theoretischen Fragen, Hypothesen, Theoretical Sampling, möglichen Kategorien usw. Diese Deduktionen leiten dann unmittelbar zur ersten Phase der Erhebung und Analyse von Daten über. Demnach ist die Rolle der Deduktion die gleiche, als ob der Forscher das Projekt ohne Grounded Theory begonnen hätte. (Siehe Anhang über die Entdeckung einer neuen Theorie aus einer bestehenden Theorie.) Dies ist das krasse Gegenstück dazu, wie man in der Wissenschaft des öfteren mit schon existierenden Theorien – die gewöhnlich von bekannten Theoretikern wie z.B. Goffman stammen und vielleicht sehr gut in Daten gegründet sind – verfährt; doch diese Theorien werden mißbraucht, weil sie in der folgenden Untersuchung nicht wirklich überprüft werden. Sie werden lediglich den zu analysierenden Daten übergestülpt wie eine Haube. Diese Praktik entbindet den Forscher fast vollständig von drei sehr wichtigen Verantwortlichkeiten: nämlich (1) seine Originaldaten ernsthaft zu überprüfen oder zu bestätigen; (2) einen engen Bezug zu seinen Daten herzustellen; und (3) eine neue Theorie zu entwickeln, die auf einem wirklichen Austausch zwischen der bereits bestehenden und der sich erst entfaltenden Theorie beruht. Diese Vorgehensweise mag für den Theoretiker schmeichelhaft sein und dem Forscher die Vorstellung vermitteln, zur Erweiterung des vorhandenen „Wissens" beigetragen zu haben, in Wirklichkeit aber bringt es die Wissenschaft als ganze nicht vorwärts. In dieser Hinsicht muß die sozialwissenschaftliche Forschung, wenn sie effektiv sein soll, dem Beispiel der naturwissenschaftlichen Forschung folgen und die Formulierung vorläufiger Hypothesen, die mittels der Deduktion abgeleiteten Implikationen und die Überprüfung der Hypothesen miteinandern verflechten – und zwar immer aus dem Datenmaterial heraus.

Ein Beispiel

Als Beispiel werden im folgenden die Anfänge einer komplexen Analyse gezeigt, die auf Beobachtungsdaten aus dem Forschungsfeld, aber auch auf Kontextwissen basiert. Sie ist als kurze Einführung in den Analysestil nach der Grounded Theory gedacht und soll den Leser mit einigen für den Analyseprozeß wichtigen Begriffen bekanntmachen. Das Beispiel stammt aus einer neueren Studie, bei der die Feldforscher die genannten Beobachtungen und die beschriebenen analytischen Operationen durchführten. (Siehe Strauss u.a. 1985. Weitere Materialien aus diesem Projekt werden in den Kapiteln über das Kodieren und Memoschreiben vorgestellt.)

Während der Studie, in der es darum geht, ob und wie sich der Gebrauch von Apparaten in Krankenhäusern auf die Interaktion zwischen Klinikpersonal und Patienten auswirkt, beobachten wir, daß viele Apparate an die kranken Menschen angeschlossen sind. Wir können also eine Kategorie formulieren – Apparat-Körper-Anschlüsse–, mit der wir auf dieses Phänomen hinweisen. Unsere Beobachtungen führen uns auch dazu, vorläufig zu unterscheiden (diese Unterscheidung kann sich im Laufe der Forschungsarbeit als signifikant herausstellen oder auch nicht) zwischen solchen Apparaten, bei denen der Anschluß extern über die Haut des Patienten verläuft, und solchen Apparaten, bei denen der Anschluß innerlich gelegt ist (durch Körperöffnungen wie Nase, Mund, After, Vagina). Diese Unterscheidung hat zwei Dimensionen der Apparat-Körper-Kategorie: innerliche und äußerliche Anschlüsse. Das Verfahren, mit dem derartige Unterscheidungen erarbeitet werden, ist das *Dimensionalisieren.*[3] Weil aber weitere Unterscheidungen gemacht werden können – wenn man z.B. über frühere Beobachtungen nachdenkt oder neue Beobachtungen macht –, ist der Prozeß des Dimensionalisierens noch nicht abgeschlossen. Diesen Vorgang nennt man Subdimensionalisieren. Subdimensionen können auch analytisch generiert werden, indem man Fragen stellt, die uns im Zusammenhang mit derartigen Unterscheidungen früher oder später auffallen werden. So beispielsweise über die innerlichen Anschlüsse: Können sie, oder zumindest einige von ihnen, den Patienten verletzen? Sind sie sicher? Sind sie unbequem? Machen sie dem Patienten Angst? Wir können diese Subdimensionen (Verletzung, Sicherheit, Unbequemlichkeit, Angst) dichotom – mit ja oder nein zu beantworten – betrachten oder als Kontinuum, das von ‚sehr stark' bis zu ‚überhaupt nicht' reicht. Wir können ein Kontinuum auch grob unterteilen in „mehr oder weniger" – Subkategorien, z.B. äußerst unbequem, sehr unbequem, etwas unbequem, ein wenig unbequem, überhaupt nicht unbequem. (Bei der quantitativen Analyse können einem Kontinuum „Werte" zugeordnet werden, die von 0 bis 100 gehen.) Diese Subdimensionen, Subkategorien und Fragen ergeben sich nicht allein aus der Untersuchung von Feld- und Interviewdaten, sondern sind verständlicherweise auch aus unserem Kontextwissen gewonnen worden. (Körperöffnungen sind empfindlich, so daß ein Anschluß wahrscheinlich verletzt; der Schlauch,

---

[3] Eine Arbeitssitzung mit Leonard Schatzman, einem Kollegen, war für diese Diskussion über das Dimensionalisieren von großem Nutzen; denn er hat die Details und Implikationen von Dimensionen und Dimensionalisieren durchgearbeitet.

der in seinem Bauch steckt, sieht schrecklich aus, ist er wirklich sicher?)

Die letztgenannten Fragen haben zu tun mit Konsequenzen: „Wenn ein Anschluß so aussieht, kann er u.U. lebensgefährlich sein". Diese Aussage kann um spezifische Bedingungen erweitert werden: „Der Anschluß könnte das Leben des Patienten gefährden, vor allem, wenn sich dieser zu schnell bewegt, sich im Schlaf umdreht oder wenn der Anschluß herausfällt und der Patient eine Infektion kriegt." Oder man kann Fragen stellen, die die Strategie des Klinikpersonals betreffen: „Warum haben sie den Anschluß ausgerechnet so gelegt und nicht anders?" Fragen über Interaktionen werden sich auch stellen: „Was ging zwischen Personal und Patient vor sich, als der Anschluß gelegt wurde? Haben sie den Patienten vorher informiert und ihn darauf vorbereitet? Haben sie einfach den Anschluß gelegt und ihm damit Angst eingejagt?" (Die letzte Frage bezieht sich auch auf Konsequenzen von Interaktion.)

Auf derlei Fragen gibt der Forscher vorläufige Antworten, die den Status von Hypothesen haben. Einige von ihnen können durch weitere Beobachtungen oder Interviews überprüft werden. Aber jetzt kann der Forscher, wenn er beobachtet oder Interviews macht, schon gezielter vorgehen als vorher. Vermutlich wird ihm klar (Erkennen beim Beobachten), daß ein Anschluß in der Nasenöffnung wahrscheinlich unbequem, aber vollkommen sicher ist, und folglich wird er vor dem Hintergrund dieser Hypothese seine Interviews führen. Der Forscher kann auch über unsichere Bedingungen nachdenken Und dann vielleicht das Klinikpersonal nach Fällen fragen, in denen sich Anschlüsse in der Nase als unsicher für den Patienten erwiesen haben – so lockt er wichtige Daten hervor – oder er kann selbst nach solchen unsicheren Anschlüssen Ausschau halten und weitere Bedingungen für die Unsicherheit herausfinden: weil z.B. der Anschluß unterbrochen wurde oder weil die Art, in der der Anschluß gelegt wurde, problematisch ist.

Die Fortführung dieser Gedankenlinie kann weiteres Subdimensionalisieren, weitere Fragen und vorläufige Hypothesen nach sich ziehen. Unsere Überlegungen zum Thema Körper-Anschluß könnten z.B. so fortgesetzt werden, daß Anschlüsse mehr oder weniger leicht unterbrochen werden können: Was führt diese Unterbrechung herbei? Zufall, Unachtsamkeit, Absicht (von seiten des verärgerten, unruhigen, ängstlichen Patienten)? Welche Strategien oder Techniken wendet das Klinikpersonal an, um die Gefahr einer Unterbrechung zu minimieren oder zu verhindern? Besondere Sorgfalt? Wird der Patient über die Gefahr aufgeklärt, falls er sich bewegt? Macht man ihm klar, daß seine Sicherheit davon abhängt, ob er ruhig bleibt oder den Anschluß nicht lockert, egal wie schmerzhaft das auch ist? Oder versucht man im Patienten die Bereitschaft zur „Kooperation“ zu wecken, indem man ihm verspricht, daß der Anschluß nur für einige Stunden bleiben wird oder von Zeit zu Zeit entfernt wird, um Erleichterung zu verschaffen? Diese Fragen, Hypothesen und Unterscheidungen erweisen sich vielleicht als nicht „realistisch“; ob sie es sind, wird der Forscher durch die weitere *gezielte Untersuchung* herausfinden: ja-nein-vielleicht; und er wird auch herausfinden, *warum*. Man kann verstehen, daß der Forscher vermutlich noch über viele Bedingungen Fragen stellen wird (oder aufgrund beobachteter Ereignisse werden sich Fragen ergeben und daraus auch beantworten lassen); Fragen auch über Konsequenzen, die nicht nur den Patienten betreffen, sondern auch Verwandte, die Ärzteschaft, das Personal, die Arbeit auf der Station und wahrscheinlich auch die Konstruktion bestimmter Apparatemodelle.

Die gezielte Untersuchung wird den Forscher auch auf sehr natürliche Weise und mühelos zu der Frage führen: Wo kann ich Beispiele für *x* und *y* finden? Der Fachausdruck für diesen Vorgang heißt *Theoretical Sampling;* denn im Anschluß an die bisherige Analyse sucht der Forscher nun Beispiele für Populationen, Ereignisse, Aktivitäten, die nach der im Entstehen begriffenen (wenn auch noch primitiven) Theorie ausgewählt werden. Dieses Sampling wird zumindest implizit eingesetzt (explizit dann von den erfahrenen Forschern), wenn gemäß den verschiedenen Subdimensionen *Vergleiche angestellt werden.* Auf diese Weise können die Forscher entweder „theoretisch“ oder aufgrund ihres Kontextwissens bestimmte Apparateanschlüsse, die unbequem sind, mit solchen, die es nicht sind, vergleichen. Sie haben bereits darüber nachgedacht, wie manche Anschlüsse Unbequemlichkeit und Angst hervorrufen können. Aber sie können auch ins Forschungsfeld gehen und, sagen wir, Vergleiche anstellen (oder entdecken) zwischen einer Situation, in der eine gefährliche Unterbrechung vorkommt, und der Situation, bei der die Unterbrechung nicht gefährlich ist: Als zum Beispiel einmal die Energieversorgung in der Klinik ausfiel, eilten die Forscher umher und beobachteten, was geschah, weil bei verschiedenen Apparaten die Stromzufuhr unterbrochen war. Sie entdeckten Vielfältiges; besonders interessant war, daß die Dialyseapparaturen in einem angegliederten Klinikgebäude, das trotz der gefährlich schlecht funktionierenden Elektrik kein Notstromaggregat besaß, etwa zwei Stunden lang notdürftig manuell angetrieben wurden.

Läßt sich der Forscher von theoretischen Überlegungen leiten, dann kann er sein Sampling sogar noch ausdehnen, indem er über Sicherheit oder Unbequemlichkeit bei anderen medizinischen Apparaturen – ob mit oder ohne Anschluß an den Körper – oder bei bestimmten Maschinen nachdenkt, z.B. bei der Röntgenapparatur, bei Flugzeugen, Toastern, Rasenmähern oder bei den markerschütternden Preßluftbohrern, mit denen der Straßenbelag aufgebrochen wird. Hinter solchen Vergleichen steckt nicht die Absicht, eine umfassende Theorie über Maschinen im allgemeinen oder über sichere/gefährliche Maschinen aufzustellen, sondern dadurch soll die Sensitivität gegenüber Theoretischem gefördert werden, die bei der Entwicklung einer Theorie über medizinische Apparaturen in der Klinikarbeit von Vorteil sein wird. Das von draußen geholte Sampling geht dann zusammen mit dem internen Sampling.

Natürlich können Ideen und das Nachdenken über solche Vergleiche auch persönlichen Erfahrungen mit Apparaturen entspringen, von der Beobachtung, wie andere Leute Maschinen benutzen, herrühren und aus Romanen, Autobiographien, Sachliteratur stammen.

Einige Punkte über Arbeitsschritte

Als nächstes sind einige Dinge über den grundlegenden Ablauf von Forschungsarbeit besonders erwähnenswert: nachdenken, ins Feld gehen, beobachten, interviewen, Notizen machen, analysieren.

Erstens ist es für das Unterscheiden und Vergleichen, für die Reflexion über mögliche Hypothesen, Konzepte und deren Zusammenhänge, für das Sampling usw. von entscheidender Bedeutung, daß man *generative Fragen* stellt. Diese ergeben sich, wenn der Forscher das Datenmaterial untersucht und darüber nachdenkt, und zwar oft in Verbindung mit seinem Kontextwissen. Die erste generative Frage kann einer Einsicht folgen, die das Interesse des Wissenschaftlers an einem Aspekt eines bestimmten Phänomens weckt und ihn somit herausfordert, genau diesen Aspekt zu untersuchen. Aber solche Einsichten kommen einem im gesamten Verlauf der Studie (obwohl vielleicht besonders in den frühen Projektphasen) und erschließen einem Fragen zu anderen Phänomenen oder zu anderen Aspekten derselben Phänomene.

Zweitens stellt der Forscher eine Reihe interessanter, wenn zunächst auch ganz vorläufiger Zusammenhänge innerhalb der „entdeckten" (entwickelten) Konzepte her. Mit dem Kodieren beginnt sich eine *konzeptuell dichte Theorie* abzuzeichnen, die natürlich noch weitaus dichter wird, sobald weitere Verbindungen gezogen und ausgearbeitet werden.

Drittens wird die Theorie nicht einfach nur entdeckt, sondern *verifiziert*, weil der vorläufige Charakter der Zusammenhänge – von Antworten und den betreffenden Hypothesen – in den danach folgenden Untersuchungsphasen an neuen Daten und neuem Kodieren überprüft wird.

Viertens ist die *Bedeutung des Kodierens* im Hinblick auf den konkreten Bereich der Daten ein zentrales Thema. Natürlich „nimmt es kein Ende mit der logischen Ausarbeitung von Dimensionen, können endlos Unterscheidungen getroffen und Zusammenhänge hergestellt werden, aber der logischen Verfeinerung freien Lauf zu lassen, ist gefährlich – auch wenn sie Spaß macht. Dieser gedankliche Prozeß *muß* mit der Untersuchung und Erhebung neuer Daten verknüpft, d.h. eng verbunden sein", damit er für die Forschungsarbeit von Nutzen ist.

Fünftens geht es um das Problem der *Integration:* Welche Dimensionen, Unterscheidungen, Kategorie, Zusammenhänge sind „am wichtigsten", am sinnfälligsten – wo ist, kurz gesagt, der *Kern* der entstehenden Theorie? Dieses Problem löst sich im Verlauf der Untersuchung. Das Verfahren, mit dem die Integration vor sich geht, ist nicht leicht zu vermitteln; diesen Arbeitsschritt werden wir später diskutieren und illustrieren. Für den Moment genügt die Information, daß die Integration auf einer primitiven und vorläufigen Ebene anfängt, wenn nämlich zum ersten Mal Dimensionen, Kategorien usw. zueinander in Beziehung gesetzt werden. Die Integration wird mit dem Fortgang der Forschungsarbeit zunehmend sicherer und „kompakter". Die *Schlüsselkategorie (-kategorien)* herauszuarbeiten, die alle übrigen Kategorien am ehesten zusammenhält (miteinander verknüpft) – gemeint ist der Bezug der Kategorien untereinander und zu den Schlüsselkategorien –, bedeutet harte Arbeit und erfordert vielleicht spezielle Techniken, wie die Stränge zusammenzuführen sind, damit letztlich der Forscher selbst wie auch der an den Forschungsergebnissen interessierte Leser von der Integration überzeugt sind.

Sechstens werden theoretische Gedanken weiterverfolgt und mit Hilfe von *Theorie-Memos* kontinuierlich in einen Zusammenhang gebracht und ausgebaut. Von Zeit zu Zeit nimmt man diese Memos zur Hand, untersucht und sortiert sie, woraus neue Ideen und mithin neue Memos entstehen. Sobald die Forschungsarbeit etwas fortgeschrittener ist, werden die Memos intensiver und fokussierter; sie werden häufiger bereichert durch frühere Memos, sie fassen frühere Memos zusammen oder ergänzen diese. Das *Sortieren* von Memos (und Kodes) kann in jeder Phase des Forschungsprojekts durchgeführt werden. Sowohl die Durchsicht als auch das Sortieren von Memos führen zu Memos mit weiterem Spektrum und größerer konzeptueller Dichte. Beim Sortieren in späteren Forschungsphasen ist das systematische Vorgehen besonders wichtig, weil der Wissenschaftler allmählich beginnt, seine Materialien für die Veröffentlichung vorzubereiten.

Siebtens ist es von grundlegender Bedeutung, daß der Forscher den *temporalen* wie auch den *relationalen* Aspekt der Triade der analytischen Operation, nämlich Daten erheben, Kodieren, Memoschreiben, klar erkennt. Praktiker der Grounded Theory müssen sich im klaren darüber sein, wie sehr sich ihr Verständnis von dieser Triade unterscheidet von dem Verständnis, das die meisten Vertreter der anderen Analyserichtungen haben. In Abbildung 1, die ein vereinfachtes Diagramm eines Kodierparadigmas darstellt, werden die Hauptmerkmale dieser Triade illustriert. Man muß wissen, daß auf die Datenerhebung bald das Kodieren folgt, das seinerseits genauso schnell – oder zumindest bald – zum Memoschreiben führt. Beide, Kodes und Memos, werden dann die Suche nach neuen Daten leiten. *Oder* – und das zu sehen ist wichtig – sie können direkt zusätzliches Kodieren oder Memoschreiben zur Folge haben. Oder – passen Sie auf! – sie bewirken vielleicht, daß der Forscher *bereits* erhobene (und vielleicht schon analysierte) Daten untersucht und kodiert. Die *Rückkehr zu den alten Daten* ist in jeder Projektphase möglich, sogar dann noch, wenn die letzte Seite des Forschungsberichts geschrieben wird. Außerdem kann, wie das Diagramm zeigt, das Kodieren in jeder Forschungsphase weiteres Kodieren nach sich ziehen; oder sofort, nachdem Memos

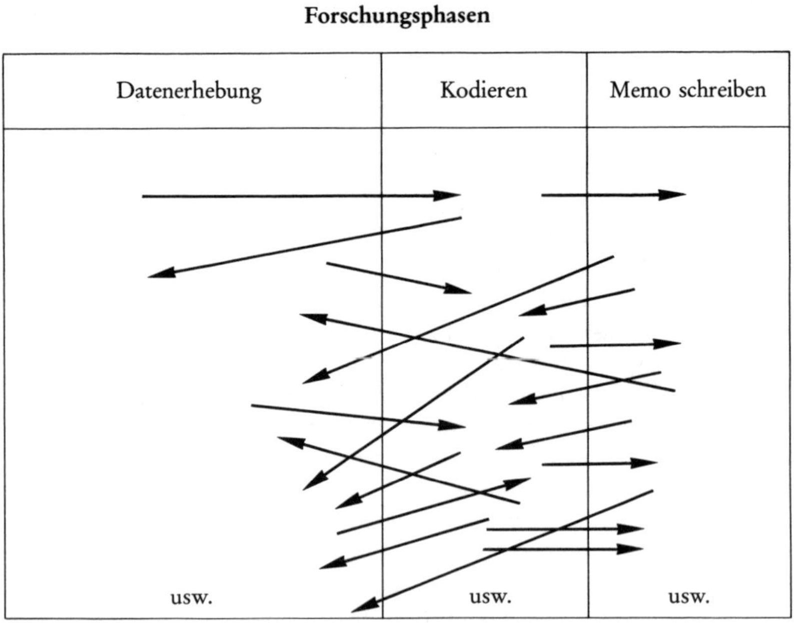

Abb. 1 Kodierparadigma

geschrieben worden sind, können weitere und besser integrierte Memos entstehen, was natürlich durch das Sortieren von Kodes und Memos unterstützt wird.

Diese im gesamten Verlauf des Forschungsprojekts sich wiederholende Untersuchung aller Daten ist ein Verfahren, nach dem wahrscheinlich die meisten qualitativ arbeitenden Wissenschaftler vorgehen. Es ist aber nicht immer so, daß sie sich in dem Kreislauf zwischen Datenerhebung, Kodieren und Memoschreiben bewegen. In den eher positivistischen Forschungstraditionen ist es nicht erlaubt, daß man alte Daten zur Verifizierung von Hypothesen heranzieht; somit wird der Forscher in eine lineare Arbeitsrichtung gedrängt und um die möglichen Gewinne dieser hier empfohlenen Prozedur des Hin- und Herpendelns gebracht.

Achtens stellt es sich beim Schreiben des Forschungsberichts oft heraus, daß die bis dahin erreichte Integration nicht ausreicht; dann geht der Forscher manchmal zurück zu seinem Datenmaterial, erhebt neue Daten oder denkt die sortierten Memos und Kodes noch einmal durch, um „Lücken zu füllen", und erreicht so die erforderliche Integration. Inwieweit sich der Wissenschaftler während des Schreibens auf solche Prozeduren verlassen sollte, liegt in seinem Ermessen. Zu einem großen Teil hängt diese Entscheidung davon ab, wie sorgfältig die Daten kodiert und die Memos geschrieben wurden; sie hängt auch davon ab, welche Aspekte der Forscher für seine Leserschaft hervorheben möchte und welche Erfahrung er in bezug auf die Forschungsarbeit und mit wissenschaftlichen Veröffentlichungen hat. Bei Teamprojekten kann es auch vorkommen, daß sich innerhalb kurzer Zeit sehr viel Datenmaterial anhäuft und die Forscher zwar umfangreich kodieren und viele Memos schreiben, aber schließlich, wenn sie ihre diversen Aufsätze und Monographien zur Veröffentlichung vorbereiten möchten, substantielle Lücken in den vorangegangenen Analysen entdekken. Das ist vor allem dann der Fall, wenn die Überlegungen, worüber und für wen man schreiben möchte, erst ziemlich spät im Forschungsprojekt zur Sprache kommen.

Der Abschlußbericht gibt dann nicht einfach den Inhalt der Memos wieder, obwohl diese natürlich für die Publikation umformuliert oder bestimmte Ausschnitte aus den Memos dafür durchaus verwendet werden können. Stattdessen wird aus dem Forschungsbericht eine analytisch wertvolle und kreative Arbeit. Diese kann in verschiedenen schriftlichen Formen (Aufsätzen, Monographien) und in Vorträgen veröffentlicht werden, was von der Forschungsmaterie selbst wie auch von der Vorstellung des Autors von seinem Publikum abhängt. Aber der wesentliche Punkt ist der, daß alle technischen Verfahren, die in diesem Abschnitt erwähnt werden, *kontinuierlich* eingesetzt werden, und zwar vom Beginn des Forschungsprojekts an bis zu seinem Ende.

Nach unserem Empfinden ist die Rezeption von Theorien dieser Art auf ironische Weise zweischneidig, was sich im Hinblick auf zwei gegensätzliche Leserschaften erkären läßt. Wenn Nichtfachleute oder Angehörige von Berufsgruppen, die Gegenstand der Forschungsarbeit waren – wie etwa Krankenschwestern oder Ärzte –, die Veröffentlichung lesen, dann lesen sie diese nicht als Theorie, sondern als mehr oder weniger präzise Beschreibung dessen, was sie selbst oder andere aus ihrem Bekanntenkreis schon erlebt haben, oder sie lesen sie zum Zwecke der Aufklärung, d.h. als „eine neue Sichtweise, von deren Nützlichkeit wir alle überzeugt sind". Auf der anderen Seite steht das Publikum der Sozialwissenschaftler, die die Veröffentlichung vielleicht lesen und – um einen Bewunderer einer unserer Publikationen zu zitieren – deren „solide Soziologie" zur Kenntnis nehmen, aber nicht realisieren, daß die intelligenten und sogar „brillianten Ideen" nicht der persönlichen Begabung, sondern harter Forschungsarbeit zuzuschreiben sind. Über den erstgenannten Aspekt sollte sich der Wissenschaftler, der nach der Grounded Theory arbeitet, freuen. Über den zweiten Aspekt wird er sich bei Gelegenheit grün und blau ärgern; aber wie dem auch sei: Besser unterrichtete Kollegen werden es besser wissen.

Glossar wichtiger Begriffe

Bis jetzt ist eine Reihe wichtiger Begriffe, die in den Bereich der qualitativen Analyse gehören, genannt worden. Diese werden im nächsten Kapitel ausführlicher diskutiert und dann durchgängig verwendet. Wir werden die Begriffe nun aber kurz definieren, damit sich der Leser eine feste Vorstellung davon machen kann.

Datenerhebung. Materialien ausfindig machen und zusammentragen – oder generieren; die dann analysiert werden.

Kontextwissen. Daten, die der Forscher „im Kopf" hat und die aus seinem persönlichen Erleben, seiner Forschungserfahrung und seiner Kenntnis der Fachliteratur stammen.

Kodieren. Allgemeiner Begriff für das Konzeptualisieren von Daten; folglich bedeutet Kodieren, daß man über Kategorien und deren Zusammenhänge Fragen stellt und vorläufige Antworten (Hypothesen) darauf gibt. Ein Kode ist ein Ergebnis dieser Analyse (ob nun

Kategorie oder eine Beziehung zwischen zwei oder mehreren Kategorien).

Dimensionalisieren. Ein grundlegendes Verfahren, um Unterscheidungen zu treffen, dessen Ergebnisse *Dimensionen und Subdimensionen* heißen.

Kategorie. Da sich jede Unterscheidung aus dem Dimensionalisieren ergibt, werden solche Unterscheidungen zu Kategorien führen. (In dem Sinn ist *Apparat-Körper-Anschluß* eine Kategorie.)

Eigenschaft. Das prägnanteste Merkmal von etwas (Gedanke, Ding, Person, Ereignis, Handlung, Beziehung), das konzeptualisiert werden kann, wodurch die Ordnung von Spezifizität, die der Forscher für seine Arbeit braucht, ermöglicht wird.

Hypothesen. (In dem Sinn verwendet, wie in wissenschaftlichen Handbüchern definiert.) Eine vorläufige Antwort auf eine Frage zu konzeptuellen Bezügen.

Schlüsselkategorie. Eine Kategorie, die für die Integration der Theorie von zentraler Bedeutung ist.

Theoretical Sampling. Das Heranziehen von Beispielen von Vorkommnissen, Ereignissen, Handlungen, Populationen usw., das von der sich entwickelnden Theorie geleitet wird. Es wird eingesetzt zur Herstellung von *Vergleichen* zwischen diesen und innerhalb dieser Beispiele von Aktivitäten, Populationen usw.

Sättigung der Theorie. Wenn eine zusätzliche Analyse nicht mehr dazu beiträgt, daß noch etwas Neues an einer Kategorie entdeckt wird.

Konzeptuelle Dichte. Die Menge von Kategorien und Eigenschaften *und* deren Zusammenhänge.

Integration. Die ständig komplexer werdende Organisation (oder Formulierung) der Bestandteile der Theorie.

Variation. Ergebnis von Vergleichen; die Analyse nach der Grounded Theory beruht auf einer Fülle von Vergleichen – geleitet von dem Theoretical Sampling; daher ist die Grounded Theory eine multivariate Analyse. Vergleiche anstellen zwischen Kategorien und Eigenschaften bedeutet, daß diese miteinander verbunden werden *(Quervergleich).*

Theoretische Sensitivität (theoretical sensitivity). Ein Gespür dafür, wie man über Daten in theoretischen Begriffen nachdenkt.

Theorie-Memos (theoretical memos). Berichte, in denen der Forscher theoretische Fragen, Hypothesen, zusammengehörende Kodes usw. festhält, d.h. ein Vorgehen, mit dem Kodierergebnisse aktualisiert und weitere Kodiervorgänge angeregt werden, und auch ein Hilfsmittel, um die Theorie zu integrieren.

Theoretisches Sortieren (theoretical sorting). Sortieren der Memos, um die Integration zu unterstützen: Mit demselben Ziel werden auch Kodes sortiert.

Integrative Diagramme. Graphische Darstellungen, die während des ganzen Forschungsprojekts zur kumulativen Integration der Theorie beitragen.

Generative Fragen. Fragen, die bei der Forschungsarbeit sinnvolle Richtungen aufweisen; sie führen zu Hypothesen, nützlichen Vergleichen, zur Erhebung bestimmter Datentypen und sogar dazu, daß der Forscher auf möglicherweise wichtige Probleme aufmerksam wird.

TEIL 2

Analyse nach der Grounded Theory: Hauptelemente

In diesem Teil des Einführungskapitels werden einige grundlegende Forschungsverfahren vorgestellt. Der Leser kann diese Diskussion sicher erst dann im Detail verstehen, wenn er die noch folgenden Illustrationsmaterialien kennt, mit denen die hier erwähnten Punkte veranschaulicht werden. Also können Sie dieses Kapitel schnell durchlesen, damit Sie einen Überblick bekommen, und es später dann ganz oder in Abschnitten genauer lesen oder studieren.

Unsere Herangehensweise an die qualitative Analyse nennt sich deshalb Grounded Theory, „weil ihr Schwerpunkt auf der Generierung einer *Theorie* und auf den *Daten* liegt, in denen diese Theorie gründet."[4]

[4] Wie schon im Vorwort erwähnt, haben wir diesen Teil des 1. Kapitels bis auf

Grounded Theory bedeutet, daß „die Theorie ihre Grundlagen in empirischen Daten hat, die systematisch" und intensiv „analysiert werden, oft Satz für Satz oder Abschnitt für Abschnitt des Beobachtungsprotokolls, des Interviews oder eines anderen Dokuments; ‚konstantes Vergleichen' hat zur Folge, daß umfangreiches Datenmaterial erhoben und dann ausgiebig kodiert wird", wobei die im ersten Abschnitt gestreiften Verfahren angewandt werden und somit eine gut konstruierte Theorie ergeben. Der Schwerpunkt der Analyse liegt *nicht* allein darauf, daß „Massen von Daten" erhoben und geordnet werden, „sondern darauf, daß die *Vielfalt von Gedanken*, die dem Forscher bei der Analyse der Daten kommen, *organisiert werden.*"

Wir haben die Grundbestandteile für die Entwicklung einer komplexen, konzeptuell dichten und integrierten Theorie schon kennengelernt; einer Theorie, die in enger Verbindung mit einer intensiven Datenanalyse Schritt für Schritt erarbeitet und formuliert wird. Die dabei angewandten Vorgehensweisen variieren im Verlauf eines Forschungsprojekts. Deshalb wird dieses Thema zuerst besprochen; danach diskutieren wir ausführlicher die zuvor erwähnten Hauptverfahren bzw. Elemente, und zwar:

1. das Konzept-Indikator-Modell, das das Kodieren steuert
2. die Datenerhebung
3. das Kodieren
4. die Schlüsselkategorien
5. das Theoretical Sampling
6. das Vergleichen
7. die Sättigung der Theorie
8. die Integration der Theorie
9. die Theorie-Memos
10. das Sortieren der theoretischen Memos.

---

geringfügige Korrekturen und Ergänzungen fast vollständig von Barney Glasers *Theoretical Sensitivity* (1978) übernommen. Die zitierten Sätze und Abschnitte sind gekennzeichnet. Detailliertere Aussagen über diese technischen Aspekte des Analysemodus nach der Grounded Theory sollten direkt in *Theoretical Sensitivity* nachgelesen werden.

Forschungsphasen und die einzelnen Vorgehensweisen

Wir diskutieren nun die grundlegenden Verfahren, mit denen eine Grounded Theory erarbeitet, überprüft und formuliert wird. Diese werden von Anfang bis Ende des Forschungsprojekts angewandt, sie stehen, wie die späteren Fallillustrationen zeigen, in einem engen Bezug zueinander und werden in rascher Abfolge oder auch gleichzeitig eingesetzt. Aber in welchem Verhältnis stehen diese Verfahren zu den einzelnen Phasen des gesamten Forschungsprojekts? Die Beantwortung dieser Frage wird noch ausführlich behandelt werden, doch sollten fürs erste ein paar Worte genügen, um dem Leser das konkrete Material, das durchgängig zu Anschauungszwecken herangezogen wird, nahezubringen.

Die Eröffnungsphasen eines Forschungsprojekts sind „offener“ als die späteren. Da versucht man nicht, sich schnell auf eine oder mehrere Kategorien festzulegen. Viele Monate können vergehen, bis der Forscher von den einzelnen Kategorien mehr oder weniger überzeugt ist, und viele weitere Monate, bis die Schlüsselkategorien gesättigt und in vielfältiger Weise mit den anderen Kategorien verknüpft sind. In den ersten Projektphasen werden wahrscheinlich viele Kategorien generiert, die später wieder verworfen werden, weil sie unbrauchbar sind oder keinen Bezug zu den Schlüsselkategorien aufweisen. Genauso werden viele Hypothesen auf der Strecke bleiben, aber dennoch vom begeisterten Forscher uneingeschränkt, wenn auch nur vorläufig entwickelt werden. Doch von den ersten Forschungstagen an leitet das Theoretical Sampling die Datenerhebung, und die vergleichende Analyse beginnt mit dem ersten Wort der Forschungsarbeit. Die ersten Memos sind weitaus weniger integrativ als es die späteren sein werden, und auch sie können in eine Sackgasse führen oder ihren Schwerpunkt noch auf der frühen, sich in Einzelheiten verlierenden Datenanalyse haben.

Hat der Forscher die Schlüsselkategorie (-kategorien) einmal festgelegt, dann versucht er, andere Kategorien auf diese zu beziehen, und dadurch macht er die Theorie allmählich dichter. Auch wird das Vertrauen in neue Kategorien, die nach weiteren Kodiervorgängen „hervortreten“, wachsen. Ganz gezieltes Theoretical Sampling hat außerdem die Funktion, zusätzliche relevante Kategorien und Eigenschaften zu generieren. In dieser späteren Phase (voraussichtlich gegen Halbzeit des Projekts) wird der Forscher wahrscheinlich auch an das Sortieren von Kodes und Memos denken müssen. Die Memos werden nun zunehmend komplexer, indem sie frühere Memos in gestraffter Form zusammenfassen; oder sie sind darauf gerichtet, Lücken in der Theorie zu schließen. Integrative Diagramme werden im Laufe des Forschungsprojekts verfeinert und erfassen immer mehr Konzepte und noch weitere Bezüge zwischen diesen Konzepten. Alle diese Vorgänge finden kontinuierlich und bis in die letzten Projektphasen statt.

Gegen Ende des Forschungsprojekts wird der Forscher den Schwerpunkt seiner Arbeit auf die Integration der Theorie legen. Seine Überlegungen richten sich dann auch darauf, welches Publikum er mit seiner Arbeit erreichen will, über welche Themen er sprechen möchte und welche Form von Veröffentlichung er beabsichtigt. Schließlich muß er die ganze Theorie zu einer Einheit zusammenziehen, um sie der Öffentlichkeit präsentieren zu können. Wenn das Forschungsprojekt in Teamarbeit durchgeführt wird, dann ist gemeinsam zu entscheiden, wer welche Papiere schreibt, wer welche Vorträge hält, wer welche Kapitel der Monographie übernimmt. Für den Fall, daß mehrere Monographien geplant sind, erhebt sich die Frage: Wer soll welche Monographie oder welche Teile davon schreiben?

Nachdem nun die grundlegenden Verfahren unserer Art von qualitativer Datenanalyse beschrieben worden sind, möchten wir noch betonen, daß die einzelnen Arbeitsschritte nicht unabhängig von den sich entwickelnden Projektphasen geplant werden können. Jeder Forschungsabschnitt hat seine eigenen kleinen Arbeitssequenzen, die abhängig sind: davon, welche Art von Datenmaterial erhältlich, zugänglich und erforderlich ist; von der Beschaffenheit des Datenmaterials und den Interpretationen, die der Forscher im Auge hat; von der Erfahrung des Forschers; von den vielen Zufälligkeiten, die den Forscher persönlich (und bei Teamarbeit auch in seinen Interaktionen) betreffen; von der Art des Publikums, auf das die Veröffentlichung abzielt; und davon, welche Reichweite und welchen Generalisierungsgrad der Forscher mit seiner Theorie anstrebt. Lediglich die groben Entwicklungslinien können im voraus gezeichnet werden. Der Hauptunterschied zwischen der qualitativen Analyse nach der Grounded Theory und anderen qualitativen Analysemodi liegt jedoch nicht darin, daß die einzelnen Forschungsphasen nicht im voraus festgelegt werden können; er liegt darin, daß die Vorgehensweisen (Theoretical Sampling, vergleichende Analyse, Sättigung der Theorie, Sortieren der Memos usw.) in jedem Forschungsabschnitt miteinander kombiniert und ausgetauscht werden können. Diese Verfahren tragen entscheidend zur Entwicklung einer dicht gewebten und fest integrierten Theorie bei.

Grundlegende Verfahren

Konzepte und ihre Indikatoren

„Die Grounded Theory basiert auf einem *Konzept-Indikator-Modell*, mit dessen Hilfe eine Reihe von *empirischen Indikatoren* nach *Konzepten* kodiert werden kann. Empirische Indikatoren sind konkrete Daten wie Verhaltensweisen und Ereignisse, die in Dokumenten und in Interviewtexten beobachtet oder beschrieben werden. Diese Daten sind Indikatoren für ein Konzept, das der Forscher zunächst vorläufig, später aber mit mehr Sicherheit aus den Daten ableitet." (Siehe die Kapitel über Kodes und Memos und das Kapitel, das die Analysen im Forschungsseminar enthält, wo dieses Konzept-Indikator-Modell anschaulich illustriert und manchmal auch explizit diskutiert wird.)

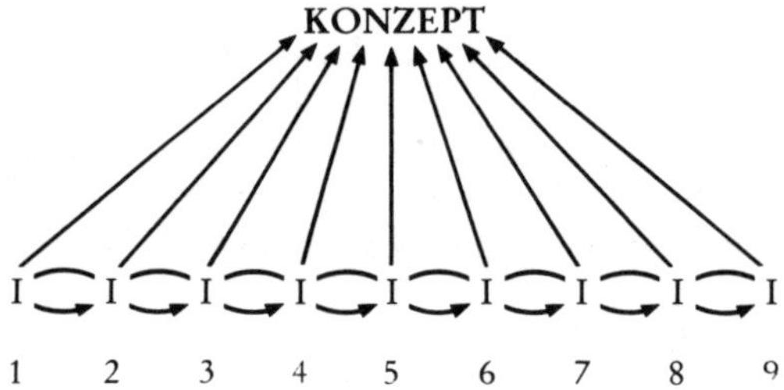

Abb. 2 Konzept-Indikator-Modell

Die Grundlage des in Abbildung 2 dargestellten Konzept-Indikator-Modells besteht darin, daß die einzelnen Indikatoren fortwährend miteinander verglichen werden. Das bedeutet: Der Forscher untersucht und vergleicht viele Indikatoren (Verhaltensweisen/Ereignisse) miteinander, die er dann „kodiert" und als Indikatoren einer Klasse von Ereignissen/Verhaltensmustern bestimmt. Dieser Klasse kann er einen Namen geben und sie dann als kodierte Kategorie betrachten. Dadurch, daß der Forscher „die Indikatoren miteinander vergleicht, muß er sich mit Ähnlichkeiten, Unterschieden und gewissen Sinnkonsistenzen innerhalb der Indikatoren auseinandersetzen. So wird der kleinste gemeinsame Nenner gebildet, der dann wieder zu einer kodierten" *Kategorie* „führt." Ein zweiter Verfahrensschritt geht dann so: Nachdem „ein konzeptueller Kode generiert ist, werden Indikatoren mit dem entwickelten Konzept verglichen. . . . Durch die Vergleiche zwischen weiteren Indikatoren und den konzeptuellen Kodes werden die Kodes verfeinert, damit sie optimal auf die Daten bezogen sind.“ Zwischenzeitlich „werden weitere Eigenschaften von Kategorien herausgearbeitet, bis die Kodes überprüft und gesättigt sind“, also nicht viel Neues mehr ergeben.

Bei diesem Konzept-Indikator-Modell „haben es die Konzepte und ihre Dimensionen *verdient,* in die Theorie einzugehen, weil sie systematisch aus den Daten generiert wurden ... *Die Spezifikation der Konzepte* steht im Mittelpunkt der Grounded Theory ...", weil die operationale Bedeutung des Konzepts darin besteht, daß es seine wertvollen Unterscheidungen in der Grounded Theory zur Anwendung bringt.“

„Der Austausch von Indikatoren und das damit einhergehende Generieren neuer Eigenschaften eines Kodes wird nur solange fortgeführt, bis der Forscher merkt, daß die Ideen aufgrund des *Vergleichens und Auswechselns von Indikatoren* ausgeschöpft sind.“ Das heißt, daß die Ereignisse/Verhaltensweisen, die analytisch in Indikatoren umgewandelt worden sind, im Detail schon noch variieren können oder sich vielleicht auch nur noch wiederholen – aber irgendwie scheinen die Indikatoren analytisch gesehen „immer wieder auf dasselbe hinauszulaufen“. Je zahlreicher also „die Indikatoren sind, die sich in ihrer Bedeutung für das Konzept gleichen, desto höher wird der *Sättigungsgrad* der Eigenschaften des Konzepts für die sich entwickelnde Theorie. Auf diesem Punkt findet der Forscher dann nichts Neues mehr in seinen Daten. Sie geben für die Kategorie und ihre Eigenschaften nichts mehr her. Mittlerweile ist er damit beschäftigt, weitere Kategorien mit der Methode des konstanten Vergleichens zu sättigen.“

Datenerhebung

Mit dem Begriff *Datenerhebung* ist eine gewisse Ambiguität verbunden. Viele Sozialwissenschaftler generieren ihre Daten, indem sie Feldbeobachtungen machen und Interviews durchführen, Videoaufzeichnungen produzieren, Verläufe von Sitzungen aufzeichnen usw. Aber wie schon erwähnt, gibt es auch noch andere Datenquellen: öffentliche Dokumente aller Arten und persönliche Dokumente wie Briefe und Tagebücher. Solche Quellen zu verwenden, bedeutet ebenfalls Arbeit: Man muß nach diesen Daten suchen, Zugang zu ihnen erhalten, sie einsehen und heutzutage kopieren. Wenn der Wissenschaftler in Bibliotheken recherchiert, könnte er an diesem Ort sogar wie ein Ethnograph im Forschungsfeld arbeiten und z.B. erkunden, in welchen Regalen Datenquellen (Bücher, Zeitschriften) zu finden sind;

und wie der Ethnograph kann er das Glück haben, daß er zufällig auf brauchbare Daten stößt (siehe Glaser/Strauss 1967).

Die ersten Daten, die erhoben werden, können dem Forscher verwirrend vorkommen; er ist vielleicht von ihrem Reichtum und ihren oft rätselhaften und herausfordernden Eigenschaften beeindruckt. *Diese* Verwirrung dürfte nicht lange anhalten (wohl aber die Herausforderung), weil die Analyse der Daten (nach unserer Forschungsmethode) mit dem ersten, zweiten oder dritten Interview oder schon nach dem ersten oder zweiten Tag im Forschungsfeld beginnt. Daraus ergibt es sich, daß die nächsten Interviews und Feldbeobachtungen unter dem Eindruck von analytischen Fragen und Hypothesen zu Kategorien und deren Zusammenhängen durchgeführt werden. Diese Orientierung wird noch deutlicher, wenn wieder neue Daten analysiert werden.

Die Datenerhebung ist nie ganz abgeschlossen, weil durch Kodieren und Memoschreiben immer wieder neue Fragen entstehen, die nur bearbeitet werden können, indem neue Daten erhoben oder frühere Daten von neuem untersucht werden. Die theoretisch geleitete Datenerhebung führt oft dazu, daß der Forscher noch nach anderen wertvollen Datenquellen sucht – oder diese als solche schneller erkennt: Zum Beispiel kann eine Serie von gezielten Interviews wichtige Beiträge zu den eher offenen Interviews aus der alltäglichen Forschungsarbeit leisten; oder öffentlich zugängliche Biographien ergänzen eine Interviewreihe. Diese Zusatzdaten nennen wir „Datenscheiben"; denn unterschiedliche Datentypen repräsentieren unterschiedliche Standpunkte oder Blickwinkel, die durch weiteres Kodieren berücksichtigt werden, so daß sich weitere Bezüge zwischen den einzelnen Kategorien, die in die entstehende Theorie eingehen, ergeben.

Kodieren

Wir haben schon darauf hingewiesen, daß das Kodieren ein grundlegendes Verfahren ist. Jeder Wissenschaftler, der ein Könner auf dem Gebiet der qualitativen Datenanalyse werden möchte, muß lernen, gut und mühelos zu kodieren. Die Güte der Forschungsarbeit beruht zu einem großen Teil auf der Güte des Kodierverfahrens. (Siehe Illustrationen und Fortsetzung der Diskussion im 3. Kapitel.)

Kodierparadigma. Ein wichtiger Punkt beim Kodieren, der oft mißverstanden wird, ist folgender: Während durch das Kodierverfahren Kategorien entdeckt und benannt werden, muß es dem Forscher *auch* noch mehr einbringen. Es reicht zum Beispiel nicht aus, daß ein Ereignis mittels eines Indikators zu einer Kategorie – sagen wir „Maschinenversagen“ – kodiert wird, indem man den Namen der Kategorie neben die Textzeilen schreibt, in denen sich Hinweise auf den Indikator finden. Der Forscher muß auch die zugehörigen Subkategorien, die in diesen Textzeilen oder aber an anderer Stelle eines Interviews, eines Beobachtungsprotokolls, eines Dokuments reflektiert sein können, kodieren. (Siehe v.a. 3. bis 5. Kapitel.)

Folglich möchten wir das folgende *Kodierparadigma* vorschlagen. Es ist für die Kodierverfahren von zentraler Bedeutung. Obgleich dieses Paradigma besonders für den Neuling hilfreich ist, gehört es innerhalb kurzer Zeit zur Grundausstattung der Denkprozesse des Forschers. Ob ausformuliert oder nur implizit vorhanden, erinnert es immer wieder daran, daß Daten nach der Relevanz für die Phänomene, auf die durch eine gegebene Kategorie verwiesen wird, kodiert werden, und zwar nach:
den Bedingungen
der Interaktion zwischen den Akteuren
den Strategien und Taktiken
den Konsequenzen.

Offensichtlich haben unerfahrene Forscher hin und wieder Schwierigkeiten damit, bei der Untersuchung ihrer Daten „Bedingungen“ herauszufinden. Dazu möchten wir folgendes sagen. Bedingungen sind oft leicht zu entdecken – manchmal weisen die Interviewten oder Handelnden sogar eigens darauf hin; falls dies nicht der Fall ist, sollte der Forscher auf Schlüsselwörter achten wie „weil“, „da“, „wegen“ oder auf Ausdrücke wie „auf Grund von“. Gleichermaßen können Konsequenzen von Handlungen durch Ausdrücke wie „als Folge von“, „deshalb“, „mit dem Ergebnis“, „die Konsequenz war“, „folglich“ angezeigt werden. Strategien und die mit diesen verbundenen konkreteren Taktiken scheinen dem unerfahrenen Forscher nicht diese Schwierigkeiten zu bereiten. *Interaktionen* sind auch leicht herauszufinden: Gemeint sind Wechselbeziehungen zwischen den Handelnden und nicht ihr gezielter Einsatz von Taktiken und Strategien. Anschauliche Beispiele, wie man mit dem Kodierparadigma arbeitet, gibt es im ganzen Buch. Denken Sie daran, daß ein Kodierverfahren, in dem die einzelnen Punkte des Paradigmas nicht berücksichtigt sind, kein echtes Kodieren ist.

Offenes Kodieren. Die *erste* Art von Kodiervorgang, die in einem Forschungsprojekt durchgeführt wird, nennt man offenes Kodieren. Dabei handelt es sich um uneingeschränktes Kodieren der Daten. Dieses offene Kodieren geht so vor sich (wie einige der Fallbeispiele zeigen werden), daß das Beobachtungsprotokoll, ein Interview oder ein anderes Dokument sehr genau analysiert wird, und zwar Zeile für Zeile oder sogar Wort für Wort. Das Ziel dabei ist, Konzepte zu entwickeln, die den Daten angemessen erscheinen. Diese Konzepte und ihre Dimensionen sind bis dahin noch ganz und gar provisorisch; aber die Reflexion darüber bringt eine Menge von Fragen und ebenso vorläufigen Antworten mit sich, die sofort zu weiteren Themen bezüglich Bedingungen, Strategien, Interaktionen und Konsequenzen überleiten. Sobald der Forscher die nächsten Wörter, die nächsten Zeilen untersucht, wächst der Prozeß lawinenartig an: sofort werden Informationen, die die Fragen und Hypothesen betreffen, bearbeitet und manchmal sogar Dimensionen querverglichen. Eine einzige Sitzung über ein einziges Dokument vermag oft selbst den erfahrenen Forscher in Erstaunen versetzen, vor allem dann, wenn das Datum auf den ersten Blick nicht viel zu versprechen schien. Der Punkt ist tatsächlich der, daß das Potential an Aspekten nicht so sehr im Dokument selbst liegt als vielmehr in der Qualität der Beziehung zwischen Datum und forschendem Geist sowie in der Übung, die der Forscher hat, wenn er die Arbeit des offenen Kodierens tatkräftig und phantasievoll angeht.

Wissenschaftler, für die diese Art des Kodierens neu ist, beißen sich typischerweise daran fest, argumentieren also heftig, welches die „wahre" Bedeutung einer Zeile ist oder welches die „echten" Motive des Interviewten sind, die hinter der untersuchten Zeile stecken. Im Rahmen des offenen Kodierens ist dieses Anliegen völlig irrelevant. Warum? Weil der Zweck des offenen Kodierens darin besteht, die Forschungsarbeit *zu eröffnen.* Jede Art von Interpretation hat an diesem Punkt noch den Stellenwert eines Versuchs. Genau genommen befaßt sich der Forscher hier nicht in erster Linie mit den Inhalten des Dokuments, sondern damit, wie dieses für die nächsten Schritte der Forschungsarbeit nutzbar gemacht werden kann. Was auch immer an der Interpretation jener Zeilen und Wörter nicht stimmig ist, wird schließlich in späteren Untersuchungsphasen berichtigt. Mit den Konzepten wird man dann arbeiten können oder auch nicht, Unterscheidungen werden sich als brauchbar erweisen oder nicht – oder modifiziert werden usw. Mit zunehmender Erfahrung erlernt der Forscher also das Spiel, – an diesem Punkt der Forschung – alles und nichts zu glauben und sich selbst so offen zu halten wie das Kodieren. Schließlich gründen seine Kodierungen in den untersuchten Daten sowie in seinem damit verbundenen Kontextwissen, das auch die Kenntnis der Fachliteratur, die er in die Untersuchung mit einbringt, umfaßt.

Dadurch, daß die Kodierungen in zwei Datenquellen verankert sind, wird der Forscher davor bewahrt, zu tief in die Materialien (Dokumente, Beobachtungsprotokolle, Interviews usw.) einzutauchen, so daß er bald in klaren Konzepten und deren Bezügen denkt. Sich von den Daten lösen und zur Konzeptualisierung übergehen ist sogar für einen erfahrenen Forscher besonders schwer, wenn er in einer bestimmten Studie aufgrund seiner Mitarbeit im Untersuchungsfeld etwas heimisch geworden ist oder wenn er über die zu untersuchenden Phänomene von seiner Erfahrung her oder theoretisch zu viel weiß und somit von Datenmaterialien buchstäblich zugeschüttet ist. Doch die Distanzierung von den Daten um der Konzeptualisierung willen ist notwendig, wenn man in bezug auf die Phänomene, die in den Materialien reflektiert sind, ein rein wissenschaftliches Verstehen und Theorien entwickeln möchte. Offenes Kodieren zwingt den Forscher schon bald, die Daten analytisch aufzubrechen oder zu knacken, und es führt unmittelbar zu Aufregung und zu der unumgänglichen Belohnung, in Daten gegründete Konzepte zu haben. Darüber hinaus ist das offene Kodieren in Forschungsseminaren ein wertvoller Vorgang; denn für manche Studenten ist es oft leichter, die Daten eines anderen zu kodieren, weil sie dazu eine größere emotionale Distanz haben und so durch die Verfahren des offenen Kodierens lernen, wie sie ihre eigenen Daten schneller aufbrechen können.

Ein Wort sollte hier jedoch noch über die Schwierigkeiten gesagt werden, denen Anfänger auf dem Gebiet der qualitativen Datenanalyse begegnen, wenn sie wirkliche Kategorien generieren wollen. Die allgemeine Tendenz geht dahin, daß man einfach ein Stück aus dem Datenmaterial (eine Wendung, einen Satz oder Abschnitt) nimmt und dieses in eine kurze Zusammenfassung kleidet. Zum Beispiel: Der Interviewte gibt seiner Sorge oder Freude oder Aggression Ausdruck, weil er erklärt hat, „ich war voller Sorge" oder „ich war total verrückt und versetzte ihm einen Schlag". Der Neuling schreibt hier bloß paraphrasierte Kürzel an den Rand des Interviewtextes, anstatt theoretische Kategorien zu generieren. (Wie viele Forscher, die mit anderen Analysemethoden arbeiten, bleibt er in Wirklichkeit ganz oder überwiegend auf einer deskriptiven Ebene, die nicht viel anders ist als die, auf der sich die Handelnden bewegen.) Wenn aber eine Krankenschwester dem Forscher erzählt: „Ich versuchte, Haltung zu bewahren, als der Patient gellend schrie, und verließ den Raum", dann kann dieser Satz analytisch umgesetzt werden in „professionelle Haltung" mit Bemerkungen über die strukturelle Bedingung, wodurch ihre Fassung bedroht ist, und über ihre Taktik, wie sie ihre Haltung bewahren kann. Das könnte den Forscher veranlassen, ein Memo zu schreiben, in dem sofort Fragen zu ähnlich gelagerten Bedingungen und Taktiken gestellt werden wie auch zu Situationen, in denen die Taktik der Krankenschwester versagte oder sie die Taktik nicht anwenden und folglich die Fassung nicht bewahren konnte.

Unsere Erfahrung in der Vermittlung dieser Art von Datenanalyse hat uns gezeigt, daß der schwierigste Schritt (im Unterschied zur Integration der gesamten Analyse) für den Anfänger der ist, sich durch richtiges Kodieren wirklich von der Ebene der Daten zu lösen. Solange er diesen Vorgang nicht gelernt hat, wird er enttäuscht sein. Außerdem ist es von grundlegender Bedeutung, sich diese Fertigkeit anzueignen, weil alle weiteren Verfahren darauf aufbauen. Neben den allgemeinen Leitlinien, die im folgenden (und im 3. Kapitel über das Kodieren) aufgeführt sind, halten wir die nachstehenden *Faustregeln* bei der Vermittlung unserer Methode für sinnvoll:

1. Achten Sie auf natürliche Kodes, d.h. auf Ausdrücke, die von den Leuten, die Gegenstand der Untersuchung sind, benutzt werden. Die Aussage der Krankenschwester: „... versuchte, Haltung zu bewahren..." ist ein Beispiel dafür.
2. Geben Sie jedem Kode, ob natürlich oder konstruiert, eine vorläufige Bezeichnung. Ihr Anliegen ist hier nicht in erster Linie die Angemessenheit des Begriffs – stellen Sie einfach sicher, daß der Kode einen Namen hat.
3. Stellen Sie bei der Zeile-für-Zeile-Analyse eine Menge spezieller Fragen zu Wörtern, Ausdrücken, Sätzen, Handlungen.
4. Gehen Sie bald über zu den Dimensionen, die für bestimmte Wörter, Ausdrücke usw. relevant erscheinen.
5. Durch diese Dimensionen sollten schon bald kontrastierende Fälle auftauchen; wenn dies nicht der Fall ist, sollten Sie konzentriert danach suchen.
6. Behalten Sie die Punkte des Kodierparadigmas (siehe Abb. 1) im Auge.

Einige zusätzliche Leitlinien für offenes Kodieren helfen dem Forscher, dieses Verfahren richtig und erfolgreich anzuwenden. „*Erstens* stellt man an das Datenmaterial eine Reihe von Fragen. Diese muß der Forscher von Anfang an im Hinterkopf behalten. Die allgemeinste Frage ist: *Welcher Art von Studie sind diesen Daten angemessen?* Diese Frage erinnert ihn immer wieder daran, daß sich seine ursprüngliche Vorstellung vom Gegenstand der Studie vielleicht überhaupt nicht einlösen läßt – unserer Erfahrung nach kommt dies oft vor. (Die Fallillustrationen aus den Forschungsseminaren werden zeigen, wie das passieren kann.) Eine weitere Frage, die sich der Forscher, wenn er die Daten untersucht, kontinuierlich stellen sollte, ist: *Auf welche Kategorie weist dieses Ereignis hin?* Dies ist die Kurzfassung der Frage. Die ausführliche Fassung lautet: Auf welche Kategorie oder Eigenschaft von Kategorie oder auf welchen Teil der sich entwickelnden Theorie weist dieses Ereignis hin? Sobald die Formulierung der Theorie klarer wird, ist diese Frage für den Forscher leichter zu beantworten. Die ständige Präsenz dieser Frage kann ihn davor bewahren, daß er sich in der Fülle von Daten verliert, weil er dann nämlich die Generierung von Kodes, die sich wiederum auf andere Kodes beziehen, forciert. Schließlich stellt der Forscher immer wieder die Frage: *Was geschieht eigentlich in den Daten?* Was ist das Grundproblem (Probleme), mit dem die Akteure konfrontiert sind? Wie läßt sich ihr Grundproblem (Probleme) erklären? [Anders ausgedrückt: Was ist hier die eigentliche Geschichte und warum?] Um diese Fragen beantworten zu können, ist es notwendig, daß der Forscher eine Schlüsselkategorie (-kategorien) entwickelt, die dann im Mittelpunkt der Theorie und einer möglichen Veröffentlichung steht bzw. stehen."

Die *zweite* Leitlinie für offenes Kodieren – ein Kodierverfahren, das in erster Linie die Analyse eröffnet – ist die, daß man *die Daten sehr genau analysiert.* Wie schon des öfteren erwähnt, bedeutet das, daß der Forscher häufig und detailliert kodiert. Diese Mühe ist notwendig, „um eine weite theoretische Bandbreite zu erreichen, die ebenso sorgfältig in Daten gegründet ist". Eine entgegengesetzte „Herangehensweise an das offene Kodieren (mittels *Überblick*) ist die, daß man die Daten rasch durchliest und dann aufgrund von Eindrücken ein Bündel von Kategorien entwickelt. Wir empfehlen diesen Ansatz nicht, weil er nur ein paar Ideen einbringt und nicht zur Entwicklung von konzeptueller Dichte beiträgt. Er vermittelt auch keine Vorstellung davon, was in der Analyse übersehen wurde. In dieser Art weiterarbeiten hat zur Folge, daß am Ende eine konzeptuell dünne und oft schwach integrierte Theorie steht".

Ist das Herangehen an das offene Kodieren so, daß die Daten mikroskopisch untersucht werden, dann „minimiert das" die Gefahr, „daß wichtige Kategorien übersehen werden, es führt zu einer konzeptuell dichten Theorie und gibt – sowohl dem Leser als auch dem Forscher – das Gefühl, wahrscheinlich nichts von besonderer Bedeutung ausgelassen zu haben", und dies fördert die Verifikation wie auch die Bewertung der Theorie. Folgendes muß dazu aber noch gesagt werden: Wenn ein Kode eine relative Sättigung erreicht hat – „nichts Neues passiert mehr" –, dann wird der Forscher die Daten automatisch schneller durchgehen, in der Zeile-für-Zeile-Analyse Wiederholungen finden und folglich die Daten überfliegen, bis etwas Neues seine Aufmerksamkeit erregt. Dann beginnt wieder die minutiöse Untersuchung. Es ist in der Tat so, daß zusätzlich erhobene Daten, vor allem wenn die Erhebung von einem sorgfältigen und phantasievollen Theoretical Sampling geleitet wurde, sehr wahrscheinlich wieder mikroskopisch analysiert werden müssen. (Die vorgeführten Seminarbeispiele werden dieses intensive Forschen sehr klar veranschaulichen, wenn die Studenten bei ihren Zeile-für-Zeile-Analysen minutenlang über bestimmten Wörtern, Ausdrücken und Sätzen brüten.)

Solche intensiven Analysen können also von Zeit zu Zeit gemacht werden. Die Faustregel ist hier, daß die Daten minutiös untersucht werden sollten, sobald der Forscher den Eindruck hat, daß Abschnitte der Gesamtanalyse nicht zufriedenstellend ausgearbeitet sind oder daß wichtige Bezüge innerhalb der Kategorien durch weiteres offenes Kodieren gefestigt werden könnten. Natürlich kann man angesichts der üblicherweise anfallenden Datenmassen die Prozedur des offenen Kodierens nicht regelmäßig, sondern nur gelegentlich durchführen – aber dann gibt es keinen Grund, nachlässig zu arbeiten. Wenn Sie jedoch spüren, daß die Beschäftigung mit offenem Kodieren wieder angebracht wäre, dann sollten Sie diese Arbeit nicht aufschieben. Je eher, desto besser, weil Sie dadurch schnell zu einem sinnvollen Theoretical Sampling geführt werden und der anstehenden Datenerhebung leicht eine neue Richtung geben können.

Eine *dritte* wichtige Leitlinie für das offene Kodieren ist die, „häufig den Kodierprozeß zu unterbrechen, um ein Theorie-Memo zu schreiben. Dies führt rasch zu einer Akkumulation von Memos, und der Forscher bewegt sich von den Daten weg in einen eher analytischen Bereich". Eine *vierte* Leitlinie lautet: „Der Forscher sollte nicht grundsätzlich davon ausgehen, daß eine ‚Etikettierung', d.h. eine Variable im herkömmlichen Sinn wie Alter, Geschlecht, Schichtzugehörigkeit, Rasse analytisch relevant ist, solange sich diese nicht als relevant erwiesen hat. Auch diese Variablen müssen ihren Weg in die Grounded Theory erst verdienen."

Wichtig ist zu verstehen, daß „durch offenes Kodieren die einzelnen Kodes sowohl verifiziert als auch gesättigt werden". Am Anfang sind die Kodes wahrscheinlich primitiv und müssen deshalb noch stark modifiziert werden. Auf jeden Fall sind sie erst einmal vorläufig, und mit der Zeit werden sie beträchtlich verändert, verfeinert usw. Aus diesem Grunde darf sich der Forscher nicht zu sehr auf die ersten Kodes konzentrieren, sich nicht „zu schnell festlegen, so verführerisch dies auch sein mag, weil die ersten Kodes höchst relevant erscheinen können, auch wenn sie es in Wirklichkeit gar nicht sind. Mit dem Verfahren des offenen Kodierens werden schnell Kodes erzeugt, aber später verlangsamt sich dieser Prozeß, weil immer wieder nachgeprüft wird, ob der einzelne Kode auch wirklich angemessen ist. . . . Wenn der Kode schließlich einen gewissen Sättigungsgrad erreicht hat, wird er einschließlich seiner Beziehung zur Schlüsselkategorie (-kategorien) – auch wenn diese Kategorie tatsächlich nicht die Schlüsselkategorie sein sollte – zu anderen Kodes in Bezug gesetzt".

Axiales Kodieren. Das Verfahren des axialen Kodierens enthält einen wesentlichen Aspekt des offenen Kodierens. Gemeint ist damit, daß eine bestimmte Kategorie an einem bestimmten Punkt der Forschungsarbeit im Rahmen des Kodierparadigmas (Bedingungen, Konsequenzen usw.) intensiv analysiert wird. Durch diese Prozedur vermehrt sich das Wissen über die Beziehungen zwischen dieser Kategorie und anderen Kategorien und Subkategorien. Der Begriff *axiales Kodieren* ist für diesen Vorgang zutreffend, weil sich die Analyse an einem bestimmten Punkt um die „Achse" einer Kategorie dreht. Es ist unwahrscheinlich, daß der Forscher in den ersten Tagen oder sogar Wochen des Forschungsprojekts, wenn die ersten Daten erhoben und analysiert werden, axial kodiert. Doch während der normalerweise langen Phase des offenen Kodierens rückt das axiale Kodieren zunehmend in den Vordergrund, dann nämlich, wenn sich der Forscher allmählich auf eine Schlüsselkategorie (-kategorien) festlegt und somit entschieden auf das selektive Kodieren (das als nächstes besprochen wird) zusteuert. In der Phase des offenen Kodierens aber entscheidet sich der Forscher zwischen dem ganz gezielten Verfahren des axialen Kodierens und lockereren Formen des offenen Kodierens, besonders dann, wenn er neue Aspekte des zu untersuchenden Phänomens studiert. Es hängt auch von der Anzahl der spezifischer werdenden Beziehungen zwischen den vielen Kategorien ab, ob in dieser Kodierphase so intensiv gearbeitet wird wie beim axialen Kodieren oder nicht. Natürlich werden in diesem sich verdichtenden Gewebe der Konzeptualisierung auch Verbindungen hergestellt zu der Kategorie bzw. den Kategorien, die schließlich als „Schlüsselkategorie" ausgewählt wird.

Selektives Kodieren. Mit dem Verfahren des selektiven Kodierens ist gemeint, daß *systematisch* und konzentriert nach der Schlüsselkategorie kodiert wird. „Die anderen Kodes werden dem im Fokus stehenden Kode untergeordnet. Selektiv kodieren heißt also, daß der Forscher den Kodierprozeß auf solche Variablen begrenzt, die einen hinreichend signifikanten Bezug zu den Schlüsselkodes aufweisen, um in einer auf einen spezifischen Bereich bezogenen Theorie verwendet zu werden". Die Schlüsselkategorie wird jetzt zur Richtschnur für Theoretical Sampling und Datenerhebung. Der Forscher sucht nach Bedingungen, Konsequenzen usw., die in Bezug zur Schlüsselkategorie stehen, indem er nach diesen kodiert. Das selektive Kodieren unterscheidet sich also vom offenen Kodieren, wird aber in dem Kontext durchgeführt, der während der Phase des offenen Kodierens erschlossen wurde. In der Phase des selektiven Kodierens werden die analytischen Memos verständlicherweise fokussierter, und sie sind geeignet, zur

Integration der Theorie beizutragen. Das Verfahren des selektiven Kodierens kann schon relativ früh im Forschungsprojekt eingesetzt werden, aber es tritt in dessen Verlauf zunehmend in den Vordergrund, weil es per se systematischer ist als das offene Kodieren.

Soziologisch konstruierte Kodes und natürliche Kodes

„Es gibt zwei Typen von Kategorien" – die soziologischen Konstrukte und die natürlichen Kodes. Letztere „sind geradewegs der Terminologie des Forschungsfeldes entnommen oder daraus abgeleitet: in der Hauptsache die Begriffe, die die Handelnden in diesem Bereich verwenden". Während der Forscher offen kodiert, bekommt er diese Ausdrücke von den Akteuren oft zu hören, und er wird diese Begriffe dann in seine Analyse aufnehmen. „Natürliche Kodes stehen im allgemeinen für Verhaltensweisen oder Vorgänge, die dem Forscher erklären, wie das Grundproblem der Akteure gelöst oder bearbeitet wird. Diese Kodes brechen die Daten unmittelbar auf, weil sie analytische Kategorien darstellen, wie sie vom Forscher benutzt werden". Sie können auch auf verwandte theoretische Kodes hinweisen: „zum Beispiel beinhaltet die ‚Überwachung' der klinischen Bedingungen eines Patienten – und die Akteure bringen das oft explizit vor – verschiedene Bedingungen, unter denen die Überwachung stattfindet, die Konsequenzen der Überwachung usw."

Natürliche Kodes „haben zwei Eigenschaften: sie sind analytisch wertvoll und vermitteln Vorstellung. Sie sind analytisch brauchbar, weil durch sie die gegebene Kategorie bei spezifizierter Bedeutung zu anderen Kategorien in Bezug gesetzt wird und leicht in die Formulierung der Theorie übertragen werden kann. Ihre Bildhaftigkeit ist insofern von Nutzen, als der Forscher den Kode nicht weiter illustrieren muß, um seine Bedeutung zu demonstrieren. Aus dem Grad der Bildhaftigkeit kann man schließen, inwieweit die Daten für sich genommen ihre Bedeutung veranschaulichen, so daß der Forscher seine Forschungsberichte nicht mit zu vielen Illustrationen überladen muß. Natürliche Kodes implizieren eine sehr lebhafte Vorstellungswelt und eine starke eigeninterpretative Bedeutung: Sie ‚greifen' nach denen, die es mit ihnen zu tun haben. Und der Leser vergißt sie selten, weil sie in ihrem Ausdruck lebensnah und bunt sind. Sie haben auch eine erhebliche analytische Kraft, weil sie von den Akteuren mit Leichtigkeit und mit ausreichend präziser Bedeutung verwendet werden".

„Soziologische Konstrukte sind andererseits Kodes, die der Soziologe formuliert (‚Bewußtheitskontext', ‚medizinische Verlaufskurve')". (Die Konstrukte müssen natürlich keine soziologischen sein; sie können je nach wissenschaftlicher Disziplin auch psychologischer, anthropologischer usw. Natur sein.) Diese Konstrukte „basieren auf einer Kombination aus dem Fachwissen des Forschers und seiner Kenntnis des zu untersuchenden Forschungsfeldes. Folglich können sie der Analyse mehr soziologische (sozialwissenschaftliche) Bedeutung geben als natürliche Kodes. Sie vergrößern auch die Reichweite einer Theorie, indem sie über lokale Sinndeutungen von Daten hinausgehen zu allgemeineren Problemen der Sozialwissenschaft. Analytisch gesehen sind sie wertvoll, weil sie klar und systematisch konstruiert sind. Diese Kodes können wenig Vorstellung vermitteln (manche Wissenschaftler sind der Ansicht, daß sie umso wissenschaftlicher und weitaus weniger impressionistisch sind, je farbloser ihr Begriff ist; andere wiederum ziehen bildhaftere Begriffe vor)."

In den späteren Fallbeispielen kann der Leser beobachten, wie die Forscher viele natürliche und soziologische Kodes entwickeln. Es wurde schon erwähnt, daß diese Kodes zunächst provisorisch generiert werden – und mithin auch ihre *Namen*, die dann leicht umgeändert werden können, wenn bessere Begriffe dafür gefunden sind. Wichtig ist jedenfalls, daß sich der Forscher frei genug fühlt, Begriffe zu erfinden und zu verändern. „Es hat wenig Sinn, krampfhaft nach dem passenden Begriff zu suchen, besonders dann nicht, wenn man erst das Phänomen erkennt, das den Grund für die Bezeichnung liefert – die Reihenfolge ist wichtig, nämlich erst das Phänomen zu erkennen und dann einen möglichst plastischen Begriff zu erfinden oder zu verwenden, so daß der Forscher auf die Kategorie Bezug nehmen, sie in den Fokus stellen und sich an sie erinnern kann". Der Forscher kann lernen, wie man mit etwas Geschick solche Begriffe prägt, wenn er eine gewisse Erfahrung mit dieser Art von qualitativer Analyse hat. Natürlich ist diese Fertigkeit nicht allein eine Sache des sprachlichen Geschicks; sie kann auch durch eine allgemeine Steigerung der Sensitivität gegenüber abstrakten Dingen *und* der damit verbundenen analytischen Fähigkeit weiterentwickelt werden.

Schlüsselkategorien

„Das Ziel der Grounded Theory ist es, eine Theorie zu generieren, die ein Verhaltensmuster erklärt, das für die Beteiligten relevant und problematisch ist. Man entwickelt eine Theorie um eine *Schlüssel*kategorie herum (und manchmal um mehrere)". „Da eine Schlüsselkategorie den größten Teil der Variation eines Verhaltensmusters erklärt", d.h. seine verschiedenen Erscheinungsweisen unter verschiedenen

Bedingungen, „hat die Schlüsselkategorie bei der Generierung einer Theorie mehrere wichtige Funktionen. Sie ist relevant und funktioniert. Die meisten anderen Kategorien mit ihren Eigenschaften haben einen Bezug zu ihr, so daß sie in starkem Maße der Qualifikation und der Modifikation unterliegt. Darüber hinaus hat sie aufgrund ihrer Beziehungen zu den Kategorien mit ihren Eigenschaften primär die Funktion, die Theorie *zu integrieren, zu verdichten* und *zu sättigen*, sobald die Bezüge herausgearbeitet sind. Aufgrund dieser Funktionen wird eine *Vollständigkeit* der Theorie erreicht, die mit möglichst wenigen Konzepten ein Höchstmaß an Variation eines Verhaltensmusters erfaßt und dadurch Sparsamkeit und Reichweite maximiert".

„Der Forscher sollte mit wachem Sinn nach einer Schlüsselvariablen suchen, wenn er Daten kodiert. Dadurch, daß er konstant Ereignisse und Konzepte vergleicht, generiert er viele Kodes, und so achtet er auf den einen oder anderen Kode, der eine Schlüsselvariable sein könnte. Er hält permanent Ausschau nach dem ‚Hauptthema': nach dem Hauptanliegen oder -problem der Leute im Untersuchungsfeld; danach, was in einem Verhaltensmuster für die Substanz des Datenmaterials insgesamt steht; nach dem Kern der Bedeutung, die sich in den Daten widerspiegelt. (Welches ist hier die eigentliche Geschichte? ist eine Art Leitfrage, die der Forscher immer wieder stellt, um sich daran zu erinnern, daß er die obigen Fragen kontinuierlich beantworten sollte.)

„Da der Forscher während der Analyse diese Fragen stellt, entwikkelt er für deren potentielle Antworten ein Fingerspitzengefühl". „Möglichen Schlüsselkategorien sollte er so schnell wie möglich die ‚zutreffendste' Bezeichnung geben, damit er einen Ausgangspunkt hat, von dem aus er reflektiert. Vielleicht kann sich der Forscher vorstellen, welches die Schlüsselkategorie ist, aber nicht imstande sein, diese zufriedenstellend zu formulieren; folglich muß er mit einer vorläufigen Bezeichnung arbeiten, bis er eine bessere gefunden hat".

„Nachdem mehrere brauchbar kodierte Kategorien entwickelt worden sind, versucht der Forscher, die Kategorien, die erklärende Kraft zu haben scheinen, so gut es geht *theoretisch zu sättigen*". Dadurch werden die Zusammenhänge zwischen Kategorien und ihren Eigenschaften erkennbar und konzeptuell dicht. Theoretical Sampling wird durchgeführt, um zur Sättigung von Kategorien beizutragen, weil diese zu vielen anderen Kategorien in Beziehung stehen und sich im Datenmaterial oft wiederholen. Bei der qualitativen Analyse müssen „diese Bezüge in Form von Memos weiterverfolgt werden, die der Forscher dann ausarbeitet oder bis zum Sortieren ablegt" und in integrative Memos einbaut. „Die Schlüsselkategorie muß in ihrem vorrangigen Bezug zu anderen Kategorien immer wieder bestätigt werden".

„Je mehr Daten analysiert worden sind, desto sicherer kann der Forscher im Hinblick auf die am Ende gewählte Schlüsselkategorie sein. Zeit und Daten können teuer werden; in kleineren Studien muß der Forscher oft eine Wahl riskieren: und sicherlich erweist sich in der Entscheidung über eine Schlüsselkategorie die Fertigkeit und die Fähigkeit des Forschers. Wenn er auf einer relativ schmalen Datenbasis zu schnell eine Schlüsselkategorie festlegt, besteht die Gefahr, daß er am Ende eine wenig ausgereifte Theorie hat, die schlecht integriert ist und wenig Erklärungskraft hat".

Für die Beurteilung, welche Kategorie als Schlüsselkategorie dienen sollte, gibt es mehrere Kriterien.

1. „Sie muß *zentral* sein, d.h. einen Bezug haben zu möglichst vielen anderen Kategorien und deren Eigenschaften und zu mehr Kategorien, als es andere Anwärter auf die Position der Schlüsselkategorie haben. Dieses Kriterium der Zentralität ist eine notwendige Bedingung, um eine Kategorie in den Kern der Analyse zu stellen: Es zeigt an, daß durch die Kategorie die Variation eines Verhaltensmusters in weiten Teilen erklärt wird."
2. „Die Schlüsselkategorie muß *häufig* im Datenmaterial vorkommen. (Präziser: Die Indikatoren für das Phänomen, das in der Schlüsselkategorie erfaßt wird, müssen häufig vorkommen.) Wenn die Kategorie immer wieder in Erscheinung tritt, wird sie allmählich zu einem stabilen Muster und folglich zunehmend in Bezug zu anderen Kategorien gestellt. Wenn sie nicht häufig vorkommt, heißt das nicht, daß sie uninteressant ist, sondern nur, daß sie nicht die Schlüsselkategorie ist".
3. „Die Schlüsselkategorie läßt sich *mühelos in Bezug setzen* zu anderen Kategorien. Diese Zusammenhänge müssen nicht forciert werden; sie ergeben sich sehr bald und zahlreich. Weil aber die Schlüsselkategorie zu vielen anderen Kategorien in Beziehung steht und häufig vorkommt, nimmt die Sättigung der Schlüsselkategorien mehr Zeit in Anspruch als die der anderen Kategorien".
4. „Eine Schlüsselkategorie in einer bereichsbezogenen Studie besitzt *klare Implikationen im Hinblick auf eine formale Theorie.* (Siehe 11. Kapitel über das Generieren einer formalen Theorie.) So realisiert vielleicht ein Forscher, der den Schichtdienst in einem Krankenhaus beobachtet, früher oder später, daß die Schichtarbeit eine grundlegende Strukturbedingung für jeden 24-stündigen Arbeitsrhythmus impliziert, und mit der Zeit entwirft er vielleicht eine Theorie über Schichtarbeit in Organisationen generell. Doch die diversen analytischen Operationen, die darauf folgen, müssen an Daten durchgeführt werden, die in vielen verschiedenartigen Untersuchungsbereichen erhoben wurden. Natürlich müssen diese Daten intensiv analysiert werden, bevor die Schlüsselkategorie (-kategorien) für diese allgemeingültige Theorie bestimmt werden kann".
5. „Sobald die Details einer Schlüsselkategorie analytisch ausgearbeitet sind, entwickelt sich die Theorie merklich weiter".
6. „Mit Hilfe der Schlüsselkategorie kann der Forscher die *maximale Variation* in die Analyse aufnehmen, weil er im Rahmen von Dimensionen, Eigenschaften, Bedingungen, Konsequenzen, Strategien usw. kodiert". Diese stehen alle in Zusammenhang mit verschiedenen Submustern des Phänomens, auf das die Schlüsselkategorie hinweist. Eine solche Variation (oder auch Varianz genannt) hat, wie uns ein Kollege einmal sagte, im quantitativen Analysemodus üblicher-

weise mehr Gewicht als bei Diskussionen in qualitativen Arbeitsrichtungen. Seine Bemerkung war zutreffend; denn viele qualitativ arbeitenden Wissenschaftler streben nicht nach Varianz, sondern nach sehr allgemeinen Mustern. Es ist jedoch eines der Merkmale des Analysemodus nach der Grounded Theory, die Variation zu suchen.

Wer soll kodieren?

Wenn ein Wissenschaftler allein an einem Forschungsprojekt arbeitet, liegt die Antwort auf diese Frage auf der Hand. Aber wie ist es, wenn ein Team gemeinsam an einem Projekt arbeitet? Sollen dann alle Projektteilnehmer kodieren oder nur die Kollegen, die erfahren sind im Kodieren, die effizient und brilliant kodieren; eher der Professor als die Assistenten; bei einem großen Projekt eher der Projektleiter als der Forscher, der nur Daten erhebt? Vor einigen Jahren übte Julius Roth (1963), ein qualitativ arbeitender Wissenschaftler, scharfe Kritik an den Projektleitern von Umfrageforschungen wegen ihrer Ausbeutung der „angeheuerten Handlanger", die lediglich die Dreckarbeit der Datenerhebung erledigten; diese Situation verglich er mit der starken Bindung und dem Engagement des typischen Feldforschers seiner Arbeit gegenüber, der natürlich sämtliche Forschungsarbeiten einschließlich der Kopfarbeit des Kodierens durchführt. Dies sind die beiden extremen Antworten auf die Frage, wer das Kodieren übernehmen soll.

Aber der Schlüssel für die adäquate Lösung dieses Problems liegt in den strukturellen und organisatorischen Bedingungen, die mit dem Forschungsprojekt, seinen Zielen und seinen Adressaten verknüpft sind. Zum Beispiel in einer großen, auf Vergleiche angelegten qualitativen Untersuchung mit, sagen wir, zwei Professoren im Hintergrund, die das Ganze leiten und an „guten Ergebnissen" und schnellen Ergebnissen interessiert sind (aus Karrieregründen), würde man mit der Frage, wer kodieren soll, ganz anders umgehen, als dies in kleineren und kooperativeren Teams mit Gleichrangigen oder quasi-Kollegen der Fall wäre – und wahrscheinlich auch ist (vgl. Miles/Huberman 1984, vor allem S. 131f.). In diesem Zusammenhang denkt man an organisatorische Bedingungen wie die Zuweisung von Forschungsgeldern, die verschiedenen Lokalitäten für Datenerhebungen, Umfang der Datenerhebung, Anzahl der Projektteilnehmer, Grad an Homogenität in der Zusammensetzung des Teams. Entsprechend unterschiedlich können auch die Strukturen des Teams aussehen: Manche Forschungsprojekte sind hierarchisch organisiert, manche arbeiten kooperativ usw. Aber auch die Zielsetzungen des Projekts können – je nach Schwerpunkt – so sein, daß für ein bestimmtes Publikum schnelle

Ergebnisse, die „besten" Ergebnisse, die wirkungsvollsten Ergebnisse erarbeitet werden sollen. Zielsetzungen können auch darin bestehen, daß die Kreativität der einzelnen Projektteilnehmer zur Entfaltung kommt oder gar die schöpferische Kraft des ganzen Teams, wenn weitere gemeinsame Forschungsarbeiten geplant sind. Und das Produkt dieser fruchtbaren Forschungsaktivität kann verschiedene Formen haben, z. B. eine gemeinsam geschriebene Monographie; zwei bis drei Monographien, die von unterschiedlichen Projektteilnehmern oder Projektgruppen verfaßt werden; einzelne, zusammenhängende oder gemeinsame Aufsätze – und so weiter.

Von daher ist die Entscheidung darüber, wer das Kodieren übernimmt, unweigerlich und nachhaltig von solchen Überlegungen geprägt. Jeder Projektteilnehmer kodiert vielleicht die eigenen Materialien, weil er mit seinen Daten vertraut ist – und weil sich sonst *zu* viel an Datenmaterial anhäuft, das kollektiv bearbeitet werden müßte. Aber in einer Teamsitzung kann man die von einem Projektteilnehmer vorgestellten Daten gemeinsam kodieren oder vielleicht individuell erhobene Daten in die analytische Diskussion einbringen. (Ein Beispiel dazu siehe 6. Kapitel.) Man kann z. B. auch Daten eines Projektmitarbeiters kodieren, nachdem man sein Memo gelesen hat. Oder zwei Projektteilnehmer vereinbaren einen Sitzungstermin, um gemeinsam zu kodieren. Vielleicht tun sie das auch nach einer Teamsitzung oder nach der Lektüre eines Memos usw.

Meine bisherigen Forschungsprojekte wuden von kleineren Teams bearbeitet, die sich aus mehr oder weniger erfahrenen Wissenschaftlern zusammensetzten, die alle ursprünglich von mir ausgebildet worden sind und am Ende außerordentlich kooperative Arbeit geleistet haben. Diese Arbeit ist so angelegt, daß sowohl „Ergebnisse" als auch eine Theorie produziert werden, aber sie ist auch so gedacht, daß die kreativen Kräfte des einzelnen Forschers gesteigert werden. Aus diesem Grunde befaßt sich jeder Projektteilnehmer mit allen Forschungsverfahren, die in diesem Kapitel umrissen sind. Manchmal arbeitet man allein, manchmal zu zweit oder auch im ganzen Team, was von den jeweiligen Gegebenheiten oder von aktuellen Plänen abhängt. Zum großen Teil kodieren die Forscher ihre eigenen Daten: Das ist verständlich, aber vielleicht haben wir nicht genug darauf gedrängt, daß die Projektmitarbeiter die Datenmaterialien wechselseitig kodieren, und haben stattdessen hauptsächlich in gemeinsamer Arbeit und in Teamsitzungen kodiert.

Wie dem auch sei, ich vertraue den folgenden *Leitlinien*, die für Teamprojekte gedacht sind, in denen wirklich kreative Forschungsarbeit geleistet werden soll:

1. Jeder Forscher, der Daten erhebt, sollte seine Daten zum größten Teil auch selbst kodieren, aber
2. auch einige Daten der anderen Projektmitarbeiter kodieren, und zwar für sich allein, in gemeinsamer Arbeit sowie im gesamten Team,
3. und dieses Verfahren sollte von der ersten Datenerhebung an bis zum Ende des Projekts durchgeführt werden;
4. in der Zwischenzeit sollten alle Projektteilnehmer sich mit Theoretical Sampling beschäftigen, vergleichende Analysen machen, Konzepte verdichten und integrieren usw.

Ich möchte noch hinzufügen, daß Studenten aus unseren Forschungsseminaren manchmal einem besonders schwierigen Problem gegenüberstehen. Wenn sie nämlich versuchen, ihre Materialien allein zu kodieren, d.h. ohne Unterstützung durch die Analysediskussion im Seminar, dann haben sie das Gefühl, daß ihr Kodieren nicht annähernd so mühelos oder „tiefschürfend" ist wie das im Seminar, und sie haben vielleicht kein ausreichendes Vertrauen in ihre Arbeit. Aus diesem Grunde ist es ratsam, daß sie sich von Zeit zu Zeit gemeinsam ohne den Projektleiter oder einfach zu zweit an die Kodierarbeit machen, weil die Gelegenheit, ihre Daten im Seminar vorzustellen oder mit dem Dozenten ein persönliches Beratungsgespräch zu führen, spärlich sind.

Theoretical Sampling

Das Theoretical Sampling ist ein Verfahren, „bei dem sich der Forscher *auf einer analytischen Basis* entscheidet, welche Daten als nächstes zu erheben sind und wo er diese finden kann". „Die grundlegende Frage beim Theoretical Sampling lautet: *Welchen* Gruppen oder Untergruppen von Populationen, Ereignissen, Handlungen (um voneinander abweichende Dimensionen, Strategien usw. zu finden)" wendet man sich bei der Datenerhebung *als nächstes zu.* Und *welche* theoretische Absicht steckt dahinter? „Demzufolge wird dieser Prozeß der Datenerhebung durch die sich entwickelnde Theorie *kontrolliert*". Das erfordert vom Wissenschaftler natürlich eine Menge Voraussicht und Vorstellungskraft. Es zahlt sich aber aus, wenn er dieses analytische Verfahren gründlich durcharbeitet, weil dadurch die Theorie schnell und effizient weiterentwickelt wird. Dieser Typ von Sampling, dem im Analysemodus nach der Grounded Theory eine entscheidende Bedeutung zukommt, ist natürlich nicht derselbe, wie er in der quantitativen Forschung verwendet wird, und er ist auch nicht denselben Prinzipien untergeordnet (siehe Glaser/Strauss 1967).

Unsere Art von Sampling deckt sich auch nicht mit dem Verfahren, das Leonard Schatzman treffend als *selektives Sampling* (Schatzman/Strauss 1973) bezeichnet hat und eine in der qualitativen Datenanalyse häufig benutzte Art des Sampling meint. „Das selektive Sampling verweist auf die kalkulierte Entscheidung, einen bestimmten Schauplatz oder Typ von Interviewpartner im Hinblick auf vorab festgelegte und begründete Dimensionen (wie Zeit, Raum, Identität), die schon vor Beginn der Studie ausgearbeitet werden, zu testen."

2 Zwei Illustrationen

Nach diesem langen Einführungskapitel würde man in einem „Methoden"buch üblicherweise dazu übergehen, die ersten Schritte der Forschungsarbeit im Detail – in diesem Falle, wie man Daten kodiert – darzustellen. Wir werden das jetzt noch nicht tun. Der Leser, der darauf erpicht ist, schnell zu den einzelnen Verfahren zu gelangen, kann dieses Kapitel überspringen und später darauf zurückkommen. Es steht jedoch an dieser Stelle des Buches, weil sich der eine oder andere Leser vielleicht ein allgemeines Bild von den bis dahin ziemlich abstrakt diskutierten Begriffen machen möchte.

Zwei Gründe sprechen für diese Plazierung des Kapitels. Erstens soll der Leser eine Vorstellung davon entwickeln, wie ein Forscher, der nach der Grounded Theorie arbeitet, mit Daten umgeht; denn dieser Analysemodus unterschiedet sich in mancher Hinsicht von anderen Analyseverfahren. So erlebt man den Dozenten, wie er in seiner Funktion als Forscher und Lehrer aus „realen" Daten und aus seinem Kontextwissen eine Theorie entwickelt, kontinuierlich Vergleiche anstellt, Kategorien erkennt und benennt, Theoretical Sampling durchführt, sich an den einzelnen Punkten des Kodierparadigmas entlang arbeitet und eine Fülle theoretisch geleiteter Fragen aufwirft. Zweitens soll der Leser eine Vorstellung davon entwickeln, wie der Analysemodus der Grounded Theory in Forschungsseminaren vermittelt wird, bevor er mit Techniken wie Kodieren, Memoschreiben usw. konfrontiert wird. Im Prinzip läßt sich der Analysemodus der Grounded Theory nur dadurch vermitteln, daß die gemeinsame Arbeit der Projektteilnehmer im Forschungsseminar (auch wenn der Dozent zeitweise die Richtung vorgibt) dargestellt wird, und zwar mit der Absicht, die freie und gleichzeitig disziplinierte Reflexion über die Analyse von Daten zu erleichtern (siche auch 4. und 13. Kapitel). Man kann also sagen, daß dieses Kapitel den Rahmen setzt, in dem sich die folgenden Kapitel, nämlich „wie vorzugehen ist, wie vorgegangen wird und wie die Ergebnisse aussehen", bewegen.

Vorgestellt werden zwei Beispiele, die jeweils einzelne Merkmale des allgemeinen Analysemodus, wie er im Eingangskapitel vorgestellt wurde, veranschaulichen. Das erste Beispiel beruht auf der Transkription einer Seminarsitzung, in der Daten qualitativ analysiert wurden und an der Aufbaustudentinnen und -studenten der Soziologie (zwei davon sind ausgebildete Krankenschwestern) teilnehmen. Diese Studentinnen und Studenten hatten ungefähr ein Jahr Aufbaustudium und zwei Monate Übung in qualitativer Datenanalyse hinter sich. Im zweiten Beispiel wird gezeigt, wie der Dozent ein kurzes Interview mikroskopisch analysiert.

Eine Seminarsitzung: Umgang mit dem Schmerz

Im Fokus der Seminardiskussion stand das Phänomen, wie ein Mensch mit Schmerz umgeht; denn der Dozent arbeitete damals gerade an diesem Forschungsthema (Fagerhaugh/Strauss 1977). Das ist für ihn der Anlaß, um über Theoretical Sampling, vergleichende Analyse, die Generierung von Kategorien und ihren Benennungen, über die Arbeit mit Dimensionen, Taktiken usw. zu lehren; dabei bezieht er sein Forschungswissen wie auch das Kontextwissen der Studenten mit ein. Als Lehrer ist er absichtlich sehr aktiv, weil er so schnell wie möglich folgende Ziele erreichen möchte (und weil dies erst die zweite Sitzung des Seminars ist): (1) Er will zeigen, wie schnell man – mit einzelnen Verfahren, z.B. dem Kodieren, Theoretical Sampling und vergleichenden Analysieren – aus dem ersten Datenmaterial, ja sogar aus *Kontextwissen* eine Theorie (über den Umgang mit dem Schmerz) generieren kann. (2) Er will illustrieren, *wie* diese Prozeduren durchgeführt werden. (3) Schließlich will er speziell in dieser Sitzung nicht jeder beliebigen Vergleichsmöglichkeit intensiv nachgehen, sondern stattdessen zeigen, welche vielfältigen Analysestrategien zur Generierung einer Theorie verfügbar sind.

Im Unterschied zu den meisten anderen Illustrationen in diesem Buch präsentieren wir dieses Beispiel ohne detaillierten Kommentar darüber, was sich nun in dieser Sitzung Phase um Phase analytisch herauskristallisiert. Doch möchten wir einen Überblick geben, was sich hier an bemerkenswerten Dingen abspielt. Es wird offen kodiert, woraus sich eine Reihe von Kategorien und deren Benennungen (Einschätzung, Abwägen von Prioritäten, Schmerzerwartungen, zugefügter Schmerz) ergibt. Im Hinblick auf diese Kategorien zeigt der Dozent, wie man zahlreiche Vergleichsgruppen findet, indem das Verfahren des Theoretical Sampling eingesetzt wird. Ein Teil der Forschungsarbeit erstreckt sich auf Bedingungen, Taktiken, Dimensionen, Interaktionen, Konsequenzen. Starke Betonung liegt auf der Variation und auch auf der Frage, wie man eine interessante Hypothese überprüfen könnte. Also führt das offene Kodieren schon dadurch zu einer gewissen konzeptuellen Dichte, daß mögliche Bezüge zwischen einzelnen Kategorien untersucht werden.

Ein Wort zur Pädagogik: Der Dozent betont ausdrücklich, daß sein eigenes Kontextwissen wie auch das der Studenten (Erfahrungswissen aus Forschungsarbeit, persönlichem Erleben und Beruf) Daten darstellen, und er regt zum Gebrauch dieses Kontextwissens an. Er wandelt Daten um in Fragen, Kategorien, Hypothesen, Dimensionen, Konsequenzen usw. und bringt die Seminarteilnehmer soweit, dies auch zu tun, indem er Beispiele gibt, auffordert, Fragen stellt, die Studenten anspornt. Wenn sie Kommentare abgeben oder Daten anbieten, die zwei oder mehrere Themen miteinander vermischen, dann klärt er diese manchmal durch analytische Unterscheidungen. Er schlägt auch vor, an welcher Stelle und warum Memos geschrieben werden können. Er gibt „neue Richtungen" für Diskussionen vor oder lenkt die Diskussion in andere Bahnen (will aber an keinem Punkt zu sehr in analytische Tiefe gehen). Gelegentlich faßt er zusammen und rekapituliert, was er mit kleinen Vorträgen (Exkursen) über verschiedene Elemente in der Grounded Theory verbindet (z.B.: analysieren mit wenigen Daten). Die Vorläufigkeit von offenen Kodes wird durch diesen Stil des Unterrichts unterstrichen, was zur Folge hat, daß der Forscher entsprechend entspannt arbeiten kann, selbst wenn die Analysesitzung intensiv und intellektuell fordernd ist. Bei dieser Art von Vermittlung qualitativer Analyse ist es von entscheidender Bedeutung, daß generative Fragen in die Diskussion eingebracht werden: denn man nimmt an, daß die Studenten in der Lage sind, sinnvoll zu antworten, und zwar nicht nur deshalb, weil sie intelligent sind und logisch denken können, sondern weil ihnen Kontextwissen zur Verfügung steht, in dem sie ihre Antworten gründen – und daß sie dies auch tun, wenn sie erst einmal ihre Scheu vor dem Lehrer oder den anderen Seminarteilnehmern überwunden haben.

Der Dozent beginnt die Sitzung mit der Bemerkung, daß das Seminar Informanten einsetzen könne, um mit der Entwicklung einer Theorie anzufangen, da zwei Seminarteilnehmerinnen Krankenschwestern seien. „Sie haben Daten im Kopf. Wir können das, was sie sagen, mit ersten Feldbeobachtungen gleichsetzen." Er drängt die Krankenschwestern, aus ihrem Erfahrungsschatz zu berichten. Eine sagt, daß Schwestern im Krankenhaus Schwierigkeiten hätten „Schmerz richtig einzuschätzen", daß dies aber sein müsse. Warum? „Weil die Krankenschwestern mit den Patienten auf der Basis dieser Einschätzung umgehen."

Dozent: „Deshalb müssen wir fragen, wie sie es anfangen, Schmerz einzuschätzen, d.h. welche *Taktiken des Einschätzens* angewandt werden. Aber fragen wir zuerst, *was* sie einschätzen." Die Seminarteilnehmer zählen schnell Punkte auf wie Art des Schmerzes, seine Intensität, die Stelle des Schmerzes, seine Dauer, sein zeitlicher Verlauf. Der Dozent nennt diese Punkte *Dimensionen.* Er fügt hinzu: „Als nächstes gingen Sie ins Krankenhaus, wenn Sie über dieses Thema arbeiten würden, um nach weiteren Dimensionen Ausschau zu halten. Gehen wir aber fürs erste davon aus, daß wir einfach ein Memo schreiben und uns notieren, über welche Dimensionen wir nachgedacht haben. Später werden wir sehen, ob sie brauchbar sind oder nicht. Darüber brauchen wir uns jetzt keine Sorgen zu machen. Aber das Memo sagt uns, daß wir nun eine Fragestellung haben: Welche anderen Dimensionen gibt es, und werden sie für die Entwicklung einer Theorie relevant sein?"

Dann wendet er sich den Taktiken der Einschätzung zu und fragt: „Wie schätzen Krankenschwestern Schmerzen ein? Jan, bitte geben Sie Beispiele." Jan antwortet, daß die betreffende Krankenschwester „diesen Patienten mit früheren Fällen vergleichen wird." Dozent: „Machen wir einmal ein Theoretical Sampling, indem wir fragen, was in zwei kontrastierenden Fällen geschieht: Die Krankenschwester hat ziemlich viel Erfahrung (nehmen wir an, sie war lange Zeit auf dieser Station) versus einer nicht sehr erfahrenen Krankenschwester (angenommen, sie ist zumindest auf dieser Art von Station neu). Nun *können* Sie nach beiden Arten von Situationen *Ausschau halten* und beobachten, was passiert. Oder wenn Sie das nicht gleich machen möchten, dann schreiben Sie darüber ein kurzes Memo und tun das andere später."

Jan beschreibt eine zweite Taktik der Schmerzeinschätzung: Man entlockt dem Patienten eine Beschreibung der Art seines Schmerzes, indem man eine Frage-Antwort-Technik anwendet. Dozent: „Wieviele Dimensionen erfaßt man damit?" Wir können ein weiteres Theoretical Sampling machen: „Was passiert, wenn ein Patient sich nicht artikulieren und der Krankenschwester keine brauchbaren Antworten geben kann?" Seminarteilnehmer: „Wie ist das mit halb bewußtlosen Patienten? Kleinen Kindern?" Dozent: „Wir müssen fragen, was Krankenschwestern unter diesen Bedingungen machen. Diese Fragen bringen uns dazu, die Variationen (als potentielle Bedingungen) bei Personen, Arbeitsweisen, Taktiken usw. in bezug auf die *Einschätzung von Schmerz* genauer zu prüfen. Wir sehen also, daß die Einschätzung von Schmerz eine wichtige Kategorie ist, wenn man den Umgang mit Schmerz untersucht, und die Eigenschaften der Kategorie werden unsere nächsten Schritte bei der Datenerhebung lenken."

Der Dozent fragt dann eine der Krankenschwestern, was geschähe, wenn ein Patient dauernd klage, ohne daß dafür eine Ursache zu erkennen sei, wenn die Krankenschwestern seine Klagen übergingen, er aber darauf bestünde, daß die Schmerzen stärker würden. Die Krankenschwester antwortet: „Es hängt vielleicht vom Ruf des Patienten bei den Krankenschwestern ab." Der Dozent kommentiert: „Dann wird Schmerz also nicht einfach nur ‚in der Gegenwart' eingeschätzt, sondern auch im Kontext von *wechselseitiger Erfahrungen* (d.h. diese Personen hatten es eine zeitlang miteinander zu tun) gesehen." Er fährt fort: „Dann wollen wir ein Theoretical Sampling durchführen. Nehmen wir an, Krankenschwester und Patient haben überhaupt keine Karriere gemeinsamer Erfahrung! Nehmen wir an, sie haben eine sehr lange gemeinsame Karriere. Nehmen wir an, sie haben eine sehr lange Karriere gemeinsamer Erfahrung, ohne daß der Patient Schmerzen hatte – aber jetzt sind Schmerzen da? Oder der Patient hatte während der ganzen Krankheitsverlaufskurve starke Schmerzen? (Machen Sie diese Vergleiche mit einem Patienten, den die Krankenschwestern mögen, und mit einem, den sie nicht mögen.) Wir könnten am Begriff der Karriere gemeinsamer Erfahrung diese Art von Sampling fortsetzen; aber es dürfte reichen, um den Punkt jetzt klarzumachen."

Ein Student sagt aufgeregt: „Schauen Sie, wenn manchmal jemand mit einer

Überdosis Schlafmittel in die Klinik eingeliefert wird, sind die Anstrengungen, den Schmerz zu lindern, manchmal nicht übermäßig groß, weil man irgendwie annimmt, daß der Schmerz ihm zeigen wird, daß er so etwas nicht tun sollte. Und als meine Mutter im Krankenhaus ein Kind bekam, erzählte man ihr, daß es *notwendig* sei, während der Geburt zu leiden!"

Ein anderer Student, der durch das eben Gesagte angeregt wurde, bemerkt, daß das Personal bei Leuten, die gegen Gonorrhöe behandelt werden, die Behandlung auf zwanzig Tage ausdehne und den Patienten als eine Form der Bestrafung jeden Tag eine schmerzhafte Spritze gebe. Man nehme an, daß der Patient durch den Schmerz lerne.

Dozent: „Ich höre da zwei Arten von Dingen von Ihnen. Wir sind nun bei der Frage: Wann wird der Schmerz *nicht* gelindert? Zum zweiten: Wann tut man wirklich etwas gegen den Schmerz? Sie müssen jetzt den nächsten Satz Memos schreiben, in denen es darum geht: Unter welchen Bedingungen bringen es Ärzte und Pflegepersonal fertig, daß der Schmerz anhält? Sie können diese Situation weiter aufspalten: Wann wird Schmerz von Ärzten und Pflegepersonal zugefügt und wann nicht? Es gibt z.B. viele Behandlungen und Testverfahren, bei denen dem Patienten Schmerz zugefügt werden muß, damit die Prozedur durchgeführt werden kann. Behandelnde können auch versuchen, den Schmerz zu maximieren oder zu minimieren: Im Falle der Gonorrhöe-Behandlung und im Falle des mißliebigen Patienten maximieren sie ihn. Und die Krankenschwestern werden uns erzählen können, daß es Situationen gibt, in denen Schmerzen wünschenswert sind, weil dann eine Diagnose eher möglich ist. Nun haben wir eine Reihe von Unterscheidungen: Schmerz zwecks *Diagnose,* Schmerz aufgrund von *Vernachlässigung,* Schmerz als *Bestrafung.* Es gibt auch die Situation, bei der die Schmerzen eines Krebspatienten nicht ganz gelindert werden, weil das Personal die Medikamente als Reserve für die Zeit zurückhält, wenn es ‚dem Ende zugeht'. Nun habe ich also den Gedanken der *Schmerzkurve* als eine Bedingung eingeführt, unter der der Schmerz nicht minimiert wird." (Wir haben den Begriff der Verlaufskurve schon erwähnt.)

Der Dozent faßt dann die wichtigsten Punkte, die bislang angeschnitten wurden, zusammen und fügt hinzu: „Wir haben bis jetzt noch nicht sehr viel getan. Wir haben ein bißchen kodiert, Theoretical Sampling und eine kleine Vergleichsanalyse durchgeführt; und wir haben Memos entwickelt, die ein paar Sätze oder auch einige Seiten umfassen können. Wir könnten nun da einsteigen, wo wir gerade vorbeigehuscht sind; so etwa bei der Frage, wo die Vernachlässigung eine Bedingung dafür ist, daß Schmerz verursacht oder nicht sonderlich gelindert wird. Wir könnten diesen ganzen Themenbereich erforschen. Wir könnten weiterhin schauen, wie durch diagnostische Untersuchungen Schmerz zugefügt wird: Sie können nach Situationen suchen, in denen der Patient überhaupt keinen Schmerz erwartet; oder in denen er gewarnt wird oder versteht, daß Schmerzen auf ihn zukommen; oder in denen das Personal selbst überrascht ist. Demnach können Sie bestimmte Memos erweitern, indem Sie nämlich diese Themen auf der Grundlage von Daten, die Sie im Kopf haben, durchdenken oder indem Sie sich im Forschungsfeld damit beschäftigen. Aber den Inhalt der Memos betreffend kann man für jeden einzelnen Punkt ein Theoretical Sampling durchführen, indem man fragt: Wen frage ich (Interview) oder wen beobachte ich? Dann können Sie auch tatsächlich diese Leute interviewen oder beobachten. Sie können auch ein Theoretical Sampling durchführen, indem Sie die ursprüngliche Frage auf den Kopf stellen. Wir haben uns mit der Einschätzung von Schmerz befaßt. Was geschieht dort, wo diese Einschätzung im Grunde genommen nicht existiert?

Zum Beispiel vertraue ich einem Menschen so sehr, daß ich nicht daran zweifle, wenn er mir von seinen Schmerzen erzählt. (‚Ich habe heute Kopfschmerzen', sagt meine Frau.) Aber da, wo wenig oder kein Vertrauen ist, setzen sich (wie etwa im Krankenhaus) schlaue Einschätzungstaktiken durch. Schreiben Sie nun ein Memo über derartige Strategien der Einschätzung. Wenn Sie nicht genug Erfahrung (sprich: Daten) damit haben oder sofort mehr davon haben möchten, dann beobachten oder interviewen Sie."

„Beispielsweise", sagt der Dozent, „können wir eine der Krankenschwestern im Seminar fragen." Eine der beiden Krankenschwestern nennt lakonisch drei Strategien: Das Personal gibt Placebos; das Personal stellt Fangfragen; sie stecken den Kopf in die Tür des Krankenzimmers, um den Patienten zu überraschen. Dann fügt der Dozent hinzu: „Wir wollen noch einen Augenblick bei der Einschätzung von Schmerz verweilen, drehen aber die Sache herum. Angenommen, ein Patient gibt nicht zu, daß er starke Schmerzen hat! Wir könnten wieder unsere Krankenschwestern fragen."

Anstatt nun diesen Weg weiterzugehen, schlägt der Dozent vor, sich als nächstes eine bestimmte Station anzuschauen, beispielsweise eine chirurgische. Er skizziert typische Phasen, in denen der Patient eine solche Station durchläuft: die Phase vor der Operation, die Operation, die Phase nach der Operation. Wenn man die Phase nach der Operation untersucht und sich auf einer chirurgischen Station aufhält, kann man beobachten, daß einige Patienten zeitlich gesehen der Entlassung aus dem Krankenhaus näher sind und einige der Operation: „Wie Züge, die auf den Gleisen langfahren." Da die Patienten aber unterschiedliche Arten von Operationen hinter sich haben, sind die Phasen nach der Operation vergleichsweise unterschiedlich: Deshalb befinden sich die Patienten auf vielfältigen Gleisen. Nehmen wir einmal zehn Gleise und dreißig Patienten. Was würde das bedeuten?

Die Seminarteilnehmer greifen seinen Punkt auf und antworten mit „unterschiedlichen *Erwartungen,* was die Genesung betrifft". Der Dozent bittet sie, die Erwartungen der Patienten außer acht zu lassen und sich auf die Erwartungen der Krankenschwestern zu konzentrieren. Aus der Diskussion entwickelt sich die Idee von *Genesungsmustern* einschließlich der damit verbundenen Schmerzen. So könnten nach der Operation Nr. 1 sofort starke Schmerzen auftreten, die dann aber schnell nachlassen; wohingegen nach der Operation Nr. 2 weniger starke Schmerzen auftreten, die dann aber lang anhalten. Dozent: „Achten Sie nun bei Ihren Vergleichen darauf, inwieweit sie für die Arbeit im Forschungsfeld brauchbar sind. Sie können schauen, wie sich diese Situationen auf der Station abzeichnen. Oder Sie können einen Patienten unmittelbar nach der Operation anschauen und beobachten, wie sich in den folgenden Tagen ein Muster herausbildet. Daraus folgt: Wenn sich die Erwartungen der Krankenschwestern mit dem Genesungsverlauf decken (d.h. daß dieser weitgehend der Routine entspricht), dann wird der Umgang mit dem Schmerz zur Routine in dem Sinne, daß sie wissen, was sie zu seiner Linderung tun müssen (wenn dies auch viel Arbeit bedeutet). Konstruieren wir ein Genesungsmuster: Zuerst schreckliche Schmerzen, dann allmähliches Nachlassen, dann schmerzfrei; das große Problem ist aber, wie Gewicht und Kraft des Patienten gesteigert werden können. Wie führen Sie mit diesem Genesungsmuster ein Theoretical Sampling durch?" Die Seminarteilnehmer diskutieren darüber, daß sie phasenweise vorgehen würden, obwohl einige Wochen vergehen könnten, bis sich dieses Genesungsmuster aufgrund der Beobachtung mehrerer Patienten genauer bestimmen ließe. Dozent: „Wenn Sie so vorgingen, dann würden Sie damit beginnen, daß Sie das Gewirr aus Energie,

Gewicht, Lebhaftigkeit zu fassen kriegen. Was noch?" Student: „Man könnte ein Theoretical Sampling mit Krankenschwestern und Patienten durchführen, wie sie mit den einzelnen Genesungsphasen fertigwerden. Man könnte die Rangfolge, nach denen die Krankenschwester ihre Taktiken anwendet, herausfinden und auch wie die Patienten auf die Taktiken reagieren." Dozent: „Und man könnte auch die Vielfalt von Taktiken beobachten; manche Krankenschwestern arbeiten vielleicht hauptsächlich mit einer oder mit ein paar wenigen Taktiken usw. Höchstwahrscheinlich finden Sie keine Krankenschwester, die die ganze Zeit über dieselben Strategien anwendet."

Dozent: „Noch andere Arten von Theoretical Sampling?" Student: „Man könnte fragen, ob das Gewicht des Patienten oder der nachlassende Schmerz wichtiger ist. Wenn die Schmerzlinderung Vorrang hat, würden sie den Patienten eher ruhigstellen – was vielleicht seinen Appetit mindert." Der Dozent bemerkt, daß dies bei den meisten Patienten auf chirurgischen Stationen ein relativ geringes Problem sei, doch auf der Krebsstation (die er untersucht hat) werde darüber viel nachgedacht. Nennen wir diesen Vorgang: *Prioritäten setzen.*

Ein Student meint, daß ein Chirurgie-Patient den anderen beobachten und sagen könnte: „An dem Punkt war ich gestern." Dieser Kommentar führt dazu, daß über vergleichende Bemerkungen von seiten der Patienten diskutiert wird, ebenso über Krankenschwestern, die den Patienten sagen: „Sehen Sie, in drei Tagen werden Sie soweit sein", und auf andere Patienten zeigen. Aber es gibt andere Stationen, wo Patienten nicht so einfach solche Vergleiche anstellen können. Dozent: „Nun können Sie ein Theoretical Sampling durchführen: Sie können im Forschungsfeld Patienten suchen (oder ihnen zufällig begegnen), die in Einzelzimmern untergebracht sind und sich deshalb nicht so leicht mit anderen Patienten vergleichen können.

Der Dozent sagt, daß ein Theoretical Sampling dort noch durchgeführt werden sollte, wo ein Chirurgie-Patient das „Muster" des Genesungsverlaufs nach Operationen, über das sie gesprochen haben, „durchbricht". „Nun werden wir die Verbindungen von Intensität und Dauer sehen: Denken wir an eine Patientin, die am ersten Tag nach der Operation überhaupt keine Schmerzen zu haben scheint, aber auf ihren Schmerzen besteht – und das weitere sieben Tage lang." Die Seminarteilnehmer sind sich einig, daß die Krankenschwestern mit: „Da stimmt etwas nicht." reagieren. Der Dozent fügt hinzu: „Ja, und nun würden sie kaum das Spiel mit dem Argwohn anfangen, wie sehr sie ihren Klagen vorher auch mißtraut haben." Eine Krankenschwester fügt hinzu: „Sie denken vielleicht, etwas anderes sei nicht in Ordnung (physiologisch gesehen)." Dozent: *„Nun* nehmen wir an, daß die Patientin an dem Tag, an dem sie klagt, sichtlich Schmerzen hat. Dann bemüht man sich, es wird diagnostiziert, Konsiliarärzte werden gerufen usw. Damit haben wir unabsichtlich wieder ein Theoretical Sampling durchgeführt. Zuerst ging es um das Durchbrechen des Musters. Beim jetzigen Sampling geht es darum, daß der Schmerz der Patientin auch erkennbar ist; im Gegensatz zu der Situation, wo die Patientin fortwährend über Schmerzen klagt, die aber nicht offensichtlich sind."

Dann hält er einen Vortrag: „Nun, bei jedem Schritt fragt man nach Gegensätzen, Variationen und Beständigkeiten. Bei der aktuellen Forschungsarbeit würde man nicht immer allen diesen Spuren nachgehen – es ist einfach zu ermüdend. Aber manchmal drängt sich ein Phänomen einfach deshalb auf, weil man es tagein tagaus sieht oder hört. Oder an einem Tag nimmt man etwas wahr, und am anderen Tag sieht man etwas dazu Passendes. Aber bei jedem Schritt tut man genau *dieses.* Deshalb will man als Forscher nicht ins Feld eilen und eine Menge

Daten erheben, weil man sonst davon überschwemmt würde. Man holt sich *ein paar* Daten, dann hält man ein und *denkt nach!* Im Grunde genommen müssen Sie diese Art von Arbeit bei den ersten Beobachtungsprotokollen oder Interviews an jedem Punkt machen."

Der Dozent beginnt dann, den Bereich, in dem sie in den letzten Minuten gearbeitet haben, zusammenzufassen und erwähnt verschiedene Muster der Genesung. Dann bemerkt er folgendes: Wir sollten uns vorstellen, was passieren würde, wenn sich an einem bestimmten Tag auf einer bestimmten Station alle diese Genesungsmuster gleichzeitig zeigen würden, wenn alle Patienten starke Schmerzen hätten, außer einem – was geschähe mit diesem? Verständlicherweise würde man ihm wenig Aufmerksamkeit schenken, es sei denn, man würde ihn als sehr krank einschätzen. „Folglich können wir dieses Bild mit ein bißchen Phantasie weiter variieren." Stellen wir uns eine Patientin vor, die sich „nach Plan" erholt, dann aber starke Schmerzen hat, was nicht sein dürfte. Vermutlich würde das Personal dahinterkommen, daß der Schmerz eine andere Ursache hat, etwa eine Infektion („oder eine Schere", scherzt jemand), und nicht mit mangelnder Genesung zusammenhängt.

Bevor über die Erwartungen von Krankenschwestern im Hinblick auf die Dauer von Schmerzen gesprochen wurde, bemerkt ein anderer Student: Was würde passieren, wenn die beiden nicht zusammenpassen, z.B. wenn der Patient anfangs starke Schmerzen hat, die dann aber nicht nachlassen? Dies würde nicht gerade das Muster durchbrechen, aber „in eine andere Kategorie übergehen; denn in diesem Falle sind sie, was die Dauer des Schmerzes betrifft, nicht mehr unsicher. Die Krankenschwestern würden dann nach einem anderen Schema von Gefühlen und Handlungen in bezug auf diesen Patienten vorgehen." Der Dozent sagt: „Nun sind Sie in der Situation, daß der Schmerz existiert, die Ursache aber unbekannt ist." Der Student fährt fort: „Und genau dafür sind die Krankenschwestern ausgebildet; so werden sie für einen Moment den Leerlauf einlegen, dann aber in einen anderen Gang schalten." „Gut", sagt der Dozent, „nun haben wir ein Wort dafür: *Umschalten.* Wir können andere Arten des Umschaltens einbringen, z.B. das Hoch- und Runterschalten, wenn es um die Ernsthaftigkeit von Schmerzen geht. Schreiben Sie also über dieses Thema ein Memo, und vielleicht ist das alles, was Sie vorerst damit machen, bis Sie weitere Ereignisse dieser Art sehen oder derartige Ereignisse auf einer anderen Station beobachten. Wenn fortlaufend Ereignisse auftauchen und Memos darüber geschrieben werden, dann ist es realistisch zu glauben, daß es sich um ein wichtiges Phänomen handelt." Der Student, der das Thema zuerst angeschnitten hat: „Sie fragen, unter welchen Bedingungen die Krankenschwestern umschalten – z.B. dann, wenn der Patient Aufmerksamkeit braucht, weil er ständig starke Schmerzen hat."

Ein Student hat die Idee: „Von dem, was wir heute gesagt haben, ist die Einschätzung am wichtigsten; wenn einmal die Einschätzung feststeht, ergibt sich daraus die Behandlung irgendwie natürlich." Der Dozent antwortet, daß dies eine Hypothese sei: „Aber angenommen, ich sage ‚ja, aber' und führe ein Theoretical Sampling durch mit einer Situation, wo der Schmerz des Patienten eingeschätzt wird und daraufhin die Behandlung erfolgt; dann aber suchen wir eine Situation, wo eine Einschätzung besteht, man sich aber nicht sicher ist, wie die Schmerzen zu behandeln sind. Unter welchen Bedingungen würden sie trotz klarer Einschätzung nicht wissen, was zu tun ist? Weil wir auf diese Art und Weise einfach Ihre Hypothese überprüfen könnten." Er fügt hinzu, daß wir uns nun an die Krankenschwestern im Seminar wenden sollten, um eine Antwort zu erhalten, da diese Studentinnen ein sehr umfangreiches Kontextwissen hätten. Eine der beiden Studentinnen antwortet mit dem Beispiel: Eine Krankenschwester stellte bei einem Patienten fest, daß er plötzlich Schmerzen hatte, die gelindert werden mußten, es lag aber weder eine feste Medikation noch eine aktuelle Anweisung des Arztes vor.

Der Student, der zuvor gesprochen hatte, wendet ein, daß die Krankenschwester tatsächlich wußte, was zu tun war, daß sie nicht in dem vorhin erwähnten Sinn unsicher gewesen sei. Der Dozent unterbricht und sagt, daß das Problem der *Legitimität* angesprochen sei. „Das heißt, wer darf diesen Schmerz legitim beseitigen; und die Krankenschwestern dürfen dies nicht ohne Anweisung des Arztes tun – also nicht ohne Bevollmächtigung.“ (Eine Studentin erzählt: Sie war im Krankenhaus und brauchte plötzlich Medikamente, die Krankenschwester weigerte sich aber, ihr diese ohne Anweisung des Arztes zu geben.) Nach einem munteren Stimmengewirr sagt der Dozent: „Schauen Sie, hier liegen zumindest zwei Dinge vor. Wir müssen analytisch klar sein. Erstens ist da die Taktik des Patienten, wenn kein legitimierter Akteur greifbar ist. Zweitens kann die Krankenschwester nicht handeln, weil sie dazu nicht legitimiert ist. Beide Aspekte gehören zur gleichen Kategorie von Legitimität. Damit haben wir das Thema für ein neues Memo, wer nämlich schmerzstillende Mittel verabreichen darf und unter welchen Bedingungen. Beispielsweise kann ich zuhause Aspirin nehmen, wenn ich Schmerzen habe, wenn ich aber im Krankenhaus bin, nehmen sie mir die Tabletten weg – ich darf nicht einmal mein eigenes Aspirin nehmen. Die einzigen, die dort Medikamente verabreichen dürfen, sind legitimierte oder bevollmächtigte Akteure. Wir stoßen hier auf eine völlig neue Dimension, und es ist vollkommen verständlich, weshalb diese bis heute noch nicht aufgetaucht ist, weil einem dieses Phänomen auf chirurgischen Stationen vermutlich nicht so leicht ins Auge fällt. Aber zurück zu der Frage, die vorhin gestellt wurde, und zu meiner Rückfrage: Könnte es Bedingungen geben, unter denen das Personal den Schmerz richtig einschätzen kann, aber nicht die adäquate Behandlung kennt? Sie, Larry, nehmen an, daß das Personal immer weiß, wie Schmerzen richtig zu behandeln sind, und zwar in Analogie zu Ihrer Erfahrung, daß Sie Aspirin nehmen, wenn Sie Kopfschmerzen haben.“

Larry antwortet, er glaube, daß die Einschätzung von Schmerzen auch die entsprechende Behandlung nach sich ziehe und daß die Krankenschwester, wenn sie Vertrauen in die Behandlung hat, davon ausgeht, daß sie nicht dafür bestraft wird, einen Patienten mit gräßlichen Schmerzen behandelt zu haben, auch wenn sie keine Anweisung für die Medikation hatte. „In Ordnung“, antwortet der Dozent, „der Umgang mit Schmerzen beinhaltet auch immer, wo der Schmerz ist, wie lange er schon andauert, seine Intensität, und er beinhaltet Einschätzungen darüber, wieviele Medikamente und welche Art von Medizin gegeben wird, wie Medikamente wirken oder wie schnell sie wirken usw. Aber das Spiel, das ich nun mit Ihnen spielen wollte, ist das der Möglichkeiten – und basiert auf Ihrem eigenen Kontextwissen. Man versucht, Möglichkeiten auszuarbeiten, auch wenn man keine direkt vergleichbaren Beispiele findet, vorausgesetzt natürlich, daß man solche Daten *hat.* (Meistens findet man Beispiele doch noch in den realen Daten.) Sie fragen: ‚Unter welchen Bedingungen würde man erwarten, daß ...?‘ In unserem Beispiel kann das Personal die Schmerzen richtig einschätzen, weiß aber nicht, wie diese zu behandeln sind. Zuvor haben wir über *planmäßigen* Schmerz gesprochen, und jetzt haben wir es mit *außerplanmäßigem* Schmerz zu tun.“ Larry schlägt vor, daß das Personal weitere Untersuchungen braucht, um über die richtige Schmerzbehandlung entscheiden zu können. Der Dozent sagt: „Ja, aber es gibt auch noch eine andere Möglichkeit. Wenn sie zwar sicher sind, daß sie die Schmerzen richtig einschätzen, aber dennoch nicht wissen, wie sie damit umgehen sollen, weil nämlich gerade bei diesem Patienten eine wichtige physiologische Funktion gestört werden würde, wenn sie seine Schmerzen adäquat behandeln würden. Ihnen sind die Hände gebunden. Sie setzen Prioritäten (nun, ich weiß zufällig, daß das stimmt, weil man das bei Sterbenden beobachten kann). ... Wie auch immer, so sieht eine Möglichkeit aus. Man spielt immer Möglichkeiten durch, selbst wenn sie nicht sehr wahrscheinlich sind; und man schreibt Memos darüber. Wenn Sie diesen Möglichkeiten dann konkret im Forschungsfeld oder bei Interviews begegnen, werden Sie sie wiedererkennen!" (Eine Studentin spricht offen von ihrer Erfahrung als Krankenschwester und berichtet von diversen Beispielen für diese theoretische Möglichkeit.)

Danach tritt ein langes Schweigen ein. Der Dozent zeigt auf, daß man nun in mindestens zwei Richtungen weiterarbeiten könnte. (Er rät den Seminarteilnehmern, nicht zu ängstlich zu sein, da es gleichgültig ist, welche Richtung man zuerst einschlägt – sie könnten schließlich auf den anderen Weg zurückkommen, angenommen es handelt sich um eine echte Untersuchung. Das ganze Krankenhaus sowie die eigenen Wehwehchen und Schmerzen stehen ihnen zur Verfügung.) „Als erstes können wir von den Dimensionen, über die wir nun Memos geschrieben haben, ausgehen; wir können einer einzelnen oder allen Dimensionen nachspüren, und zwar auf einer beliebigen Station eines Krankenhauses – mit den Fragen, die wir beim Theoretical Sampling gestellt haben." (Wir könnten z.B. nach den Bedingungen fragen, unter denen sich jemand nicht legitimieren muß, und was dann geschieht; oder wenn jemand, der selbst Medikationen anordnen darf, als Patient ins Krankenhaus kommt; und umgekehrt, wenn man nach einem Aufenthalt im Krankenhaus plötzlich auf sich selbst gestellt ist?) Der zweite Weg wäre der, daß man sich einen anderen Untersuchungsort aussucht, wo aller Wahrscheinlichkeit nach andere Dinge passieren: So wird man z.B. auf einer anderen Station andere Schmerzmuster, andere Verlaufskurven bei Schmerzen usw. vorfinden. Sie können auf eine andere Station gehen, in ein Schwesternwohnheim, Sie können Ihre Aufmerksamkeit eher auf Ihr eigenes Zuhause richten, oder Sie können ein Schmerzmuster nehmen, das mit Arthritis verbunden ist, und viele Arthritis-Patienten interviewen. Diese Art des offenen oder themenbezogenen Theoretical Sampling ist damit zu vergleichen, daß man in die Bibliothek geht, sich die entsprechende Fachabteilung auswählt und einfach anfängt, die Bücher dieser Abteilung durchzuforsten, weil man das Gefühl hat, etwas Interessantes finden zu müssen, was man nicht unbedingt vorhergesehen hat.

„Es ist schon ein Unterschied, ob man den Weg ins Forschungsfeld geht oder nicht; deshalb werden wir beide Richtungen einschlagen, um zu zeigen, was geschieht. Schlagen wir zuerst den Weg ins Feld ein: Wir könnten eine Kinderstation besuchen und unsere Aufmerksamkeit auf das Phänomen Schmerz und den Umgang mit dem Schmerz richten. Sie haben nun alle Kategorien im Kopf, die wir heute diskutiert haben. Aber sie beschränken sich nicht auf diese Kategorien – Sie sind für alles Neue offen. Ich weiß, daß Sie z.B. ein neues Phänomen finden werden, nämlich das, daß sich das Personal auf Kinderstationen sehr oft den Eltern des Kindes gegenüber verantworten muß. Hier können sich die Eltern einschalten, wenn es um die Schmerzlinderung bei ihrem Kind geht. (Bei einem erwachsenen Patienten kann auch jemand intervenieren, aber das ist nicht so wahrscheinlich wie auf pädiatrischen Stationen.) Behalten wir das im Hinterkopf. Aber nun, Fran, können Sie den Typ von Ereignis beschreiben, wo auf Kinderstationen der Schmerz zum Problem wird?" Fran beschreibt ein kleines Kind mit Leukämie, das Verletzungen im Mund hat, so daß das Essen für das Kind ein sehr schmerzhafter Vorgang ist und dazu noch Infektionsgefahr besteht; aber das Kind muß gefüttert werden. Dozent: „Hier wird der *Schmerz* einem kleinen Kind vom Personal oder von den Eltern *zugefügt;* doch ist der *Schmerz notwendig* in dem Sinne, daß das Essen lebenserhaltend ist. Ja – Strategien?" Die zwei Krankenschwestern und die übrigen Seminarteilnehmer fangen an, die Strategien aufzulisten (die naheliegende Entscheidung, daß der Schmerz durch künstliche Ernährung vermieden wird, bleibt hier unberücksichtigt): Dem Kind milde Speisen geben; ihm Speisen geben, die es mag; es ständig ermuntern; die Mutter füttert das Kind; man belohnt das Kind dafür, daß es den zugefügten Schmerz ertragen hat.

Dozent: „Jetzt haben wir eine neue wichtige Kategorie: *Schmerz wird zum Wohl des Patienten zugefügt.* Hier geschieht es durch die Nahrungsaufnahme, aber es könnte auch durch Tests oder Behandlung geschehen. Also spielen wir nun diese Möglichkeiten durch. Wie geht man mit dem Schmerz um, der durch eine bestimmte Behandlung zugefügt wird?" Die Seminarteilnehmer schlagen vor: Den Patienten ablenken; ihn an der Behandlung wie an einem Ereignis teilnehmen lassen; dem Patienten sagen: „Es ist bald vorbei". Der Dozent: „Sie sehen, wie *dicht* Ihre Analyse allmählich wird. Aber analytisch, nicht anekdotisch. Man kann z.B. sagen: ‚Es ist bald vorbei', weil der Schmerz nur kurz anhält; oder man kann dem Kind sagen: ‚Es ist notwendig'; oder ihm versprechen, daß es nur einmal passiert oder daß es wirklich nicht so schlimm ist. Wenn man solche Behandlungen täglich durchführen muß, dann hat man bestimmte Probleme. Oder es gibt Behandlungen, wo der Schmerz sachte anfängt und sich dann steigert; dann hat man wieder andere Probleme, die man vermutlich mit anderen interaktionalen Strategien bewältigt. Auf jede einzelne dieser Möglichkeiten muß man als Forscher achten, oder vielleicht begegnet man ihnen auch zufällig, wenn man einen Tag lang beobachtet."

„Nun," fährt er fort, „können Sie sehen, weshalb Eltern auf pädiatrischen Stationen so wichtig sind – gerade im Umgang mit dem Schmerz und dessen Linderung. Und dies führt zum Thema Vertrauen. Hier kann ein Theoretical Sampling durchgeführt werden: Was passiert z.B., wenn ein Kind volles Vertrauen hatte und dann eine Spritze kriegt, die ihm schrecklich wehtut? Und wie steht es mit einer schmerzhaften Behandlung, deren Erfolg das Kind geradewegs sehen kann gegenüber einer Behandlung, die nicht unmittelbar anschlägt? Und was ist z.B. mit einem Jodverband, den das Kind kennt und von dem es weiß, daß es nur einen kurzen Schmerz durchzustehen hat, im Gegensatz zu einer Behandlung, deren Wirksamkeit dem Kind verborgen bleibt? Und wie erklären Sie einem kleinen Kind, daß es sich um einen Test und nicht um eine Therapie handelt, der aber notwendig ist, um ihm helfen zu können? Das ist ein weiterer Schritt hin zur Abstraktion. Beobachten Sie also die Strategien, die bei der Durchführung von Tests angewandt werden; denn es sind wahrscheinlich andere Taktiken als die, die dann bei der Therapie eingesetzt werden."

„Dann führen Sie ein Theoretical Sampling in die andere Richtung durch: Sie suchen nach Behandlungen und Testverfahren, die *keine* Schmerzen verursachen, um erforderliche Vergleiche anzustellen, d.h. um die Ähnlichkeiten und Unterschiede zu sehen." Ein Student schlägt vor: „Eltern müssen bei schmerzlosen Behandlungen oder Tests vielleicht nicht anwesend sein." Der Dozent fährt fort: „Oder Sie suchen Situationen, wo sich das Kind ängstigt, ihm aber in Wirklichkeit kein Schmerz zugefügt wird. Damit machen Sie ein Theoretical Sampling im Hinblick auf etwas Fehlendes. Im Hinblick auf eine Dimension wie etwa Angst und Schmerz – nehmen Sie nun den Schmerz weg und schauen Sie, was in einem konkreten Fall geschieht. Alle diese Arten des *mikroskopischen Sampling* können Sie durchführen. Oder Sie suchen überhaupt nicht nach solchen Situationen, sondern Sie finden sie zufällig und beobachten sie dann. Dann wird Ihnen klar, daß da etwas vor sich geht, was sich lohnt, festzuhalten oder darüber nachzudenken. Kurzum: Sie können nicht einfach nur das Thema Schmerz an sich erforschen, sondern Sie müssen auch die dazugehörigen Randsituationen untersuchen. Sie werden das schon sehen, aber Sie müssen es in Ihre Analyse einbauen." Student: „Das wird sich wahrscheinlich irgendwie ergeben, wenn man anfängt nachzudenken; dadurch wird das Denken explizit gemacht." Dozent: „Ja, explizit, aber durch das Theoretical Sampling kommt diese Art des Denkens an seine Grenzen. Sie werden ziemlich schnell erkennen, wo Ihre Leerstellen sind."

Er fügt hinzu, daß er versucht hat, den Seminarteilnehmern beizubringen, wie man Theoretical Sampling durchführt und Vergleichsgruppen findet; er möchte aber auch darauf hinweisen, daß man kein Genie sein muß, um diese Art von Arbeit zu machen. Manche machen sie besser und effektiver und können sich auf abstrakteren Ebenen bewegen. Und natürlich lernt man, diese Arbeit immer schneller und besser zu machen. Ein Student wirft ein, daß das Genie darüber entscheidet, „wie weit und in welche Richtung jemand geht. Man kann nicht alles überprüfen." Dozent: „Ich habe auch das Gefühl, daß es eine Sache des Temperaments ist. Man kann es sich nicht leisten, zu zwanghaft zu arbeiten – noch die letzte Spur verfolgen und alle ‚i' mit einem Punkt und alle ‚t' mit einem Querstrich versehen wollen. Auch wenn Sie sehen, daß Sie in einer Richtung nicht weiterkommen, lassen Sie diese fallen und verfolgen eine andere Linie. Wenn Sie z.B. keinen weiteren Aspekt von Legitimität herausarbeiten können, legen Sie Ihren Versuch zu den Notizen und wenden sich einem anderen Thema zu. Wenn Sie völlig blockiert sind, gehen Sie in den Park oder sonst irgendwo hin, wo es angenehm ist, und kommen erfrischt zurück!"

Student: „So geht es also nicht um das Problem, die Wahrheit herauszufinden, sondern darum, *welche* Wahrheit es ist. Was immer man herausfindet, es wird wahr sein, und es wird gültig sein. Was man ausläßt, ist vielleicht nicht interessant oder wichtig für einen selbst, kann aber später für jemand anderen wichtig sein." Dozent: „Und wenn Ihre Theorie breit genug angelegt und ausreichend dicht ist – wie wir im *Discovery*-Buch sagen –, dann kann die Arbeit anderer Wissenschaftler genau in Ihre Theorie passen. Es ist einfach die Frage, wie systematisch eine Theorie integriert ist. Und das heißt, wie Theorien aufgebaut sind. Wenn jemand einwendet: ‚Ich habe nicht gesehen, was Sie gesehen haben', dann sagen Sie: ‚Natürlich nicht, Sie sehen die Arbeit auch in einem anderen Bezugsrahmen oder Sie haben den Umgang mit dem Schmerz vielleicht auf einer anderen Station beobachtet. Wenn Sie mir aber Schritt für Schritt in meine Arbeit folgen, dann werden Sie mit Sicherheit das sehen, was ich gesehen habe'".

Kodieren durch Detailanalyse

Mit den nun folgenden Materialien wird die ausführliche Diskussion über Kodes und Kodieren im nächsten Kapitel schon angedeutet. Wiederum sind die Materialien nicht kommentiert, aber auch hier kann man den erfahrenen Dozenten/Forscher bei der Analysearbeit beobachten. Diesmal geht es um eine detaillierte Datenanalyse, die Zeile für Zeile und Absatz für Absatz durchgeführt wird. Der Dozent hat ein Interview von der Länge einer Seite (nachstehend abgedruckt) vor sich, das ihm ein Aufbaustudent der Soziologie einige Zeit nach einer gemeinsamen Sitzung geben hat (genauere Version dieser Sitzung siehe 7. Kapitel, Beispiel Nr. 5). Das zentrale Forschungsthema des Studenten schien zu dem Zeitpunkt folgendes zu sein: Welchen entscheidenden Beitrag leisten die Eltern zum Überleben ihrer Säuglinge und Kleinkinder, die unter schweren angeborenen Herzkrankheiten leiden? Der Student hatte wenig Erfahrung im Kodieren; denn er konnte aufgrund beruflicher Verpflichtungen nicht an den Forschungsseminaren teilnehmen. Er war Sozialarbeiter in einem medizinischen Zentrum und arbeitete mit Eltern zusammen, deren Kinder in dieser Klinik geboren und medizinisch behandelt wurden. Nachdem der Dozent das Interview durchgesehen hatte, gab er dem Studenten telefonisch seine Kodierergebnisse (und die damit verbundenen Fragen) durch; der Student machte sich ausführliche Notizen.

Wahrscheinlich ist es für den Leser nicht notwendig, daß er die Einzelheiten dieser Analyse nachvollziehen kann; er muß aber verstehen, daß sich der Dozent auf die Überwachung durch die Eltern und ihre Einschätzung von Gefahrensignalen konzentriert. Denn aufgrund seiner Forschungen über Sicherheitsarbeit in Krankenhäusern sowie durch seine umfangreiche Arbeit über Konzeptionen von *biographischer Zeit* bei chronisch kranken Menschen, die auf eine Studie über chronisch Kranke und deren Ehepartner zurückgehen (siehe 9. Kapitel), ist er diesem Thema gegenüber besonders hellhörig. Obwohl er mit diesem Vorwissen und Feingefühl an die Interviewdaten heranging, hatte er die Begriffe des Überwachens und Einschätzens nicht im voraus an die Daten angelegt. Vielmehr untersuchte er das Interview Wort für Wort und Zeile für Zeile und entwickelte die Kodes während dieses Vorgangs. Zu beachten sind wieder die theoretisch geleiteten Fragen, die naheliegenden Hypothesen, die möglicherweise nützlichen Kategorien, die Dimensionen, möglichen Bedingungen, Konsequenzen usw. Diese sind Provisorien, die der Dozent dem Forscher-Eleven als Leitlinien anbietet, damit er seine Analyse und weitere Datenerhebung fokussieren kann.

Das Interview (von Aaron Smith)

Die Eltern installierten eine sehr empfindliche Hochfrequenz-Gegensprechanlage im Kinderzimmer und in ihrem Zimmer. Diese war immer eingeschaltet. Sie wollten das Atmen ihrer kleinen Tochter hören, um zu wissen, ob es ihr gut ging.

M: Wir taten, was wir tun mußten, es gab keine andere Wahl. Als wir sie zum ersten Mal mit nach Hause nahmen, schliefen wir selten, zumindest nicht fest. Sie (die Ärzte) sagten uns, daß wir sie beobachten müßten und nicht zulassen dürften, daß sie sich erregt; so spielten wir sehr viel mit ihr, bis sie einschlief. Sie sagten uns, daß wir auf Reaktionen achten müßten, so war das einzige, was wir tun konnten, mit ihr aufzubleiben. Zu unserem Glück schlief sie viel, was aber nicht viel half, weil wir Angst hatten, daß sie sterben würde, während wir schliefen. Wir wechselten uns ab mit Schlafen und Wachen. Das dauerte zwei Monate. Ich weiß nicht, wie wir es durchstanden, aber es ging.

V.: Es war hart, jeden Tag zu arbeiten, drei Stunden zu schlafen, den Rest der Nacht aufzubleiben und am nächsten Tag wieder zur Arbeit zu gehen. Wir taten, was wir tun mußten – keine andere Wahl: Wir lernten sie sehr gut kennen, und zeitweilig weckten wir sie auf, nur um zu sehen, ob sie noch lebte. Das mag für Sie albern klingen, aber wir wußten, daß sie eine ernsthafte Herzkrankheit hatte und wir jedes Anzeichen und Symptom von Veränderung, das Gefahr hätte bedeuten können, beobachten mußten. Wir riefen die Ärzte bei der geringsten Veränderung. Unser Arzt war freundlich und schien durch unsere häufigen Anrufe nicht aufgebracht gewesen zu sein. Ich mache mir keine Gedanken, wenn er es gewesen wäre, wir hätten lieber ein Mal zu viel als ein Mal zu wenig angerufen.

V: Ich hatte die Idee mit der Überwachungsanlage von den Rauchdetektoren. Ich sprach mit einem Freund darüber, und wir machten uns auf die Suche nach einer empfindlichen Gegensprechanlage, die alles übertragen konnte. Unsere Tochter versetzte uns ein- oder zweimal in Panik, als wir sie nicht hörten, und beide rannten wir in ihr Zimmer, und sie drehte den Kopf um. Das versetzte uns in Panik.

M: In den ersten zwei Wochen, in denen wir sie zuhause hatten, mußten wir sie dreimal zu ihrem Arzt bringen. In dieser Zeit brachten wir sie auch einmal auf die Notfallstation. Sie war auffällig und reizbar, und wir wollten sie untersuchen lassen. Sie war jedes Mal in Ordnung, aber wie mein Mann schon sagte, lieber einmal zuviel als einmal zuwenig.

V: Sie ist jetzt drei Monate alt. Wir haben die Gegensprechanlage ausgeschaltet. Wir sind auch ein bißchen ruhiger. Wir möchten sie nicht mehr so viel und so eng überwachen wie vorher. Wir wissen jetzt mehr über ihr Herz als zu der Zeit, als wir sie zum ersten Mal mit nach Hause nahmen. Ich bin sicher, daß wir nur das gehört haben, wovon wir wußten, wir können es nun viel besser hören. Ihr Herz ist noch nicht stabil – wir warten und hoffen immer noch, daß diese verdammten Symptome nicht wieder auftreten. Ich glaube, wir machen uns immer noch Sorgen, dieses Damoklesschwert schwebt immer noch über uns.

M: Ich glaube, das wird immer so sein. Wenn sich nichts in die eine oder andere Richtung ändert, müssen wir abwarten und schauen, was geschieht. Ich glaube, wir hatten es leicht, verglichen mit anderen Familien, von denen wir gehört haben, aber insgesamt war es für uns tatsächlich nicht leicht. Ich glaube, jede Situation ist für sich genommen das, was sie für einen bedeutet.

Analyse und Überlegungen (des Dozenten)

Zitat der Mutter: „Wir taten, was wir tun mußten, ... keine andere Wahl. ... Die Ärzte sagten uns, daß wir sie beobachten müßten und *nicht zulassen dürften, daß sie sich erregt ...* Sie sagten uns, daß wir *auf Reaktionen achten* müßten, so war das einzige, was wir tun konnten, mit ihr aufzubleiben. ... Wir hatten Angst, daß sie sterben würde, während wir schliefen. Wir wechselten uns ab mit Schlafen und Wachen. Das dauerte zwei Monate."

Überlegungen des Dozenten: Die Eltern nehmen die Verantwortung für das Überleben ihres Kindes auf sich. Sie übernehmen eine aktive Rolle (nehmen sich auch selbst in dieser Rolle wahr). Betrachten die Sache so, daß ihnen keine andere Wahl bleibt – welche andere Wahl gibt es? Moralische Verpflichtung und/oder das Überleben des Kindes, es ist ihr eigenes Kind und kein anderes.

Wenn die Ärzte sagen: Die Eltern dürften nicht zulassen, daß das Kind sich erregt, was meinen sie damit? Ist das gefährlich, ist das ernst zu nehmen? Der Kommentar des Arztes, „nicht zulassen, daß es sich erregt", suggeriert, daß es sich um eine Aktion handelt, die die Eltern nach ihrem Ermessen kontrollieren können; sie könnten die Aktion anhalten, wenn sie nur wollten, es liegt an ihnen. Es gibt drei Möglichkeiten der Reaktion: (1) verhindern, daß das Kind sich erregt, und damit das Problem loswerden; (2) auf Reaktionen des Kindes achten; (3) das Kind beruhigen, wenn es sich erregt.

Die Ärzte geben den Eltern Anweisungen. Was erzählen sie ihnen, wie sie das Kind am Leben erhalten können? Es beobachten. Was beinhaltet dieses Beobachten? Den ganzen Tag lang, zeitweise, wenn es schläft? Wenn es wach ist?

Besonderheit – Was sagen sie den Eltern? Intensität – Wie sagen sie es ihnen?

streng?
eifrig?
beiläufig?
freundlich?
aufgeregt?

Sagen sie den Eltern, wie sie vorgehen sollen und nach was sie den Zustand des Kindes *einschätzen* sollen?

„Das einzige, was wir tun konnten, war aufzubleiben." Eine aktive Rolle von Eltern, ihre Aufgabe; sie können diese Aufgabe niemandem übertragen (z.B. Großeltern, eventuell Jugendlichen, älteren Kindern usw.).

„Zu unserem Glück schlief sie viel." – War sie im Schlaf weniger gefährdet; doch haben sie Angst, daß sie im Schlaf sterben würde? Doppelte Misere. Ist hier etwas von Ambivalenz? Wachbleiben, um Lebenszeichen des Kindes zu kriegen, oder können sie es darauf ankommen lassen, selbst zu schlafen, aber das Risiko einzugehen, daß sie stirbt, während sie selbst schlafen?

Wieviele Monate lang leben sie so? Gab es noch etwas anderes in ihrem Leben? Dieser Ausnahmezustand, Arbeitsteilung in Krisen, diese endlose drückende Existenz, wo sich ihre Nachlässigkeit für das Überleben des Kindes hätte fatal auswirken können.

Zentrales Thema. Überwachen, Bezeichnungen für Kategorien des Überwachens.

Zitat des Vaters: „Es war hart, jeden Tag zu arbeiten, ... den Rest der Nacht aufzubleiben und am nächsten Tag wieder zur Arbeit zu gehen. Wir taten, was wir tun mußten – *keine andere Wahl.*“

Überlegungen des Dozenten: Endlose zwei Monate, Lebensaktivitäten werden geplant. Bei den Eltern wachsen Müdigkeit und Erschöpfung. Wie schaffen sie es, munter zu sein, obwohl sie erschöpft sind? Wohin führt das? Wie hangelt man sich da durch? Streiten sie sich wegen des Überwachens?

Die Eltern haben ständig große Angst – sie sind mit den Anzeichen vertraut. Sie wecken sie immer wieder auf, um zu sehen, ob sie noch am Leben ist. Hier besteht eine Diskrepanz.

Was verstehen sie vom Zustand ihres Kindes – was haben sie für eine Vorstellung davon? Daß das Kind eine ernsthafte Krankheit hat?

Was wissen sie aufgrund ihrer Überwachung? Wenn es ihr nicht besser geht oder sie sich nicht verändert, geht es ihr dann tatsächlich besser?

Einschätzung 1. Ordnung. Eltern schätzen selbst die Lage ein, bewerten die Situation aufgrund ihrer Kenntnis über den Zustand des Kindes. Teilweise, manchmal, den halben Tag, die ganze Zeit über. Wann findet Überwachung statt? Woher wissen sie, was zu überwachen ist?

Es besteht eine Diskrepanz zwischen Laienwissen (Eltern) und dem Wissen der Fachleute (Ärzte), zwischen der Botschaft und der Information, wie sie gegeben wird, und zwischen der Botschaft und der Information, wie sie verstanden wird.

Doch was passiert, wenn ihre Angst zu groß wird oder die Eltern überfordert sind?

Einschätzung 2. Ordnung. Offensichtlich rufen sie nach einiger Überlegung den Arzt. Sie würden ihn eher einmal zu viel als einmal zu wenig rufen. Sie jonglieren mit Aktivitäten, die auf ihren Kenntnissen beruhen.

Die Ärzte sind die stützenden Akteure, die die Situation einschätzen. Eltern sind vorsichtig, weil sie den Arzt nicht stören, reizen oder aufschrecken wollen – gehen vorsichtig auf ihn zu.

Ihr Gebrauch der Gegensprechanlage als Einschätzungsakteur zweiter Klasse – sie benutzen eine Maschine, von der ihnen niemand erzählt hat. Dieser Apparat ist kein medizinisches Hilfsmittel; sie kommen von sich aus auf diese Idee; Ärzte haben ihnen das Gerät nicht empfohlen. Warum nicht?

Das Telefon wird auch als Mittel eingesetzt, um in Notsituationen Unterstützung zu kriegen.

Einschätzung 3. Ordnung. Wenn die Eltern das Kind in die Arztpraxis bringen, geben sie dem Arzt Informationen, vielleicht als Antwort auf seine Fragen; er hält Informationen vielleicht für wichtig oder nicht.

Nach zwei Monaten ist die Krise vorbei – die Überwachung ist nicht mehr so stark. Die Eltern schätzen nicht mehr so oft die Situation ein. Wie lange? Wieviel Zeit liegt zwischen den Einschätzungen?

Sie stellen die Gegensprechanlage ab.

Dimensionen. Wie oft haben sie das Kind überwacht? Wie eng haben sie es überwacht?

Sie sagen, sie hätten mehr technische Dinge gelernt. Was? Sagen sie, daß sie damals weniger angespannt gewesen wären, wenn sie gewußt hätten, was sie heute wissen? Weiß man nicht. Wären sie ruhiger gewesen? Hätten sie weniger überwacht? Wir wissen es nicht. Sie machen sich immer noch Sorgen, sind aber ruhiger. Es ist immer noch eine verhängnisvolle Situation.

Zeit:

Arbeitszeit (Beziehung):
a. Überwachen und Einschätzen
b. Abwechseln
c. Eheliche Beziehung

Überlebenszeit:
Wir sind lieber rechtzeitig da, als daß sie stirbt.

Interventionszeit:
Die Probleme aufhalten, bevor sie richtig anfangen.

Angemessene Handlung und angemessene Zeit:
Wenn man nicht das Richtige im richtigen Moment tut.

Zeit zu handeln:
1. Eltern direkt – Notfallstation
2. Eltern indirekt – Telefon
3. Arzt indirekt – Telefon
4. Arzt direkt – untersucht das Kind

Zeit – verhängnisvoll:
Zukunft ist immer Teil der Gegenwart. Zeit ist sehr wichtig.
Zeit im Verhältnis zu den letzten drei Monaten – biographisch.
In naher Zukunft wird sie immer Teil der Gegenwart sein.
Eltern – warten ab; Krankheit kann geheilt werden oder sich bessern.

Überwachen und Einschätzen:
Ziemlich komplex – Welche Beziehung besteht zwischen Überwachen und Einschätzen?
Wörter und Bezeichnungen (ergibt Kategorien).
Arbeitsteilung in der Krise: Eltern teilen sich das Überwachen und Einschätzen auf.

Zeit der Krankheit und Zeit der Aktivität:
Arbeit am Patienten mit enormem Engagement; Eltern steigen in den Arbeitsbereich mit dem/für das Kind ein.

1. Ordnung. Arbeit des Arztes. Diagnose und Bedenken, Anweisungen usw. des Arztes; Arbeitsteilung, Rolle der Laien (Eltern) und der Fachleute (Ärzte).
2. Ordnung. Elternarbeit. Einschätzung von Krankheit und Zustand des Kindes, Reaktionen aufgrund des Überwachens, Verhalten, ungebrochenes Bewußtsein um den jeweiligen Zustand des Kindes.
3. Ordnung. Arzt- und Elternarbeit. Eltern bringen das Kind zum Krankenhaus; Kind wird untersucht, Ärzte stellen Eltern Fragen; Eltern antworten, so weit es ihnen ihre Kenntnisse und Wahrnehmungen erlauben; erwünschte und unerwünschte Information.

4. *Ordnung. Elternarbeit.* Möglichkeiten der Unterstützung; Arzt wird gerufen, wenn Anzeichen für ärztliche Konsultation gegeben sind; Kontakte vorwiegend über das Telefon (indirekt).
5. *Ordnung. Elternarbeit.* Bringen das Kind auf die Notfallstation oder zum Hausarzt oder in die Poliklinik. Kontakt ist direkt.

3 Kodes und Kodieren

Wie schon erwähnt, ist das Kodierverfahren für den noch unerfahrenen Forscher am schwierigsten zu verstehen und auszuführen. Selbst wenn er es theoretisch begriffen hat, ist die Umsetzung in die Praxis dann manchmal immer noch rätselhaft, obwohl er vielleicht einem Lehrer oder erfahrenen Forscher beim Kodieren zugeschaut hat. Was offensichtlich notwendig ist, sind Beispiele für Kodierschritte und anschauliche Darstellungen von konkreten Kodes. Und schließlich bedarf es einer umfangreichen praktischen Erfahrung im Kodieren. Die Materialien in diesem Kapitel sind so angelegt, daß dieser Lernprozeß unterstützt wird.[5]

[5] Über den Ansatz der Grounded Theory bei der qualitativen Datenanalyse gibt es einige falsche Vorstellungen, die hoffentlich, zumindest teilweise, durch dieses Buch und insbesondere durch dieses Kapitel ausgeräumt werden. Ich spreche lieber von „falschen Vorstellungen" als von Kritik; denn das erste bedeutet, daß frühere Veröffentlichungen über Grounded Theory nicht gründlich genug gelesen wurden. Diese falschen Vorstellungen besagen, daß der Ansatz (1) ausschließlich induktiv sei und (2) Forschungsergebnisse nicht verifiziere. Bei Miles/Huberman 1984 (S. 57) findet sich auch ein Mißverständnis über die Methodologie der Grounded Theory. Die Materialien in meinem Buch, die vor dem Erscheinen ihrer Veröffentlichung geschrieben wurden, stehen im direkten Widerspruch zu einigen ihrer Bemerkungen, etwa, daß der Ansatz der Grounded Theory „sich um vieles bemüht. Die Daten werden geschickt nach den Kodes modelliert, in denen die Daten repräsentiert sind, und wir haben eher so etwas wie einen einzelnen Gebrauchskode als den generell gültigen Kode, der nach einem fertigen Punktekatalog generiert wurde. ... Die Sache ist die, daß frühere Datensegmente vielleicht andere Kodes haben als spätere. [Können sie natürlich zum Teil haben.] Oder, um das zu vermeiden, muß vielleicht *alles* neu kodiert werden, sobald sich ein eher empirisch geformtes Schema zeigt. [Nein.] Das bedeutet, daß insgesamt mehr Zeit für das Kodieren aufgewendet wird und daß über die Kohärenz des Kodierrahmens längere Zeit Unsicherheit besteht. [Vermutlich, aber teilweise auch bewußt.] Und da ist noch ein anderes Problem: Die Gefahr nämlich, daß *zu* viel Kohärenz in die Daten gelegt wird, wenn frühere Segmente erneut kodiert werden – Einsicht aus der Retrospektive. [Überhaupt nicht. Mit der Methodik wird versucht, echte Kohärenz zu maximieren, keine Scheinkohärenz.]" Miles/Huberman behaupten auch (S. 63–64), daß Kodieren keinen besonderen Spaß mache, wenn man dieses Verfahren einmal mit anderen Aspekten der Forschungsarbeit wie Datenerhebung oder Memoschreiben vergleicht. Das trifft schlicht und einfach nicht auf den Kodierungsmodus bei der Grounded Theory zu – harte Arbeit ja; langweilig nein. Dennoch geben sie einige ausgezeichnete Faustregeln für das Kodieren (S. 64–69), von denen einige sogar auch unsere Art des Kodierens betreffen. Ich möchte empfehlen, die ganze Diskussion über Kodierverfahren bei Miles/Huberman nachzulesen.

Fassen wir aber zunächst zusammen: Durch den Kodiervorgang werden (1) generative Fragen weiterverfolgt wie auch generiert, (2) die Daten aufgebrochen, so daß der Forscher von der reinen Beschreibung zur Interpretation auf höheren Abstraktionsebenen gelangt. Der Kodiervorgang ist das zentrale Verfahren, mit dem (3) eine Schlüsselkategorie (-kategorien) entdeckt werden kann und (4) folglich die Integration der ganzen Analyse eingeleitet wird. Der Kodiervorgang bringt (5) die gewünschte konzeptuelle Dichte, d.h. die Zusammenhänge zwischen den Kodes und die Entwicklung jedes einzelnen Kodes (Glaser 1978, S. 55–82).

Um diese zusammenfassende Darstellung abzurunden, sollte der Leser nochmals die Abschnitte über Kodes und Kodieren im 1. Kapitel anschauen, und zwar *bevor* er nachstehende Materialien studiert. Diese bestehen aus mehreren Illustrationen. Im ersten Beispiel wird gezeigt, wie man durch *offenes Kodieren* die Materialebene verläßt, indem nämlich vorgeführt wird, was die Teilnehmer eines Forschungsseminars, das sich aus Anfängern auf dem Gebiet der Grounded Theory zusammensetzt, aus einem Datenstück eines Interviews machen. Im nächsten Beispiel wird ein Abschnitt aus einem Beobachtungsprotokoll offen kodiert; hier wird demonstriert, wie ein erfahrener Forscher den ersten offenen Kodiervorgang Schritt für Schritt durchführt. Darauf folgt eine Diskussion über *axiales* Kodieren, das an einer Reihe von Kodiernotizen veranschaulicht wird, die wiederum von demselben Forscher und aus demselben Beobachtungsprotokoll erarbeitet wurden. Anschließend geht es um eine Sitzung, in der anderes Datenmaterial aus dem genannten Forschungsprojekt kodiert wird, wobei die dazugehörigen Bezüge zum Beobachtungsprotokoll berücksichtigt sind. Die einzelnen Punkte des Kodierens sind mit spezifischen Kommentaren versehen, um zu unterstreichen, *wie* Kodieren vor sich geht und *wie* die Kodes schließlich aussehen. Dem schließt sich eine Diskussion über *selektives* Kodieren an; dabei werden die Materialien aus dem ersten Beispiel herangezogen. Dann folgt eine Reihe von Kodiernotizen mit Kommentaren, die aus einem anderen Forschungsprojekt stammen. Im nächsten Abschnitt gehen wir auf Kodierverfahren ein, mit denen strukturelle und interaktionelle Aspekte in einer Theorie miteinander verbunden werden. Es handelt sich dabei nicht um eine eigenständige Art des Kodierens, aber als angehender Forscher lernt man nicht automatisch, wie man speziell nach solchen Aspekten von Phänomenen kodiert. Das Kapitel schließt mit einigen nützlichen Faustregeln für das Verfahren des Kodierens.

Neben diesen Materialien findet der Leser im gesamten Buch viele Beispiele für Kodierverfahren, wie sie in diesem Kapitel vorgeführt und diskutiert werden. Hier wie dort haben wir zahlreiche Fälle, wo generative Fragen zum Kodieren führen; wo Zeile für Zeile oder Abschnitt für Abschnitt Kategorien und entsprechende Fragen hervorgebracht werden; wo *natürliche Kategorien* sowie vorläufige Benennungen von soziologischen Kategorien herausgearbeitet werden; wo sich Bezüge zwischen den einzelnen Kategorien entwickeln; wo Zusammenhänge zwischen einer Kategorie und ihren Bedingungen und Konsequenzen und den damit verbundenen Strategien und Interaktionen hergestellt werden. (Später stellt sich dann das Problem, wie man solche Kodes integriert und in sukzessiv entstehende integrative Diagramme einbaut.) Bei den einzelnen Kodierbeispielen wird der eine oder andere Punkt besonders hervorgehoben.

Erste Schritte beim offenen Kodieren: eine fruchtbare Sitzung

Hier ist nun ein Beispiel für offenes Kodieren, das aus der ersten Kodiersitzung eines Forschungsseminars stammt. Die Studenten wurden angewiesen, die nachstehenden Zeilen aus einem Interview mit einem behinderten jungen Mann durchzusehen.

Bin ich erst einmal im Badezimmer, komme ich fast ohne fremde Hilfe aus. Ich habe einen Drahtstuhl, den ich in der Badewanne benutze, und eine Haltestange über der Wanne, und ich stehe auf, indem ich mich über die Stange hänge. Ich gehe halb rüber zur Wanne und setze mich in den Stuhl. Ich habe einen Stuhl genau am Rand der Wanne, wie auf einer Rampe; wenn ich mich dann setze und in dem Sitz ausgestreckt bin, dann hebt mein Begleiter meine Beine an und drückt mich das Stück bis zur Wand zurück. Bin ich erst einmal dort, sind die Griffe für das heiße und kalte Wasser genau vor mir. Wenn ich bade, lasse ich meinen Begleiter die Handtücher und das Zeug vorbereiten, noch bevor ich mich ausgezogen habe, und das Wasser ein bißchen anwärmen. Aber hat es einmal die richtige Wärme für mich, dann stelle ich das Wasser ab. So hat das Wasser beim Einsteigen eine angenehme Temperatur, die ich dann nachregulieren kann; ich muß nicht in die Wanne gehen und das Wasser dann völlig kalt werden lassen (Lifchez/Winslow, 1981).

Die Studenten wurden dann gefragt, was sie in diesen Daten gesehen haben. Sie brachten einige ganz gute Beobachtungen – die mit *Themen* gleichzusetzen sind, wie sie im Material gesehen werden. Tatsächlich arbeiten viele Forscher mit dieser Art von Themenanalyse; z.B. findet man Themen, die in Interviews mit Arbeitslosen reflektiert sind. Bei einer Themenanalyse besteht die Tendenz, daß man als Wissenschaftler auf der Ebene eines sehr sorgfältigen Journalismus bleibt. Es ist nicht verwunderlich, daß viele Forscher mit scharfem, themenorientiertem Blick die Tageszeitung lesen; da sie aber nur Zeitung lesen, befassen sie sich nicht damit, ihre Analysen voranzutreiben.

Doch weiter mit dem Seminarbeispiel: Der nächste taktische Schritt des Dozenten war der, daß er die Studenten den ersten Satz des Interviews noch einmal lesen ließ; dann sollten sie sich aber auf die Wörter „erst einmal" konzentrieren: „Was kann dieser Ausdruck bedeuten?" Ein Student antwortete: „Der Mann fühlt sich unabhängig, wenn er erst einmal im Badezimmer ist." Wo würde er sich noch unabhängig fühlen, wenn er erst einmal dort wäre? Auf diese Frage wurden das Bett und der Rollstuhl genannt. „Wo würde er sich dann *nicht* unabhängig fühlen?" Die Studenten gaben auch darauf Antworten. Dann: „Was könnte ‚erst einmal' *noch* bedeuten?" Jemand wies darauf hin, daß „erst einmal" eine Bedingung für den nächsten Handlungsschritt des Mannes sei. Ein anderer schloß sich dem an und schlug vor, daß es das Ende einer Phase und den Anfang einer neuen Phase bedeuten könnte. Der Dozent stimmte zu und bat dann die Seminarteilnehmer, einen „entlegenen" Vergleich heranzuziehen – wenn z.B. ein Sprinter, der zum ersten Mal in einen Wettkampf geht, sich darauf besinnt: „Wenn ich erst einmal auf den Startschuß warte, habe ich das monatelange strapaziöse Training vergessen." Die Seminarteilnehmer suchten, was die jeweilige Phase vor dem „erst einmal" anbelangt, nach Unterschieden und Ähnlichkeiten zwischen den beiden Fällen. Sie sprachen über Bewegungsabläufe während der Phase, über das Maß an Vorausplanung und über andere Dimensionen. Ein Student sah das „erst einmal" so, daß es sich auf das Ausmaß der Anstrengung bezieht, die erforderlich ist, um das „erst einmal" zu erreichen. Der Dozent sagte, daß man durch den Vergleich mit anderen Beispielen auch daran denken könne, daß die Bereitschaft vorhanden sei, eine neue Phase zu beginnen – wenn z.B. der Trainer bei seinen Schülern merkt, daß sie „bereit zum Weitermachen" sind. Er fragte, was dies im Hinblick auf die Vorbereitungen des behinderten Mannes und seine Bereitschaft, in das Badezimmer zu gelangen, bedeuten könne.

Erst danach durften die Seminarteilnehmer über die anderen beiden Wörter im Interview („bin ich") nachdenken, Fragen stellen, vorläufige Antworten darauf geben und Vergleiche anstellen. Darüber verging eine ganze Stunde, in der lediglich die ersten vier Wörter des ersten Satzes aus dem Interviewfragment, „bin ich erst einmal", behandelt wurden.

In dieser Seminarsitzung kann man also beobachten, wie die Teilnehmer darauf konzentriert sind, sich schnell von den Daten wegzubewegen, sobald sie analytische Abstraktionen entwickeln, die aber dennoch auf der genauen Untersuchung der Daten gründen. Bei unseren analytischen Operationen wurden die Daten Wort für Wort untersucht, es wurden theoretisch geleitete Fragen generiert und mögliche Antworten darauf (Hypothesen) gegeben, belebende interne und externe Vergleiche angestellt, Ähnlichkeiten und Unterschiede exploriert. Noch bevor die Sitzung vorbei war, hatten die Teilnehmer einen natürlichen Kode (komme ich fast *ohne fremde Hilfe* aus) herausgearbeitet. Und sie hatten einige Bedingungen, Interaktionen, Strategien und Konsequenzen explizit gemacht, die in den Worten des Interviewten implizit enthalten waren.

Wenn man nicht in dieser Art und Weise fleißig kodiert, dann besteht die Gefahr, daß diese paradigmatischen Elemente implizit bleiben oder zumindest in einem unsystematischen Zusammenhang zu den untersuchten Phänomenen stehen. Dann kommen auch die Variationen, weshalb sich Konsequenzen unterscheiden, Strategien unterscheiden, Interaktionen unterscheiden, nicht zur Entfaltung. Deshalb ist es bei den folgenden Beispielen wichtig, daß der Leser nicht nur auf die Benennung von Kategorien und die dahinterliegenden Daten achtet, sondern auch darauf, wie diese Kategorien während des Kodierens aufeinander bezogen werden, indem aktiv nach den spezifischen und variablen Bedingungen, Konsequenzen usw. gesucht wird. (Es ist für den angehenden Forscher wirklich eine gute Übung, wenn er im Anschluß an eine Kodiersitzung fragt, inwieweit er in seinen Kodieroperationen diese Punkte des Paradigmas berücksichtigt hat. Eine andere Übung ist die, daß er einen *natürlichen Kode* nimmt – „komme ich fast ohne fremde Hilfe aus" – und nach seinen unterschiedlichen Bedeutungen in unterschiedlichen Kontexten fragt und folglich klarer erkennt, was dieser Kode in dem spezifischen Kontext, in dem er konkret benutzt wird, bedeuten könnte.)

Offenes, axiales und selektives Kodieren

Der Prozeß des offenen und axialen Kodierens demonstrieren wir an einem Beobachtungsprotokoll aus einer Studie über medizinische Technologie und medizinische Arbeit, die in diesem Buch von Zeit zu Zeit erwähnt wird. Anschließend wird an einer anderen Reihe von Beobachtungsdaten aus dem Forschungsfeld das selektive Kodieren veranschaulicht.

Offenes Kodieren

Das nun folgende Beobachtungsprotokoll gibt Beobachtungen auf einer Herzstation wieder, auf die Patienten unmittelbar nach Herzoperationen verlegt werden. Die Patienten werden intensiv überwacht und versorgt, wobei auf einen Patienten eine Krankenschwester kommt. Die Krankenschwestern erhalten Unterstützung durch gelegentliche Visiten von Hausärzten und, was seltener vorkommt, auch von Chirurgen. In den ersten Stunden nach der Operation sind die Patienten in der Regel bewußtlos oder kaum bei Bewußtsein. Jeder Patient hängt an zahlreichen Apparaten, die für das Überleben oder für die Überwachung des Körpers entscheidend sind. Im Beobachtungsprotokoll wird eine junge, aber sehr geschickte Krankenschwester beschrieben, wie sie an, um und mit einem Patienten, der kaum bei Bewußtsein ist, arbeitet. Der Beobachter hat sich auf Details ihrer Arbeit mit der Apparatur im Hinblick auf die Versorgung des Patienten konzentriert und berichtet deshalb ausschießlich darüber.

Diese Beobachtungsdaten haben wir speziell für dieses Buch kodiert, um Kodierverfahren, wie sie in den ersten Tagen eines Forschungsprojekts eingesetzt werden, vorzuführen. Dadurch, daß diese Kodierprozedur in Wirklichkeit lange nach dem Abschluß des Projekts durchgeführt wurde, wußten Beobachter und Forscher (Anselm Strauss) natürlich mehr über diese Materialien als ein Forscher normalerweise wissen kann; aus analytischer Sicht sind diese Verfahren und Techniken des Kodierens aber die gleichen, als wenn sie in einer frühen Phase des Forschungsprojekts angewandt worden wären. Es empfiehlt sich, zunächst das ganze Beobachtungsprotokoll durchzulesen und dann die Kodierdiskussion mit anschließendem Kommentar zu studieren.

Heute beobachtete ich Krankenschwester T. etwa eine Stunde lang bei der Arbeit mit einem Patienten, der erst vor vier Stunden operiert worden war. Im allgemeinen war die Arbeit gemischt. Sie wechselte den Bluttransfusionsbeutel. Sie ließ ihn leerlaufen und drückte eine Luftblase heraus. Später wechselte sie ihn erneut; dann ließ sie den Blutbehälter mechanisch füllen. Sie leerte den Urinbehälter einmal. Sie maß die Temperatur. Sie injizierte Arznei in den Schlauch, der zum Hals des Patienten führte. Sie gab eine Kaliumlösung in die nicht automatische Vorrichtung für die künstliche Ernährung. Aber die ganze Zeit hindurch hatte sie den Monitor im Auge (auch wenn sie nicht unbedingt direkt draufschaute), der die Herzströme und den Blutdruck aufzeichnete. Einmal drückte sie den Apparateknopf, um eine fünfzehnminütige Aufzeichnung der Herzfunktion zu kriegen. Und einmal leerte sie den Katheter, der zum Unterleib des Patienten führte. Und regelmäßig machte sie Notizen über die Aufzeichnungen wie auch davon, was sie gemacht hatte. Einmal bewegte sich der Patient, als sie seinen Arm berührte: Sie sagte dann ganz nett, daß sie dabei sei, ihm eine Injektion zu geben, die ihn entspannen würde. Er gab ihr zu verstehen, daß er sie verstanden hatte. Ein anderers Mal bemerkte sie, daß er sich bewegte, sie löschte das Licht über seinem Kopf und sagte zu ihm: „So ist es sicherlich besser." Zu einem anderen Zeitpunkt befand sie, daß sich der Blutdruck nicht schnell genug absenkte; sie sagte dies dem Stationsarzt und schlug ihm vor, daß etwas getan werden sollte.

Nachdem der Forscher dieses Beobachtungsprotokoll durchgelesen hatte, konzentrierte er sich auf die ersten paar Zeilen, in denen es um den Bluttransfusionsapparat geht und darum, was die Krankenschwester mit diesem macht. Für seine Analyse brauchte er einige Minuten. Dann schrieb er die folgenden Zeilen, in denen er seine kurzen Notizen ausarbeitete und die Wörter hervorhob, die besonders, aber nicht ausschließlich seine Aufmerksamkeit erregt hatten. Die Analyse beginnt bei der Zeile: „Sie wechselte den Blutbeutel." Seine erläuternden Kommentare (in Klammern) geben kurze Hinweise darauf, was analytisch gesehen vor sich geht.

„Sie wechselte ..." Das ist eine *Aufgabe* [eine Kategorie aus der Alltagserfahrung].

„*Sie* wechselte ..." Sie erledigt die Aufgabe selbst. Dies erfordert offensichtlich keine unmittelbare Arbeitsteilung [eine Kategorie aus der Fachliteratur]. Doch ist Arbeitsteilung notwendig, um das Blut bereitzustellen; dieses Thema möchte ich für spätere Betrachtungen aufheben [und eine allgemeine Frage über diese Kategorie stellen].

„...*Bluttransfusionsbeutel*". „Bluttransfusion" besagt, daß dieser Teil des Apparates, also Beutel und Halterung, *Nachschub* [eine Kategorie] braucht. Wieder ein faszinierendes Thema, über das ich sofort Fragen stellen kann.

Schauen wir nun auf das „*wechselte*" als eine Aufgabe. Was hat sie für Eigenschaften, oder welche Fragen kann ich über ihre Eigenschaften stellen? Sie ist sichtbar für andere [die Dimension ist hier sichtbar-unsichtbar]. Sie sieht einfach aus. Demnach erfordert sie vermutlich kein besonders Geschick. Es ist eine Aufgabe, die nach einer anderen kommt (einen Beutel durch einen anderen ersetzen). Sie sieht nach Routine aus. Sie nimmt nicht viel Zeit in Anspruch. Ist sie langweilig oder einfach Routine? Es ist auch keine anstrengende Arbeit. Und sicherlich sieht sie nicht herausfordernd aus. Wie oft muß sie das täglich tun? Daß heißt: Wie lange dauert es, bis das Blut übertragen ist? Oder vielleicht: Wieviel Zeit darf verstreichen zwischen dem Zeitpunkt, wo ein Beutel leer wird und dem, wo dann neues Blut übertragen wird? Oder hängt das davon ab, wie sie den Zustand des Patienten einschätzt? Was würde geschehen, wenn die Blutvorräte vorübergehend aufgebraucht wären? [Impliziert die Sicherheit des Patienten, worauf später eingegangen wird.] Ich möchte folgende Hypothese aufstellen: Wenn keine unmittelbare Gefahr für den Patienten besteht, dann wird dem Wechsel des Blutbeutels weniger Gewicht beigemessen. Wenn aber für bestimmte Patienten potentielle Gefahr besteht, dann wird sogar von der Krankenhausorganisation her die Voraussetzung geschaffen, daß nicht einmal vorübergehend Blutkonserven fehlen dürfen. Ich könnte mich nun weiterhin auf diese Aufgabe konzentrieren, aber genug damit!

Zurück zum Thema Arbeitsteilung. Da der Patient faktisch nicht bei Bewußtsein ist, kann er die Krankenschwester beim Wechseln des Bluttransfusionsbeutels nicht unterstützen. Es ist eine einseitige Beziehung – sie arbeitet an ihm oder für ihn, aber nicht zusammen mit ihm. Das bedeutet auch, daß er sich nicht in ihre Arbeit einmischen kann. Er kann sich auch nicht bei ihr oder einem anderen beklagen, daß er nicht mag, was sie tut oder wie sie es tut [implizite Vergleiche]. Ich weiß, daß sich manche Patienten gegen Blutübertragungen sträuben, besonders heutzutage, wo man sich vor Krankheitserregern im fremden Blut fürchtet [expliziter Vergleich mit spezifizierter Bedingung und Konsequenz; berührt wieder deutlich das Thema Nachschub].

Was dieses Problem betrifft: Um die Apparatur in Betrieb nehmen zu können, muß die Blutkonserve bereitgestellt werden, oder sie *ist* keine Apparatur, zu nichts zu gebrauchen. Nennen wir das *Nachschub für die Apparatur* [Kategorie]. Aber hier geht es um eine spezielle Art von Nachschub, der sich stark von dem für andere Apparate unterscheidet, die ich in der Klinik kennengelernt habe. Wenn ich in Vergleichen über diese Art von Nachschub für Apparaturen nachdenke, komme ich rasch zu dessen spezifischen Eigenschaften, und ich stelle generelle Fragen über den Nachschub für Apparaturen. Nun, es gibt Apparate mit Plastikschläuchen, die ausgetauscht werden müssen, wenn sie alt sind. Blut ist eine natürliche Art von Nachschub, nichts Künstliches – aber irgendwo haben beide ihre Bezugsquellen. Wo? [Über Bezugsquellen werde ich später nachdenken.] Plastikschlauch und auch Blut müssen ausgetauscht werden. Blut ist teurer. Autos brauchen Benzin, aber man muß zu einer Tankstelle fahren, während das Blut zum Benutzer gebracht wird. Was ist mit der Lagerung von Blut? Wo auf der Station oder im Krankenhaus wird es aufbewahrt? Wie lange darf man es aufbewahren? Und so weiter.

Durch die Bluttransfusion wird auch der Patient versorgt. Sie ersetzt den Blutverlust. Das führt mich zu der Überlegung, daß es hier einen *Apparat-Körper-Anschluß gibt.* Daraus ergeben sich verschiedene Fragen. Ist der Anschluß leicht zu legen? Erfordert es Geschick? Und da sind Dimensionen wie die Zeit, die man für das Legen des Anschlusses braucht, oder die Zeit, für die der Anschluß im Körper bleibt. Überwachung ist notwendig [eine weitere Kategorie]? Mögliches Risiko für den Patienten? Hat der Patient beim Legen des Anschlusses oder durch den Anschluß selbst Beschwerden? Dieser Patient ist immobil, aber könnte er notfalls mit der Apparatur umhergehen, wie ich es bei anderen Infusionsbeuteln für künstliche Ernährung gesehen habe? Anschlüsse für Bluttransfusionen sind innerlich und nicht wie elektrokardiographische Anschlüsse (EKG), die es nicht zulassen, daß sich der Patient auch nur einen Zoll bewegt – außerdem würden EKG-Anschlüsse dadurch sowieso abfallen. Könnte das für unsere Forschungsüberlegungen wichtige Implikationen haben?

Das Legen des Anschlusses für Transfusionen ist, anders als dies bei vielen anderen Körperanschlüssen der Fall ist, mit einem *Körpereingriff* verbunden. Nebenbei bemerkt, erinnere ich mich, daß man bei normalen intravenösen Anschlüssen für künstliche Ernährung eine Art „Zugang" im Arm legt, so daß die Apparatur nach Belieben angehängt und abgehängt werden kann. Wird das auch bei Bluttransfusionen gemacht? Eine Hypothese könnte dann sein: Je länger der Zugang im Körper bleibt, desto größer wird die Infektionsgefahr an der Einstichstelle. Wer überwacht diese Möglichkeit? Ich möchte behaupten, daß im Krankenhaus manchmal eine beginnende Infektion übersehen wird, und wenn der Patient dann selbst eine Infektion entdeckt, dann gibt es Ärger und Beschwerden.

Wenn ich jetzt über die Bezugsquellen von Blutkonserven nachdenke, dann beziehe ich mich auf Kontextwissen, obwohl ich vielleicht tiefer in das Thema einsteigen sollte. Zum Beispiel handelt es sich um eine zentrale Versorgung, an der viele Leute beteiligt sind, und vermutlich werden die Blutvorräte an einem zentralen Ort gelagert. Man sucht Menschen, die Blut spenden, was vergleichbar ist damit, daß Lieferanten für Heizöl oder Benzin gesucht werden, glaube ich. Handelt es sich um ein kommerzielles Unternehmen oder um ein staatliches (öffentliches Gesundheitswesen)? Generell gesehen, sollte ich Daten über die Bezugsquellen von Blut besorgen. Nun, schauen wir uns den nächsten Satz in diesem Beobachtungsprotokoll an.

„Sie *ließ ihn leerlaufen* und *drückte eine Luftblase heraus.*" Ließ leerlaufen und drückte heraus: Die Verben deuten auf kleinste Aufgaben hin, die unmittelbar hintereinander ausgeführt werden [Eigenschaft]. Zwei andere Aufgaben folgen, einen leeren Beutel abnehmen und diesen durch einen vollen ersetzen. Folglich beobachtete ich eine Sequenz von kleinsten Aufgaben, denen weitere folgten. Handelt es sich bei allem, was sie mit der Transfusionsapparatur macht, um ein Aufgabenbündel [Kategorie]? Entleeren und eine Luftblase herausdrücken sind keine Tätigkeiten, die um der Ästhetik willen getan werden, sondern sicherlich wegen potentieller Gefahr – eine Luftblase in den Venen ist eine schlimme Sache. Damit haben wir das Thema klinische Sicherheit und Gefahr klar im Blickfeld. Diese kleinste Aufgabe gehört zu etwas, das ich *klinische Sicherheitsarbeit* nennen möchte. Ich muß sowohl die Sicherheitsarbeit als auch andere Typen von Arbeit näher anschauen [generative Fragen, da sich beide Kategorien später als zentral für die Studie herausstellen, und letztere wird eine Schlüsselkategorie]. Man macht ein Theoretical Sampling im Hinblick auf die Sicherheitsarbeit mit Medikamenten und Apparaturen im Krankenhaus. So besteht beispielsweise bei manchen Apparaturen überhaupt keine Gefahr (EKG), wohl aber bei anderen. Folglich beobachtet man diese und auch solche Apparaturen, die sehr gefährlich werden können, wie etwa im Falle der Luftblase im Blutbehälter, und macht Interviews darüber. Oder man beobachtet Apparate, bei denen wenig Gefahr besteht, wenn sie sorgfältig überwacht werden, oder solche Apparate, die sehr gefährlich werden können, wenn sie zu häufig eingesetzt werden, wie z.B. Röntgengeräte. Nach diesem Theoretical Sampling kann ich das Thema über die klinische Sicherheit allmählich eröffnen und auch darüber nachdenken, wie diese Sicherheit *gewährleistet, eingeschätzt, überwacht* und *wieder hergestellt* werden kann, wenn einmal ein Fehler passiert ist [Kategorien und Unterarten von Sicherheitsarbeit]. Fragen können gestellt werden, wie eine mögliche Gefahr eingeschätzt wird, welches die Ursachen dafür sind. Wie wird Sicherheit konkret überwacht: mit den Augen, mit den Ohren, mit Hilfe von Geräten wie Blutdruckmeßgerät und Stethoskop? Welcher Zusammenhang besteht zur Überwachung durch Einschätzen? Wie werden Fehler, die bei der Überwachung unterlaufen sind, wieder gut gemacht? Wer macht Fehler wieder gut? Gibt es dabei Arbeitsteilung? Nehmen wir das Beispiel der Luftblase im Blut: Würde die Krankenschwester merken, wenn sie einen Fehler macht? Wie? An welchen Anzeichen? Wie schnell? Vielleicht sollte ich fragen, ob dieser Fehler schon einmal passiert ist und die Blase nicht entfernt wurde, und was in diesem Falle geschah?

„Später wechselte sie ihn erneut; dann ließ sie den Blutbehälter *mechanisch füllen."* Was einem bei diesen Sätzen einfällt, ist, daß sich diese Aufgabe innerhalb der Stunde *wiederholt.* Also führt die Krankenschwester nicht nur sich wiederholende Aufgaben aus, sondern eine *Serie von Aufgaben* [Kategorie], wobei sich die ganze Serie in Abständen wiederholt – eine *sich wiederholende Serie* [eine

weitere Kategorie]. Dies scheint ungefähr alle zwanzig Minuten zu passieren. Deshalb möchte ich diese Sätze nicht weiter bearbeiten, sondern zum nächsten Satz übergehen.

„Sie leerte den Urinbehälter einmal." Das ist die nächste Aufgabe in der Serie. Fragen über sich wiederholende Serien von Aufgaben möchte ich auf später verschieben.

„Sie maß die Temperatur." Nun *überwacht* sie den *Körper.* Sie überwacht nicht notwendigerweise um der Sicherheit willen, sondern um das Stadium oder den Verlauf der Krankheit zu kontrollieren. Einige Apparate wie z.B. Blutdruckmeßgeräte, Sonographiegeräte, Röntgenapparate sind für die Überwachung gedacht. Aber die Überwachung des Körpers hat mit der Lokalisierung auf der Krankheitsverlaufskurve [das wird die andere Schlüsselkategorie sein] zu tun, und die Eigenschaften des Überwachens beinhalten sicherlich: sich wiederholende, unterschiedlich ausgeprägte Geschicklichkeiten und den klinischen Zufall.

In diesem Kodierprozeß kann man beobachten, wie Kategorien und Subkategorien erkannt und benannt werden und wie sich ein paar Bezüge zwischen den Kategorien abzuzeichnen beginnen. Viele Fragen werden aufgeworfen, von denen einige im Hinblick auf den zukünftigen Verlauf der Studie wahrlich generativ sind. Der Forscher zieht auch Vergleiche und reflektiert darüber. Dadurch werden die Eigenschaften von Kategorien direkter spezifiziert. An manchen Stellen wird implizit oder explizit Theoretical Sampling durchgeführt. Ebenso werden einige Bedingungen und Konsequenzen gestreift, aber nicht konkret weiterverfolgt. Wir wagen einige explizite Hypothesen über Bedingungen und Konsequenzen, doch sind viele Hypothesen in den Erörterungen nur als Andeutungen von Bedingungen und Konsequenzen vorhanden und mithin implizit geblieben. Strategien werden nicht vermerkt, dafür aber Interaktionen im Hinblick darauf, was die Krankenschwester mit dem Patienten „macht". Notwendige Daten werden herangezogen. An verschiedenen Knotenpunkten werden sowohl die Beobachtungsdaten als auch das Kontextwissen des Forschers (persönliche Erfahrung, Forschungskenntnisse, Fachwissen) aktiviert. Darüber hinaus sind die Optionen, die der Forscher bei der Analyse hat, bemerkenswert: Er kann dimensionalisieren, Vergleiche anstellen, ein Thema weiterverfolgen – oder das Nachdenken über die Daten einstellen und auf später verschieben, er kann sofort oder später Memos schreiben über die ersten Kodes und über Gedankengänge, die durch die Kodiersitzung angeregt wurden.

Man kann nicht genug betonen, daß der Forscher in einem so frühen Stadium des offenen Kodierens viele Möglichkeiten hat, denen er an Ort und Stelle oder in späteren Sitzungen nachgehen kann. Der noch unerfahrene Forscher macht sich gewöhnlich Sorgen darüber, welche Entscheidung „die beste" ist. Die *Faustregel* ist hier: Machen Sie sich keine Sorgen, fast jeder Weg bringt brauchbare Ergebnisse. Es ist z.B. für ein Forschungsseminar bezeichnend, daß sich die Teilnehmer nach einer Stunde offenen Kodierens den folgenden Optionen gegenüberstehen: (1) Einem oder mehreren Vergleichen, die angesprochen wurden, nachgehen; (2) zu den aktuellen Daten zurückkehren, um diese weiter mikroskopisch zu kodieren; (3) eine Spur aus einem Arbeitsdiagramm aufnehmen, mit dem Bezüge zwischen den bis dahin diskutierten Kategorien angedeutet wurden; (4) einige dieser Kategorien zueinander in Beziehung setzen; (5) irgendeine Kategorie herausgreifen und speziell nach dem Kodierparadigma kodieren.

Eine Frage, die im Zusammenhang mit dieser Art des engmaschigen, mikroskopischen Kodierens gestellt werden könnte, ist die, ob das Datenmaterial mit Tonband oder Videoband erhoben werden muß. Die Antwort ist definitiv nein. Wie wir schon gesagt haben, kann man Interviewprotokolle, Feldbeobachtungen und andere Dokumente einschließlich veröffentlichten Materialien detailliert kodieren. Man benutzt Band- und Videoaufzeichnungen, wenn es aufgrund der Forschungsziele angebracht ist, daß Worte und Gestik der beobachteten Personen festgehalten werden. Ob diese Sorte von Daten dann mikroskopisch analysiert werden oder nicht, hängt davon ab, wozu der Forscher dieses Material verwenden möchte.

Man muß vor allem verstehen, daß diese Sitzungen, in denen Daten zum ersten Mal offen kodiert werden, „Sprungbrett"funktionen haben. Der Forscher bleibt nicht gänzlich im Bereich *dieser* Daten, sondern er springt schnell heraus, um über Daten und Phänomene, die vom ursprünglichen Phänomen zumindest etwas entfernt sind, nachzudenken, zu spekulieren oder Hypothesen zu bilden. In unserem Beispiel sehen wir, wie sich ein erfahrener Forscher von Anfang an auf die Themen ‚Aufgabe, Arbeitsteilung, Apparaturen, Nachschub' konzentriert, diese Themen aber schon implizit in einen größeren Rahmen stellt und sich nicht auf die beobachtete Arbeitssituation beschränkt. Dies macht er dadurch, daß er sein Fachwissen und seine Sensitivität gegenüber Theorien (z.B. Arbeitsteilung), sein Kontextwissen und seine Forschungserfahrung (Nachschub für Apparaturen) einsetzt. Er verläßt auch die unmittelbare Situation, indem er in Vergleichen denkt. Einige Vergleiche liegen im Themenbereich des Beobachtungsprotokolls (medizinische Arbeit, medizinische Apparaturen), aber einige gehen weit darüber hinaus (zum Thema Vergleich siehe 1. Kapitel, Teil 2). Beide Arten des Vergleichens tragen dazu bei, das Spektrum der Analyse zu vergrößern. Forscher, die keine Erfahrung damit haben, wie schnell man mit dem ersten offenen Kodieren aus dem Datenmaterial heraustreten kann – während es doch fest darin verwurzelt ist –, tendieren dazu, das Spektrum ihrer Analyse zu eng zu halten; denn eifrig, wie sie sind, wollen sie die Schale dieser Daten knacken, um an deren analytischen Kern zu kommen.

Manche Forscher sind auch sehr besorgt darüber, ob sich in ihren Kodierergebnissen lediglich die eigenen Einstellungen widerspiegeln, anstatt das zu erfassen, was „in“ den Daten ist. Ihre Angst ist verständlich, aber unbegründet; denn die Kodes sind nur vorläufig festgelegt, ihre Brauchbarkeit wird sich durch spätere Kodieroperationen erweisen oder auch nicht. Dazu braucht es Zeit und etwas Geduld.

Axiales Kodieren

Zu den wichtigsten Alternativen, für die man sich schon in diesen frühen Sitzungen entscheiden sollte, gehört die, daß man intensiver und konzentrierter auf eine einzelne Kategorie hin kodiert. Dadurch baut der Forscher allmählich ein dichtes Beziehungsnetz um die „Achse“ der im Fokus stehenden Kategorie auf. Zu diesem Zweck arbeitet er zuerst die Eigenschaften der Kategorie heraus, indem er diese explizit oder implizit dimensionalisiert (diese Aufgabe ist sichtbar, erfordert wenig Geschick, sieht nach Routine aus). Zweitens stellt er Hypothesen darüber auf und kann so in zunehmendem Maße die Spielarten von Bedingungen, Interaktionen, Strategien und Konsequenzen (Kodierparadigma) spezifizieren, die mit dem Auftreten des Phänomens, auf das die Kategorie Bezug nimmt, verbunden sind. Drittens nehmen die Verbindungen dieser Kategorie zu anderen Kategorien immer mehr zu. Zum Beispiel könnte das Überwachen um der klinischen Sicherheit willen auf weitere Unterarten von Sicherheitsarbeit bezogen werden: auf (1) die Korrektur (von Überwachungsfehlern) und (2) die Einschätzung potentieller Gefahren, und zwar unter welchen möglichen Bedingungen (damit ist dann der Rahmen für Überwachungsarbeiten gesetzt). Diese Kategorien und Subkategorien werden im Hinblick auf das Überwachen, das Bedingung, Konsequenz, Strategie oder Interaktion sein kann, zueinander in Beziehung gesetzt (wenn z.B. ein Patient als stark gefährdet eingeschätzt wird, ist intensive Überwachung gefordert). Das axiale Kodieren um die Kategorien ‚Aufgaben und Aufgabenbündel‘ herum hat den Forscher veranlaßt, zuerst die Daten zu erheben, die im soeben kodierten Beobachtungsprotokoll aufgezeichnet sind.

Zu den Kategorien, die oben kurz angesprochen wurden, gehört die Überwachung von klinischer Sicherheit. Hätte der Forscher das erste offene Kodieren fortgesetzt, dann hätte er durch eine Vergleichsanalyse als nächstes auf weitere Arten der Überwachung von Unsicherheit kommen können: z. B. daß die Ausbildungsschwester die Fertigkeiten der Pflegeschülerinnen strenger überprüft oder daß Ingenieure die Reißfestigkeit eines neuen Metalldrahtes experimentell kontrollieren. Wahlweise hätte der Forscher interne Vergleiche anstellen können, wenn man nur an die unterschiedlichen Arten der Überwachung von klinischer Sicherheit denkt: z. B. die Überwachung der Körperreaktionen eines Dialysepatienten oder von potentiell gefährlichen medizinischen Prozeduren, etwa wenn ein Herzkatheter gelegt wird. Der Forscher hätte sogar noch einen engeren Vergleich heranziehen und z. B. verschiedene Unterarten von Sicherheitsarbeit einander gegenüberstellen können: nämlich Einschätzen und Korrigieren von Überwachungsfehlern.

Wenn sich der Forscher aber entscheidet, direkt zum axialen Kodieren überzugehen, konzentriert er sich auf die spezifische Art der Überwachung von Sicherheit, was mit *diesem* Datensatz offensichtlich in Verbindung steht. In diesem Falle könnte die aktuelle Analyse sowohl durch interne als auch durch entferntere Vergleiche weiterentwickelt werden. Bei dieser Art des Kodierens muß der Forscher große Disziplin aufbringen, um konzentriert seinen Weg zu gehen, und er darf sich nicht von den Versuchungen durch andere Kodierweisen ablenken lassen, die dieses spezifische und äußerst zielgerichtete Kodieren stören würden. Alle anderen Kodierverfahren oder Ideen, die dem Forscher einfallen, sollte er sich kurz notieren, aber auf einem getrennten Blatt Papier und zur späteren Betrachtung – nicht zur sofortigen!

Um das axiale Kodieren zu veranschaulichen, wird als nächstes ein Beispiel vorgestellt, bei dem es um die Kategorie des Überwachens geht. Die Kodiersitzung und deren Ergebnisse werden so wiedergegeben, wie der Forscher sie für ein im Team arbeitendes Forschungsprojekt niedergeschrieben hat. Er hat zu jedem einzelnen Kodierpunkt eine kurze Erklärung [in Klammern] darüber abgegeben, was sich gerade analytisch ereignet. Die relevanten Beobachtungen aus den Beobachtungsprotokollen wurden ebenfalls aufgenommen und stehen in Anführungszeichen. Darüber hinaus gibt der Forscher am Ende dieses Abschnitts einen weiterführenden Kommentar.

Die einzelnen Kodierpunkte sind vom Leiter eines Forschungsprojekts über den Einfluß der medizinischen Technologie auf die Pflege im Krankenhaus erarbeitet worden. Er hat die ersten drei Beobachtungsprotokolle kodiert, die von einer Projektmitarbeiterin, die schon ungefähr eineinhalb Jahre im Projekt mitgemacht und auf einer Herzstation beobachtet hatte, angefertigt wurden, nachdem bereits mehrere andere Stationen untersucht worden waren. Die Forscher hatten die

Kategorie ‚Überwachen' bis dahin als „in den Daten" wiederholt auffällig vorgefunden und daher als wichtig für die Analyse angesehen.

Punkte des Überwachens (aus den Beobachtungsprotokollen, die BS am 19., 23., 28. Januar auf der Herzstation gemacht hat).

Maschine überwacht die Arbeitsvorgänge (28. Jan., S. 4): „Sie zeigte mir die winzige Plastikkugel, die am Herzkatheter befestigt ist. Die kleine Kugel ist dort angebracht, um die Spitze des Katheters zu bewegen. ... Wenn sie den Katheter legen, machen sie eine Röntgenaufnahme, damit sie sagen können, ob er richtig sitzt" [benennen einer Subkategorie von Überwachen, zitierte Daten sichern das ab].

Überwachung des Monitors (S. 5): Oberschwester kontrolliert mit ihren Krankenschwestern, „Keine Probleme?" [genau wie oben].

Überwachung mithilfe von sichtbaren Normen (S. 5): Notizbuch mit EKG-Kurven, so kann „im Zweifelsfall verglichen werden", d.h. sie muß die Bedeutung der Kurvenverläufe nicht verstehen, nur wissen, wenn sie von der Norm abweichen. *Kenntnisse geringeren Grades* als Maßstab für Überwachung durch das EKG-Personal. „Auf den Bildschirmen über dem Bett des Patienten, über die ununterbrochen Wellenlinien laufen, sind Kurvenverläufe zu sehen, die sich völlig voneinander unterscheiden. Woher weiß sie, welcher Kurvenverlauf für den zu überwachenden Bereich normal ist, damit sie entscheiden kann, ob er von der Norm abweicht? Margaret zeigte mir ein kleines Notizbuch, das sie immer bei sich trägt und in das sie eine Reihe typischer Kurvenverläufe gezeichnet hat, die sie im Zweifelsfall zum Vergleich heranziehen kann" [Mittel zum Überwachen; Bezug auf Daten; bezogen auf eine andere Kategorie: Kenntnis geringen Grades als Maßstab].

Überwachung und Gefühlsarbeit (28. Jan., S. 6): Überwachen eines schwer kranken Patienten, sogar während der Essenspausen, tiefe Anteilnahme (siehe auch 26. Jan., S. 4). „‚Gott! Man wird so, man kann nicht zum Essen gehen, ohne daß man sich Gedanken macht, ob dieser Patient ordentlich versorgt ist. Du rennst zurück, um ihn zu überwachen!' Als ich an Garys Bett zurückkam, versuchte ein Arzt, dem Patienten Blut abzunehmen, aber ohne großen Erfolg. Margaret erschien plötzlich und machte einen Satz an das Bett dieses bewußtlosen Patienten. Sie sagte, daß sie versuchen würde, später Blut abzunehmen. Ich habe jetzt Mittag. Offensichtlich war sie zurückgekommen, um Gary zu überwachen; das gibt es, wie Judith und der Atemtherapeut sagten, wenn man sich sehr dafür verantwortlich fühlt, daß der Patient gut versorgt ist" [eine Subkategorie des Überwachens benennen; Daten heranziehen; Bezug zu anderen Daten].

Ständige (faktisch ununterbrochene) Überwachung (Begriff von BS, 26. Jan., S. 7): Auf der Herzstation; auch im Stationszimmer der Intensivstation. Selbst wenn die Aufmerksamkeit weg ist, wenn sie glauben, daß alles in Ordnung ist, ist zumindest eine *periphere Aufmerksamkeit* da, so daß sie sofort zur Stelle sind, wenn aufgrund von hörbaren oder sichtbaren Signalen ihre ganze Aufmerksamkeit gefordert ist. „In ihren Augen gibt es nichts Langweiligeres als die Überwachung per Bildschirm, aber die Monitore können zu keiner Zeit unbeobachtet bleiben. Immer muß jemand dort sitzen – beobachten, beobachten. ... Es ist die ständige Überwachung, die es bringt" [Dimension von Überwachung: kontinuierlich – mit Unterbrechung; bezogen auf eine andere Kategorie – periphere Aufmerksamkeit; beruht alles auf Beobachtungsdaten].

Überwachung des Verhaltens von Patienten (26. Jan., S. 10): BS spricht hier das Verhalten einer *Patientin* an, die die *Arbeit des Personals unterläuft,* ob absichtlich oder nicht. Dieses Beobachtungsprotokoll ist reich an Interaktionen in dem Sinn, daß Krankenschwestern ein gewisses Verständnis und *Kooperation* bei den Patienten suchen, die *bei Bewußtsein* sind. BS notiert, daß die Patientin (eindeutig) versucht, sich so zu verhalten, wie man es normalerweise tun würde (ein Bein bewegen, sich die Augen reiben), was im Moment aber für die Patientin gefährlich werden könnte – entweder darf sie diese Bewegungen nicht eigenmächtig verrichten, sondern nur das Personal, oder sie darf sich überhaupt nicht bewegen; vor allem darf sie sich nicht die Sauerstoffmaske abnehmen usw. „Eine andere Frau wurde von einem Atemtherapeuten, der gerade vorbeikam, ausgescholten. Sie hatte ihre Sauerstoffmaske abgenommen. ‚Sie müssen die GANZE ZEIT Sauerstoff haben!' sagte er streng. Die Patientin setzte die Maske wieder auf. Also: Das Personal ist nicht nur damit beschäftigt, die Apparaturen zu überwachen, sondern auch das Verhalten der Patienten. Patienten können die Arbeit des Personals unterstützen, aber auch behindern. Ihr Verständnis und ihre Kooperation zu erreichen, scheint eine immerwährende Aufgabe zu sein" [Bedingung für effektives Überwachen; Strategien, um eine Gegenbedingung abzuwehren; Bedingung für diesen Fall; Beobachtungsdaten].

Überwachung von Umkehrbarkeit, Fortschritt, Abweichung der Verlaufskurve. Diese *drei Möglichkeiten* werden auf der Herzstation mit den genannten Apparaturen überwacht. Dem Verlauf entsprechend – vom Verlauf abweichend – dem Verlauf entgegengesetzt. Und *eine vierte Möglichkeit – sofortige Aktion bei Verschlechterung* (Achtung!) [vier Dimensionen der Kategorie ‚Überwachen', – zusammengefaßt nach der bisherigen Durchsicht des Beobachtungsprotokolls].

Komplexität des Überwachens durch Hören (19. Jan., bes. S. 5): Nehmen wir an: sechs Apparaturen und sechs Patienten in Hörweite (einschließlich Patient und Apparatur, für die eine Krankenschwester zuständig ist). Die Krankenschwester muß auf alle diese verschiedenen Geräusche eingestimmt sein – entweder *peripher oder gezielt.* Jeder Apparat hat sein eigenes Geräuschmuster, und jeder Patient hat ein eigenes Muster: Sie prüft das Endmuster, d. h. jede einzelne Kombination aus Apparaturmuster und Patientenmuster. Das ist ungefähr wie 6 x 6 = 36? „Ich sage, daß ich überrascht bin, wie ruhig und still es auf der Station ist. Nora ist erstaunt. Obwohl der Tag nicht besonders ereignisreich ist, ‚hört' sie die Dinge differenzierter als ich. Sie empfindet die Station als sehr geräuschvoll. Es stellt sich heraus, daß sie ununterbrochen mit ihrem Gehör überwacht. Sie kennt das Geräusch jedes einzelnen Atemgerätes und horcht bei jeder Veränderung auf. Bei sechs unterschiedlichen Apparaturen, an die jeweils fünf Patienten angeschlossen sind, kann sie die vielfältigen Geräuschmuster unterscheiden: Die Apparatur hat ihr eigenes Muster, und jeder Patient hat sein eigenes Muster, und sie hört das Endmuster, das das kombinierte Geräuschmuster eines einzelnen Apparates und eines einzelnen Patienten ist. Es scheint fast unglaubwürdig – maßlose Übertreibung! Aber ich neige dazu, zumindest im Moment, ihr zu glauben. Kein Wunder, daß sie die Station als ‚sehr geräuschvoll' wahrnimmt" [Bedingungen für die Schwierigkeit, nach Gehör zu überwachen; bezogen auf strukturelle Bedingung von Geräuschmuster der Apparatur x Patientenmuster; wieder bezogen auf Kategorie peripher/gezielt].

Alarm verstärkt die Komplexität (19. Jan., S. 8): Der *andauernd falsche Alarm* muß von *echtem Alarm* unterschieden werden. „Ich fragte sie, was das Schlimmste auf dieser Station sei. ‚Es ist der Lärm', sagte sie. Die Geräusche plagen sie sehr: das Seufzen des Atemgeräts und der ewige Alarm! Zum Beispiel hatten sie diese Woche einen Patienten, dessen Zustand die Alarmschwelle überstieg. Sie konnten nichts machen, weder durch die Veränderung seines Zustandes noch durch das Regulieren des Alarmpegels – also waren sie diesem ständigen Piepsen ausgesetzt. Sie MUSSTEN reagieren, selbst wenn sie sicher waren, daß sie nichts tun konnten, weil das Risiko bestand, daß der Patient hustete und dadurch seine Schläuche verrutschten und er deshalb wirklich Hilfe brauchte" [Unterscheidung zwischen Kategorien: echter und falscher Alarm; letzterer als Bedingung, betrifft Schwierigkeit des Überwachens].

Überwachen im Hinblick auf notwendige Erleichterungen bei Patienten (26. Jan., S. 3): Aber auch *Patienten überwachen ihre eigenen Bedürfnisse nach Erleichterungen;* da sie aber in diesem Fall nicht fähig sind, sich aus eigener Kraft aus ihrer Notlage zu befreien, müssen sie die *Krankenschwester* über ihre Bedürfnisse *informieren.* ... Vielleicht kann sie Abhilfe schaffen, vielleicht auch nicht, was von verschiedenen Bedingungen abhängt: nachteilig für die Verlaufskurve, momentaner Arbeitsdruck usw. ... Wenn man die Erfüllung des Patientenwunsches als nachteilig für die Verlaufskurve ansieht, dann wird verhandelt; man versucht, den Patienten zu überzeugen usw.; schließlich erzwingt das Personal manchmal auch vorbeugende Maßnahmen (und schimpft: „Ziehen Sie die Maske wieder auf!") oder es korrigiert gewisse Dinge. Bezüglich Schimpfen, Argumentieren usw. siehe S. 4 unten. „Nachdem der Patient in die frühere Position gebracht worden war, begann er wieder herumzufuhrwerken. ‚Halten Sie aus, John!', bat sie. ‚Ich weiß, daß Sie den Schlauch nicht mögen, wir nehmen ihn morgen raus. Wollen Sie etwas schreiben?' John deutete an, daß er das wollte, und sie brachte einen Papierblock und einen Stift. Als Reaktion auf sein schwaches Kritzeln erzählte sie ihm wieder, daß er kein Wasser trinken dürfe, bis der Schlauch wegkommt, daß er nicht urinieren müsse, selbst wenn er das Gefühl habe, weil ‚ein Katheter in Ihrer Blase ist, der den Urin holt'. Dieser eigenartige Dialog ging immer so weiter. Sie blieb erstaunlich geduldig mit ihm. ... ‚Ist Ihnen kalt? Müssen Sie husten?' Der arme Mensch fühlte sich offensichtlich entsetzlich unangenehm. Er mußte unter anderem aushandeln, daß er sein juckendes Augenlid gerieben haben wollte. Sie unternahm mehrere Versuche, es ihm recht zu machen – ein echtes Glücksspiel. Seine Arme, die seitlich ausgestreckt waren und in dieser Position bleiben mußten, waren schrecklich anzusehen: fürchterliche Quetschungen. Er hatte einen Herzkatheter, eine Magensonde, einen Blasenkatheter, mehrere Infusionsanschlüsse" [eine Kategorie – Wunsch nach Erleichterungen, sowohl Patient als auch Krankenschwester überwachen diese Wünsche, und der Bezug zur Interaktion – mitteilen – die ersten zwei; und Konsequenzen seiner Handlung und Bedingungen dafür; und Strategien unter Bedingungen, die für die Verlaufskurve – das ist die SCHLÜSSELKATEGORIE des Forschungsprojekts – als nachteilig angesehen werden].

In den bisherigen Kodiernotizen wie auch in den noch folgenden sollten Sie die Techniken beachten, die eine schnelle Durchsicht von Daten und das spätere Sortieren erleichtern. Dazu gehört, daß der einzelne Kodierpunkt eine Überschrift bekommt, in der die Bezeichnungen für die Kategorie, Kategorien und Subkategorien enthalten sind; man sollte auch notieren, ob es sich um alte oder neue Kategorien handelt. Damit in Zusammenhang stehende Kategorien können auch im Text unterstrichen werden: manchmal fallen sie dem Forscher erst auf, wenn er die Kodiernotiz tippt. Man kann in der Kodiernotiz auch auf die Stellen oder Seitenzahlen hinweisen, wo im Interviewtext oder in einem anderen Dokument die relevanten Zeilen zu finden sind, oder man nimmt diese Datenteile als wörtliche Zitate oder in gekürzter Form in den Kodiertext auf. Hin und wieder kommt es vor, daß man als Forscher mit Daten arbeitet, die einem selbst oder den Projektkollegen so geläufig sind, daß diese Datenteile in der Kodiernotiz nicht eigens angegeben werden. Es zeigt sich bei den obigen Kodiernotizen auch, daß durch das Kodieren neue Kategorien hervorgebracht werden, ohne daß diese mit früher entwickelten Kategorien in Beziehung gesetzt werden; aber manchmal wird ein Bezug hergestellt oder nahegelegt. Manchmal wird die Aufmerksamkeit des Forschers auch auf Dinge gelenkt, die in den untersuchten Zeilen und Sätzen über Strategien, Konsequenzen oder Bedingungen im Verhältnis zueinander und zu den Kategorien und Subkategorien angedeutet sind. (Genau das wird durch die letzte Kodiernotiz sehr gut illustriert.)

In dem erwähnten Forschungsprojekt über medizinische Technologie und medizinische Arbeit wurden schließlich zwei Schlüsselkategorien herausgearbeitet: Arbeitstypen und Verlaufskurve. In der oben wiedergegebenen Kodiersitzung kann man beobachten, wie die Kategorie ‚Überwachen' auf der analytischen Ebene allmählich in Bezug gesetzt wird zu anderen Arten von medizinischer Arbeit: Arbeit um der Sicherheit willen, Arbeit für den Wunsch des Patienten nach Erleichterungen, Arbeit an der Apparatur, Gefühlsarbeit. Solche Verbindungen werden noch zahlreicher und komplexer, vor allem dann, wenn das Verfahren des axialen Kodierens, bei dem die eine oder andere Kategorie im Fokus steht, eingesetzt wird. Eine derartige Komplexität erreicht die Kategorie ‚Überwachen' auch in bezug auf die andere Schlüsselkategorie, auf ‚Verlaufskurve'. Wie? Indem man das Überwachen in Bezug setzt zu Subkategorien von Verlaufskurve, z.B. auf Typen von Verlaufskurven (problematisch, plangemäß), auf Verlaufskurvenprojektionen (Vergegenwärtigung des Krankheitsverlaufs und eine Reihe von Aufgaben, die zu seiner Kontrolle getan werden müssen), auf das Verlaufskurvensystem (Bündel von sofortigen Aufgaben), auf Entscheidungen und Entscheidungspunkte während der Verlaufskurve und auf Verlaufskurvenphasen.

Selektives Kodieren

Alles, was bis jetzt beschrieben wurde, ereignet sich, bevor (manchmal lange bevor) der Forscher darüber entschieden hat, welche Kategorie (oder Kategorien) für das Forschungsprojekt zentral ist. Sind diese jedoch einmal festgelegt, dann geht der Forscher zum selektiven

Kodieren über. Das bedeutet, daß alle der Schlüsselkategorie nachgeordneten Kategorien und Subkategorien *systematisch* zu der Schlüsselkategorie in Bezug gesetzt werden. Mit anderen Worten: Obwohl der Forscher einige dieser Zusammenhänge schon hergestellt hat, sucht er jetzt konzentriert nach neuen Bezügen und kodiert diese.

Stellen Sie sich nun vor, daß einige Monate vergangen sind, seit die Daten über die Arbeit einer Krankenschwester auf einer Herzstation zum ersten Mal analysiert und weitere Daten erhoben und axial kodiert wurden, und daß sich auch zwei mögliche Schlüsselkategorien (Verlaufskurve und Arbeitstypen) herausgebildet haben. Wie kann nun der Forscher selektiv kodieren; baut er die Beziehungen der neuen Kodes zu den Schlüsselkategorien noch weiter aus, als er das beim axialen Kodieren gemacht hat? Hier sind einige seiner Gedanken und Verfahrensweisen.

„In diesem Beobachtungsprotokoll kommen folgende Typen von Arbeit vor. (1) *Apparatearbeit* – hier sind Aufgaben gemeint, die *durch* die Apparatur verrichtet werden und nicht an der Apparatur selbst. (2) *Klinische Sicherheitsarbeit* natürlich, aber keine anderen Arbeiten von Sicherheitsarbeit, die z.B. die Sicherheit des Personals oder die Sicherheit am Arbeitsplatz betreffen könnten. (In welchem Verhältnis stehen diese Unterarten von Sicherheitsarbeit zueinander?) (3) *Arbeit* mit dem *Körper* des Patienten; ein Großteil davon direkt oder indirekt über Apparaturen; die Apparatearbeit ist hier eine Bedingung dafür, daß dieser Teil der Arbeit mit dem Körper des Patienten überhaupt verrichtet werden kann. Andere Arbeiten mit dem Körper des Patienten werden ohne Apparatur ausgeführt; folglich gibt es mindestens zwei Unterarten dieses Arbeitstypus; Aber das weiß ich schon. (4) Aber das Überwachen gibt Information. Wir nennen das *Informationsarbeit*. Apparatearbeit ist eine Bedingung für die Unterarten der Informationsarbeit, wenn die Information nicht allein visuell oder auditiv erhältlich ist. Aber aufgrund ihrer Sinneswahrnehmungen sammelt die Krankenschwester Mengen an Informationen. Damit haben wir wieder eine Unterart von Informationsarbeit, wobei jede einzelne von unterschiedlichen Bedingungsbündeln abhängt. Die Krankenschwester muß mit der Apparatur arbeiten, z.B. den Computerknopf drücken, um Ausdrucke über die Herzfunktion zu erhalten. Ihre *Aufzeichnungen* über die Ausdrucke wie auch über andere Aktivitäten sind eine Unterart von Informationsarbeit. Diese ist ihrerseits verknüpft mit der Verantwortlichkeit der Krankenschwester gegenüber den Vorgesetzten, und zwar in einer kurzen Befehlskette, die von der Oberschwester über den Stationsarzt bis zum Chirurgen reicht. (5)

Arbeit für den Wunsch des Patienten nach Erleichterungen – dem Patienten eine krampflösende Injektion geben und ihm das Licht löschen; diese Arbeit hängt damit zusammen, in welcher Abfolge die Aufgaben der anderen Arbeitstypen erledigt werden; denn die Arbeit, die für die Linderung von Unbehaglichkeiten beim Patienten getan wird, wird mehr oder weniger zwischen anderen Arbeiten erledigt. Vielleicht sind diese Aufgaben für die Krankenschwester nicht so gewichtig, wenn man an die schwere Verantwortung ihrer sonstigen Arbeit denkt? (6) Alle derartigen Handlungen – vor allem aber, wenn sie das Licht löscht – können auch als *Beruhigungsarbeit* bezeichnet werden, die ausgeführt wird, um das Sicherheitsgefühl bei dem fast bewußtlosen Patienten zu erhöhen. Aber die Beruhigungsarbeit ist eine Unterart der *Gefühlsarbeit,* eine komplexe Art von Arbeit, wie ich schon weiß. Bei einem Patienten, der potentiell immer noch in Gefahr ist, und bei allen anderen Arbeitstypen, die vorrangig zu behandeln sind, ist es bemerkenswert, daß sie jede kleine Gelegenheit nutzt, um etwas für die Erleichterung und Beruhigung des Patienten zu tun! Macht sie das, weil sie freundlich ist oder aufgrund ihrer Berufsphilosophie? Ich möchte die Hypothese aufstellen, daß es oft die Philosophie ist. Indessen verrichtet sie ihre Arbeit auffallend ruhig, was eine notwendige Bedingung dafür ist, um diese nachgeordneten Aufgaben verrichten zu können – vorausgesetzt, sie sieht diese Aufgaben als zweitrangige."

Sie müssen wissen, daß es in dieser Kodiersitzung hauptsächlich darum ging, daß diese Subkategorien der Schlüsselkategorie (Arbeitstyp) weitgehend spezifiziert und in einen Zusammenhang gestellt wurden. Man hätte die Sitzung an dieser Stelle beenden können, um sie später unter Berücksichtigung von Vergleichen mit anderen Daten, von denen einige natürlich schon kodiert sind, wieder aufzunehmen. Beispielsweise könnte die Arbeit mit dem Körper des Patienten im Rahmen des Kodierparadigmas – also nach Bedingungen, Strategien, Interaktionen, Konsequenzen – mit Körperarbeit in anderen Situationen verglichen werden: beim Röntgen; wenn der Patient die Position des Körpers verändern soll oder wenn er in die entsprechende Position gebracht wird; wenn der Körper des Patienten in die Radiologie und wieder zur Station gebracht wird – das ist Transportarbeit, eine Unterart der Arbeit mit dem Körper des Patienten.

Als Alternative hätte man sich in der nächsten Sitzung, in der selektiv kodiert wurde, auch darauf konzentrieren können, daß man frühere, aus dem axialen Kodieren resultierende Kodes in Bezug setzt zu dem, was jetzt als Unterarten der Schlüsselkategorie gesehen wird. Zum Beispiel: Welche Variationen von Arbeit mit dem Körper des Patienten lassen sich mit welchen Variationen von Apparatearbeit in Verbindung setzen? Arbeit, die die Lage des Patienten etwas erleichtert? Beruhigungsarbeit? Und in der Tat verdeutlicht Abbildung 3 am besten, was in späteren Phasen des selektiven Kodierens vor sich geht: *Analysebündel* werden mit der Schlüsselkategorie (-kategorien) sowie untereinander in Beziehung gesetzt. Die Kreise im Diagramm stehen für Analysebündel und das Rechteck für die Schlüsselkategorie.

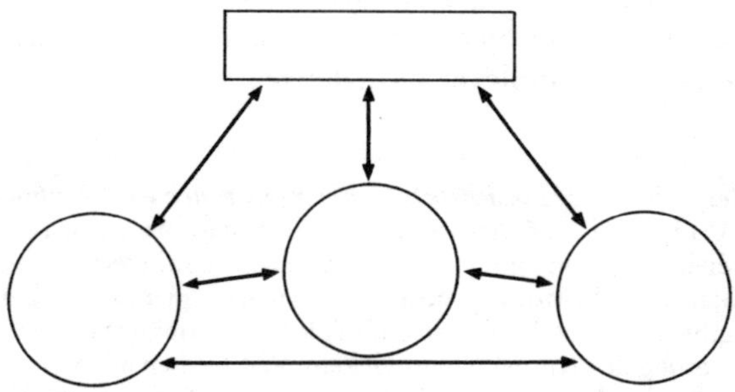

Abb. 3 Selektives Kodieren und Schlüsselkategorie

Im folgenden wird eine verhältnismäßig späte, aber nicht die abschließende Phase eines selektiven Kodiervorgangs gezeigt, allerdings mit einer anderen Reihe von Kodes. Mit dieser Darstellung soll nicht primär der Prozeß des selektiven Kodierens gezeigt werden (doch wird einiges davon durchschimmern), sondern die Kodierergebnisse. Wie in dem bereits illustrierten Fall von Überwachung im Krankenhaus werden auch hier Kategorien und Subkategorien durch die Kodieroperation zueinander in Beziehung gesetzt – dieses Mal aber systematischer und von einer Schlüsselkategorie ‚Umgang mit dem Schmerz' aus. Die Analyse wird an Datenmaterial, das aus einem früheren Projekt über den Umgang mit dem Schmerz (Fagerhaugh/Strauss 1977) stammt, durchgeführt. Die Kodiernotizen wurden vom selben Projektleiter geschrieben wie die obigen, nämlich von Anselm Strauss. Er brauchte dafür mehrere Tage; geschrieben wurden sie ungefähr ein halbes Jahr nach Beginn des Forschungsprojekts und nachdem eine Anzahl wichtiger miteinander zusammenhängender Kategorien isoliert und dafür relevante Daten (durch Theoretical Sampling) erhoben und analysiert worden waren. Zu diesen Kategorien gehörten Schmerzlinderung, Minimierung des Schmerzes, Ausdruck von Schmerz, Ausdruckskontrolle, Einschätzung von Schmerz, Schmerzideologien, Klagen über Vernachlässigung, Klagen über Inkompetenz, Abwägen zwischen Schmerzlinderung oder Minimierung des Schmerzes gegenüber anderen Überlegungen. Einige dieser Kategorien tauchen in den untenstehenden Kodes auf. Achten Sie, wie schon in den vorigen Materialien über das Überwachen, auf die üblichen Hervorhebungen, die gelegentlichen Zitate aus dem Datenmaterial, auf die oft explizit hergestellten Bezüge von Strategien, Bedingungen, Konsequenzen, Interaktionen zu der gerade diskutierten Kategorie und auch auf die gelegentlichen Arbeitsdirektiven. Doch hier sind die Bezüge innerhalb der einzelnen Kategorien – wie auch zu der Schlüsselkategorie – nun wesentlich komplexer als in den früher vorgestellten Analysebeispielen.

Strategien des Patienten hinsichtlich Schmerzausdruck vs. Minimierung des Schmerzes, (AS) 30. Juni 1975: Auf der Entbindungsstation scheinen die Patientinnen nicht über ihre Techniken, wie man Schmerzen minimiert, zu sprechen wie auf anderen Stationen. Stattdessen hören wir von Strategien, den Schmerz auszudrücken. Es gibt hier keine *Schmerzkarriere,* folglich können sie keine Strategien für die Minimierung des Schmerzes entwickeln. Vergleichen mit Schmerzen direkt nach Operationen oder mit Rückenschmerzen usw. [Bedingung für Strategie; Bedingung wird bezogen auf Kategorie, Schmerzminimierung, und zwar auf das Fehlen dieses Phänomens; Bedingung benannt: keine Schmerzkarriere, und auch Bedingung dafür notiert].

Tertiärer Schmerz und Strategien, Schmerzen zu minimieren, (S) 20. Februar, S. 9: Patientin mit Verbrennungen zuhause, alle Arten der Schmerzen kommen von den Brandwunden, oder sekundärer Schmerz von der Hautübertragung, und durch alltägliche Bewegungen: Weil sie beim Bewegen der Schulter und der Ellenbogen Schmerzen hatte, konnte sie die Haare nicht kämmen und hatte Schwierigkeiten, bestimmte Kleider anzuziehen. Die wunden Hautstellen am Hals hatten zur Folge, daß sie nur Kleider mit weitem Ausschnitt tragen konnte. Aufgrund der extremen Empfindlichkeit der verbrannten Armfläche konnte sie nur kurzärmlige Kleider aushalten, aber sie war beunruhigt über die häßlichen Narben, versetzte dann die anderen in Unruhe (d.h. *Reaktionen auf ein schmerzabhängiges Symptom*). Eine Freundin brachte ihr Kleider ohne Ärmel und legte einige Kleidungsstücke so zurecht, daß sie sich fast ohne Schmerzen anziehen konnte. *Akteur für die Minimirung des Schmerzes?* [neue Subkategorie, tertiärer Schmerz; bezogen auf ein anderes Phänomen, Minimierung von Schmerzen, früher schon bemerkt, kodiert und teilweise analysiert; Strategie auf beide bezogen].

Personal wägt ab zwischen Schmerzlinderung und starkem Schmerz versus Hauptarbeit (M., Herzstation) 2. März, S. 5: *Zugefügter Schmerz:* Der Schmerz, der dem Herzpatienten durch die Entfernung des Intubationsrohrs, um nach der Operation auszuhusten, zugefügt wird, kommt zum Dauerschmerz hinzu und wird durch das Husten noch verstärkt. Einige Schwestern meinen, wenn sie den Patienten unmittelbar vor Entfernung des Intubationsrohres sedieren oder ihm Medikamente geben, dann hätten sie Probleme mit dem Husten, also lassen sie es bleiben und lassen den Patienten den verstärkten Schmerz durchmachen; außerdem *geschlossene Bewußtheit,* weil der Patient dies gewöhnlich nicht weiß [Hauptkategorie, Abwägen, bezogen auf eine andere, zugefügter Schmerz; und auf Strategie der Krankenschwestern; ebenso, letztere bezogen auf eine weitere Kategorie, geschlossene Bewußtheit, als Bedingung für erfolgreiches Handeln; Bezüge auch zur „Hauptarbeit" – d.h. zur Schlüsselkategorie ‚Umgang mit dem Schmerz'].

Vorstellungen des Patienten und Hilflosigkeit der Krankenschwester – Schmerzkontrolle: In einem Beobachtungsprotokoll von C. spricht eine Krankenschwester davon, daß sie so hilflos ist oder sich so fühlt, weil sie Wehenschmerzen nicht lindern kann – die Patientin läßt dies aufgrund ihrer Vorstellungen von einer natürlichen Geburt nicht zu. Das ist etwas anderes, als wenn man Schmerzen, die nicht kontrollierbar sind, hilflos gegenübersteht; dieser Schmerz ist kontrollierbar, aber die Vorstellung der Patientin hindert die Krankenschwester daran, den Schmerz zu lindern, und das ist für sie enttäuschend [Konsequenz von Phänomenen, Schmerzideologie; unterschieden zwischen dieser Konsequenz und einer anderen Art von Konsequenz, die leicht miteinander verwechselt werden; ebenso bezogen auf eine andere Kategorie, Schmerzkontrolle].

Schmerzausdruck wird vom Personal kontrolliert – Hauptarbeit, (Notizen von C.) 2. April, S. 2: Eine forsche Krankenschwester erzählt, daß sie zu der Patientin geht und sie bittet, ihre Schmerzenslaute zu dämpfen; sagt, daß die anderen das auch tun, aber wir sollten das überprüfen. Sie tut das, weil „ich denke, wenn die Patientin schreit, werden andere denken, ich kümmere mich nicht um sie – das heißt Personal und Patienten. Und wenn ich sie weiterschreien lasse, wird jemand kommen und sie zu beruhigen versuchen", das würde auch bedeuten, daß man diese Krankenschwester für inkompetent hält. Deshalb sieht sie die *Kontrolle der Schmerzensäußerungen* als Teil ihrer Hauptarbeit. Aber ein anderer Grund ist manchmal der, daß ein Patient so hysterisch wird (so sagt sie), daß er nicht mehr zu beruhigen ist; also gebieten sie ihm Einhalt, bevor er diesen Punkt – d.h. den *Höhepunkt des Schmerzausdrucks* erreicht. Ferner lassen Schreie in der letzten Phase der Entbindung die Mutter vorzeitig erschöpfen: wiederum *zeitliche Einteilung* der eigentlichen *Verlaufskurve* [Kategorie und Bedingungen für damit zusammenhängende Strategie im Hinblick auf Schmerzausdruck des Patienten und auch Schmerzkontrolle von seiten der Krankenschwester].

Überwältigender Schmerz und verhängnisvolle Alternativen; Abwägen; Schmerzlinderung. Wie im Fall von Frau Abel, die zwischen unerträglichem Schmerz und einer Operation, die eventuell zum Tode führt, wählen kann; dasselbe bei der von C. beobachteten Dame, die sich lieber für die Amputation entscheidet als den Schmerz zu ertragen, obwohl man ihr sagte, daß das eventuell nichts bringe. Verhängnisvolle, unwiderrufliche Entscheidungen beim Versuch, Schmerzen zu *lindern* oder zumindest zu *minimieren*. . . . Wir müssen nach dem Prozeß fragen, der zu der endgültigen Entscheidung führt. Und welche Konsequenzen hat eine solche Entscheidung? Und Frau Abel? Die Reaktionen von anderen gehen manchmal in diesen Entscheidungsprozeß ein, und sie sind eine Konsequenz für die Entscheidung. Eltern können für ihr Kind Entscheidungen treffen, oder die Familie kann in die Entscheidungen des Patienten einbezogen werden (d.h. *Entscheidungsakteure*) [Kategorie, Abwägen, bezogen auf Subkategorien von Schmerzkontrolle im Hinblick auf Linderung und Minimierung; Forschungsfragen über Abwägen; Prägen des Begriffs einer weiteren Kategorie, Entscheidungsakteur].

Umgekehrte Kontrolle von Schmerzausdruck, (C) 2. Juni, S. 8: „Da ist ein vierzehnjähriges Mädchen mit Gicht, das den Schmerz so gleichmütig hinnimmt, daß das Personal versucht hat, sie dazu zu bewegen, ihrem Schmerz Ausdruck zu verleihen. Schließlich sprach der Psychiater mit ihr und ihrer Familie; fand heraus, daß Mutter und Großmutter im Rollstuhl sitzen, die eine aufgrund von Kinderlähmung und die andere wegen rheumatischer Gicht. Man hatte dem Mädchen beigebracht, den Schmerz zu ertragen, und der Psychiater hat das Personal angewiesen, sich nicht in die Familienmuster einzumischen." (C. zitiert hier einen Arzt von dieser Station.) Durch die *umgekehrte* Kontrolle versucht das Personal, meine ich, die Patientin soweit zu bringen, daß sie dem Schmerz *stärker* Ausdruck verleiht, als es bis dahin der Fall war. Aber dann entdeckt der Psychiater, „warum" das Mädchen so reagiert, Und er bringt das Personal von seinen Bemühungen ab [neue Subkategorie, umgekehrte Kontrolle, Erweiterung der vorher unvollständig dimensionalisierten Kategorie ‚Schmerzausdruck'; Bedingung für umgekehrtes Phänomen sowie für dessen Änderung].

Schmerz aufgrund von Behandlung – Bedingungen für stärker werdenden Schmerz, (C) 4. Juni, S. 6: „Wir denken nicht immer an den Schmerz des Patienten. Manchmal sind wir den Patienten leid, und wir haben nicht immer die nötige Geduld." Das bedeutet: Konzentration auf die *Hauptarbeit,* nämlich Umgang mit dem Schmerz, und *negative wechselseitige Karrieren* mit eben diesem Patienten [Kategorie ‚zugefügter Schmerz', bezogen auf zwei Bedingungen, Hauptarbeit und frühere schlechte Erfahrungen mit dem Patienten].

Linderung und Schmerzboten. Bei Pflegehelfern und Krankenschwestern gibt es das Phänomen, daß diese als Schmerzboten agieren (Forscher auch!), damit die Ärzte kommen und die Schmerzen des Patienten lindern. Das ist etwas anderes, als wenn *Schmerz legitimiert* wird, damit ein anderer die Schmerzen lindert. Unter gewissen Bedingungen sind keine Boten da – solche Bedingungen liegen auf der Hand (z.B. wenn der Patient allein ist) –, oder andere überbringen die Botschaft nicht, weil sie den Klagen des Patienten nicht glauben oder zu beschäftigt sind. Und es gibt das Phänomen, wo der Patient mit Lichtsignalen arbeitet oder den Summer betätigt, so daß er als *sein eigener Bote agiert.* Beachten Sie, daß sich das Problem der Schmerzlegitimation mit dem Problem, eine Botschaft mit dem Wunsch nach Schmerzlinderung zu erhalten, überschneidet, aber nicht identisch ist. Außerdem muß eine Krankenschwester, wenn sie zum Verordnen einer Medikation nicht legitimiert ist, ihrerseits als sekundärer Bote als einzige dem Arzt gegenüber agieren: sie kann die Medikation nicht stellen, es sei denn, der Arzt hat diese schon angeordnet [neue Kategorie, Schmerzbote, in Bezug zu einer anderen, Schmerzlinderung; unterschieden zwischen Schmerzboten und legitimierenden Akteuren – zwei Typen von Handelnden; Bedingungen, wo keine Boten sind; Bedingungen, unter denen der Patient sein eigener Bote ist; Bedingungen eher für den Akteur, der Schmerzen lindert, als für den Schmerzboten, bezogen auf Kategorie, Legitimation].

Zugefügter Schmerz und Vernachlässigung, Anklagen wegen Vernachlässigung; Bewußtheitskontext: Patientin mit Verbrennungen warnt das Personal vor ihrer Allergie gegen ein bestimmte Medikament; einige Tage später kriegt die Patientin schmerzhafte Blasen, da man auf dem Medikament bestanden hatte. Folglich hat man durch Vernachlässigung aktuell Schmerz zugefügt (was immer die Bedingung für diese „Vernachlässigung" sein mag). Für uns ist wichtiger, daß die Patientin den Grund für diesen zugefügten Schmerz kennt und so das Personal anklagen kann. Manchmal kann aber eine *geschlossene Bewußtheit* vorliegen in dem Sinne, daß das Personal zweifellos um die Vernachlässigung weiß, der Patient aber nicht – und deshalb kann er niemanden anklagen. Unter wieder anderen Bedingungen schöpft der Patient vielleicht Verdacht, aber das Personal weist Vernachläsigung von sich, und der Patient kann diese nicht beweisen *(Bewußtheit um Verdacht)* [Kategorie, Anklagen wegen Vernachlässigung, und Bedingung dafür; Bedingung für Bewußtheit oder nicht oder möglicherweise; erfolgreiche Konsequenz der Handlung; Bedingung für die Gegenstrategie des Personals].

Bedingungen für Einschätzung von Schmerz – im Hinblick auf Ansehen des Patienten, (C) 7. Februar, S. 4: Ich sehe, wie Patienten vom Augenblick ihrer Ankunft an eingeordnet werden, einfach deshalb, weil sie Patienten eines bestimmten Arztes sind; besonders wenn sie anscheinend noch ins Raster passen. Dann kann man beobachten, wie das Personal die Patienten *abwertend einschätzt:* „Oh, sie hatten Schmerzen, aber diese waren psychosomatisch, sie benutzten die Schmerzen als Vorwand. Die Art von Menschen, die nicht gesund werden wollen, die sexuelle Kontakte mit dem Partner verweigern oder den Schmerz dazu benutzen, nicht dahin gehen zu müssen, wo sie hingehen sollen". (Oberschwester): „Die Krankenschwestern haßten diese Leute. Sie stöhnten ‚nicht noch ein Psychopatient' oder zählten, wieviele solcher Patienten schon auf der Station sind." Die Krankenschwestern hatten eine psychologische Skala, sie gaben den Patienten Punkte, je nach dem, welche Qualifikationen sie erfüllten: aggressiv, fordernd, gefärbtes Haar usw.; Konsequenz: Oberschwester behauptete, daß der Grund für den häufigen Personalwechsel auf der orthopädischen Station der war, daß die meisten Patienten auf dieser Station von dieser Art waren (Sie sollten nachprüfen, ob sie das wirklich sagte) [Bedingung; neue Subkategorie, abwertende Einschätzung, und deren Bedingungen und Konsequenzen].

Abwertende Einschätzung, Bedingungen, (C) 7. Februar, S. 5–6. Placebos – Patient in der Physiotherapie (nimmt die Möglichkeit, am Wochenende nach Hause zu gehen, nicht wahr); Patienten der Orthopädie (reden sehr gerne über ihre Schmerzen); Patient der Orthopädie reagiert auf die Ultraschallbehandlung (die der Physiotherapeut als Placebo betrachtet) mit: „Das ist großartig!"; und der Psychologe (Rehabilitationsfall 29.1., S. 5), dessen Test ergab, daß eine Patientin „hochgradig abhängig war, eine übertriebene Unfähigkeit, Dinge zu verrichten, an den Tag legte"; folglich war seine Einschätzung die, daß sie hier „eine Möglichkeit" sah, „von ihrer Unfähigkeit Gebrauch zu machen". Diese Überlegungen deuten natürlich darauf hin, daß es dem Patienten nicht gelingt, seinen Schmerz zu *legitimieren,* und die Notwendigkeit der Legitimation nicht beachtet wird [mehrere Bedingungen hinsichtlich Kategorie].

Schmerzideologie; Hauptarbeit, Krankheitsverlaufskurve und soziale Verlaufskurven, (S) 9. Februar, S. 2: Personal auf der Station, auf der Nierentransplantationen gemacht werden, hat eine Vorstellung von Schmerzlinderung, die sehr stark interaktionell orientiert ist (die Ängste des Patienten reduzieren, es dem Patienten bequem machen usw.). Die Sensitivität des Personals gegenüber psychosozialen Dingen ist ganz außergewöhnlich. Man kann es auch anders ausdrücken und sagen, daß ein Teil der Hauptarbeit, wie das Personal sie sieht (im Vergleich zu der Station, auf der Verbrennungen behandelt werden), darin besteht, den Schmerz zu lindern – diese Aufgabe hat eindeutig Vorrang. Unter anderem deshalb, weil durch Angst die Wahrscheinlichkeit, daß der Körper das Transplantat abstößt, erhöht wird und andere Komplikationen eintreten können. Eine andere Art, die Dinge zu sehen, ist die, daß die Belange, die mit der *sozialen Verlaufskurve* der Patienten zu tun haben, bis zu einem gewissen Grad im Tätigkeitsbereich des Personals liegen und zu seinen Aufgaben gehört: weil diese Belange die *Krankheitsverlaufskurve negativ* beeinflussen können. ... Apropos negative medizinische Verlaufskurve: Zwei Patienten, die unspezifisch über Unwohlsein klagten, behandelte man mit Rückenmassage, man sprach mit ihnen usw. ... Später stellte man fest, daß sie fortgeschrittene Infektionen hatten, die in Blutvergiftungen endeten; folglich falsche *Maßnahmen zur Schmerzlinderung* und *falsche Einschät-*

zung der Schmerzindikatoren (S. 8) [Bezug von mehreren Konzepten hergestellt und Bezug von zwei Subkategorien hergestellt].

Kontrolle des Schmerzausdrucks und Störung der Interaktion; Bewußtheit geschlossen: Patienten mit Colitis müssen manchmal ihren Schmerzausdruck in der Öffentlichkeit kontrollieren, um die Menschen in ihrer Umgebung nicht in Unruhe zu versetzen. Sie müssen ihren Bewußtheitskontext geschlossen halten (genau wie Herzpatienten, wenn sie anfallartige Schmerzen haben; sonst eilen Leute herbei, um zu helfen, oder andere geraten in Panik).... In der Tat müssen Menschen mit Colitis (die sich auch immer noch waschen müssen), wenn sie öffentliche Toiletten ansteuern, vorsichtig mit Schmerzensäußerungen sein, weil sonst nämlich Leute herbeieilen und das eigentliche Anliegen, nämlich auf die Toilette zu gehen, behindern: Diese Leute komplizieren nur ihre Probleme, deshalb geht man ihnen aus dem Weg. MERKE: Auf *Störungen von Interaktionen* achten; denn das ist wahrscheinlich auch eine relevante Kategorie [Bezüge von vier Kategorien hergestellt; auch eine Forschungsdirektive].

Durch diese Kodes wird der Vorgang des selektiven Kodierens anschaulich, weil sie alle einen Bezug zur Schlüsselkategorie ‚Umgang mit dem Schmerz‘ haben. Man kann in der Analyse sehen, daß die Kodes (Kategorien und auch Subkategorien) in enger Verbindung zueinander stehen, wobei viele dieser Beziehungen unter Einbeziehung von Bedingungen, Konsequenzen, Interaktionen und Strategien zustandekamen: und das Ganze wurde in einen Zusammenhang mit der Schlüsselkategorie ‚Umgang mit dem Schmerz‘ gesetzt – sei es nun Schmerzlinderung, Minimierung von Schmerzen oder Vorbeugung. Auf diese Weise wird nachvollziehbar, wie in diesen Kodes ein beträchtliches Maß an Integration stattfindet, obwohl das Projekt erst seit sechs Monaten läuft. (Das Problem der Integration wird in zwei späteren Kapiteln diskutiert und exemplarisch dargestellt.)

Diese Kodes repräsentieren auch exemplarisch die Kodierfunktionen, die ganz am Anfang dieses Kapitels erwähnt wurden; allerdings ist die Entwicklung von generativen Fragen nicht besonders auffallend, außer da, wo die Notizen über die Arbeit der Krankenschwester auf der Herzstation kodiert werden. Erinnern Sie sich nun aber daran, daß der Forscher, wenn er ein Teil der Kodierarbeit hinter sich hat, Theorie-Memos schreibt, um sowohl einige dieser Kodes zusammenzubringen als auch Forschungsfragen einzubauen, die sich aus den Kodes ergeben haben. Dazu noch eine Bemerkung: Auch wenn die Kodes an den Rand des zu analysierenden Dokuments geschrieben werden (und wahrscheinlich tun das die meisten qualitativ arbeitenden Forscher), so fallen sie im allgemeinen weniger detailliert aus und sind schwieriger zu sortieren, als wenn man die Kodes auf ein separates Blatt tippt. Außerdem kann man angesichts der von qualitativ arbeitenden Forschern erhobenen Datenmengen heutzutage weitaus effektiver arbeiten, wenn man die Möglichkeiten eines Computers ausschöpft (Conrad/Reinharz 1985).

Die Verwendung von Kodes in Veröffentlichungen

In welcher Form werden die Kodes schließlich in einen Forschungsbericht aufgenommen, der für die Veröffentlichung bestimmt ist? Dieser Vorgang soll hier an einigen Abschnitten über das Thema ‚Überwachungsarbeit' veranschaulicht werden, die von ausführlicheren Passagen über das Thema ‚Überwachen' in *„The Social Organization of Medical Work"* (Strauss u.a. 1985) stammen. Erinnern Sie sich daran, daß die Schlüsselkategorien in dieser Studie „Verlaufskurve" und „Arbeitstypen" waren. Folglich muß in einer Publikation die Kategorie ‚Überwachen' nicht nur auf andere Kategorien bezogen werden, sondern auch auf diese beiden Schlüsselkategorien. Natürlich gibt es verschiedene Arten, dies in einer diskursiven Form darzustellen; hier ist eine:

Den Begriff Überwachen hört man heute sehr oft in Krankenhäusern, aber bei der Vielfalt von Kontexten, in denen das Personal diesen Ausdruck benutzt, kann auch ein aufmerksamer Zuhörer am Ende nicht mehr wissen, worauf sich der Begriff nun genau bezieht. Wir versuchen, das analytische Durcheinander, das dem Gebrauch dieses Begriffs innewohnt, zu entwirren, und beginnen diesen Abschnitt damit, daß wir die unterschiedlichen Arten des Überwachens notieren, die mit der außerordentlich diffizilen Arbeit mit zu früh geborenen Kindern verbunden sind. ...

Wenn wir nun fragen, welche Arten des Überwachens eingesetzt werden, muß bei der Antwort natürlich folgendes berücksichtigt werden – abgesehen davon, daß die mechanische Funktion der Apparatur zu überwachen ist ... die Krankenschwester überwacht die Information, die sie von der Apparatur über das Kind erhält, wie auch die Temperatur des Kindes, indem sie alle diese Informationen aufzeichnet und gemäß ihrer Interpretation dieser Informationen handelt. ... die Krankenschwester überwacht die Apparatur, ebenso die Apparatur im Hinblick auf die physiologischen Funktionen des Kindes, ebenso die Information, die sie durch das Meßgerät erhält ...

Eine vierte Art des Überwachens besteht darin, daß die Krankenschwester konzentriert und fast ununterbrochen auf Zeichen achtet, die vom Körper und vom Verhalten des Kindes ausgehen: Bewegung, Hautfarbe, Temperatur, Atemgeschwindigkeit und so weiter – dies registriert sie mit den Augen, den Ohren und durch Berührung. ... Eine fünfte Art des Überwachens könnte als Überwachen „zweiter Ordnung" bezeichnet werden – vertreten durch den Arzt oder die Oberschwester, der bzw. die die Berichte der Krankenschwestern über *ihre* Überwachungsergebnisse hört oder interpretiert: Das bedeutet, daß die Überwachungstätigkeit der Krankenschwester näher an der Apparatur und den Körperfunktionen des Kindes ist, während sich das Überwachen zweiter Ordnung in einiger Distanz abspielt und über dem anderen steht.... Um mit den empirischen Daten zu sprechen, ist vielleicht nicht jede Art des Überwachens von gleicher Bedeutung; denn das hängt von der Verlaufskurvenphase und vom aktuellen Zustand des Kindes ab – deshalb müsen Entscheidungen darüber getroffen werden, wie häufig was zu überwachen ist, mit welcher Intensität und so weiter.

Alle diese Arten des Überwachens, ob durch Apparaturen oder mit ihnen, sind so angelegt, daß das Personal mit einem Vorgang oder mit mehreren Vorgängen Schritt halten kann: Diese möchten wir *Dimensionen* nennen. Erstens wird überwacht, ob die Verlaufskurve stabil bleibt oder ob und in welchem Ausmaß sie sich in negativer oder positiver Richtung verändert. Ein wichtiger Aspekt dabei ist der „gegenwärtige Zustand"; gemeint ist damit die genaue Lokalisierung auf der Verlaufskurve. Zweitens, wenn sich die Verlaufskurve drastisch zum Negativen hin verändert, dann steht die klinische Sicherheit auf dem Spiel, und diese muß überwacht werden, vor allem bei risikoreichen Verlaufskurven oder in gefährlichen Phasen. Drittens kann die Überwachung noch nach mindestens zwei weiteren Dimensionen durchgeführt werden, von denen streng genommen keine medizinischer Art ist, obwohl jede einzelne Dimension den medizinischen Verlauf stark beeinflussen kann: eine hat mit der Behaglichkeit des Patienten zu tun (z.B. kann die Apparatur unangemessene Beschwerden verursachen), eine andere mit dem „Seelenleben" des Patienten, das durch die Apparatur und dadurch, wie diese arbeitet, beeinflußt wird. In der Tat kann jede einzelne dieser Dimensionen der rein medizinischen Überwachung vorgezogen werden, wenn dies im Laufe des Krankenhausaufenthaltes des Patienten phasenweise oder sogar über mehrere Tage lang angezeigt ist.

Je nach Verlaufskurve muß die Arbeit insgesamt (oder in ihrem Ablauf) entsprechend geplant werden, einschließlich der Überwachungsarbeit und der damit zusammenhängenden Aufgaben, die je nach Phase der Verlaufskurve variieren. Aus diesem Grunde werden je nach Phase und Art der Verlaufskurve unterschiedliche Apparaturen eingesetzt, die einen therapeutischen Zweck haben oder der Überwachung dienen können. Was die Arbeit des Personals sowohl abwechslungsreich als auch möglicherweise komplizierter macht, sind die vielen Eigenheiten, die bei der Überwachung des Körpers mittels Apparaturen zu beachten sind. Hier einige Merkmale:

Häufigkeit des Überwachens
Dauer des Überwachens
Intensität des Überwachens
Anzahl der zu überwachenden Dinge (einschließlich Körper und Körpersysteme)
Anzahl der zu überwachenden Dimensionen
Eindeutigkeit oder Ambiguität der zu überwachenden Anzeichen
nötige graduelle Unterschiede bei der Interpretation von Anzeichen
Einsatz der Sinneswahrnehmungen (wieviele, welche) beim Überwachen
sequentielles oder gleichzeitiges Überwachen von Anzeichen

Die Diskussion über typische Überwachungsarten auf Intensivstationen, Herzstationen und Dialyseabteilungen wird anschließend kontrastiert mit weiteren theoretischen Punkten und empirischem Material, die insgesamt zu den zuvor besprochenen Punkten und zu unterschiedlichen Arbeitstypen und Verlaufskurven in Beziehung stehen.

Ein weiterer Akteur im Überwachungsschauspiel, der Patient nämlich, sollte nicht übersehen werden. Patienten, die aufgrund wiederholter Klinikaufenthalte mit Apparaturen vertraut sind, müssen nicht in Überwachungsarbeiten unterrichtet und im allgemeinen nicht zur Mithilfe beim Überwachen gezwungen werden. Sie kennen die Apparaturen und auch die Launen ihres Körpers besser als jeder andere: Und aufgrund dieser Kombination können sie bei der Überwachungsarbeit zu wertvollen Partnern werden. Aber diese Erfahrung macht sie auch ungeduldig und kritisch gegenüber der Überwachungsarbeit des Personals, wenn sie dieses für inkompetent oder nachlässig halten (Beispiele dafür finden sich im vorigen Kapitel). Im Gegensatz dazu müssen solche Patienten, für die ihre Krankheit oder eine bestimmte Apparatur neu ist, vom Personal, das dadurch die Arbeit aufteilen oder die klinische Sicherheit erhöhen möchte, vielleicht erst überredet werden, sich an Überwachungsaufgaben zu beteiligen. Krankenschwestern schätzen Patienten ziemlich genau nach ihrer erwartbaren Zuverlässigkeit und Lernfähigkeit beim Überwachen ein. Wenn sie einen Patienten für zu krank, dumm oder unmotiviert halten, um sich selbst zu überwachen, dann kommt er in einen Raum in der Nähe des Schwesternzimmers. Wie sich ein Patient selbst überwachen kann, wird ihm gewöhnlich beiläufig beigebracht und weniger durch formale Unterweisung. Natürlich erfordern manche Arten der Überwachung, wie etwa das Lesen von Herzstromkurven, die über den Bildschirm tanzen, viel medizinisches Fachwissen, das die meisten Patienten auch mit entsprechender Energie und Motivation nicht aufbringen.

Kehren wir zur Arbeit des Personals zurück: Es ist typisch für eine Krankenhausstation, wo intensiv überwacht wird, daß dort Mengen an Informationen, die auf das Überwachen zurückgehen, übermittelt werden. Die Übermittlung geschieht in Form von mündlichen oder schriftlichen Berichten oder beides zusammen. ... Die Übermittlung von Informationen innerhalb der eigenen Dienststufe und nach oben ist also eine sehr wichtige Arbeit, die von Krankenschwestern, Technikern, Assistenzärzten, diensthabenden Ärzten verrichtet wird; und, soweit es die Gerätschaften an sich anbelangt, ebenso von Bioingenieuren, von Sicherheitsbeauftragten, von den unterschiedlichen Fachleuten, die die Apparaturen warten, eichen, einstellen usw. ...

Im Idealfall ist die Übermittlung von Überwachungsinformationen dazu da, daß die Ärzte in die Lage versetzt werden, in bezug auf die Verlaufskurven von Patienten fundierte Interpretationen zu geben: Lokalisierung auf der Verlaufskurve, deren Entwicklung, Zusammenhang mit früheren medizinischen Interventionen. Die weiteren medizinischen Interventionen – Optionen, die gesehen und gewählt werden – hängen in erster Linie von diesen Interpretationen ab, die in erster Linie auf den Informationen von Technikern, Krankenschwestern, Assistenzärzten und des Laborpersonals beruhen. Durch eine direkte Übermittlung von Überwachungsinformationen, z.B. von der Krankenschwester zur Oberschwester oder vom Assistenzarzt zum diensthabenden Arzt, können Entscheidungen herbeigeführt werden, die unmittelbar mit der Sicherheit, Behaglichkeit oder der Ängstlichkeit des Patienten zu tun haben. Analytisch betrachtet ist es sinnvoll, zwischen diesen beiden Ebenen von Informationsübermittlung zu unterscheiden: ...

Auch für die Leute, die die Funktionsüberwachung durchführen, hat die Arbeit eine Bedeutung: sie kann grundsätzlich langweilig, aufregend, belastend sein. ... Im Gegensatz dazu ist die Arbeit des Überwachens unter manchen Bedingungen auch herausfordernd und lohnend: wenn der Arbeitende zuerst einmal lernt, wie man überwacht, oder wenn er eine neue Apparatur kennenlernt; wenn die Verlaufskurve in einer kritischen Phase ist und folglich das Leben des Patienten von der Überwachung abhängt; wenn man beim Überwachen feststellt, daß sich eine schlechte Verlaufskurve umkehrt und das Überwachen gute Neuigkeiten bringt oder zur Besserung beigetragen hat; wenn die Überwachungstätigkeit handwerkliche oder professionelle Fähigkeiten erfordert (auch dann, wenn diese mit Ideologien verbunden sind, die die Bedeutung des Überwachens überbewerten, wie das bei den Dimensionen von Behaglichkeit oder intaktem Seelenleben des Patienten der Fall sein kann; oder wenn sich der Arzt über seinen „sechsten Sinn" freut, der in Wirklichkeit eine Mischung aus Geschicklichkeit und ideologisch fundierter Genugtuung ist); ebenso wenn sich die Art der Überwachungsaufgaben verändert, weil sich die bis dahin überwachten Verlaufskurven verändert haben, so daß sich der Überwachungsakteur wie ein Orchestermusiker vorkommt, der mit moderner Musik konfrontiert ist – die schwierig, aber interessant ist – und nicht die gewohnte alte Musik weiterspielen kann.

Aber gleichgültig, ob die Überwachungstätigkeit als langweilig, aufregend oder belastend empfunden wird, sie unterstützt auf jeden Fall die Arbeit im Zusammenhang mit der Verlaufskurve und ist insofern ein weitreichender und wichtiger Aspekt der medizinischen Arbeit insgesamt. Sichtbar und drastisch betrifft die Überwachungsarbeit heute auch immer mehr das Überwachen von Apparaturen, die an den Körper des Patienten angeschlosen sind.

Nachdem Sie nun dieses Material gelesen oder durchgesehen haben, könnte es zu einem späteren Zeitpunkt sinnvoll sein, die ursprüngliche Fassung, in der die Kodierpunkte zum Thema Überwachen vorgeführt werden, mit der Version, in der die Kodierpunkte in die Veröffentlichung eingehen, zu vergleichen. Die ganz frühen Kodes werden im allgemeinen nicht in ihrer damaligen Form übernommen – manchmal die späteren –, aber die Ideen und die spezifizierten Zusammenhänge finden sich durchaus in der Veröffentlichung wieder.

Kodieren nach strukturellen und interaktionellen Bedingungen

In diesem Abschnitt werden kurz die ersten Schritte dargestellt, mit denen die umfassenderenStrukturbedingungen und die Interaktionen zwischen den Akteuren sowie die Interaktionen zwischen den Akteuren und deren institutionellen Gegebenheiten verknüpft werden, wobei Akteure und Gegebenheiten direkt in Erscheinung treten oder in den Interviews und Beobachtungsprotokollen nur indirekt vorhanden sind. In der gegenwärtigen qualitativen Forschungsrichtung wird die Interaktion (und die unmittelbar kontextuellen Aspekte im Verhältnis zu Interaktionen) oft so stark betont, daß dadurch der Blick auf die weitergefaßten Strukturbedingungen verstellt oder verhindert wird. Doch alle diese Aspekte müssen in der Analyse berücksichtigt werden. Reduziert der Forscher die strukturellen Bedingungen, die in einem eher direkten Kontext stehen oder aber „weiter weg" (oder, wie manche Sozialwissenschaftler sagen, *makroskopisch* oder *mikroskopisch*) sein können, auf ein Mindestmaß, oder läßt er sie einfach weg, dann sind die Schlußfolgerungen zu kurz gegriffen. Umgekehrt wird die Überbetonung struktureller Bedingungen den reichen interaktionellen Daten nicht gerecht, die Leben und eine Vorstellung von Unmittelbarkeit (manche sagen *Realität*) in die Analyse bringen.

Wenn der Forscher beide Aspekte miteinander in Verbindung bringen möchte, muß er in Strukturen *und* in Interaktionen denken. Man kann analysieren und Daten über strukturelle Bedingungen erheben. Man kann analysieren und Daten über Ereignisse, Akteure, Interaktionen und Vorgänge erheben. Am Ende aber muß der nach der Grounded Theory arbeitende Forscher sich an die Kodierarbeit machen, wodurch er detaillierte Kodes erhält, die die *spezifischen* Bedingungen mit den *spezifischen* Interaktionen, Strategien und Konsequenzen in Verbindung bringen. Wenn der Forscher die Daten untersucht, die nach strukturellen Gesichtspunkten erhoben worden sind, dann muß er fragen: „Aber welche Veränderungen treten durch diese strukturellen Dinge bei Interaktion und Akteuren auf?" Wenn er Datenmaterial untersucht, bei dem die Interaktion im Vordergrund steht, muß er fragen: „Aber wie lassen sich diese Phänomene erklären, die nicht nur unter den eher direkten strukturellen Bedingungen gesehen werden, sondern auch unter den weitergefaßten, den makroskopischen?" Es liegt auf der Hand, daß das Herstellen derartiger Zusammenhänge – auf der Grundlage des Theoretical Sampling werden gezielt Daten erhoben – viel Zeit und Überlegung kostet und daß auch die dafür notwendigen Fähigkeiten erst allmählich entwickelt werden müssen.

In den oben angeführten Kodierbeispielen kann man sehen, wie Verbindungen hergestellt werden zwischen dem interaktionellen Bereich und verschiedenen enggefaßten *Kontextbedingungen,* wie z.B. Eigenschaften eines Krankenhauses, einer Krankenhausstation oder einer medizinischen Apparatur. Doch in diesen Beispielen werden die Vergleiche von Zusammenhängen mit *Struktur*bedingungen *im weiteren Sinn* nicht explizit gemacht. Fahren wir aber mit dem Beispiel fort, wie man nach dem Einfluß medizinischer Technologie auf die medizinische Arbeit kodiert: Schließlich haben die Forscher dieses Projekts explizit und detailliert die Arbeit des Personals mit medizinischen Geräten und die Interaktion in bezug auf medizinische Apparaturen mit verschiedenen Strukturbedingungen in Verbindung gebracht, die von den Eigenschaften der Gesundheitsindustrie, der Apparateproduktion, der Benutzer von Krankenhäusern, beruflicher Karrieren, der Ausweitung von medizinischem Wissen und medizinischer Technologie, der Rolle der Regierung im Gesundheitswesen bis zu den Eigenschaften gesellschaftlicher Umstrukturierungen in unseren Tagen, die sich auf das Gesundheitswesen auswirken, reichen.

Für die Kodierbeispiele, in denen wir nach weitergefaßten Strukturbedingungen und ihren Konsequenzen für die Interaktion (fast ausschließlich vermittelt durch eher direkt kontextuelle Strukturbedingungen) kodiert haben, mußten wir nach Dingen kodieren, wie beispielsweise: Die staatlichen Vorschriften, in denen es um die klinische Sicherheit geht, werden von den Sicherheitsbehörden für das Personal auf den Krankenhausstationen vorinterpretiert, aber zum größten Teil müssen diese Deutungen diplomatisch und eher als Ratschlag vermittelt werden, weil die Sicherheitsbehörden wenig Entscheidungsbefugnis darüber haben, wie die einzelnen Stationen geführt werden, wie medizinische Versorgung und Pflege vonstatten gehen oder wie Apparaturen eingesetzt werden. Wenn es aber um Apparaturen geht, bei denen mit radioaktiven Substanzen gearbeitet wird, dann wird aus der Beratung tendenziell eine engere Überwachung. Oder: Weil medizinische Apparaturen in Kliniken vor Ort getestet werden müssen, hat sich ein verhältnismäßig enger Kontakt zwischen den Vertretern von Geräteherstellern und den Benutzern von neuen Apparaturen oder neuen Modellen entwickelt. Die Benutzer erstatten den Herstellern häufig Bericht über „Macken" in der Apparatur und machen manchmal auch Vorschläge zu deren Verbesserung. Dieser Kontakt zwischen Benutzer und Hersteller wird noch zunehmen, weil etliche Apparate von medizinischen Forschern entwickelt werden, die sich in ihrer Praxis auf medizinische Sachgebiete spezialisiert haben und ihre Erfindungen auf das aktuellste Fachwissen stützen können. Viele Firmen, die medizinische Apparate herstellen, sind relativ klein und produzieren nur für Spezialgebiete in der medizinischen Versorgung. Durch das Kodieren von Interview- und Beobachtungsdaten kommen diese Arten von Beziehungen zwischen Struktur und Interaktion zutage, weil beide Aspekte in den Daten immer wieder durchsickern (entweder sind sie im Datenmaterial angesprochen oder der Forscher erhebt spezifische Daten, in denen er Zusammenhänge vermutet – nach Möglichkeit arbeitet er mit Theoretical Sampling, um die Datenerhebung gezielt angehen zu können).

Manche Forscher kodieren auch danach, inwieweit sich Vorgänge auf der interaktionellen Ebene auswirken auf die Ebene von Kontext und Strukturbedingungen im weiteren Sinn: Zum Beispiel geben Mitarbeiter von Sicherheitsbehörden Ratschläge an staatliche Sicherheitsbeauftragte weiter, die selbst manchmal überregional bekannte Experten sind; und wir haben schon erwähnt, daß das Klinikpersonal, Ärzte, Krankenschwestern und Bioingenieure aufgefordert sind oder es als ihre Aufgabe ansehen, bei der Herstellung spezifischer medizinischer Apparaturen Einfluß zu nehmen.

Anstatt spezifische Kodes an konkreten Beispielen vorzuführen, haben wir den generellen Vorgang diskutiert, wie man nämlich danach kodiert, was für viele Forscher auf einer grundverschiedenen Analyseebene zu liegen scheint. In der Grounded Theory begreift man Struktur nicht als etwas, was „da oben ist" und mehr oder weniger weitreichend die Interaktionen bestimmt. Man geht auch nicht davon aus, daß gegebene Strukturbedingungen, ob ökonomischer, politischer oder soziologischer Art (letztere würden Schichtzugehörigkeit, Geschlecht, Beruf, Einkommen usw. beinhalten), notwendigerweise für die interaktionellen/prozeßhaften Phänomene, die untersucht werden, relevant sein müssen. Der Forscher muß vielmehr nach *relevanten* strukturellen Bedingungen suchen, d.h. daß er diese so *spezifisch* wie möglich mit den interaktionellen/prozeßhaften Bedingungen *verknüpfen* muß. Die Strukturbedingungen können auf jeder Ebene angesiedelt sein, also auf der direkt kontextuellen Ebene (wie im Falle der Institution, in der Menschen arbeiten oder leben) oder auf der offensichtlich makroskopischen (Gesellschaftsschicht, Wirtschaftssystem, Gesetzgebung) Ebene liegen.

Für den Forscher gilt die *Faustregel,* daß er darauf achten muß, welche Anteile des erhobenen Datenmaterials eher dem mikroskopischen oder eher dem strukturellen Bereich zuzuordnen sind. Er sollte für beide Ebenen Kategorien entwickeln und dabei dem üblichen Kodierparadigma folgen. In der Analyse sollten dann diese Kategorien (wie immer) zueinander in Beziehung gesetzt werden. Und wie immer sollte die sich entwickelnde Analyse die weitere Datenerhebung leiten, und zwar durch Theoretical Sampling, so wie sich diese den hypothetischen Beziehungen zwischen den Hauptkategorien, die während der ganzen Forschungsarbeit entwickelt werden, nähert.

Andernfalls hat der Forscher am Ende folgende Option zur Auswahl: Erstens, entweder eine Studie über Strukturen oder aber über Interaktionen; zweitens, ein bißchen vom einem und viel vom anderen. Wenn er sich für die zweite Möglichkeit entscheidet, werden die Beziehungen zwischen beiden Ebenen tendenziell unspezifisch. Bildhaft gesprochen heißt das, daß entweder die Makrostrukturen einen Hintergrund für das *reale* Schauspiel abgeben oder aber der Hintergrund zum Schauspiel wird und ein paar Marionetten einige ziemlich unwirkliche, undramatische Gesten durchspielen. Soziologische Monographien sind voll von solchen Beispielen und ihren Spielarten.

Durch adäquates Kodieren kann der Forscher das Dilemma, das sich in diesen Optionen ausdrückt, überwinden und dennoch seine Analyse nach Mikro- *oder* Makrobereichen gewichten, was von seinem persönlichen Interesse, seinem Wissen über den Forschungsgegenstand, seiner Forschungserfahrung oder von Zufällen, die das Forschungsprojekt beeinflussen, abhängt. Auf jeden Fall tragen sorgfältig durchgeführte Kodierverfahren in allen beiden Bereichen zu einer effektiveren Theorie über die Phänomene in diesem Feld bei. So kann man über diplomatische Verhandlungen zwischen einzelnen Staaten forschen, indem man nicht so sehr die Details der Interaktion zwischen den Verhandlungspartnern untersucht, sondern indem man eine Fallstudie über ein oder zwei spezifische Verhandlungssitzungen macht. Der Fokus kann dafür auf bestimmten Nationen liegen, die über ihre politischen oder wirtschaftlichen Institutionen, ihre politischen Taktiken, ihre Unterhändler usw. in Interaktion treten. Wenn ein Forscher andererseits die Interaktion und/oder prozeßhafte Dinge untersuchen möchte oder muß, sollte er dennoch systematisch nach strukturellen Bedingungen, die eher direkt kontextbezogen sind, suchen und diese analysieren, auch wenn er dann die makroskopischen Bedingungen nicht mehr im einzelnen weiterverfolgt.

Faustregeln

Die in diesem Kapitel vorgestellten Kodierbeispiele mit den dazugehörigen Kommentaren können mit ein bißchen Phantasie einige Faustregeln für die Prozedur des Kodierens liefern.

1. Paraphrasieren Sie nicht einfach die Sätze eines Dokuments, sondern entdecken Sie genuine Kategorien, und benennen Sie diese, zumindest vorläufig.
2. Setzen Sie diese Kategorien so spezifisch und variabel wie möglich in einen Bezug zu ihren Bedingungen, Konsequenzen, Strategien, Interaktionen, d.h. folgen Sie dem Kodierparadigma.
3. Setzen Sie Kategorien in Beziehung zu Subkategorien, jede zu jeder, d.h. führen Sie eine systematisch dichte Analyse durch.
4. Tun Sie dies auf der Grundlage spezifischer Daten, und nehmen Sie häufig auf diese Bezug, indem Seitenzahl, Zitate oder Zusammenfassungen direkt in den Kodiernotizen vermerkt werden.
5. Unterstreichungen erleichtern die Durchsicht und das spätere Sortieren.
6. Wenn sich dann die Schlüsselkategorie (-kategorien) abzuzeichnen beginnt oder schon feststeht, dann sollten Sie sicherstellen, daß alle Kategorien und

Subkategorien untereinander sowie zur Schlüsselkategorie (-kategorien) in Bezug gesetzt werden, d.h. daß der Weg vom offenen Kodieren über das axiale zum selektiven Kodieren führt. Auf diese Weise kann die Integration der einzelnen Analyseteile Schritt für Schritt durchgeführt werden.

7. Später können die untergeordneten Kategorien, die überhaupt keinen oder nur einen geringen Bezug zu anderen Kategorien aufweisen, mit ihren zugehörigen Hypothesen als im Hinblick auf das integrierte Analyseergebnis mehr oder weniger irrelevant beiseite gelegt werden (auch wenn sie oft für sich genommen interessant sind); oder aber der Forscher muß versuchen, daß er diese Kategorien spezifisch auf den Kern seiner Analyse beziehen kann.

4 Seminar über offenes Kodieren

In diesem Kapitel werden keine neuen Forschungsverfahren diskutiert, sondern offenes Kodieren wird noch einmal ausführlich und mit Kommentaren beispielhaft dargestellt. Auch hier sollten die Leser, die sofort zu den nächsten Verfahrensmodi übergehen möchten, dieses Kapitel vorerst zurückstellen; der Grund aber, weshalb es genau an dieser Stelle steht, ist der, daß die meisten Leser davon profitieren würden, wenn sie das Fallbeispiel und vor allem den analytischen Kommentar am Ende des Kapitels zumindest überfliegen würden.

Es geht hier um die Sitzung eines Forschungsseminars, die auf Tonband aufgezeichnet worden ist. Die Form der Darstellung ist folgendermaßen: Zunächst wird eine kurze Einleitung zum Fallbeispiel gegeben; dann folgt die analytische Diskussion; am Ende steht eine analytische Zusammenfassung, die mit einem detaillierten Kommentar über jede einzelne Phase der sich entfaltenden Diskussion versehen ist.

In der ausführlich dargestellten Sitzung kann man sehen, wie die Seminarteilnehmer gemeinsam an den konkreten Daten arbeiten, die von einer Studentin des Forschungsprojekts erhoben worden sind. Ganz anders dagegen ist das Beispiel der Schmerztheorie im 2. Kapitel angelegt, wo ein sehr aktiver Dozent in einer sehr frühen Phase des Forschungsseminars verschiedene Elemente aus der Methodologie der Grounded Theory „rüberbrachte“ und dabei nicht mit den Daten von Seminarteilnehmern arbeitete, sondern nur mit dem kollektiven Kontextwissen. Während hier das Kontextwissen als ein Element der Analyse zwar sichtbar ins Spiel kommt, bestehen jedoch die untersuchten Hauptdaten nicht aus solchen, die auf gemeinsamem Kontextwissen beruhen. Darüber hinaus geht es, wenn auch nicht sichtbar, um das Ereignis, daß eine Studentin Daten vorstellt, für die das Ergebnis – das Produkt – der Seminardiskussion von größtem Interesse ist.

Natürlich soll anhand der hier vorgeführten Datenmaterialien nicht nur demonstriert werden, wie das Analyseverfahren im Rahmen einer Seminarveranstaltung gelehrt und gelernt wird, sondern auch, wie qualitative Analyse nach der Grounded Theory, insbesondere das Verfahren des offenen Kodierens, durchgeführt wird. (Zur Vermittlung dieses Analysemodus vgl. das 13. Kapitel.)

Seminarsitzung

Diese Seminarsitzung – die Teilnehmer sind Aufbaustudenten der Soziologie – hatte einen bestimmten Zweck: Gemeinsam mit der Studentin (A.C.), die ihre Interviewdaten vorstellte, sollten Aspekte des Datenmaterials erkundet werden, auf die sie sich bis dahin noch nicht konzentriert hatte, um so das mögliche Spektrum ihrer weiteren Analysen zu erweitern. Sie braucht sich nicht an die im Seminar erarbeitete Analyse gebunden zu fühlen, sondern wird nur die Stellen weiterverfolgen, die schließlich am besten zu ihren Daten passen und vermutlich die größte Erklärungskraft haben.

Die Studentin hatte mehrere Frauen interviewt, bei denen die Diagnose einer Cervixdysplasie (einer Form des Gebärmutterhalskrebses) gestellt worden war oder zumindest der Verdacht auf diese Krankheit vorlag. Wie erwartet, kann die Studentin an Nahtstellen in der Seminardiskussion nützliche oder notwendige Hintergrundinformationen geben; dagegen können sich die übrigen Seminarteilnehmer auf eigene relevante Erfahrungen beziehen und manchmal auch auf Erfahrungen, die vergleichbar sind mit denen der Interviewpartnerin. Der Dozent (A.S.) entschied sich für eine detaillierte Analyse der Interviewdaten, aber nicht unbedingt dafür, daß jede Zeile sequentiell untersucht werden muß: Folglich wird er die Aufmerksamkeit der Seminarteilnehmer auf ganz bestimmte Zeilen und Abschnitte in der Eröffnungsphase des Interviews lenken, die er danach ausgewählt hat, inwieweit diese möglicherweise interessante Aspekte der Daten beleuchten.

In dieser Sitzung war der Dozent besonders aktiv, „redselig" und führte einen Großteil der Analyse selbst durch, doch seine Stichworte nahm er manchmal aus Bemerkungen und Überlegungen der Studenten. Er entschied sich für diesen Arbeitsstil, weil er zum einen für die Studentin, die die Daten vorstellte, einen möglichst weiten Bereich abdecken wollte; zum anderen, weil er von den Teilnehmern auf dieser Stufe der Erfahrung mit Forschungsseminaren (etwa sieben Monate Ausbildung) annahm, daß sie nun fähig seien, seinen (oder ihren) Techniken des Dimensionalisierens zu folgen, indem sie vergleichende Analysen durchführen, und mit Leichtigkeit in den Modus der Zeile-für-Zeile-Analyse überzuwechseln. So wurde also mit dieser Diskussion, während sie sich entwickelte, den Seminarteilnehmern vorgeführt, mit welcher Geschwindigkeit verschiedene Untersuchungsrichtungen, generative Fragen und erste Kategorien entstehen können, und das von den ersten Seiten eines einzigen Interviews an.

Für den Leser des folgenden Beispiels sind andere Punkte noch besonders erwähnenswert:

Die Verwendung von Kontextwissen durch die Seminarteilnehmer.
Die Verwendung von Begriffen im Interviewtext, um daraus natürliche Kategorien zu bilden.
Die Festlegung von vorläufigen Begriffen, um weitere Kategorien zu bilden.
Das Stellen von richtungsweisenden Fragen durch den Dozenten aus unterschiedlichen Gründen: damit die Diskussion nicht abschweift, sondern zielorientiert bleibt; um auf die potentielle Bedeutung von bestimmten Zeilen oder Begriffen im Interview hinzuweisen; um das Denken der Studenten in spezifische analytische Diskussionen zu lenken usw. Im Hinblick auf das Anliegen der Studentin nach Erweiterung des Spektrums ihrer Analyse hat

sich der Dozent entschieden, nicht jede einzelne Kategorie oder Dimension genauestens zu untersuchen.

Der Dozent unterstellte, daß (1) es besser sei, eine größere Anzahl von Bereichen zu untersuchen, anstatt wenige Bereiche mikroskopisch zu erkunden; (2) die Studentin selbst erheblich zu analytischer Tiefe beitragen könne und dies auch tun werde, wenn es durch die Analyse weiterer Daten in bezug auf eine bestimmte Kategorie oder Dimension gerechtfertigt wäre.

Weitere Punkte werden im detaillierten Kommentar, der diesem Beispiel folgt, angesprochen.

Wie die Studentin später sagte, „glitt" die analytische Diskussion in dieser Sitzung „dahin und erhaschte die Kämme wichtiger Wogen". Später stellte sie auch einmal fest, daß sie viele Hauptlinien der Untersuchung und zahlreiche Kategorien, die im Verlauf der Diskussion entwickelt worden waren, weiter verfolgt hatte. In der nun folgenden Diskussion werden die einzelnen Teilnehmer mit „m" für männlich und „w" für weiblich gekennzeichnet.

Phase 1

1. A.C.: Das ist meine Krebsstudie. Es ist das erste Mal, daß wir im Seminar daran arbeiten.

2. A.S.: Ich denke, wir brauchen etwa fünf Minuten, um das Interview durchzulesen. Also machen wir uns an die Arbeit.

3. Was diese Daten betrifft, möchte ich Ihnen zuerst eine Faustregel an die Hand geben. Wenn Sie einen Bereich kennen und Erfahrung damit haben, was ich vorhin schon erwähnt habe, dann verbannen Sie dieses Wissen nicht aus Ihrem Kopf. Sie können es noch brauchen. Nun, mit Dingen wie Krankheiten haben wir alle ein gutes Stück Erfahrung, leider, entweder direkt oder indirekt. Also können wir über die Eigenschaften von Krankheit reden und über die Eigenschaften von Anzeichen der Krankheit – d.h. über die Symptome. Oder wir können über die Eigenschaften der Behandlung sprechen. Ohne ein einziges Interview gelesen zu haben. Mit anderen Worten: Wir haben eine Menge von Informationen in unseren Köpfen über Symptome, Krankheiten und Behandlungen. Wir wissen nichts über diese spezifische Krankheit. Aber allein schon durch die Lektüre der ersten Seite dieses Interviews können wir anfangen, Überlegungen anzustellen über die Eigenschaften jeder einzelnen Art dieser Dinge. Dann wollen wir anfangen.

4. Nun, Ihre Reaktion ist nicht mehr ganz unbefangen, weil Sie das Interview schon gelesen haben, aber Sie können die Aufgabe trotzdem lösen. Nehmen wir Diabetes und die entsprechende Lebensführung – wir alle wissen etwas darüber. Sie bedeutet tagtägliche Arbeit, sie ist kompliziert, sie beschäftigt mehr als eine Person, wie Sie wissen, und so weiter. Und die Symptome: Wir wissen ein bißchen darüber. Die Symptome reichen vom lebensbedrohlichen Insulinschock bis zu einem zu hohen Zuckergrad im Urin usw. Und das Charakteristische der Krankheit – aber lassen wir das, Sie haben schon eine allgemeine Vorstellung. Diabetes kann beispielsweise tödlich sein; in dem Sinne, daß jemand schnell das Zeitliche segnen kann – in einer Krise. Aber Sie wissen, daß einige Krankheiten tödlich sind, andere sind es nicht. Sie erwähnen einmal, daß Sie eine Krankheit haben, und jemand sagt:

„Was für eine?“ Sie sagen, daß Sie Krebs haben, und jeder weiß, was das ist und was das bedeutet. Krebs ist so bekannt wie die Geburt eines Kindes: Jedermann weiß darum, und es gibt viele Geschichten darüber.

5. So. Wenn wir nun die objektiven Daten und die erste Seite nehmen und daran arbeiten, können Sie interessante Dinge sehen. Zum Beispiel: Ich gebe Ihnen ein paar Punkte, um Sie in Bewegung zu setzen – daß es Krebs ist, also eine lebensbedrohliche Krankheit –, das ist die landläufige Vorstellung. Dann ist die Frage, ob diese Krankheit behandelbar ist und wie lange der Tod hinausgeschoben werden kann, und immer wieder kurzfristige Besserungen usw. Oder ist es eine einmalige Sache, und man kann sie loswerden? Ja? Und dann scheint das Getue um die Diagnostik wirklich herauszukommen. Sie werden feststellen, daß auf der ersten Seite nicht sehr viel über die Behandlung gesagt wird, außer in dem einem Abschnitt, den wir in der Mitte haben. In der Zeile, in der es um die Diagnose geht, wird deutlich, daß die Diagnose unsicher ist. Sie kann für die Patientin überraschend sein. Sie könnte fehlerhaft sein, zweifellos. Das wird hier nicht ausgesagt, aber wir können es vermuten, daß es so sein könnte. Und da ist auch die Frage, ob diese Art von Diagnose für die Patientin neu oder alt ist. Hat die Patientin bereits Erfahrung mit diagnostischen Verfahren wie diesem, oder ist es für sie eine neue Art von Erfahrung? Die meisten von uns kennen z.B. Röntgenuntersuchungen, aber vielleicht kennen nur sehr wenige von Ihnen diese Prozedur. Abstriche sind vermutlich allgemein bekannt. Die meisten Frauen wissen heutzutage darum. Wenn Sie jetzt als nächstes die Symptome anschauen – ich weiß nicht – gibt es für diese Krankheit irgendwelche Symptome?

6. A.C.: Nicht bei der Dysplasie. Nein.

7. A.S.: Sehen Sie, das ist also wirklich faszinierend. Und was die Behandlung betrifft, so liegt diese einzig und allein in der Hand der Mediziner. Die Frau macht nichts. Es ist eines der passivsten Dinge, die man sich vorstellen kann, bis auf den Gang zum Arzt. Mit anderen Worten: Die Frage, wie lange das so weitergeht – ich würde schätzen, man wird sofort mit der Behandlung beginnen – Glücksspiel! Es ist vorbei. Das Interview zeigt noch etwas anderes. Nun, wir wissen, Behandlungen können ein Leben lang andauern oder zwei Monate usw. Die Höhe der Kosten ist eine weitere Dimension der Behandlung. Und so weiter. Also können Sie diese Arten von Themen schon frühzeitig vorbereiten. Daraus lassen sich schon die ersten Fragen stellen, wenn Sie wollen, sogar noch vor dem ersten Interview; oder diese ergeben sich aus dem ersten Interview. Fragen darüber, wie Sie wissen, welche Spannungen bestehen, welche Erfahrungen haben die Betroffenen damit? So könnten Sie z.B. im voraus erkunden: Sie machen jede Menge Abstriche, und dann deutet ein Abstrich plötzlich auf Krebs hin – Sie können sich vorstellen, was passiert. Wenn es wenigstens Symptome dafür gegeben hätte, dann wäre es keine solche Überraschung: Aber es gibt keine Symptome!

8.: Die Entsprechung dafür ist, daß jemand mit einem gebrochenen Fuß zum Arzt geht, und sie messen den Blutdruck, und sie fragen: „Wissen Sie, daß Sie hohen Blutdruck haben? Hypertonie?“ Manche Leute wissen nicht einmal, was das ist. Man muß es ihnen erklären. Sie bemerken keine Symptome. Das ist eine komplette Überraschung. Für manche kann das ziemlich beunruhigend sein. Andere wissen damit nichts anzufangen – aber es ist schwer vorstellbar, daß eine Frau nicht weiß, was Gebärmutterhalskrebs bedeutet. Obwohl auch das möglich wäre; bei den Reaktionen könnte es eine gewisse Variation geben.

9.: Wie auch immer, bei dieser Art von Krankheit können wir schon im vorhinein damit anfangen, uns zu überlegen, welche Reaktionen möglich sind – einige der Bedeutungen und all das. Um es nochmal zu sagen, Sie machen eine komparative Analyse, um diesen Aspekt zu beleuchten. Nun, Ich bin Ihnen gegenüber im Vorteil, weil ich das schon viele Jahre mache. Andererseits haben Sie alle, wie ich schon gesagt habe, Erfahrung mit verschiedenen Arten von Krankheiten.

Phase 2

1. A.S.: Nun, Adele, was meinen Sie, wie wir mit den Daten umgehen sollen, damit es für Sie am besten ist? Was wollen Sie aus der heutigen Sitzung mitnehmen?
2. A.C.: Ich bin mir nicht sicher, wie man am besten vorgeht, ob Zeile für Zeile oder eher nach dem Eindruck. Ich meine, wir sollten nach beiden Ansätzen vorgehen. Ich weiß nicht.
3. A.S.: Was wollen Sie herausbringen?
4. A.C.: Ich sehe schon bestimmte Dinge in den Daten, auch weil ich die nächsten dreißig Seiten des ersten Interviews auf Band gehört habe. Aber ich würde gerne erfahren, was andere sehen, anstatt mitzuteilen, was ich selbst gesehen habe.
5. A.S.: Um zu sehen, ob es aufs gleiche rauskommt?
6. A.C.: Ja.

Phase 3

1. A.S.: Nun. Da sie nicht Zeile für Zeile vorgehen möchte, nehmen wir uns Drittel um Drittel eines Abschnitts vor. Fangen wir, sagen wir, mit der Hälfte der ersten Seite an. Was sagen uns die ersten vier oder fünf Zeilen?
2. w.: Nun, daß dies einen Anfang hatte. Es war nicht schon die ganze Zeit über da oder ...
3. A.S.: Was hatte einen Anfang, die Krankheit oder die Entdeckung?
4. w.: Es. Das Problem. Der Gebärmutterhalskrebs als Problem begann zu einer bestimmten Zeit, und das war im August 1980. Obwohl es da aus irgendeinem Grund einige Unstimmigkeiten über dieses sehr wichtige Datum gibt. Und es war nicht etwas, über das sie irgendeine Kontrolle gehabt hätte.
5. A.S.: Was noch?
6. m.: Da war ein Bruch in einem routinehaften Aspekt des Lebens. Man geht zum Arzt, und man läßt sich untersuchen, und man erwartet nicht, daß etwas geschieht, und dann gibt es einen Bruch.
7. A.S.: Und wollen Sie die Sache benennen?
8. m.: Nein.
9. m.: Fällt mir nichts ein.

10. m.: Krise?

11. m.: Ein Bruch?

12. A.S.: Es ist eine Routineuntersuchung. Ja? Mit anderen Worten: Dies sagt Ihnen sofort, daß es sich um eine Untersuchung handelt, die man regelmäßig machen läßt. Sie wissen, in regelmäßigen Abständen. Es ist eine routinehafte, verhältnismäßig schematisierte Diagnose. Es gibt nur sehr wenige Krankheiten, die so sind. Nun, das stimmt nicht ganz – man läßt sich auch regelmäßig die Zähne untersuchen. Was noch?

13. w.: Jährliche Tuberkulosetests.

14. m.: Ja, wenn man hier studiert.

15. m.: Blutdruck messen, jedes Mal, wenn man zum Arzt geht.

16. m.: Die Bevölkerung wird in Abständen geröntgt – der Brustkorb wird geröntgt.

17. A.S.: Aber da gibt es ein interessantes Merkmal. Ich selbst gehe alle ein bis zwei Monate zum Arzt und lasse mein Herz kontrollieren; im Moment alle drei Monate, später vielleicht alle fünf Monate. Da ist eine routinehafte, diagnostische, schematisierte Kontrolluntersuchung. Aber da ist etwas im Hintergrund. Wohingegen *hier* nichts im Hintergrund ist – im Hintergrund in dem Sinne, daß ich eine chronische Krankheit habe und regelmäßig darauf kontrolliert werde. Aber hier liegt keine Krankheit vor. Aber es ist immer noch einfach eine Routineuntersuchung. Also ist es ... Um was geht es?

18. m.: Nun, wenn man sich die Zähne nachschauen läßt, ist man sich dessen bewußt, daß da ein Problem sein könnte. Es ist tatsächlich eine vorbeugende Maßnahme. Ist das demnach dasselbe?

19. A.S.: Ja. Die Zahnkontrolle ist dasselbe wie hier. Aber wenn ich zum Arzt gehe und mein Herz routinemäßig untersuchen lasse ...

20. m.: Oh. Ich dachte, Sie würden sagen, daß Sie ...

21. A.S.: Nein. Mit anderen Worten, bei einer chronischen Krankheit, selbst wenn die Krankheit an sich verschwunden ist, sozusagen, aber sie kann sich wiederholen, sie kann wiederkommen; da ist schon ein Unterschied zwischen dieser Krankheit und der Zahnuntersuchung. Nun, nehmen wir die Zahnkontrolle. Sie haben eine routinehafte, schematisierte Untersuchung. Aber keine Grundkrankheit im Hintergrund. Damit haben wir schon Unterscheidungen getroffen zwischen einer routinehaften, schematisierten Diagnose und der nicht-routinehaften. Und offensichtlich gibt es noch andere nicht-routinehafte Diagnosen. Man hat ein Symptom, und der Arzt untersucht einen auf dieses Symptom. Das ist etwas ganz anderes. Also haben wir hier eine symptomlose ... Sie stellen sich die Frage, wie es dazu kommt, daß man diese schematisierte, routinehafte, diagnostische Kontrolle macht, wenn es keine Symptome und keine Krankheit gibt? Was hat es damit auf sich?

22. w.: Sie ist vergleichbar mit der Kontrolluntersuchung beim Zahnarzt, weil sie vorbeugend ist, aber da ist ein qualitativer Unterschied, weil man weiß, daß die Chancen, der Prozentsatz oder was auch immer wahrscheinlich gleich Null ist. Die meisten Leute haben Löcher in den Zähnen, wenn sie zum Zahnarzt gehen und Ihre Zähne kontrollieren lassen.

23. A.S.: Nun, was meinen Sie, „Chancen“?

24. m.: Da ist ein größeres Risiko. Wenn etwas bei dieser Untersuchung nicht

in Ordnung ist, ist es möglicherweise gefährlicher, als wenn ein Zahn repariert werden muß.

25. A.S.: Nun wissen wir schon, daß ein großes Risiko damit verbunden ist. Wir wissen, daß das eine Eigenschaft von Krebs ist. Aber *Chancen:* Was heißt das?

26. w.: Es bedeutet, daß man nichts dagegen machen kann.

27. A.S.: Gegen was machen?

28. w.: Ob man Krebs hat oder nicht. Ich meine, die Zähne, man kann mehr tun, als sie nur kontrollieren zu lassen. Man kann sie putzen und, wie wir wissen, keine Süßigkeiten essen und all das.

29. A.S.: Das bedeutet einfach, daß man aktiv der Krankheit vorbeugt.

30. w.: Genau.

31. A.S.: Folglich besteht ein Unterschied darin, wie die Sache anfängt. In einigen Fällen kann man vorbeugen; in anderen nicht. Ich dachte, Sie hätten Chancen in einem anderen Sinn verwendet. Weshalb Chancen in bezug auf diese schematisierte, routinehafte Diagnose?

32. m.: Es ist gegen die Wahrscheinlichkeit, daß etwas nicht in Ordnung sein könnte. Aber die Wahrscheinlichkeit, daß etwas nicht in Ordnung sein könnte, ist in diesem Fall weitaus geringer als die Wahrscheinlichkeit, daß bei einer Zahnkontrolle etwas nicht in Ordnung ist . . .

33. A.S.: Das Faszinierende daran ist, daß es – statistisch gesehen – wahrscheinlicher ist, Karies zu kriegen. Andererseits hat man, wenn man tatsächlich mit dem Problem konfrontiert ist, lieber Löcher in den Zähnen als Anzeichen von Krebs. Wie dem auch sei, Sie spielen hier ein statistisches Spiel. Es geht um eine Art von – welches Wort man dafür auch immer prägt, um eine diagnostische Prozedur, die mit Wahrscheinlichkeit zu tun hat.

34. w.: Ich denke, das ist die Erfahrung, die die Leute damit haben. Daß die meisten Frauen regelmäßig zur Vorsorgeuntersuchung gehen und überhaupt nicht erwarten, wenn sie zum Arzt gehen, daß etwas nicht in Ordnung sein könnte.

35. w.: Etwas, was man immer in Abständen macht.

36. A.S.: Wir sprechen gleich darüber. Aber nehmen wir zuerst den anderen Teil. Als erstes geht es um das statistische Spiel, die Wahrscheinlichkeit. Das andere ist, ob es einen getroffen hat oder nicht, das sind graduelle Unterschiede, was das Schicksal betrifft. Das wird in den Interviews herauskommen, weil einige Frauen erzählen werden, daß sie die Vorsorgeuntersuchung zehn Monate überzogen haben und es sie dann getroffen hat. „Warum habe ich mit dem Schicksal gespielt?" Wenn man das Vorhersagen könnte. In Ordnung, nun, kommen wir zu dem, was Gayle angedeutet hat. Sagen Sie es nochmal.

37. G.: Nun, wegen der Regelmäßigkeit, wegen der Planmäßigkeit, wird die Untersuchung einfach zu einer Art Etappe im Leben, etwas, was man einfach macht, vielleicht wie der Gang zum Zahnarzt (aber die Erfahrung ist so anders, ich möchte die beiden Dinge nicht miteinander vergleichen) – man kommt nach einer Weile tatsächlich zu der Überzeugung, daß alles in Ordnung sein wird. Und das ist die Annahme, unter der man zum Arzt geht; man plant keine zusätzliche Zeit dafür ein, man denkt nicht, ich brauche heute etwas Zeit, wenn ich zum Arzt gehe, weil ich mich vielleicht danach erholen müßte. Man macht es einfach. Es dauert ein paar Minuten.

38. A.S.: Viele Leute lassen einmal im Jahr eine ärztliche Kontrolluntersuchung machen, ohne irgend etwas zu erwarten. Damit haben wir jetzt eine Unterscheidung zwischen den einzelnen Vorsorgeuntersuchungen – und zwar unterschiedliche Stufen von Erwartbarkeit, daß etwas nicht in Ordnung sein wird.

39. w.: Ich denke, das ist interessant – und es kommt genau in diesen ersten paar Sätzen heraus – Adele fragt: „Gingen Sie regelmäßig zur Untersuchung?" Nein, tat sie nicht. Nicht alle Frauen gehen regelmäßig zum Arzt. Aber sie lassen regelmäßig einen Abstrich machen. Ich meine, das ist medizinische Gewohnheit. Das ist in unserer Gesellschaft institutionalisiert. Man läßt einen Abstrich machen.

40. A.S.: Aber können Sie sich keine Variation davon vorstellen? Stellen Sie sich vor, daß eine Frau ein paar Wochen vor ihrer Vorsorgeuntersuchung von der Cervixsache gelesen hat. Daraufhin könnte sie sofort zum Arzt gehen – es gibt auch Leute, die dann ängstlich werden. „Sie meinen, daß es 25% sind?" Sie wissen, was auch immer, so etwas ähnliches; oder sagen wir, Ihre beste Freundin ist soeben mit einer „schlechten" Diagnose zurückgekommen, und Sie sind selbst bald an der Reihe. Sie könnten dann sogar den Zeitpunkt ihrer Vorsorgeuntersuchung vorziehen. Also ist es größtenteils Routine, vergleichbar mit jährlicher Kontrolluntersuchung oder Zahnkontrolle, aber Sie können vermuten, daß es Variationen geben könnte, insofern als eine Routine, psychologisch gesehen, durchbrochen wird, sagen wir es einmal so.

41. A.C.: Das läuft so ab, daß man zum Arzt geht, der macht den Abstrich, dieser wird zur Laboruntersuchung eingeschickt, und man geht nach Hause. Man weiß nichts zu der Zeit. Und man kriegt gesagt: „Rufen Sie uns nicht an, wir melden uns, wenn etwas nicht in Ordnung ist." So werden keine Nachrichten zu guten Nachrichten. In dem Moment geschieht nichts.

42. A.S.: Das ist – nennen wir das die diagnostische Zeitspanne – so etwas wie. Wieviel Zeit liegt dazwischen? Vor zwei Tagen sagte jemand zu mir, daß seine Frau zur Vorsorgeuntersuchung gehe – seiner Frau war vor einiger Zeit eine Brust abgenommen worden – sie habe wieder einen Knoten. Und ich sagte: „Wann wissen Sie genaues darüber?" Und er sagte: „Ungefähr in einer Woche." Ich sagte: „Was! Sie sollten spätestens innerhalb einer halben Stunde Gewißheit haben. Kümmern Sie sich darum." Er sagte: „Sie kennen Kaiser nicht." Ich sagte: „Ich könnte verstehen, wenn Sie durchdrehen würden." Nun, die Sache war gutartig. Sie machten den Gewebetest (und gewöhnlich sind 97 bis 98% fehlerfrei), und die Sache ist in Ordnung. Also ist die Wartezeit eine – besonders bei einer fatalen Krankheit, sie ist absurd. Demnach ist dies nicht nur in den Interviews vorhanden, sondern es gehört zum analytischen Bild. Nun, was noch?

43. w.: Ein anderer Aspekt von Erfahrung, an die ich dachte, noch bevor ich das hier (über die Umstände, unter denen es zur Cervixdysplasie kommen konnte) gelesen habe, ist das Problem, wie man behandelt wird, wenn man zu dieser Art von Untersuchung geht. Die meisten Frauen haben in ihrem Leben schon ausgiebig erfahren, in einer äußerst unangenehmen Weise behandelt worden zu sein, wenn sie wegen eines Abstrichs oder anderer gynäkologischer Untersuchungen zum Arzt gegangen sind. Und später stellt sich heraus, daß sie auch

solche Erfahrungen gemacht hat. Noch bevor ich davon gelesen habe, dachte ich, man weiß ja, wer wird sie anschwindeln? Wer wird etwas Unmögliches, Unglaubliches machen, wenn sie laufend zum Arzt muß, selbst in dieser Situation? Egal, was geschieht ...

44. A.S.: Sie laufen der Geschichte voraus, Sie interpretieren den Daten voraus. Ich hatte diesen Punkt auf meiner Liste, wollte ihn aber noch nicht ansprechen: daß nämlich ein Aspekt der Untersuchung der ist, daß sie von Medizinern durchgeführt wird. Und wir können Fragen stellen, nach welchen medizinischen Methoden diese spezielle Diagnose gestellt werden kann. Aber da gibt es offensichtlich erhebliche Unterschiede innerhalb der diagnostischen Verfahren. Auch wenn sie alle medizinischer Art sind. Ja? Aber es wird auch ein Unterschied sein, ob man in einer kleinen Stadt behandelt wird, wo man die Leute kennt, oder in der Universitätsklinik in San Francisco, wo dies nicht der Fall ist. Einiges davon könnte man schon im voraus sagen. Behalten wir diesen Punkt im Hinterkopf, weil er später noch einmal auftaucht.

Phase 4

1. A.S.: Gehen wir zu den nächsten vier oder fünf Zeilen. „Eigentlich gehe ich normalerweise alle sechs Monate, weil ich Herpes habe," läßt vermuten, daß sie um die statistische Wahrscheinlichkeit weiß, daß das Erkrankungsrisiko wegen Herpes steigt. Also kann es sein, daß Menschen mit Herpes – als Variation der Population – Menschen mit Herpes eher auf die Wahrscheinlichkeit, an Krebs zu erkranken, gefaßt sein sollten, als Menschen ohne Herpes.

2. w.: Ich denke, daß die Routinehaftigkeit, normal und abnormal – ja?, fast überall in den ersten sieben oder acht Zeilen präsent ist: „Gehe ich normalerweise", „Mache ich gewöhnlich", „Ich ..." und so weiter. „Das ist das erste Mal, daß bei mir etwas abnormal ist." Damit hat man etwas – ich weiß nicht, was abnormal ist, und ich weiß nicht, was normal ist und was die Begriffe für sie bedeuten. Wenn es normal ist, macht man sich keine Sorgen; man unternimmt nichts; und man weiß tatsächlich nicht, was normal ist, außer daß es kein Problem ist – niemand sagt, daß es ein Problem ist. Dann plötzlich muß man *abnormal* definieren – ich meine, man mußte nichts tun, damit es *normal* ist; aber wenn man „abnormal" hört und „auf einen Schlag auf", ich denke, sie nimmt das ...

3. A.S.: Das ist sehr gut, daß Sie normal/abnormal herausgegriffen haben; aber wenn Sie mal die Zeile anschauen – „Es war das erste Mal, daß ich einen abnormalen, auf einen Schlag auf drei" – denken Sie vergleichsweise an den Unterschied, wenn Sie zum Arzt gehen und er, sagen wir, ein EKG macht. Er gibt *Ihnen* die Information, was das Ergebnis besagt, was es bedeuten könnte – sehr spezifisch. Oder Sie sind bei der jährlichen Kontrolluntersuchung, und der Arzt entdeckt etwas. Und er sagt: „Sehen Sie, Sie haben Anämie. Sie merken das nicht, aber Sie haben sie. Nun, eine leichte. Besser tun Sie gleich etwas dagegen." Und er gibt Ihnen Medikamente. Genaue, klare Diagnose. Hier ist sie nicht nur zweideutig, sondern die Patientin ist auf sich selbst verwiesen, die Diagnose gewissermaßen zu deuten. Folglich haben wir die Interpretation der Diagnose durch die Patientin.

4. w.: Aber sie wird überlagert von diesen komplizierten medizinischen Kategorien. Und an jedem Untersuchungsort hat man ein anderes begriffliches Kategoriensystem. Aber selbst hier, wenn sie sagt: „auf einen Schlag auf drei“, mußte sie schon das System kennen, das sie dafür festgelegt haben, damit diese Aussage für sie eine Bedeutung kriegt. Sie sagten ihr, daß sie eine *Drei* habe – was bedeutet das? Es bedeutet nichts. Sie mußte den eigentlichen Unterschied zwischen einer *Zwei* und einer *Drei* oder einer *Zweieinhalb* kennen.

5. w.: Obwohl man nicht genau weiß, was man ihr tatsächlich erzählt hat.

6. w.: Sie sind tatsächlich vieldeutig, aber sie frisieren die Diagnose, indem sie dieses elaborierte, präzise, anscheinend quantifizierende System vorschieben.

7. w.: Ich hätte aber dazu eine Frage, weil sie eine Menge darüber zu wissen scheint, was diese Zweien und Dreien und das alles bedeutet, und ich frage mich, wenn sie das schon vorher gewußt hätte ...

8. A.C.: Ja, das ist das, was ich schon am Anfang des Interviews sagte. Sie arbeitete als angelernte – sie war angelernte Mitarbeiterin in einer Familienberatungsstelle, deshalb hatte sie einiges Hintergrundwissen.

9. w.: Also wissen wir tatsächlich nicht, was sie ihr erzählt haben. Und wenn sie bei einer Familienberatungsstelle mitarbeitet, haben sie ihr vielleicht erzählt, was es bedeutet, und dann macht sie auch davon Gebrauch.

10. A.C.: Ich denke, daß sie wahrscheinlich vorher wußte, was es bedeutete, weil ihr bereits klar war, daß Herpes damit verbunden ist.

11. A.S.: Das führt uns in Variationen. Einige Leute wissen davon und einige nicht. Das liegt in der Natur der Sache. Sie sollten sich über den Wahrheitsgehalt der Aussagen dieser Frau keine Gedanken machen.

Phase 5

1. A.S.: Ich glaube, „auf einen Schlag“ ist ein interessanter Ausdruck. Ich meine, wenn man „auf einen Schlag“ sagt, kann man an Verlieben denken, man sagt „etwas auf die Spitze treiben“; all diese Dinge. Also benutzt sie hier ihre Diagnose und die Tatsache, daß der Abstrich als abnormal zurückkam, um anzuzeigen, daß eine bestimmte definitive Stufe erreicht ist. Das ist ein entsetzlicher Ausdruck. „Auf einen Schlag“ – so weit es um eine Diagnose von Cervixdysplasie geht.

2. Und dann, was macht man, wenn man eine so schlechte Diagnose kriegt? Man geht unverzüglich zu einem anderen Arzt – genau das tat sie. Zuerst „flippte sie aus“, und dann fing sie offensichtlich an, darüber nachzudenken und ging direkt in eine größere Stadt zu einem anderen Arzt, und dann noch zu einem dritten. Damit probiert sie alle ihr zur Verfügung stehenden Ressourcen durch: auf einen Schlag auf drei.

3. w.: Ich denke, es war auch überraschend für sie, daß die Krankheit nicht allmählicher kam. Es war das erste Mal, und es war schon über der Zwei – auf einen Schlag auf einer Drei. Wenn sie alle sechs Monate geht, dann hätte sie erst eine Eins haben sollen, dann eine Eineinhalb.

4. A.S.: Was bedeutet der Ausdruck „auf einen Schlag“? Analytisch umgewandelt, kodiert? „Es war über der Zwei und plötzlich auf einer Drei“. Wenn es von Null käme. Ja?

5. m.: Eine extreme Entwicklung.

6. A.S.: Richtig. Extreme Entwicklung auf einem Kontinuum – und um welches Kontinuum geht es?

7. w.: Kein Krebs oder Krebs?

8. A.S.: Man kann nicht sagen kein Krebs oder Krebs. Es ist ein Kontinuum von Null bis zur Katastrophe. Folglich ist es ein Krankheitskontinuum. Wenn ich einen kranken Rücken habe, kann ich sagen: „Nun, es ist nicht so schlimm, es ist erträglich." Oder ich könnte sagen: „Es bringt mich um." Das ist ein Kontinuum von Symptomen. Also habe ich Begriffe für beides. Ja? Hier wird nicht über Symptome gesprochen, sie reden über die Krankheit an sich. Nun, da sind Symptome – aber sie sind für die Patientin nicht wahrnehmbar.

9. Das andere Erschreckende daran ist – nun, ich werde Ihnen das Gegenbeispiel geben. Als ich im vergangenen Oktober in der Klinik war, sagte mir der Arzt nicht, wie schlecht es seiner Ansicht nach um mich stand, später habe ich es herausgekriegt. Ich überraschte ihn vollkommen, weil es mir viel, viel, viel, viel besser ging, als er jemals erwartet hatte. Aber er sagte es mir nicht. Erst Monate später bat ich ihn, mir zu sagen, was er wirklich im Oktober gedacht hatte. Aber hier sagen sie: „Sie haben eine Drei." Was wollen Sie damit anfangen? Wenn Sie ein Loch im Zahn haben, dann sagt Ihnen der Zahnarzt das. Nicht wahr? Er sagt: „Es sieht nicht besonders gut aus. Ich denke, wir sollten besser ein Auge darauf halten. Vielleicht machen wir das nächste Mal etwas."

10. m.: Warum denken wir über die Untersuchungsergebnisse nach und nicht über das Symptom? Ist es nicht gerade ein Symptom, das erkennbar gemacht wurde?

11. A.S.: Ich sage, es ist ein Krankheitskontinuum.

12. m.: Krebs ist auf einem Kontinuum: akute Krebskrankheit und sich langsam ausbreitender Krebs.

13. m.: Die Untersuchungsergebnisse könnten aber zeigen, ob eine Krankheit auftreten wird oder nicht.

14. A.C.: Bei dieser Krankheit? Nein. Alles, was die Ergebnisse aussagen können, ist das, ob die untersuchten Zellen im Normalbereich oder in variierenden Bereichen des Abnormalen liegen: „Heute".

15. m.: Aber selbst, wenn sie innerhalb des abnormalen Bereichs variieren, bedeutet das nicht unbedingt, daß der Mensch die Krankheit haben wird. Oder ist das an sich schon eine Krankheit?

16. A.C.: Das, nun, das bedeutet, daß Cervixdysplasie eine Krankheit ist. Weil sie eine . . . ja. Aber sie kann sich zurückbilden. Ich meine, das ist wo, das ist das, was der schicksalhafte Teil . . .

17. A.S.: Aber wir haben noch nicht über die Zurückbildung gesprochen. Halten Sie die Zurückbildung . . .

18. m.: Dann habe ich auch noch ein Problem, weil, wenn Sie das sagen, warum sind dann Rückenschmerzen keine Krankheit, sondern eher ein Symptom?

19. A.S.: Wenn ich Diabetes habe – ja? – und ich fühle mich allmählich arg schlecht; und die Untersuchungsergebnisse sagen mir, daß ich in schlechter Verfassung bin; gehe ich vielleicht sogar für ein paar Tage ins Krankenhaus, wenn sie mich dahin überweisen. Auf einem Kontinuum von Symptomen sind die Symptome offensichtlich viel ernster.

Ich weiß das. Und wenn Sie sagen wollen, nun, in Ordnung, die Krankheit ist ernster; aber die Ärzte reden wirklich nicht so; sie würden sagen: „Es ist im Moment akut." Doch sie meinen nicht wirklich, daß es gar schlimmer ist, als es war. Man kann hier Symptomatik und Krankheit vermischen, aber es steht fest, daß die Symptome bei Cervixdysplasie für die Patientin nicht wahrnehmbar sind. Aber die Ärzte sprechen von einem Krankheitskontinuum, darum geht es.

20. m.: Ich meine, daß ein Teil des Kontinuums sehr nebelhaft ist – worüber sie reden. Es könnte bedeuten, daß nichts vorliegt. Und andererseits bedeutet es geradewegs Krebs.

21. A.S.: Wenn der Wert diagnostisch in den oberen Regionen liegt, dann ist es Krebs. Also ist das, was Sie sagen möchten, wenn Sie über das Krankheitskontinuum sprechen, in Wirklichkeit das, daß die oberen Wertregionen tatsächlich nicht vieldeutig sind; aber in den unteren Regionen ist er vieldeutig. Damit haben wir eine Unterscheidung. Nun: Wie gehen wir vor?

22. w.: In bezug auf die Krankheitsdiagnose?

23. A.S.: In bezug auf die Krankheitsdiagnose.

24. w.: Aber nicht in bezug auf die Symptomdiagnose.

25. A.S.: Ja. Dann kommen wir zurück zu der Sache mit dem Sagen oder Nichtsagen. Hier wird es der Patientin direkt gesagt. Nicht wahr? [Pause] Man sagt es ihr sehr direkt, aber es wird ihr genau das direkt gesagt, was der Arzt weiß oder vermutet. Manchmal wird einem gesagt, Sie haben Krebs; aber sie werden einem nicht sagen, wie schlimm es ist, was durchaus üblich ist. Aber hier sagen sie es ihr – direkt. Deshalb ist diese Mitteilung ganz, ganz anders. Also nennen wir das eine *diagnostische Mitteilung*. Ja? Und es wird keine Information zurückgehalten. (Damit ist der ganze „Bewußtheitskontext" gemeint, über den Barney Glaser und ich in den Büchern über das *Sterben* reden.)

Phase 6

1. w.: Hast du gefragt, als sie sagte „auf einen Schlag auf drei", was zwischen ihr und dem Arzt, der den Abstrich gemacht hat oder der Person, die ihr das sagte, vorgegangen ist? Welche Informationen sie zu der Zeit hatte? Ich meine . . .

2. A.C.: Nun, sie erzählt später darüber in dem Abschnitt, den ihr habt. Daß sie diese erste Diagnose erfuhr und daß es bei ihr zuhause war, durch eine Freundin, die in der Klinik arbeitet, wo sie ihre Diagnosen stellen, und daß sie sich zu ihr setzte und mit ihr darüber sprach.

3. w.: Diese erste Diagnose war in der Universitätsklinik? Ich weiß, die erste wurde nicht dort gestellt, aber diese, über die wir jetzt sprechen – „auf einen Schlag auf drei" – War das die, die in Ukiah gestellt wurde?

4. A.C.: Ja.

5. w.: Nun, das war eine angenehme, freundliche Klinik, so daß sie dort jemanden hätte haben sollen; sprach sie zu dem Zeitpunkt mit jemandem über die Drei und . . .

6. A.C.: Ja. Sie sagt das später.

7. w.: . . . und da war die Beteuerung, daß „es vielleicht nichts ist" und so weiter?

8. A.C.: Ja.

9. „Und die Frau, die mir sagte, daß mein Abstrich bösartig war, war eine Freundin von mir, und sie sagte mir das, als sie bei meinem Fest war, und sie war sehr sensibel und nett und sagte mir, daß ich mich nicht aufregen sollte, es könnte alles mögliche sein."

10. A.S.: Bevor wir zum letzten Drittel dieser Seite kommen, die Wendung – „flippte aus" – übrigens, sie gibt Ihnen ...

11. m.: Einen natürlichen Kode.

12. A.S.: Sie gibt Ihnen einen natürlichen Kode. Das ist eine Kategorie, die aus einer Klasse von Reaktionen stammt – „ausflippen". Was eindeutig damit zu tun hat: Welche Bedingungen führen hier zum „Ausflippen"? Nun, die Vorstellung, Krebs zu haben. Das bedeutet Tod. Und Bestürzung. Man flippt nicht aus, wenn einem die Nachricht dosiert beigebracht wird oder wenn man selbst schon vor der Diagnose Verdacht geschöpft hat.

Phase 7

1. Nun die letzten fünf oder sechs Zeilen. „So haben sie mich an die Universitätsklinik verwiesen." Nun, was hat es damit auf sich?

2. m.: An einigen Orten dort geben sie einem einfach nur die Information, und an einigen Orten macht man mehr. Man muß ausprobieren, man kann nicht nur an einem Ort behandelt werden.

3. w.: Es sieht so aus, als ob es da eine Karriere gäbe, die man durchmacht – ich meine, sie hatte definitiv etwas Schlimmes. Aber das ist nicht das Ende, dort. Dann geht man woanders hin, und das baut sich allmählich auf, bis man schließlich ...

4. A.S.: Gehen wir vergleichend vor. Nehmen wir an, Sie haben eine sehr seltene Krankheit. Zum Beispiel kenne ich eine Frau, die eine Bleivergiftung hatte, die keiner diagnostizieren konnte, obwohl sie zu Dutzenden von Ärzten lief. Schließlich kam sie zufällig ins Gespräch mit einem englischen Arzt, der auf diesem Gebiet Experte war, der im Segeln Experte war, wie sie auch. Er sagte: „Mein Gott", und er untersuchte sie gründlich, und sie hatte eine Bleivergiftung. So hat es drei Jahre gedauert, bis man herausfand, daß sie eine Bleivergiftung hatte, und sie war zu vielen Ärzten gegangen und hatte eine Menge Untersuchungen mitgemacht. Also, *diagnostische Karriere* ist Ihr Wort, und es ist absolut richtig. Aber manchmal hat man keine diagnostische Karriere. Beispielsweise, wenn man zum Arzt geht und er sagt: „Mein Gott, Sie haben Krebs," und das bei einer Routineuntersuchung. Oder man hat ein Symptom, und sie machen ein EKG, und Sie haben Herzprobleme. Da ist überhaupt keine Karriere. Die Überweisung vom praktischen Arzt oder vom Internisten zum Spezialisten ist eine sehr kurze diagnostische Karriere. Peng, peng – es ist aus. Aber hier haben Sie eine diagnostische Karriere, die mehr Richtung zu haben scheint. Und sie ist komplexer und umfaßt mehr Schritte.

5. w.: Liegt der Grund für diese Art von Karriere nicht darin, daß die Untersuchung an sich vieldeutig ist?

6. A.S.: Unter welchen Bedingungen werden Sie eine längere diagnostische Karriere haben? Nun, bei schweren Krankheiten. Oder wenn man an den falschen Ort kommt und die Leute nicht viel Ahnung von der

Krankheit haben; oder wenn das Krankheitsbild vieldeutig ist. Nun, wenn das hier keine sehr ernsthafte Krankheit wäre, würden sie die Frau nicht zu sechs verschiedenen Ärzten oder in vier verschiedene Kliniken schicken.

7.: Damit sind die Bedingungen für diese diagnostische Karriere klar – einige davon. Die Konsequenzen werden sich später im Interview zeigen; die Konsequenzen, wenn man eine lange diagnostische Karriere hinter sich hat, in Verbindung mit einer tödlichen Krankheit. ... Was steht noch in diesen paar Sätzen?

Phase 8

1. w.: Aber nachdem man zu den verschiedensten Ärzten gelaufen ist und man vermutlich versucht hat, eine präzisere Aussage von ihnen zu bekommen, kriegt man eine Aussage wie: „Es sieht etwas böse aus", was ein umgangssprachlicher Ausdruck ist – es ist kein medizinischer Begriff; es ist keine spezifische Aussage; sie ist in keiner Weise präzise. Ganz abgesehen von der Tatsache, daß kein Mitgefühl da ist, ist es ...

2. w.: Ich habe mich gefragt, ob ...

3. w.: ... „Gee, es sieht etwas böse aus."

4. w.: ... dieses Reden über Myome und bösartig: Ist das *ihre* Terminologie oder das, was sie ihr tatsächlich gesagt haben. Ich kann mir nicht vorstellen ...

5. w.: Sie benutzte „bösartig" früher, deshalb denke ich, daß es ihr Ausdruck ist ...

6. w.: ... ihre Art zu sagen, zu interpretieren, was er oder sie sagte.

7. w.: Wirklich? Ich dachte, das war das, was ...

8. A.C.: Nun, vielleicht. Ich werde sie fragen.

9. m.: Auf der letzten Seite, wo eben diese Person, glaube ich, eine Gewebeprobe zur Untersuchung entnimmt, vermutlich bedeutet das, daß sie einen weiteren Test machen wollen, um Genaueres herauszufinden, also wird es nicht bösartig sein. Wir wissen das nicht sicher. Es ist nur ...

10. w.: Und dann, dachte ich, daß sie im letzten Abschnitt ein bißchen – ich meine, sie sagt: „Der Arzt wollte einfach etwas wegschneiden." Das ist eine Art von – ich denke, das geht zusammen mit „bösartig" und „Myom" und dergleichen, diese Art von Terminologie.

11. m.: Nun, „Arzt und wegschneiden" – das klingt nach einer Begründung für eine weitere Untersuchung, weitere Testverfahren.

12. A.S.: Der eigentliche Punkt ist nicht „bösartig". Bösartig bedeutet einfach, daß sie ein diagnostisches Signal entdeckt haben, das jeden hellhörig macht. Also könnte sie auf dem Krankheitskontinuum schon ganz oben sein. Sie sollten sich folglich nicht auf die Bösartigkeit konzentrieren – das ist einfach eine andere Art zu sagen, daß sie im oberen Bereich ist.

13. w.: Das ist, als ob die Ärztin ihr gesagt hätte, daß sie nicht wisse, was es sei.

14. A.S.: Aber das bedeutet schlicht und einfach, daß die Ungewißheit weitergeht.

15. w.: Genau. Aber die Ärztin konnte ihr das nicht gesagt haben. Ich meine, die Ärztin konnte ...

16. A.S.: Mußte ihr das nicht erzählen. Die Ärzte sagten ihr immer noch: „Wir wissen es nicht“ – aber es könnte gefährlich sein. Es geht so weiter, wie es begonnen hatte. Also ist da eine Wiederholung. Die diagnostische Karriere besteht somit aus einer Serie von diagnostischen Schritten. Es ist ja nicht so, daß sie einfach von Klinik zu Klinik und von Arzt zu Arzt geht, es ist ja so, daß jede einzelne Person noch zusätzlich etwas macht. Ja? Und somit ist das das, was ich sage – setzen Sie es analytisch um.

17. m.: Fortschritt? Unterschiedliche Stadien in der Behandlung?

18. A.S.: Nein, wir haben nicht über Behandlung gesprochen; wir sprechen immer noch über ...

19. m.: Diagnose. Aber da gibt es Stadien.

20. A.S.: Richtig. Der diagnostische Vorgang läuft also in Stadien ab – oder, wenn Sie wollen, kumulativ, oder wie Sie auch immer dazu sagen möchten. Mit anderen Worten: Sie reihen Untersuchung an Untersuchung, also werden diese Untersuchungen sequentiell durchgeführt. Zuerst machen sie eine, und dann machen sie eine weitere. Sie wiederholen vielleicht – aber sie machen immer etwas anderes. Nun, als sie dieses andere machten – d.h. als sie den Uterus untersuchten – haben sie das nicht zum ersten Mal gemacht. Nun untersuchen sie den Uterus: was entdecken sie jetzt? Ein weiteres diagnostisches Anzeichen. Das ist Alltagslogik: Es ist schwer, die Sache analytisch zu sehen. Tatsache ist, daß man mit der zusätzlichen Untersuchung weitere diagnostische Anzeichen kriegen wollte, die vielleicht ohne diesen Spezialtest oder ohne diese ergänzende Untersuchung übergangen worden wären. Ja? Das ist alles. Wenn Sie nach einer Röntgenuntersuchung computertomographisch untersucht werden, dann suchen die Ärzte nach neuen Anzeichen, die mit der Röntgenaufnahme nicht erfaßt wurden – oder damit nicht gezeigt werden konnten. Aber es gibt Diagnosen, die anders zustandekommen. Obwohl das im Medizinergeschäft durchaus üblich ist. Aber, sagen wir, nachdem sie den Abstrich hatte machen lassen und er sich als potentiell bedenklich herausgestellt hatte, dann hätte sie darauf gefaßt sein müssen, daß ihr jemand sagt: „Nun, Sie haben Krebs am Uterus“ oder „die Gebärmutter ist“ so und so. Dann wäre sie nicht so völlig bestürzt gewesen. Aber sie war es. Sie wissen, Variationen in den Reaktionen sind möglich.

21. A.C.: Die beiden Phänomene, schlechter Abstrichwert und Geschwulst, können völlig unabhängig voneinander auftauchen. Sie sind nicht notwendigerweise miteinander gekoppelt.

22. A.S.: Sicher. Aber was ich sagen möchte, ist, daß jemand darüber nicht so sehr überrascht sein sollte: eine Drei haben, und nun soll mit dem Uterus etwas nicht in Ordnung sein.

23. w.: Außer daß 40% der Frauen – zumindest diejenigen über vierzig – eine Geschwulst im Uterus haben, Myome.

24. A.S.: Wissen sie das?

25. w.: Nun, wenn sie als angelernte Mitarbeiterin in der Familienberatungsstelle tätig ist, sollte sie das wissen.

26. w.: Aber sie ist auch noch keine vierzig Jahre alt.

Phase 9

1. w.: Wissen Sie, was ich hier interessant finde, verglichen mit der Karriere des Diagnostizierens der Krankheit, ist Goffmanns Begriff „cooling the mark out“. Was bedeutet das für die Vorstellung der Patientin von sich als Patientin? Ich meine, sie wird zunehmend vertrauter mit dem Patientsein als eine Möglichkeit für sie – eine Krebspatientin.

2. A.S.: Sie können das nicht schon aus der ersten Seite schließen. Das zeigt sich vielleicht später, nicht wahr? Ich denke, daß Sie recht haben. Es zeigt sich im Verlauf. Was Sie machen, ist völlig richtig – Sie schreiben für sich ein Memo – „das ist eine Möglichkeit“. Aber noch können Sie sich nicht darauf verlassen, nicht allein aus diesen Daten. Es ist vollkommen zulässig, wie Sie wissen, für sich ein Memo zu schreiben, damit man daran denkt, auf der nächsten Seite des Interviews danach zu suchen.

Phase 10

1. Nun, machen wir weiter. Die Sache mit dem „Mitgefühl“ und so weiter ist so offensichtlich, daß ich nicht glaube, daß wir Adele noch etwas darüber sagen müssen. ... Nehmen wir uns die nächste halbe Seite vor. Die Frage ist hier: Worum geht es in diesem Abschnitt hauptsächlich?

2. m.: Um einen Vergleich. Um einen Vergleich zwischen Ihrer Erfahrung in der Stadt und ihrer Erfahrung auf dem Land.

3. w.: In Begriffen der Interaktion.

4. A.S.: In was für Begriffen?

5. m.: In Begriffen der Interaktion mit den Leuten, die sie behandelt haben.

6. A.S.: Das ist in Ordnung. Aber es ist noch ein bißchen unscharf. Wie ist das mit der Interaktion wirklich? Die Interaktion ist an einem Ort menschlich und am anderen unpersönlich. Aber wie ist das mit der Interaktion?

7. w.: Wenn sie nicht krank wäre, ist ein Vergleich. Es könnte ihr gut gehen. Das alles, ihre Aussage, daß sie ...

8. A.S.: Wir wissen schon, daß es vieldeutig sein könnte und so weiter. Aber wie ist das mit der Interaktion?

9. m.: Die Diagnose. Nein?

10. A.S.: Nun, lassen Sie es mich auf diese Weise versuchen. Was hat ihre Freundin zu ihr gesagt? Ursprünglich. Gehen wir Schritt für Schritt vor. „Und die Frau, die mir sagte“ – etwa fünf Zeilen weiter unten – „ist eine Freundin von mir“. „Und die Frau, die mir sagte, daß mein Abstrich bösartig war ...“ Und dann gibt sie Ihnen die Eigenschaft der Frau an, die ihr das gesagt hat. „... war eine Freundin von mir“. Und dann erzählt sie, wie sie es ihr beigebracht hat. Damit sagt sie uns: Sie sagte mir. Die Frau, die mir das sagte, hatte diese Eigenschaft. Und die Interaktion hatte diese Eigenschaft. Und wer sagte mir, daß mein Abstrich bösartig war? Was sagt sie? Was ist das für eine Interaktion?

11. w.: Nun, da sind unterschiedliche Strategien, dasselbe zu tun.

12. A.S.: Ja, aber was ist „dasselbe“?

13. w.: Die Information aufbrechen.

14. A.S.: Die Information aufbrechen. Es ist eine Mitteilung. Es ist eine diagnostische Mitteilung. „Adele, ich freue mich, Ihnen sagen zu können, daß Ihre Symptome absolut nichts zu bedeuten haben. Sie werden in einer Woche weggehen. Lassen Sie es einfach. Machen Sie nichts." Das ist eine Mitteilung.

15. w.: Ihr auch sagen, was zu tun ist.

16. A.S.: Wir stellen das noch zurück. Eine simple Mitteilung, wie die Diagnose aussieht. Diese hat also verschiedene Eigenschaften, wenn Sie einmal einhalten und darüber nachdenken. Wir müssen diese nicht ausformulieren – Adele kann das tun. Denken Sie in Vergleichen. Sie kann behutsam sein, sie kann hart sein, sie kann bestürzend sein usw. usw. *Sie* arbeiten sie aus ... Dann gibt Ihnen die Frau Eigenschaften der Person, die die Mitteilung macht: Fremde, Freundin, Bekannte. Aber wirklich wichtig ist offensichtlich die Art, in der es gesagt wurde. Adele kann dies sicherlich weiterführen.

17.: Nun, an jedem einzelnen Ort, im Verlauf der diagnostischen Karriere, macht jemand eine Mitteilung. Und die Personen, die Mitteilungen machen, werden immer mehr zu Fremden, je weiter außen sie stehen. Und sie machen die Mitteilung auf unterschiedliche Weise mit unterschiedlichen Konsequenzen. Beachten Sie, daß die Konsequenzen hier nicht gleichzusetzen sind mit den Konsequenzen, die sich aus dem Wert auf dem Krankheitskontinuum ergeben, sondern es sind die Konsequenzen aus der Art und Weise, wie die Information gegeben wird. Und man kann das in Vergleichen sehen. Wenn jemand zu Ihnen sagt: „Schauen Sie, ich fürchte, daß Sie in sechs Monaten sterben werden;" oder jemand legt den Arm um Sie und sagt: „Es fällt mir schwer, aber ich muß es Ihnen sagen. Sie brauchen jetzt Kraft. Sie haben noch sechs Monate zu leben" – es macht eigentlich keinen Unterschied – sechs Monate sind sechs Monate. Aber es macht vielleicht doch einen großen Unterschied. Ja? Und das ist das, was ihr widerfährt. Sie redet von der Qualität, wie ihr die Information vermittelt wird.

Phase 11

1. A.S.: Da sind noch andere Dinge, etwa, daß diese Frau sie auf den diagnostischen Weg, die Karriere, schickt.

2. w.: Und man könnte Ukiah und die Universitätsklinik und das Allgemeinkrankenhaus in San Francisco als *medizinische Stationen* bezeichnen.

3. A.C.: Ich möchte noch etwas klarstellen. Sie ist nicht nur in die Stadt gefahren wegen der Diagnose. Sie ging noch in die juristische Fakultät in der Stadt, und ihr Mann war in Ukiah. Demnach wird sie zwischen Wohnort und Ukiah pendeln. Ich meine, sie lebte an zwei Orten, daher war sie nicht ... Mit anderen Worten: Wenn sie in Ukiah gelebt hätte, hätte sie genau so gut in der Unviersitätsklinik landen können. Aber es wäre vielleicht nicht so schnell gegangen.

4. w.: Abgesehen davon, daß sie, als sie ausflippte, sofort zu einem anderen Arzt an einem anderen Ort ging, um eine zweite Meinung zu hören. Und ich glaube, das hätte sie in jedem Fall getan, ob sie nun an zwei Orten lebte oder nicht. Nicht wahr?

5. A.C.: Ich glaube, sie hätte sehr rasch den Abstrich wiederholen lassen, aber nicht unbedingt an einem anderen Ort. Aber ich glaube, dein Punkt ist auf jeden Fall gut gewählt, die medizinischen Stationen.

Phase 12

1. A.S.: Was ist mit den letzten beiden Zeilen? „Schnell einen weiteren Abstrich machen lassen, innerhalb von zwei oder drei Wochen." Was bedeutet das? Sagen Sie es analytisch.
2. w.: Obwohl ich sehr behutsam vorgegangen bin und die Information auf die netteste Weise gegeben habe, ist es dennoch dringend, daß du zum Arzt gehst und etwas dagegen tust. Es ist immerhin eine ernsthafte . . .
3. A.S.: Damit gibt die Ärztin eine diagnostische Direktive: Einen weiteren Abstrich machen lassen. Sie bewegt sich auf dem diagnostischen Karrierepfad weiter. Sie gibt eine Anordnung. Eine Anordnung, die sich in diesem Fall nicht darauf bezieht, wohin zu gehen ist, sondern wie schnell. Eine Direktive könnte Verschiedenes bedeuten: Hierhin gehen; irgendwohin gehen, aber schnell gehen usw. usw.
4. m.: Auch die Art, wie die Frau es deutete: „Sie bat mich, dies weiter zu verfolgen." Sie sagte nicht: „Du mußt gleich Morgen zum Arzt gehen und einen weiteren Abstrich machen lassen." Es war weniger eine Aufforderung. Eher so – daß das weitere Vorgehen in den Händen der Frau liegt, die die Diagnose gekriegt hat.
5. A.S.: Planen also; die Zeitspanne zwischen jetzt und der nächsten Untersuchung; Frist: zwei oder drei Wochen. Sie zwingt sie nicht, es sofort zu tun. Es ist nicht, wie wenn ein Arzt sagt: „Nun, würden Sie jetzt bitte runtergehen und eine Röntgenaufnahme machen lassen? Es ist im gleichen Gebäude."
6. m.: Es wird ihr vielleicht anders beigebracht, weil sie befreundet sind.
7. w.: Richtig. Ich hatte zum Beispiel einen Freund mit Prostatakrebs und einen anderen Freund, der Radiologe war. Und der Freund mit Prostatakrebs – er war jung – wollte wissen, wie groß seine Chancen sind. Und was die radiologische Untersuchung bedeutete. Also rief ich den Radiologen und einen Onkologen an und sprach mit ihnen. Nun, der Radiologe war ein guter Freund, und er sagte mir: „Welchen Unterschied macht es? Wenn die Untersuchung positiv ist und er Prostatakrebs und Metastasen hat, was gewinnst du, wenn du ihm die Information gerade jetzt gibst, als Freundin? Laß ihm dieses Wochenende. Erzähle ihm nicht die üblen, schlechten Aussichten. Laß ihn das durch den Arzt herausfinden. Auf dem einen oder anderen Wege geschieht es, aber warum mußt du diejenige sein?" Hier scheint es eine Entsprechung zu geben, jemandem etwas behutsam beibringen oder es auf ihn zukommen lassen, ihn aber nicht geradewegs töten.
8. A.S.: Ja, aber wovon sprechen Sie? Am ersten Ort, wer macht die Mitteilung? Der Arzt? Die Krankenschwester? Aber da ist auch die Frage, die Mitteilung zeitlich richtig zu plazieren. Der Arzt weiß zum Beispiel, daß jemand Krebs hat – auf Anhieb. Aber er wartet eine Woche, bis er es dem Patienten sagt; und er bereitet ihn allmählich vor, bis er es ihm klar und deutlich sagt. Er möchte es, zunächst, allgemein

formulieren. Aber merken Sie, was ich gemacht habe: Ich habe Ihre Umschreibung genommen und sie in zwei Teile aufgeteilt.

Phase 13

1. Ich möchte hier haltmachen und Ihnen einen Vergleichsfall geben und eine Analyse an ähnlichen Richtungen durchführen. Ich gehe mit meiner Frau nach New York. (Ich erzähle die Geschichte einfach, um Ihnen eine allgemeine Vorstellung zu geben.) Meine Schwägerin hat Herzanfälle. Sie geht zum Arzt, der sagt ihr: „Da sind Unregelmäßigkeiten in Ihrem EKG. Sie sollten vielleicht einen Bypass haben. Vielleicht. Eines Tages. Keine Eile." Er gibt ihr einen Termin für die nächste Untersuchung, ein Belastungs-EKG, drei Wochen später. Wir sehen sie eine Woche nach dem ersten Arztbesuch. Und ich sage: „Das ist lächerlich. Beschleunige das. Das gibt keinen Sinn. Egal, wie voll die Arztpraxis ist." Sie zögert. Zwei Tage später hat sie starke Herzanfälle. Sie ruft den Arzt. Der Arzt macht ein weiteres EKG. Es ist schlecht. Er schickt sie zum Kardiologen, der für den nächsten Tag ein Belastungs-EKG ansetzt. Am Tag darauf machen sie ein Angiogramm. Dem Angiogramm nach muß sie einen Bypass haben oder als Herzinvalide zu Hause leben. Sie bekommt den Bypass. Nun: Sie hören dieselbe Sprache im Zusammenhang mit einer anderen Krankheit, mit anderen Gangarten und so weiter. Machen Sie jetzt eine schnelle Analyse davon, im Rahmen der Konzepte, die wir entwickelt haben. Adele soll es versuchen. Einiges davon. In groben Zügen.

2. A.C.: Nun, wir haben die diagnostische Karriere und die Patientenkarriere, die beide parallel laufen. Im Rahmen der diagnostischen Karriere gibt es eine nicht besonders aufregende Entdeckung. Sie wissen, daß ja, daß etwas nicht stimmt, aber Sie machen sich keine Sorgen, und dann wird diese weitere Untersuchung gemacht, die die Sache auf den Punkt bringt. Und dann im Rahmen der Patientenkarriere, mit dem Eintreffen eines neuen Akteurs ist eine Intervention oder ein Wechsel in ihrer Karriere verbunden, so daß die Patientin ihren Teil der Situation neu analysiert. Mit dem erneuten Gang zum Arzt und einem klareren, schlechten Ergebnis. ...

3. A.S.: Unverzügliche, rasche diagnostische Arbeit. Sicher. Erneutes Aufrollen.

4. w.: ... eingrenzen der Diagnose?

5. A.S.: Aber man erhält auch Informationen über zunehmend verfeinerte Techniken.

6. w.: Und man erzieht sich auch die Patienten.

7. A.S.: Aber ein entscheidendes Moment ist auch, daß sich die Symptome verstärken. Sie kommen schneller, alle vier oder fünf Tage.

8. m.: Tatsächlich ist die einzige Sprache, auf die Ärzte hören, die der „Symptome".

Phase 14

1. A.S.: Wie steht es mit der Frage, ob die Information dem Patienten „paßt". Nach was sieht das aus?

2. w.: Es scheint mit der Situation zu variieren. Ich meine, wenn sie es für dringend halten, tragen sie dick auf – dringend und schnell. Aber wenn sie es vermeiden können, werden sie dies nicht tun. Ich meine, so kommt es mir nach dieser Geschichte vor.

3. A.S.: Die Ankündigung der Bypass-Operation war sehr direkt, in Wirklichkeit graphisch. Sie zeigten ihr Diagramme unmittelbar nach dem Angiogramm und begannen über die Optionen zu reden. Sie waren sehr deutlich. Damit sprechen wir über die Eigenschaften dieser bestimmten Mitteilung: unter welchen Umständen – langsam, zwischen den Zeilen, direkt usw. usw.? Wie auch immer: Sie sehen, wie unterschiedlich das ist. Aber eins steht fest, der Arzt muß behandeln. Es gibt nicht viel, was man machen kann, außer die Operation über sich ergehen zu lassen.

4. w.: Und dann ist die ganze Sache auch eine Karriere in der Hinsicht, daß der Patient die Selbstkontrolle verliert. Ich meine, zuerst, wenn man zum Arzt geht, hat man eine Entscheidung zu treffen. Und man kann auch nicht gehen. Zunehmend wird man überwältigt von Technik und Tests und Diagrammen.

5. A.S.: Nun, genau da hat man Entscheidungsmöglichkeiten, bis zu dem Moment, wo sie einen ausbooten und in den Operationssaal bringen. Bis zu dem Punkt hat man die Wahl zu sterben, Medikamente zu nehmen oder die Entscheidung drei Wochen hinauszuzögern. Es gibt viele Entscheidungen, die man noch treffen kann. Gewöhnlich tut man es nicht. Aber bis zu dem Punkt, an dem man die Entscheidung trifft und die Sache dem Arzt überläßt, ist vieles in Ihrer Hand, es sei denn, Sie sind schwach oder „weggetreten".

6. w.: Ich denke, es gibt Schnittpunkte, wo, ja, wo man sich für *x*, y oder z entscheiden und sogar die Empfehlung des Arztes berücksichtigen kann, aber das hat damit zu tun, in welchem Rahmen diese Entscheidung steht, und daß der Rahmen immer enger wird oder die Sicht des Patienten auf erfahrungsbezogene Alternativen verstellt.

7. A.S.: Wir können das als *medizinischen Trichter* oder so ähnlich bezeichnen. Ich sollte Ihnen diese Begriffe nicht geben. Sie sollten selbst draufkommen. Aber Sie sehen, auf welche Weise sie geprägt werden. Ich meine im wesentlichen den zunehmenden Kontrollverlust – oder wie Sie es bezeichnen möchten. Es macht keinen Unterschied. Später, wenn Sie den Begriff nicht mehr mögen, können Sie ihn ja ändern. Sie müssen die Begriffe so prägen, daß Sie damit arbeiten und exakt beschreiben können, was Sie damit meinen. ... Aber Sie sehen, welche Eigenschaften der Trichter hat. Wie schnell entwickelt er sich? Ist er umkehrbar? Gibt es tatsächlich einen derartigen Trichter? Wie intensiv? usw. usw. Welche Teile eines Trichters? usw. usw.

Phase 15

A.S.: Haben Sie gesehen, was ich gemacht habe? Nachdem wir so weit gekommen waren, habe ich einfach ein weiteres Vergleichsbeispiel eingebracht. Um zu sehen, ob die Kategorien einen Sinn ergeben. Aber es fängt jetzt auch an, Ihnen etwas über die Unterschiede zu sagen. So daß wir jetzt sogar mehr über die Feinheiten und die spezifischen Merkmale dieses bestimmten Diagnoseprozesses wissen. Vielleicht sind sie nicht ganz so einzigartig, aber sie haben sicherlich gewisse Strukturen, die sich von denen anderer Krankheiten unterscheiden. Und wenn A. das machen möchte, kann sie es einfach an anderen Arten von Diagnosen durchprobieren.

Phase 16

1. A.S.: Ich möchte nun schnell weitermachen: die Sache mit dieser Dame, die ihr von dem Myom im Uterus erzählt. Das ist einfach ein weiteres Beispiel von Mitteilung. Von einem weiteren diagnostischen Signal. Es könnte Krebs sein. Man kriegt das Ergebnis des Abstrichs, und sie wollen einem nicht sagen, was man tun soll. Es ist einfach eine ziemlich üble Art zu sagen, welches der nächste Schritt im Diagnoseverlauf sein wird. Und wiederum, die Dauer. Die Dauer wäre die diagnostische Wartezeit.

2. w.: Was ist mit dem Vergleich von Myom und Furunkel? Ich meine, sie macht hier etwas, diese Art von Kontrast.

3. A.S.: Wo ist das?

4. w.: Da: „Die Universitätsklinik ist extrem professionell, ich meine, sie hätte mir sagen können, daß ich einen kleinen Furunkel habe, und dann sagt sie, ich habe ein kleines Myom im Uterus. Ein kleiner Furunkel auf der Nase ist das dünne Ende, und das Myom im Uterus ist das dicke Ende. Und doch behandelt sie mich, als ob dieses bedeutsame große Ding in Wirklichkeit nur etwas Kleines wäre." Ich weiß nicht, wie du das verallgemeinern würdest, aber es scheint mir, daß dieser Gegensatz etwas ist, worüber du nachdenken möchtest.

5. A.S.: Nehmen wir eine Unterscheidung von Hughes, der sagt, daß die Krisen der einen für andere lediglich Routineangelegenheiten sind. Vielleicht teilt sie das tatsächlich nicht als Signal einer vorliegenden Krebskrankheit mit. Vielleicht sagt sie auch nur, Sie haben ein Myom, wir müssen darauf achten. Möglich. In einer realen Interaktion wäre man in der Lage, etwas zu tun: nämlich die Situation zu klären. Andernfalls wissen *Sie* wirklich nicht, was für eine Interaktion es ist. Wir kennen nur die Art, wie sie von der Patientin interpretiert wird.

6. m.: Sie sieht die Sache als Mangel an Mitgefühl von seiten der Ärztin.

Phase 17

1. A.S.: Ich möchte schnell weitermachen, weil die Zeit rennt, und ich denke, daß A. selbst noch einiges herausholen kann. Die erste Hälfte des Interviews kann mit der Art von Konzepten abgedeckt werden, wie wir sie nun haben.

2.: Erst in der Mitte des Interviews kommt etwas Neues. Und das hat etwas zu tun mit Kosten. Die Eigenschaften von Behandlungen. Diese spezielle hier ist nicht extrem teuer, aber auch nicht billig. Also können Sie mit den Eigenschaften dieser Behandlung jonglieren und mit den Reaktionen der Patientin. Variationen davon – wenn sie tausend Dollar kostet, übernimmt die Krankenversicherung die Kosten ganz.

Phase 18

1. A.S.: Nun, kommen wir zum Ende des Abschnitts.

2. w.: Zum letzten Abschnitt? Es kommt mir vor, als ob die Patientenkarriere und die Klinik, die Karriere der Klinik, nicht richtig zusammenpassen, die Geschwindigkeit, in der die Menschen die einzelnen Ärzte durchmachen.

3. A.S.: Da gibt es einige merkwürdige Dinge hinsichtlich des diagnostischen Prozesses, der diagnostischen Karriere. Manchmal trifft man auf dieselben Leute, manchmal nicht, je nachdem.

4. w.: Und mir kommt das alles vor, als ob der Patient beiseite geschoben wird – ob bewußt oder nicht – und man sich auf das klinische Problem konzentriert und darauf, was einem präsentiert wird.

5. A.S.: Nun, wenn man eine Studie über das medizinische System an der Universitätsklinik machen würde, würde man wahrscheinlich feststellen, daß es da mit dem Bewußten nicht so weit her ist; es gibt da einfach kein System, nach dem unterschiedliche Leute in unterschiedlichen Abteilungen die einzelnen Untersuchungen machen. Deshalb befaßt man sich mit der Struktur der Untersuchung.

6. w.: Das meine ich auch. Aber es ist auch so, daß der Patient wirklich, echt nicht so wichtig ist. Ich kenne zum Beispiel einen kleinen Leukämiepatienten, er hat seit seinem zweiten Lebensjahr Leukämie und ist jetzt zehn. Und sie wollen Tests mit ihm machen. Es geht ihnen nicht so sehr um den Patienten als darum, was sie lernen können, was sie aus seinen Erfahrungen mitnehmen können. Und ich frage mich, ob diese Leute, die von einem zum anderen gereicht werden, und so weiter, ob sich die Rolle des Patienten ändert.

7. m.: Man könnte auch immer mit derselben Person zu tun haben, anstatt daß unterschiedliche Leute die Untersuchungen machen.

8. A.S.: Nun, schauen Sie: Was hier vor sich geht, ist, daß sie sich zusätzlichen Untersuchungen unterzieht, nicht wahr? Strukturell gesehen, im Kontext des Krankenhauses machen manchmal dieselben Leute diese unterschiedlichen Untersuchungen. Zum Beispiel: Dieselben Leute, die Röntgenaufnahmen machen, machen auch Tomographien. Und manchmal wird das in der gleichen Abteilung gemacht und manchmal nicht. Das hängt vom Krankenhaus ab. Wenn sie ein Echokardiogramm machen, geschieht das in einem anderen Teil des Krankenhauses, in einer anderen Abteilung. Folglich sieht es so aus, als ob sie aufgrund der Struktur der Institution auf verschiedene Leute trifft. Gayles Punkt ist gut, in dem allgemeinen Sinn, daß man, wenn man nach der Haltung des Personals und nach der Durchführung der Untersuchung fragt, zur Antwort kriegt: Daß sie sich wirklich um den Leukämiepatienten kümmern, das ist die eine Sache; aber gleichzeitig machen sie Tests um der Forschung willen – dann ist der Reiz wahrscheinlich etwas anders geartet.

9. w.: Aber ich glaube, was sie damit auch sagt, ist, daß es keine Kommunikation zwischen den Leuten gibt, die die einzelnen Untersuchungen machen. Sie sind also frei schwebende Atome im Raum, ohne zusammengehalten zu werden. Wohingegen ...

10. A.S.: Das bringt Sie zur Analyse der Krankenhausstruktur und der Struktur von Untersuchungsverfahren. Wenn man sich das bildlich vorstellt, ist es so, daß der Arzt im Zentrum ist und daß es Informationsteile gibt, die gefiltert zu ihm gelangen. Man hat demnach eine Arbeitsteilung, die auf den Arzt zuläuft und weniger darauf angelegt ist, daß

das Personal miteinander redet. Ja? Es gibt keine Kommunikation, wenn die Abteilung nicht zufällig ein Röntgengerät und auch einen Computertomographen hat. Aber bei Routineuntersuchungen geben sie sich nicht damit ab, miteinander zu sprechen. Also sprechen Sie über eine Arbeitsteilung im diagnostischen Prozeß.

11.w.: Aber sie könnten miteinander kommunizieren, wenn sie sich bemühen würden. Und ich glaube, das würde ihr ein besseres Gefühl geben.

12. w.: Im Krankenhaus geht man davon aus, daß sich Kommunikation über die Krankenakten abspielt. Diesen unterschiebt man Vermittlungsfunktionen.

13. A.S.: Schauen Sie: Wenn Sie hier die Struktur des Krankenhauses verstehen wollen, sieht der Weg dahin etwa so aus: Hier ist Ihre Patientin. Sie ist auf der Rolltreppe zur Abteilung. Viele Leute kommen hier im Laufe des Tages durch, sie hat die Nummer 691. Auf diese Weise werden sie angewiesen, Röntgenaufnahmen machen zu lassen. Nun, wie groß ist die Wahrscheinlichkeit, daß man sich jemandem anvertraut, es sei denn, man ist über etwas aufgebracht.

14.: Der analytische Punkt ist der, daß die Information mal diesen und mal jenen Weg geht. Und dazwischen liegen Tage. Wie hoch ist die Wahrscheinlichkeit der Kommunikation, wenn ihr Gespräch jenen Weg geht und nicht diesen? Lediglich die Person am Empfangsende kriegt die Information.

15. M.: Ist das die Person, die sie als ihren Arzt bezeichnen kann: Gibt es eine Kontinuität des Artzes wie auch des Patienten – oder ist es eher so, daß sie zur Klinik geht und vielleicht auf die Person trifft, die sie schon vorher getroffen hat oder vielleicht nicht? Und sie haben vielleicht die Tests von früher vorliegen und vielleicht auch nicht.

16. A.S.: Jetzt sind wir wieder bei der Mitteilung. Wenn Sie einen Arzt haben: Nehmen wir an, Sie gehen zum Arzt, weil mit Ihrem Herzen etwas nicht in Ordnung ist. Dann schickt er Sie zu diesen Untersuchungen. Der Angiogramm-Mensch redet nicht mit dem Belastungsmenschen. Der Belastungsmensch redet nicht mit dem anderen Menschen. Alle Untersuchungsergebnisse werden dem Kardiologen mitgeteilt, der dann mit dem Patienten spricht. Also hat das etwas mit der Mitteilung zu tun. Und damit, wie sie gemacht wird. Und mit dem Grad der Ernsthaftigkeit und dem Inhalt usw. der Mitteilung.

17. w.: Da könnte eine Veränderung eintreten zwischen dem, was im diagnostischen Prozeß vor sich geht und der Arbeitsteilung und der fehlenden Kommunikation und dem, was dann geschieht, wenn sie schließlich eine definitive Diagnose kriegt und behandelt wird. Häufig wird man fetstellen, ja, daß man danach Kontakt mit diesen Leuten hat. Man baut ein Netzwerk auf. Man kennt die Leute in der Röntgenabteilung und in der Computertomographie und die Leute von der Station usw. Selbst wenn sie nicht untereinander oder einer mit dem anderen kommunizieren, hat man ein Netzwerk am Laufen. Ich weiß nicht, ob sich das noch zeigt.

18. A.C.: Nicht in der Krebsklinik, wenn sie noch so organisiert ist wie damals. Die Leute dort machen ein zwei- oder dreimonatiges Hauspraktikum oder was auch immer.

19. w.: Ja, das ist die diagnostische Ebene. Aber wenn sie ihre Diagnose hat und es geschieht etwas und sie wird behandelt – ist es dann anders?

20. A.C.: Oh. Da sind vermutlich zwei Chefärzte, einer ging während der Zeit weg. ... Später im Interview – ich meine, es scheint ein extremes Ende dieses Kontinuums von Kontinuität zu sein, wo nur sehr wenig Kommunikation stattfindet.

Analytischer Kommentar

Im folgenden wird die oben wiedergegebene Seminardiskussion in sequentielle Entwicklungsphasen eingeteilt. Der Kommentar bezieht sich – in analytischen Begriffen – auf das, was sich in jeder Phase ereignet. Die einzelnen Punkte sind numeriert, die Zahlen in Klammern beziehen sich auf die entsprechenden Abschnitte oder Zeilen des Seminartextes.

Phase 1

1 *(1)* Anweisung, das Interview fünf Minuten lang durchzuschauen.
2 *(2)* Eine Faustregel: Wenn man auf Anhieb Kontextdaten im Kopf hat, darf man diese nicht ignorieren. Man muß sie einsetzen. Hier werden sie über den Vergleich mit anderen Krankheiten benutzt, um den Blick für Merkmale dieser speziellen Krankheit zu schärfen.
(3) Ein Beispiel.
3 *(4)* Der Dozent kann aufgrund der ersten Zeilen und seines Wissens über Krebskrankheit Dimensionen der Krankheit vorschlagen (Wahrnehmbarkeit, Behandelbarkeit usw.)
(5) Die Zeile im Interview über Diagnose wirft Fragen über eine weitere Dimension (Gewißheit) der Diagnose auf.
(6) Studentin gibt relevante Information.
(7) Diskussion über Behandlungsdauer und Feststellung, daß man über eine Dimension wie die genannte schon Fragen stellen kann, bevor man das erste Interview gelesen hat (wegen Kontextwissen). Wie dem auch sei, die Fragen ergeben sich, wenn das allererste Interview gelesen wird (Beispiel: betrifft Krebs).
(8) Kurzer Vergleich mit Bluthochdruck: nicht wahrnehmbare Symptome und entsprechende Überraschung bei diagnostischer Mitteilung.

Phase 2

1 *(1)* Frage: Was wollen Sie aus der Diskussion mitnehmen?
(4–6) Antwort der Studentin.

Phase 3

1 *(1)* Entscheidung über Interviewabschnitt und Direktive an das Seminar.
2 *(2–11)* Fokus auf Bruch in routinehaften Bereichen der Lebensführung.
3 *(12)* Einen Begriff für Kategorie prägen: routinehafte, schematisierte Untersuchung. Dadurch werden zum Vergleich Fragen über andere Diagnosen gestellt.
(13–16) Beispiele.

(17) Vergleich mit Herzkontrolle ergibt Fragen über routinehafte, schematisierte Kontrolluntersuchungen mit oder ohne Krankheit im Hintergrund.

4 *(21)* Routinehafte versus nicht-routinehafte diagnostische Kontrolle. Frage: Weshalb nicht-routinehafte Kontrolle, wenn keine Symptome da sind?

(22–32) Antwort: Dimensionen von Risiko; Vergleich mit Zahnkontrolle.

(33–36) Risikowahrscheinlichkeiten.

5 *(37)* Studentin formuliert Thema: Routineuntersuchungen und Ahnungslosigkeit.

(38) A.S.: ein Kontinuum.

(40) Fragen: die Themen von Variationen?

6 *(41)* A.C.: gibt Daten.

(42) Diagnostische Zeitspanne. Fragen: Umfang der Dauer? Vergleiche mit anderen Krebsarten; was noch?

(43) Kontextwissen: schlechter Interaktionsstil während der Mitteilung der Diagnose.

(44) Warten Sie! Wir werden später im Interview sehen.

Phase 4

1 *(1)* Direktive: Zurück zum Interviewtext.

2 *(2)* Ambiguität zwischen normal und abnormal.

(3) Vergleich: EKG, um Besonderheit der Interpretation der Diagnose und der diagnostischen Mitteilung herauszufinden versus Ambiguität und Interpretation der Patientin.

(4) Schwierigkeit der Interpretation wegen Ambiguität der Mitteilung über „Werte".

(6–10) Tatsache: Was wurde ihr tatsächlich erzählt, und was weiß sie über „Werte" im allgemeinen?

(11) Keine Sorge um den Wahrheitsgehalt ihrer Aussage: Das Thema ist Variation.

Phase 5

1 *(1)* Diskussion über „interessanten Ausdruck" ... Krankheitsstufe.

(2) Was tun? Sich andere Diagnosen einhandeln.

(3) Direktive: Den Ausdruck „auf einen Schlag" kodieren.

2 *(5–16)* Krankheitskontinuum (versus Symptomkontinuum); Diskussion.

(17) Dozent hält das Seminar von potentieller Abschweifung ab.

(18–24) Weitere Diskussion über Krankheitskontinuum.

3 *(25)* Thema: Mitteilung der Diagnose durch den Arzt.

Phase 6

1 *(1–9)* Fragen und Antworten über Mitteilung; Konsequenzen von „ausgeflippt".

(10–12) Natürlicher Kode und Bedingungen.

Phase 7

1 *(1)* Frage: Um was geht es in diesen Zeilen?
(2–7) Diskussion über diagnostische Karriere ... Variation ... einige Bedingungen dafür.

Phase 8

1 *(1)* Eine zweideutige Mitteilung.
(2–11) Diskussion über „bösartig"; was es bedeuten könnte.
(12) Dozent bezieht es auf Krankheitskontinuum; versucht, die Diskussion von einem fruchtlosen Pfad abzubringen.
(16–22) Diagnostische Schritte in bezug auf diagnostische Karriere

Phase 9

1 *(1)* Vorschlag einer Studentin.
(2) Warten Sie! Vielleicht zeigt sich das später im Interview. Aber zur Erinnerung ein Memo schreiben.

Phase 10

1 *(1)* Frage: Um was geht es in diesem Abschnitt?
(2–3) Vergleich im Hinblick auf Interaktion.
(4–9) Wie ist das mit der „Interaktion"?
(10) Dies auseinanderklauben anhand der Interviewzeilen; und wieder eine fokussierende Frage.
2 *(13)* Eine Antwort.
(14–16) Mitteilung der Diagnose ... Eigenschaften des Mitteilungsstils; Eigenschaften der Mitteilung.
(17) Konsequenzen aus den Eigenschaften des Stils, in dem die Person die Mitteilung macht.

Phase 11

1 *(1–5)* Information über diagnostischen Schritt.

Phase 12

1 *(1)* Was bedeutet diese Zeile? Analytisch gesehen.
(3) Diagnostische Anweisungen und diagnostischer Karrierepfad.
(4–5) Planung des nächsten Schrittes der diagnostischen Karriere.

Phase 13

1 *(1)* Vergleichsfall; analysieren Sie jetzt.
(2) Studentin: Analyse betreffs Diagnose und Verhältnis zur Patientenkarriere.

Phase 14

1 *(1)*	Frage über die Mitteilung.
(2)	Antwort: Variation.
(3)	Eigenschaften der Mitteilung.
2 *(4)*	Das Problem der Kontrolle durch den Patienten ... und Entscheidungen des Patienten.
(5)	Medizinischer Trichter; Eigenschaften; Exkurs über vorläufige Benennung von Kategorien.

Phase 15

1	Zusammenfassung.

Phase 16

1 *(1)*	Weiteres diagnostisches Signal und Mitteilung.
2 *(2–6)*	Diskussion über Kontrast Myom-Furunkel in bezug auf die Interviewdaten.

Phase 17

1 *(1)*	Wir wollen zügig weitermachen, weil wir heute wenig Zeit haben.
(2–3)	Wieder Daten ... Problem der Kosten, Variationen dieses Gegenstandes.

Phase 18

1 *(1)*	Zurück zum Interview.
(2–8)	Personal legt Schwerpunkt auf das klinische Problem, nicht auf den Patienten; Brüche im diagnostischen Prozeß.
2 *(9–13)*	Studentin spricht Thema der fehlenden Kommunikation unter dem Personal an. Dozent bringt Kontextwissen ein.
(14)	Ein analytischer Punkt.
(15–22)	Erneute Diskussion über Brüche.

5 Memos und Memos schreiben

In diesem Kapitel ist eine Reihe von Theorie-Memos wiedergegeben, die von einzelnen Forschern im Laufe ihrer verschiedenen Studien geschrieben worden sind. Bevor man diese Memos liest und studiert, sollte man die Diskussion im 1. Kapitel über Memos und deren wesentliche Funktionen für die Offenlegung, Entwicklung und Formulierung einer Grounded Theory zumindest überfliegen. Im 4. Kapitel, in dem eine Seminarsitzung vorgeführt wurde, wie auch in späteren Kapiteln kann man oft förmlich die Notwendigkeit von Memos spüren, die sich aus Kodes und Ideen ergeben, welche in Seminar-, Beratungs- und Teamsitzungen entwickelt wurden. In der Tat gibt es eine explizite Faustregel, daß nämlich bald nach solchen Sitzungen handschriftlich oder in getippter Form die Zusammenfassung der Sitzungsergebnisse oder der durch die Sitzung angeregten Ideen erfolgen sollte, genauso wie allein arbeitende Forscher ihre Datenerhebung und den Vorgang des Kodierens unterbrechen müssen, um Memos zu schreiben. Darüber hinaus sollten Sie bedenken, daß es hier nicht angebracht ist, auf die entsprechende Eingebung zu warten. Obwohl es natürlich Phasen gibt, in denen intensiver als sonst Memos geschrieben werden, sind Forscher, die nach der Grounded Theory arbeiten, darin geübt, regelmäßig – oft von den ersten Tagen eines Forschungsprojekts an – und in enger Anlehnung an Datenerhebung und Kodierverfahren Memos zu schreiben (siehe Diskussion über die Triade im 1. Kapitel; siehe auch Glaser 1978, S. 83–92).

Die ersten Memos ähneln gewöhnlich solchen Memos, die von Forschern geschrieben wurden, für die dieser generelle Stil des Memoschreibens neu ist: Zunächst beschäftigt sich ein großer Teil der Memos vielleicht mit verfahrensmäßigen Themen (welche Daten erhoben werden sollen, wo dies geschehen soll); sie können auch aus Erinnerungsnotizen (vergesse dies oder jenes nicht) oder aus versprengten „Geistesblitzen“ bestehen; eventuell beinhalten sie eine Ansammlung von undifferenzierten Kodierergebnissen; oder der Forscher denkt einfach offen auf dem Papier nach, um neue Ideen hervorzulocken und abzuschätzen, wohin dieses Denken führt usw. In späteren Memos werden die Ergebnisse des (im früheren Stadium häufigen und später nur noch gelegentlichen) mikroskopischen Kodierens integriert; dann wird der Fokus auf die sich entwickelnden Hauptkategorien und deren Beziehungen untereinander und zu den nachgeordneten Kategorien gelegt;

man muß sich für eine oder mehrere Schlüsselkategorien entscheiden; spätere Memos weisen vielleicht auch auf aussagekräftige Datenteile hin, um letzte Lücken in der Analyse schließen zu können usw.[6]

Damit haben wir einige Spielarten von Memos dargestellt, die stark abhängen von der Phase des Forschungsprojekts wie auch vom persönlichen Denkstil des Forschers, von seiner Erfahrung mit den untersuchten Phänomenen und von der Forschungsarbeit selbst; Memos variieren auch danach, ob der Forscher allein, mit einem Partner oder im Team arbeitet (siehe auch die Darstellung des zusammenfassenden Memos im 6. Kapitel).

Alle diese Punkte sind in den nachstehenden Illustrationen leicht wiederzufinden. Jedes Memo oder jeder Satz von Memos wird mit einem Kommentar eingeleitet, der das einzelne Memo in einen Kontext stellt, so daß es ohne weiteres verständlich wird – nicht notwendigerweise in allen Einzelheiten, aber seinem Zweck und allgemeinem Stil nach. Achten Sie bei allen Memos darauf, in welcher Weise auf die Daten bezug genommen wird, wie diese miteinander verknüpft werden und den analytischen Inhalt der Memos liefern.

Noch etwas ist zum Vorgang des Memoschreibens zu sagen. Auch wenn ein Forscher allein an einem Projekt arbeitet, befindet er sich in einem kontinuierlichen inneren Dialog – denn darin besteht schließlich das Denken. Wenn zwei oder mehrere Forscher zusammenarbeiten, läuft der Dialog jedoch offen. In jedem Fall bilden die Memos einen konstitutiven Teil dieser Dialoge, d.h. sie sind laufende Aufzeichnungen von Einsichten, Ideen, Hypothesen und Diskussionen über die Implikationen von Kodes, weiterführenden Gedanken und so fort. Durch ihre zunehmende Komplexität haben die Memos ihren festen Platz unter den am Ende der Analyse stehenden integrativen Aussagen und bei der Vorbereitung des Projektberichts. Auf die eben beschriebene Art von Dialog, die als sehr kooperativ, ja sogar verschwörerisch bezeichnet werden kann, legten auch die Amerikanischen Pragmatisten (besonders Dewey und Peirce), von deren Denken die qualitative Analyse nach der Grounded Theory durchdrungen ist,

[6] Forscher aus anderen analytischen Traditionen arbeiten wahrscheinlich (auch wenn es darüber keine zuverlässige Literatur gibt) so, wie Becker/Geer (1960) vorgeschlagen haben: Man formuliert schon bald nach dem Beginn einer Studie ein paar erste Hypothesen und hält diese in Form von Memos fest; diese werden dann in den nächsten Phasen der Datenerhebung verifiziert, qualifiziert oder verworfen. Zwischenzeitlich entstehen neue Hypothesen, mit denen ähnlich verfahren wird. Einige der Memos gleichen vielleicht den unsrigen, doch einige vermutlich nicht, insbesondere, was die konzeptuelle Dichte und den expliziten Bezug zum mikroskopischen Kodieren anbelangt.

besonderen Wert. Natürlich schließt eine solche Zusammenarbeit, dieses kontinuierliche gemeinsame Diskutieren überhaupt nicht aus, daß Dissens, scharfe Debatten, harte Argumentationen vorkommen. Letztlich steht jedoch die Überzeugung im Hintergrund, daß sich der Austausch in der Forschungsarbeit für alle Beteiligten „auszahlt". (Dies trifft zu, auch wenn alle Partner im Kopf eines einzigen Forschers sind, weil dieser allein arbeitet.)

Memos, Memotypen und Kommentare

Es folgt eine Reihe von Memos, die von Forschern geschrieben wurden, die an der im 6. Kapitel wiedergegebenen Seminarsitzung teilgenommen haben. Jedes einzelne Memo war immer an alle Projektmitarbeiter gerichtet. Die Memos stellen unterschiedliche Typen mit unterschiedlichen Zielsetzungen dar und wurden in der Anfangsphase eines vierjährigen Forschungsprojekts über den Einfluß medizinischer Technologie auf die Arbeit in Krankenhäusern verfaßt. Im Hinblick auf die Gesamtheit der in diesem Projekt geschriebenen Memos sind sie wichtige Meilensteine, die ihren Beitrag zur Systematisierung der Analyse leisten.

Memotyp (I)
Erstes Orientierungsmemo.

Zielsetzung

1. *In der ersten Woche des Forschungsprojekts vom Projektleiter verfaßt, auf der Grundlage von explorativen Interviews und Feldbeobachtungen über viele Monate hinweg; sein Hauptanliegen ist es, seinen Mitarbeitern eine Vorstellung von der Spannweite des Projekts zu geben, während er verschiedene Bereiche herausstellt, die sie näher anschauen sollten.*
2. *Fragen und Themen ansprechen, damit die Mitarbeiter darüber nachdenken und auf dieser Basis weitere Daten erheben.*
3. *Und, nicht nur beiläufig, für sich selbst eine Zusammenfassung davon machen, was er weiß oder was er als möglicherweise wichtig für die sich entwickelnde Studie antizipiert.*

Kommentar
Diese Art des einführenden Memos wird nur in der ersten Phase (oder Phasen) eines Projekts geschrieben und kann dann vom Forschungsteam (zwei oder drei Leute) durchdacht werden. Wenn ein Forscher allein arbeitet, ist ein erstes Orientierungsmemo natürlich genauso sinnvoll. Ein Teil seines Inhalts wird in der

Aufregung oder Dynamik des Projekts vielleicht übersehen oder außer acht gelassen, aber andere Punkte erweisen sich gewöhnlich als überaus wertvoll.

16.9.77 – A.S.

Das ganze allgemeine Memo

Eine gewisse Rangordnung von *Bereichen, die man näher anschauen sollte,* anders als das Geschehen auf den Stationen. (Weitere Memos werden über die Stationen direkt geschrieben werden.) Und ein paar dazwischengeschobene Kommentare und Vermutungen.

Naturwissenschaftliche Medizin, ihre Ideologie und ihre technologische Zielrichtung. Ideologie des Maschineneinsatzes.

Chronische Krankheit und die Hilfstechnologien, damit umzugehen.

Umfang und Vielfalt von Apparaturen und deren Gebrauch im Zusammenhang mit anderen Mitteln (Medikamente, Chirurgie, Therapien usw.).

Werden Apparate in großem Umfang eingesetzt bei Schwangeren, alten Menschen, chronisch Kranken? Die Standorte von Apparaturen in Krankenhäusern überprüfen; dann noch Anzahl und Kosten.

Struktur der Apparateindustrie und ihr Markt. Eine Menge Fragen hier. Welche Firmen, wieviele, welcher Art? Welche Marktentwicklungen? Werbung, Verkaufszahlen? Neuerungen: Wer, wie, wann, für wen usw.? Spezialisiert versus generell (größtenteils spezialisiert)? Wettbewerb, Monopole usw.? Marktbeherrschende Stellung? Markt durchbrechen usw.?

Vielzahl von Personen, die mit Apparaturen zu tun haben (außer den Firmenmitarbeitern). Klinikverwaltung; Ärzte, Krankenschwestern, Techniker, Ingenieure, Patienten, Familien. Auch Bioethiker, manchmal Journalisten usw.

Ärzte: als Erfinder, Käufer, Benutzer usw.

Krankenschwestern: als Maschinenpfleger und -verwalter. Erlasse lernen und vermitteln. Welche Rolle hat die Schule, wenn überhaupt? Thema: Frauen und Maschinen. Mobilität im Beruf?

Techniker: betreffend Lernen, Vermitteln, Benutzen. Insbesondere Umgang mit Krankenschwestern, auf deren Stationen sie arbeiten oder deren Stationen sie besuchen oder deren Patienten hin- und herpendeln. Zulassung, Berechtigung, Professionalisierung?

Sichtweisen und Handlungen der Krankenhausverwaltung. Womit jonglieren sie? Kosten, Druck von Behörden usw.? Wie kommen Entscheidungen und Zuteilungen zustande? Verhältnis zu den Herstellern von Apparaturen. Themen wie Neustrukturierung von Klinikraum, Kosten, veraltete Maschinen, in Konkurrenz mit anderen Krankenhäusern den Stand der Technik halten. Dasselbe gilt für Verwaltung von apparateintensiven Stationen (Röntgengeräte). Thema Zentralität versus Dezentralität: Rhetorik und reale Entscheidungen.

Beziehungen zwischen den medizinischen Abteilungen? Ausleihen von Maschinen. Kämpfen um knappe Ressourcen. Patientenaustausch usw.

Finanzierungsprobleme (siehe Krankenhausverwaltung): Wer, wie, jonglieren, verhandeln und andere Vorgänge?

Überlegungen der Regierung: Gesetze; Einschränkungen, wer welche Apparaturen einsetzen darf, Sicherheit, Kosten. Auch im Verhältnis zu den Versicherungsträgern.

Kosten-Nutzen-Rechnung.

Apparaturen im Verhältnis zu anderen Apparaturen: Zu Untersuchungsverfahren.

Patient an der Apparatur. Aber Patienten arbeiten zeitweise auch an den Apparaturen (siehe Memos zu diesem Thema).

Bioethische Themen: Diese beinhalten – Entmenschlichung, lebensverlängernde Maßnahmen. Behandlung von Behinderten (einschließlich Behinderter aufgrund von Erbschäden, Retardation, Unfällen). Prinzip der Gleichbehandlung (Dialyse ja oder nein). Kosten-Nutzen: Rettung alter Menschen versus Kosten für die jungen Menschen. Und vieles andere.

Zu den relevanten Themen allgemeiner Art zählen folgende:

Experte versus Laie.

Unser Vertrauen in die Technik (Fortschritt) versus Konsequenzen für den Menschen.

Infragestellung der technologischen Spirale – Wohin führt sie uns usw. (und die Ideologie von der naturwissenschaftlichen Medizin als eine Unterart davon).

Zu den soziologischen Themen zählen:

Umgang mit dem Körper: Apparaturen, Untersuchungsverfahren, Medikation, bezogen auf Raum und Zeit usw. usw. Und Reaktionen des Patienten auf diesen Umgang im Hinblick auf seine Identität: d.h. Entmenschlichung, Demütigung usw. usw.

Analyse von Aufgaben: Damit sind nicht nur Aufgaben mit den Apparaturen gemeint, sondern auch Aufgaben im Zusammenhang mit Untersuchungen, Verwaltungsaufgaben, versicherungspolitische Aufgaben, Arbeitsteilung usw. Themen sind hier nicht nur Benennung und Zusammenhang (für uns), sondern die wichtigen Vorgänge im Verhältnis zu diesen Aufgaben.

Memotyp (II)

Vorbereitendes Memo.

Das nachstehende Memo wurde einen Monat später als das eben vorgestellte Orientierungsmemo geschrieben. Der Forscher fängt an, hier einige Analyseteile auf möglicherweise wichtige Kategorien hin auszulegen.

Zielsetzung

Die eigene Aufmerksamkeit und die der Forscherkollegen auf diese Punkte lenken, um so die weitere Analyse und Datenerhebung entlang dieser Linien anzuregen.

Kommentar

Das Memo war gut getroffen, so daß schließlich ein Großteil davon und von den nachfolgenden Memos sowohl in eine Monographie über klinische Sicherheit als auch in ein Kapitel (über Sicherheitsarbeit) einer anderen Monographie, die von der sozialen Organisation medizinischer Arbeit handelt, aufgenommen wurde (Strauss u.a. 1985; Fagerhaugh u.a. 1987; siehe auch 6. Kapitel, „Zusammenfassendes Memo").

Memos dieser Art werden wahrscheinlich in den ersten Phasen eines Forschungsprojekts des öfteren geschrieben und auch jedesmal, wenn der Forscher neue Aspekte des Untersuchungsfeldes zu untersuchen beginnt. Manchmal kann das Memo, wie in unserem Fall, sehr ausführlich und konzeptuell detailliert sein.

13.10.77 – A.S.
Gefahr

Die Gefahr, wie man sie gewöhnlich im Hinblick auf den Patienten wahrnimmt, kann *fünf Ursachen* haben:
1. die Apparatur selbst einschließlich ihrer einzelnen Teile wie etwa Medikamente, die über die Apparatur angewandt werden;
2. die Verbindung (Anschluß) zwischen Apparatur und Körper;
3. der „Patient" als Ensemble von Körpersystemen;
4. der Patient als Person (die sich bewegt, einen Willen hat, sich widersetzt usw.)
5. andere Therapien, die mit der Apparatur kombiniert sind oder diese ergänzen.

Anzeichen von drohender oder *unmittelbarer Gefahr*
Anzeichen haben verschiedene Eigenschaften:
– wahrnehmbar – nicht wahrnehmbar
– erwartbar – nicht erwartbar
– . . .
– usw.?

Anzeichen stehen in Zusammenhang mit „Zustand" oder Bedingung des Apparate-Anschlusses, des Patienten, der Person.

Das bedeutet, daß der Interpretierende Anzeichen auch über den Zustand deutet; auch über die *Stufe* der Behandlung insgesamt und der momentanen Behandlung (erste Stunde, zweite Stunde usw.).

Bedingungen für „korrektes" Deuten beinhalten zumindest Geschicklichkeit, Erfahrung, räumliche Nähe zum Anzeichen, physikalische Bedingungen wie Licht, so daß das Anzeichen sichtbar wird usw. Negative Bedingungen wären, wenn man diese Bedingungen einfach umkehrt einschließlich solcher Bedingungen, die „die Aufmerksamkeit stören" oder „wegnehmen" wie z.B. Arbeit irgendwo anders, zu viel Arbeit, Ermüdung usw. (Wenden Sie diese wieder in positive Bedingungen.)

Aber korrektes Deuten ist für uns nicht der eigentliche Punkt (siehe unten). GEFÄHRLICH FÜR WEN? (Folgendes muß sorgfältig auseinandergehalten werden):

die Apparatur an sich;
ihr Anschluß;
die Bedingung des Patienten (kann natürlich einfache oder mehrfache Gefahr bedeuten);
der Patient als Person;
andere Leute (klinisches Personal, andere Patienten);
die Umgebung.

Außerdem Ausmaß von Gefühlsarbeit und anderer Arbeit (auf jeder Stufe). Ferner, gefährlich für welchen Teil des Körpers, der Apparatur usw.?

Unterschiedliche Definitionen
Zwischen: Personal, Patient – Personal, Familie – andere Leute usw. *Dimensionen* von Unterschieden (Übereinstimmung) beinhalten zumindest:

Erwartung von Gefahr (0 bis 100)
Wissen um Gefahr (0 bis 100)

Positionsdiagramm soll die Beziehung aller an einer Interaktion Beteiligten untereinander für jede einzelne Dimension zeigen. *Erkennen von Übereinstimmung oder Diskrepanz:* Das heißt, was jeder vom anderen über dessen Definitionen des Bewußtseins von Gefahr, der Erwartung von Gefahr weiß. (Das ist *einer der wichtigsten Punkte für uns,* wegen widersprüchlicher oder aufeinander abgestimmter Handlung.)

Gefahr vorbeugen (d.h. wie man das Risiko mindert)

1. WER muß die Arbeit machen? (Wieviele Leute; zusammen; nacheinander usw.?)
2. WIE muß die Arbeit gemacht werden? (d.h. *was muß* gemacht werden und *wie*?)
3. WAS ist notwendig, damit sie gemacht werden kann (Ressourcen)? Menschen – Geld – Raum – Geschicklichkeit – Material – Zeit usw. usw.?

In den Fußnoten und Memos von S. über Dialyse kommen alle diese Themen sehr klar zum Ausdruck, insbesondere das des Patienten-als-Arbeiter, seine Arbeit und die benötigten Ressourcen.

Bedingungen, die die Vorbeugung behindern (d.h. die Gefahr im allgemeinen erhöhen)

Falsche Personen, Umstände und Materialien; nur wenige dafür erforderliche Ressourcen.

BEDINGUNGEN DAFÜR: Gegenteil des soeben Gesagten, einschließlich „Interesse", die richtigen Leute, Ressourcen, Mittel etc. zu haben.

ORGANISATORISCHE BEDINGUNGEN *sind natürlich zentral.* Und wir sollten DIESE SYSTEMATISCH UNTERSUCHEN; ebenso die Verkettung von Industrie und Krankenhauswesen.

Defekte, Notfälle, Pfuscherei usw. werden vor allem folgendes ans Tageslicht bringen:

1. die genaue Art und Weise der *notwendigen Aufgaben* und
2. die *erforderliche Organisation.*

   Und nicht ganz zufällig:
3. welche Akteure *setzen als selbstverständlich voraus,* was nicht immer als selbstverständlich vorausgesetzt werden kann.

Patient als Gefahrenquelle

Ich habe diesen Punkt oben noch nicht betont; nur ein Wort darüber. Der Patient, es sei denn er ist nicht bei Bewußtsein, kann vermutlich folgendes machen: sich aufrichten, still liegen, umhergehen, seine Reaktionen über die Apparatur beobachten (überwachen) usw. Wenn er solche Dinge tut, verringert er das Risiko. Wenn nicht, erhöht er das Risiko, manchmal schrecklich. Bedingungen dafür beinhalten ... (Geschicklichkeit, Erfahrung, „Motivation" usw.). Bedingungen dagegen ...

Grad der Gefahr

Vergaß zu notieren, daß der Wert von 0 bis 100 gehen kann (das in Gefahr schwebende Objekt wird zerstört; Patient, Niere, Apparatur usw.)

Ausmaß von Defekten

Diese können total sein oder partiell, an der Apparatur oder am Anschluß – was natürlich in Zusammenhang steht zum Gefahrengrad.

Gefahr ausbalancieren versus ...

Das heißt, daß ein Risiko immer möglich ist, aber man wägt ab zwischen Gefahr und anderen Überlegungen: *Kosten, Zeit, Energie, Risiko* für andere Patienten, *Gefühlsarbeit,* Risiko für die *Apparatur* usw. usw.

Das heißt, daß man Risiken zum Teil gegen andere Dinge abwägt: Apparatur versus Körperfunktionen des Patienten; Körperfunktionen versus Person; Körperfunktion versus Arbeit des Personals usw. usw.

Alarmsysteme

Der Zweck ist entweder, die Gefahr zu verringern oder den Arbeitsaufwand zu reduzieren; dadurch verändert sich die Art der Arbeit (was wir UNTERSUCHEN werden).

(Ich werde ein separates Memo über Alarm und Pannensicherheit schreiben.)

Memotyp (III)

Das nächste Memo konzentriert sich dann auf die kaum zu übergehenden und eindrucksvollen Alarmsysteme bei Apparaturen.

Zielsetzung

Eine Reihe von Fragen zum Thema „Alarm“ stellen und offen über das Phänomen und die Fragen selbst nachdenken.

Kommentar

Das ist ein sehr nützliches Memo, das zur weiteren Datenerhebung und deren Analyse beitrug.

13.11.77 – A.S.

Alarmsysteme, pannensicher (und Gefahr – siehe auch Memo über Gefahr)

Der Zweck des Alarmsystems ist es, die Wahrscheinlichkeit der Gefahr zu verringern; den Arbeitsaufwand zu reduzieren; oder beides. Dadurch verändert sich die Art der Arbeit des Personals (was wir IM DETAIL UNTERSUCHEN sollten).

Wie wir sehen werden, kann ein Alarmsystem unter bestimmten Bedingungen die Wahrscheinlichkeit der Gefahr sogar *erhöhen* und sicherlich auch die Wahrscheinlichkeit des größeren Arbeitsaufwandes. Das bedeutet, daß ein Alarmsystem auch in die andere Richtung arbeiten kann! Im Idealfall aber nicht.

Alarmprojekte

Wieder: das Alarmsystem kann *verschiedene Objekte überwachen:* die *Apparatur* selbst, den *Anschluß,* den *Patienten.* (Selten, wenn überhaupt, die Person *als* Person? Man nimmt an, daß das Personal das macht!) Vielleicht auch *die Umgebung.* (Und mit Sicherheit nicht die Arbeit oder die Gefühlsarbeit usw.)

Ich weiß noch nichts genaueres, nehme aber an, daß der Überwachungsalarm so eingestellt werden kann, daß er bei unterschiedlichen *Gefahrenstufen* oder zufällig losgeht. Geht dies *automatisch* oder wird das von jemandem gesteuert? *Von wem?* Wie lange im voraus? Wie oft? Mit welchen Kosten usw.? (Das sind vielleicht keine ins Auge springenden Fragen – wir werden sehen.)

(Mit Sicherheit hängen sie damit zusammen, ob eine Person überwacht oder ein Alarmsystem.) Aber ich stelle mir vor, daß die *Alarmregulierung* davon abhängt, wie der Gefahrengrad eingeschätzt wird, wo man die Fehlergrenze ansetzt usw.

Welches?

Die Person, die dem Alarm nachgeht, muß entscheiden, welches der überwachten Systeme (wenn es mehrere sind) ausgefallen ist. Die Apparatur, der Patient, der Anschluß?

Welcher Teil davon?

Muß vielleicht auch entscheiden, welcher Teil der Maschine, welche Körpersysteme usw., es sei denn, es gibt eine *Feindifferenzierung im Alarm:* Das heißt, daß feine Unterscheidungen im Alarmsystem eingebaut sind. „Etwas ist mit der Apparatur nicht in Ordnung" ist nicht dasselbe wie: „Es ist etwas an der Elektrik" oder: „Eine Sicherung ist durchgebrannt."

Prioritäten

Bei mehreren Alarmen muß der Diensthabende entscheiden, welchem Alarm er *zuerst nachgeht.*

Oder Entscheidungen über den Grad der Gefahr treffen, ob sofort etwas geschehen muß oder eine Stunde später usw.

Der alarmierte Patient

Das bedeutet, daß der Patient *als* Person alarmiert werden kann. Dem wird vielleicht aktuell Priorität eingeräumt, weil sonst sein Schrecken bewirken kann, daß sich Adrenalinausschüttung oder Blutdruck oder Unruhezustände mächtig steigern; deshalb muß man sich zuerst um ihn kümmern. Oder auch nicht. Oder vielleicht deutet man den Patienten nicht richtig.

Vielfacher Alarm: zunehmende Sicherheit, zunehmende Gefahr

Manche Apparaturen haben oder hatten nur ein Alarmsystem, als der Stand der Technik noch primitiver war. Viele Maschinen haben mehrfache Alarmsysteme. Eine spannende Bedingung unserer Tage ist die, daß es Apparaturen gibt, die multifunktionale Apparaturen sind: Folglich gibt es *multi-multi*Alarmsysteme.

Das bewirkt vielleicht eine *erhöhte Sicherheit.* Wenn die Alarmsysteme funktionieren. Wenn die Alarme richtig gedeutet werden können. Wenn die richtigen Prioritäten gesetzt werden usw. (Das hängt von der Geschicklichkeit ab, von der Erfahrung, von den materiellen Ressourcen usw. usw.)

Erhöhte Gefahr ist eine andere Möglichkeit, gerade weil „die Dinge heute so kompliziert sind".

Das hat mit dem Thema Ersetzbarkeit/Wartung zu tun (siehe unten).

Ersetzbarkeit: Wartung als Bedingung für Gefahr, Sicherheit

Damit Alarmsysteme korrekt arbeiten, müssen sie gewartet werden. (Sie arbeiten vielleicht auch bei blindem Alarm nicht richtig – weil sie nicht auf das echte Signal reagieren, sondern auf ein falsches, z.B. auf die Unruhe des Patienten. Das ist ein anderes Thema.)

Also ist eine Bedingung für echten Alarm die richtige Wartung – eine Sache der *Organisation.* Aber auch eine Sache der Umsichtigkeit des Personals; denn dieses ist dafür verantwortlich, einen Zusammenbruch vorherzusehen oder diesen noch abzufangen – nicht unbedingt den Alarm selbst, sondern den Defekt an der

Maschine oder am Patient-Apparatur-Anschluß. (Das ist natürlich auch Organisation.)

Wartung ist verknüpft mit Ersatz, weil *Wartung organisiert* werden muß UND *Ersatz organisiert* werden muß. Auch die fähigsten, äußerst motivierten Monteure werden ohne Ersatzteile oder Ressourcen mit der Zeit scheitern. (In unterentwikkelten Ländern fehlt beides, aber selbst mit gut ausgebildeten Mechanikern wird die Sache an mangelhafter Ersatzteilbeschaffung scheitern.)

Auf der *Station* haben die Probleme der Ersatzteilbeschaffung andere Aspekte. Sie müssen mit der Organisation in bezug auf Wartung/Ersatz gekoppelt werden, sonst! Oder sie müssen fähig sein, Wartung/Ersatz selbst zu übernehmen (d.h. die Organisation zumindest teilweise übernehmen).

Man muß darüber entscheiden, was defekt sein könnte, und schnell Teile austauschen (neuer Anschluß usw.). Oder darüber entscheiden, ob Ersatz nötig ist oder Justierung der Apparatur, oder ob die Körperbewegung des Patienten die Ursache war usw. usw.

Ersatz kann schnell/langsam, möglich/nicht möglich sein usw.

Ersatz, im Notfall oder turnusmäßig, kann heißen, daß nicht nur ein Teil ersetzt wird, sondern die ganze Apparatur. Was wieder heißt, daß Ersatz organisiert werden muß: Kann man innerhalb der Station ausleihen oder von anderen Stationen?

Wir müssen uns noch viel Gedanken machen über Ersatz/Wartung im Hinblick auf Alarme, Gefahr usw.

Pannensicher

Diese Alarme können nicht narrensicher, pannensicher sein, weil man Anzeichen falsch deuten, übersehen, Prioritäten falsch setzen kann, weil Ersatz/Wartung vielleicht nicht gut organisiert ist.

Und es ist die Einsicht von S.: Je komplizierter die Alarmsysteme werden – je mehr Funktionen sie überwachen – umso zufallsabhängiger wird die Situation. Das heißt, je weniger die Alarmsysteme narrensicher sind, umso eher sind sie vielleicht pannensicher. Ich habe gerade versucht, einige der Bedingungen für maximale-minimale Narren- und Pannensicherheit von Alarmsystemen aufzuzeigen!

Memotyp (IV)

Kurzes Memo, von einem früheren Memo „inspiriert".

Zielsetzung

1. *Aspekte einer Kategorie herausarbeiten (Maschinenlagerung).*
2. *Spezifische Fragen über Bedingungen, Konsequenzen, Arbeitsablauf (Aushandeln) usw. stellen.*

Kommentar

Ein nützliches Memo, später stark ausgearbeitet durch weitere Arbeit im Forschungsfeld, Kodieren und analytische Memos. Schließlich wurde die Analyse in ein Kapitel der Monographie über medizinische Arbeit aufgenommen.

Diese Art von Memo, die zu weiteren Memos anregt, kann in jeder Phase eines Forschungsprojekts geschrieben werden. Warum? Weil der Leser von jedem Memo inspiriert werden kann, wann immer er es liest oder noch einmal liest, und daraufhin einen Kommentar, der zu einem weiteren Memo führt, schreiben kann. Deshalb empfiehlt es sich, frühere Memos in Abständen wieder zu lesen.

19.3.78 – B.S.

Einzelne Gedanken (wie am 28.2.78 über Maschinenlagerung)

Wie wir alle wissen, ist es nicht damit getan, einen Platz zu finden, wo die Apparatur gelagert wird – so schwierig das an sich auch sein mag. Man muß die gelagerten Sachen auch wiederfinden, wenn sie gebraucht werden. Wenn es zu schwierig ist dranzukommen, vergißt man sie vielleicht und improvisiert. (Ich denke an Gerätschaften im Haushalt – Zubehörteile usw.; Sonderzubehör; aber ich halte es für angebracht, diesen Gedanken auf das Krankenhaus zu übertragen.)

Wiederfinden: Welche Probleme?

Wie wird entschieden, was in der Nähe gelagert wird, was wahrscheinlich nicht oft gebraucht wird? Und hier, was ist – wenn auch nicht oft benötigt – absolut notwendig, wenn es gebraucht WIRD, verglichen mit weniger dringend benötigten Apparateteilen, etwa solchen Sachen, die man einfach gern um sich hat; Dinge, auf die man verzichten kann, im Vergleich zu absolut notwendigen Dingen. Gibt es so etwas wie eine Lagerliste? Und wer ist dafür verantwortlich? Ein Angestellter für Lagerhaltung?

In den Daten über das Krankenhaus (12/77): Als ein Patient sich in die Schwesternrufanalge erbrach und dadurch ein Kurzschluß entstand, wußte die eine Krankenschwester, wo Ersatz im nahegelegenen Lager war, die andere Krankenschwester wußte das nicht. Das könnte zum Problem werden: Wenn man nicht weiß, daß Maschinenteile vorrätig sind, könnte das so sein, als ob diese Teile nicht existierten!

Da die Fluktuation der Krankenschwestern sehr hoch ist, ist es unmöglich, daß jedermann weiß, wie die Lagerhaltung funktioniert: wo was ist, selbst WENN es ein Was gibt. (Meine Kinder räumen zuhause das Geschirr weg, und ich kann NICHTS mehr finden.)

Auch wenn mehrere Stationen zu denselben Lagerräumen Zutritt haben, entstehen vermutlich Auseinandersetzungen um die Lagerhaltung. Ist das der Fall? Wie werden sie geregelt? Wer weiß das?

Memotyp (V)

Memo am Anfang einer Auseinandersetzung mit einem neuen Phänomen.

Dieses Memo ist das erste aus einer Reihe von Memos über die Arbeit für Erleichterungen des Patienten und wurde zwei Jahre später von einem anderen Projektmitglied geschrieben, nämlich von einer Soziologin, die gleichzeitig Krankenschwester ist. Sie hatte schließlich erkannt, daß die Erleichterungen, die dem Patienten angeboten werden, durch die moderne medizinische Technologie grundlegend anders geworden sind. Dieses Memo steht am Anfang der Auseinandersetzung des Teams mit dem Phänomen.

Zielsetzung

Erste Gedanken festhalten über Themen wie: Wie sieht die Arbeit für Erleichterungen des Patienten aus? Wie wird sie im Krankenhaus durchgeführt und wie zuhause? Wie hat sich die Arbeit durch die medizinische Technologie verändert? Welche Zusammenhänge bestehen zu anderen Arbeitstypen?

Kommentar

Dieses Memo und die folgenden wurden zur Grundlage für die gezielten Beobachtungen und weiteren Analysen, die dann in eine Monographie über medizinische Arbeit eingegangen sind (Strauss u.a. 1985). Das heißt, daß in diesem Memo das Nachdenken über selektives Kodieren illustriert wird, und zwar im Hinblick auf die Schlüsselkategorie Arbeitstypen.

Diese Art von Memo kann am Anfang einer Auseinandersetzung mit einem Phänomen, auf das man sich bisher noch nicht konzentriert hatte, geschrieben werden, doch viel wahrscheinlicher entsteht dieser Memotyp in früheren Phasen eines Projekts. Wie das Beispiel zeigt, kann solch ein Memo auch viel später geschrieben werden, wenn nämlich ein Großteil der Analyse von verwandten Phänomenen weitere Informationen liefert.

20.2.80 – S.F.

Arbeit für Erleichterungen des Patienten

Diese Arbeit umfaßt einen weiten Bereich medizinischer und pflegerischer Arbeit, bezieht sich aber vorwiegend auf die Pflege, weil die Pflege überwiegend Aufgaben beinhaltet, die Unbehaglichkeiten lindern sollen. Arbeit für Erleichterungen des Patienten kann sehr spezifisch, aber auch sehr verschwommen und aussichtslos sein. Beginnen wir mit der Definition von Erleichterung.

Definition von Erleichterung (erleichtert) – Unbehagen (unbehaglich). Definition von Erleichterung-Unbehagen beinhaltet:

VERB: Hoffnung geben; jemandem in Sorge oder Schmerz Hilfe geben; beinhaltet Behaglichkeit, Unterstützung, Trost. Erleichterung, der anheimelnde intime Begriff beinhaltet Teilnahme an der Freude, Hoffnung, Kraft, wie auch bis zu einem gewissen Grade das Nachlassen von Schmerzen; mit Unterstützung ist gemeint, daß Sorgen oder Verlorenheitsgefühle gemildert werden; Trost deutet auf die Besserung von Bestimmungen hin, d.h. Entlastung von Einsamkeit, Dumpfheit usw. sowie von Schmerzen.

NOMEN legt nahe: leicht, friedlich, ruhig; beinhaltet Freude oder die Herstellung eines Zustandes, der Zufriedenheit oder Sicherheit gibt; oder kuschelig – läßt an Behaglichkeit denken, die von Wärme, Schutz, Entspannung und Freundlichkeit kommt.

Unbehagen – Mangel an Behaglichkeit; angespannt; geistige oder physische Pein.

Umgang mit Schmerz/Unbehagen

Arbeit für Erleichterungen des Patienten könnte man als das weniger akute Ende des Schmerzkontinuums sehen. Wie auch der Schmerz, so sind Empfindungen von Unbehagen äußerst subjektiv, so daß es für das Personal schwierig ist, Beschwerden einzuschätzen, und der Patient hat das Problem, sich legitimieren zu müssen. Es gibt ein breites Spektrum von Variationen bei den einzelnen Patienten im Hinblick auf Toleranz, Bedeutung, Ausdruck usw. von Unbehagen. Dies ist zum Teil darauf zurückzuführen, daß die Empfindung von Unbehagen mit der Biographie wie auch mit der Krankheitsverlaufskurve verknüpft ist; aber später mehr.

Wie beim Schmerz, so gibt es auch im Zusammenhang mit Beschwerden des Patienten bestimmte Aufgaben für Personal und Patient (wie bei Fagerhaugh/Strauss 1977 umrissen): (1) Einschätzen (Diagnostizieren); (2) Vorbeugen; (3) Minimieren; (4) Zufügen; (5) Aushalten; (6) Lindern und (7) Ausdrücken. Und man wägt diese Aufgaben gegenüber den Konsequenzen ab, Konsequenzen im

Hinblick auf (1) Krankheitsverlaufskurve; (2) Leben und Tod; (3) Therapie; (4) Interaktion; (5) Stationsarbeit; (6) Gefühlsarbeit und (7) persönliche Identität.

Der Umgang mit dem Schmerz ist äußerst schwierig, aber in mancher Hinsicht ist die Arbeit im Dienste von Erleichterungen des Patienten noch komplexer. Die Schwierigkeiten haben diverse Ursachen:

1. Unbehagen oder Unwohlsein umfaßt einen weiten Bereich von physischen und psychischen Zuständen, Gefühlslagen und Stimmungen. Zum Beispiel:
   Empfindungen von physischem Unbehagen können sein: Jucken, Beißen, Wundsein, Druck und Völlegefühl, Brennen, Kälte, Hitze, Steifheit, Verklebungen.
   Physische Symptome des Unbehagens können sein: Schwindel, Kopfschmerz, Blähungen, Verstopfung, Durst, Ohrensausen, Schwäche, Magenverstimmung usw.
   Psychische Zustände und Stimmungen des Unbehagens können sein: sich niedergeschlagen fühlen, außerhalb stehen, sowie ein ganzes Spektrum an Gefühlen von Unsicherheit und sogar Wut aufgrund von Interaktionen, durch die sich die Person übergangen, vernachlässigt, gehemmt usw. fühlt.
   Mit anderen Worten: Unbehagen und Unwohlsein, Empfindungen und Stimmungen können *viele Ursachen* haben:
   die Krankheit selbst;
   Behandlungen und Untersuchungsverfahren, Medikamente usw.
   zum Vorteil der Krankheitsverlaufskurve;
   soziale Interaktionen;
   Umgebung (Temperatur, Sauberkeit usw.)
   Organisation des Krankenhauses.
2. Das auffälligste Merkmal dieser Unbehaglichkeit ist ihre *Alltäglichkeit.* Die Unbehaglichkeiten sind physische und psychische Zustände, die mit Alltagsleben und körperlichen Aktivitäten verbunden sind. Sie beziehen sich auf den Umgang mit anderen Menschen, auf Essen, Trinken, Körperhaltung und Bewegung, Stoffwechsel usw. Jeder kennt Zustände des Unbehagens und hat individuelle Wege, damit umzugehen.
   a) Es ist die Alltäglichkeit, die Schwierigkeiten im Umgang mit den Beschwerden macht, weil man sie wahrnimmt und doch nicht fassen kann; sie sind undurchdringbar und sehr subtil. Doch sind diese alltäglichen Empfindungen, physischen Zustände und Stimmungen im Innersten eines Menschen – sie sind höchst individuell und an die Person gebunden; wenn nun der Patient mit seinen Unbehaglichkeiten vernachlässigt wird, fühlt er sich entmenschlicht und als Unperson behandelt. In der Tat klagen Patienten nach Krankenhausaufenthalten gehäuft über unbehandelte und nicht gelinderte Beschwerden.
   b) Die Arbeit für Erleichterungen des Patienten ist in ihrer Art sehr subtil und hat alltägliche Qualität, so daß es nicht einfach ist, diese Arbeit als Arbeit zu sehen. In jedem Aufgabenbereich wird diese Arbeit zur gleichen Zeit wie auch in Sequenzen durchgeführt, grenzt manchmal an Gefühlsarbeit, sentimentale Gesten, biographische Arbeit. *Ich brauche Hilfe, wenn ich das durchdenke.*

Körperarbeit und Arbeit für die Erleichterung des Patienten

Ein großer Teil der Arbeit für Erleichterungen umfaßt Arbeit mit dem Körper des Patienten. Kategorien von Körperarbeit beinhalten:

Aufgaben, die unmittelbar mit der Verlaufskurve zu tun haben, die diagnostische und therapeutische Verfahren einschließt. Es sind Arbeiten wie den Körper des Patienten aufrichten, den Körper bewegen (grob- und feinmotorische Bewegungen, z.B. einen Körperteil bearbeiten oder bewegen); und Dinge mit dem Körper machen, wie ihm Injektionen und Medikamente geben, Kanülen in verschiedene Körperöffnungen einführen. Eigenschaften dieser Körperarbeit: vielfältig, Schmerz verursachend, peinlich, erfordert viel Geschicklichkeit, gefährlich, erfordert viel Kooperation von seiten des Patienten usw.

Aufgaben, die mit der Versorgung des Körpers zu tun haben wie Arbeiten im Zusammenhang mit Essen, Trinken, Bewegung, Haarpflege, Mundpflege, Stuhlgang usw. Eine Reihe dieser Aufgaben kommt den *alltäglichen Aufgaben im Haushalt* gleich. Je nach Krankheit und Verlaufskurvenphase variieren die Eigenschaften dieser Arbeit. Wie ein Patient auf Vernachlässigungen reagiert, hängt auch von seiner Biographie ab.

Aufgaben, die mit dem psychischen Wohlbefinden zu tun haben, was im wesentlichen Gefühlsarbeit ist, aber auch Einfühlen in die Biographie des Patienten bedeutet.

Technologie und Arbeit für Erleichterungen des Patienten

In den vergangenen zwei Jahrzehnten hat sich diese Arbeit drastisch verändert. Die Veränderungen sind zurückzuführen auf (1) die Komplexität der Krankenhausorganisation, die mit den umfassenden technologischen Veränderungen zusammenhängt; (2) die Technisierung der Krankenpflege.

Da Krankenhäuser immer größer und komplexer werden, werden auch die *Pflegedienste* immer komplexer. Zu diesen Pflegediensten gehören Wäscherei, Diätküche, Zentralversorgung, Putzkolonnen usw. Ein enormer Koordinationsaufwand ist notwendig, um genügend Bettwäsche bereitzustellen, die Räume zu reinigen usw. usw. Mit anderen Worten: Eine Reihe von Abteilungen und komplexe Aufgabenstrukturen sind notwendig, um Güter bereitzustellen, damit die Arbeit für Erleichterungen des Patienten getan werden kann. Mit dem Resultat, daß vieles verzögert wird. Ferner sind viele Menschen daran beteiligt, und die Arbeit wird immer durchrationalisierter, wie z.B. die festen Ausgabezeiten von Getränken, die festen Ausgabezeiten von Mahlzeiten. Deshalb wird die individuelle Pflege immer schwieriger. Die *Schematisierung der Arbeit für Erleichterungen* macht alles zu einem Einheitsbrei.

Da das Krankenhaus zur Diagnose und Behandlung verpflichtet ist und es heutzutage sehr viel mehr diagnostische Testverfahren und Behandlungen gibt, so daß die Aufenthaltszeit der Patienten fast vollständig mit solchen Aufgaben ausgefüllt ist, tritt die Arbeit für Erleichterungen des einzelnen Patienten in den Hintergrund.

Die Arbeit von Krankenschwestern wird zunehmend von Tätigkeiten für Diagnostik und Behandlung beherrscht, so daß die Arbeit für Erleichterungen des Patienten, die man als Sklavenarbeit sehen kann, dem Hilfs- und Laufpersonal übertragen wird. Also ist die *schmutzige Arbeit* Teil dieses Themas.

Weil mehr Behandlungen und Untersuchungsverfahren am Patienten durchgeführt werden, nimmt das *zugefügte Unbehagen* zu. Kanülen stecken in jeder denkbaren *Körperöffnung;* Patienten müssen sich ruhig verhalten, damit sich die Kanüle nicht verschiebt; Reizungen durch Kanülen usw. Tatsächlich ist es so, daß Patienten auf Intensivstationen das Unbehagen nahezu verkörpern, aber das Überwachen und Retten von Leben hat absoluten Vorrang.

Technisierung der Arbeit für Erleichterungen des Patienten

Die Arbeit, die für Erleichterungen des Patienten getan wird, wie z.B. den Körper aufrichten, den Rücken massieren, fiebersenkende Umschläge machen, Unbehagen lindern ist durchweg durchrationalisiert. Es gibt elektrische Betten, so daß der Patient die Position seines Bettes selbst regulieren kann. Für den Fall, daß sich ein Patient wundliegt, weil er sich nicht bewegen kann, gibt es Matrazen mit Luftzirkulation oder Dinge wie Schaffelle, kühlende Matratzen für Patienten mit hohem Fieber usw. Es gibt ein ganzes Arsenal von unterschiedlichen Hilfsmitteln. Früher setzten die Krankenschwestern ihre ganze Erfindungskraft für die Behaglichkeit ein; heute ist das alles kommerzialisiert: „verschlußlose" Verbände, „bequeme" Haltegurte, mit denen Patienten an den Rollstuhl gebunden werden usw. Blättert man in Fachzeitschriften für das Pflegepersonal, dann findet man Anzeige um Anzeige für Hilfsmittel, mit denen die Arbeit für die Behaglichkeit des Patienten leichter und effizienter gemacht werden soll. Es gibt auch bestimmte Branchen, die sich ausschließlich neuen Technologien für diese Arbeit und der „kreativen Krankenpflege" widmen, was letztlich darauf hinausläuft, daß die Krankenpflege über Apparate abgewickelt wird.

Aufgrund von Ideologien von Abhängigkeit/Unabhängigkeit, d.h. Tendenzen, den Patienten unabhängig zu machen, sind die Patienten gezwungen, immer mehr „selbst zu erledigen". Krankenschwestern werden zornig, wenn Patienten „versorgt" werden möchten. Also gibt es Debatten über das Wieviel, Wann, Wie in bezug auf die Arbeit für die Erleichterung des Patienten.

Arbeit für die Erleichterung des Patienten kann auch therapeutische Implikationen haben, und es gibt eine ganze Menge Wissen und Geschicklichkeit – und Kunst, wie man den Körper eines Patienten in die richtige Position bringt, so daß die physische Funktion nicht beeinträchtigt wird. Aber diese Arbeit sieht so alltäglich und kunstlos aus, daß die Patienten das nicht als Technik ansehen. Die Krankenschwester ist dann einfach nur „nett".

Immer mehr Optionen bei der Arbeit für Erleichterungen des Patienten

Medikamente spielen bei dieser Arbeit eine wichtige Rolle. Es gibt alle denkbaren Medikamente, um Jucken, Blähungen, Verstopfungen usw. zu lindern. Das Angebot an Medikamenten ist enorm. Nehmen wir z.B. die Verstopfung: Früher hatte man Einläufe und ein paar Abführmittel. Heute gibt es abgepackte Einlaufsets, Stuhlweichmacher, Zäpfchen, Abführmittel mit unterschiedlichen chemischen Reaktionen. Die Krankenschwestern müssen eine Menge wissen über die Arten von Einläufen, die bei bestimmten Krankheitsbildern nicht gegeben werden dürfen, über notwendige Flüssigkeitszufuhr usw.

THERAPIE DURCH KÖRPERKONTAKT wendet sich gegen den Mangel an pflegerischer Zuwendung beim Patienten, um sich aber legitimieren zu können, muß diese eine theoretische Grundlage und eine Technologie haben. Ein großer Teil der ganzheitlichen Medizin und der Selbsthilfegruppen beschäftigt sich mit der Behaglichkeit des Körpers.

Das nächste Memo schrieb Juliet Corbin, die gemeinsam mit einem anderen Wissenschaftler die Interaktion zwischen chronisch kranken Menschen und ihren Lebensgefährten untersuchte. Sie schrieb es für ihren Forscherkollegen und für sich selbst.

Memotyp (VI)

Memo über eine neue Kategorie. Abgrenzung gegenüber einer anderen Kategorie.

Zielsetzung

1. *Am Anfang eines Projekts oder wenn neue Populationen (in diesem Falle Menschen mit Paraplegie und Quadriplegie) untersucht werden, entdeckt man neue Kategorien: Mit diesem Memo soll also eine solche Kategorie angekündigt und diskutiert werden.*
2. *Und diese Kategorie soll von einer anderen Kategorie abgegrenzt werden (Pflegearbeit versus der üblichen „Frauen"arbeit).*
3. *Und es sollen – was typisch ist bei neuen Kategorien – erste Fragen über diese beiden miteinander in Verbindung stehenden Kategorien gestellt werden.*

Kommentar

Durch dieses Memo wurden weitere Diskussionen und Memos angeregt, die von der „Pflegearbeit" handelten und von ihrem Bezug zu anderen Kategorien wie auch zu einer detaillierten Darstellung von Konsequenzen, die von diesem Arbeitstyp ausgehen.

2.7.82 – J.C.

Frauenarbeit versus Pflegearbeit (Ehemann versus Patient)

Aus diesem Interview entnehme ich eine Vorstellung von Arbeit, die mir bis dahin noch nie aufgefallen ist. Sie hat zu tun mit der Arbeit, die Frauen machen, und damit, daß es bestimmte Arten von Arbeit gibt, die zu einer Frau gehören. Diese unterscheiden sich von denjenigen eines einfachen Pflegers. Ich habe das noch nicht durchdacht, aber aus diesem Interview scheint sich folgendes zu ergeben: Wenn die Arbeit mit dem Körper des Patienten, die auch ein Pfleger tun könnte, in den Mittelpunkt gerückt wird, werden spezifische Merkmale verwischt. Die Frau ist nicht sicher, wo ihre Identität als Frau ins Spiel kommt und wo diese aufhört; wo der Pfleger anfängt und wo dieser aufhört. Es ist auch der Frau nicht klar, wo die Identität des Ehemannes beginnt und wo diese aufhört und wo seine Identität als Patient anfängt und wo diese endet. Umgekehrt hat der kranke Ehemann auch das Problem, diese vier Bereiche auseinanderzuhalten.

Jeder Bereich umfaßt eigene Aufgaben, und diese können von verschiedenen oder von denselben Leuten ausgeführt werden. Wie hält man diese Bereiche auseinander? Wie integriert man sie? Ist dies möglich? Welches sind die jeweiligen Aufgaben; wie und wo überschneiden sie sich? Kann man beides erfolgreich durchführen? Wenn ja, wie und wann? Welches sind die Konsequenzen jeder möglichen Kombination für jeden Partner? Aus diesem Fall scheint sich folgendes zu ergeben: Wenn die Frau versucht, beides zu machen, dann vermischt sich die Arbeit der Frau mit der des Pflegers sowohl für sie selbst als auch für den Ehemann. Was normalerweise durch Arbeitsteilung getrennt wäre, geht ineinander über. Es ist nicht nur so, daß die körperliche Arbeit im Vordergrund steht, es fehlt auch noch die gegenseitige Unterstützung. Der Pfleger wird bezahlt, hat Freizeit; aber die Frau kriegt nicht einmal ein Dankeschön. Ihre Arbeit wird als selbstverständlich hingenommen. Keine Zusammenarbeit, Vergrößerung der Kluft zwischen den Ehepartnern. Kein gegenseitiges Geben und Nehmen; Gegenseitigkeit fehlt. Man kann hier auch die Tendenz sehen, nämlich das allmähliche Verwischen von Identitäten, die Krise und wie das Paar versucht, diese Identitäten voneinander zu trennen und die Ehe am Laufen zu halten.

Die nächsten drei Memos wurden von derselben Forscherin kurz hintereinander geschrieben und drehen sich jeweils um die „Laufarbeit", die Frauen chronisch kranker Männer manchmal tun müssen. Nachdem sie mehrere Monate lang Interviews gemacht hatte, fielen der Forscherin diese Aktivitäten auf, und sie begann, ihre Gedanken um eine relevante, aber nachgeordnete Kategorie (nachgeordnet in bezug auf die Schlüsselkategorien, die schon konzeptualisiert sind) zu organisieren. Die Memos sind an den Forscherkollegen gerichtet.

Diese Art von Memosequenz beruht bis zu einem gewissen Grad auf den vorausgegangenen Analysen; andernfalls wären die Memos eher eine Ansammlung von Gedanken, die in der ersten Projektphase niedergeschrieben wurden.

5/82a
Memotyp (VII)
Nachdenken über eine „Entdeckung".

Zielsetzung

1. *Die Aufmerksamkeit auf ein möglicherweise relevantes Phänomen (Laufarbeit) lenken, und zwar im Verhältnis zu bestimmten Daten aus einem neueren Interview.*
2. *Darauf hinweisen, welchen Beitrag dieses Phänomen zu der „Überlastung" (eine wichtige Kategorie, kürzlich in der Forschungsarbeit entwickelt) leisten kann.*

5/82b
Memotyp
Weitere Gedanken über die neue Kategorie – eine Memonotiz.

Zielsetzung

1. *Während man über „Strategien, wie die Arbeit gemacht wird", nachdenkt, rückt die Laufarbeit wieder in den Mittelpunkt, und in einer Memonotiz soll diese Kategorie in Bezug gesetzt werden zu drei anderen.*
2. *Und dieses Phänomen soll von „anderer Arbeit" abgegrenzt werden.*

5/82c
Memotyp
Memo, das zwei Kategorien gegeneinander abgrenzt.

Zielsetzung

1. *Während die Forscherin an „Strategien, wie die Arbeit gemacht wird", weiterarbeitet, überdenkt sie einige Unterschiede zwischen zwei schwer voneinander zu trennenden Arbeitstypen und notiert flüchtig ihre Gedanken, um zwischen diesen Typen zu unterscheiden.*
2. *Ein weiteres Ziel ist es, einen Arbeitstyp (Laufarbeit) auf die Schlüssel- und Hauptkategorien zu beziehen (Arbeit hinsichtlich Verlaufskurve, Überlastung, Überarbeitung, Irrtümer). (Einzelheiten darüber siehe Corbin/Strauss 1985)*

Kommentar zu diesen drei Memos

Diese drei Memos stellen eine Reihe von kurzen Analysen dar, in denen allmählich die Komplexitäten der Kategorie herausgearbeitet und die Grundlagen für eine Diskussion zwischen den beiden Forschern gelegt werden.

5/82a – J.C.
Laufarbeit

Mittwoch, im Gespräch mit G. fiel mir auf, wieviel *Laufarbeit* erforderlich ist, um die Arbeit zu machen. Ich meine damit das Herumrennen, Telefonieren, wichtige Fragen beantworten, Verhandeln, Bedrohliches abwenden usw., also das, was notwendig ist, um Arbeiten wie etwa Geldangelegenheiten zu erledigen. Beispielsweise erfuhr G. von einem Sachbearbeiter beim Finanzamt, daß die Höhe der Sozialhilfe von früheren Einkünften abhängt. Sie mußte herausfinden, wie das Sozialamt diese Einkünfte berechnet; gemeinsame Einkünfte, eigenes Einkommen, für welchen Zeitraum usw. Wer weiß das schon? Sie mußte bei den Krankenschwestern fragen, von denen sie dann zum Sozialarbeiter geschickt wurde, der sie wieder an eine andere Person verwies. Wenn sie dann eine andere Person anruft, wird sie vielleicht zu wieder anderen Stellen geschickt, bis sie schließlich eine Antwort bekommt. Dann muß sie mit dieser Information wieder zum Finanzbeamten, der dann ihre steuerliche Belastung ausrechnet. Enorm viel Zeit und Energie werden aufgebracht, um diese kleinen Dinge zu erledigen, d.h. Laufarbeit.

Ich kann nicht sagen, was das alles zu bedeuten hat, aber ich glaube, daß das, zusammengenommen mit den anderen Problemen und der anderen Arbeit, die dazu noch getan werden muß, zur *Überlastung* führen kann. Gleichzeitig möchte sie das Haus nach seinen Bedürfnissen neu gestalten; sich das Wissen über die Pflege ihres Mannes, wenn er zu Hause ist, aneignen; mehrere Male in der Woche von Watsonville in die Klinik gehen (besuchen ist Gefühlsarbeit); ihr Vorgarten macht jetzt im Frühling Arbeit. „Woher nehme ich die Zeit, um das alles zu erledigen?“ Vor allem, da sie diesen Monat an die Ostküste fahren muß, um Möbel und andere Antiquitäten für ihre Antiquitätenhandlung zu kaufen; denn vom Einkommen des Geschäfts sind sie nun abhängig. Die Sache wird komplex. Sie scheint weniger entspannt zu sein, zur Zeit mehr im Druck als jemals zuvor, seit ich sie kenne.

5/82b – J.C.
Strategien, um die Arbeit zu bewältigen

1. Neuregelung. Es gibt eine Menge Arbeit, die im Zusammenhang mit der Krankheit getan werden muß, die ganze Arbeit im Zusammenhang mit der Verlaufskurve und die Arbeit im Haushalt. Beide zu integrieren bedeutet, daß Aktivitäten, Routinearbeiten usw. neu geregelt werden müssen. Was wird gemacht, wann, warum, von wem, wie, mit welchen Konsequenzen, dies alles ist wichtig. Eine Neuregelung scheint sich vorwiegend auf die *Arbeitsplanung* und auf das *Setzen von Prioritäten bei der Arbeit* zu beziehen.

2. Eine Regelung treffen. Wenn der kranke Ehemann wegen körperlicher Gebrechen, fehlender Energie usw. die Arbeit nicht machen kann und die Partnerin diese auch nicht erledigen kann, weil sie physisch dazu nicht in der Lage ist, ihr die Kenntnisse fehlen, sie zu viel Arbeit hat usw., dann muß jemand eingestellt werden, oder man muß die Dienste von Freunden in Anspruch nehmen. Dies bezieht sich auf die Arbeitsteilung und die *Verteilung der Arbeitsbelastung.*

3. Laufarbeit. Laufarbeit hat zu tun mit *Arbeitsablauf.* Die alltäglichen Aktivitäten, die notwendig sind, um die Arbeit aufrechtzuerhalten. Wenn diese kleinen Dinge nicht getan werden, dann könnte die Arbeit nicht vorangehen. *Arbeitshemmung. Gefühlsarbeit* kann heißen Autofahren, von hier nach dort kommen, damit der kranke Mann besucht und die Gefühlsarbeit getan werden kann. *Diät kochen* bedeutet eine Menge Laufarbeit. Wenn die geeigneten Zutaten für eine einfache salzarme Diät nicht vorhanden sind, ist diese Arbeit unterbrochen. Die Laufarbeit beinhaltet daß man herumrennt, um diese Nahrungsmittel zu finden. Viel Kraft kann für Laufarbeit notwendig sein, und die ausführende Person kann davon niedergedrückt werden und schließlich durch die Anforderungen völlig überlastet sein. *Laufarbeit* ist keine bedeutsame Arbeit, sie unterscheidet sich von den großen Ereignissen. Sie *umfaßt alle zusätzlichen Dinge, jene kleinen Aufgaben, die erledigt werden müssen, um die Arbeit aufrechtzuerhalten.* Fordernd und zeitraubend.

5/82c – J.C.
Nachtrag zum Memo über Strategien, um die Arbeit zu bewältigen (nachdem das letzte Memo im Team diskutiert worden ist)

Regelungen treffen und Neuregelung. Alle denkbaren Arrangements werden getroffen, damit die Arbeit gemacht werden kann. Wenn diese Regelungen zusammenbrechen, weil zwischenmenschliche Probleme, Verschiebungen in der Diät, akute Verlaufskurvenphase, Lebensstil, andere Dinge dazwischenkommen, dann muß grundlegend umorganisiert oder *neu geregelt* werden.

Kleinarbeit und Laufarbeit. Kleinarbeit bezieht sich auf all die kleinen Sachen, die man berücksichtigen muß, damit die Arbeit ordentlich erledigt werden kann, Tag für Tag mühsam abgewickelt werden kann, was über graduelle Unterschiede bei Erfolg und Fehlschlag der Arbeit entscheidet. Den Kleinigkeiten Aufmerksamkeit schenken heißt, daß man Irrtümer verhindern oder verringern kann oder daß man vielleicht weniger Steuern als notwendig bezahlen muß usw. Manche tun Kleinarbeit vielleicht als nutzlos ab, aber sie ist notwendig und wird erwartet, sie ist ein *routinehafter Aspekt der Arbeit im Zusammenhang mit der Verlaufskurve.* Sie kann sehr zeitraubend und ermüdend sein.

Laufarbeit bezieht sich andererseits auf zusätzliche Arbeit, die von den eigenen oder von anderen verursachten Irrtümern, Vergeßlichkeiten, Nachlässigkeiten herrührt: eine zusätzliche Last, „ein Pfahl im Fleische". Sie kommt *unerwartet.* Wenn man z.B. auf einem Versicherungsformular oder Krankenhausvordruck einen Fehler findet, muß man telefonieren, Erklärungen abgeben, schauen, daß der Fehler korrigiert wird usw. Kein regulärer, notwendiger Teil der Arbeit.

Das nächste Memo schrieb Elihu Gerson an S. Leigh Star, und es gehört zu einer Studie über die Arbeit von Wissenschaftlern. An dem Konzept der Robustheit, das aus den Schriften des Wissenschaftstheoretikers William Wimsatt stammt, werden wissenschaftspolitische Implikationen herausgearbeitet. Bis auf den heutigen Tag arbeiten Wissenschaftler im Hinblick auf ihre eigenen Materialien erfolgreich mit diesem Konzept. (Eine Theorie ist robust, wenn man mit unterschiedlichen Methoden ein und dieselbe Antwort erhält – z.B. Experiment versus Feldbeobachtung.)

Memotyp (VIII)

Memo, das die Implikationen eines geliehenen Konzepts im Rahmen der eigenen Forschungsergebnisse erweitert.

Zielsetzung

Weitere Datenerhebung anregen und analytische Themen über dieses wichtige Phänomen formulieren.

Kommentar

Beachten Sie, wie eine aus der Literatur übernommene Kategorie verwendet werden kann, wenn sie in das Datenmaterial paßt; und wie durch dieses Memo Zusammenhänge mit anderen Memos aus demselben und verwandten Forschungsprojekten hergestellt werden.

Diese Art von Memo zeigt anschaulich, wie Literatur aus verwandten Bereichen – konkret: ein Konzept – in die eigene Forschungsarbeit einbezogen wird und hier von Nutzen ist, wenn einmal die zentrale Kategorie und einige der nachgeordneten Kategorien feststehen; Voraussetzung ist aber, daß das neue Konzept organisch integriert und nicht einfach einem Bündel von Konzepten angehängt wird und auch nicht die Kategorien, die man selbst herausgearbeitet hat, beherrscht.

1204/M167 1. Juni 1982 E.M. Gerson

Robustheit von Theorien und Beständigkeit von einmal festgelegten Konzepten

In der Wissenschaftstheorie geht man davon aus, daß eine Idee dann kraftvoll ist, wenn sie in *vielen* theoretischen Kontexten gleichzeitig und nicht nur in einem Kontext eine Rolle spielt. Gewöhnlich wird hier drunter und drüber und hin und her formuliert (d.h. daß ein Idee Kraft gewinnt, sobald sie in vielen unterschiedlichen theoretischen Kontexten „bestätigt" wird; und daß sie zur „Schlüssel"idee wird, sobald sie aufgenommen und eingesetzt wird und sich darüber hinaus in zahlreichen anderen Forschungsrichtungen bestätigen läßt). Nicht selten *erklärt* man mit dieser Vorstellung die gleichermaßen wohlbekannte Tatsache *hinweg*, daß Ideen durch Experimente oft *widerlegt* werden und daß Wissenschaftler trotzdem beharrlich an diesen Ideen festhalten und mit ihnen arbeiten. Dieses Phänomen betrachtet man als eine Abweichung, und die Vorstellung von „Bestätigung in vielen Kontexten" wird dazu benutzt, dieses zu erklären.

...

Wenn wir die Konstruktion und Bestätigung einer Theorie als eine Sache von Arbeit und Arbeitsorganisation betrachten, sehen die Dinge etwas anders aus. Der erste Punkt ist natürlich der, daß die Robustheit wissenschaftspolitisch zu verstehen ist (1212/M30, 30. April 1982; 1204/M163, 28. Mai 1982) und daß eine „Idee" eine Verpflichtung darstellt, die Arbeit nach einem bestimmten Schema zu organisieren. Ziehen wir einige Implikationen daraus.

Gesetzt den Fall, wir haben eine theoretische Konzeption oder Relation, die von mehreren unterschiedlichen Arbeitsrichtungen übernommen worden ist (nehmen wir an, daß diese Richtungen eng miteinander zusammenhängen). Zum Beispiel: Die Lichtgeschwindigkeit ist konstant; oder: Erworbene Eigenschaften sind nicht vererbt. Offensichtlich ist die Idee in jeder (oder in den meisten) Arbeitsrichtung abgesichert, und in mehreren Arbeitsrichtungen arbeitet man wie selbstverständlich mit der Idee, ohne sich sonderlich um die Rechtfertigung ihrer Existenz zu kümmern. Schließlich nehmen wir an, daß die Idee in einer Arbeitsrichtung widerlegt wird und daß Behauptungen laut werden, die Idee sei untauglich, müsse revidiert werden usw. Was geschieht dann?

Wir wissen von vielen Fällen (und aus der Philosophie), daß die Behauptung dann oft ignoriert oder lächerlich gemacht wird usw. (Vgl. dazu die Arbeit von Star über Abweichungen in der Neurophysiologie, die dazu benutzt wurden, die Position der Vertreter der Theorie der Gehirnlokalisationen in Zweifel zu ziehen.) In der Tat ist dieser Vorgang so alltäglich, daß er in unserer Arbeit zu einem signifikanten Problem geworden ist – wie erklären wir die *Dauerhaftigkeit von einmal festgelegten Konzepten,* wenn sich diese offensichtlich nicht bestätigen lassen usw.? Wie kann sich ein Konzept, das für untauglich befunden wird (ich dehne diesen Punkt jetzt aus), dennoch halten? Star hat in diesem Zusammenhang von „Trägheit" gesprochen.

Es geht nun um *Muster, wie man Angriffe auf die Robustheit von theoretischen Ideen in verschiedenen Arbeitsrichtungen ignoriert.* In der Praxis geschieht etwa folgendes:

1. In einer Arbeitsrichtung taucht eine Abweichung auf; ein etabliertes Konzept wird als inadäquat/untauglich usw. angegriffen.
2. In dieser Arbeitsrichtung beginnt nun eine Debatte; das umstrittene Konzept kann verteidigt werden oder auch nicht; die Daten, aufgrund derer das Konzept angezweifelt wird, können gut oder nicht so gut sein usw. Der Angriff auf das Konzept nimmt Formen an. Nehmen wir an, daß zumindest einige Leute von dem Angriff überzeugt sind.
3. In *benachbarten* Arbeitsrichtungen können drei unterschiedliche Dinge geschehen:
   a) Der Angriff findet Unterstützung, und die Idee wird zunehmend als schwach angesehen. Dieser Punkt ist hier nicht unser eigentliches Anliegen.
   b) Arbeitsrichtungen, die pauschal mit der Idee arbeiten, werden den Angriff nicht sonderlich unterstützen; erstens, weil sie nicht mit den Einzelproblemen vertraut sind; zweitens, weil sie ein persönliches Interesse daran haben, daß die Idee intakt bleibt, weil sie *ihre* Argumentationsstruktur, zumindest teilweise, darauf aufgebaut haben.
   c) Arbeitsrichtungen, die ebenfalls direkt mit der Idee arbeiten, verteidigen diese wahrscheinlich, wenn sie *in ihrem Kontext* funktioniert. D.h. wenn die Idee in *meinem* Haus funktioniert, werde ich mich wahrscheinlich nicht sonderlich aufregen, wenn sie in *deinem* Haus abzubröckeln scheint; besonders dann nicht, wenn ich gerade dabei bin, meine sanitären Einrichtungen zu erneuern, weil sich diese als brüchig herausgestellt haben. Vor diesem Schritt werde ich mich aber vergewissern, daß die Brüchigkeit real ist und nicht nur augenscheinlich.

Verallgemeinern wir: *Benachbarte Arbeitsrichtungen werden zu Orten des Widerstandes* gegenüber Behauptungen, die eine Idee anzweifeln, wenn die Idee ein Teil der Arbeit in diesen Arbeitsrichtungen ist. Im Einzelfall geht man mit solchen Behauptungen am besten so um, daß man sie *ignoriert* oder darüber lacht (wie oben in c.). So lange ich für die Idee Validität beanspruchen kann, *indem ich auf ihren robusten Charakter verweise* (unterstützt von den *anderen* benachbarten Arbeitsrichtungen), brauche ich die Zweifel an der Idee nicht zu ernst zu nehmen – schließlich ist das Konzept robust. Etwas Vergleichbares scheint in der Debatte über die „units of selection" (Wimsatt) passiert zu sein, wo mehrere Ansätze in ein und demselben Konzept zusammenliefen und prompt in die Falle gingen, weil man von denselben falschen heuristischen Annahmen in der jeweiligen Arbeit ausgegangen war.

Faustregeln für das Schreiben von Memos

Im folgenden nennen wir einige Faustregeln für das Memoschreiben, die wir im Laufe unserer Forschungsarbeit entwickelt haben und hier nach Barney Glaser zitiert werden (1978, S. 81–91).

1. *Halten Sie Memos und Daten auseinander.* Deshalb sollten Sie Memos nicht zwischen Aufzeichnungen von Beobachtungsprotokollen schreiben; wenn nämlich die Beobachtungsprotokolle etwas abstrakter werden, erscheint das Memo vielleicht wie die programmatische Sichtweise eines Akteurs im Feld. Später dann, wenn der Forscher die Notizen wieder liest, kann er keinen Unterschied mehr zwischen Memo und Daten erkennen. Desgleichen sollten Daten nicht zwischen Memos aufgezeichnet werden, bis auf die Ausnahme von deutlich markierten, nützlichen Illustrationen, die auf das Beobachtungsprotokoll verweisen, aus dem sie stammen. In allen Memos sollte es einen Verweis auf die Beobachtungsprotokolle geben, in denen sie ihre Grundlage haben, damit der Forscher gegebenenfalls die Begründung im Datenmaterial nachprüfen und weitere Illustrationen heranziehen kann.

   Eine einzige Episode kann auch einmal auf zwei verschiedene Konzepte hinweisen; es ist aber ratsam, diese Episode dann als Illustration für nur ein Konzept zu benutzen und für das zweite Konzept einen weiteren Indikator als Illustration zu suchen. Bei adäquaten Verweisen und Illustrationen kann der Forscher von den Memos direkt zum Forschungsbericht übergehen, dabei gelegentlich auf das Datenmaterial zurückgreifen und das Gefühl haben, daß seine Ausführungen vollkommen in Daten gründen.
2. *Wenn Sie eine Idee haben, sollten Sie Kodiervorgänge oder Aufzeichnungen von Daten grundsätzlich unterbrechen und ein Memo schreiben,* damit die Idee nicht verlorengeht. Wenn Sie ihre Tätigkeit gerade nicht unterbrechen können, machen Sie sich ein paar Notizen zu den Punkten, über die Sie später ein Memo schreiben möchten. Wenn Sie zu einem bestimmten Gedanken ein Memo schreiben und eine andere Idee kommt hinzu, dann bauen Sie diese Idee in das Memo ein, schreiben aber auch ein kurzes Memo, um später ein ausführlicheres Memo zu der neuen Idee zu schreiben. Reservieren Sie sich eine bestimmte Zeit für Kodieren und Memoschreiben, in der Sie ungestört arbeiten können. Wie gewöhnlich ist es am günstigsten, sich am eigenen Arbeitstempo zu orientieren.
3. *Der Forscher kann ein Memo zustandebringen, es buchstäblich erzwingen, indem er anfängt, über einen Kode zu schreiben.* Durch diese Art des Schreibens wird sehr wahrscheinlich ein kreativer Arbeitsprozeß eingeleitet. Manchmal muß man sich als Forscher regelrecht Druck machen, um mit der Arbeit des Memoschreibens zu beginnen. Umgekehrt sollte man sich auch nicht scheuen, mit dem Schreiben eines Memos aufzuhören, wenn die Arbeit nicht vorwärtsgeht. Der Kode wird in den Daten wieder auftauchen, wenn er relevant ist. Ob nun mit oder ohne Druck, die Regel ist auf jeden Fall die, so wenig wie möglich erzwingen zu wollen, weil sich das Memoschreiben fast automatisch entwickelt.
4. *Schrecken Sie nicht davor zurück, Memos so zu modifizieren, wie sich Ihre Forschungsarbeit gerade entwickelt.* Dies führt gewöhnlich zu einem besseren Memo. Denken Sie daran, daß die Daten kostbarer sind als die Theorie. Die Theorie muß zu den Daten passen. Memos erlauben diese Freiheit.

5. *Machen Sie eine Liste von den sich entwickelnden Kodes.* In den späteren Stadien des Kodierens, wenn der Vorgang des Memoschreibens einen Höhepunkt erreicht hat, schaut man die Liste im Hinblick auf mögliche Zusammenhänge durch, die entweder übersehen oder vergessen wurden.
6. Wenn Ihnen mehrere Memos über zwei Kodes zu ähnlich vorkommen, *vergleichen* Sie die beiden Kodes oder ihre Dimensionen im Hinblick auf Unterschiede, die vielleicht übersehen worden sind. Sind die beiden Kodes dann immer noch gleich, führt man sie zu einem einzigen Kode zusammen.
7. *Problematische Ausweitungen sollten auf einer konzeptuellen Basis und ausführlich weiterverfolgt werden, um mit dem Theoretical Sampling arbeiten oder einen Bereich zukünftiger Forschungsarbeit aufzeigen zu können.* Diese Ausweitungen sollten in den Daten gründen und so gut es geht mit Verweisen auf die entsprechenden Datenstellen versehen sein; es sollten auch die Stellen aufgezeigt werden, die nicht in Daten gründen, die ihren Ursprung bestimmten Eindrücken, Einfällen oder Erkenntnissen verdanken. Das Memo muß sich ganz klar auf das Datenmaterial beziehen und bloße Vermutungen kenntlich machen, weil der Forscher nämlich, wenn er später darauf zurückkommt, vergessen haben könnte, welche Teile in Daten gründen und welche nicht. Das kommt vor.
8. *Halten Sie die Memos offen, so lange die Ressourcen das erlauben,* um die reiche Vielfalt zu entwickeln, die sie bieten können, wenn man bestimmte Aspekte herausgreift.
9. *Wenn Sie Memos schreiben, sollten Sie in Konzepten über die bereichsbezogenen Kodes sprechen, sowie diese theoretisch kodiert sind;* sprechen Sie nicht über die Akteure. Dadurch wird die konzeptuelle Ebene der Analyse als Beziehungsnetz zwischen den Konzepten gewahrt, und der Forscher übt sich schon für den Abschlußbericht. Akteure tauchen zwar in den Verweisen als Indikatoren auf; doch die Analyse beschäftigt sich mit konzeptuell erzeugten Mustern, nach denen die Leute handeln, und nicht mit den Akteuren an sich.
10. *Wenn Sie zwei ganz wichtige Ideen haben, dann schreiben Sie diese jede für sich auf.* So bleiben die Ideen klar umrissen, voneinander getrennt, und keine geht verloren. Sie zusammen aufzuschreiben, erzeugt Konfusion und verhindert klare Bezüge zwischen den beiden.
11. Markieren Sie ihre Memos als *„gesättigt"*, wenn Sie glauben, die Kategorie gesättigt zu haben.
12. *Seien Sie bei Techniken des Memoschreibens flexibel.* Die Techniken sollten dem Forscher dienen, ihn nicht behindern oder ihn zum Sklaven machen. Jeder Forscher hat sein eigenes Rezept, nach dem er Memos schreibt; dieses wird immer weiterentwickelt und bringt Veränderungen in der Technik mit sich. Folgen Sie den Veränderungen, die es wert sind.

Vielleicht fallen Ihnen noch weitere Regeln für das Schreiben von Memos ein. Es gibt noch mehr, aber diese Regeln reichen für uns, um damit arbeiten zu können; man entwickelt als Wissenschaftler auch individuelle Regeln, die die hier genannten verändern oder ergänzen.

Zusammenfassung

Wir haben den Typen von Memos, die in diesem Kapitel wiedergegeben sind, Namen gegeben, um ihre jeweiligen zentralen Eigenschaften herauszustellen. In der vorgestellten Reihenfolge handelt es sich um:

erste Orientierungsmemos
vorbereitende Memos
Inspirationen in Memos
Memos am Anfang einer Auseinandersetzung mit einem neuen Phänomen
Memos über neue Kategorien
Memos über eine „Entdeckung"
Memos, die zwei oder mehrere Kategorien gegeneinander abgrenzen
Memos, die die Implikationen eines geliehenen Konzepts erweitern

Natürlich ist mit dieser Auflistung nicht das ganze Spektrum an Memotypen abgedeckt, aber sie gibt eine Vorstellung davon, *wie* und *wann* bestimmte Arten von Memos variiert werden können und welche Funktionen sie in Forschungsprojekten haben. Eine andere Art von Memo beinhaltet vielleicht zusätzliche Gedanken, die aus früheren Memos weitergeführt werden. Nach der Durchsicht eines früheren Memos beginnt man vielleicht sogar erneut mit dem Kodieren und wird dadurch angespornt, Lücken zu schließen oder Themen aus diesem Memo auszudehnen. Diesem erneuten Kodiervorgang folgt ein weiteres Memo. Eine andere Art von Memo ist das integrative Memo, das im 8. und 9. Kapitel diskutiert wird. Zu einem weiteren wichtigen Memotyp gehört das organisierende, zusammenfassende Memo, das bei Teamsitzungen vorgestellt wird, um die Diskussion anzukurbeln, wobei die Sitzungen an sich eine Form von Theorie-Memos sind. Ein organisierendes, zusammenfassendes Memo sowie ein Teil der Diskussion, die auf die Vorstellung des Memos folgt, wird im nächsten Kapitel wiedergegeben.

Ein letzter Punkt: Das Verfahren des selektiven Kodierens, d.h. Kodieren im Hinblick auf Schlüsselkategorien, haben wir im Memo über die Arbeit für Erleichterungen des Patienten gesehen; und wir können es auch im nächsten Kapitel in einem zusammenfassenden Memo über klinische Sicherheit beobachten, ebenso in der Memosequenz im 9. Kapitel. In jedem Einzelbeispiel sind die Schlüsselkategorien für diese bestimmte Studie (Verlaufskurve, Arbeitstypen) ihrer Form nach erst so weit gediehen, daß sie die Ergebnisse des offenen Kodierens zusammenfassen oder auf den Punkt bringen, weil sich zu diesem Zeitpunkt die Schlüsselkategorien für die Forscher noch nicht klar herausgebildet hatten.

6 Memos in Form von Teamsitzungen und graphischen Darstellungen

Teamsitzungen als Memos

Es gibt eine bestimmte Art von Memo, die dann angebracht ist, wenn zwei oder mehrere Forscher über Datenmaterial oder Gedanken diskutieren, die zur gemeinsamen Forschungsarbeit gehören. Ihr Austausch kann in bestimmte Kodierverfahren münden (man entdeckt neue Kategorien oder diskutiert Beziehungen zwischen Kategorien). Die Forscher können auch eine Reihe von generativen Fragen formulieren, Hypothesen aufstellen, Vergleiche heranziehen und vielleicht genauer untersuchen. Diese Art von Austausch kann sich auch zwischen einem allein arbeitenden Forscher und einem kompetenten Kollegen abspielen, aber im allgemeinen hat die Diskussion mehr Fokus und Richtung, wenn sie regelmäßig mit Kollegen aus dem Forschungsprojekt geführt wird. Danach schreibt einer der Teilnehmer oft ein Memo, und zwar aufgrund von Sitzungsnotizen oder aus dem Gedächtnis. Manchmal werden Bandaufzeichnungen von Diskusionen transkribiert und als eine Art Theorie-Memo benutzt, obgleich solche Memos im allgemeinen weniger dicht sind, als wenn der Berichtende schon während des Schreibens überflüssige Umschreibungen, Nebenbemerkungen und andere Unwichtigkeiten beseitigt hat.

Das nachstehende Memo besteht aus zwei Teilen und stammt aus der Transkription einer Teamsitzung, in der es um den Einfluß medizinischer Technologie auf die Klinikarbeit ging. Der erste Teil umfaßt etwa die erste Stunde der Sitzung, in der der Projektleiter ein *zusammenfassendes Memo* vorstellte. Dieses handelte von Hauptthemen und Kategorien, die in früheren Memos über Sicherheit, Risiko und Fehler gestreift oder entwickelt worden waren – diese Memos waren über viele Monate der Datenerhebung hinweg geschrieben worden. Diese Art der zusammenfassenden Darstellung ist eine Hilfe, um ein vorläufiges Sortieren von Memos zu forcieren und durch dieses Sortieren zu einer analytischen Ordnung zu kommen. Die getippte Zusammenfassung könnte vor der aktuellen Sitzung ausgeteilt werden (manchmal gelingt dies), aber in unserem Fall war die Zusammenfassung erst kurz vor der Sitzung fertig, so daß sie dann mündlich vorgetragen wurde.

Der zweite Teil des Memos umfaßt lediglich die ersten beiden Themen, die die Projektteilnehmer diskutierten, nachdem die Übersicht verteilt worden war. Das Material, das in den wenigen Minuten der Diskussion zusammenkam, reicht aus, um die Art von Interaktion in erfahrenen Forschungsteams zu illustrieren und einen Kommentar über diese Diskussion abgeben zu können. Sowohl das zusammenfassende Memo wie auch die sich daran anschließende Diskussion lieferten Beiträge für die Vorbereitung einer Monographie über klinische Sicherheit in Krankenhäusern (Fagerhaugh u.a. 1987; siehe auch Anhang und Strauss u.a. 1985).

Das zusammenfassende Memo

Einige Punkte sollten zu dieser Art von Memo gesagt werden.

1. Es beruht darauf, daß Materialien aus dem Forschungsprojekt (in diesem Fall waren es nur Sitzungen, die von zwei Forschern über Sicherheit und damit verwandte Themen abgehalten worden sind) durchgeschaut oder noch einmal kurz gelesen werden. Der Sprecher nannte die Stichpunkte und die entsprechenden Datenbezüge.
2. Der Forscher brachte alle diese Materialien in eine gewisse Ordnung – in eine analytische Ordnung wie auch in eine Ordnung für seine Projektmitarbeiter.
3. Er übernahm diese Aufgabe in seiner Funktion als Projektleiter, weil er meinte, daß es nun an der Zeit sei, sich intensiver mit diesem wichtigen Bereich zu befassen. In der letzten Sitzung war die Forschergruppe übereingekommen, daß er diese Zuammenfassung machen sollte.
4. Er begann den Rückblick mit den weitgefaßten (makro)strukturellen Bedingungen für den Einsatz von Apparaturen bei der Krankenpflege, weil er wollte, daß die Projektteilnehmer diese Bedingungen gemeinsam anschauten; denn diese Bedingungen könnten bei den lebhaften Umtrieben, die man tagtäglich auf den Stationen miterlebt oder bespricht, leicht übersehen werden. Dabei achtete er darauf, daß seine Projektmitarbeiter die Verbindungen zwischen Makro- und Mikroebenen der Analyse im Fokus behielten.
5. Er arbeitete sowohl mit Konzepten, die während der Projektarbeit entwickelt worden waren, als auch mit anderen Konzepten, die aus seiner früheren Forschungsarbeit stammten, Konzepte etwa wie Schauplätze oder Verlaufskurve. (Verlaufskurve bezieht sich auf den Verlauf einer Krankheit einschließlich aller Arbeiten, die damit zu tun haben, diesen Verlauf zu kontrollieren).
6. Als er die Materialien noch einmal durchlas, fiel ihm allmählich auf, daß die Phänomene ‚Fehler' und ‚Sicherheit' zueinander in Beziehung gesetzt werden müßten; deshalb führte er diesen Punkt hier ein.
7. Dann ging er zum Thema Risiko und zu verwandten Themen wie Einschätzung und Handlung über.
8. Er verband Themen der Sicherheit mit routinehaften und problematischen Verlaufskurven, mit Arbeitsteilung und Arten von Überwachung.

Die Darstellung: Sicherheit, Gefahr und Risiko

Anselm: Hier sind die Memos, die ich als Zusammenfassungen der Sitzungen mit

Shiz geschrieben habe – ich habe weder Kodierungen noch Beobachtungsprotokolle angeschaut. Die drei Sitzungseinheiten mit Shiz am 8., 9. und 27. November; da ist ein Memo über Risiko vom 27. Juni; ein Memo über Überwachen vom 1. Februar 1979; (es liegt eine lange Transkription einer Teamsitzung vor, die wir vor drei Monaten über das Überwachen abhielten und die ich nicht angeschaut habe); dann ein weiteres Memo von Carolyn über Risiko auf der Intensivstation in Kinderkliniken vom 9. Dezember; ein Memo über Alarmsysteme vom 13. November 1977, das ich nicht angeschaut habe, das aber wichtig ist; ein interessantes Memofragment, das ich aus den Beobachtungsprotokollen von Aaron Smith über die Interaktion Arzt-Patient-Eltern auf pädiatrischen Stationen geschrieben habe, vom 24. August 1978.

I. Ich werde mich bemühen, die Themenbereiche darzulegen. Sie unterbrechen mich, wann immer Sie wollen. Der Ausgangspunkt, so scheint mir, liegt irgendwo in der Sphäre der Makrobedingungen, aber am Ende steigen wir hinunter zur Station. Also *fange ich mit dem Konzept der Sicherheitsarbeit an, die eine bestimmte Art von Arbeit ist.* Der Punkt bei der Sicherheitsarbeit ist der, daß die Konsequenzen möglicher oder aktueller Gefahr minimiert werden. Und dann sind da Fragen: Konsequenzen für wen oder was? Und das entnehme ich direkt den Memos. Zunächst Konsequenzen für die Verlaufskurve des Patienten. Zweitens für andere Personen, hauptsächlich für die Leute, die um den Patienten herum arbeiten. Drittens für die ganze Station. Und viertens, interessanterweise, für die Organisation selbst, in diesem Fall für das Krankenhaus. Doch in anderen Fällen könnte die gesamte „soziale Welt“[7] von den Konsequenzen betroffen sein. Gefahr kann also auf diesen vier Ebenen existieren.

Natürlich sind wir primär an den organisatorischen Bedingungen interessiert, die zu diesen Konsequenzen führen, und auch daran, was geschieht, wenn man sie (diese Konsequenzen) erkannt hat und versucht, diese zu verhüten und all das.

Nun kommt die Überraschung: Wenn man Sicherheit, die zur Verringerung von Gefahren beitragen soll, von der Ebene der Makrostrukturen aus betrachtet, stellt man fest, daß es tatsächlich sehr weite, ausgedehnte Bereiche von Sicherheit gibt. Was ich sagen möchte, stammt unmittelbar aus dem, was Carolyn in ihrer Dissertation behauptet: Man kann nämlich die Analyse eines Schauplatzes von der Perspektive des äußersten Blickwinkels aus beginnen und sich dann allmählich der Station nähern. Und in den Memos über Diskussionen mit Shiz hat man überall das Gefühl, daß um Regulierung gekämpft wird, daß darum gekämpft wird, was sicher und was nicht sicher ist, daß man in allen diesen Kämpfen alle Arten von Repräsentanten sozialer Welten vorfindet. Und natürlich kämpfen sie um eine Menge von Problemen. Es ist nicht einfach nur ein Schauplatz – es sind viele Schauplätze. Der Kampf kann um Apparaturen gehen, um bestimmte Arten der Kinderkrankenpflege, um die Art, wie Krankenhäuser gebaut werden, um alles. Und unterschiedliche Schauplätze schließen unterschiedliche Welten in sich. Mit unterschiedlicher Stärke und Überzeugungskraft und Macht und Ressourcen und was noch alles. Auf jeden Fall gibt es Debatten um Sicherheit, und natürlich ist die momentane Atomdebatte ein schönes Beispiel dafür. Man streitet um Probleme, Definitionen, Prioritäten, Gefahrengrade – um das alles.

Nun, am Ende dieser Debatte steht eine Gesetzgebung, die mit Problemen der Sicherheit, Regulierung usw. zu tun hat. Dann stehen natürlich Entscheidungen

[7] Definition von „sozialer Welt“ vgl. S. 193f und Abb. 7. (Anm. d. Übs.)

an wie: Wer wendet das Gesetz an und wie und wann, mit welchen Ressourcen? Denken Sie daran, bei jedem Schritt wird debattiert, verhandelt, gekämpft bis zum Schluß. Nächster Schritt dann: Selbst wenn die Gesetze in Kraft sind, opponieren die Leute gegen die Gesetzgebung, verletzen sie Regeln, versuchen sie, die Gesetzgebung zu ändern.

Schließlich hat man – vom Krankenhaus her gesehen – diese Regeln und Vorschriften, die das Krankenhaus betreffen, und damit hat man ein Krankenhaus, das seine eigenen Regeln und Vorschriften in Anlehnung an diese von außen kommende Gesetzgebung/Regulierung aufstellt. Einschließlich der einen oder anderen Anpassung von seiten des Krankenhauses. Später muß ich mehr darüber sagen.

Shiz: Es ist interessant, daß sie in jeden Bereich, in die Gesetzgebung und in die Ausführung, völlig unterschiedliche Typen, unterschiedliche soziale Welten einbringen.

Anselm: Unterschiedliche soziale Welten sind wahrscheinlich auf jeder Ebene involviert.

Shiz: Einige von ihnen sind im Vordergrund, einige im Hintergrund ...

Anselm: Das ist richtig. Ich möchte noch sagen, daß wir irgendwo in einer unserer Sitzungen den Begriff *organisatorische Ablagerung* benutzen. Das bedeutet, daß diese von außen auferlegten Regeln und Vorschriften und allgemeinen Entscheidungen buchstäblich in die Organisation eingebaut werden. Und Teil von ihr werden, und manchmal nicht einmal als solche wahrgenommen werden.

Der nächste Teil dann gibt einen Zugang zur ersten Sitzung von Shiz und Anselm. Wir stellen fest, daß es fünf strukturelle Bedingungen gibt, die sich auf die Sicherheitsarbeit in Krankenhäusern auswirken. Diese sind die umfassendsten Strukturbedingungen, die man ohne weiteres finden kann. Es gibt vielleicht noch mehr. Erstens: Die äußeren Schauplätze sind ein Getümmel. Zweitens: Die für alle diese Bereiche zuständigen Sicherheitsbehörden sind tendenziell schwach oder existieren überhaupt nicht. Drittens: Der technologische Wandel vollzieht sich sehr rasch. Viertens: Die Krankenhäuser sind, wie wir wissen, dezentralisiert. Fünftens: Und, vor allem eine Konsequenz aus viertens, ist der ganze Koordinierungsplan sehr problematisch. Also behaupte ich, wenn alle fünf Bedingungen zusammenkommen, dann haben wir eine Situation, wo man sich fragen muß, wie jemals etwas zustande gebracht werden kann, ohne daß die mit der Sicherheit zusammenhängenden Bereiche zusammenbrechen. Nun, wenn Sie einmal schauen, was innerhalb der Behörde oder der Station vor sich geht, dann kommt es mir so vor, als ob Sie auch hier die gleiche Art von Schauplatzanalyse durchführen könnten. Weil es da zunächst Leute gibt, die unterschiedliche soziale Welten repräsentieren. Und von den Sichtweisen dieser Welten her gesehen, handeln sie implizit oder explizit der Gefahr entgegen. Und sie tragen auch kräftig zu Debatten, Diskussionen und Kritik bei. Ihre Themen sind die organisatorischen Bedingungen, die ihrer Ansicht nach für oder gegen ein Maximum an Sicherheit sprechen. Zusätzlich haben wir natürlich noch diese organisatorische Ablagerung, von der ich gesprochen habe. Sie ist *buchstäblich* in das System von Regeln und Vorschriften eingebaut, wenn es etwa um den Platz zwischen Krankenbetten, um die Lagerung von Sauerstoff usw. geht.

Diese Dinge, die wirklich geregelt sind, werden von staatlicher Seite regelmäßig kontrolliert.

Dann möchte ich hier noch in Klammern anmerken, daß ich Shiz in einer unserer gemeinsamen Sitzungen sehr hart angepackt habe, als es um die Krankenschwestern ging, die mit dem Problem der Gefahr anscheinend sehr praktisch umgehen. Und ich halte daran fest: Ich *weiß,* daß da eine Ideologie dahintersteckt, aber Shiz sagt, daß die Krankenschwestern sehr praktisch seien. Am Ende des Memos steht fest, daß auch Krankenschwestern ihre Ideologien haben. Teilweise haben sie Ideologien von anderen sozialen Welten übernommen, und teilweise repräsentieren sie den Standpunkt der Krankenschwester. Aber solche Kämpfe finden überall in den pflegenden Berufen statt; diese Kämpfe drehen sich zwar nicht unbedingt um Probleme der Sicherheit, haben aber bestimmt oft damit zu tun.

Der nächste Schritt – ich werde den Gegenstand nur anreißen und später darauf zurückkommen – ist nun der, daß unser eigentliches Interesse die klinische Sicherheit auf der Station ist, d.h. die Sicherheit von Patienten. Wenn Sie über klinische Sicherheit sprechen, kommen Sie in den Gesamtbereich der Verlaufskurve, und das ist ein spezielles Thema, über das ich separat sprechen möchte.

II. Als ich über einige der Merkmale, die mit Verlaufskurve zu tun haben, reflektierte, dachte ich, daß ich die Fehler *dazunehmen würde;* denn als ich mit meiner Hausaufgabe anfing, griff ich auch das Material über Irrtümer und Fehler auf und realisierte erst allmählich, daß Fehler selbstverständlich zur Gefahr beitragen. Die Bedingungen für Fehler oder das Ergebnis von Fehlern wird die Gefahr oder das übrige vergrößern. Aber es ist etwas anderes, weil dadurch die Sicherheit gefährdet ist. Deshalb sagte ich folgendes:

Wenn Sie über Verlaufskurven und über mögliche Gefahrenquellen nachdenken, kommt Ihnen folgendes in den Sinn. Erstens sind da die Unwägbarkeiten der Krankheit selbst. Zweitens sind durch die Lebensweise Unwägbarkeiten gegeben, was bei problematischen Krankheiten auch oft vorkommt. Drittens gibt es alle möglichen Unwägbarkeiten von außen, wie z.B. Erdbeben, einstürzende Dächer, oder ein Patient fällt aus dem Bett. Viertens gibt es biographische Unwägbarkeiten. Es gibt noch mehr solcher Unwägbarkeiten, doch möchte ich mit einem fünften Punkt, mit den Unwägbarkeiten durch Fehler, aufhören (Fehler sind ein völlig eigenständiges Thema; deshalb möchte ich es für einen Augenblick beiseitestellen). Gehen wir einen Schritt weiter, reflektieren wir über die Verlaufskurve. Dazu habe ich folgende Notizen: Daß wir beim Krankheitsverlauf an sich wie auch bei den Unwägbarkeiten durch die Lebensweise – wenn Sie zu den Notizen über Verlaufskurve zurückgehen, werden Sie sehen wo – von vorhersehbaren oder unvorhergesehenen Konsequenzen sprechen. Und wenn die Konsequenzen als möglich oder wahrscheinlich antizipiert werden, dann hat das Personal Methoden zur Hand. Nun haben einige Konsequenzen mit Gefahr zu tun, so daß man in der Tat alle möglichen Methoden an die Hand gibt, damit die zuständigen Leute den Kampf aufnehmen, um den Gefahrengrad zu verringern. Andererseits ist es vom logischen Standpunkt aus betrachtet denkbar, daß es gar keine Methode gibt, nach der man mit einigen dieser Konsequenzen umgeht. Aber *ich denke,* daß Sie diese Art von Kalkül auch bei unvorhergesehenen Konsequenzen machen können; diese sind urplötzlich da, und dann hat man vielleicht Methoden, damit umzugehen, oder man hat keine.

III. Nun kommen wir zum Thema Risiko. Und hier sind meine Vorstellungen nicht ganz so geordnet. Ich sage Ihnen, was ich darüber denke, was sich etwa so anhört. Gefahr hat viele verschiedene Arten von Dimensionen. Die Dimensionen sind in unseren Memos festgehalten. Der Leser kann diese Dimensionen natürlich auch so sehen oder vielleicht nicht. Man kann geteilter Meinung über die Wichtigkeit der Dimensionen sein. Man kann sich sogar über den Inhalt der Dimension streiten. Und da, wo anscheinend das Risiko noch hinzukommt, schätzt man den Grad der Gefahr nach einer Art Kontinuum ein, bei dem Dimensionen explizit eingebaut sind.

Es folgen fünf Punkte zum Vorgang des Einschätzens.

1. Die Einschätzung von Gefahr, d.h. der Grad der Gefahr.
2. Herausfinden, welche Aktionen und Ressourcen notwendig sind, um die Gefahr zu verringern.
3. Man wägt das Risiko aufgrund seiner Einschätzung der Gefahr gegen andere Probleme ab: Kosten, Mühe usw.
4. Den Fall, daß nur eine Person an dem Vorgang beteiligt ist, ausgenommen, muß einer den anderen überzeugen. Oft entstehen darüber natürlich Diskussionen.
5. Selbst wenn die Gefahrensituation schon vorbei ist, schätzen Sie die eigene Aktion oft noch einmal neu ein, weil unvorhergesehene Konsequenzen für andere Leute, für ihre Aktivitäten und sogar für die Organisation eintreten werden.

So ist es, ohne viel mehr darüber zu sagen, ganz klar, daß Einschätzen und Abwägen und Jonglieren und das alles zentrale Punkte im Umgang mit dem Risiko sind. Und dann hat man Ausdrücke wie: „akzeptables Risiko", „kalkuliertes Risiko", „Abwägen" – Alltagssprache.

IV. Nun kommt die Frage nach Verlaufskurven, problematischen Verlaufskurven. Wie schon am Vortag sehen wir allmählich ganz bestimmte Dinge. Es gibt eine Vielfalt eingefahrener Prozeduren auf diesen Stationen, wie man mit solchen normalen Verlaufskurventypen fertig wird. Es gibt standardisierte Verfahrensweisen. Und, ebenfalls eingebaut in diesen Stationen, sind organisatorische Ablagerungen. Ich sprach darüber, wo die Leute noch arbeitsteilig arbeiten und Dinge machen wie z.B. Apparaturen einstellen und Fieber messen usw. Also hat man eine Menge von Leuten, die auf die Station kommen, dort ihre Arbeit verrichten und die nicht speziell mit *einer* Verlaufskurve zu tun haben, sondern sich darum kümmern, daß die Umgebung und die maschinelle Ausrüstung ordnungsgemäß sind. Und das alles ist Routinesache. Darüber hinaus haben wir auf der Seite der Krankenschwestern eine Menge von Routinetätigkeiten. Krankenschwestern sind eine zentrale Instanz, weil vor allem sie es sind, die Tag für Tag und Minute für Minute die Arbeit im Zusammenhang mit der Verlaufskurve machen. Ich habe zu diesem Thema nicht viel geschrieben, weil ich vermutete, daß wir ausführlich darüber diskutieren würden; aber wenn Sie nun das Thema überwachen vor dem Hintergrund aller Fragen, über die wir bisher gesprochen haben, betrachten, dann kommen Sie auf die Krankenschwestern, die bei dieser Verlaufskurve die wichtigsten Kontrollstellen für Gefahr sind. Ich sage „die wichtigste", weil der Arzt den Patienten sehen und etwas entdecken kann, oder er macht gerade Visite und sagt z.B.: „Oh, mein Gott, wir haben Probleme". Das heißt, daß der Patient in Schwierigkeiten ist. Aber auf einer Grundlage der ununterbrochenen Präsenz übernehmen die Krankenschwestern diese ganze Überwachung und treffen Entscheidungen, wie groß die Gefahr ist, kritische Lage von 0 bis 100%. Folglich ist sie immer mittendrin. Aber wie wir in den Memos sagen, sind in ihrer und um ihre

Aktivität herum noch die anderen Leute, die kommen und gehen, diese standardisierten Arbeiten verrichten oder Dinge machen, die bei einer bestimmten Verlaufskurve getan werden müssen. Wie z.B. die Röntgenassistentin, der Atemtherapeut, der Bioingenieur, der Assistenzarzt usw.

Ein großer Teil der Arbeit von Krankenschwestern ist die Verhütung von Gefahr. Das heißt, mit den getroffenen Entscheidungen werden auch Optionen gewählt und Aufgabenbündel verteilt, und an jedem einzelnen dieser Punkte macht die Krankenschwester eben nicht nur diese Dinge, sondern sie überwacht auch, wie die Aufgabe von ihr selbst oder von anderen erfüllt wird – sie ist auch ihre eigene Überwachungsinstanz. Sie können sicherstellen, daß die Anschlüsse nicht herausgezogen werden oder andere gefährliche Sachen passieren.

Bei einem Notfall kann jeder auf der Station ins Spiel kommen. Und oft ist es auch so.

Auf bestimmten Stationen, wie etwa auf der Intensivstation in Kinderkliniken, haben die Krankenschwestern im wesentlichen damit zu tun, kontinuierlich zu überwachen. Dieses Überwachen beinhaltet, daß nach potentieller oder aktueller Gefahr geschaut wird oder daß geprüft wird, was vielleicht irrtümlich oder sonstwie schon gemacht wurde. Diesen Punkt sollten Sie herausgreifen. Damit erinnert dieses Konzept von *kontinuierlichem Überwachen* auf solchen Stationen stark an das, was Shiz in ihren Notizen zum Ausdruck bringt: Auf dieser Art von Station spielen Haltung und Gelassenheit eine übergroße Rolle. Diese Leute sind explizit und eingestandermaßen und fast durchweg damit beschäftigt, sich nicht aus der Ruhe bringen zu lassen. Anders ausgedrückt: Wenn man die Fassung bewahren kann, reagiert man nicht panikartig und kann der Gefahr begegnen; das bedeutet, daß ihnen keine Fehler unterlaufen. Wenn die Krankenschwester ihre Fassung verliert, dann ist das Potential an Fehlern sehr groß, und das hat Konsequenzen für den Patienten und meistens für die Krankenschwestern. Deshalb bemühen sie sich sehr um Ruhe und Besonnenheit; drei Gründe gibt es dafür:

1. Ein Grund ist der, daß die Gefühlsarbeit aufrechterhalten werden kann.
2. Der andere ist der, daß sie im wahrsten Sinne des Wortes ihre Arbeit verrichten können.
3. Der Grund, an dem wir interessiert sind, ist der, daß sich die Haltung der Krankenschwester direkt auf die Fehlerquote auswirkt.

Ein Ergebnis, das m.E. dabei herauskommen wird, ist die zentrale Rolle der Überwachung in bezug auf potentielle Gefahr, aber auch in bezug auf unerwartete Gefahr. Wir haben in diesem Zusammenhang von Überwachen erster und zweiter Ordnung gesprochen, weil wir sagen, daß der Arzt manchmal sekundär überwacht, wenn er Tabellen und Maschinenausdrucke liest, ohne daß er den Patienten oder die Apparaturen unbedingt gesehen hat.

Ein anderer Punkt: Bestimmte Phasen von Verlaufskurven und bestimmte Phasenabschnitte gelten als potentiell viel riskanter als andere, so daß die Überwachung und andere Arten der Arbeit viel intensiver durchgeführt werden. Aber ich möchte noch einmal darauf hinweisen, daß es nicht nur die Krankheit ist, die überwacht und wahrgenommen wird; es ist die konkrete Arbeit, das auszuführen, was in solchen Phasenabschnitten, die auch extrem gefährlich sein können, getan werden muß. Und folglich ist es auch nicht einfach der Umstand, daß bei diesem Patienten die Gefahr besteht zu sterben; es ist auch so, daß man diese Dinge *jetzt* tun muß, um sicherzustellen, daß er an *diesem* Punkt nicht stirbt.

Nicht zuletzt ergibt sich auch hier ein gewaltiges Argumentationspotential. Weil so viele der Anzeichen mehrdeutig, so viele Aktionen von den Konsequenzen her nicht völlig kalkulierbar sind. Und es gibt da einfach zu viele Bedingungen, die zu dieser Mehrdeutigkeit, dieser Unsicherheit beitragen. Und Sie können die meisten von ihnen herauskriegen, wenn Sie sich den Kopf darüber zerbrechen.

V. Nun zum Thema Fehler. Ich glaube, es ist interessant, daß wir, als wir in den sehr frühen Memos damit anfingen, einfach von Fehlern und Irrtümern gesprochen haben und nicht so sehr in Begriffen von Gefahr. Und Gefahr kam erst ins Spiel, als wir auf die Regeln und Vorschriften der Sicherheitsbehörde und auf die weiter gefaßten Themen der Sicherheit zu sprechen kamen.

Wenn Sie darüber nachdenken, weshalb bei der Arbeit in Krankenhäusern Fehler vorkommen, dann fangen Sie bei der äußersten Schachtel des chinesischen Schachtelsystems an. Wie ist es möglich, daß bei der Arbeit mit Patienten so viele Fehler vorkommen? Also können Sie mit den entferntesten Bedingungen anfangen, z.B. mit den Merkmalen der Industrie, wie die Leute ausgebildet werden, welche Krankenhäuser wir noch aus früheren Zeiten haben, und das alles arbeiten wir durch. Damit wird klar, daß die makrostrukturellen Bedingungen für Fehler außerordentlich bedeutsam sind. Die typischen Sachen, die einem hier normalerweise in den Sinn kämen, wären z.B., daß die Leute ungeschickt oder unerfahren sein könnten oder daß die Verlaufskurven unberechenbar wären usw. Übersetzen Sie das einfach und fragen einfach: Warum sind sie ungeschickt? Welche Arten von Verlaufskurven haben wir heutzutage, daß sie so unkalkulierbar sein sollten?

Wie dem auch sei, alles, was ich über Gefahr und Fehler gesagt habe, paßt auch hier, weil Fehler möglich sind an jedem einzelnen Punkt einer Entscheidung, einer Option, bei jeder einzelnen Aufgabe, die mit der Beurteilung, ob ein Fehler vorliegt, zusammenhängt. Nun, der Punkt ist der, daß manche dieser Fehler die Gefahr erhöhen. Zweifellos, die meisten Fehler haben nicht übermäßig viel mit Gefahr zu tun. Sie stoßen also überall im Krankenhaus auf Fehler, und niemand leidet besonders darunter. Aber sie können gefährlich werden, und sie sind es auch. Wenn Sie also an eigene Krankenhausaufenthalte denken, dann werden Sie feststellen, daß sehr viele Fehler gemacht wurden, aber, abgesehen von der eigenen Wut und der Art, die Dinge zu sehen, hatten diese keinerlei Auswirkungen. Aber einige Fehler sind wirklich fatal. Also machen Sie eine Unterscheidung zwischen solchen und anderen Fehlern. Dann haben wir, ohne nun ins Detail gehen zu wollen, sehr gute Notizen über die Fehlerbekämpfung, über die Anschuldigungen, die Definitionen davon. Und über sämtliche Möglichkeiten, um Fehler zu vermeiden, wie man einen Fehler korrigiert, wenn er passiert ist, wie man ihn vor anderen Leuten verbirgt, wenn er passiert ist, zudeckt, einschließlich der Aufzeichnungen von einer Teamsitzung über Fehler bei der Arbeit.

In einem letzten Punkt soll der weitere Kontext berücksichtigt werden. Wenn man sagt, daß ihnen ein Fehler unterlaufen ist, dann haben sie einen Fehler bei der Beurteilung, wie problematisch die Situation war, gemacht; und dann korrigierten sie den Fehler, indem sie dies und jenes machten usw. – wir können das Problem nicht nur in solchen Begriffen erfassen. Wir müssen eindeutig über die eher makrostrukturellen Arten von Bedingungen für die Fehler sprechen. Und jetzt gehe ich Tee trinken.

Über die Diskussion

In der nachfolgenden Diskussion wurde analysiert. In Phase 1 (Krankenhaus und Gefahr) erkannte man in der Forschungsgruppe allmählich, daß beim Krankenhauspersonal die Sicherheit des Patienten im Mittelpunkt der Arbeit steht und daß diese Sicherheitsarbeit in dieser bestimmten – und besonderen – Institution von zentralem Interesse ist. Das ist nicht nur deshalb der Fall, weil eine Krankheit an sich vielleicht gefährlich ist, sondern weil die vielen medizinischen Interventionen für den Patienten ein potentiell größeres Risiko bedeuten. In Phase 2 (Gefahr und Arbeitstypen) stellten die Projektmitarbeiter dann Zusammenhänge her zwischen der Sicherheitsarbeit und anderen Typen von Arbeit, die in bezug auf die medizinische Arbeit insgesamt bereits als wichtig erkannt worden waren: Dazu gehörten die Arbeit für Erleichterungen des Patienten, die Gefühlsarbeit, die Koordinationsarbeit, die Arbeit mit Apparaturen sowie die Informationsarbeit. Damit waren auch die nächsten Schritte vorgegeben, nämlich die Beziehungen zwischen den Arbeitstypen durch Kodieren herauszuarbeiten – die Schlüsselkategorie ist hier die Arbeit im Zusammenhang mit der Verlaufskurve. Phase 3 (theoretische Ausbildung) bestand aus einer Diskussion über die theoretische und praktische Ausbildung von Krankenhauspersonal sowie über ein oder zwei Zwickmühlen, die mit diesen Aktivitäten verbunden sind.

Noch ein paar allgemeine Punkte über die Produktion dieser Art von mündlichem Theorie-Memo, wie sie durch die Diskussion im Forschungsprojekt demonstriert wird.

1. Diese Memos entstehen in *kollektiver* Arbeit. Ob sie aussagekräftig werden, oder manchmal auch nicht, hängt von den Interaktionen der Teilnehmer ab. In manchen Sitzungen sind einige Teilnehmer aktiver, lebhafter, oder ihre Beiträge sind vielleicht wertvoller. Aber letztlich sind es kooperative Sitzungen, in denen alle Teilnehmer darauf hinarbeiten, gute Ideen, Konzepte, Hypothesen, Kodes usw. zu produzieren.
2. Bei dieser *Gemeinschaftsarbeit* läuft jede Sitzung im allgemeinen auf der Basis von Arbeitsteilung ab, was zum einen von den Fähigkeiten der Teilnehmer, zum anderen von Zielsetzung und Richtung der einzelnen Sitzung abhängt. Die Teilnehmer sind vielleicht mehr oder weniger redegewandt, selbstsicher und im Hinblick auf die Analyse oder den Untersuchungsbereich mehr oder weniger erfahren. Diese besonderen Eigenschaften werden sich verständlicherweise nicht nur darauf auswirken, wieviel jemand in der Diskussion redet, sondern auch darauf, was jemand sagt und wie er über ein Thema spricht. Um es noch einmal zu sagen: Eine Sitzung kann sich um einen Teilnehmer drehen, der Daten vorstellt; daraufhin stellen die anderen Teilnehmer Fragen zu diesen Daten, man wird von diesen Fragen angespornt, man analysiert sie, die anderen ziehen Vergleiche mit ihren eigenen Daten usw. Es kann auch sein, daß man sich in einer Sitzung oder in zwei zusammenhängenden Sitzungen damit befaßt, die Eigenschaften einer Schlüsselkategorie oder von nachgeordneten Kategorien zu klären. Sitzungen können mehrere Phasen haben, die sich dadurch unterscheiden, daß sie unvorhergesehene Funktionen, Rich-

tungen, Stimmungen haben. Der Projektleiter wird die Verantwortung übernehmen und Richtungen vorgeben, generative Fragen stellen, die Diskussion von Zeit zu Zeit zusammenfassen.

3. Der Projektleiter ist auch dafür verantwortlich, daß die Diskussion ihren Kurs beibehält, wobei er, wenn er klug ist, die Diskussion so steuert, daß er den Teilnehmern einen großen Freiraum für kreative Diskussion erlaubt und gleichzeitig ihren Blick fest auf das Hauptthema oder die Hauptthemen der Sitzung gerichtet hält. Wenn es angebracht ist, setzt der Projektleiter verschiedene Interaktionsstrategien ein und erinnert die Teilnehmer manchmal unverblümt an den eigentlichen Diskussionsfaden, im allgemeinen aber mit eher sanften Hinweisen, und manchmal blockt er die Diskussion sogar ab, wenn sie ins Nichts zu führen scheint. Der Leiter kann auch die Verantwortung für solche generativen Fragen übernehmen, die der Diskusion die Richtung geben, ihr eine neue Richtung geben oder Entscheidungen herbeiführen, um die weitere Feldarbeit fortsetzen zu können. Natürlich wird er als Sitzungsleiter fungieren, wenn mehr als zwei Leute beteiligt sind, und auch über den Stellenwert nachdenken, den die Sitzung im Hinblick auf das Forschungsprojekt als ganzes hat.
4. Die Tatsache, daß die einzelnen Projektteilnehmer unterschiedliche Standpunkte haben, sollte, zumindest theoretisch, kein großes Problem darstellen. Über prinzipiell verschiedene Standpunkte muß man natürlich in bezug auf das übergeordnete Forschungsziel offen und so einfühlsam wie möglich sprechen. Wo die Projektteilnehmer vergleichbare wissenschaftliche Ausbildungen haben, sind Differenzen wahrscheinlich weniger problematisch, als wenn sie aus völlig unterschiedlichen Forschungsrichtungen kommen. (Forschungsprojekte sind schon auseinandergebrochen oder haben Mitarbeiter zum Aussteigen bewogen, weil Differenzen nicht produktiv gewendet oder gütlich beigelegt werden konnten.) Ein anderes Problem besteht manchmal darin, daß die Projektmitarbeiter wegen unterschiedlicher Erfahrungen in der Datenerhebung sowie in einzelnen Kodierverfahren und im Memoschreiben in Projektsitzungen aneinander vorbeireden. Jeder Mitarbeiter muß auf diese Möglichkeit achten, aber der Projektleiter hat die Verantwortung dafür, Diskrepanzen zu erkennen und diese durch eine angemessene Diskussion beiseitezulegen.
5. Kompatible Kodes aus unterschiedlichen Datensätzen zu generieren ist dagegen kein größeres Problem; vorausgesetzt allerdings, daß die Projektgruppe durch die zeitweilige gemeinsame Zusammenarbeit gelernt hat, wie man miteinander kodiert, daß man die eigenen Daten gelegentlich als Vergleich heranzieht und bereit sein muß, die gemeinsam erarbeiteten Kodierpunkte oder die eines Kollegen zu übernehmen und die eigenen Daten im Rahmen dieser Kodierpunkte zu kodieren.

Zu den Auswirkungen und allgemeinen Interaktionsmerkmalen vor und nach den Diskussionen, wobei der spezifische Inhalt einer Diskussion oder ihre durch die Sitzung vorgegebene Form zu berücksichtigen sind, zählt folgendes: (1) Die Diskussionsteilnehmer geben sich gegenseitig Anregungen, die sie aus den „konkreten" Daten und dem Kontextwissen schöpfen, was wiederum von jedem einzelnen eingebracht. wird. (2) Themen ergeben sich auch aus den Ideen, die im Verlauf der Diskussion formuliert und entwickelt werden. Manche Themen werden kaum weiterverfolgt, andere dagegen entfachen eine größere Diskussion und führen zu ersten Analyseansätzen. (3) Als Konsequenz aus einer derartigen Diskussion im Forschungsprojekt kann sich eine Reihe von Aktionen ergeben: Die ursprüngliche Zusammenfassung wird sofort in die Breite oder in die Tiefe ausgedehnt. Projektmitarbeiter entscheiden sich oder werden beauftragt, die Datenerhebung oder Datenanalyse in die Richtungen weiterzuverfolgen, die in der Diskussion aufgezeigt worden sind. Die Diskussion selbst wird – in transkribierter Form – Teil des Memobestandes und zu einem späteren Zeitpunkt im Projekt wieder durchgesehen, wenn nämlich die Memos nach den Kategorien sortiert werden, die schon gestreift oder in der Projektsitzung etwas vertieft wurden (in diesem Fall Sicherheit, Gefahr, Risiko, Fehler, Arbeit mit Patienten, Biographie, Phasierung der Verlaufskurve usw.). Projektdiskussionen und erste Analysen können auch eingesetzt werden, wenn der Wissenschaftler bestimmte Aufsätze oder Kapitel zur Veröffentlichung vorbereitet, in denen es um irgendeine dieser Kategorien geht; denn die Diskussionen sind wahrscheinlich eine Kombination aus rudimentärer Analyse, nützlichen unbearbeiteten Daten und treffenden Redewendungen. Wenn die Veröffentlichung nicht erst am Ende des Forschungsprojekts geschrieben wird, dann kann sich aus dieser Verwendung einer Projektdiskussion plus dem Sortieren der Memos ergeben, daß eine weitere Datenerhebung oder zusätzliche Analysearbeit erforderlich sind, damit die Lükken in der Analyse und folglich in der Veröffentlichung geschlossen werden können.

Es gibt noch drei andere wichtige Konsequenzen aus den Diskussionen in der Projektgruppe. Die Forscher müssen sich mit gemeinsamen Projektthemen auseinandersetzen, wo sie sonst etwas andere Forschungsrichtungen verfolgt hätten, weil jeder seine Daten an verschiedenen Orten erhebt (in diesem Fall in Krankenhäusern oder auf bestimmten Stationen), jeder seine Aufmerksamkeit auf etwas andere Phänomene gerichtet hat. Eine zweite Konsequenz aus regelmäßigen Diskussionen ist die, daß ein gemeinsamer analytischer Rahmen gewährleistet ist, selbst wenn die einzelnen Mitarbeiter mit der Lektüre der von den anderen verfaßten Memos nicht nachkommen – was in den besonders geschäftigen Phasen der Forschungsarbeit oder in bewegten Lebensabschnitten auch tatsächlich vorkommt.

Eine etwas verstecktere Konsequenz ist die, daß wahrscheinlich jeder Projektteilnehmer von jeder Gruppensitzung auf seine Weise berührt ist – entweder durch das Diskussionsthema insgesamt oder durch bestimmte Segmente in der Diskussion. In der Tat kann man nach der Durchsicht der unten wiedergegebenen Transkription schnell zu dem Schluß gelangen, daß Gruppenmitglieder oft nicht auf die Bemerkungen achten, die unmittelbar vor ihrem eigenen Redebeitrag kommen, weil sie ihren Gedanken nachgegangen sind, die durch die vorangegangene Unterhaltung angeregt worden waren. Wie also in vielen anderen Arten von Diskussionen konzentrieren sich die Teilnehmer manchmal auf Punkte von allgemeinem Interesse, obwohl sie diese aus unterschiedlichen Perspektiven angehen, und manchmal „drücken" sie bei zumindest zeitweiliger Ignorierung der anderen ihre eigenen Ideen und Standpunkte „durch". Vom Streben des gesamten Forschungsprojekts her bedeutet dies, daß durch die Projektdiskussionen nicht nur die Gemeinsamkeit der Perspektive gesichert wird, sondern auch die Möglichkeit der individuellen Entwicklung und ein gewisses Maß an Autonomie in der Weiterführung von Ideen: Streben – das muß betont werden – in einem gemeinsamen analytischen Rahmen. In diesem speziellen Forschungsprojekt leistete jeder Mitarbeiter seinen Beitrag zur Datenerhebung, zur Entwicklung von Ideen und konkreten Analysen über Sicherheit/Gefahr; doch der größte Teil der späteren Analysearbeit wurde von zwei Personen bewerkstelligt, wobei eine Forscherin die Aufgabe übernahm, eine Monographie über klinische Sicherheit zu schreiben, die ihre persönliche Ausarbeitung aller weiteren Analysen, die nach dieser Projektsitzung angefertigt wurden, wiedergab. Kurz gesagt sind solche Diskussionen – auch wenn sie manchmal nicht zu analytischen Höhen aufsteigen – dennoch ein wesentlicher Bestandteil in den letzten Analysen, die in einer integrierten, dichten und natürlich in Daten gegründeten Theorie zusammengeführt werden.

Die Diskussion

Phase 1: Krankenhaus und Gefahr

Anselm: Die zentrale Arbeit im Krankenhaus ist, wenn man einmal von persönlichen Karrieren und der Leitung von Abteilungen und dergleichen absieht, am Ende die Sache mit der Verlaufskurve. Folglich sollten alle Arbeiten an dem einen oder anderen Punkt, egal, in welcher Entfernung die Leute persönlich dazu stehen, auf die Pflege des Patienten hin integriert sein.

Carolyn: Alle diese Wörter wie „Fehler", „Sicherheit", „Risiko" können so etwas wie negative, kritische Haltung bedeuten, die, einmal so gesehen, nicht unbedingt schlecht ist.

Shiz: Es kommt darauf an, wie das Ganze um die Gefahr herum organisiert ist, um jede Gefahr, die man sich vorstellen kann. Sie machen das mit Ärzten und auch mit Krankenschwestern. Es ist immer an oberster Stelle.

Barbara: Aber das scheint völlig korrekt; von der Idee her gesehen, ist das ganze Krankenhaus in erster Linie daraufhin organisiert, wie auch immer.

Carolyn: Nun, ich frage mich: Wenn die Atomindustrie in der gleichen Weise organisiert ist? Daß man den Leuten auch Angst macht? Ich meine, würdest du das nicht denken? Ich kann mir nicht vorstellen, daß diesen Ingenieuren nicht auch die Gefahr im Nacken sitzt.

Barbara: Ich denke, daß das Hauptargument, das die Atomkraftwerke haben, nicht das ist, die Gefahr zu minimieren – sondern Energie zu produzieren. Und deshalb meine ich, daß die Minimierung von Gefahr eine sekundäre Aufgabe ist, die zwar wichtig ist, aber nicht an erster Stelle steht. Im Krankenhaus ist es auf die eine oder andere Weise Pflicht, denen, die in Gefahr sind, zu helfen, so daß der Fokus in gewisser Weise auf der real existierenden Gefahr liegt.

Anselm: In dem Papier von heute morgen sagte jemand, daß es primär um die Gesundheit der Industrie und nicht um die Gesundheit der Menschen gehe – das ist das, was Sie sagen.

Barbara: Ja, das meine ich.

Anselm: Nun, Sie werfen eine sehr interessante Frage auf. Unterscheidet sich die Arbeit im Krankenhaus in diesem Sinne von irgendeiner anderen Arbeit? Was man auch nimmt, es ist Gefahr damit verbunden, und Sie können versuchen, sie zu minimieren, aber das geht immer nur, indem man gegen etwas anderes abwägt.

Shiz: In einem Fall wird ein Produkt hergestellt. Im anderen Fall arbeitet man mit einem Produkt. Und dann noch die ganze Geschichte mit dem Profit.

Anselm: Wenn Sie ein Unternehmen wagen, wie z.B. ein Kind zu einem guten Staatsbürger zu erziehen, dann steckt dieses Unternehmen auch voller Gefahr. Ist diese zentral? Etwa wie bei der Krankenhausarbeit?

Shiz: Nein, im Krankenhaus ist man immer damit beschäftigt, auf vielerlei Arten in Schwierigkeiten zu sein.

Barbara: „Beschäftigt" ist hier ein interessantes Wort. Da ist am Rande immer die Möglichkeit, daß man damit beschäftigt sein muß.

Shiz: Wenn man einen Säugling hat, beschäftigt man sich ständig mit der Gefahr.

Barbara: Aber sie steht nicht im Vordergrund. Man bemüht sich, den Säugling gut durch dieses Stadium zu bringen, und ich nehme an, daß man das auch bei seiner Verlaufskurve sagen kann. Der Vorgang an sich, ein Kind großzuziehen, ist nicht gefährlich.

Shiz: Nein, das ist nicht die zentrale Sache, von der man permanent in Anspruch genommen wird; aber in einem Krankenhaus wird man davon ständig absorbiert.

Barbara: Ja, weil eine Verlaufskurve per definitionem gefährlich ist.

Shiz: Die Patienten kommen ins Krankenhaus, wenn ihr Zustand gefährlich ist.

Anselm: Nun, sie kommen nicht immer ins Krankenhaus, wenn ihr Zustand gefährlich ist. Und man erwartet auch nicht immer, daß sie in einen gefährlichen Zustand geraten.

Shiz: Aber die Dinge, die mit ihnen gemacht werden, können gefährlich sein.

Barbara: Und Tatsache ist, daß sie nicht ins Krankenhaus kämen, wenn sie nicht auf irgendeine Weise, in einem gewissen Grad in einem gefährlichen Zustand wären.

Shiz: Irgendwie erwartet man von ihrer Verlaufskurve, daß sie nicht in Ordnung ist, oder etwas nicht stimmt; die Verlaufskurve ist irgendwie in Unordnung geraten, und an diesem Punkt kommen sie ins Krankenhaus.

Anselm: Was Sie also sagen, ist, daß die Krankheitsverlaufskurve entweder akut/potentiell gefährlich ist und daß die Lebensführung auch akut oder potentiell gefährlich sein kann.

Shiz: Ja, also bedeuten körperliche Vorsorgeuntersuchungen alljährliche Sicherheitsarbeit.

Anselm: Demnach kommt für Sie noch dazu, daß jede Menge Vorbeugung dabei ist.

Shiz: Das ist die andere Verknüpfung, die ich gemacht habe, daß Sicherheitsarbeit wirklich Vorbeugearbeit ist; Gefahren-Vorbeuge-Arbeit.
Anselm: Nicht alles.
Barbara: Nicht?
Anselm: Nein, nun, Notfälle und Narkosezustände. Man versucht, die Gefahr zu minimieren. Dann die Verschleierungsarbeit, damit andere Leute es nicht sehen. Ja? Und ein Großteil der Sicherheitsarbeit ist Argumentieren. Also ist sie nicht nur Vorbeugung. Sie kennen das, weil sie mit Krankenschwestern arbeiten.
Offensichtlich gibt es verschiedene Arten von Organisationen, wo der zentrale Aspekt der Arbeit die Gefahr für Leib und Leben ist: Feuerwehr könnte eine sein, Polizei eine andere, Krankenhäuser usw. Und es gibt viele Organisationen, die mit Gefahr zu tun haben, aber vielleicht nur sekundär oder am Rande. Ich glaube, darauf bewegen wir uns zu. Ich möchte darauf hinweisen, daß es nicht nur die Gefahr für Leib und Leben ist, mit der wir uns beschäftigen. Da gibt es noch andere Aspekte, die mit Gefahr für das Krankenhaus und Gefahr für die medizinische Welt zu tun haben. Aber stellen wir das beiseite, obwohl es auch dazugehört. Hier, wie auch bei anderen Sicherheitsorganisationen, ist die Sicherheitsarbeit wirklich der Kern der ganzen Arbeit. Sie ist keine Randerscheinung oder sekundär oder episodisch.

Phase 2: Gefahr und Arbeitstypen

Shiz: Ich habe mir die Arbeitstypen angeschaut, die hier aufgelistet sind, und jede einzelne Arbeit hat mit Gefahr zu tun.
Barbara: Bei der Gefühlsarbeit: Überengagiertheit, Verlust von Ruhe und Gelassenheit.
Shiz: Ja, das sehe ich. Es fiel mir beim Durchschauen auf, daß es da jeweils ein gewisses Element von Gefahr gibt, weil bei vielen Arbeiten mehrere Aufgabenbündel notwendig sind.
Anselm: Versuchen wir es nach dem Ausmaß von Gefahr: Schauen wir, ob Sie recht haben.
Shiz: Die Apparatur aufstellen ...
Anselm: Optionen, Therapie, Position des Körpers, Fehler, offensichtlich; Lebenserhaltung; sogar Ausbildung; und erste Diagnosen; sogar Erleichterungen: Man kann es falsch machen. Es gibt einige Arbeiten, die nicht so viel mit Gefahr zu tun haben, aber so etwas wie Reinigung – Atommüll entsorgen. Erleichterungen anscheinend weniger, aber doch denkbar. Fassung sehr viel, aber in diesem indirekten Sinn; weil der Zusammenbruch Fehler bedeutet. Mit anderen Worten also: Einiges scheint offen auf der Hand zu liegen. Der Zusammenbruch bedeutet Fehler. Einiges ist klar, aber eher hintergründig.
Ideologie spielt dabei sicherlich auch eine Rolle, weil diese Überlegung in die Definition dessen, was gefährlich ist und was nicht, eingeht.
Barbara: Und auch das Element Risiko – mit dem Risiko jonglieren, wenn ein Zeuge Jehovas eine Bluttransfusion verweigert usw.
Anselm: Also, Shiz, Ihr Punkt scheint sehr gut gewählt zu sein.

Phase 3: Ausbildung

Carolyn: Es interessiert mich, weshalb das Thema Gefahr in der Ausbildung so zentral ist. Bei der Arbeit steht es überall im Mittelpunkt.
Shiz: Das ist der Grund, wenn man nämlich in einem Lehrbuch nachschlägt,

dann sind da immer Gebote und Verbote. Gewöhnlich sind es die Verbote, die entweder mit Risiko oder Gefahr zu tun haben.
Carolyn: Darauf kann ich nur sagen, daß in der Praxis die riskantesten Arten von Arbeit zur Routine werden können.
Barbara: Aber das ist an sich schon eine Gefahr.
Carolyn: Ja.
Barbara: Dein Anliegen, Shiz, geht wieder zurück zu dem Anliegen, dem Leitgedanken – „Was Krankenschwestern möchten, ist Sicherheit, vor allem die Stationsschwestern" und zu deiner Verärgerung über viele moderne Forderungen in der Ausbildung, weil diese entweder von der Gefahr ablenken oder dafür, nun, nicht relevant sind.
Shiz: Ja, denn das höre ich die ganze Zeit von Pflegeschülerinnen: „Machen Sie aus mir eine zuverlässige Krankenschwester."
Barbara: Also führt das, was in der praktischen und theoretischen Ausbildung vermittelt wird, deiner Meinung nach davon weg?
Shiz: Oh, eine Menge Zeug über theoretische Rahmenbedingungen und so was. Sie wollen den Kern treffen. Ich erinnere mich an ein Buch, von früher noch, über Sensibilität und Techniken, in dem stand, daß Krankenschwestern zu sehr auf Techniken setzen würden und nicht auf psychosoziale Faktoren. Doch in Anbetracht der ganzen Technologie sagen die Krankenschwestern: „Bringt uns mehr Techniken bei." Dann können sie sicher sein, wenn sie mit dem Körper des Patienten arbeiten; und auch die Erwartung der beschäftigenden Organisation.
Anselm: Sie können das in eine Reihe stellen mit den Reaktionen von Krankenschwestern, die vom Arbeitsmarkt weg waren, Kinder großgezogen haben und zehn bis fünfzehn Jahre lang etwas anderes gemacht haben und dann in ihren Beruf zurückgehen. Sie sind dann so bestürzt über Fehler.
Shiz: Oh, es ist nicht zu glauben. Alles, vom Abtupfen der Haut bis zum Einstich der Injektion – man benutzt keinen Alkohol mehr, man nimmt etwas anderes. Diese Sachen. Und wiederum Gefahr.
Barbara: Und die Theorien, die die Zeit der Pflegeschülerinnen verschlingen, haben keinen direkten Bezug zu ihrer Arbeit.
Shiz: Nun, ich bin sicher, daß sehr viel über Gefahr gesprochen wird. Ich habe es noch nicht nachgeprüft, war in keinem Seminar, vor allem nicht im medizinischen Bereich.
Anselm: Nun, sehen Sie, sie wägen Risiken gegeneinander ab. Die eher ideologisch angehauchten Krankenschwestern, die, sagen wir, das Niveau der Krankenpflege heben wollen, werden sagen: „Nun, ja, im ersten Jahr sind diese klinisch ausgebildeten Schwestern besser als unsere Frauen. Aber danach sind unsere Leute wirklich klüger, kompetenter, entwickeln mehr Phantasie bei der Krankenpflege; sie retten mehr Leben, machen weniger verhängnisvolle Fehler." Sie sehen also, sie wägen ab.

Phase 4: Zusammenfassung

Anselm: Die Diskussion ist bis jetzt sehr gut, weil ein weiterer Stein zum Grundmosaik hinzugefügt wurde, und der ist, wie wir nun wissen, weshalb die Gefahr bei der Arbeit ein so zentraler Punkt ist. Das scheint auf den ersten Blick naheliegend zu sein, ist aber erst einleuchtend, wenn man darüber nachdenkt, weil alle diese Arbeitstypen ihre Aspekte von Gefahr haben. Derlei Überlegungen können sich auch um das Ausmaß von Gefahr drehen und um die Arten von Gefahrenarbeit, die gemacht wird oder nicht. Im Zusammenhang mit jeder einzelnen dieser Arten von Arbeit wird über die Gefahr lange geredet und debattiert. Sehr einfache

Dinge wie z.B. den Körper des Patienten lagern, wie hoch das Gitter am Bett sein soll, wie dicht an der Apparatur, sollen sie zur Apparatur gehen oder die Apparatur zu ihnen kommen – das alles.

Theorie-Memos und Schaubilder

Funktionale Schaubilder

Verschiedene Arten von graphischen Darstellungen, die während der Analysearbeit entwickelt werden, kann der Forscher in die darauf folgenden Theorie-Memos einarbeiten. Zu diesen Darstellungen gehören Diagramme, Matrizen, Tabellen und Kurven. Manche Schaubilder sind standardisiert, gehören zum Lehrplan in höheren Semestern, sind in der Fachliteratur nachzulesen und können somit auch von qualitativ arbeitenden Wissenschaftlern benutzt werden, obwohl viele von ihnen anscheinend ohne graphische Darstellungen denken. Ob man mit Schaubildern arbeitet oder nicht, hängt zweifellos vom individuellen Denkstil und der persönlichen Vorliebe für bestimmte Darstellungsformen ab. Als Forscher erfindet man vielleicht graphische Darstellungen, wenn es darum geht, wie spezifische Daten konzeptuell besser geordnet werden können. Diese optischen Hilfsmittel haben für den Forscher die Funktion, daß er damit ein spezifisches Problem angehen kann oder zumindest einen Zugang dazu findet.[8]

Die funktionalen Schaubilder, mit denen Forscher arbeiten und die sich bei verschiedenen Schritten ihrer Analysearbeit entwerfen, sind vermutlich oft von dieser letztgenannten Art. Sie können folgende Arbeitsfunktionen haben. Selbst als spontane Kritzeleien können sie dem Forscher Wege aufzeigen, wie er sich in unterschiedlichen Stadien der Forschungsarbeit vom Datenmaterial lösen kann. Sie können sichtbar machen, was es mit dem zu erforschenden Phänomen auf sich hat. Sie können grobe Arbeitsentwürfe in visueller Form abgeben. Und sie können dem schwachen Gedächtnis nachhelfen, „Wo war ich stehengeblieben?“, wenn man mehrere Tage nicht am Schreibtisch gearbeitet hat. Diese funktionalen Schaubilder können auch die Hauptpunkte einer bestimmten Arbeitssitzung zusammenfassen, so daß man später von diesem Punkt aus leichter fortfahren kann. Andere tragen

[8] Siehe Miles/Huberman (1984), vor allem Kapitel 4 und 5 – den Hauptteil ihres Buches – zwecks Diskussionen und Illustrationen dessen, was sie als *optische Darbietungen* bezeichnen. Diese Materialien kommen mir potentiell sehr nützlich vor.

dazu bei, daß der Forscher visuell und konzeptuell die unterschiedlichen Schauplätze oder Institutionen lokalisieren kann, wo er beobachten oder Interviews durchführen muß. Wieder andere weisen auf neue Konzepte und Lücken in der Konzeptualisierung hin, und zwar einfach deshalb, weil der Forscher fähig ist, genau hinzuschauen und sich von einem Diagramm, einer Matrix, einer Tabelle anregen zu lassen. Alle diese Hilfsmittel helfen ihm beim Nachdenken über Vergleiche und Theoretical Sampling.

Die Beispiele für derlei graphische Hilfsmittel sind den Forschern vertraut, die damit arbeiten, vor allem dann, wenn sie virtuos damit arbeiten und es während der Datenanalyse zulassen, daß in ihrem Kopf Diagramme usw. entstehen, die zu dem gerade untersuchten Datum „passen". Für die Wissenschaftler, die nicht mit optischen Darstellungen arbeiten oder bislang keinen besonderen Wert auf die Schaubilder von anderen gelegt haben, sind im folgenden zwei Illustrationen abgebildet, die von Mitarbeitern meiner Forschungsgruppe in analytischen Memos eingesetzt wurden und folglich auch kommentiert sind. Die erste Illustration (Abb. 4) ist ein sehr einfaches Diagramm, das am Anfang einer Projektsitzung, in der es um die geographische Lokalisierung von medizinischen Apparaturen und anderen Technologien ging, skizziert wurde. In dieser Sitzung konzentrierte man sich auf neuere Interviews, die in einem ländlichen Bereich gemacht worden waren. Das Diagramm ist ein typisches Beispiel für spontane Tafelzeichnungen, mit denen man als Forscher schnell etwas veranschaulichen kann, und es legt die „nächsten Gedanken" nahe.

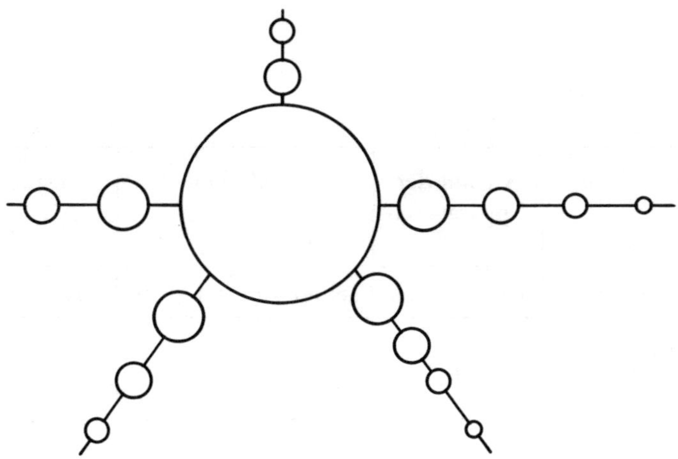

Abb. 4 Kreise: Achse Krankenhaus-Wohnort; wenig Technologie und Bündel von Konsequenzen.

1. In Enwicklungsländern sind alle medizinischen Einrichtungen in der Hauptstadt zentralisiert und vielleicht noch in zwei oder drei kleineren Städten. Ein Patient, der relativ anspruchsvolle Apparaturen oder Behandlungsmethoden braucht, muß entweder dort leben oder dorthin reisen; andernfalls muß er ohne leben – oder sterben.
2. In industrialisierten Ländern ist das Versorgungsnetz in ländlichen Gebieten weitaus dichter. Aber den Interviews nach zu schließen müssen die Leute immer noch in die nächstgrößeren Städte fahren, wenn sie kompliziertere Techniken und Dienstleistungen brauchen. Oder sie müssen regelmäßig dorthin fahren. Ambulante Dienste von Biotechnikern sind ein Weg, mit denen die Kommunen das Problem anzugehen versuchen, aber die Termine sind nur einmal wöchentlich, und es gibt keine Notdienste im Krankenhaus usw.

	homogene	heterogene Patienten
leichte Arbeit		
schwierige Arbeit		

Abb. 5 Homogene/heterogene Patientengruppe x leichte/schwierige Arbeit

Krankheitsphase	Anzahl der Apparaturen		Häufigkeit			Dauer	
	wenig – viele		selten – mittel – oft			kurz – immer	
Anfang							
Mitte							
Ende							

Abb. 6 Krankheitsverlaufskurve: Dimension Apparatur-Zeit

Das optische Hilfsmittel muß natürlich kein Diagramm sein: Es kann zum Beispiel auch eine konventionelle Tabelle sein. Solche Tabellen können ganz einfach sein, wie z.B. die traditionelle Vierfeldertabelle, die im ersten Memoteil (Abb. 5) verwendet wird, oder sie können auch komplexer sein wie in Abbildung 6. Viele Forschungsprobleme sind sehr kompliziert, und wenn man graphische Darstellungen ausarbeitet, um diese Probleme besser verstehen zu können, dann ist dafür innovative Vorstellungskraft und sorgfältige Überlegung nötig.

SF/AS 5.5.78
Modelle für die Arbeitsanalyse
Wir haben verschiedene Tabellen mit vier und neun Feldern ausprobiert, um die Arbeit zu analysieren. Die allgemeine Art von Arbeit an verschiedenen Orten kann man in Abbildung 5 sehen. Wo die Arbeit im allgemeinen leicht ist und die Patientengruppen homogen, da ist die Arbeitsorganisation einfach; sie wird etwas schwieriger, wenn die Patientengruppen heterogen sind.

Wo die Patientengruppen homogen und die Arbeit schwierig ist, ist die Arbeit immer noch einigermaßen durchführbar, weil man sie routinisieren und standardisieren kann und weil man auch Methoden einbauen kann, mit deren Hilfe man Dinge, die schief gehen können, berechenbarer machen kann. Dialysestationen und kardiologische Stationen sind Beispiele dafür (siehe Abb. 6). Die problematischsten Orte sind die, wo die Patienten heterogen sind und die Arbeit schwierig ist (Intensivstation für Neugeborene).

Graphische Darstellungen haben jedoch nicht nur die Funktion, die aktuelle Analyse voranzutreiben oder in Theorie-Memos eingearbeitet zu werden; sie können auch für Veröffentlichungen aus dem Forschungsprojekt nutzbar gemacht werden. Hier sind zwei Beispiele. Das erste Schaubild (Abb. 7) wurde in einem Artikel verwendet, in dem es um Aushandlungen zwischen verschiedenen Organisationen ging (Strauss 1978). In dieser Abbildung arbeiten wir mit den Konzepten von sozialen Welten und ihren internen Untergliederungen, den sogenannten *Subwelten.* Mit sozialen Welten ist „eine Reihe von gemeinsamen oder gemeinschaftlichen Handlungen oder Beziehungen, die durch ein Kommunikationsnetz miteinander verbunden sind“ (Kling/Gerson 1978, S. 26), gemeint. Soziale Welten variieren beträchtlich nach Größe, Typus, Anzahl und Eigenschaften zentraler Aktivitäten, nach organisatorischer Komplexität, technischer Differenziertheit, ideologischer Ausrichtung, nach geographischer Streuung und so weiter. Das veröffentlichte Diagramm gibt eine graphisch zusammengefaßte Darstellung von Beziehungen zwischen Organisationen, die in denselben oder in ganz anderen Welten und Subwelten angesiedelt sind.

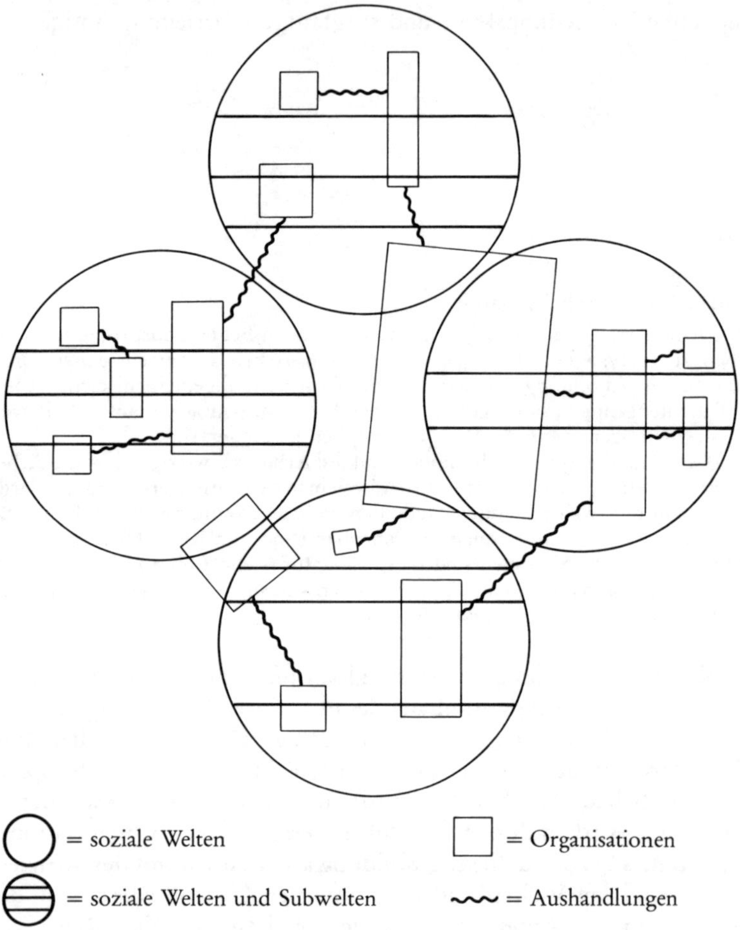

Abb. 7 Soziale Welten, Subwelten, Organisationen und Aushandlungen.

Abbildung 8 zeigt ein weiteres optisches Hilfsmittel, eine Matrix oder auch Raster genannt. Dieses Schaubild tauchte zum ersten Mal in einem Theorie-Memo auf, und zwar während der Arbeit an der Schmerzstudie (siehe 3. Kapitel). Später wurde das ganze Memo nahezu unverändert in die sich aus dem Projekt ergebende Veröffentlichung über den Umgang mit dem Schmerz aufgenommen (Fagerhaugh/Strauss 1977). Hinter Abbildung 8 steht ein für uns nicht sichtbares Memo, das in eine graphische Form umgewandelt und mithin sichtbar gemacht wird.

Konsequenzen für

Umgang Schmerz	Krankheitsverlauf	Leben und Tod	Weitermachen	Interaktion	Stationsarbeit	Gefühlsarbeit	Identität der Person
Diagnostizieren							
Vorbeugen							
Minimieren							
Zufügen							
Lindern							
Aushalten							
Ausdrücken							

Abb. 8 Eine Matrix des Abwägens

Dimensionen, Matrix und Kontexte

Die grundlegenden Fragen, die beim Thema Abwägen gestellt werden, sind: Zwischen was wird abgewogen? Warum? Die Antwort auf solche Fragen kann sowohl für allgemeine als auch für spezielle Interaktionen gefunden werden, wenn man mit einem Raster (siehe Abb. 8) arbeitet. Unser Raster setzt sich aus *Dimensionen* zusammen, die vertikal und horizontal aufgelistet sind. Die vertikal angeordneten Dimensionen beziehen sich auf verschiedene Aufgaben, die mit dem Umgang mit Schmerz zu tun haben. Die horizontal angeordneten Dimensionen beziehen sich auf verschiedene Sachverhalte, die durch den Umgang mit dem Schmerz beeinflußt werden können oder sich vielleicht auf diesen Umgang auswirken: die Krankheitsverlaufskurve, die Erhaltung eines Menschenlebens, die Interaktion selbst, die Arbeit des Personals, die Gefühlsarbeit auf der Station und die jeweilige Identität unterschiedlicher Akteure. Wenn wir uns diese Dimensionen nun so denken, daß sie *miteinander verschränkt* oder gegeneinander abgewogen werden (d.h. Ausdruck von Schmerz versus Störung der Interaktion), dann könnte man das ganze Raster sinnvollerweise als eine *Matrix* des Abwägens bezeichnen.

Um zu wissen, was in einem gegebenen Schmerzzustand oder in einer Phase von Schmerzzuständen gegeneinander abgewogen wird, müssen wir herausfinden, welche Dimensionen vom einzelnen Akteur gegeneinander abgewogen werden. Nennen wir diese spezielle Überlegung zweckmäßigerweise den *Kontext* des Abwägens. Beispiel: Ein kleiner Patient wägt ab zwischen Weinen und äußerer Gefaßtheit, wenn ihm durch die Prozedur der Katheterisierung, der er vorher zugestimmt hatte, Schmerz zugefügt wird, wohingegen der Arzt abwägt zwischen dem Zufügen von Schmerz und der von ihm benötigten diagnostischen Information. Wenn das Kind zu dem Schluß kommt, daß der Schmerz zu groß wird, und sich gegen die Fortsetzung der Katheterisierung entscheidet (d.h. diagnostischer Test versus Schmerz aushalten), dann wendet das Personal vielleicht resolutere Maßnahmen an, weil seine Entscheidung, im Gegensatz zu der des Kindes, immer noch zugunsten der diagnostischen Information versus dem Zufügen von Schmerz steht. Wenn der Arbeitsdruck nicht zu groß ist, dann nimmt sich der Arzt vielleicht die Zeit (d.h. „Arbeit"), um die Prozedur der Katheterisierung sorgfältiger und sanfter fortzusetzen, so daß er den zugefügten Schmerz minimiert. Jeder dieser Kontexte ist anders, und jeder kann auf der Matrix des Abwägens leicht als Diagramm dargestellt werden. Das geschieht so, daß man das Feld (oder die Felder) markiert, wo sich die vertikalen und horizontalen Dimensionen schneiden. (Da der Patient und das Personal vielleicht nicht dieselben Dimensionen gegeneinander abwägen, sollte man für jeden relevanten Akteur einen eigenen Buchstaben verwenden: *P* für Patient, *K* für Krankenschwester, *A* für Arzt).

Eine sehr wichtige Bedingung für jeden Kontext des Abwägens sind die vielen Eigenschaften der Organisation, die sich auf den Kontext auswirken. Dabei denken wir an Eigenschaften wie: das zahlenmäßige Verhältnis von Patienten und Personal auf einer Station, die Erfahrung des Personals, die Schmerzideologien von seiten des Personals und so weiter bis hin zu der Liste von Eigenschaften, die in den vorangegangenen Kapiteln implizit oder explizit diskutiert worden sind. Wenn sich eine Eigenschaft der Organisation ändert (die Nachtschwestern sind weniger erfahren als die Tagesschwestern, oder es ist weniger Personal da, oder ein unerfahrener Assistenzarzt tritt an die Stelle eines routinierten Arztes), dann kann sich das stark auf einen Kontext des Abwägens auswirken. Beispiel: Was passiert, wenn eine einfühlsame, psychologisch geschulte Krankenschwester, die gerade eine Frau mit Wehenschmerzen betreut, Dienstschluß hat und von einer barschen, nüchternen, klinisch orientierten Krankenschwester abgelöst wird? Um die wichtigsten Eigenschaften einer Organisation, die mit dem Abwägen in Zusammenhang stehen, zu benennen, schlagen wir den Begriff *organisatorischer Kontext* vor. Abwägen ereignet sich nie in einem organisatorischen Vakuum.

Es kann sein, daß Forscher dazu tendieren, die allgemeineren Schaubilder überzustrapazieren. Vor ihrem zu häufigen Gebrauch sollte man sich hüten. Warum? Wenn sie zu oft eingesetzt werden, muß das zweifellos die potentielle Flexibilität von Denkprozessen reduzieren und mithin die des analytischen Prozesses. Daraus läßt sich folgern, daß unterschiedliche Arten von optischen Darstellungen angebracht sind, um unterschiedliche Arten von Problemen anzugehen: um die vielfältigen Sichtweisen von Akteuren graphisch darzustellen; um zeitliche Abläufe wie Phasen, Stadien oder Prozesse deutlich zu machen;

um die Beziehungen zwischen Kategorien sichtbar zu machen und so weiter. Wenn sich der Forscher, ob aus persönlichen Gründen oder durch die wissenschaftliche Disziplin bedingt, in der Auswahl der optischen Darstellungen einschränkt, dann werden seine Analysen und Präsentationen weniger lebendig, als wenn er die graphischen Hilfsmittel phantasievoller und ungezwungener aus den Daten heraus entwickelt.

Hier ist noch eine andere Warnung: Wie Howard Becker (im persönlichen Gespräch) erwähnt hat, besteht häufig die Gefahr, daß ein gewisser Teil der wertvollen Daten bei der Transformation in graphische Darstellungen verlorengeht. Das ist ein weiterer Grund, weshalb in der Analyse solche optischen Hilfsmittel als Informationsträger nicht ausreichen, sondern durch Theorie-Memos und ihr Sortieren ergänzt werden müssen.

Didaktische Schaubilder als Memos

In Forschungsseminaren und Beratungsgesprächen können optische Hilfsmittel für die Analyse förderlich sein und die Funktion eines Theorie-Memos übernehmen. Es ist tatsächlich so, daß Studenten und Ratsuchende nach den Sitzungen oft Memos schreiben, wo sie solche Arbeitsgraphiken einarbeiten oder weiter verbessern. In den Unterrichts- und Beratungssitzungen arbeite ich häufig mit Schaubildern, insbesondere mit Diagrammen, um für mich selbst zu klären, was man analytisch mit den vorgestellten Daten machen kann. In den Seminaren zum Beispiel entwerfe ich Diagramme davon, was in den Daten, die der einzelne Student vorstellt, ins Auge zu springen scheint; und im allgemeinen verfeinere oder modifiziere ich das Diagramm, wenn sich in der Diskussion zusätzliche Merkmale herauskristallisieren. Manchmal zeichne ich am Ende der Sitzung mein Diagramm an die Tafel mit dem Hintergedanken, daß es als eine Zusammenfassung der gesamten Diskussion fungiert, oder um auf einige Schritte hinzuweisen, die in der Diskussion noch gefehlt haben. Manchmal, wenn sich die Diskussion dahinzieht, male ich das Diagramm schon früher an die Tafel und erkundige mich dann danach, ob das hilft, der Diskussion eine effektivere Richtung zu geben. Oder ein anderes Mal sind die Studenten neugierig auf meine Diagrammskizze und möchten sie sofort sehen: In diesem Fall kann das Schaubild dazu dienen, die Richtung der Seminardiskussion festzulegen. Und gelegentlich kommt es vor, daß ich in der zweistündigen Sitzung zwischendurch ein Diagramm an die Tafel zeichne, um den Studenten vorzuführen, daß sie sich bisher nur auf bestimmte Merkmale der Daten konzentriert haben, und frage sie dann: „Was möchten Sie als nächstes untersuchen?" Oder: „Diesen Zuammenhang haben wir noch nicht erkundet, also hätten Sie keine Lust, ihm nachzuspüren?" Oder: „Sie haben jetzt Begriffe für diese Konzepte entwickelt, aber *dieser* hier ist lediglich eine Namenshülle, weil er inhaltsleer ist – wie wäre es, wenn wir uns als nächstes darauf konzentrieren würden?"

Kurzum: Die didaktischen Diagramme (echte Diagramme, Matrizen oder was auch immer) sind operationale Schaubilder, weil ihre Funktion darin besteht, die Analysearbeit in der Gruppe zu begleiten. Im allgemeinen benutzt der Student, der im Seminar Daten vorgestellt hat, das Diagramm später für weitere Anregungen oder für die Analyse von bereits früher erhobenen und auch neuen Daten, die ihm durch das Diagramm und die Diskussion nahegelegt worden sind. Diese didaktischen Graphiken sind auch sehr wirkungsvoll in Beratungsgesprächen, die mit Studenten und sogar mit Projektmitarbeitern geführt werden, wenn diese bei dem einen oder anderen Merkmal ihrer Daten nicht weiterkommen, mit ihren laufenden Analysen nicht zufrieden sind oder ihre Analysearbeit stagniert. Wenn man dem Ratsuchenden aufmerksam zuhört, erfaßt man das spezifische Problem (manchmal persönlicher, aber öfter analytischer Art), dann versucht man herauszufinden, welche Art von Diagramm in diesem Fall helfen könnte, oder man arbeitet es buchstäblich in der gemeinsamen Sitzung aus. Aus meiner Erfahrung weiß ich, daß diese didaktischen Schaubilder Wunder wirken können, wenn es darum geht, einen Forscher ohne Erfahrung oder mit wenig Erfahrung anzutreiben oder in Bewegung zu setzen, wenn er blockiert ist.

Faustregeln

Zusammenfassend kann man sagen, daß für diese Kombination aus Memo und graphischer Darstellung folgende *Faustregeln* gelten:

1. Da diese graphischen Darstellungen einen wesentlichen Beitrag zu den analytischen Operationen leisten, sollte man als Forscher versuchen, ein gewisses Geschick im Umgang mit Schaubildern zu entwickeln. Das kann viel Übung erfordern. Die folgenden Schritte sind empfehlenswert. Fangen Sie zunächst mit standardisierten Graphiken wie z.B. Vierfeldertabellen, einfachen Kurven, unkomplizierten Matrizen an. Dann stellen Sie Ihren Weg durch einige Ihrer

vergangenen Analysen optisch dar, indem Sie Diagramme oder komplexere Tabellen und Matrizen verwenden. Dadurch können Sie bildhaft nachvollziehen, was Sie zustandegebracht haben. Es kann Ihnen auch einigen Kummer machen, wenn Sie sehen, daß Sie etwas Wichtiges ausgelassen haben! Schließlich sollten Sie es sich zur Gewohnheit machen, einige Ihrer laufenden Analysen graphisch darzustellen. Anhand dieser optischen Hilfsmittel können Sie feststellen, ob das, was Sie bisher erarbeitet haben, den Kern der Sache erfaßt. Sie können damit auch Verstrickungen in der Analyse auflösen.

2. Bauen Sie diese Schaubilder in Ihre Theorie-Memos ein, und lassen Sie es zu, daß diese Ihre späteren Überlegungen, wenn Sie nämlich die Memos wieder durchschauen und sortieren, beeinflussen sowie Ihr aktuellen Gedanken durchdringen.
3. Versuchen Sie, einige dieser Diagramme, Tabellen, Matrizen usw. kumulativ auszuarbeiten, damit sie am Ende zur Gesamtintegration Ihrer Analyse beitragen. Das heißt, daß Sie ihren Gehalt in sukzessiv sich entwickelnde integrative Diagramme aufnehmen.
4. In den letzten Stadien der analytischen Integration müssen Sie jedoch das jüngste integrative Diagramm verwenden *und* Ihre Memos noch zusätzlich sortieren. Beides kann zu deren inneren Klarheit und Dichte beitragen. Die endgültige Integration kommt natürlich erst, wenn Aufsätze oder eine Monographie zur Veröffentlichung vorbereitet werden.
5. Das letzte integrative Diagramm ist wahrscheinlich zu komplex, um es in die Veröffentlichung aufzunehmen, außer wenn es ausführlich erklärt wird. Doch einige der Arbeitsgraphiken, die über die Memos verstreut sind, können direkt in den Forschungsbericht übernommen werden – und manchmal auch, in bearbeiteter Form, die dazugehörigen Memos oder zumindest Teile davon.
6. Wenn Sie in der Forschung als Lehrer oder Berater tätig sind, dann sollten Sie Ihre Fähigkeiten im Umgang mit graphischen Darstellungen in Ihre Sitzungen einbringen, so daß andere Wissenschaftler davon profitieren können und am Ende fähig sind, ihre Memos auf der Basis einer Kombination aus graphischen und verbalen Verfahren zu schreiben.

7 Illustrationen von typischen Problemen

In diesem Kapitel haben wir Ausschnitte von Seminarsitzungen und in einem Fall die Zusammenfassung einer Beratungssitzung (Dozent-Student) wiedergegeben. Diese werden hier nur dargestellt, um über die Materialien in den vorangegangenen Kapiteln hinaus *allgemeine Probleme* zu beleuchten, mit denen man es beim Lernen oder beim Durchführen der Analyse nach der Grounded Theory zu tun hat; gleichgültig, ob man Student in einem Forschungsseminar oder erfahrener Forscher ist, der dem Analyseproblem in einem neuen Forschungsprojekt vielleicht mit neuen Datentypen und neuen Erfahrungen bei der Datenerhebung begegnet. (Einige dieser allgemeinen Probleme gibt es in jeder Art von qualitativer Analyse, nicht nur beim Analysemodus der Grounded Theory.) Die Strategien des Dozenten, die helfen sollen, diese Probleme zu überwinden, sind in den folgenden Beispielen auch wiedergegeben.

An verschiedenen Punkten im Lernprozeß oder im Laufe des sich entwickelnden Forschungsprojekts können Hindernise auftreten, die einer effektiven Analyse im Wege stehen; deshalb sollte der Forscher folgendes beachten:

1. Beharrlich Zeile für Zeile analysieren.
2. Von der Deskription über das Dimensionalisieren zur Analyse kommen.
3. Zum Fokus der Analyse vorstoßen, wenn man mit Kontextwissen überschwemmt wird.
4. Nicht zu viel Datenmaterial heranziehen.
5. Die Zusammenhänge zwischen Makro- und Mikrobedingungen und Konsequenzen optisch darstellen.
6. Das zentrale Thema der Studie bestimmen.
7. Lücken im integrativen Diagramm schließen.

Beispiel 1

Eine elementare Zeile-fürZeile-Analyse

Wie schon erwähnt, besteht bei der Vermittlung des Analysemodus der Grounded Theory ein erster Schritt darin, daß das Interview, das Beobachtungsprotokoll oder ein anderes Dokument sehr sorgfältig untersucht wird, und zwar werden die ersten Zeilen des Datenmaterials buchstäblich Zeile für Zeile, sogar Wort für Wort erforscht. (Siehe erstes Beispiel im 3. Kapitel über Kodes und Kodieren). Hier erhält der angehende Forscher einen lebhaften Eindruck davon, was durch geduldige, detaillierte Untersuchung möglich ist. Dem Dozenten bei der Analysearbeit zuschauen ist eine Sache, die Analyse selbst durchführen eine andere.

Das nachstehende Memo wurde von einer Studentin im Aufbaustudium verfaßt, die in dieser Art der mikroskopischen Untersuchung von Daten noch ungeübt war. Dennoch kann man damit demonstrieren, wie die Studentin aufgrund dieses Verfahrens dazu angeregt wird, detaillierte Kommentare zu geben und scharfsinnige Fragen zu stellen. Es fällt ihr jedoch noch schwer, Begriffe zu prägen für die Kategorien, die implizit in ihren Kommentaren und Fragen (z.B. der natürliche Kode „sich mit etwas abfinden") enthalten sind und die die weiteren Schritte bei der Dimensionalisierung der Kategorien vorbereiten sowie schon bald zu expliziteren, wenn auch nur vorläufigen Antworten auf Fragen und Themen, die im Memo angesprochen werden, führen. Sie schrieb das Memo nicht lange nach einer Seminarsitzung, in der eines ihrer ersten Interviews mit körperlich Behinderten diskutiert worden war, die ein selbständiges und relativ normales Leben führen und durch gute technische Ausstattung und bezahlte Helfer unterstützt werden. Später hat der Dozent sie aufgefordert, einen oder zwei Abschnitte aus einem Interview genauestens zu untersuchen, weil er vermutete, daß sie bei Ihrer Analysearbeit Schwierigkeiten hatte, die Ebene des Datenmaterials zu verlassen.

17.12.82 MacCready
Ich bin mir nicht sicher, wie ich vorgehen soll; ich werde jetzt einfach eine Wortgruppe um die andere durchgehen und schauen, wie es geht.

Kodieren – aus dem Interview mit D.[9]

> „Unsere Gesellschaft ist so sehr auf das Äußerliche fixiert ... Wenn man eine starke Behinderung hat, muß man sich damit abfinden, das ist schwer, das ist Scheiße. Ein anderer hat vielleicht das Problem, daß er sich zu dick vorkommt, wenn aber dein ganzer Körper anders ist, mußt du dich damit abfinden. Es kann eine Erfahrung der Befreiung sein, eine Zeit der psychischen Erneuerung."

„Unsere Gesellschaft"
„Unsere Gesellschaft ist so sehr auf das Äußerliche fixiert ..." ... hier wird eine Vorstellung von großer „Gesellschaft" mit großem Einfluß vermittelt, als Gegensatz vielleicht zu dem, was sie selbst oder andere denken. Ich interpretiere es jedenfalls so, daß man die Dinge auch noch anders sehen kann,

[9] D. ist eine junge querschnittsgelähmte Frau, die ihre Hände nicht mehr richtig bewegen kann und die von der Hüfte abwärts gelähmt ist. Sie macht ein Aufbaustudium in Psychologie.

als dies „unsere Gesellschaft“ tut. „Unsere Gesellschaft“ ist ein mächtiges, anonymes, abstraktes Gebilde. Normativ und unpersönlich.

„ist so sehr fixiert“
Fixiert – das ist ein sehr starkes Wort. Es bedeutet Ausschließlichkeit, nicht nur „Teilaspekt“ oder „Gewöhnung“, sondern „fixiert“. Klingt nach Dauer, Einschränkung, Zwang, Bestimmtheit.

„auf *das* Äußerliche“
Körperlich – im Gegensatz zu psychisch, emotional, geistig. Bilder von Schönheit, perfekten Körpern, Werbung. Nicht mehrere Maßstäbe für Schönheit, nur einer. Impliziert nicht Verständnis und Toleranz gegenüber körperlichem Anderssein, sondern fixiert sein auf eine Norm von physischer Perfektion. Den Menschen nach seinem Körper beurteilen.

„wenn man eine starke Behinderung hat“
Eine Behinderung in bezug auf den normierten Körper, wie ihn die ‚Gesellschaft‘ verlangt. Behinderung impliziert, daß ein Standard, eine Norm, eine Richtung existiert. Aber sie sagt nicht „wenn man behindert ist“, sondern „man hat eine Behinderung“. Behindert sein versus eine Behinderung haben.

„muß man sich damit abfinden“
Lernen, anders darüber zu denken? Hinnehmen, was die „Behinderung“ für andere, für die „Gesellschaft“ und für einen selbst bedeutet. Sie bewerten, ihr ins Auge sehen. Frieden damit schließen. Sie sagt nicht: „die Gesellschaft muß damit leben“ oder „die anderen müssen sich damit abfinden“, sondern *man selbst* muß sich damit abfinden. Ein Gefühl von persönlicher Verantwortung, sich mit dem eigenen Körper abzufinden angesichts der entgegengesetzten Vorstellung der Gesellschaft.

„das ist schwer, das ist Scheiße“
Man muß die „gesellschaftlichen“ Vorstellungen auf die eigene Art und Weise beurteilen. Man muß sich entscheiden, welche „gesellschaftlichen“ Vorstellungen von äußerer Erscheinung annehmbar sind und welche nicht. Man tritt zurück und distanziert sich davon, was diese „Gesellschaf“ über deine „starke Behinderung“ denken könnte und findet seinen eigenen Standpunkt. Unabhängigkeit.

„ein anderer hat vielleicht das Problem“
Hier impliziert die Sprache wieder, daß das Selbst den anderen gegenübergestellt ist, das Selbst befaßt sich mit Dingen, die sich von den Dingen, mit denen sich die anderen vielleicht befassen, unterscheiden. Impliziert aber auch, daß sich andere Menschen ebenso mit etwas befassen.

„daß er sich zu dick vorkommt, wenn aber dein ganzer Körper anders ist“
Vergleich zwischen einer geringfügigen Behinderung, zu dick sein, im Gegensatz zu einer „starken Behinderung“. Der ganze Körper ist anders und doch wieder nicht – man ist kein Marsmensch oder kleines grünes Männchen mit acht Beinen und einem Riesenauge im Magen; man kann nur die Arme und Beine nicht bewegen und sitzt im Rollstuhl. Aber dennoch die Vorstellung von graduellen Unterschieden von Behinderung. Das Anderssein hat für den behinderten Menschen einen höheren Stellenwert oder sogar eine andere Qualität, als wenn sich jemand zu dick vorkommt (und das vielleicht noch nicht einmal der Fall ist). Das Gefühl, daß man es mit extremeren Dingen zu tun

hat, als das bei anderen normalen oder „nur dicken“ Leuten der Fall ist. Ein starkes Gefühl von Andersartigkeit.

„mußt du dich damit abfinden“
Schwerpunkt. Das ist wichtig für sie, sie sagt es zweimal. Sie sagt nicht „ich möchte“ oder „es hilft mir“ oder „eine gute Idee“, sondern „du mußt dich damit abfinden.“ Notwendigkeit als Gegensatz zu Wahl oder Entschluß. Ich frage mich, was passiert, wenn man sich nicht damit abfindet? Was würde geschehen?

„es kann eine Erfahrung der Befreiung sein“
Nicht ist, sondern *kann* sein. Eher ein Gefühl von Möglichkeit als von Unumgänglichkeit oder Notwendigkeit. Weitere Alternativen – gibt es welche? „Erfahrung der Befreiung“ – Assoziationen von Selbstbefreiung; davon, daß sich jemand von den „Äußerlichkeiten“, auf die die „Gesellschaft“ „fixiert“ ist, freimacht. Gefangene werden festgehalten; sie befreit sich. Wie in der Emanzipationsbewegung der Frauen. Zum Teil ist es eine Befreiung von konventionellen Vorstellungen, wie man als Mann oder Frau zu sein hat. Zu einer neuen Sichtweise kommen, von der man glaubt, daß sie über der alten, fixierten Sichtweise der „Gesellschaft“ steht. Sich freimachen von restriktiven Normen und Vorstellungen. Sehr positive Assoziationen. Eine erstaunliche Art und Weise, Dinge zu sehen: Behinderung als Befreiung. Man denkt an soziale Bewegungen als Befreiung von überkommenen Ideen und Wertvorstellungen.

„eine Zeit der psychischen Erneuerung“
„Erfahrung“, „Zeit“ – diese Wörter deuten nicht auf eine Offenbarung hin, sondern auf einen langfristigen Prozeß. Zurücktreten und die Dinge neu betrachten – eine *Möglichkeit,* nicht „fixiert“ zu werden, sondern eigenständig zu entscheiden, was man denkt und was nicht. Einen neuen Standpunkt erlangen, eine neue Art, Dinge zu sehen, eine Neudefinition der Situation. Paßt zum Ausdruck „sich damit abfinden“, zu der Selbst„befreiung“ von alten Ideen, zur Herausforderung von dem „Fixiert-sein-auf-das-Äußerliche“. Eine Möglichkeit zur Veränderung. Ein Übergang. Eine Annäherung an eine distanziertere Haltung. Eine reflektierte und keine „fixierte“ Sicht. Reflexion, geistige Reife, Übergang. Annehmen einer neuen Denkweise.

Was diese Studentin in bezug auf das Kodieren als nächstes lernen muß, ist nicht nur, wie man Kategorien isoliert und benennt, sondern auch, wie man diese dimensionalisiert und ihre Bedingungen, Konsequenzen und die damit verbundenen Interaktionen und Strategien herausfindet. Sie hat hier nur die ersten Lernschritte gemacht und gesehen, was in einer Zeile-für-Zeile-Analyse enthalten ist.

Beispiel 2

Dimensionalisieren

Der nächste Ausschnitt stammt aus einer Seminarsitzung, deren Teilnehmer an Datenmaterialien über Indianerreservate arbeiteten. In einer späteren Sitzung wurde das Seminar von der Studentin (Katarin), die ihre Daten vorstellte, eingeladen, das Thema anzusprechen, wie Indianer das Konzept von medizinischer Versorgung „konstruieren". Aus der Seminardiskussion wurden ausgewählt: erstens die Antworten, die die Indianer in einer Fragebogenaktion gegeben haben; und zweitens eine kurze Passage aus einem Interview mit einer indianischen Frau. Die gesamte Sitzung, die vom Dozenten autoritär geleitet wurde, war eine Lektion, wie man die Vorstellungen der Indianer von medizinischer Versorgung dimensionalisiert und diese Dimensionen mit Bedingungen und Konsequenzen in einen Zusammenhang bringt.

Zu Beginn der Sitzung unterstrich der Dozent auf seinen Kopien der Fragebogenantworten und des Interviews einige Begriffe, die für das Dimensionalisieren relevant sein könnten; dann forderte er die Studenten auf, daß sie mittels Analyse der Fragebogenantworten zu dimensionalisieren versuchen sollten. Mit einiger Hilfestellung am Anfang haben sie das auch geschafft. Dann wandten sie sich der Interviewpassage zu: Wieder kreiste die Diskussion um das Dimensionalisieren der Eigenschaften von erlebter medizinischer Versorgung, auch unter Berücksichtigung einiger Bedingungen und Konsequenzen. Ein Teil dieser Seminardiskussion, das Interview und ein paar Fragebogenantworten sind unten wiedergegeben.

Fragebogenantworten

Es wäre schön, wenn uns diese Leute *mehr* Ärzte *schicken* würden, und wenn diese Ärzte sich *Zeit* nehmen würden, um die Leute *zu untersuchen* und um sich die Sorgen der Leute *anzuhören,* und das wäre gut für die Leute.

Die Ärzte und Krankenschwestern im Reservat könnten *freundlicher* sein zu den Indianern.

Wir haben keine Spezialisten. *Sie schicken überhaupt keine* guten *Leute.* Die Ärzte, die wir haben, nehmen sich nicht die Zeit, die Leute *zu untersuchen,* und sie können nicht *zuhören.*

Sie machen nie Hausbesuche. Sie wollen uns nicht nahekommen. *Wenn sie nicht sehen, wie wir leben,* wie können sie unsere Probleme verstehen?

Sie *sorgen* sich nicht um uns. Das kann man sagen, weil sie es bei jeder Untersuchung *sehr eilig* haben, nicht wissen, *was sie gerade* machen, und, was am ärgsten ist, nicht *zuhören* können, wenn die Leute mit ihnen reden.

Sie haben kein *persönliches Interesse* an uns. Sie *verstehen* nicht, wie und von was wir leben.

Sie sollten *eine klare, unkomplizierte Sprache* sprechen, damit die Leute sie verstehen können.
Diese Ärzte sollten auf Draht sein. *Wir haben nicht einmal richtige* Ärzte. Zu uns schicken sie Medizinstudenten. Leute, die jede Menge Versuchskaninchen brauchen.
Sie lassen uns warten und trinken in dieser Zeit Kaffe mit den Krankenschwestern, *lachen* und *albern* herum, während das Wartezimmer voll mit wirklich kranken Menschen ist, manche haben Schmerzen. Wir warten und warten und warten. Wenn man dann überhaupt einmal drankommt, schauen sie flüchtig und tasten da und da, *speisen* einen *mit ein paar Medikamenten ab* und schicken einen nach Hause, ohne auch nur *zugehört* zu haben, was man zu sagen hat.
Wir brauchen Ärzte, die sich wirklich um die Gesundheit der Indianer *sorgen*, nicht um einfach nur zu zählen, wieviele Patienten er durchschleusen kann. Von einigen Ärzten habe ich den Eindruck, daß sie es *hassen*, sich um einen *dumpfen* Indianer *zu kümmern*.
Warum kann uns die Regierung nicht einen Bus oder so etwas geben, *damit die Leute ins Krankenhaus gebracht werden können?* Hier sind wir 90 Meilen (oder 125, wenn man die besseren Straßen nimmt) vom Krankenhaus entfernt, und wenn es ein Tag ist, an dem die örtliche Ambulanz geschlossen ist, dann muß man alleine sehen, wie man zum Arzt kommt. Viele von uns haben keine Autos und sind deshalb darauf angewiesen, daß ein Freund sie gegen Bezahlung fährt, manchmal sind das 20 Dollar allein für das Benzin.
Sie sollten einen Arzt schicken, der hier bei uns im Reservat lebt. *Sieht, wie die Leute leben.* Der die Leute *kennenlernt.* Etwas über unser Leben und unsere Gewohnheiten erfährt. Jemand, der uns verstehen und helfen könnte. *Wir wären bereit, mit ihm zusammenzuarbeiten und ihm zu helfen.*

Ein Interview

Letzten Sommer ging ich mit meinem Kind, das damals vier Monate alt war, hier ins Krankenhaus, es hatte 40 Grad Fieber und eine Erkältung. Der Arzt gab mir Tylenol und sagte mir, ich solle es mit nach Hause nehmen und ihm viel Flüssigkeit geben und es viel schlafen lassen. Er sagte, daß es eine Erkältung habe und es ihm in ein paar Tagen wieder besser gehen werde. Eine Woche verging, und es ging ihr schlechter, obwohl ich ihr vorschriftsmäßig das Tylenol gab und viel Flüssigkeit und Ruhe und ihr Wadenwickel machte, um das Fieber runterzubringen. Die Woche darauf ging ich wieder mit ihr zum Arzt, und er sagte mir, daß es ihr besser ginge. Ich sagte ihm, daß es ihr schlechter gehe – sie sei angespannter und würde überhaupt nicht mehr richtig schlafen. Er sagte, daß ich ihr weiterhin Tylenol geben sollte und viel Flüssigkeit und Ruhe. Ich habe das noch ein paar Tage versucht. Dann wurde sie ernsthaft krank, Fieber über 40 Grad und Atemnot. Ich ging mit ihr ins Krankenhaus außerhalb des Reservats (60 Meilen entfernt); dort machte der Arzt eine Röntgenaufnahme und sagte mir, daß sie eine sehr starke Lungenentzündung habe und sofort ins Krankenhaus eingeliefert werden müsse. Er wurde richtig zornig auf den Reservatsarzt und rief ihn an, um herauszufinden, was los war. Dann sagte er mir, daß ich die Röntgenaufnahme mit ins Reservatskrankenhaus nehmen solle und dort fragen „ob ihre Röntgenapparatur streiken würde?“ und daß das Kind im Krankenhaus bleiben müsse. Das habe ich auch gemacht, und sie nahmen sie sofort auf und begannen mit der Antibiotikumbehandlung, um die Lungenentzündung zu behandeln. Ich mußte 90 Dollar Arztgebühren bezahlen, aber das Leben meines Kindes war mir das wert. Ich würde es wieder so machen.

Man *kann hier einfach keine gute Versorgung kriegen.* Die Ärzte sind *jung,* haben nur ihr *Buchwissen,* keiner von ihnen hat eigene Kinder, und sie haben keine Ahnung von Kindern, haben Angst vor ihnen und *sind höchstens in der Lage,* ein gesundes Kind zu untersuchen. *Sie können nicht einmal* bei einer normalen Geburt *assistieren.* Wir sind glücklich, daß wir unsere Hebamme haben. Sie ist das einzig nette Ding in diesem Krankenhaus. Und sie haben versucht, auch sie loszuwerden. Und zwar deshalb, weil sie *sich um ihre Patienten kümmert* und sie *wie menschliche Wesen* behandelt. Sie *nimmt sich Zeit* für uns und *hört zu.* Wenn sie nicht weiter weiß, sagt sie das auch. Sie *versucht nicht, uns auszutricksen,* wie sie es von überall her kennt. Die Ärzte hier sind *so unwissend* und *unsicher.* Und wir müssen dafür bezahlen. Sie werden behandelt wie kleine Götter, benehmen sich, als ob es für uns eine Gnade wäre, daß sie hier sind, daß sie sich mit dem Reservatsleben abgeben, und dann behandeln sie uns wie *Unmenschen.* Wenn man dann irgendwo anders hingeht, *benehmen sie sich,* als ob man ein Verbrechen begangen hätte. Sie sagten mir, daß ich mein Kind nicht ordentlich versorgt hätte und es deshalb kränker geworden wäre. Das stimmt einfach nicht. Eine Woche lang schlief ich nachts nur ein paar Stunden, weil ich auf war, um sie auf den Arm zu nehmen und ihr Flüssigkeit zu geben und sie in Schlaf zu wiegen. Aber *sie glauben* einem *nicht,* wenn man ihnen das erzählt. Sie lachen einen einfach aus und schauen weg und erzählen der Krankenschwester etwas Häßliches darüber, z.B. daß „sie wissen", wenn ein Kind von der Mutter gut versorgt wird. Irgendwie können sie nur reden. Es ist eine sehr schmerzliche Erfahrung, Indianer zu sein und ernsthaft krank zu werden und ärztliche Hilfe zu brauchen. Das wird sich wahrscheinlich nie ändern ... Manchmal denke ich, daß sie einfach versuchen, uns loszuwerden, daß das *einfach ein großer Plan ist, um die Indianer auszurotten.*

Wissen Sie, manchmal kriegen wir prima Ärzte, die sich um uns sorgen, *die sich wirklich um uns sorgen.* Dann überarbeitet er sich, weil jeder zu ihm kommt. Er wird *verheizt, schnell.* Oder wenn er versucht, daß wir bei anderen Ärzten besser versorgt werden, wird er von seinen Kollegen *schlecht gemacht.* Einmal hatten wir einen Arzt, der sogar Hausbesuche machen wollte. Dadurch *entstand ein Riesenproblem,* weil die anderen dazu nicht bereit waren, so daß die übrigen eine Eingabe an die zuständige Behörde machten, damit Hausbesuche verboten wurden. Sie stimmten darüber ab – die Mehrheit siegte. Nun, das ist wahre Demokratie.

Die Lage ist so schlecht geworden, daß man sich davor fürchtet, mit seinem kranken Kind ins Krankenhaus zu gehen. Das *erste, was der Arzt vermutet,* ist, daß man sein Kind *vernachlässigt oder mißhandelt* hat, daß man *selbst* an der Krankheit des Kindes schuld ist, und sie wollen einen als untauglich der staatlichen Wohlfahrt *übergeben..*

Diskussion im Seminar

K.: Die Mutter hat eine realistische, differenzierte Einschätzung von dem anderen Arzt. Er behandelt auch anders. Beides zusammen genommen untermauert ihre Überwachung und Einschätzung, so daß sie durch den zweiten Arzt gewissermaßen bestärkt wird. Sie kriegt Unterstützung in ihrer Beurteilung der Inkompetenz des ersten Arztes.

A.: (Dozent) Sicher, er sagt sogar boshaft: „Fragen Sie sie, ob ihre Röntgenapparatur streikt". ... Gehen wir zu: „Man kann hier einfach keine gute Versorgung kriegen. Die Ärzte sind jung, usw."

K.: Gehen wir dann wieder zum Dimensionalisieren zurück? Gibt sie mir die Dimensionen, so wie sie sie sieht, von schlechter medizinischer Versorgung?

A.: Ja, und alle Dimensionen werden zu Bedingungen oder Erklärungen, weshalb sie medizinisch schlecht versorgt wurde. Sie sind ziemlich allgemein gehalten. Sie spricht ziemlich allgemein. Das ist interessant, denn sie hätte auch sagen können: „Er ist Assistenzarzt und noch ohne Erfahrung", oder so etwas Ähnliches.
P.: Demnach betrachtet sie nicht nur den einen Arzt als inkompetent, sondern alle von ihnen sind für sie inkompetent, der steht einfach stellvertretend für alle.
A.: Interessant, denn dann ist es egal, zu welchem Arzt man geht, sie sind alle inkompetent. Damit beginnt sie, Ihnen die Dimensionen aufzuzeigen. Doch ein paar Zeilen weiter sagt sie noch etwas anderes.
K.: Da gibt es jemanden, den sie wirklich mag, dem sie vertrauen kann.
A.: Sie macht eine Ausnahme und sagt Ihnen auch weshalb. Damit gibt Sie Ihnen die Bedingung. Das „weil" deutet auf die Bedingung hin.
K.: Ja, sie „kümmert sich um ihre Patienten" und „behandelt sie wie menschliche Wesen", „nimmt sich Zeit" und „hört zu". Sie bringt auch die interessanten Aspekte, daß das Krankenhaus versucht hat, ausgerechnet diese Person loszuwerden. Und das ist ein außerordentlich wichtiger Punkt. Die Institution handelt so, daß der Erwerb von einigen der Qualitäten, die die Leute als wichtig für eine gute medizinische Versorgung empfinden, behindert wird. Das ist ein sehr großes Problem für die Ärzte und Krankenschwestern.
A.: Aber das ist eine Konsequenz daraus, was *sie* unter guter Medizin verstehen.
K.: Die Behörde; hier zeigen sich die bürokratische Definition und die Grenzen guter medizinischer Versorgung. Vielleicht ist das bei den Ärzten anders als bei der Behörde.
A.: Sie hat einen Vergleich eingebaut zwischen denen, die die Patienten gut versorgen, und denen, die dies nicht tun, anhand dieser Dimensionen, dieser Serie von Bedingungen. Sie hat für Sie auch hinzugefügt, in einer sehr netten Weise und gemäß ihrer Vorstellung von guter Versorgung, was geschieht, wenn die Ärzte eine gute Versorgung machen.
K.: Es scheint alles so eng. Jeder einzelne ist an seine eigenen Vorstellungen und individuellen Definitionen und Sehweisen gebunden. Keine Seite kann den Standpunkt der anderen sehen oder verstehen. Es ist, als ob sie nicht von einem Lager ins andere gehen können.
A.: Aber das ist eine allgemeine Feststellung. Wenn wir uns fragen: „Warum können sie nicht gehen?" (unter welchen Bedingungen) oder „Warum können sie gehen?", werden wir sofort erkennen, daß es eine Reihe von Bedingungen gibt, unter denen einige gehen können/tatsächlich auch gehen. Oder Sie müssen die Bedingungen formulieren, unter denen sie gehen könnten, obwohl es diese Bedingungen in Wirklichkeit vielleicht niemals dort geben wird.
S.: In gewisser Weise überschreitet die Hebamme diese Grenze, wie sie sagt. Demnach gehen manchmal Leute ins andere Lager.
A.: Ihre erste Feststellung, die so allgemein war – nach genauerem Hinsehen fangen Sie an zu spezifizieren, unter welchen Bedingungen manche Dinge geschehen und manche nicht.
K.: Und wenn man anfängt, vor allem die Zusammenhänge zu verstehen, wie dieses Problem für diese Leute auf der breiteren, der makroskopischen Ebene im Rahmen der institutionalisierten und staatlichen Gesundheitsfürsorge aussieht, dann . . .
A.: Nun, das ist gut, Sie haben gerade eine neue Ebene eingebaut und stellen Zusammenhänge her. . . . Aber was wir mit diesem Beispiel sagen wollen, ist folgendes: Da ist eine Frau, die die Grenze überschritten hat, weil sie Patienten versorgte. Ja? Damit haben wir eine wichtige Bedingung, unter der die Grenze

überschritten wird – die Versorgung der Patienten. Und Sie denken an einige der Gründe auf der Makroebene, weshalb eine Überschreitung nicht stattfindet, wo Ärzte und Krankenschwestern die Grenzen nicht überschreiten können ... Gut, machen Sie weiter.
S.: Sie hilft Ihnen, noch weitere Bedingungen für schlechte Medizin zu identifizieren. Sie versuchen, „uns auszutricksen". Sie steht zu Defiziten, orientiert sich aber an guter Medizin. Und diese Ärzte machen das eben nicht.
P.: Aber ist das nicht ein Teil der Kompetenz?
K.: Ich bin mir nicht sicher.
N.: Kompetenz ist dem Wissen näher. Das Eingeständnis von fehlendem Wissen ist nicht unbedingt Kompetenz oder Inkompetenz. Diese Hebamme zum Beispiel kann in Ordnung sein und doch etwas nicht wissen. Aber der Mangel an Wissen wird entschuldigt, weil sie bereit ist, dies zuzugeben. Doch die Ärzte werden als unwissend wahrgenommen, versuchen aber, dies zu verschleiern oder vorsätzlich auszuweichen und zu verdrehen.
K.: Dann ist das eine Art von „Vortäuschung".
A.: Sehen Sie, dimensionalisieren Sie das. Ärzte wissen etwas oder nicht. Wenn sie etwas nicht wissen, wie brechen Sie das auf?
K.: Unter der Kategorie Nichtwissen – entweder bluffen sie und sagen, sie wissen es, wenn sie es in Wirklichkeit nicht wissen, oder sie „gestehen".
A.: Ja, und sie sagt, daß die Hebamme gesteht und die Ärzte eben nicht.
N.: Sie gibt auch einen Hinweis, weshalb sie es nicht tun – sie sind unsicher.
A.: Woher wissen die Patienten, ob sie bluffen oder nicht?
K.: Durch solche Erfahrungen, von denen uns diese Frau erzählt – wenn nämlich die Einschätzung und die Überwachung und die Behandlung so stark auseinandergehen wie bei diesen beiden und die Leute irgendwo anders hingehen müssen, damit gehandelt wird und sie „gut versorgt" werden.
N.: Vielleicht lese ich das jetzt hinein, aber sie sagt, daß die Hebamme zugibt, etwas nicht zu wissen – also kommen sie vielleicht durch das fehlende Geständnis von seiten der Ärzte zu dem Schluß, „ausgetrickst zu werden". Das Verhalten der Krankenschwester, die zugeben kann, deutet vielleicht darauf hin, daß das bei den Ärzten fehlt.
P.: Auch ihre Erfahrung mit einem „kompetenteren" Arzt außerhalb des Reservats führt sie zu der Annahme, daß die Ärzte nicht viel wissen. Das wird implizit angedeutet.
K.: Ich glaube, es steckt mehr dahinter, als nur einen Arzt finden zu möchten, der mit einem einer Meinung ist. Ich würde es der fortgesetzten Erfahrung zuschreiben, keine relativ wichtigen und erfolgreichen und wechselseitig akzeptierten Kenntnisse über Einschätzung und Behandlung zu haben. Es ist auch bekannt, daß jemand nicht immer alles weiß, aber diese Ärzte verhalten sich, als ob sie immer alles wüßten. Sie wissen, daß Menschen nicht vollkommen sind, aber die Ärzte tun ständig so, als ob sie es wären.
A.: Wir haben heute nicht mehr viel Zeit; deshalb wollen wir ziemlich schnell die Sätze durchgehen. „Die Ärzte hier sind so unwissend" – (wir kennen diesen Punkt schon) – „und unsicher" – aha, das ist etwas Neues. Also haben Sicherheit und Unsicherheit etwas mit Wissen und Kompetenz zu tun.
N.: Sicherheit und Unsicherheit haben damit zu tun, daß man zugeben kann, etwas nicht zu wissen.
A.: Der nächste Satz: „Und wir müssen dafür bezahlen" – bezieht sich nicht auf Geld, sondern auf ideelle Kosten. Und der nächste Satz?
K.: Ich dachte, das war respektvolles und schon fast unterwürfiges Verhalten.

Aus der Sicht der Ärzte ist das Reservatsleben einfach nicht gut genug für sie und folglich sind es die Indianer auch nicht.
A.: Also ist hier nichts besonders Neues. Nun der nächste Satz: „Wenn man dann irgendwo anders hingeht, benehmen sie sich, als ob man ein Verbrechen begangen hätte". Das ist praktisch eine Proposition, linguistisch gesehen! „Wenn . . . dann". Sie geben Ihnen die Bedingung dafür, daß sie woanders hingehen, und die Konsequenz daraus – Bestrafung. Nun kann Ihnen Ihr Kontextwissen sagen, daß es hier verschiedene Arten von Möglichkeiten gibt. Wenn ein Arzt einem nicht zusagt, dann geht man zu einem anderen. Man kann von einem Arzt zum anderen wechseln, ohne sich schämen zu müssen. Sie vergessen einen einfach oder halten einen für verrückt. Also gibt es da eine ganze Reihe von möglichen Konsequenzen, nach vergleichbaren Verhältnissen zu suchen. . . . Der nächste Satz ist was?
K.: Wenn sie sagt, „sie sagten mir auch, daß ich mein Kind nicht ordentlich versorgt hätte", erklärt sie, was sie sonst noch machen. Sie geben ihr die Schuld an der ganzen Krankheit des Kindes, als ein Teil der Bestrafung, daß sie zu einem anderen Arzt gegangen ist.
A.: Wenn Sie sagen, daß sie ihr die Schuld geben, werfen sie ihr *Vernachlässigung* vor. Das ist etwas anderes als ein Vorwurf wegen Inkompetenz. Sie wirft dem Ärzt tatsächlich seine Inkompetenz vor, weil er die Krankheit nicht richtig eingeschätzt hat. Aber er sagt, daß er *sie* in keiner Weise für kompetent hält, und wirft ihr Vernachlässigung vor.
N.: Was damit zu tun hat, wie er ihre Kompetenz als Mutter sieht.
A.: Damit haben Sie ein paar neue Kategorien, die Sie hier hinzufügen können.
N.: Und die Vorwürfe um die Kompetenz gehen hin und her.
A.: Und eine Konsequenz aus der Vernachlässigung ist die, daß sie kränker wird. . . . Ja. Nun die Worte: „Das stimmt einfach nicht." Was ist hier los?
An.: Die Mutter hat sich ihre eigene Meinung über die Vernachlässigung ihrer Mutterpflichten gebildet. Ihrer Meinung nach nein, sie haben nicht recht.
A.: Sie reagiert auf den Vorwurf, ja? Und dann erzählt sie, wie sie ihr Kind überwacht hat. Aber „sie glauben einem nicht", wenn man ihnen sagt, wie man auf das Kind aufgepaßt hat. Das ist die Interaktion zwischen ihnen.
K.: Gewiß, und sie beschreibt sie: „Sie lachen einen aus" und „schauen weg" und machen abfällige Bemerkungen, so daß man sie hört.
A.: Ja, das ist alles Interaktion: wie die Ärzte sie behandeln . . . Nun, ich möchte mit Ihnen weitergehen, da unsere Zeit fast vorbei ist. „Manchmal denke ich, daß sie einfach versuchen, uns loszuwerden, daß da einfach ein großer Plan ist, um die Indianer auszurotten." Was bedeutet das? Es ist das erste Mal, daß wir von diesem Problem hören.
S.: Sprechen Sie davon, daß eine Konsequenz aus schlechter medizinischer Versorgung die Ausrottung der Indianer ist?
A.: Ich glaube nicht, daß sie das meint.
P.: Sie sagt, das sei vorsätzlich.
A.: Sicher. Sie sagt, daß sie nicht versuchen zu heilen, sie versuchen zu töten. Wer ist gemeint mit „sie"? Nicht der Arzt. Also eine weitere Bedingung für schlechte Versorgung – d.h. keine Versorgung –, es ist eine Ausrottungstaktik. Interessant, weil wir jetzt nicht mehr nur über Versorgung sprechen, sondern auch über fehlende Versorgung. Und fehlende Versorgung kann einen töten. Eine Bedingung für fehlende Versorgung liegt in der ungewöhnlichen Art der Politik. Wenn Sie das alles durchdenken, dann können Sie jetzt sehen, daß Sie irgendwie geordnet haben, was implizit in dem, was die Frau sagt, enthalten ist. Sie haben eine Übersetzung von dem, was sie sagt (Entschuldigung, daß ich jetzt so dogma-

tisch und autoritär bin). Die Übersetzung ist: „Unter der Bedingung, daß sie eine Ausrottungspolitik betreiben, lassen sie uns überhaupt keine medizinische Versorgung mehr zukommen." Wenn Sie eine sanftere Interpretation wollen: „Sie geben uns eine miese Versorgung, die in Wirklichkeit aber überhaupt keine Versorgung ist."
P.: Also ist das ihr eigentliches Verständnis.
A.: Gewiß, sie sagt: „Sehen Sie, dieser Typ hat mich entsetzlich schlecht behandelt, aber das geht alles, weil dahinter die staatliche Ausrottungspolitik steht. Das ist der Grund, weshalb sie uns inkompetente Ärzte geben; das ist der Grund, weshalb keine Ressourcen für uns da sind; das ist der Grund, weshalb sie Leute schicken, die uns nicht verstehen, uns nicht zuhören und so weiter." Das ist die übergreifende Makrostruktur, die allen diesen Aktionen zugrunde liegt. (Es ist das erste Mal, daß wir auf diesen Punkt stoßen. K., sehen viele Leute das so?)
K.: Schon einige. Es ist auch ein Teil der Erklärung, die für die wirtschaftlichen Bedingungen herangezogen wird.
A.: Dann müssen Sie sich fragen, unter welchen Bedingungen manche Leute das so sehen würden und manche nicht und wieder andere darüber erstaunt sind. Das ist vielleicht nicht relevant für Ihren Schlußbericht, aber es gehört auch zur Analyse, oder? Wenn einige Leute dieser Ansicht sind, dann tun sie das eine; wenn sie anderer Ansicht sind, dann tun sie etwas anderes; wenn einige Leute daran zweifeln, dann tun sie wieder etwas anderes. Wir haben gerade noch Zeit für einen weiteren Abschnitt: „Wissen Sie, manchmal kriegen wir prima Ärzte, die sich um uns sorgen, die sich wirklich um uns sorgen." Das ist Ihr Vergleich. Das ist die Person, die die Grenzen überschreitet. Sie sagt Ihnen nicht, weshalb, das ist interessant. Dann erzählt sie Ihnen noch etwas anderes: „Dann überarbeitet er sich, weil jeder zu ihm kommt." Schauen wir den ersten Teil des Satzes an. Und „Dann überarbeitet er sich". Was bedeutet das?
K.: Er hat nicht die Zeit, um die Patienten zu behandeln und sie gut zu versorgen.
A.: Richtig. Man kann keine gute ärztliche Behandlung machen, wenn man nicht die Zeit dafür hat. In Ordnung. Aber da gibt es einen Grund, weshalb er keine Zeit hat. Also gibt Ihnen dieser Satz eine doppelte Bedingung. Eine Bedingung für eine Bedingung. Wir brauchen den Rest des Interviews nicht mehr zu analysieren; Sie können erkennen, wie das alles so vor sich geht. Nun, K., was haben wir gemacht? Wir wollen sehen, ob wir zusammenfassen können. Beginnen wir beim Anfang. Was haben wir heute gemacht?
K.: Ich denke, wir haben die Dimensionen für gute medizinische Versorgung aus der Sicht des Patienten aufgestellt und viele von ihnen gewissermaßen umrissen. Dann haben wir uns das Interview angeschaut, um herauszufinden, unter welchen Bedingungen diese Dinge bei den Erfahrungen der Leute ins Spiel kommen, wenn sie versuchen, ärztlich behandelt zu werden. Und wir haben versucht, einige der spezifischen Ereignisse in den Kontext des übergreifenderen Systems zu setzen. Das, glaube ich, haben wir gemacht.
A.: Nun sehen Sie zu, daß Sie ein Diagramm anfertigen können, in dem diese Dinge, die wir heute und das letzte Mal zusammen gemacht haben, zusammengefaßt sind. Das macht Ihnen die Sache noch anschaulicher ... denn diese integrativen Diagramme können außerordentlich nützlich sein. Wenn es Ihnen aber nicht leicht von der Hand geht, zerbrechen Sie sich nicht den Kopf darüber.

Zusammenfassend kann man sagen, daß an den Ausschnitten aus den Fragebogenantworten und dem Interviewtext folgende Technik demonstriert wurde: Man unterstreicht Schlüsselwörter und aussagekräftige Phrasen im Textmaterial, um schnell die möglichen Dimensionen dieser Passagen herausarbeiten zu können. Die Seminarsitzung zeigt, wie die Analyse voranschreitet, indem mit den Dimensionen gearbeitet wird und diese in Zusammenhang gesetzt werden mit Bedingungen, Konsequenzen und Interaktionen und Strategien der Befragten. So bewegt sich die Analyse von einer Betrachtung der Dinge aus den Perspektiven der Befragten zu einer analytischen Sichtweise und versetzt den Forscher in die Lage, mit den Sichtweisen der Befragten von Ereignissen, Institutionen und anderen Akteuren zu arbeiten und sich doch auch davon freizumachen. Eine allgemeine Faustregel ist hier die, daß man natürliche Kategorien sucht, diese aber nicht als Themen analysiert, wie das qualitativ arbeitende Forscher oft tun, sondern im Hinblick auf Dimensionen, und daß man dann Hypothesen aufstellt, die sich auf möglicherweise relevante Bedingungen und Konsequenzen, Strategien und Interaktionen beziehen.

Beispiel 3

Zu umfangreiches Kontextwissen

Der nächste Ausschnitt stammt aus einer Projektsitzung und soll, wie die vorangegangenen Ausschnitte auch, ein allgemeines Problem beleuchten, das Wissenschaftler vor allem dann haben, wenn sie in Bereichen forschen, in denen sie schon praktisch gearbeitet haben oder noch arbeiten: als Sozialarbeiter, Krankenschwester, Erzieher usw. Die Schwierigkeit besteht darin, daß sie von persönlichen Erfahrungen überschwemmt werden: In gewissem Sinne wissen sie zuviel über die Bereiche und Ereignisse, die sie untersuchen möchten. Was macht man dann mit diesem ganzen Kontextwissen? Wo bricht man es analytisch auf? Was soll eigentlich speziell untersucht werden? In unserer Seminarsitzung wird genau dieses Problem demonstriert und auch gezeigt, wie man sowohl von der Forschungsgruppe als auch vom einzelnen Forscher her gesehen damit umgeht.

A. ist Sozialarbeiterin und hat einige Jahre in einer staatlichen Schule gearbeitet, wo sie sich um die Kinder gekümmert hat, die vom Lehrerkollegium als „schwierig“ eingestuft worden waren. Sie möchte eine Dissertation über einige Aspekte des Problems schreiben, wie die

Schule mit diesen Kindern und ihren Eltern umgeht. Sie weiß aber nicht, wo sie in diesem weiten Gebiet den Schwerpunkt legen soll und wie sie Fragestellungen formulieren kann. Sie hatte ein Beratungsgespräch mit dem Dozenten, der ihr folgendes vorschlug: Sie gibt den Seminarteilnehmern am Anfang der Sitzung ein paar Anekdoten zum Lesen. Das macht sie auch. Dann sagt sie zu ihnen:

A.: Ich muß sagen, wenn ich auf diese Art und Weise anfange, dann ist eines der wichtigen Dinge für mich, daß ich das Gefühl habe, daß ich von meiner Arbeit her *so* viele Informationen in meinem Kopf habe, daß ich sehr gerne darüber arbeiten möchte, ich aber nicht weiß, wie ich vorgehen soll. Deshalb habe ich das da geschrieben, um es euch zum Lesen zu geben. Ich kann nicht logisch begründen, weshalb ich das Material gerade auf diese Weise vorstelle, aber es ist ein Anfang, und ich hoffe, daß ich von euch Unterstützung bekomme, nicht nur, wie man Schwerpunkte legt, sondern auch, wie man die Daten präsentiert, nicht wahr. Um mit meinen Beobachtungsprotokollen zu arbeiten ...
Dozent: In dieser Art von Situation, was hier geschieht ist, daß Sie jemanden wie A. haben, die in dem Bereich arbeitet, und somit haben Sie alle diese wunderbaren Daten – nichts oder nur wenig davon ist schriftlich festgehalten. Geht man von den Unwägbarkeiten, diese Art von Daten zu analysieren, aus, dann ist die Fragestellung tatsächlich: Was macht sie mit allen diesen Daten? Wie geht sie damit um? Das Problem ist nicht, wieviel sie weiß, sondern welches die Themen sind. Kennt sie diese? Ich meine ja, wenn wir sie *draufstoßen.* Probieren Sie jetzt, ob Sie sie nicht dazubringen, deutlich zu erkennen, was in ihrem Kopf ist. Schließlich lebt sie zwischen diesem ganzen Datenmaterial.
A.: (sofort danach) Es ist irgendwie erschreckend für mich (wie ich Ihnen gestern erzählt habe, Anselm), weil ich nicht weiß, wie ich ansetzen soll. Es ist alles in meinem Kopf; es ist auch in meinen Fingerspitzen, weil ich die ganze Zeit damit arbeite. Und bei der Arbeit stelle ich alle möglichen Hypothesen auf, was hier vor sich geht – und es scheint so viele zu geben – wissen Sie, sie nehmen überhand. Eine Auflistung der Hypothesen, und dann kann ich konzeptuell einfach nicht damit umgehen, um die Art von Fokus zu kriegen, die ich brauche.
Dozent: Sie wissen, daß Sie nicht über alles schreiben können. Sie müssen eine zentrale generative Frage haben. ... Eröffnen wir die Diskussion.

In der nächsten halben Stunde findet dann eine lebhafte Diskussion statt, in der viele bereichsbezogene Fragen gestellt und bereichsbezogene Vorschläge gemacht werden, und zwar auf der Basis der persönlichen Erfahrungen der Seminarteilnehmer. A. beantwortet die Fragen mit weiterem Kontextwissen und so weiter.

Der Dozent beendet dann diese Diskussion, um einen Schwerpunkt herauszuholen: nämlich den, daß die schwierigen Kinder in der Schule unter vielen verschiedenen Perspektiven gesehen werden und ihr Verhalten dementsprechend definiert wird. Er fragt A., ob *dies* ein zentraler Punkt in ihrem Denken sei. Sie bejaht. Der Dozent fordert die Seminargruppe auf, bei ihren Fragen dieses Thema im Auge zu haben – aber nur *dieses* Thema und kein anderes. In der übrigen Zeit der

Sitzung stellen die Teilnehmer noch eine Reihe nützlicher Fragen. Sie konzentrieren sich auch darauf, ob A. schon Antworten auf diese Fragen hat oder sich vielleicht „das Geschehen“ noch genauer anschauen sollte, indem sie ganz spezifische Beobachtungs- und Interviewdaten erhebt.

Wenn das Kontextwissen den Forscher zu erdrücken beginnt, ist eine allgemeine *Faustregel* die, daß er sich Distanz verschafft, indem er theoretisch geleitete Fragen über Themen im Datenmaterial stellt oder eine solche Frage vielleicht sogar herausgreift und dann die bekannte Art von Analyse auf diese Frage richtet. Dann untersucht man diese Frage im Hinblick auf Kategorien und denkt in Begriffen von Hypothesen über möglicherweise relevante Bedingungen, Konsequenzen usw. nach.

Beispiel 4

Zuviel Datenmaterial und kaum analytische Arbeit

Junge Wissenschaftler tendieren im allgemeinen dazu, daß sie sich vom Datenmaterial mitreißen lassen und daß sie zögern, ohne „zusätzliche“ Daten analytische Schritte zu unternehmen. In den Sitzungen zu Beginn eines Forschungsprojektes wird diese Tendenz immer wieder deutlich, wenn nämlich die Mitarbeiter von dem Studenten, der Daten vorstellt, zusätzliche bereichsbezogene Details fordern – die er gewöhnlich auch mit Leichtigkeit geben kann, da er sich in seinen Daten verhältnismäßig sicher fühlt, in seiner Analyse aber verhältnismäßig unsicher oder unbedarft ist. Der Dozent neigt manchmal dazu, die Diskussion eine Weile dahinplätschern oder sogar „über den Punkt hinaus“ schießen zu lassen, bevor er eingreift, entweder um der Diskussion einen analytischen Fokus zu geben oder aber zu verlangen, daß die Forschergruppe das selbst macht. Manchmal weist der Dozent vielleicht auch darauf hin, weshalb die Diskussion analytisch gesehen im Nichts endet und einige Teilnehmer aus diesem Grunde ungeduldig werden. Sogar die Studenten, die im Seminar ihre Daten vorstellen, können ungeduldig werden, weil sie darauf bedacht sind, Hilfestellung bei ihrer Analyse zu erhalten. In verhältnismäßig kurzer Zeit haben die Studenten gelernt, das Steuer selbst in die Hand zu nehmen, weil sie erkannt haben, wann sie genug wissen, um sinnvolle analytische Fragen zu stellen, oder wann es an der Zeit ist, vorsichtig mit einer mikroskopischen Datenanalyse zu beginnen. Doch wenn das vorgestellte Datenmaterial besonders faszinierend ist, sieht man, wie die Studenten wieder von ihrer Begeisterung für die Daten allmählich gefangengenommen werden. In diesem Falle muß der Dozent vielleicht wieder vor dieser Entwicklung warnen oder ihre Aufmerksamkeit darauf lenken, nachdem die Diskussion eine Weile dahingeflossen ist.

Ein treffendes Beispiel dafür ist das folgende: Eine junge Gastdozentin, eine Medizinerin, die ein halbes Jahr lang am Seminar teilgenommen hatte und gut integriert war, wollte Datenmaterial aus einem großen Projekt vorstellen, an dem sie und mehrere Kollegen gearbeitet hatten. Sie erklärte am Anfang genau, was sie von der Seminardiskussion erwartete: nämlich eine soziologische Betrachtungsweise ihrer Daten, die unter psychologischen Gesichtspunkten schon sehr gut analysiert worden waren. Also formulierte sie deutlich eine Bitte: „Ich möchte *neue* Ansätze, mit denen ich an das Material herangehe." Es sei nicht so, daß sie mit den früheren Ansätzen unzufrieden sei, aber wenn sie etwas aus der Diskussion mitnehmen könnte, so erklärte sie behutsam, wäre es etwas, womit sie ihre gegenwärtigen Sichtweisen ergänzen könnte. Sie bräuchte keine spezifischen Analysen – die könnte sie selbst durchführen –, sondern frische analytische Fragen zu den Datenmaterialien.

Die Diskussion begann sofort, wie so oft, mit Fragen an die Person, die das Datenmaterial vorstellt, zu bereichsbezogenen deskriptiven Details, und weil der Forschungsgegenstand an sich spannend war und die Studenten sowieso neugierig auf „Entdeckungen" waren, machten sie den Fehler, daß sie immer mehr Fragen zum Datenmaterial stellten. Sie erzählten auch von vergleichbaren Ereignissen aus ihrem eigenen Erfahrungsbereich. Da diese Forschungsgruppe schon etliche Monate Übung hinter sich hatte, war der Dozent zunächst verärgert über dieses Verhalten, bezähmte aber seine Ungeduld, um zu sehen, wie die Teilnehmer aus der sich endlos dahinziehenden – wenn auch deskriptiv interessanten – Sitzung herauskommen würden. Er wartete etwa eine halbe Stunde lang ab und erinnerte erst dann die Seminarteilnehmer in sanftem Ton an das eigentliche Anliegen der Gastdozentin. Die Studenten nickten, kehrten aber kurz darauf wieder zu ihren bereichsbezogenen Fragen zurück. Die Gastdozentin beantwortete geduldig alle Anfragen, während der Dozent zusehends ungeduldig wurde, zum einen über ihre Höflichkeit, zum anderen über die Wanderungen des Seminars in diesen unfruchtbaren Gefilden. Aber er wartete eine weitere halbe Stunde, um spürbar werden zu lassen, daß sich die Diskussion allmählich totlief. Schließlich unterbrach er abrupt die Konversation und wies darauf hin, daß G. und ihre Kollegen zwei oder drei Jahre damit verbracht hätten, Daten zu erheben und zu analysieren und daß sie bis obenhin mit Informationen angefüllt sei – natürlich könnten sie „ewig" so fortmachen und immer mehr deskriptive Informationen zu den Daten von ihr bekommen, wenn sie auf diese Art weitermachten. Er erinnerte sie doch noch einmal daran, daß alle diese Sitzung zwar genießen, aber die Zeit von G. hemmungslos vergeuden und daß sie ihrem Wunsch nach neuen, alternativen *Analysemodi* für ihre Daten nicht nachkommen. „Sagen Sie mir einmal, was Sie Ihrer Meinung nach tun? Was hat sich in der letzten Stunde denn ereignet?" Die Studenten erkannten schnell, was geschehen war, lachten und wandten sich der eigentlichen Aufgabe des Tages zu.

Die Studenten haben gegen eine *Faustregel* beim Analysemodus nach der Grounded Theory verstoßen: Man soll nämlich nicht kostbare Zeit und Mühe für die Erhebung von *zuviel* Datenmaterial verschwenden, bevor man mit der Analyse beginnt. Die Analyse kann mit sehr wenig Daten begonnen werden, solange der Forscher die Analyse als vorläufig betrachtet – um sie später nachzuprüfen.

Beispiel 5

Makroskopische Bedingungen und mikroskopische Daten in einen Zusammenhang bringen

Wie schon erwähnt, erfordert das Zusammenbringen von übergreifenden Strukturbedingungen und interaktionellen Konsequenzen ein Geschick, das erst entwickelt werden muß. In der folgenden Seminarsitzung werden einige erste Schritte aufgezeigt, in denen die Studenten von der Notwendigkeit, diese Verbindungen herzustellen, unterrichtet werden und in denen ihnen vorgeschlagen wird, wie sie diese Operation beginnen können.

Speziell diese Gruppe von Seminarteilnehmern hatte Daten analysiert, die eine Studentin (und Audiologin) über ihre Arbeit und den Beruf – über den Verkauf und die Auswahl von Hörhilfen usw. – zur Verfügung gestellt hatte. Am Anfang dieser Sitzung gerieten die Teilnehmer in eine Diskussion über die Herstellung und den Vertrieb von Hörhilfen; denn in einem Teil der Daten ging es direkt um dieses Thema. Der Dozent fragte sie, ob sie sich auf die Hörhilfe-Industrie konzentrieren wollten. Sie bejahten. Und so entlockten die Studenten der Audiologin in ihrer Mitte reichhaltiges Datenmaterial, das aus ihrer Erfahrung und auch aus ihrem fachlichen Wissen stammte, und analysierten die Daten ziemlich effektiv.

Am Ende der Seminarsitzung zeichnete der Dozent zwei Spalten an die Tafel: links die Eigenschaften der Industrie und des Marktes, rechts die konkreten Optionen. Er bemerkte dazu, daß die linke Spalte strukturelle Eigenschaften von Industrie/Markt beinhaltete (Makrobedingungen auf gut deutsch); während die konkreten Optionen von einigen Leuten als Konsequenzen auf der Mikroebene bezeichnet werden könnten. Dann stellte er eine Frage und gab den Studenten einen Auftrag: „Wenn Sie für die Sitzung nächste Woche Ihre Memos schreiben, möchte ich, daß Sie die beiden Spalten an der Tafel zueinander in Beziehung setzen. Wie werden Sie das anstellen?" Die Studenten hatten dazu mehrere Vorschläge.

1. Ein Memo schreiben und viele Punkte aus der einen Spalte mit Punkten aus der anderen Spalte in Zusammenhang bringen.

2. Eine oder zwei Strukturbedingungen herausgreifen und im Detail untersuchen, wie diese die konkreten Optionen beeinflussen.
3. Ein oder zwei konkrete Optionen herausgreifen und diese mit den Bedingungen des Marktes/der Industrie in Beziehung setzen – und außerdem könnten die konkreten Vorgänge auch Bedingungen sein, die die strukturellen Punkte beeinflussen.
4. Vielleicht wurden intervenierende Bedingungen, die zwischen Makrobedingungen und Mikrodaten liegen, übergangen; also versuchen wir, diese aufzudecken und dann mit beiden Spalten in einen Zusammenhang zu bringen.

Der Dozent forderte dann die Studenten auf, diese Aufgaben untereinander aufzuteilen und ihre Memos für die Besprechung nächste Woche im Seminar zu schreiben.

Auf die *Faustregel,* daß man einen Zusammenhang herstellt zwischen Struktur und Interaktion, wurde im 3. Kapitel hingewiesen: Erstens, denken Sie in Strukturen *und* in Interaktionen, aber zweitens, erheben und untersuchen Sie Daten, die beiden Aspekten gerecht werden, und schauen Sie sorgfältig nach *spezifischen* Verbindungslinien zwischen beiden. Diese werden wie üblich in Form von Bedingungen und Konsequenzen sowie als damit zusammenhängende Interaktionen und Strategien auftauchen. In der oben beschriebenen Seminarsitzung fangen die Studenten unter der Anleitung des Dozenten mit diesen notwendigen Verfahren gerade an.

Beispiel 6

Das zentrale Thema der Studie bestimmen

Unser Student im Aufbaustudium hatte noch nie das Seminar über qualitative Datenanalyse besucht, weil ihm das aufgrund der Anforderungen, die an ihn als Sozialarbeiter an einem großen medizinischen Zentrum gestellt wurden, nicht möglich war. Einige Jahre lang hat er dort die Familien von schwer kranken Kindern betreut, von denen viele schwere Herzanomalien hatten und erfolgreich operiert worden waren; aber die Krankheiten der Kinder und die Erfahrungen mit der Krankheit stellen eine starke Belastung für die Patienten und deren Familien dar. Von daher besitzt dieser Forscher ein enormes Quantum an Kontextwissen (professionellen Daten) und auch viele andere Daten, die er in jüngster Zeit für seine Doktorarbeit erhoben hat. Sein Hauptproblem besteht darin, daß er zuviel Datenmaterial hat und zu wenig Übung in analytischen Verfahrensweisen nach der Grounded Theory. In dieser Hinsicht geht es ihm wie vielen anderen Forschern, die mit Bergen von Datenmaterial konfrontiert sind und nicht wissen, wie sie ihre Daten am effektivsten untersuchen.

Die Strategie des Dozenten ist, den Studenten (so, als ob dieser Hauptinformant in einer anthropologischen Studie wäre) dazu zu bringen, daß er artikuliert, was seiner Meinung nach *das* Hauptthema ist; dann will er den Studenten soweit bringen, daß dieser aufgrund einer Reihe von spezifischen Forschungsfragen den Analysefokus auf dieses Thema richtet. (Im 2. Kapitel ist als zweites Beispiel ein kurzes Interview mit einer Analyse wiedergegeben, die einige Wochen nach dieser Sitzung durchgeführt wurden.) Nach der Sitzung schrieb der Student die folgende Zusammenfassung.

A.S.: Der neue Leiter des Kliniksozialdienstes, wo ich arbeite, unterstützt mich sehr darin, daß ich meine Promotion so bald wie möglich abschließe. Er gibt mir Dienstbefreiung, damit ich an meiner Dissertation arbeiten kann. Ich brauche prinzipiell eine Struktur und Richtung in dem Sinne, wie ich meine Gedanken, Ideen und Daten organisieren soll. Wird es in nächster Zeit noch einen anderen Kurs über qualitative Analyse geben? Ich würde mich dann gerne einschreiben. Könnte ich einmal mit Ihnen sprechen, wenn ich öfters hier bin?
A.L.S.: Vielleicht im Herbst. Wenn Sie aber vom Büro aus anrufen können, können wir auch einiges am Telefon besprechen, das würde Geld und Zeit sparen. Die Forschungsgruppe vom letzten Jahr hat auch ein interessantes Kommunikationsnetz eingerichtet. Einige Seminarsitzungen werden auf Tonband aufgenommen: Vielleicht setzen Sie sich mit den anderen Teilnehmern in Verbindung und

hören sich einige der Bänder an. Es wäre auch gut, sich mit den anderen zu treffen, Ideen und Daten auszutauschen und Rückmeldung zu kriegen. Das ist immer hilfreich. Sie haben eine Menge Daten im Kopf, die kodiert werden müssen. Sie könnten sich hinsetzen und mit sich selbst diskutieren und aufzeichnen, was dabei herauskommt.

A.S.: Ich brauche das alles. Ich möchte fertig werden und diese Erfahrung zu einem Ende bringen, indem ich promoviere.

A.L.S.: Dann wollen wir irgendwo anfangen. Bitte denken Sie eine Weile nach und sagen uns dann: Welches sind die Hauptthemen in den Situationen, die Sie untersuchen. Worüber sprechen die Leute?

A.S.: (Nach einiger Überlegung) Könnte ein Thema das der Wirklichkeit der Unmittelbarkeit der Situation sein? Der direkte Einfluß, den die Herzkrankheit des Kindes auf die Familie hat?

A.L.S.: Nun, könnte sein. Aber was könnte noch ein echtes Thema sein, das für die Situation, in der Sie arbeiten, spezifisch ist?

A.S.: Könnte die Entscheidung, ob man das Kind operieren lassen soll oder nicht, ein Thema sein? Es gibt Situationen, wo sich heiße Diskussionen über die finanzielle Belastung der Familie durch eine Operation entwickeln, aber das Kind braucht vielleicht die Operation.

A.L.S.: Könnte sein. Machen Sie weiter. Ich führe Sie diesen Weg entlang aus einem bestimmten Grund, über den wir später noch reden.

A.S.: Manchmal ist die Definition von Patient ein Thema. Manche Ärzte und anderes Personal möchten ausschließlich mit dem Patienten arbeiten und die Familie insgesamt draußenlassen. Andere möchten das Kind mit der Familie behandeln. Also könnte ein Thema das sein, wer darüber entscheidet, wer behandelt wird und wie. Ein weiteres Thema könnte sich um die ideellen Kosten für die Familie drehen. Lohnt es sich tatsächlich, alle seine Kräfte für die Behandlung eines Kindes einzusetzen, das nie ganz gesund oder vollkommen sein wird?

A.L.S.: Machen Sie weiter.

A.S.: Ich denke, daß die Kontrolle von Informationen ein Thema ist. Was sagt man den Eltern? Wie finden Sie heraus, worüber sie schon Bescheid wissen?

A.L.S.: Informationskontrolle ist ein echtes Thema. Doch viel von dem, worüber Sie gesprochen haben, sind Elemente der Situation oder Bedingungen und nicht unbedingt Themen.... Schauen wir uns das einmal aus einem anderen Blickwinkel an. Spielen wir eine fiktive, aber vielleicht, psychologisch gesehen, schwierige Situation durch. Nehmen wir an, man sagt Ihnen, daß Sie Krebs hätten und nur noch ein halbes Jahr zu leben. Welche Botschaft würden Sie Ärzten und anderen Leuten gerne hinterlassen?

A.S.: (Denkt etwa eine Minute nach) Ihnen sagen, daß man Betreuung bereitstellen muß, die über die Krankenpflege hinausgeht. Ihnen besser verstehbar machen, welche Momente und Interaktionen da sind, die zusammenlaufen und sich auf das Endergebnis auswirken.

A.L.S.: Welches Endergebnis?

A.S.: Ob die Kinder überleben oder nicht: Ich bin überzeugt, daß sie mit medizinischer Versorgung allein nicht überleben würden. Die Leistungen der Familie sind wesentlich.

A.L.S.: Das ist Ihr Hauptthema. ... Es gibt ein Buch von Massie und Massie, das Sie lesen sollten. (Geht weg und kommt wieder mit *Journey* von Suzanne und Robert Massie). Dieses Paar schreibt über ihren Sohn, der Hämophilie hat. Das ist etwas anderes als die Krankheit, über die Sie arbeiten, aber in gewisser Weise doch damit verwandt. Das Buch ist journalistisch aufgemacht, aber lesens-

wert. Gibt es bei Ihnen auch Kinder, bei denen der Tod eine zweite Wirklichkeit ist, aber man nie weiß, wann es soweit ist?
A.S.: Ja. Ziemlich oft, da gibt es Kinder, deren Zustand so schwach ist, daß die Bedrohung immer über ihnen und ihren Eltern schwebt.
A.L.S.: Wenn Sie eine Monographie über Ihre Erfahrungen mit den Kindern, mit denen Sie arbeiten, schreiben sollten, wie würde sich Ihr Buch von dem von Massie und Massie unterscheiden?
A.S.: (Nach einigem Nachdenken) Ich bin mir nicht sicher, ob ich das weiß.
A.L.S: Ihre Grundlage hat sich in dreizehn Jahren durch die praktische Erfahrung mit Hunderten von Kindern und Familien entwickelt; die Grundlage von Massie und Massie ist das Leben mit einem Kind, so berechtigt das der Tendenz nach ist. Ich denke, daß Sie eine Menge deskriptiver Daten erheben und analytisch behandeln können, diese fokussieren ... Ich meine, daß Ihre Hauptthemen sind: Wie halten die Familien ihre Kinder am Leben, und wie bringen sie es fertig, nicht nachzulassen?; und natürlich hängt beides letzten Endes miteinander zusammen.
Wie überleben die Kinder physisch und mit geringer emotionaler Belastung? Dies geschieht größtenteils mit außermedizinischen Mitteln.
Sie sind überzeugt, daß außermedizinische Aspekte zentral und von übergeordneter Bedeutung sind.
Was geht biographisch gesehen mit den Familien und ihren Kindern vor, was sich auf das Überleben des Kindes auswirkt? – und vom medizinischen Personal nicht gesehen wird.
Was Sie von Ihrer soziologischen Perspektive aus machen, ist das, daß Sie den Klinikleuten Informationen geben, die sie selbst schon so ungefähr verstanden haben. Wenn sie aber wirklich verstanden hätten, würden sie anders handeln. Ärzte kennen die Bedeutung der Familie, aber ist ihnen das wirklich auch *bewußt?* Ihre Aufgabe ist: Wie kann ich überzeugender sein? und Sie hätten eine spannende Monographie.

Für die Eltern ist eine der grundlegenden Fragen: Wie „normal" können sie diese Situation gestalten? Das ganze Spektrum von normal bis abnormal: Welche Umstände in der Familie sind es, die sich auf das Überleben des Kindes auswirken? Sie sollten einige Themen durchdenken und fragen: Wie paßt es zusammen, das Kind am Leben zu erhalten und es erwachsen werden zu lassen? Das könnte mit medizinischer Versorgung allein nicht geleistet werden. Wenn das auf anderen Wegen versucht wird, müssen Fehlschläge mit verheerenden Auswirkungen einkalkuliert werden. Denken Sie darüber nach, wie das zum Hauptthema paßt, nämlich das Kind unter geringer emotionaler Belastung am Leben zu erhalten.

Zusammengefaßt sieht das so aus:

Denken Sie über die zahlreichen Erfahrungen nach, die Sie mit Familien über einen Zeitraum von dreizehn Jahren gemacht haben.

Schreiben Sie für sich selbst Memos.

Ziehen Sie einige Schlußfolgerungen über Zusammenhänge und halten Sie diese schriftlich fest.

Schauen Sie die Daten an:

Fragen Sie danach, was die Daten mit *Überlebensthemen* zu tun haben. Greifen Sie einzelne Ereignisse, einzelne Abschnitte heraus, und schauen Sie, wo die Daten passen.

Wenn sie nicht passen, legen Sie das Datenstück weg und vergessen es.

Eltern müssen mit dem Risiko des Abwägens arbeiten – gegenwärtige/momentane Auswirkungen gegenüber der zukünftigen Identitätsbildung.
Wie man mit Daten arbeitet – nehmen Sie die Themen, wie sie kommen, und kämpfen Sie sich allein durch.
Das konkrete Thema *Arbeit* – der rote Faden, der sich durch das Gewebe zieht: Sie arbeiten *schwer*, um das Überleben des Kindes zu sichern.
Welches sind die Eigenschaften der Arbeit und von Arbeit, die gemacht werden muß? Wo und wie?

Der Dozent hat diesem noch unerfahrenen Forscher eine Reihe von *Leitlinien* gegeben. Erstens: Wie er darauf vertrauen kann, daß er sein zentrales theoretisches Thema eigentlich schon kannte, und wie er den Mut aufbringt, an diesem Thema festzuhalten – zumindest bis zu dem Punkt, wo er theoretisch geleitete Fragen stellt, die auf das Thema gerichtet sind. Zweitens: Daß er eine Reihe von Schritten (die üblichen) macht, um die Analyse voranzubringen, aber daß er immer das zentrale theoretische Thema im Auge behält und dann eher mit dem selektiven Kodieren arbeitet als bloß mit offenem Kodieren.

Beispiel 7

Die Lücke im Diagramm finden

Der nächste Ausschnitt zeigt, wie das integrative Diagramm eines Studenten, das eine entscheidende Lücke aufwies, in einer sehr langen Seminardiskussion korrigiert wurde. Dieser Student hatte praktisch seine gesamte Datenerhebung und Analyse abgeschlossen und erhoffte nun von dieser Sitzung, daß die Seminarteilnehmer seine Arbeit bestätigen und auch Fragen stellen würden, die die letzten analytischen Details noch abrunden würden. Ansonsten war er von seiner Analyse und seinem Diagramm ganz angetan. Er ist klinischer Psychologe und hat eine gründliche Ausbildung in einer wissenschaftlichen Tradition, die vereinbar ist mit dem, was er über die Methodologie der Grounded Theory in diesem Seminar gelernt hat. Er arbeitete an einer Studie über die Sozialisation junger Ärzte, die das Spezialgebiet Familientherapie gewählt hatten und nun im ersten Jahr als Assistenzarzt an einer Klinik für Familientherapie arbeiteten. Der Forscher fand heraus, daß diese jungen Ärzte mit einem beträchtlichen Maß an Idealismus an ihre Aufgabe herangegangen waren und dann zunehmend enttäuscht wurden, als sie mit den Realitäten – „zu viele Patienten", „nicht genug Zeit", „nicht genug Ressourcen" usw. – zu kämpfen hatten. Sie befanden, daß sie aufgrund dieser drohenden Unwägbarkeiten viel weniger lernten, als sie erwartet hatten. Der Forscher hatte seine Analyse sorgfältig in einem Diagramm festgehalten, und dieses Diagramm präsentierte er am Anfang der Seminarsitzung. Es ging über drei Seiten und erfaßte zahlreiche Strukturbedingungen und Kategorien, die in Kästchen graphisch dargestellt waren, wobei diverse Pfeile auf Verbindungen zwischen den einzelnen Kästchen hinwiesen.

Nachdem die Seminarteilnehmer dieses Diagramm durchgeschaut hatten, überfielen sie den Autor mit einer Reihe von Fragen, weil sie verstehen wollten, was er mit den diversen Kästchen, den Pfeilen dazwischen usw. meinte. Auf seine überzeugenden und insgesamt ziemlich klaren Antworten gaben sie auch bereichsbezogene und analytische Kommentare. Der Dozent blieb relativ still und ließ es zu, daß die Seminarteilnehmer das Gebiet in der Diskussion sondieren konnten. Als die Diskussion schließlich bei den letzten Kästchen angelangt war, „stießen" die Studenten auf das Thema, wie sich Arbeitsüberlastung und daraus resultierende Enttäuschung auf den Idealismus der Ärzte, auf ihre Vorstellungen von guter Medizin und auf ihr Leben auswirkte: Das bedeutet, daß sich der Fokus der Diskussion mehr auf biographische Aspekte des Lebens der Assistenzärzte als auf Aspekte ihrer Arbeit verlagert hatte.

Dann stieg der Dozent in die Diskussion ein, weil er erkannt hatte, daß dieser neue Fokus für das Diagramm und dessen integrative Funktion wesentlich war. Der Forscher erzeugte einige Konfusion, als er sagte, daß das Biographische vielleicht ursächlich sein. Ein Student sagte spitz: „*Das* ist nicht im Diagramm." Also stellte der Dozent dem Forscher die schlichte Frage: „In dieser Identitätskrise, während dieser Periode, von der Sie sprechen, rekonstruieren da die Assistenzärzte ihr Leben, oder klügeln sie nur Strategien aus, wie sie ihre Ausbildungszeit effektiver gestalten können? Wenn Sie diese Frage beantworten können, dann können Sie relevante empirische Fragen stellen." Der Forscher dachte kurz nach und erwiderte: „Strategien, wie sie ihre Ausbildungszeit gestalten können?" Dozent: „Das ist der Kern der Sache bei der Sozialisation." Und er bemerkte, daß das nicht im Diagramm enthalten war, analytisch aber auseinandergelegt werden müsse. Der junge Forscher lachte, die Studenten lachten, und die Diskussion folgte von da an diesen Linien. In der Woche darauf machte der Forscher große Fortschritte, diesen zentralen Teil seiner Analyse abzuschließen.

Eine generelle *Faustregel*, die mit diesem Beispiel („Schließen der Lücke") veranschaulicht wird, ist im wesentlichen identisch mit der, die für das vorangegangene Beispiel gegolten hat, nur mit dem Unterschied, daß sie hier für einen Forscher aufgestellt wird, der in seiner Arbeit viel weiter ist. Diese Regel bezieht sich auf das Problem, das zentrale theoretische Thema herauszufinden, worauf alle weiteren Analysen aufbauen. Und die Regel lautet: Der Forscher muß sich unbedingt mit alternativen zentralen Themen auseinandersetzen und das Thema auswählen, das analytisch den größten Teil der Daten abdeckt. Aus dieser Wahl wird sich dann die Schlüsselkategorie ergeben (‚Überleben' im vorigen Beispiel und ‚Arbeit während der Ausbildung' hier). Manche Forscher treffen solche Entscheidungen nur ungern, weil sie sich über „das" richtige Thema nicht sicher sind, weil noch so viele Optionen aufregend aussehen oder weil sie fürchten, daß sie mit der Entscheidung für ein Thema andere relevant erscheinende Themen aufgeben müssen usw. Wenn aber der Forscher, wie in diesem Fall, schon so weit gekommen ist, dann muß er diese Wahl zumindest vorläufig treffen, um zu sehen, was mit dem Thema erfaßt wird und was noch offen sein könnte. Kurz gesagt, wird durch die

Berücksichtigung dieser Faustregel der Integrationsprozeß der ganzen Studie gefördert, wenn nämlich das zentrale Thema und die Schlüsselkategorie einmal nicht eindeutig „in Erscheinung treten". Der Dozent spürte die unvollständige Integration der Analyse des Forschers zuerst, als er das Diagramm anschaute, dann aus den Fragen der Studenten zum Diagramm und schließlich, als er die (buchstäbliche) Lücke im Diagramm bemerkte.

Zusammenfassung

Wie schon am Anfang dieses Kapitels erwähnt wurde, können einige generelle Probleme, mit denen es der Wissenschaftler bei der qualitativen Analyse zu tun hat, anhand von Schwierigkeiten, die Studenten damit haben, veranschaulicht werden; doch selbst ein sehr erfahrener Forscher kann diese Probleme haben, wenn er an neuen Forschungsprojekten arbeitet. Dies ist vor allem dann der Fall, wenn ihm das Forschungsgebiet und die Art des Datenmaterials fremd sind. Dann kann auch der erfahrene Forscher unter dem Gewicht der Datenmassen ins Schwanken kommen, die er wegen der Verhältnisse im Forschungsfeld oder aus Ängstlichkeit erhoben hat, vielleicht auch, weil er zunächst einmal historisches Material oder andere dokumentarische Daten zusammengetragen hat. Der Forscher hat vielleicht auch Schwierigkeiten, das zentrale theoretische Thema zu bestimmen, vielleicht wird er von Kontextwissen überschwemmt, er kann sogar noch mehr Probleme als üblich haben, wenn er strukturelle und interaktionale Aspekte zueinander in Beziehung setzen möchte, weil er bei der Datenerhebung einen Aspekt zu sehr gewichtet hat. Mit derlei generellen Problemen müssen potentiell nicht nur Wissenschaftler rechnen, die nach der Grounded Theory arbeiten, sondern auch Forscher, die andere qualitative Analysemodi anwenden.

8 Integrative Diagramme und Integrationssitzungen

Es besteht kein Zweifel, daß *die* Fertigkeit, „wie man alle Fäden zusammenlaufen läßt", d.h. wie man die einzelnen, wenn auch kumulativen Analysen integriert, am schwersten zu erlernen ist. Wenn das Endprodukt eine integrierte Theorie ist, dann ist *integrieren* genau der richtige Begriff für diesen komplexen Vorgang (siehe auch 1. Kapitel). Deshalb wird der unerfahrene Forscher nie die Sicherheit haben, eine vollständige Integration zustandezubringen, solange er diesen Prozeß nicht von Anfang an und bis zur letzten Zeile des Abschlußberichts durchgekämpft hat. Vielleicht ist die Integration für den Wissenschaftler, der nach der Grounded Theory arbeitet, schwieriger, weil er seine Forschungsarbeit nicht einfach dadurch integrieren kann, daß er „Erzähllinien" auswählt, die nur auf einem konzeptuellen Rahmen beruhen, auf einzelnen Themen, auf ein paar Konzepten oder auf Konzepten, die in der Analyse insgesamtnicht sorgfältig aufeinander bezogen sind.

In Entsprechung dazu gehört der Bereich der integrativen Merkmale zu den Teilen des Memoschreibens, die am schwierigsten zu vermitteln sind; dazu gehört auch das Problem, wie die wichtigen Kategorien hartnäckig im analytischen Fokus gehalten werden und wie diesem Fokus in einer Sequenz von Memos Ausdruck verliehen wird. Diese Memos werden von Zeit zu Zeit sortiert, und aus der sich hier ergebenden Zusammenfassung werden Memos geschrieben, wie z.B. das Memo über Sicherheit im 6. Kapitel. Zusammen mit dem Sortieren können Memosequenzen und eine Serie von integrativen Arbeitsdiagrammen dazu beitragen, daß die kumulative Analyse geordnet – und im Kopf des Forschers klar bleibt.

Angesichts der Tatsache, daß es schwierig ist zu vermitteln, geschweige denn zu lernen, wie die komplexen Analysen in Studien nach der Grounded Theory zu integrieren sind, werden wir in diesem und im nächsten Kapitel jeweils ein ziemlich langes Fallbeispiel vorstellen. An diesen Beispielen werden integrative Schritte illustriert. In diesem Kapitel finden sich auch Kommentare, die nach drei Beratungssitzungen von den Ratsuchenden geschrieben wurden. Um aus diesen Materialien den größtmöglichen Nutzen ziehen zu können, sollten Sie folgendes tun. Erstens: Schauen Sie jedes Beispiel durch, damit Sie die zugrunde liegenden Ideen, die hier repräsentiert sind, erfassen.

Zweitens: Lesen Sie die Beispiele später noch einmal sorgfältiger durch, um zu sehen, wie die Integration tatsächlich vor sich ging. Drittens: Wenn Sie dann konkret mit eigenen integrativen Problemen konfrontiert sind, studieren Sie gezielt jedes Beispiel *und* die Faustregeln in diesem und im nächsten Kapitel. Bis dahin werden die vorgeführten Schritte oder Phasen der Integration für Sie verständlicher und sinnhafter geworden sein und sich mit Ihren eigenen Kämpfen um analytische Vollständigkeit und Einheit verbinden lassen. Dieser Lesemodus sollte für Sie eine Hilfe sein, auch wenn man erst dann das richtige Gefühl für die Schritte und die intensive Arbeit, die der ganze Integrationsvorgang erfordert, entwickelt, wenn man diesen Prozeß mindestens einmal selbst durchgemacht hat.

Schritte beim Erstellen eines integrativen Diagramms: eine Arbeitssitzung

Dieses Beispiel stammt aus einer Sitzung mit Leigh Star, einer Aufbaustudentin, und Anselm Strauss. Die Sitzung selbst und der analytische Kommentar dazu veranschaulichen: (1) *wie* die Integration allmählich zunimmt, (2) die Art von *Arbeit,* die für diese Zunahme der Integration notwendig ist und (3) die verschiedenen *Funktionen von Arbeitsdiagrammen* im Integrationsprozeß. Welche Funktionen sind das? Zumindest die folgenden:

sie helfen zusammenfassen, was man schon zu wissen glaubt;
sie tragen dadurch zu analytischer und psychologischer Sicherheit bei;
sie regen den Forscher an, die Implikationen des Diagramms beharrlich weiterzuverfolgen;
sie klären, was man noch nicht weiß (d.h. Lücken in Ihrem Wissen oder Verstehen), und geben dadurch die nächsten Schritte beim Schließen von Lücken vor;
sie fungieren als Prüfstein, der es Ihnen erlaubt, neue analytische Erkenntnisse in einen Zusammenhang zur Hauptlinie der bisherigen Analyse zu setzen.

Wenden wir uns nun der Sitzung zu: Die Studentin ist mit der Erhebung von Daten und deren Analyse schon gut vorangekommen; sie hat ein feines analytisches Gespür; und man sieht, wie sie im Prinzip auf gleicher Ebene mit ihrem „offiziellen Doktorvater“ arbeitet. Sie ist tief verwurzelt mit der Wissenschaftssoziologie und mit den bereichsbezogenen Materialien ihrer Forschungsarbeit (über Forschungen auf dem Gebiet der Hirnlokalisation und den damit verbundenen Diskussionen im späten 19. Jahrhundert); der Dozent dagegen weiß relativ wenig über diese Materialien, etwas mehr über die Wissenschaftssoziologie und viel über die Berufssoziologie. Der Leser der Zusammenfassung dieser Sitzung hat vielleicht Schwierigkeiten mit dem Forschungsgegenstand (wie der Dozent auch), sollte aber die Grundzüge der Diskussion leicht verstehen können. Das Hauptthema ist: Wie hat sich in der Neurophysiologie eine bestimmte Ansicht über Gehirnfunktionen bis heute verbreiten und beharrlich behaupten können, obwohl die wissenschaftliche Grundlage dafür sehr brüchig ist? Die Studie sollte von einem eher allgemeinen Fokus ausgehen und dann dies anscheinend brisante Thema ins Auge fassen.

Hier sieht man, wie die Studentin der Diskussion Nahrung gibt – vor allem in Form von Daten, die sie kürzlich während eines Aufenthalts an englischen Krankenhäusern erhoben hat, wo sie medizinische Aufzeichnungen und andere historische Dokumente untersuchte, diese aber in Verbindung bringt mit spezifischen analytischen Punkten, so wie sie sich ergeben. Viele solcher Punkte werden von ihr angesprochen: einige ergeben sich unmittelbar aus der Diskussion, und andere stammen aus ihrer früheren Reflexion über die Daten. Der Dozent hat sein analytisches Denken auf die von der Studentin ausgewählten Diskussionsbereiche ausgerichtet, entwirft aber im Laufe der Diskussion auch selbst eine Reihe von spezifischen Fragen und Themen (das ist seine hauptsächliche Arbeitsstrategie) zu jedem Bereich. Der Zweck dieser Sitzung, wie ihn die Studentin formuliert hatte, war es, auffällige Bereiche im Datenmaterial zu erfassen, um einen Überblick zu bekommen, bevor sie später und auf sich selbst gestellt tiefer in die Analyse einsteigt.

Während der Besprechung dreht sich die Analyse hauptsächlich um die unerwartete Entwicklung eines integrativen Diagramms. Seine erste Version ergibt sich schnell, d.h. in den ersten Minuten der Sitzung, und allmählich wird es überarbeitet und verbessert, so wie sich durch die Analyse mögliche Zusammenhänge zwischen den Hauptelementen des Diagramms ergeben und neue Elemente und Beziehungen hinzugefügt werden. Das Diagramm gibt auch eine optische Anregung, so daß einige dieser möglichen Zusammenhänge veranschaulicht werden können. Es läuft darauf hinaus, daß die gesamte Analyse systematisch vorangebracht wird, daß integrative Schritte unternommen und Kategorien insgesamt präziser und analytisch aussagekräftiger werden. Es ist auch deshalb eine bemerkenswerte Sitzung, weil sie sich analytisch betrachtet schnell und kumulativ entfaltet. Natürlich folgte auf diese erste produktive Integrationssitzung der nächste analytische Kampf der Studentin, der im weiteren Verlauf ihrer Forschungsarbeit zu neuen Diagrammen führte.

Die Sitzung wird im folgenden wiedergegeben, sie ist in Phasen eingeteilt, und jeder Phase schließt sich ein analytischer Kommentar des Dozenten an. Diese Art von Kommentar wurde schon im 4. Kapitel bei den Materialien aus Seminarsitzungen eingeführt, und viele der dort erwähnten Punkte sind den nachstehenden ähnlich; doch hier liegt die Betonung auch auf dem Integrationsprozeß und nicht nur auf dem Vorgang des Kodierens.

Phase 1

1. L.: In dieser Sitzung würde ich gerne auffällige Bereiche im Datenmaterial erfassen und versuchen, eine Vorstellung vom Forschungsfeld insgesamt zu kriegen, dann würde ich gerne zu einzelnen Punkten zurückkehren und diese gründlicher untersuchen.

2. Eines der auffälligsten Dinge, die ich bemerkte, wahrscheinlich das auffälligste, ist, daß diese Leute über die Jahre das Ganze so gut wie nicht verändert haben. Ich habe diese Notizbücher gesehen, die einen Zeitraum von 1873 bis 1890 oder so abdecken, und Ferrier hatte dieselben Ideen, dieselben Konzepte, die er schon ganz am Anfang benutzt hatte. Es war schon fast so, als ob er einfach ein Raster ausgefüllt hätte.

3. A.: Ferrier?

4. L.: Ferrier war einer von ihnen am National Hospital. Er machte Experimente mit Affen und war auch Arzt ... Ich habe diese Notizbücher durchgeschaut, die aus dieser Zeit noch da waren.

5. A.: Also verbrachte er achtzehn Jahre damit, daß er im wesentlichen diese Karte erstellte?

6. L.: Ja. Sie wurde mit der Zeit immer komplexer. ... Nach den ersten zehn Jahren zum Beispiel begannen sie mit der Vervielfältigung von Gehirnschablonen, so daß sie einfach die Gehirnfelder markieren konnten. Das war wirklich albern, weil Gehirne sehr, sehr unterschiedlich sind, und er wollte eine Genauigkeit von bis zu einem Sechzehntel Millimeter erreichen.

7. A.: Folglich gab es so etwas wie einen Anpassungsprozeß, bei dem man die Informationen aus den Affenexperimenten benutzte und in diese Karte übertrug? Aber da gab es Informationen, die nicht gepaßt haben, was geschah damit?

8. L.: Nun, auch das war wirklich sehr interessant. Einer der anderen Bereiche, über die ich sprechen wollte, ist die Standardisierung. Es scheint, als ob diese Leute eher daran interessiert waren, mit Standardkarten herauszukommen, als ihre Behauptungen zu beweisen, um die Funktionenlokalisation im Gehirn an der richtigen Stelle in der Karte zu plazieren. Ich habe zum Beispiel den Bericht eines Gutachters über einen Aufsatz gelesen, den Ferrier bei der Royal Society im Jahr 1876 eingereicht hatte. Der Gutachter, Rolleston, notiert eine Diskrepanz bei der Lokalisation von Gehirnfunktionen zwischen Ferriers Publikation von 1873 und seinem Aufsatz von 1876. In der Arbeit von 1873 war das folgende Diagramm (Abb. 9): 1 = Bein, 2 = Arm, 3 = Auge. Nun, 1876 war das etwa so: 3 = Bein, 2 = Arm und 1 = Auge. Von diesen Lokalisationen nimmt man an, daß sie sehr präzise Indika-

toren für die motorischen Felder im Gehirn sind und so weiter. Was Rolleston aber verlangt, ist, daß Ferrier das Diagramm neu bezeichnen sollte, damit es mit seinem früheren Diagramm übereinstimmt. Nicht die Daten nochmals heranziehen, um diese Abweichung zu überprüfen! ... Demnach besteht meines Erachtens eine Art Spannung oder Konflikt zwischen der Arbeit an der Hirnkarte und der Beweisarbeit.

9. A.: Ein wichtiger Punkt ist hier, wie sie die Prioritäten im Hinblick auf die Arbeit, die sie durchführten, setzten. Offensichtlich hat man die Arbeit an der topographischen Karte als vorrangig angesehen, und andere Arten von Arbeit hat man gemacht, um dieses Anliegen zu unterstützen, oder einfach vernachlässigt. Wäre es möglich, daß wir eine Liste machen von den Arten von Arbeit, die damals gemacht wurden, und wie die Prioritäten waren?

10. L.: Nun, da war die Arbeit an der Standardkarte. Und die Beweisarbeit, die untergeordnet war, nicht so sehr Priorität hatte. Und da war auch noch die klinische Arbeit (Abb. 10).

11. A.: Was hatte es mit der klinischen Arbeit auf sich? Wurde diese dazu benutzt, die Arbeit an der Hirnkarte zu fördern?

12. L.: Ja. Nein. Nun, sie hatten diesen Anspruch. Aber ich bin mir eigentlich nicht sicher, ob es so war.

13. A.: Kam die Arbeit an der Karte der klinischen Arbeit zugute?

14. L.: Nun, sie wurde dadurch legitimiert, schätze ich.

15. A.: Aber haben sie die Arbeit an der Hirnkarte in die klinische Arbeit eingebracht?

16. L.: Sie behaupteten es. Das ist das Lustige, als ob sie versucht hätten, sie zu benutzen, um die klinische Arbeit so zu routinisieren, und sie die klinische Arbeit dazu benutzen wollten, um die Arbeit an der Karte zu legitimieren. Ich bin mir aber nicht sicher, wieviel davon wirklich so war.

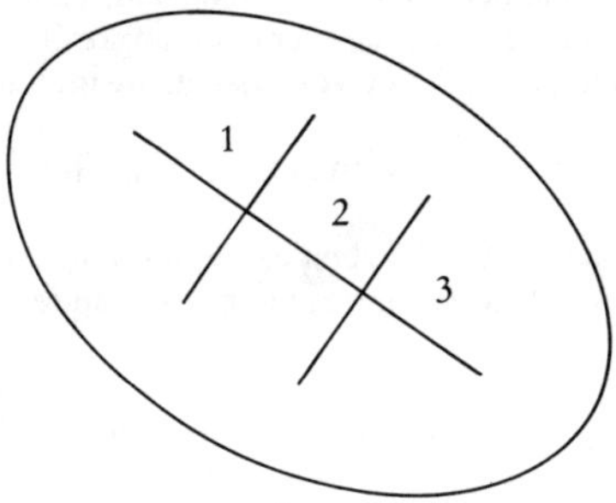

Abb. 9 In Richtung Integration: erstes Arbeitsdiagramm.

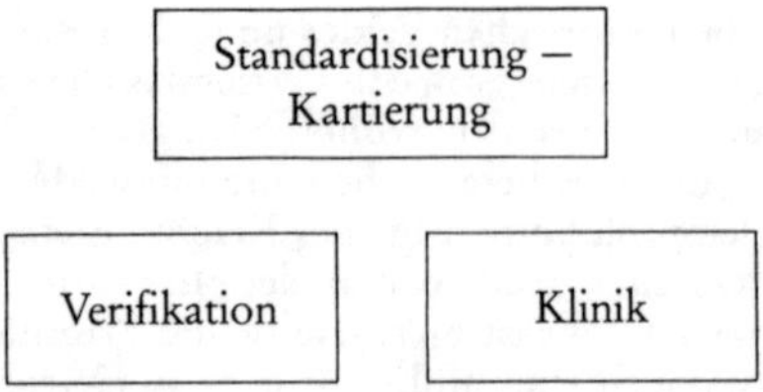

Abb. 10. In Richtung Integration: zweites Arbeitsdiagramm.

Phase 1, Kommentar

1. Studentin formuliert den Zweck der Sitzung.
2. (2) Studentin gibt Daten und Einblick.
   (3–6) Nachschieben von Informationen.
   (7–8) Frage: Die Informationen passen nicht?
   (8) Antwort regt zum Gespräch über Standardisierung, Standardkarten, zum Einbringen spezifischer Daten an und bringt erste Version des Diagramms hervor.
   (9) Frage: Können wir eine Liste von Arten von Arbeit und Prioritäten aufstellen?
   (10) Drei Arbeitstypen werden in einem Diagramm dargestellt.
   (11–16) A.S. richtet Frage auf Beziehungen zwischen klinischer Arbeit und Arbeit an der Hirnkarte ... Frage und Antwort und Erkenntnis aus den Daten.

Phase 2

1. A.: Lassen wir das eine Weile beiseite, packen wir diese Beziehung weg und machen weiter, und reden wir von der Beweisarbeit und davon, was die anderen Arten von Arbeit beinhalteten. Welche Bedeutung hatte die Beweisarbeit, und hatte diese Arbeit einen praktischen Nutzen für die Arbeit an der Hirnkarte? Wenn ja, welchen? Also zuerst: Wo geht die Beweisarbeit vonstatten, und wer führt sie durch?
2. L.: Nun, sie wird in den Laboratorien durchgeführt. Ferrier, zum Beispiel. Aber diese Arbeit ist nicht sehr umfangreich.
3. A.: Sind es noch andere Arten von Arbeit, die im Labor durchgeführt werden?
4. L.: Sicher, da ist diese Arbeit an der Karte ... die Chirurgie ... die Elektrisation.
5. A.: Demnach hat die Laborarbeit einen praktischen Nutzen für die Arbeit an der Karte, und da gibt es auch noch andere Arten von Arbeit im Labor?
6. L.: Ja.
7. A.: In Ordnung. Also haben wir Laborarbeit und klinische Arbeit, die in das eigentliche Unternehmen, nämlich diese Karte zu produzieren, eingehen. Und im Labor wird auch Beweisarbeit gemacht. Findet Beweisarbeit auch in der klinischen Situation statt?
8. L.: Nun, eigentlich nicht so. Das heißt, durch den Druck in der klinischen Situation scheint man dahin zu kommen, Zeichen zu entwickeln, die

es einem erlauben, nach dem Alltäglichen zu schauen. Um eine Routine zu entwickeln. Das war ein weiterer Punkt auf meiner Liste, über den ich sprechen wollte. Es besteht eine Art Spannung zwischen diesem Versuch, das Alltägliche, die Routinelast zu erfassen, und der Suche nach dem medizinischen Sonderfall, um ihn zwecks Präsentation festzuhalten, damit die Arbeit an der Hirnkarte weiterhin legitimiert werden kann. Die Diagnostik wurde zunehmend zur Routine. Genau so, wie die Physiologen hektographierte Gehirnschablonen hatten, um sie auszufüllen, so entwickelten sie Schemata, nach denen epileptische Anfälle und Symptome von Gehirntumoren erfaßt wurden, um Symptome zu lokalisieren. Aus dem Jahr 1860 habe ich zum Beispiel in den Aufzeichnungen lange Berichte über epileptische Anfälle gefunden. Bereits 1880 hatte man „Anfallsblätter", nach denen man einfach die Bewegungen der Hand oder die Muskelzuckungen usw. abhakte. Dasselbe bei Symptomen für Hirntumoren.

9. A.: Also war es zu dieser Zeit weitgehend Routineverfahren.

10. L.: Nun, es schien so. Sie wollten es so haben. (Veränderung des Diagramms, Abb. 11.)

11. A.: Brachte die Routinisierung die Arbeit an der Hirnkarte voran?

12. L.: Dem Anspruch nach, den die Routine hatte, ja. In Wirklichkeit war es überhaupt nicht so sehr Routine. Etliche Male ließen sie einfach Tumorpatienten sterben, weil sie keine Vorstellung davon hatten, was zu tun war oder um welche Krankheit es sich genau handelte, und das sogar, nachdem man schon operative Verfahren entwickelt hatte.

13. Es gab auch ein medizingeschichtliches Ereignis, nämlich die Einführung von Kaliumbromid zur Behandlung von Epilepsie. Es war das erste wirksame Medikament, um Anfälle unter Kontrolle zu halten, und es war in den 70er Jahren des 19. Jahrhunderts eingeführt worden, glaube ich. Sie benutzten dieses Medikament buchstäblich tonnenweise am National Hospital. Also hatte man diese Effektivität, die irgendwie als Legitimation für die Hirnkarten herangezogen werden konnte, glaube ich.

14. A.: Ja, aber was war mit den Tumorpatienten, die gestorben sind? Diese Klinikleute haben im wahrsten Sinn des Wortes ihre Fehler begraben. Warum? Weshalb wurden die Fehler ignoriert?

15. L.: Nun, das ist es. Es ist überhaupt keine Routine, es ist der Anspruch auf Routine. Und die Ansprüche werden dazu benutzt, das Unternehmen Hirnkarte zu legitimieren . . . alles, was den Anspruch auf Routine in Frage stellt, wird über Bord geworfen. Wie hier (Abb. 12).

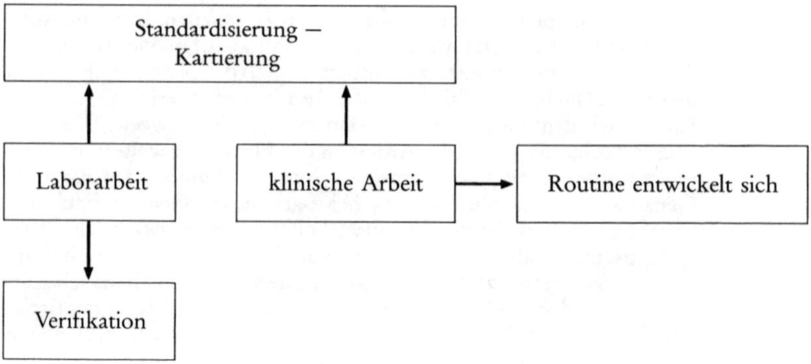

Abb. 11 In Richtung Integration: drittes Arbeitsdiagramm.

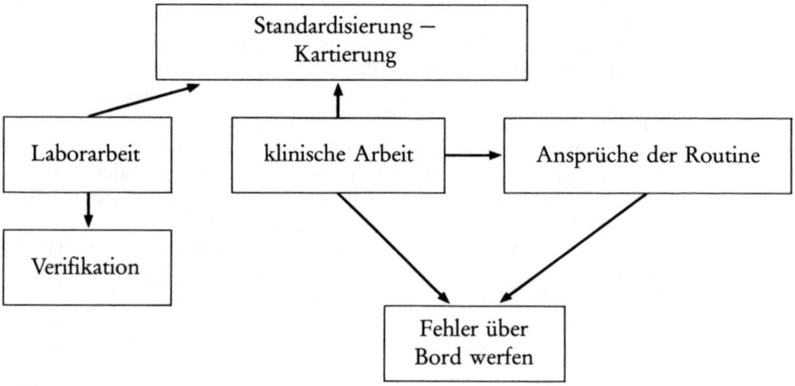

Abb. 12 In Richtung Integration: viertes Arbeitsdiagramm.

Phase 2, Kommentar

1. (1) A.S.: Warten Sie (packen Sie das weg): machen Sie weiter mit „Arbeit“ . . . Fragen zu Beweisarbeit.
   (2–5) Fragen, Daten einbringen: fördert analytisches Verstehen.
   (6) Eine Ausarbeitung des Diagramms.
2. (7) Zusammenfassender Punkt; nächste Frage: Bezug herstellen zwischen Beweisarbeit und klinischer Arbeit.
   (8–10) Erkenntnis und Daten: das Thema Routine und das „Alltägliche“
   (11) Frage: Routine und Hirnkarte?
   (12) Daten zu Patienten, die gestorben sind.
   (13) Analytische Fragen dazu.
3. (15) Die Antwort führt zur weiteren Ausarbeitung des Diagramms.

In den nächsten vier Phasen dieser Arbeitssitzung wurden weitere Fragen und Themen erhoben, weiteres Datenmaterial wurde untersucht und vorläufig festgehalten, und ein drittes Diagramm wurde entworfen. In der sechsten Phase wurde das vorangegangene Diagramm um ein weiteres wichtiges Bindeglied zwischen zwei Kästchen erweitert. In der achten und letzten Phase wurde ein zusammenfassendes Diagramm ausgearbeitet, das alle Beziehungen abdeckte, die sich in dieser Diskussion herauskristallisiert hatten. Man müßte mit allen Einzelheiten dieser Sitzung vertraut sein, um genau zu wissen, was gemeint war, aber an den ersten beiden Diagrammen kann man auf Anhieb den großen Fortschritt im Detail sehen. Das sieht folgendermaßen aus:

Phase 8

1. A.: Gut. Schauen wir uns nun an, was wir in unserem Diagramm alles haben (Abb. 13).

2. L.: Das einzige, was noch fehlt, ist eine Liste zur klinischen Beweisarbeit und die Art von Zusammenhang mit Routineansprüchen. In England stellte ich fest, daß die „Diagnose"-Spalte in den Krankenakten oft erst nach der Obduktion des Patienten ausgefüllt wurde, besonders bei Hirntumoren! Ich kann das deshalb sagen, weil diese Eintragungen post mortem mit anderer Tinte geschrieben waren. Ist das nicht erstaunlich ... es gab überhaupt keine Diagnose. Aber es wurde als solche ausgegeben.

3. A.: Also war ein Teil der klinischen Beweisarbeit die Rekonstruktion.

4. L.: Ja, rückwirkend eine Tilgung von Unsicherheit.

5. A.: Also gibt es hier einen Zusammenhang zwischen dem Begraben von Fehlern und dem Anspruch auf Routinisierung. Und beides geht in die Arbeit an der Hirnkarte ein.

6. Man muß zu den Daten zurückgehen und diese noch einmal sorgfältig anschauen und diesen Punkt verfolgen.

7. L.: Also entnehme ich daraus, daß die Idee von der „Theorie als Rohstoff" in die verschiedenen Arbeitstypen zerlegt wird, die in das Unternehmen Hirnkarte eingehen. Die Trägheit, die ich herausgegriffen habe, ist auf vielfache Weise in die verschiedenen Teile der Arbeit und ihren Bezügen hineinstrukturiert.

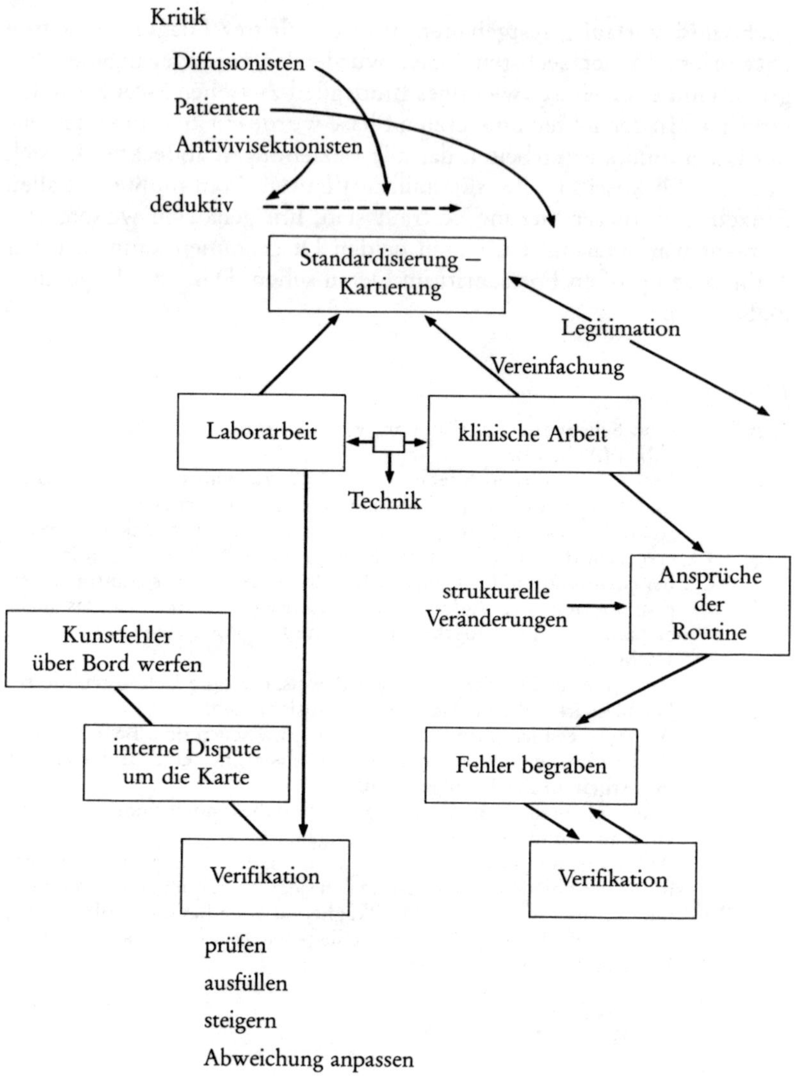

Abb. 13 In Richtung Integration: fünftes Arbeitsdiagramm.

Phase 8, Kommentar

1. (1) Zurück zum Diagramm, um alle Zusammenhänge zusammenzufassen, die jetzt durch diese Sitzung dazugekommen sind.
2. (2) Bemerkung über fehlende Details und Daten.
   (3–5) Diskussion darüber.

(6) Ratschlag für nächsten Schritt, der gemacht werden sollte.

(7) L.S. faßt die generelle Herangehensweise zusammen, die in dieser Besprechung verfolgt wurde; dann stellt sie einen letzten Zuammenhang hervor.

Hier nun ist Leigh Stars Sitzungsprotokoll, das sie drei Wochen später geschrieben hat:

(Star, 28. Februar 1983): Protokoll über Diagramme

Anselm hat mich gebeten, etwas darüber zu schreiben, inwieweit mir das Arbeiten mit Diagrammen genutzt hat, wenn ich den Fortgang meiner Dissertation rückblickend betrachte.

Die Diagramme hatten zwei Funktionen: Erstens waren sie so etwas wie Ruhepunkte im Arbeitsverlauf; Gelegenheiten, um lose Enden miteinander zu verknüpfen, um tief Luft zu holen und (zumindest für eine Weile) das Gefühl zu haben, daß eine gewisse Ordnung in das Chaos der Datenberge eingekehrt ist. Zweitens waren sie dazu da, noch unentdeckte Zusammenhänge, ungeahnte Bezüge aufzuspüren. Über diese zweite Funktion möchte ich hier sprechen.

Die Arbeit an den Diagrammen begann mit einem Ausdruck eines einzelnen Kodes, vielleicht hatte ich auch eine Idee, was an diesem Punkt zu der Zeit in der Analyse wichtig war. Mehrere Arten von Fragen wurden an dieser Stelle von Anselm, Elihu oder von Studenten gestellt: „Und was geschah dann?“ „Wer war noch daran beteiligt?“ „Wie verhält sich das zu dem Punkt, den Sie letzten Monat angesprochen haben?“ „Widerspricht das nicht dem, was wir im Hinblick auf diesen Punkt normalerweise denken?“ „War das immer so, oder gab es auch Ausnahmen? Wie sahen diese aus?“

Diese Arten von Fragen bildeten die „Ranken“ aus der ursprünglichen Idee – Pfeile und Kästchen, die Zusammenhänge von zeitlicher Abfolge zeigten. Einige von ihnen sollten allmählich das Datenmaterial analysieren; einige sollten auf Varianz abzielen oder auf Komplettierung der graphischen Darstellungen; einige sollten logische, historische oder politische Zusammenhänge zwischen Ereignissen oder Vorgängen sichtbar machen. Nachdem eine gewisse Zeit lang diese Pfeile und Kästchen skizziert worden waren, erschienen gewöhnlich eine oder zwei Lücken im Diagramm und diese waren kritisch. „Was würde jetzt passieren, wenn Sie diese beiden miteinander in Verbindung brächten?“ fragte jemand, oft war es Anselm. Ich erkannte, daß es da einen Zusammenhang gab, an den ich nie gedacht hatte, eine Lücke in meinem Wissen über das Datenmaterial oder einen blinden Fleck in meinen üblichen Kodierverfahren. Diese Lücke zu schließen oder zuminest eingehend danach zu fragen, weshalb es überhaupt eine Lücke sein sollte, war oft der nächste Schritt im analytischen Prozeß. Etliche Male wurde dies meine Aufgabe über mehrere Wochen.

Wenn ich die Diagramme anschaue, die wir im Verlauf dieser Forschungsarbeit (jetzt sind es ungefähr zwei Jahre) erarbeitet haben, kommen sie mir vor wie Aufzeichnungen von Fragen, blinden Flecken und Lücken, aber auch wie allmählich komplexer werdende Synthesen der Daten. Diese visuell erzählte „Geschichte“ von der Arbeit an der Dissertation ist ein wertvolles organisatorisches Werkzeug, sobald ich mit dem endgültigen Forschungsbericht anfange. Dadurch ist es mir möglich, mich eng an die Daten zu halten und immer daran zu denken, daß die Kodes und Konzepte, über die ich schreibe, aus Fehlern und kollektiver Arbeit entstanden sind und nicht aus logischen Imperativen!

Zwei Kommentare im Anschluß an Beratungssitzungen

Es ist vielleicht auch sinnvoll, zwei weitere Berichte wiederzugeben, die von einer Studentin bzw. einer jungen Mitarbeiterin eines Forschungsprojekts nach ihrer jeweiligen Beratungssitzung verfaßt wurden. Jeder Bericht veranschaulicht wieder das Gefühl, etwas zu einem Abschluß gebracht zu haben, das sich nach einer erfolgreichen Integrationssitzung einstellt. Der erste Kommentar stammt von Barbara Bowers, die sich damit gemüht hatte, die wesentlichen integrativen Merkmale ihrer Doktorarbeit endgültig festzulegen. Der Dozent konzentrierte sich darauf, sie zu spezifischen Aussagen über Beziehungen zu bewegen, die in ihrem jüngsten integrativen Diagramm implizit vorhanden waren. Im Anschluß an diese Sitzung beschrieb die Studentin lebhaft ihre Eindrücke, die sie vor, während und nach der Beratung hatte. In ihrem offenen Bericht spricht die junge Forscherin über die Schwierigkeiten, die sie bei der Arbeit an der Integration hatte, solange sie den integrativen Vorgang noch nicht ganz durchgemacht hatte und ihr somit die notwendige Erfahrung und das Vertrauen fehlten.

Memo an Anselm

Gestern habe ich etwa eine Stunde lang mit Anselm geredet. Nachdem wir fertig waren, bat er mich, ein Memo über eines unserer Gesprächsthemen zu schreiben. Anselm wollte, daß ich ein Memo darüber schreibe, wie ich fast ein Vierteljahr lang die meiste Zeit damit verbracht habe, in meinen Daten zu versinken, mich damit zu plagen und zu quälen. Ich erinnere mich genau an die Zeit vor etwa drei Monaten bis fast auf den heutigen Tag, als ich meine Daten anstarrte und mich fragte, was das alles sollte, wo das hinführen sollte, was ich möglicherweise damit machen könnte, wenn ich nur Anhaltspunkte für meine Arbeit hätte, ob ich überhaupt fähig sein würde, eine Dissertation zu schreiben!

Das war das, was ich dachte. Was ich fühlte, war sogar noch bedrückender. Es gibt eine Zeit, in der ich das Erleben nur noch als sehr einsam beschreiben kann. Es war ein Gefühl, als ob ich mit meinen Daten allein auf der Welt sei und darin ertrinken müßte. So viele Gedanken und Fragmente von Einsichten gingen ständig in meinem Kopf herum, aber sie schienen nicht sonderlich miteinander verbunden zu sein. Es gab einige Momente, in denen ich fast hoffnungslos war. Ich sollte auch hinzufügen, daß es in diesen drei Monaten Zeiten gab, in denen einige dieser Einsichten und Ideen tatsächlich meine Aufmerksamkeit fesselten und ich mich darüber sehr gefreut habe. Das hat Spaß gemacht, es war großartig. Es gibt in diesem Prozeß eindeutige Höhen und Tiefen. Die Höhen sind phantastisch. Die Tiefen müssen einfach als notwendiger Teil des kreativen Prozesses betrachtet und zum Vorteil genutzt werden. Solche Zeiten brechen am ehesten dann über mich herein, wenn ich von Daten überschwemmt werde und nicht mehr darüber hinaussehe.

Was habe ich also mit dieser Zeit angefangen? Ich kodierte, las (Artikel, Romane, was auch immer), machte Interviews, kodierte, las, machte Interviews. Ich produzierte stapelweise Memos über Kategorien, Dimensionen, Bruchstücke von möglichen Zusammenhängen. Wenn ich jemandem hätte erklären sollen, um was es bei den Daten ging oder welches der rote Faden in der Geschichte war, wäre ich nicht dazu imstande gewesen. Es gab kein zentrales Thema und keine durchgängige Linie.

Vor ein paar Wochen geschah dann etwas. Ich erinnere mich, daß ich zum Forschungskolloquium ging und mir, obwohl ich es nicht geplant hatte, sagte: „Ich glaube, ich komme aus dem Sumpf heraus.“ Ich verstehe wirklich nicht, was ich „unten im Sumpf“ gearbeitet hatte, aber ich bin sicher, daß es notwendig war. Etwas wirklich Aufregendes nahm seinen Lauf. Ich machte einen Termin mit Lenny Schatzman aus, um mit ihm zu reden. Das erste, was er mich fragte, war: „Sagen Sie mir, um was es in Ihrer Dissertation geht.“ Jene gefürchtete Frage! Zu meinem Erstaunen sagte ich es ihm. Es ergab einen Sinn für uns beide.

An diesem Abend ging ich nach Hause und nahm meine Stapel von Memos heraus, breitete sie auf dem Fußboden aus und fing an zu sortieren. Die nächsten drei Tage verbrachte ich mit Sortieren, schrieb Memos über neue Zusammenhänge, die ich entdeckte, als ich sortierte, wieder sortierte und weitere Memos schrieb. Die Zusammenhänge kristallisierten sich heraus.

Da mein Selbstvertrauen noch ein bißchen schwach war, schrieb ich die Überschriften meiner Memos mit Bleistift (so konnten die Namen leicht ausradiert und die Memos neu überschrieben werden). Als nächstes fing ich an, Diagramme von Kategorien zu entwerfen, so wie ich es bei Anselm gesehen hatte, als ich mit ihm über Daten gesprochen hatte. Bis zu meinem Treffen mit Anselm, eine Woche später, hatte ich versuchsweise mehrere Seiten mit Diagrammen gezeichnet. In keinem einzigen waren Pfeile eingezeichnet, um die Richtung von Beziehungen anzuzeigen, lediglich Linien, um darauf hinzuweisen, daß ein Zusammenhang existierte. Ich fand das Diagramm nicht besonders hilfreich. Ich war auch beunruhigt darüber, wo oder wie die Grundsatzfragen integriert werden sollten, die ich zu integrieren versuchte. Ich hatte den Eindruck, als ob diese zusammengeleimt wären, als ob ich Teile von zwei Dissertationen hätte, die nur unzureichend zusammenhielten. Anselm bat mich, ihm von meiner Dissertation zu erzählen. Während ich berichtete, malte er ein Diagramm. Dann stellte er Fragen zu der Richtung von Beziehungen, die ich nicht weiter ausgeführt hatte. Wir zeichneten die Pfeile ein und fügten einiges hinzu, was ich in meinen früheren Diagrammen nicht berücksichtigt hatte. Das Diagramm paßte! Ich fühlte mich gut. Als Anselm mich dann aufforderte, ihm zu zeigen, an welcher Stelle der Grundsatzteil hineinpaßte, war mir klar, wo. Es war kein Problem mehr, diesen zu plazieren. Das Ganze sah sich nun nicht mehr erzwungen an.

Ich konnte die Zusammenhänge klar erkennen. (Ich ging nach Hause und erstellte ein neues Diagramm mit ein paar zusätzlichen Kategorien und einigen neuen Beziehungen.)

Den zweiten Kommentar schrieb Juliet Corbin nach einer Besprechung mit Anselm Strauss, in der es speziell darum ging, wie sie die analytische Integration ihrer gemeinsamen Studie über chronische Krankheit und die Arbeit von Ehepartnern angehen sollten. (Siehe

Memosequenz im nächsten Kapitel und auch Memos im 5. Kapitel.) Juliet Corbin hatte schon seit einigen Wochen gefragt: „Wann kommt das alles endlich zusammen? Wir haben jetzt schon so viel!" Strauss hatte es bisher bewußt hinausgezögert, die Integration der Analyse aufzunehmen, um ihr Denken offener zu halten, aber am Ende der vorangegangenen Teamsitzung hatte er Juliet Corbin gebeten, in der kommenden Woche zwei Dinge zu erledigen. Erstens sollte sie alle Kodes durchgehen, aber nicht die Memos (natürlich hatte sie viele Memos dem Sinn nach im Kopf), um zu sehen, was sich bei dieser Tätigkeit in bezug auf die Integration ereignete. Zweitens sollte sie ein integratives Diagramm entwerfen, wenn sie mit den Kodes fertig war. In der nächsten Sitzung wurde über diese beiden Aufgaben gesprochen, weitere Verbindungen zwischen Kategorien hergestellt und die ursprüngliche Fassung des Diagramms zu einer feineren und anregenderen Version weiterentwickelt. (Drei weitere Diagramme entstanden im Laufe des folgenden Jahres.)

Wenn ich über dieses Erlebnis nachdenke, muß ich sagen, daß es eins mit vielen Aspekten war. Nach der Sitzung hatte ich ein Gefühl von Aufregung über die Qualität und das Ausmaß der Arbeit, die vollendet worden war, aber die größte Aufregung drehte sich um das Ergebnis unserer Arbeit, um die Integration unserer Hauptkonzepte in ein theoretisches Gesamtschema. Die Freude, die die Entdekkung begleitete, war groß, und zwar nicht nur in bezug auf das Gesamtschema und die Beziehungslinien, sondern auch über die Entdeckung, wie dieses Stück Forschungsarbeit zur Entfaltung des Begriffs „Verlaufskurve" beigetragen hat. Damit einher ging ein Gefühl von Stolz und Leistung, zu dieser Entwicklung einen Beitrag geleistet zu haben.

Die Sitzung hat auch bewirkt, daß mir die Komplexität des Schemas, wie es sich schließlich entfaltet hat, zunehmend bewußt wurde. Mit jeder neuen Einsicht, die zu dem ursprünglichen Diagramm hinzukam, konnte ich erkennen, wie kompliziert der Umgang mit einer Krankheit, alle damit verbundenen Arbeiten und ihre Auswirkungen tatsächlich sind. Zur gleichen Zeit wuchs in mir die Erkenntnis, daß wir und andere Forscher in bezug auf die Verlaufskurve noch vieles entdecken können, und zwar nicht nur, welcher Zusammenhang zwischen Verlaufskurve und Krankheit besteht, sondern auch, wie die Verlaufskurve in andere Typen von Arbeitssituationen hineinwirkt. In diesem Stadium des analytischen Prozesses habe ich sehr viel gelernt und erfahren, wie man Diagramme und Zusammenfassungen von den schon erarbeiteten Kodes als starke analytische Werkzeuge einsetzt. Ich erlebte eine Befreiung von der Ängstlichkeit, die aus meiner Unsicherheit kam, wie wir jemals einen Sinn in dieses ganze Datenmaterial bringen sollten, und ein Gefühl von: „Wir haben es geschafft!", als die Zusammenhänge schließlich feste Konturen annahmen und das Schema entworfen war. Ich entwickelte eine Vorstellung davon, welche Richtung die restliche Arbeit an diesem Projekt nehmen mußte. Da wir jetzt wissen, welches unsere Hauptkonzepte und welches die nachgeordneten Konzepte sind und wie sich diese aufeinander beziehen, können wir zum Theoretical Sampling übergehen, um die hypothetisch angenommenen Zusammenhänge unter verschiedenen Bedingungen zu überprüfen und das Gewebe der Zusammenhänge zu verdichten. Am Schluß war nur noch Erschöpfung. Es war eine lange, arbeitsintensive Sitzung gewesen.

Dieser Bericht, den die Wissenschaftlerin von der integrativen Sitzung geschrieben hat, gehört zu der Memosequenz und zu dem alles miteinander verbindenden, letzten, integrativen Diagramm aus diesem Forschungsprojekt, die im nächsten Kapitel wiedergegeben sind.

Faustregeln

Ich möchte noch ein paar Faustregeln nennen, die für diese Art von Arbeit mit integrativen Diagrammen und dem damit verbundenen Memoschreiben wichtig sind. Sie können diese Faustregeln jetzt durcharbeiten oder später studieren, wenn Sie Ihre eigenen integrativen Analysen durchführen. Sie gelten sowohl für allein arbeitende Forscher als auch für Wissenschaftler, die in der glücklichen Lage sind, gemeinsam mit kooperativen Lehrern oder Kollegen arbeiten zu können.

1. Wählen Sie die „nächsten Themen" in Ihren Daten aus.
2. Nachdem Sie die Daten untersucht haben, kodieren Sie diese und denken über die Kodes nach, dann machen Sie Ihr erstes Arbeitsdiagramm.
3. Setzen Sie die Reflexion über die Kodes und auch über das Diagramm fort, während Sie Fragen stellen wie: Inwieweit wird durch das Diagramm nahegelegt, die Daten noch einmal zu überprüfen? An welcher Stelle deckt das Diagramm die Daten nicht ab? Was sollte noch hinzugefügt werden? Kurzum: Spielen Sie Ihre Fragen und Ihre Daten immer wieder und eins gegen das andere durch.
4. Stellen Sie kontinuierlich Fragen zu den Kodes, zum Diagramm und zu den Daten. Derweil sollten Sie von den bekannten Kodierverfahren Gebrauch machen, wenn auch nur informell, weil der Gedankenaustausch – mit anderen oder mit sich selbst – während der Integrationssitzung gegenüber dem strengen Kodieren Vorrang hat.
5. Dann machen Sie ein zweites Diagramm und bauen die Antworten auf Ihre Fragen ein. Die Überarbeitung bringt es mit sich, daß das vorhergehende Diagramm verändert wird, z.B. kommen neue Kästchen hinzu, werden die Kästchen komplexer, werden noch fehlende Bezüge ins Diagramm insgesamt aufgenommen.
6. Wiederholen Sie dann die Schritte 2, 3, 4 und 5. Setzen Sie diesen ganzen Prozeß bis zum Ende der Sitzung fort, vielleicht sogar im Hinblick auf zusätzliche Schritte, wenn diese auf dieselben Kodes und Themen anwendbar sind.
7. Das letzte Diagramm in der Serie findet seinen Platz vielleicht direkt oder indirekt in einem globalen integrativen Diagramm, das seinerseits sukzessive – wenn auch nur gelegentlich – in der gleichen Weise wie unsere Arbeitsdiagramme ausgearbeitet wird.

9 Integration durch Diagramme, Memosequenzen, Forschungsberichte

In diesem Kapitel werden weitere Techniken besprochen, mit deren Hilfe die abschließende Analyse integriert werden kann, nämlich integrative Diagramme, Memosequenzen und Forschungsberichte. Zunächst aber möchte ich drei Überlegungen vorwegschicken. Die Arbeitsdiagramme und vielleicht auch andere operationale Graphiken unterstützen direkt die Integration von *Analysebündeln,* aber nur indirekt die Integration der *Gesamtanalyse.* Diese Diagramme tragen jedoch zur Vervollständigung der eher allgemeinen integrativen Diagramme bei, die von Zeit zu Zeit entworfen werden.

Das Sortieren von Memos fördert gewöhnlich ebenso direkt die Integration von Analysebündeln, es kann aber, besonders gegen Ende des Forschungsprojekts, auch ganz direkt die Gesamtanalyse unterstützen. Das Sortieren leistet dadurch einen direkten Beitrag zur Gesamtanalyse, daß das jeweils aktuelle integrative Diagramm, ob in einer frühen oder einer späten Projektphase, dargestellt wird und der Forscher erkennt, worüber die Gesamtanalyse geht und gehen sollte. Das Sortieren von Memos kann sogar direkt zur Gesamtanalyse beitragen, wenn man integrative Diagramme zuhilfe nimmt.

Auch das Kodieren trägt sowohl zur Integration von Analysebündeln als auch zur Integration der Gesamtanalyse bei. Kodierergebnisse werden in die Memos aufgenommen, und außerdem werden von Zeit zu Zeit alte Daten gleichzeitig mit neuen Daten kodiert, sobald diese Verfahren für notwendig erachtet werden, weil sich in der aktuellen Analyse Lücken zeigen. Darüber hinaus stärkt das Kodieren die konzeptuelle Dichte, die selbst wieder ein Element der abschließenden Gesamtintegration ist. Es stimmt schon, daß die Integration ohne besondere konzeptuelle Dichte (das komplexe Beziehungsnetz zwischen vielen Kategorien, die alle auf eine Schlüsselkategorie oder -kategorien bezogen sind) abgeschlossen werden kann; aber dann sollten Sie daran denken, daß die Analyse sehr dünn bleiben wird (siehe 1. Kapitel).

Integrative Diagramme: Faustregeln

Welche Bedeutung ein Aufeinanderfolgen integrativer Diagramme hat, wurde im 8. Kapitel angerissen. Um diese Diskussion zu ergänzen, werden hier ein paar weitere Punkte angeführt, die im Prinzip *Faustregeln* dafür darstellen, wie dieser sehr wichtige Typ von Diagramm konstruiert wird.

1. Ein integratives Diagramm hilft dem Forscher, sich ein deutlicheres Bild davon zu machen, wie weit er in seiner Forschungsarbeit nach Datenerhebung, Kodieren und Memoschreiben gekommen ist. Es stellt – wenn auch nur vorläufig – eine Menge diffuser Datenmaterialien bzw. den diffusen Sinngehalt dieser Materialien in einen größeren Zusammenhang und zeigt an, daß dieses Projekt „tatsächlich eine Richtung eingeschlagen hat". Es gibt auch zusätzliche Sicherheit, daß „wir wirklich etwas vor uns haben, was die ganze Studie wichtig oder zumindest interessant macht."
2. Ein integratives Diagramm leistet auch Hilfestellung bei der zukünftigen Richtung der Forschungsarbeit, und zwar nicht nur in psychologischer Hinsicht, sondern auch aus analytischen Gründen. Wenn Sie das Diagramm sorgfältig studieren – aber manchmal ergibt es sich ganz beiläufig –, können Sie erkennen, was in der früheren Datenerhebung, in den Kodierungen und Memos noch fehlt. Genau wie bei den Arbeitsdiagrammen müssen dunkle Stellen beleuchtet, Zusammenhänge spezifiziert, geklärt und ergänzt werden.
3. Darüber hinaus müssen integrative Diagramme die einzelnen Analysebündel erfassen, die sich aus speziellen Arbeitsdiagrammen und durch das Sortieren von Memos ergeben haben. Es ist sehr zu empfehlen, die Arbeitsdiagramme und die sortierten Memos an den jeweils aktuellen integrativen Diagrammen zu überprüfen.
4. Im Laufe der Projektarbeit sollte der Forscher nicht nur ein einzelnes integratives Diagramm entwerfen, sondern eine Sequenz von integrativen Diagrammen. Jedes Diagramm sollte nicht nur das vorhergehende Diagramm enthalten, sondern auch die neuen Analysen, die seit dem letzten Diagramm durchgeführt worden sind.
5. Die Anzahl solcher Diagramme sollte nicht zu groß sein: Sie brauchen nicht zu jeder Zeit und an jedem Punkt des Projekts zwanghaft versuchen, „die Analyse insgesamt zusammenzubringen". Von Zeit zu Zeit sollte man jedoch das aktuelle integrative Diagramm anschauen und sich die Frage stellen: Was erfaßt dieses Diagramm noch nicht, was ich jetzt weiß? Wenn sich dann eine bestimmte Wissensmenge angesammelt hat, ist es an der Zeit, ein neues Diagramm zu entwerfen.

Bevor wir das Thema über integrative Diagramme abschließen werden, präsentieren wir gegen Ende dieses Kapitels noch ein Beispiel für ein integratives Diagramm. Es ist das letzte Diagramm aus einer Serie von drei Diagrammen dieser Art, die während des Forschungsprojekts über chronisch Kranke und deren Ehepartner entstanden sind. (Weitere Materialien über dieses Projekt finden sich in den Memos im 5. Kapitel und im Kommentar zu der Integrationssitzung im 8. Kapitel.) Der Leser versteht vielleicht nicht alle Kategorien, die in diesem Diagramm enthalten sind, ohne daß er die dazugehörige Memosequenz gelesen hat, die im folgenden abgedruckt ist; doch sollte er sich eine Vorstellung davon machen können, wie ein solches integratives Diagramm aussieht und welche Komplexität dahintersteckt.

Integration durch Memosequenzen und Memoreihen

Ein anderes Integrationsverfahren, das zur Gesamtanalyse beiträgt, ist eine stetige Weiterentwicklung von Memos. Diese Progression ergibt sich im Laufe der Forschungsarbeit ganz von selbst, sobald die Aufmerksamkeit des Forschers auf das eine oder andere theoretische Thema gelenkt wird. Die Memos zerfallen dann allmählich in Memoreihen; denn der Forscher tendiert jetzt dazu, nicht mehr sehr ausgedehnt an einem Thema weiterzuarbeiten, bevor er mit dem nächsten Thema beginnt. Manchmal jedoch läßt der „Sprung“ mehrere Wochen oder Monate auf sich warten. Das Produkt aus dieser längeren Schaffensperiode bezeichnet man sinnvollerweise als *Memosequenz.* Memosequenzen umfassen mehrere Memos und sind gekennzeichnet durch die Intensität der Analyse sowie durch ihre kumulativen Ergebnisse. Für diese Memosequenzen und Memoreihen gibt es mehrere nützliche Faustregeln, die aber erst am Ende dieses Kapitels aufgelistet werden, wenn sich der Leser nämlich eine Vorstellung davon gebildet hat, wie eine Memosequenz konkret aussehen kann und welches einige ihrer Hauptmerkmale sind.

Zu diesem Zweck drucken wir als nächstes einige Memos aus einer langen Serie von Memos ab, die im Laufe des Forschungsprojekts über chronisch Kranke und deren Ehepartner geschrieben wurden. Diese Memoserie wird sehr umfangreich dargestellt, weil an ihrem Beispiel nicht nur die kumulative Progression von Memos gezeigt wird, sondern auch typische Merkmale, die in den einführenden Zeilen zu unserer Memosequenz angesprochen werden. Aus unserer Forschungspraxis wissen wir, daß Studenten und noch unerfahrene Forscher schon ziemlich bald treffsichere Memos schreiben können, und durch gelegentliches und abschließendes Sortieren von Memos werden sie in die Lage versetzt, ein Projekt mit konzeptueller Fülle, Dichte und Integration abzuschließen. Aber dieses Ziel erreichen sie auf diese Weise viel langsamer und auf größeren Umwegen, als wenn – und unter der Bedingung daß – sie mit all den notwendigen analytischen

Verfahren souverän umgehen lernen und gleichzeitig ihr Denken geduldig und kontinuierlich verfeinern, wie es an unserer Memosequenz exemplarisch dargestellt wird. Obwohl die nachstehenden Memos von zwei Forschern jeweils im Hinblick auf den anderen geschrieben wurden, besteht überhaupt kein Grund, weshalb ein allein arbeitender Forscher nicht von ihrem Austausch lernen kann.

Die Serie von Memos wurde über einen Zeitraum von mehreren Monaten von zwei Forschern (J.C. und A.S.) geschrieben, die eng zusammenarbeiteten. (Weitere Memos siehe im 5. Kapitel und den Kommentar im Anschluß an eine Beratungssitzung über Integration im 8. Kapitel.) Im Jahr zuvor hatten sie ihren Fokus auf die Arbeit im Zusammenhang mit der Krankheitsverlaufskurve bei verheirateten Paaren gelegt, d.h. auf die Arbeit, die im Umgang mit der Krankheit eines Ehepartners anfällt. Indes hatten die Forscher auch Begriffe geprägt wie *Identitätsarbeit* und *Biographiearbeit,* die sie aus der Analyse etlicher Interviews entwickelt hatten. Diese Begriffe hatten sie aber unwissentlich eingeklammert und noch nicht realisiert, daß derartige Phänomene gründlich untersucht werden müßten.

Die hier vorgestellten Memos beruhen im Grunde auf der Analyse von „verborgenen Datenbeständen" (Glaser/Strauss 1967, S. 167f.); damit sind Berichte und Schriften von Menschen gemeint, die ihren Krankheitserlebnissen öffentlich Ausdruck verliehen haben. Einige von ihnen waren Schriftsteller, die eigene Erfahrungen, die der Ehepartner oder der Kinder bis ins einzelne beschrieben haben, als sie nach lebensbedrohlichen Phasen einer chronischen Krankheit „wieder zurückkamen" oder als ihr Leben aufgrund einer unheilbaren Krankheit dem Ende zuging. (Einige dieser Darstellungen stützen sich explizit auf Tagebücher oder andere chronologisch geordnete Notizen.) Während die Forscher ihre kumulative analytische Arbeit in Form von Memos festhielten, kodierten sie auch die Inhalte dieser Bücher. In diesen Kodierungen spiegelte sich eine zunehmende Tiefe und Integration ihrer Analyse wider. Diesen Kodiervorgang drucken wir hier nicht ab, sondern nur die Sequenz von einigen der analytischen Memos, die Kodierungen enthalten.

Eingeleitet wird diese Sequenz durch das letzte Memo einer vorhergehenden Sequenz, die über viele Monate hinweg entwickelt worden war (siehe 5. Kapitel, 6. Beispiel). Das nächste Memo, das von einer gegenüber Theorie und Menschen sensiblen Wissenschaftlerin (J.C.) geschrieben wurde, bereitet den Weg für eine – wie sich später herausstellen wird – notwendige Reihe von Analysen über Körper, Zeit, Biographie und den jeweiligen Beziehungen. Achten Sie darauf, wieviel Zeit nötig ist, um die Exploration durchzuführen, und auch darauf, wie sich diese analytische Jagd stetig weiterbewegt. Durch die Exploration wird neues theoretisches Gebiet erschlossen, und zwar nicht nur speziell für diese Untersuchung, deren Fokus auf dem Umgang mit der Krankheitsverlaufskurve liegt, sondern auch in einem größeren Rahmen für eine Theorie über Körper-Zeit-Biographie und Arbeit. (Siehe Corbin/Strauss 1985, 1988 und auch 10. Kapitel, erstes Beispiel.)

Noch einige andere Punkte sind im Zusammenhang mit dieser Sequenz von kumulativen Memos erwähnenswert. *Erstens:* Die Sequenz besteht aus mehreren Memoreihen, weil eine gegebene Kategorie (oder ein Bezug zwischen Kategorien) in den Vordergrund der Untersuchung gerückt ist und für eine gewisse Zeit dort bleibt.

Zweitens: Es gibt auch Fokusverschiebungen, wenn die Exploration eines Phänomens eingestellt und stattdessen ein anderes Phänomen untersucht wird. Die Bedingungen, die zu einer solchen Fokusverschiebung führen können, sind folgende:

1. Die bisherige Analyserichtung hat sich vorübergehend erschöpft.
2. Durch das Kodieren verlagert sich die Aufmerksamkeit auf die Möglichkeiten einer anderen Analyserichtung.
3. Die Weiterentwicklung einer Kategorie wirft Fragen auf über Aspekte einer anderen Kategorie, die dann weiterentwickelt werden muß.
4. Wenn zwei oder mehrere Forscher gemeinsam an einem Projekt arbeiten, ist es wahrscheinlich, daß sich – selbst bei enger Zusammenarbeit – ihr jeweiliger Fokus gelegentlich verschiebt, weil einem von ihnen „etwas" auffällt, und zwar oft deshalb, weil sie unterschiedliche Teile des Datenmaterials erheben oder untersuchen. Aber eine weitere Bedingung für die Verlagerung des Fokus ist die, daß einem Projektmitarbeiter (wie unsere Memosequenz hier zeigen wird) das Verständnis, das das Team gegenwärtig von einem Phänomen hat, nicht zusagt. Der Mitarbeiter spricht vielleicht von Zeit zu Zeit über seine Unzufriedenheit, ohne eine klärende Antwort zu erhalten, und so wird er schließlich auf einem Austausch im Forschungsteam bestehen, der entweder in der offenen Diskussion oder auf der Grundlage eines Memos stattfindet. Dadurch kann eine neue Richtung der analytischen Entwicklung initiiert werden, was natürlich eine Reihe von kumulativen Memos über Aspekte von Phänomenen mit sich bringen wird, die bis dahin noch nicht realisiert oder unbewußt eingeklammert worden sind.

Drittens: Die Memos entstehen manchmal in schneller Abfolge, aber manchmal dauert es viele Tage, bis eine neue Memoreihe angefangen wird, oder es können innerhalb einer Memoreihe sogar viele Tage zwischen zwei Memos liegen. Dies kann darauf zurückzuführen sein, daß sich der Forscher dem weiteren Kodieren zuwenden möchte: weil er das Gefühl hat, daß er seine Fähigkeiten zum theoretischen Arbeiten wieder aktivieren muß; oder weil er des Memoschreibens müde ist und das Kodieren als Kontrast braucht; oder weil er unvorhergesehenerweise auf mehr Daten stößt – in unserem Falle waren es neue Biographien – und diese dann kodiert.

Viertens: In diesen Memos sollte das Verfahren des Theoretical Sampling nur stellenweise eingesetzt werden. („Schauen wir einmal die Aphasie an, durch die das Sprach- und Sprechvermögen verlorengeht und die keine rein körperliche Behinderung ist", oder: „Schauen wir einmal die Krankheit eines Kindes an, weil dadurch *x* in einem anderen Licht erscheinen könnte.") Zum Teil jedoch ergab sich das Theoretical Sampling ganz zufällig, insofern als wir die unterschiedlichsten Bücher aus den Bibliotheksregalen geholt haben. Wie andere Dokumente oder Interviews auch, so lieferten diese Bücher Vergleichsmöglichkeiten einfach deshalb, weil es sich herausstellte, daß hier neue Phänomene betont wurden oder andere, bereits analysierte Phänomene in einem schärferen Licht erschienen. Je augereifter natürlich die theoretischen Überlegungen des Forschers werden, desto wachsamer wird er gegenüber solchen zufälligen Vergleichsmöglichkeiten.

Fünftens: Gelegentliche Verweise auf die Fachliteratur, entweder als Anregung oder als Kontrast, sind in Memosequenzen ebenfalls erwähnenswert. Im großen und ganzen haben unsere beiden Forscher von dieser Strategie in dieser Phase des Projekts nicht so sehr Gebrauch gemacht. Doch ihre Sensibilität gegenüber Themen wie Biographie und Zeit wurde von ihrem Hintergrundwissen geprägt, auf das sie zweifellos implizit zurückgegriffen haben (vgl. Meads Konzeptionen von Zeit und Selbst, 1934).

Sechstens: Bei der Lektüre der Memos kann man leicht erkennen, wie die konzeptuelle Dichte im Laufe der Sequenz zunimmt und somit auch die Integration. Die Forscher wußten dies natürlich; aber dadurch; daß sie an zwei Punkten der Studie integrative Diagramme entwarfen und gelegentlich die Kodes und Memos noch einmal durchlasen, wurde ihnen die Standortbestimmung („Wo sind wir jetzt?") und die weitere Integrationsarbeit erleichtert.

Siebtens: Wir sollten auch darauf hinweisen, daß der ganze Prozeß, in dem solche *kumulativen* Memos abgefaßt werden, nicht immer abgeschlossen wird, ohne daß der Forscher herumirrt, Holzwege geht oder an seinen intellektuellen Fähigkeiten zweifelt. Dies gilt insbesondere für frühe Phasen eines Forschungsprojekts oder wenn die Mitarbeiter im Hinblick auf diese Studie weniger Erfahrung haben als der Projektleiter. Also konnten sich hier konzeptuelle Dichte und Integration schneller entwickeln, wie die Memosequenz zeigt, als es für solche Memosequenzen oft typisch ist.

In der nachstehenden Memosequenz sind einige Memos weggelassen, die sich inhaltlich wiederholen. Die ganze Sequenz stellt lediglich eine Reihe von vorläufigen Versionen dar; später wurden diese dann noch intensiver durchgearbeitet und durch weitere Datenerhebung und Kodieren unterstützt. Das Kodierverfahren sorgt natürlich für zusätzliche konzeptuelle Dichte, wird aber in diesen Memos nur schematisch umrissen. Die Initialen des Autors der Memos sind vermerkt, die Initialen des Memoadressaten stehen in Klammern, z.B. JC (AS). Memoteile, die nicht abgedruckt sind, werden durch Punkte markiert (. . .).

Wie schon bei den Memos in früheren Kapiteln, so ist es dem Leser vielleicht auch hier nicht immer möglich, die Materie der einzelnen Memos voll zu durchdringen; doch sollte er beim Durcharbeiten der Memosequenz zumindest eine klare Vorstellung davon bekommen, wie sich einzelne Memos mehr oder weniger aus vorangegangenen Memos entwickeln und wie die Analysen aufeinander aufbauen und umfangreicher werden. Später kann sich eine erneute sorgfältige Durchsicht dieser analytischen Progression als hilfreich erweisen, um die eigenen Integrationsbemühungen zu unterstützen, besonders dann, wenn Sie sich konkret mit diesem Aspekt der Forschungsarbeit beschäftigen. Um das, was die Sequenz bietet, voll ausschöpfen zu können, muß man sie eventuell sehr sorgfältig studieren, vor allem deshalb, weil die hier verwendeten Datenmaterialien dem eigenen Erfahrungsbereich vielleicht fremd sind. Achten Sie im folgenden nicht nur auf die generellen Punkte und den spezifischen Kommentar eines jeden Memos, sondern auch darauf, wie die Forscher Analysebündel zusammenbringen, wie sie neue Daten untersuchen, die früheren Daten überdenken und ältere Kategorien und deren Bezüge an neu entstehenden Kategorien noch einmal überprüfen.

Die entscheidenden Entwicklungen gibt es hier bei den Konzepten Biographie, biographische Zeit und Körperschema in bezug auf Verlaufskurvenarbeit: denn „Verlaufskurve" ist die Schlüsselkategorie in dieser Studie. Erinnern wir uns daran, daß das Konzept der Verlaufskurve sowohl den Verlauf einer Krankheit als auch die mit der Kontrolle der Verlaufskurve verbundene Arbeit umfaßt. Das Konzept beinhaltet auch, welchen Einfluß die Verlaufskurve auf die Sozialbeziehungen der „Arbeiter" hat (in unserem Beispiel sind hauptsächlich Patient und Ehepartner gemeint) und wie sich dieser Einfluß seinerseits wieder auf die Verlaufskurvenarbeit auswirkt.

Die Sequenz beginnt im Prinzip mit einer Diskussion über die Verlaufskurvenpläne (die Vorhersage über den Verlaufskurvenablauf) und über Verlaufskurvenschemata (die antizipierte und direkt mit der Verlaufskurve zusammenhängende Arbeit). Der Fokus des ersten

Memos liegt auf diesen beiden Kategorien. Mit dem nächsten Memo wird eine neue Richtung in der Forschungsarbeit eingeschlagen, die die erwähnten zentralen Themen berücksichtigt. Im weiteren Verlauf werden diese Analysen untereinander und in die früheren Analysen (mit dem Fokus auf den verschiedenen Arten von Verlaufskurvenarbeit und der damit verbundenen Arbeitsteilung zwischen den Ehepartnern) integriert. Die unmittelbar danach folgenden Memos zeigen, wie sich die Forscher durch die Bezüge zwischen den Biographien der Ehepartner und der Verlaufskurvenarbeit kämpfen und wie sie diese Arbeit mit Verlaufskurvenschemata und Verlaufskurvenplänen veranschaulichen. Aufgrund der Überlegung, daß diese Krankheitsverlaufskurven potentiell instabil sind, entscheiden sich die Forscher, den Fokus auf biographische Rückblicke zu legen (23.6.). Später fallen ihnen dann die zahlreichen und feinen Zeitbezüge in ihren Daten auf, so daß sie anfangen, diese Verweise auf *biographische Zeit* sowohl mit Verlaufskurven als auch mit dem Leben der Ehepartner in Beziehung zu setzen (22.7., 23.7. und 30.7.).

Aufgrund der Lektüre eines Buches von Cornelius Ryan, das er in der Zeit, als er sein produktives Leben abschloß, mit seiner Frau über den drei Jahre dauernden Kampf gegen seine Krebskrankheit schrieb, wurden die Forscher dazu veranlaßt, als nächstes das Konzept der *Schließung* in Bezug zur Phasierung von Biographie und Verlaufskurve zu untersuchen (27.7.) sowie in Bezug zum „Akzeptieren" oder „Nicht-Akzeptieren" der Grenzen, die eine tödliche Krankheit setzt (7.8.). Im Memo vom 22.8. wird dann ein engerer Zusammenhang zwischen Schließung, biographischen Rückblicken und biographischer Zeit hergestellt; dieses Memo legt auch nahe, daß sich der biographische Entwurf auf den einzelnen Ehepartner in Bezug zur jeweiligen biographischen Phasierung sowie zur Verlaufskurvenphasierung und Verlaufskurvenarbeit auswirkt. Und im Memo vom 2.10. wenden sich die Forscher wieder Ryans Buch zu, diesmal unter dem Aspekt, daß die Phasierung von Biographie und Verlaufskurve in Bezug steht zur biographischen Zeit und zum biographischen Rückblick. Einige Wochen später (7.10.) reflektieren die Forscher eher abstrakt über *Zeittypen:* Sie versuchen, die biographische Zeit diesen Zeittypen gegenüberzustellen.

In den folgenden Memos liegt der Fokus auf Fragen, die mit dem Körper und seinen krankheitsbedingten Defiziten zu tun haben. Diese Fragen tauchten in dem Moment auf (endlich! denn das Forschungsprojekt ist schon weit vorangeschritten), als die eher autobiographischen und biographischen Berichte kodiert wurden, insbesondere der Bericht einer jungen hübschen Frau, die als Mannequin gearbeitet hatte und der wegen einer Krebserkrankung ein Bein amputiert werden mußte. In den sich daraus ergebenden Memos werden Körperthemen umgehend in Verbindung gebracht mit Überlegungen zur Biographie und Verlaufskurve. Das Konzept, das die Forscher jetzt als *biographisches Körperschema* bezeichnen (16.11.), wird in den nächsten Monaten weiterentwickelt (21.11., 7.12., 25.1., 17.2.).

Gegen Ende dieser Memosequenz fangen die Forscher an, über Verlaufskurventypen nachzudenken (Renormalisierung, Stabilisierung, Beendigung), wobei sie zwei Monate lang nach diesen Typen kodieren und Memos darüber schreiben. In diese Memos fließen viele der Konzeptualisierungen ein, die in den Monaten zuvor entwickelt worden waren. Eines der ersten Memos in dieser neuen Reihe – über Renormalisierung – trägt das Datum 18.1.83. (Siehe auch die Analyse einer Renormalisierungsverlaufskurve im 11. Kapitel.) Der Leser wundert sich vielleicht über die langen Pausen zwischen den einzelnen Memos und über die zeitliche Ausdehnung, die die Memosequenz insgesamt hat; dies ist zum Teil auf fortgesetztes Kodieren zurückzuführen und zum Teil darauf, daß die beiden Forscher nicht ausschließlich an dieser Studie gearbeitet haben.

Wir möchten darauf hinweisen, daß man von der Lektüre dieser Memosequenz in mindestens fünffacher Weise profitieren kann.

1. Es ist wahrscheinlich am besten, zuerst *die Überschriften* der ganzen Sequenz zu *lesen,* um:
   ihre Reichweite,
   die Wiederholung ihrer Themen,
   die Dauerthemen zu erfassen.
2. Die bis dahin gebildete Vorstellung kann dann in ähnlicher Weise ergänzt werden, indem Sie *die Untertitel und kursiv gedruckten Begriffe lesen,* die auf Kategorien und/oder deren Beziehungen verweisen.
3. Dann *liest* man die ganze Sequenz *schnell* durch.
4. Wenn Sie sich für ein bestimmtes Thema (Zeit, Biographie usw.) besonders interessieren, dann sollten Sie *die entsprechenden Memoabschnitte noch einmal schnell durchlesen.*
5. Ein sorgfältiges *Studieren der ganzen Sequenz oder von einzelnen Teilen* kann besonders dann hilfreich sein, wenn Sie in der eigenen Forschungsarbeit mit einer derartigen Sequenz anfangen. Denken Sie aber daran, daß die hier wiedergegebene Sequenz nur eine Exemplifizierung für den Integrationsprozeß darstellt und nicht der einzige Modus oder das einzige Modell ist.

Die Memosequenz

JC (AS) – spätes Frühjahr 1982
Einige zusätzliche Gedanken zur Verlaufskurve

A. Verlaufskurvenplan
  1. Bestimmung der Verlaufskurve:
    (a) strukturiert – definierte Vorstellung von der Zukunft
    (b) unstrukturiert – undefinierte Vorstellung von der Zukunft
    (c) einschneidend sind Darlegungen und Entdeckung von Einschränkungen durch Operationen, eine beginnende Therapie oder Rehabilitationsmaßnahme oder durch den Versuch, zu etwas fähig zu sein/nicht fähig zu sein.
  2. Aktuelle Verlaufskurve (a) kann verlaufen wie erwartet,
    (b) ungeahnte Wendung der Ereignisse ...
B. Elemente der Biographiearbeit bei Verlaufskurven
  1. Identität wieder einfangen – nachdenken und allmählich erkennen, was verlorengegangen ist – Status, finanzielle Situation – Kinder, körperliche Behinderung, Aktivitäten usw.
  2. Identität rekonstruieren – neue Identität aufbauen auf der Basis eines neuen Verlaufskurvenplans
    (a) Definition und Neudefinition von potentiellen Einschränkungen und manchmal auch von neuen Möglichkeiten
    (b) Neuorientierung von Wertvorstellungen – neue Prioritäten setzen, was im Leben wichtig ist
    (c) Richtung neu festlegen – angesichts der neuen Identität neue Wege einschlagen
    (d) Anpassung stellt sich ein – wenn man nicht über den Verlust grübelt, sondern wenn man Zufriedenheit damit, was noch möglich ist, erlangt – sich abfinden mit ...

JC (AS) – 1.6.82

Verlaufskurvenplan und Zeit

Die folgenden Gedanken könnten Sie interessieren, wir können sie später erforschen. Ich habe noch keinen richtigen Zugang dazu, finde aber das Konzept spannend.

A. *Verlaufskurvenplan* umschließt nicht nur die Gegenwart und die Zukunft, sondern auch die Vergangenheit. Als ich Interviews machte, stellte ich fest, daß die Leute nicht nur über das, was gerade vor sich geht, sprechen wollten; oft erzählten sie ihre ganze medizinische und biographische Geschichte. Sie führen mich durch ihr Haus, zeigen mir ihre Photos und andere Erinnerungen. Irgendwie hatte ich das Gefühl, daß dies etwas zu bedeuten hatte, war mir aber nicht sicher, was. Allmählich fängt es an, Sinn zu machen. Dann begann ich, *A Private Battle* von Kathryn und Cornelius Ryan zu lesen; anscheinend nimmt das Ganze in meinem Kopf sogar konkrete Formen an, obwohl ich immer noch den Eindruck habe, daß es mit dem logischen Aufbau nicht so ganz stimmt oder daß da einige Teile fehlen.
B. Der Verlaufskurvenplan beinhaltet, daß *die Krankheit in den biographischen Kontext gestellt* wird. Diese Kontextualisierung hat zwei Dimensionen.
  1. *Ein krankheitsbezogener Arbeitstyp,* der zur Vergegenwärtigung des möglichen Krankheitsverlaufs führt. Werde ich jemals schmerzfrei sein? Wie lange wird die Krankheit dauern? Dies beinhaltet mindestens
    (a) *Informationen* über die Krankheit einholen, interpretieren und verarbeiten
    (b) *Vergangenheit ordnen,* d.h. vergangene Ereignisse, Symptome, Erfah-

rungen mit dieser Krankheit und zeitweilig mit anderen Krankheiten bis in die Gegenwart ordnen und in Zusammenhang bringen

Versuch, aus der Sicht gegenwärtiger Ereignisse und Erkenntnisse den zurückliegenden Krankheitsepisoden Sinn zu verleihen.

2. *Ein biographischer Arbeitstyp,* der dazu führt, daß die Zukunft des eigenen Lebens im Licht der Krankheit vorhergesehen wird. Dies beinhaltet:
   (a) *einen biographischen Rückblick* – wer war ich in meiner äußeren Erscheinung, in meinen Beziehungen, im sozialen Leben usw.

   Ärzte, Ehepartner und der kranke Mensch halten Rückblicke.

Neue Optionen können eröffnet werden, andere abgeschlossen. Ein Prozeß findet statt, in dem sich ein *neuer Verlaufskurvenplan* herausbildet, eine *Neustrukturierung,* und ein neues Schema, das sich entwickelt hat, vereinigt *wechselseitig* Krankheit und biographische Momente.

Von da aus, wo ich jetzt bin, schaue ich auf die Punkte, an denen biographische Rückblicke stattfinden.
Wie kommen sie zustande?
Für wen? Arzt, Ehepartner, Patient.
Was für ein neuer Plan bildet sich heraus? Was bedeutet das für den einzelnen?
Kenntnisstand in bezug auf Biographie oder Krankheit.
Wie sehen diese Pläne für jeden Beteiligten aus?
Was für neue Schemata werden ersonnen? Welche Art von Arbeit ist damit verbunden?
Wie werden diese konkret durchgeführt? Arbeitsteilung?
Welche Ressourcen werden eingesetzt?
Was sind die Konsequenzen?

(b) Eine *Vorstellung von gegenwärtiger und zukünftiger Biographie,* wie werde ich aussehen, meine Leistungsfähigkeit, mein Bekanntenkreis verändert sich und wird nie mehr derselbe sein usw.

Der Verlaufskurvenplan kann *strukturiert, noch nicht strukturiert* oder *unstrukturiert* sein. Ein strukturierter Plan liegt vor, wenn man mit einer gewissen Sicherheit (bis zur nächsten Veränderung im Krankheitszustand oder bis zu biographischen Zufällen) folgendes sagen kann:

Ich werde fähig sein, viel auszuhalten.
Ich werde arge Schmerzen oder andere Symptome haben.
Ich werde mich einer schweren Behandlung unterziehen müssen.
Ich werde fähig sein, dahin zu gehen und nicht dorthin usw.

Ist der Verlaufskurvenplan einmal strukturiert, dann kann ein Handlungsschema ausgearbeite werden, wie wechselseitig mit der Krankheit und dem eigenen Leben zu verfahren ist.

Manchmal wird der Verlaufskurvenplan *destrukturiert.* Das bedeutet, daß sich in der Biographie oder bei der Krankheit etwas verändert hat (Symptome werden stärker oder schwächer, Krisen, neue Behandlungen usw.), so daß ich nicht abschätzen kann, wie stark die Schmerzen sein werden, wie leistungsfähig ich sein werde, was mit meinem Bekanntenkreis passieren wird usw. Mit dem Auftauchen neuer oder schwächer werdender Symptome stellen sich Veränderungen in der Biographie usw. ein, es findet ein *Rückblick* auf die Verlaufskurve statt.

AS (JC) – 23.6.82

Verlaufskurvenplan und biographische Rückblicke

(Siehe vorangegangene Memos)

1. Ein biographischer Rückblick kann mehr als einmal stattfinden: d.h. Bedingungen dafür können durch einen veränderten Krankheitszustand, durch Krisen, Zufälle im außermedizinischen Bereich usw. gegeben sein. Also denkt man an *Rückblick Nr. 1, 2, 3, n.*
2. STRUKTURIERUNG UND BIOGRAPHISCHER RÜCKBLICK: Die Destrukturierung des Verlaufskurvenplans erfordert jähe Bedingungen (Krankheit und Nicht-Krankheit). Diese Bedingungen könnten notwendige, aber nicht hinreichende Bedingungen sein. Aber sie müssen vorliegen, damit eine Destrukturierung überhaupt stattfinden kann.

   Der Rückblick führt also nicht notwendigerweise zur Destrukturierung. Der Rückblick führt vielleicht zu dem Schluß, daß sich gegenüber vorher nicht viel verändert hat; oder zur Neuordnung von Ressourcen, zur Arbeitsteilung usw., um abzusichern, daß „sich nicht viel verändert hat".

   Mit anderen Worten: Manche Arten von Verlaufskurvenplänen haben Destrukturierungen zur Folge, andere nicht. Aber ein Rückblick muß stattfinden, damit es überhaupt zur Destrukturierung kommen kann.

   RÜCKBLICKMATRIX: die Reihe von Bedingungen, die den Rückblick gestalten.
3. Destrukturierung konservieren: Wenn der Verlaufskurvenplan destrukturiert wird, kann er vielleicht nicht mehr NEU STRUKTURIERT werden, weil der kranke Mensch (und Ehepartner) die Situation ihres Rückblicks KONSERVIEREN KÖNNEN. Warum?
   (a) wenn ein erneuter Umschlag noch rückgängig gemacht werden kann
   (b) oder das Ausmaß des Umschlags noch unbekannt ist.

   Aber diese *Destrukturierung ist nicht von Dauer,* weil sie weder neu strukturiert noch strukturiert ist. Deshalb „konservieren" . . .

.

.

.

5. Arten von biographischen Rückblicken: Julie, Sie arbeiten vermutlich an diesem Punkt! Und von den Daten her!
6. Variationen, wer zurückblickt und wie und wann: Rückblicke des Mannes können sich von den Rückblicken der Frau nicht nur in der Art und Weise unterscheiden, sondern auch im Zeitpunkt (und OB sie überhaupt stattfinden).

   Diese Rückblicke beziehen sich vielleicht nicht nur auf „meine" Verlaufskurve, sondern auch darauf, wie sich die Verlaufskurve auf den anderen auswirkt – oder vielleicht nicht. Und ob der andere dem in seiner Vorstellung die gleiche Bedeutung beimißt. UND „seine Verlaufskurve" und wie . . . auf mich usw.

   Miteinander gekoppelte Verlaufskurven (beide krank) beinhalten: (a) Verlaufskurve des Ehemannes (wie sie von jedem einzelnen gesehen wird); (b) Verlaufskurve der Ehefrau (wie sie von jedem einzelnen gesehen wird); auch (c) ihre gekoppelte Verlaufskurve, wie sie gesehen wird – von jedem einzelnen und *zusammen.*

AS (JC) – 22.7.82

Biographische Zeit und Typen der Renormalisierung von Verlaufskurven

Einige vorläufige Überlegungen –

Referenz: David Knox, *Portrait of Aphasia.* Siehe auch Fred Davis, *Passage through Crisis* (die Polio-Familien).

Verlaufskurven mit Renormalisierung bringen eine Reihe von Fragen mit sich – die sich die Betroffenen während der ganzen Verlaufskurve immer wieder stellen. Diese Fragen sind analytisch umwandelbar in biographische Zeit und werden oft von den Betroffenen selbst in dieser Art formuliert.

1. Nimmt man den gegenwärtigen medizinischen Stand nach der ersten Krise (Herzinfarkt, Schlaganfall, was nicht alles) als gegeben, wie reversibel ist dann diese Krankheit, wie weit zurück werde/kann ich gehen?

DIE ZUKUNFT ist *vielleicht* wieder wie die VERGANGENHEIT, *wenn* die Krankheit reversibel ist, also NICHT wie die GEGENWART.

2. Wie weit zurück werde (kann) ich kommen? Ganz, ziemlich, ein Stück, ein wenig? Und im Hinblick auf welche meiner Aktivitäten (da einige vielleicht wieder voll vorhanden sind, einige überhaupt nicht mehr usw.)?

Diese Frage nach dem Renormalisierungsgrad hat wieder zu tun mit der Zukunft, die wie die Vergangenheit ist, einfach eine Antwortvariante. Mit anderen Worten: Wieviel Ähnlichkeit wird die Zukunft mit der Vergangenheit noch haben? Oder wenn bestimmte Fertigkeiten (z.B. Klavierspielen oder Tiefseetauchen) nicht mehr möglich sind, könnte das bedeuten, daß die Vergangenheit in der Zukunft wiederkehrt, wenn speziell diese Fertigkeiten von neuem erlernt werden? So war ich nach meinem Herzinfarkt eine zeitlang nicht mehr in der Lage, in einem schnellen Tempo Klavier zu spielen, konnte aber zunächst sehr langsam spielen, später wieder schneller. (Doch das führt uns schon zu den späteren Fragen: wie unten.)

3. Wie schnell werde ich wieder auf dem alten Stand sein – ob teilweise, zum größten Teil, vollständig?

Wie schnell wird es gehen, bis die Zukunft mit meiner Vergangenheit identisch ist? Wird der Zustand von *Zukunft-wie-Vergangenheit* lange anhalten, über eine mittlere, kurze Zeitspanne? (Bevor die Zukunft wie die Vergangenheit ist.)

Dies ist auch eine Frage der DAUER VON GEGENWART: Wie lange werde ich in diesem gegenwärtigen Zustand verweilen (mehr oder weniger)?

4. Wie lange werde ich AUF DIESEM NIVEAU BLEIBEN, bis sich mein Zustand verändert?

Das ist die STECKENGEBLIEBENE GEGENWART: Ich bin an dieses gegenwärtige Leistungsniveau gebunden. Wie lange also? Bis ich mich in der Zukunft auf eine neue Stufe zubewege? In gewissem Sinne ist die FRAGLICHE ZUKUNFT ein Teil der STECKENGEBLIEBENEN GEGENWART, darin eingelassen; bis man die nächste Stufe erreicht.

5. Der zweite Teil der vorangegangenen Frage ist in der Tat: Ist dies ein Dauerzustand, werde ich niemals mehr Fortschritte machen?

Wird meine GEGENWÄRTIGE GEGENWART BLEIBEND SEIN? So daß ich *keine andere Zukunft habe* (im Sinne von weiterer Reversibilität der Krankheit oder „Fortschritt") *als die meiner gegenwärtigen Gegenwart?*

Es ist tatsächlich so: Wenn zentrale Aktivitäten lahmgelegt sind (wie die Hände eines Pianisten oder ein verlorener Arm), dann habe ich als Pianist schlicht und einfach „keine Zukunft mehr". Dies ist auch bei Krankheiten der Fall, die auf den ganzen Menschen übergreifen, wie z.B. bei wiederholten Schlaganfällen oder bei Aphasie. In einer frühen Phase der Renormalisierung seiner Verlaufskurve sagte Knox immer wieder, daß er sterben wolle.

6. Rückschläge, wenn sich der „Fortschritt" umzukehren scheint (d.h. ein neuer Schlaganfall, ein zweiter Herzinfarkt).

VERLORENE ZEIT ist eine Konzeption des Kranken, jetzt muß er die Schritte noch einmal machen – in mehr oder weniger Entfernung – folglich wird der ganze Reversibilitätsprozeß mehr Zeit in Anspruch nehmen. „Also habe ich Zeit verloren".

7. Ein totaler Rückschlag blockiert die Entwicklung auf den Zustand hin, daß die Zukunft wie die Vergangenheit wird. „Das ist es also!"

Das ist eine klare Definition, daß Bedingung Nr. 5 eingetroffen ist. *Keine andere Zukunft mehr als die gegenwärtige Gegenwart* – auf welchem „Niveau" von vergangenem Zustand die Gegenwart jetzt auch ist. Da ja neue Krankheitsschübe einem nicht notwendigerweise ganz zurückwerfen – aber es kann vorkommen, oder sogar noch weiter zurück (möglicherweise noch weiter in die Vergangenheit).

8. Eine Schlüsselfrage für den Akteur ist die, ob seine Handlungen die Renormalisierung beeinflussen können: graduell oder zeitweise? Oder ist alles einfach nur Schicksal? Und spezifischer, welche Handlungen haben einen Einfluß (Training, Diät, Beten usw.)? Auch die Wahrscheinlichkeit für Rückschläge minimieren.
9. Selbst wenn es eine vollständige Renormalisierung gibt, ist sie von Dauer? Für wie lange? Wie lange weiß ich es im voraus? Wie weit werde ich zurückgehen, wenn sie nicht dauerhaft ist? (Das ist einfach eine Variante der früheren Frage-Antwort.)
10. Schwankungen (stündlich, täglich, wöchentlich) in der aktuellen Leistungsfähigkeit. Zum Beispiel: Gleichgültig, wie weit ich auch zurückkomme – auf welches Leistungsniveau auch immer – ich werde in meiner Leistungsfähigkeit (immer noch) schwanken. Wie weit zurück variiert von leicht bis enorm. Aber es ist temporär: Minuten, Stunden, einen Tag oder zwei oder drei.

TEMPORÄRE VERGANGENHEIT IN DER GEGENWART, mit dem Erfahrungswissen, daß DIE NAHE ZUKUNFT so ähnlich wie die JÜNGSTE VERGANGENHEIT sein wird.

Ein paar Hilfsthemen zeitlicher Art bei diesen Schwankungen. Wie oft? Für wie lange? Wie weit zurück wird es DIESMAL gehen? Wie abkürzen? Auswirkungen minimieren? Diesmal vielleicht Vorbeugung? Abwarten (verlorene Zeit) – WARTEZEIT. VIELLEICHT AUCH VERLORENE ZEIT....

Das Bild von der biographischen Zeit des Ehepartners ist in einigen oder allen Punkten das gleiche wie das eben gezeichnete, beinhaltet aber wahrscheinlich auch noch andere Themen, zeitweilig. Darüber möchte ich jetzt nicht nachdenken.

Zeitlichkeit im Buch von Knox

In dem ganzen Buch geht es darum, daß sich ein Mensch langsam in die Zukunft hineinbewegt mit einem gewissen Fortschritt, mit Phasen der Stabilität, einem großen Rückschlag, Fragen über den Grad der Reversibilität und mit dem Ende, wo der Zustand nur noch teilweise als reversibel zu bezeichnen ist und wahrscheinlich niemals mehr besonders reversibel ist.

Und die Art, in der dieses Buch geschrieben ist (Rückschau aus der Gegenwart mit offener, wenn auch bewölkter Zukunft), ist die einer chronologisch geordneten Vergangenheit bis zum gegenwärtigen Moment, aber so, „als ob" sich Autor und Leser in der Gegenwart bewegten und Schritt für Schritt in die Zukunft glitten. Die lebhafte Vorstellung von der Bewegung in die Zukunft – sieht zu sehr danach aus, als ob er aus der Vergangenheit in die sequentiell geordnete Vergangenheit zurückschaut.

AS (JC) – 23.7.82
Biographische Zeit: Paradigmatische Notizen

Zuerst ein Wort über die ausgezeichnete Studie von Wolfram Fischer. Er mußte sich auf Interviews mit Leuten beschränken, die sich nicht mehr deutlich artikulieren konnten und die nach rückwärts gerichtet über die Vergangenheit sprachen, und er untersuchte nur zwei Krankheiten. Das bedeutet, daß seine Studie im Hinblick auf die Verlaufskurve nicht besonders aufregend ist. Und mit seinen Kodierungen erfaßt er, wahrscheinlich aus diesem Grunde, nicht viele der Strukturbedingungen, die für die Zeitkonstruktionen von kranken Menschen spezifisch sind, und auch nicht sehr viel von den spezifischen Konsequenzen (außer, wenn er Einzelfälle untersucht). Jedenfalls ist seine Kodiersprache relativ dünn, im Vergleich zu, sagen wir, unserem Memo vom 19.7. über biographische Zeit, nach der das Buch von McGrail kodiert wird. Dieses Memo vom 19.7. (und siehe auch das Memo vom 22.7.) ist sehr reich an Begriffen für Vergangenheit, Gegenwart, Zukunft, und es zeigt reihenweise „Überlappungen" und „Durchdringungen" von Vergangenheit-Gegenwart, Gegenwart-Zukunft usw.

Sowohl Wolfram Fischers Analysen wie auch unsere Memos zeigen, daß G.H. Mead auf der richtigen Spur war, allerdings auf entsetzlich abstrakte Weise und nur die Oberfläche des Reichtums berührend. Im Grunde hat er sich mit Biographie ausschließlich theoretisch beschäftigt und mit der Zeit im Verhältnis zur Verlaufskurvenzeit überhaupt nicht. (Eine große Lücke, insbesondere wenn man bedenkt, daß das ganze Buch von Mead mit „Zeit" zu tun hat.)

Paradigmatische Notizen

1. *Verlaufskurve* ist der Ausgangspunkt, und danach sind wir vorgegangen. Wie das Buch von McGrail und auch andere Bücher zeigen, *kommen* die Konzeptionen von biographischer Zeit *während einzelner Verlaufskurvenphasen zum Vorschein.* Diese schweben nicht einfach im abstrakten Raum, sondern können vom Forscher zeitlich lokalisiert werden.
2. *Strukturbedingungen* können deshalb danach spezifiziert werden, weshalb eine bestimmte Zeitkonstruktion in einer bestimmten Phase (oder einem Phasenabschnitt – etwa unmittelbar vor einer Operation, einer Rückblende) auftrat.
3. *Konsequenzen* können auch häufig spezifiziert werden; werden deutlich aus den laufenden Erzählpassagen in diesen Büchern. Konsequenzen für die unmittelbare oder spätere Handlung, für die gemeinsame eheliche Arbeit, für unterschiedliche Arten von Arbeit, für die Stimmung, für die Gestaltung der Verlaufskurve im allgemeinen. Auch zweifellos für die eheliche Beziehung.

Themen der Integration

Konzeptionen von biographischer Zeit gehen offensichtlich einher mit Gestaltung der Verlaufskurve, Verlaufskurvenplan, Kontinuität-Diskontinuität des Selbst, biographischem Rückblick/Neugestaltung der Biographie usw. Ein Teil unserer Aufgabe besteht vermutlich darin, diese Verbindungen deutlich zu machen, zumindest auf einer allgemeineren Ebene, und vielleicht auch etwas spezifischer. Nun, Julie, das werden Sie wohl mit anderen zentralen Konzepten auch machen wollen. Es ist aber nicht notwendig, alle Konzepte durchzumachen, weil das zuviel des Guten wäre.

Aber nehmen wir als Beispiel die Schließungsarbeit. Diese Arbeit sieht in jeder Phase der Verlaufskurve anders aus. Wir könnten sagen, daß das, was während einer Phase geschieht, vom vorangegangenen Verlaufskurvenplan abhängt, aber nun können wir das auch zu Konzeptionen von biographischer Zeit in Beziehung setzen. Vielleicht werde ich das später versuchen.

AS (JC) – 27.7.82

Schließungen: mehrfach und phasiert im Laufe der Verlaufskurve

(nach dem Buch von Cornelius Ryan)

1. Fängt mit seiner Bandaufzeichnung an (obwohl Zukunft immer noch offen, wenn auch problematisch, geht er doch kein Risiko ein).
2. Und seine Entscheidung, an seinem BRIDGE-Buch weiterzuarbeiten für die finanzielle Absicherung der Familie und um der eigenen Identität willen.
3. Vorausgesetzt, daß ich keine Momente von Schließung übersehen habe, ist die nächste Schließung erst auf S. 199, vor der entscheidenden Operation und Strukturierung: „dann werden Papiere, Unterlagen und dergleichen . . ." in Ordnung gebracht sein. Aber (199b–200) er kann selbst mit seiner kleinen Tochter psychologisch nicht abschließen.
4. Mit seiner Frau, das letzte Mal vor der Operation (206b), aber kompliziert wegen der gemeinsamen Fassade von Optimismus (siehe auch 211).
5. Und der Priester wird in dieser Nacht geholt (206b–207t).
6. Seine letzten aufgezeichneten Worte FÜR SEINE FRAU, einfach für den Fall, daß er stirbt, in dieser Nacht (208).
7. Macht Ausflüge mit der Familie, so daß ihn die Kinder als einen guten und interessierten Vater in Erinnerung haben (294).
8. Die Weihnachtsfeier für alle seine Freunde, mit der Anweisung an seine Frau, nach seinem Tod Weihnachtskarten mit seinem Photo zu verschicken (ab 296 und vor allem 301).
9. Macht den Entwurf des Buches für seine Frau und die Sekretärin, J., fertig.

17. (440) Und weiter mit seiner Frau: „Mein armes kleines Mädchen", sagte er. „Meine Katie." Sie schaute zu ihm nieder, und er sah sie an, als er das sagte. (442) Geoff, der Sohn, war im Zimmer, kurz bevor er starb. Ein Bild von einem Fischer, der seine Angel auswirft, hängt an der Wand. Ruft Geoff. „Das Handgelenk", flüsterte Connie. „Denke daran, das Handgelenk einzusetzen . . ." Sohn verspricht es. Connie lächelt.

Julie: Ich denke, daß diese *Schließungssequenz,* die auf diese Weise zu den erkennbaren Phasen von Ryans Verlaufskurve in Beziehung gesetzt wird, deutlich macht, wie *die Kontinuität des Selbst zum Teil durch diese Schließungsaktivitäten/-gesten aufrechterhalten wird.* Als meine Lieblingstante – die für mich als Kind eine große Rolle spielte – starb, verweilte ich an ihrem Grab, als letzter, und warf eine Rose auf ihren Sarg.

AS (JC) – 30.7.82

Konzeptionen von biographischer Zeit

(nach dem Buch von Connie Ryan)

Nicht müde werden durch diese Auflistung. Ich habe meine Gründe, daß ich diese Punkte niederschreibe.

„Daß ich sterben werde" (18b), Gegenwart bewegt sich in eine begrenzte Zukunft
Gegenwärtige Objekte sind vergangenheitsträchtig (biographische Rückblenden) 19
Die Zukunft wird immer gegenwärtig sein (d.h. Krebs) 19b
Verbindung von Vergangenheit/Gegenwart/Zukunft in bezug darauf, was Zukunft in der Vergangenheit war und jetzt gegenwärtig ist (20)1
Die begrenzte endliche Zukunft 20(1)
Die Begrenztheit der Zukunft beiseiteschieben 21(5)
„Leid". Zukunft immer in der Gegenwart 32(m/b)

Rückblick auf Symptome (und mit biographischen Details). Zurückgehen und die Vergangenheit in die Gegenwart forsetzen 38
Die erschreckende Gegenwart – keine Zukunft mehr 68(m)
Gegenwart vollkommen auf Zukunft ausgerichtet 84
Geplante Sequenz von zukünftigen Schritten 89(m)
Die Zukunft bewußt wegschieben (d.h. Leben verlängern) 102
Die verkürzte potentielle Zukunft 102(b gleich)
Konservierung der Gegenwart gegen die Zukunft (folglich zurückschauen) 108(t)
Möglicherweise die „letzte Zeit" 111(m) . . .

AS (JC) 7.8.82
„Nicht akzeptieren": ein integratives Memo

J.: Als Antwort auf Ihre Herausforderung und Notizen über „nicht akzeptieren" im Schlaganfall-Buch von Limey: Sehen Sie, wie sich die Kategorien überschneiden!

Thema: Dieser Mann „akzeptiert" die ihm durch die Krankheit gesetzten Grenzen nicht usw. Was bedeutet das soziologisch?

1. Drei Dimensionen des Nicht-Akzeptierens: Krankheit an sich, Symptome, Einschränkungen der Aktivitäten. Dieser Mann akzeptiert nichts, aber in erster Linie wirken sich die Symptome, die von einer unheilbaren Krankheit kommen, drastisch auf sein Leben und seine Aktivitäten aus.
2. In Begriffen der KONZEPTIONEN VON BIOGRAPHISCHER ZEIT heißt das: Da ist ein radikaler Bruch mit der Vergangenheit, und Zukunft/Gegenwart wird immer gleich sein (oder noch schlechtere Zukunft). Manche Menschen können „sich anpassen" – sie können damit leben oder (das Selbst) überschreiten. Dieser Mann kann weder über sein Selbst hinausgehen noch mit der Krankheit leben.
3. Das bedeutet in Wirklichkeit, daß zwischen seiner Vergangenheit und seiner Gegenwart-Zukunft ein zu großer Bruch ist.
4. Oder in Begriffen des „Selbst": seine *Identitätsarbeit ist fehlgeschlagen.* Er kann die Kluft zwischen dem vergangenen Selbst und dem gegenwärtigen-zukünftigen Selbst (unterbrochen) nicht schließen.
5. Sein Verlaufskurvenplan hat sich nicht nur nicht strukturiert, sondern es gibt auch keine Aussicht auf eine andere Art von Strukturierung – außer der schlimmsten Zukunftsprojektion.
6. Das ist umso verblüffender, als Menschen, die wissen, daß sie bald sterben werden, dies immer noch akzeptieren können, indem sie angemessene *biographische Rückblicke* und *Schließungen (Rückblicksarbeit, Schließungsarbeit) vollziehen . . .*

Schließung kann ein Mensch mit sich allein abmachen, *ohne Interaktion* mit anderen oder einem anderen. Oder wenn Interaktion stattfindet, kennt der andere vielleicht nicht einmal seine Rolle im Schließungsgeschehen. Aber grundsätzlich ist Interaktion möglich (siehe unten).

Schließung kann *ein Mensch für sich allein* vollziehen. Sie kann *wechselseitig* vollzogen werden. Sie kann sich *in zwei Individuen getrennt voneinander (Ehefrau/Ehemann), aber nicht wechselseitig* vollziehen.

Wechselseitige Schließungen beinhalten aufeinander bezogene Handlungen, gemeinsame „Schließungsarbeit".

Individuell vollzogene Schließung beinhaltet eventuell die Interaktion des anderen, vielleicht sogar Hilfe.

Zwei Menschen können die Schließung vollziehen (sterbender Ehepartner und Frau), jedoch getrennt voneinander.

Bewußtheitskontext insofern, als Schließungsgesten/-handlungen vielleicht geheim gehalten werden; können aber auch offen sein oder vermutet werden.

Beachten Sie, daß das *Tempo der Schließung* für Ehemann-Ehefrau perfekt sein kann, zusammengehen kann. Oder es gibt zeitliche Verschiebungen.

Wechselseitige Schließung. Wie machen sie das? Darauf zugehen und akzeptieren, beides. Dann gemeinsame Schließungsarbeit. Beinhaltet, wenn nicht Gespräch, dann eindeutige nonverbale Gesten. In den biographischen Büchern kann man m.E. sehen, daß beide Seiten dem anderen *Schließungsmöglichkeiten anbieten,* und wenn diese angenommen werden, dann verrichten beide gemeinsam diese Arbeit.
Nein?

Erfolglose Schließungen in der Interaktion, Bedingungen dafür:
(a) angebotene Aufforderung oder Bitte (oder signalisierte Hilfe) – oder nicht bemerkt – oder gesehen, aber zurückgewiesen wegen Überlegungen in bezug auf Bewußtheitskontext – oder falsch verstanden. Merke: Für alle diese Punkte gibt es Bedingungen.
(b) akzeptierte, aber nicht zufriedenstellende Interaktion. (Also könnte eine Bedingung für erfolgreiche Schließung sein, daß vermutlich Signale bemerkt werden, Kommunikation, die die darauf folgende Reaktion „verbessern" könnte usw.).

Apropos Tempo, da ist auch das Problem der *Strategien:* Wie bringt man den anderen dazu, Schließung zu vollziehen, wie bringt man Schließung für sich selbst zustande, wie stellt man sicher, daß beide getrennt oder wechselseitig Schließung vornehmen?

Konsequenzen erfolgloser Schließung (einige). Verschieden, je nach dem, ob Bewußtheitskontext geschlossen oder offen. Offener Bewußtheitskontext: Rechtfertigung, Traurigkeit, Leid . . . vielleicht ist zu einem späteren Zeitpunkt Verstehen möglich, dann rückt die Aussicht auf erfolgreiche Schließung näher.

AS (JC) – 22.8.82
Biographische Rückblicke

Vielleicht sollten Sie noch einmal das Buch von Ryan durchgehen (möglicherweise auch das Buch von Wertenbacher), einfach wegen der biographischen Rückblicke, um meine Eindrücke zu vertiefen. Im Buch von Kavinoky (Memo vom 20.8.) fand ich folgendes:
einfache Rückblenden
Zukunftsvisionen (d.h. Bilder)
Rückblenden in der Erinnerung
ganze Szenen
Rückblicke auf die Vergangenheit
Abrechnungen aus der Vergangenheit bis in die Gegenwart
biographische Voraussagen.

In *Goodnight, Mr. Christopher,* S. 116, ist . . . das Lebensende ein *biographischer Abschluß durch Rückblick.*

Ich halte es für wichtig, daß diese Schließungen klassifiziert werden, damit wir das ganze Spektrum der Phänomene erfassen können. Und damit wir etwas darüber sagen können, wie sich diese auf den gegenwärtigen biographischen Durchgang und auf zukünftige biographische Arbeit und auf die Krankheit auswirken – oder auch nicht. *Ja?* . . .

JC (AS) – 2.10.82

Biographische Phasierung/Verlaufskurvenphase/Rückblicke auf die biographische Zeit

Verschiedene Phasen der Verlaufskurve können zu Veränderungen in der biographischen Phasierung führen oder damit verbunden sein und zeitlich zusammenfallen, graduell zeitlich verschoben sein. Diese Veränderungen können einschneidend oder von geringer Bedeutung sein. Die Veränderung kann jede einzelne Dimension des Selbst erfassen (und vielfach verschiedene Dimensionen des Selbst), Körperbild, geistig, gesellschaftlich, Identität, sexuell. Diese Veränderungen können sich gleichzeitig oder zu verschiedenen Zeiten ereignen. Mit jeder biographischen Phasierung wird Altes weitergeführt und Neues entwickelt. Deshalb sind in jeder Phasierung Elemente von Vergangenheit, Gegenwart und Zukunft involviert. Diese biographische Phasierung kommt nicht plötzlich als Reaktion auf die Verlaufskurvenphasierung, sie entwickelt sich vielmehr; d.h. sie entsteht mit der Zeit. Was in diese veränderte biographische Phasierung eingeht oder als Bedingung dafür dient, das sind *Rückblicke,* die oft ausgelöst werden durch die Phasierung während der Krankheitsverlaufskurve (vielleicht das Bindeglied zwischen Krankheitsphasierung und biographischer Phasierung).

Eine weitere Bedingung für die biographische Phasierung ist die Zeit. Verlaufskurvenphasierung wirkt sich auf *Zeitperzeptionen* sowie auf den Umgang damit aus, und es ist diese Zeitperzeption, die dann zur Bedingung wird und die biographische Phasierung beeinflußt, z.B. „Ich habe nur noch so viel Zeit" oder Zeit, die die Krankheit in Anspruch nimmt, Zeit zum Einkaufen usw.

Natürlich gehen in die biographische Phasierung auch noch andere Mikro- und Makro-Bedingungen ein, die erwarteten und unerwarteten Zufälle des Lebens, Interaktionen mit anderen Menschen, die biographische Phasierung des Ehepartners usw.

Für uns ist wichtig, wie sich biographische Zeit und Verlaufskurve überschneiden . . .

AS/JC Sitzung am 7.10.82, Zusammenfassung

Zeittypen

Es gibt die *Uhrzeit* – die durch Regelmäßigkeit gekennzeichnet ist.

Es gibt die *Zeit im Alltag,* die zerstückelt ist, verplant, routinisiert, desorganisiert, geordnet. Sie kann ausgedehnt oder begrenzt oder auf etwas abgestimmt werden.

Es gibt *Zeitperzeptionen* oder *Wahrnehmung von Zeit* – die Zeit wird zu einem Bestandteil der Erfahrung.

Es gibt die *biographische Zeit* (siehe unten).

Wahrnehmung von Zeit: Hat zu tun mit Aktivität, Aufmerksamkeit, Stimmung, Energie, Qualität von Ereignissen. Sie ist *subjektiv, situativ,* und kann mit *strukturellen Elementen* erklärt werden. Ein und derselbe Mensch kann je nach Zeitpunkt eine Situation unterschiedlich wahrnehmen und deshalb auch unterschiedliche Wahrnehmungen von Zeit haben. (Obwohl vielleicht die Situation im Prinzip gleich strukturiert ist. Oder wie Mead sagt: Wenn man ein und dieselbe Situation von verschiedenen Gegenwarten aus betrachtet, dann interpretiert man sie verschieden.) Zeit kann unter Bedingungen von Wiederholung unterschiedlich wahrgenommen werden, z.B. wenn man in einer Klasse schon so oft unterrichtet hat, daß einem die Zeit langweilig vorkommt, oder wenn man überhaupt noch nie in der Klasse unterrichtet hat, wo sich die Zeit dehnt, einem endlos vorkommt.

Biographische Zeit: Wenn wir von biographischer Zeit sprechen, dann sprechen wir von einem Einbruch in das Leben eines Individuums (den gesamten Ablauf von etwas nennen wir Verlaufskurve, die sich in diesem Fall auf eine chronische Krankheit bezieht). Bevorzugte Zeitmuster geraten aus den Fugen und werden verlagert, d.h. die Muster, nach denen man sein Leben lebt. Ein Beispiel dafür wäre der Militärdienst, der in ein Leben einbricht und dies unterbricht. Hier geraten normale Lebensführung oder Aktivität aus dem Gleichgewicht. Im Urlaub oder bei vorübergehender Abwesenheit vom Militär wird das normale Leben noch eine Zeit lang eingeklammert, der permanente Handlungsfluß ist unterbrochen, in diesem Falle freiwillig.[10]

Die auf die Biographie bezogene Zeit ist daher nicht einfach stimmungsabhängig, eine Frage des Umgangs und der Organisation von Zeit oder zur Erfahrung gehörend wie die wahrgenommene Zeit. Das Leben ist hier vielmehr um die Zeit herum strukturiert, ob bewußt oder nicht.

Wo ist die Zeit bei der Zeit????

Wo ist die Zeit bei der Uhrzeit?: Die Zeit bei der Uhrzeit hat zu tun mit Arbeitsplanung, Sequenzierung von Aufgaben, Dauer von Aufgaben – wie lange, Geschwindigkeit von Aufgaben. Alle erfordern Planung, Balancieren, Koordinieren. Die Zeit ist konstruiert als verlorene Zeit oder aufgebrauchte oder als zu nutzende oder zu verwaltende Zeit.

Wo ist die Zeit bei der Zeitperzeption?: Bei Zeitperzeptionen ist die Zeit zentral, die Zeit wird zu einem auffälligen Merkmal, wenn ein Ereignis aus der Erfahrung beschrieben wird. Die Zeit ist ein nicht wegzudenkender Teil eines Ereignisses. Wenn einem zum Beispiel etwas Spaß macht, dann kann man die Zeit als etwas beschreiben, das vorbeigeflossen ist, man kann ein Ereignis auch als eine Sache des Augenblicks beschreiben. Ein Ereignis oder eine Erfahrung wird direkt oder indirekt in Begriffen von Zeit beschrieben (oder kann analytisch in Begriffen von Zeit konzeptualisiert werden).

Wo ist die Zeit bei der biographischen Zeit?: Bei der biographischen Zeit: Stimmung, situativer Vorgang, Aktivität sind verbunden mit der Projektion und ihrer Phasierung. Strukturell gesehen ist sie auch mit der Phasierung der Verlaufskurve verbunden. Dagegen sind Wahrnehmungen von Zeit eher augenblicksgebunden und bruchstückartig, obwohl auch sie mit der Phasierung der Krankheit, deren Behandlung sowie mit biographischen Ereignissen verbunden sein können; bei der biographischen Zeit ist die Zeit eher auf langfristige (oder vergangene, zukünftige) Wahrnehmungen von Zeit angelegt. Diese Zeitkonzeptionen werden dann zur Ursache oder Bedingung für Handlung. *Wo ist also die Zeit bei der biographischen Zeit?* Biographie entwickelt sich über die Zeit; Biographie ist ein Prozeß, impliziert Bewegung, Veränderung. Zeit ist im Kern der Biographie. Was haben Zeitkonzeptionen mit Biographie zu tun? Zeitkonzeptionen sind ein integraler Bestandteil der Biographie. (Biographie wird reflektiert als Vergangenheit, Gegenwart und Zukunft, es ist ein Zurückdenken, Vorausdenken und Interpretieren im Licht der gegenwärtigen Situation – was im Fall von chronischer Krankheit die Verlaufskurve ist.)

Zeitkonzeptionen haben zu tun mit Zeit, die sich entwickelt und vergangen,

---

[10] Im Gegensatz zu der in der Bundesrepublik bestehenden Wehrpflicht ist in den Vereinigten Staaten der Militärdienst freiwillig.

gegenwärtig, zukünftig ist – von einfach bis komplex. Biographische Zeit ist (weil sie Vergangenheit und Zukunft in der Gegenwart zusammenbringt) mehr als nur situativ, stimmungsabhängig, erfahrungsbezogen usw. Jede Beschreibung davon muß sowohl Zeitelemente (Vergangenheit, Gegenwart und Zukunft) als auch die Konzeption des Individuums von dieser Zeit berücksichtigen (im Licht der Interpretation von Vergangenheit, Gegenwart und Zukunft).

Deshalb ist die Antwort auf die Frage, wo die Zeit bei der biographischen Zeit ist, die, daß *die Zeit der biographischen Zeit innewohnt.* Sie ist kein zusätzliches Merkmal und keine geplante Zeit. Zeit ist zentral für die Biographie: Man kann das eine nicht ohne das andere sehen. Zeit kann davon nicht abgespalten werden. Es gibt Konzeptionen von Zeit im Verhältnis zur Biographie und Wahrnehmungen von Biographie im Verhältnis zur Zeit. Zeit und Biographie lassen sich nicht voneinander trennen: Zeit als ein zentrales Attribut von Biographie. (Wie Mead sagt, kommen Vergangenheit und Zukunft in der Gegenwart zusammen, wobei die Vergangenheit zur Bedingung für Handlung in der Zukunft und in der Gegenwart wird.)

JC (AS) – 10.11.82
Einige Gedanken zum Körper

Über unseren Körper entwerfen wir ein Bild von uns. Und das Bild, das wir von unserem Körper haben, nährt unser Bild von uns selbst. ... Wir sollten das Körperbild studieren, wie es entsteht und welche Strategien es im Umgang damit gibt. Wir müssen auch schauen, welche Beziehung zwischen Körperbild und Selbstbild besteht. ...

Ein Konzept, das erwähnenswert ist, weil es in fast jedem Buch, das ich gelesen habe, vorkommt, ist das der *Ganzheit.* Alle sprechen sie davon, daß sie keine ganzen Menschen mehr waren und sich dann aufgrund irgendwelcher Dinge oder Mithilfe eines anderen Menschen wieder ganz fühlen konnten. Mit *ganz* ist nicht nur die körperliche Unversehrtheit gemeint; es hat zu tun mit der eigenen Wahrnehmung oder dem eigenen Bild vom Selbst. Diese Wahrnehmung kann aufgebrochen werden in eine innere Wahrnehmung und eine äußere Wahrnehmung. Die innere Wahrnehmung ist: Wie kommt man sich dem eigenen Selbst gegenüber vor? Die äußere Wahrnehmung ist: Wie kommt man sich den anderen gegenüber vor? Und welche Beziehung besteht zwischen den beiden?

AS/JC Sitzung – 11.11.82
Körperschema – Selbstbild

Der Körper schließt Projektion und Zeit in sich. Veränderungen im Körper wirken sich auf die Konzeption vom Selbst aus, und Veränderungen in der Konzeption vom Selbst wirken sich auf den Körper aus. Wenn das eine sich verändert, kann das zu Veränderungen beim anderen führen oder Veränderungen beim anderen verursachen.

Bei körperlichen Störungen muß das Individuum den kranken Teil oder das defekte System des Körpers ausfindig machen; es muß untersuchen, experimentieren und Ersatzmöglichkeiten für den nicht funktionierenden oder behinderten Teil finden.

Die biographischen Entwürfe, die sich auf den Körper beziehen, hängen grundlegend davon ab, wo das Individuum seinen Schwerpunkt hat, auf Körper oder Geist, und wenn der Körper im Zentrum ist, welche Teile des Körpers. Zum

Beispiel wäre ein Pianist mit Arthritis in seiner Aktion weitaus mehr beeinträchtigt als ein Schriftsteller mit einer Herzkrankheit.

Wichtig ist es auch zu untersuchen, wie das Individuum zwischen Geist und Körper differenziert; wie wird beides ausbalanciert, wenn es zwischen Geist und Körper unterscheidet? Auf welche Weise verlagert sich der Fokus, d.h. unter welchen Bedingungen und welchen Unterschied macht es? Wann steht körperliche, wann geistige Aktivität im Mittelpunkt und wann nicht? Wann konzentriert sich das Individuum auf das eine oder das andere?

Welche Bedeutung hat der Körper, wann kommt er ins Spiel? Wann nicht? Der Körper kontrolliert offensichtlich die Handlungen. Wann wird der Körper weggedrängt, bezwungen, beiseite geschoben, überwunden? Wann drängt er sich auf?

Welche Metaphern benutzen die Leute, um den Körper zu beschreiben?

Bezüglich Geist, welche Aktivitäten ordnen die Leute diesem zu? Wann benutzen sie Geist als Metapher und weshalb?

Unter den gegebenen Einschränkungen kann man nicht das tun, wozu normale Menschen fähig sind. Ein lahmgelegter Kopf kann nicht das machen, was er machen könnte.

Welche Bedeutung hat Körperfunktion für diesen Menschen im Hinblick darauf, wo er seinen Schwerpunkt hat? Welche Aktivitäten? Gibt es im Leben dieses Menschen dominante Themen? Wenn der Körper versagt, ist man in Schwierigkeiten, was Zeit und Energie anbelangt. Wie wirkt sich das auf das Selbst aus? Die grundlegende Frage ist: *Wen oder was treffen körperliche Defekte????* Das heißt, welcher Zusammenhang besteht zwischen Defekt und Selbst.

Das Selbstbild zerbricht wie Glas. Ein neues und andersartiges Selbst entwickelt sich, und über die Interaktion mit anderen suchen wir seine Bestätigung.

Ganzheit und Strukturierung.

In welcher Relation steht der Körper zu Arbeit, Zeit, biographischen Prozessen? Wir brauchen zuerst eine Terminologie und müssen dann die Zusammenhänge herausarbeiten.

Körperbild – Körperschema/Selbstbild – biographische Entwürfe. Verlaufskurvenpläne.

Beinhaltet: Empfindungen, augenblicksbezogene Wahrnehmungen, Aktivitäten in der Gegenwart.

AS (JC) – 14.11.82

Dichotomie Körper-Geist

Diese Trennung kennt man bei Querschnittsgelähmten, Menschen mit Schlaganfall, und in meinem „Fall" ist es auch so. Siehe die verschiedenen Bücher darüber. Wie wir am Tag darauf diskutiert haben, läuft es auf das folgende hinaus:

GEIST steht (ist eine Metapher oder ein Kürzel) für verschiedene Aktivitäten, im Unterschied zu den rein „körperlichen", die nun nicht mehr möglich oder eingeschränkt sind.

Diese Aktivitäten sind überwiegend, aber nicht unbedingt nur „geistiger" und „psychologischer" Natur. Dazu gehört die Fähigkeit zu denken, geistig zu arbeiten, zu schreiben/komponieren; aber auch *körperliche Dinge, die geistiger Natur* sind, wie Reaktion auf Gerüche/Töne/Reize aus der Umgebung usw.

Folgendes geschieht: Wenn Körperfunktionen ausfallen, dann muß die Rückkehr zu geistigen/psychologischen Aktivitäten – oder die Entdeckung, was man im Rahmen dieser Aktivitäten tun kann – zu einem Prozeß des Sich-damitabfindens werden, anstatt den verlorenen körperlichen Aktivitäten nachzutrauern. Im Fall von Conny Ryan sehen wir auch wie: Obwohl sein Körper noch funktioniert, antizipiert er, daß diese Funktionen noch während seiner Arbeit am Buch verlorengehen werden. Und in meinem Fall: Während der Zeit, als ich noch nicht gehen durfte, „arbeitete" ich an meinen Büchern und Aufsätzen usw.

Das führt zu einem *Prozeß des Ausgleichs:* Körperliches wird durch Geistiges aufgewogen. Wenn dieser Vorgang stabil und kontinuierlich vollzogen werden kann, dann wird es gelingen, *sich mit dem Ausgleich für die Einschränkungen* ABZUFINDEN.

Und das hängt mit der *Schwerpunktlegung Körper oder Geist* zusammen. Unter bestimmten Bedingungen (vgl. Sie Ihre Kodes aus den Büchern) rückt entweder der Körper oder der Geist in den Mittelpunkt. Und der andere Teil tritt teilweise oder ganz in den Hintergrund. Eine Bedingung, wie man dem Körper weniger Bedeutung beimißt, ist die, daß man sich auf geistige Aktivitäten konzentriert. Das ist kein *integrativer Ausgleich.* Es ist, wie sie sagen, Abtrennung.

Unter welchen Bedingungen benutzen unsere Leute die Geist-Metapher? Vielleicht eine nützliche Frage.

„Ganzheit" (ihr Begriff) oder Integration nach Strukturierung, sich damit abfinden: Bedeutet, daß ein *dauerhafter Ausgleich* zwischen Geist und Körper hergestellt wird. Sich abfinden mit körperlichen Einschränkungen und mit den Aktivitäten, die noch verbleiben oder erst entdeckt werden.

AS (JC) – 15.11.82
Körper, Biographie, Verlaufskurve (siehe Abb. 14)

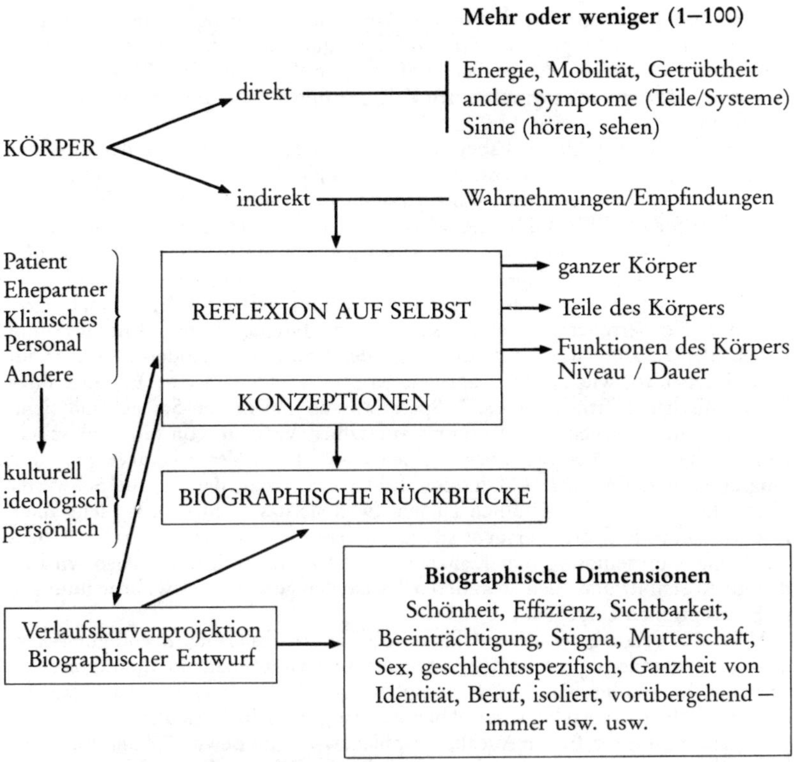

Abb. 14 Körper, Biographie, Verlaufskurve

AS (JC) – 16.11.82
Biographisches Körperschema

Das ist ein Schlüsselkonzept für uns.

Gemeint ist die *Vorstellung, die jemand (ein Patient oder ein anderer Mensch) von seinem Körper aufgrund seiner Biographie hat.* Demnach ist das in dieser Vorstellung enthaltene Körperbild (verkrüppelter Körper), das oft als Metapher formuliert wird, nicht einfach eine Momentaufnahme (heute sehe ich gut aus), sondern ein auf die ganze biographische Zeitspanne bezogenes Phänomen. Und bei unseren Leuten bezieht es sich auf deren biographische Entwürfe (siehe die Autobiographien).

Im *biographischen Körperschema* ist die *biographische Zeit* eingebaut (wie die Sprache in den Büchern deutlich zeigt).

Biographisches Körperschema ist zu unterscheiden von: Körperempfindungen – Verletzung, Verbrennung, Schwindel; Körperwahrnehmungen – sich heute gut fühlen, Füße sehen geschwollen aus, eine Schulter ist tiefer als die andere. (Derlei Eindrücke scheinen augenblicksbezogen und haben vielleicht unmittelbare Konsequenzen für eine Handlung oder Handlungen in der nahen Zukunft.)

In biographischen Rückblicken kann man sich natürlich an vergangene Empfindungen und Wahrnehmungen erinnern. Und dieser Vorgang (siehe Joni, S. 111) ist bezogen auf die Biographie, Vergangenheit; und wie bei Joni steht die Vergangenheit in Relation zur körperlichen Störung in der Gegenwart/Zukunft. Also ist hier ein Bezug zur biographischen Zeit, genau wie beim biographischen Körperschema.

Körperbild ist ein Allerweltsbegriff, sagt alles und nichts (nur in der Literatur ist er bei genauerem Hinsehen präziser). Ich verstehe ihn so, daß er in Empfindung, Wahrnehmung, Erinnerung an Wahrnehmung/Empfindung UND IN BIOGRAPHISCHES KÖRPERSCHEMA übergeht. Aber bei Bildern geht das auf unterschiedliche Art und Weise, wie man sehen kann, wenn man etwa daran denkt, daß „mein gefangener Körper" nun einmal so ist und immer so sein wird.

Bei Joni, S. 45, gibt es einen glänzenden Abschnitt, bei dem Körperbild, biographisches Körperschema, Verlaufskurvenplan, biographischer Entwurf und Lebensplan zusammengehen. In den folgenden Schritten: 1. Andere reagieren auf Jonis Körper so, wie sie ihn wahrnehmen – verwandelt in eine Variante ihres biographischen Körperschemas. 2. Später schaut Joni in den Spiegel und sieht, was die anderen sehen – und kommt zur selben Variante von biographischem Körperschema. 3. Dies geht über in einen ausweglosen Verlaufskurvenplan und biographischen Entwurf. 4. Letzterer führt dann dazu, daß sie die Schwester bittet, ihr beim Suizid behilflich zu sein (weil sie das nicht einmal mehr allein machen kann). 5. Später versucht sie, für andere gut auszusehen; das ist Arbeit, um Köperwahrnehmung und Konzept (etwas) zu neutralisieren. Also wird an diesem Abschnitt und auch an anderen Textstellen gezeigt, wie Wahrnehmungen in Konzeptionen eingehen. . . .

Mit dem Fortgang der Verlaufskurve (ob Renormalisierung, Beendigung) verändert sich das biographische Körperschema. Und zusammen mit biographischem Entwurf, biographischer Zeit, Lebensplan usw. kann ich nicht sehen, daß das biographische Körperschema stabil bleibt, solange sich die Verlaufskurvenprojektion nicht stabilisiert. In den Autobiographien, wo es um Bewegung und Entwicklung geht, sehen wir natürlich das biographische Körperschema sich verändern.

AS (JC) – 21.11.82

Geist-Körper

Memo aus Helen Wulf: *Aphasia, my world alone*

Ergänzung zum Memo vom 10.11., daß man auch (vgl. Agnes De M.) unterscheiden kann zwischen Geist und Gehirn und Körper. Defekte im Gehirn bedeuten, daß Körperteile und Körperfunktionen gestört sind (einschließlich Sprachfunktionen). Aber Geist weist auf unverminderte geistige Aktivitäten hin. (Agnes reagiert panikartig oder zumindest aufgeregt, als sie glaubt, daß ihr Gedächtnis gelegentlich nicht mehr arbeitet.) . . .

AS (JC) – 7.12.82

Kommentar über das Buch des früheren Mannequins – (amputiertes Bein) und biographisches Körperschema

Das Hauptthema dieses Buches kann, von der Renormalisierung der Verlaufskurve abgesehen, in die folgenden Phasen unterteilt werden. Und das ist prima, weil wir damit einen Fall haben, wo *ein* fehlender Körperteil (letztendlich aber nicht so viele Funktionen) im Zentrum steht.

Ein (nur ein) Teil des Körpers geht verloren – führt zum biographischen Körperschema *a*, dann *b*, dann *c*, dann *n* . . . Biographisches Körperschema geht in biographische Entwürfe ein – wo sich die Renormalisierung ganz um normale Lebensfunktionen und um das Selbstwertgefühl trotz Verlust des Körperteils dreht – durch den Beweis sich selbst gegenüber, daß sie noch so wie früher ist (weiblich, Auto fahren, tanzen, kochen), was die Aktivität ihres Beines anbelangt – die anderen spielen eine entscheidende Rolle, indem sie ihr bestätigen, daß sie immer noch die alte ist (deren aktiver Teil dabei oder deren richtiges Handeln dadurch, daß sie Situationen provozieren) – wichtiges Thema, daß biographische Körperschemata und Identität artikuliert werden (vgl. S. 33).

Trotz Verlust des Beines ist es möglich, besonders später mit Beinprothese, daß die meisten körperlichen bzw. Beinfunktionen ausgeführt oder durch andere ersetzt werden (Reiten statt Tennis), die erkundet und ausprobiert werden müssen.

Mit dem Verlust des Beins, einem Symbol ihrer Weiblichkeit, wird sie durch allgemeine Körperhaltung, Kleidung, „Willenskraft" fertig, und dann sucht und findet sie auch eine schöne Beinprothese *und* benutzt diese nach ihren Vorstellunen. Diese Weiblichkeit, wie Sie klar kodieren, ist zentral: Und bei diesem zentralen Punkt stehen die Beine im Mittelpunkt!

Folglich kam sie sowohl mit den Symbolen ihrer Weiblichkeit ALS AUCH mit den normalen Körperfunktionen zurecht.

Beachten Sie meine Kommentare auf Ihren Kodierungen und die Bemerkungen zu Ihren gelungenen Konzepten. Konzepte wie z.B. Körper-Identitäts-Arbeit; Renormalisierungsentwurf, Projektion auf biographisches Körperschema, Umgang mit physischen Beschränkungen, Bestätigung des biographischen Körperschemas, wichtiger Aspekt der Vergangenheit, die wiedergewonnen wird. . . .

JC (AS) – 18.1.83

Eine zusammenfassende Sitzung über das Thema Sich-damit-abfinden

Mobilisierung/Strukturierung/Überwindung

Die erste Phase der Krankheitsbewältigung kommt mit der Strukturierung oder einer Realisierung dessen, was die Situation impliziert, was abgeleitet wird aus der Kombination einer Verlaufskurvenprojektion, an deren Ende der Tod und/oder ein Zustand steht, für den Rest des Lebens entstellt, krank, verkrüppelt usw. zu sein, mit einem biographischen Entwurf von einer sich daraus ergebenden offenen Zukunft. Dies führt seinerseits zu einer Veränderung in der eigenen Sichtweise der Identität bei verschiedenen Aspekten des Selbst (besonders dann, wenn diese verlorengegangenen Aspekte des Selbst bedeutsam sind) im Verhältnis zur eigenen Welt. (Ich bin nicht mehr das, was ich einmal war oder zu sein glaubte.)

Strukturierung?

(Wer bin ich jetzt?) Veränderung der Identität: zerbrochene Biographie – die Aufgabe oder Arbeit besteht darin, die Biographie wieder zusammenzusetzen, um eine neue Sichtweise davon zu gewinnen, wer ich bin, oder von der eigenen Identität (ich kann mich in diesen Aspekten des Selbst verändern, bleibe aber in den Dimensionen des Selbst derselbe), und um eine gewisse Harmonie mit diesem neuen Selbst zu erlangen. Damit diese neue Perspektive erreicht wird, muß die Arbeit den einzelnen bis zu einem gewissen Grad mobilisieren, um die Mobilisierungsmechanismen in Gang zu setzen. Umgekehrt wirken die Mechanismen auf den Mobilisierungsprozeß zurück. Vom Stand, auf dem man vorher war, hängen die *Mobilisierungsmechanismen* ab und auch, wie gut die Mechanismen sind, die dann zur Folge haben, wie erfolgreich man sich mobilisiert. . . .

Um dahin zu gelangen, daß man sich mit einer veränderten Biographie und einem veränderten Selbst abfinden oder damit auseinandersetzen kann, müssen zwei Prozesse ablaufen. Der eine ist ein Prozeß des Empfindens oder *die Neustrukturierung*, und der andere ist der Prozeß des Handelns oder *die Mobilisierung*. Wenn sich ein Mensch zurückentwickelt oder es ihm nicht gelingt, sich mit seiner Krankheit abzufinden, dann kommt es zur Destrukturierung ohne die Neustrukturierung oder Mobilisierung, die notwendig sind, um sich nach vorne zu entwickeln (selbst wenn auf einem niedrigeren Niveau des Funktionierens die verschärften Einschränkungen akzeptiert werden). Wenn man sich durch Konfrontationen, Destrukturierung und Neustrukturierung und durch Mobilisierung immer weiter nach vorne bewegt, lernt man schließlich dieses neue Selbst kennen und akzeptieren (obwohl das Akzeptieren nie statisch ist).

Obwohl man sich vielleicht wünscht, nie sterben zu müssen oder krank zu werden, stellt man im Prozeß des Akzeptierens und Kennenlernens dieses neuen Selbst manchmal fest, daß dieses neue Selbst das alte übersteigt und in mancher Hinsicht ein besseres Selbst darstellt. Stufen dieses Übersteigens finden sich im gesamten Prozeß der Krankheitsbewältigung und manifestieren sich in gesteigerter Sensitivität gegenüber anderen, in der Schärfe des Weitblicks; d.h. sie zeigen sich in der Fähigkeit, alte oder differenzierte Situationen in neuem Licht, mit einer neuen Einschätzung zu sehen und zu erleben oder vielleicht in der Erkenntnis, daß man diese Biographie auf eine bessere, oder wenn nicht bessere, so zumindest andere Weise tatsächlich schon erfüllt hat oder das Potential zu ihrer Erfüllung hat.

Dieser Prozeß, in dem sich jemand mit seiner Krankheit abfindet, bedeutet loslassen, ist verbunden mit sehr viel Kummer, Wut, Zweifel, Erschütterung, Feilschen, mit Entfremdungsgefühlen, Qual, Befürchtungen, Furcht, Hoffnung, Verzweiflung, Selbstmitleid usw.; Fakten werden aufgespürt, sortiert; innere und äußere Resourcen werden aufgebracht; alle nur denkbaren Rückblicke; Ringen mit der Krankheit, Kampf um Renormalisierung oder um die Erhaltung des status quo, Schließungsarbeit usw. Rückmeldung, nach rückwärts und nach vorne gerichtete Arbeit, als Bedingungen und Konsequenzen.

JC (AS) – 25.1.83

Kette des biographischen Körperschemas (Abb. 15)

Das Vermögen, mit dessen Hilfe wir Wissen über die Welt, Objekte, das Selbst, andere Menschen *aufnehmen* und *abgeben.* Zum größten Teil ist dies ein unbewußter Prozeß, der über Empfindungen, Anblick, Geräusche, Geruch, Berührung, Geschmack und die Wahrnehmungen, die wir daraus bilden, abläuft. Es ist auch das Vermögen, mit dessen Hilfe wir *unsere Biographie leben.*

Während einer Krankheit ergeben sich dadurch Defekte im Körper, diese Kette ist unterbrochen, weil der Prozeß, in dem wir Wissen über die Welt aufnehmen und abgeben und in dem wir unsere Biographie leben, durch den gestörten Körper verändert oder beeinträchtigt wird. Das Problem besteht dann darin, sich an diesen defekten Körper mit seinen Einschränkungen heranzutasten, damit die Kette geflickt wird oder nicht weiter auseinanderreißt, so daß der Kreislauf der inneren Rekonstruktion aufgrund der Krankheitsbewältigung fortgesetzt werden kann.

Das ist der Grund, weshalb bei einer Renormalisierung jeder Indikator für Renormalisierung als ein Förderer von Identität fungiert, und dies wirkt wieder zurück auf die Handlung des Menschen als eine Bedingung, die Arbeit an der Renormalisierung fortzusetzen. Die Renormalisierung ist eingebunden in die Verlaufskurve, weil der Stand der Krankheit und der Verlaufskurventyp einschließlich der Phasierung in die Abstufungen der körperlichen Störungen eingebunden sind. Man kann sehen, wie sie sich mit der Verlaufskurvenphasierung verändert. Wie A.S. im Memo vom 16.11.82 über biographisches Körperschema sagt. „Mit dem Fortgang der Verlaufskurve (ob Renormalisierung oder Beendigung) verändert sich das biographische Körperschema. Und zusammen mit biographischem Entwurf, biographischer Zeit, Lebensplan, Arbeit usw."

Dieses Memo steht im Zusammenhang mit anderen Memos über Körper und mit dem Memo über Biographie, Identität und das Selbst.

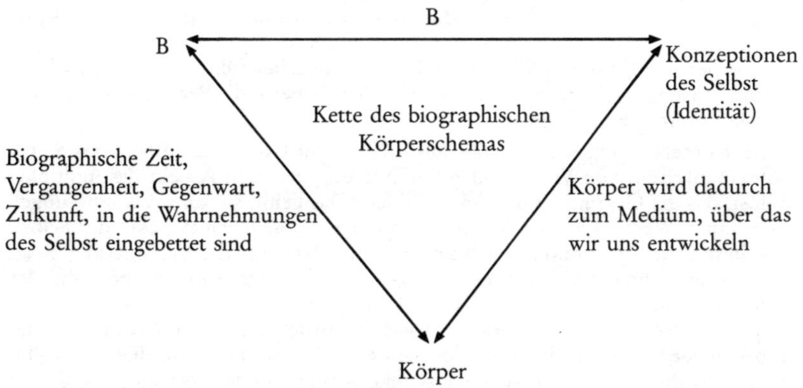

Abb. 15 Kette des biographischen Körperschemas

JC (AS) – 17.2.83

Weitere Gedanken zum biographischen Körperschema

Bei Mead stand die Entwicklung des Selbst im Fokus. Er war nicht am Thema Körper interessiert; er geht auch nicht darauf ein, was mit diesem Selbst geschieht, wenn ein schwerer Verlust von einem oder mehreren Aspekten dieses multiplen Selbst eintritt z.B. durch Scheidung, Arbeitsplatzverlust oder Körperbehinderung. Wir haben unser Interesse und Schwerpunkt auf dem Körper und der Rolle, die dieser in der Entwicklung des Selbst spielt, weil wir in unseren Daten die Wechselbeziehung zwischen Körper und Selbst beobachtet haben. In diesem Memo wird zusammengefaßt und geklärt, was in den Memos über biographisches Körperschema geschrieben wurde.

Um ein Selbst (ein sich immer wieder entfaltendes Selbst) zu entwickeln, brauchen wir nicht nur die soziale Erfahrung, wir brauchen auch einen intakten Körper:

1. Sinne, Sehsinn, Gehör, Geruch, Geschmack, Tastsinn, ein Vermögen, mit dessen Hilfe wir Wissen von der Welt aufnehmen und abgeben, ein Vermögen, mit dessen Hilfe wir unsere gemeinsamen Symbolwelten errichten.
2. Ein Vermögen, mit dessen Hilfe wir kommunizieren und uns an kooperativer und geregelter Aktivität beteiligen.
3. Den Rahmen für unser Selbst, durch den wir befähigt werden, unsere Biographie durch die verschiedenen Aspekte des Selbst – das multiple Selbst – zu leben.
4. Körperwahrnehmungen gehen unmittelbar in unsere Identität ein; (natürlich

auch Dinge wie Beruf, geliebt oder nicht geliebt zu werden usw.) indem wir die Perspektive von anderen gegenüber uns selbst einnehmen. ...

Im Krankheitsfall, wenn der Körper gestört ist:

1. Empfindungen des Körpers können sich verändern, was dazu führt, daß sich die Art und Weise verändert, wie wir Wissen von der Welt aufnehmen und abgeben bzw. unsere Fähigkeit, Symbolwelten zu errichten.
2. Das Vermögen, mit dessen Hilfe wir kommunizieren und uns an kooperativer und geregelter Aktivität beteiligen, kann sich verändern oder zerbrechen.
3. Veränderung, Wechsel, Unterbrechung unserer gegenwärtigen und zukünftigen Biographie; vielleicht auch die Weise, wie wir die Vergangenheit interpretieren.
4. Körperliche Einbrüche können zu Identitätsbrüchen führen, weil sich dadurch Wahrnehmungen unseres Körpers verändert haben – die Perspektive der anderen unserem Körper gegenüber.

Eine Körperstörung kann zu Zerfall oder Verlust der Gesamtheit des Selbst führen aufgrund von Verlust oder Veränderung in einem Aspekt des multiplen Selbst, das die Gesamtheit des Selbst bildet. (Das heißt, sie kann Veränderungen oder einen Wechsel in den Beziehungen der verschiedenen Aspekte des Selbst, die diese Gesamtheit bilden, nach sich ziehen.) Der Grad der Veränderung hängt ab von der Schwere der Körperstörung – diese bedingt Ausmaß und Grad der Einschränkungen – was über die Schwere des Verlusts von einem oder mehreren Aspekten des Selbst entscheidet – was zum Bruch oder zum Wechsel in der Beziehung der Aspekte des multiplen Selbst führt – was die Gesamtheit ausmacht. Das Individuum muß nun sein Selbst rekonstruieren oder aber die veränderten bzw. neuen Aspekte des multiplen Selbst in einen Bezug zu seinen alten bzw. unveränderten Aspekten des multiplen Selbst bringen, um wieder ein Ganzes zu bilden.

Interessant ist, daß der Verlust der Ganzheit des Körpers aufgrund von Körperstörungen zum Verlust der Gesamtheit des Selbst führen kann, aber das Individuum eine neue Identität, ein neues Selbst und das Gefühl der Ganzheit rekonstruieren kann, obwohl sein Körper unvollständig bleibt, indem sich das Individuum mit seinen Einschränkungen abfindet oder diese überwinden kann, seien es nun zeitliche Einschränkungen, körperliche Einschränkungen usw.

Mead gibt uns eine gute Grundlage, läßt jedoch viel Raum zum Herausgreifen und Weiterarbeiten, z.B. wie wir das Selbst nach einem folgenschweren Verlust wieder integrieren oder rekonstruieren.

Nicht lange, nachdem diese Memosequenz fertiggestellt war, wurde ein letztes Diagramm ausgearbeitet, das die Arbeit im Projekt zusammenfaßt (Abb. 16). Es kann sein, daß der Leser sogar nach der Lektüre dieses Kapitels nicht alle erwähnten Konzepte versteht, aber das Diagramm kann verschiedene Punkte verdeutlichen: den Gesamtentwurf, das Schema der Bezüge, den Prozeß, die Möglichkeiten der Erweiterung und natürlich die Komplexität. Hier ist nur der Teil des Diagramms wiedergegeben, der unmittelbar zu der Memosequenz gehört.

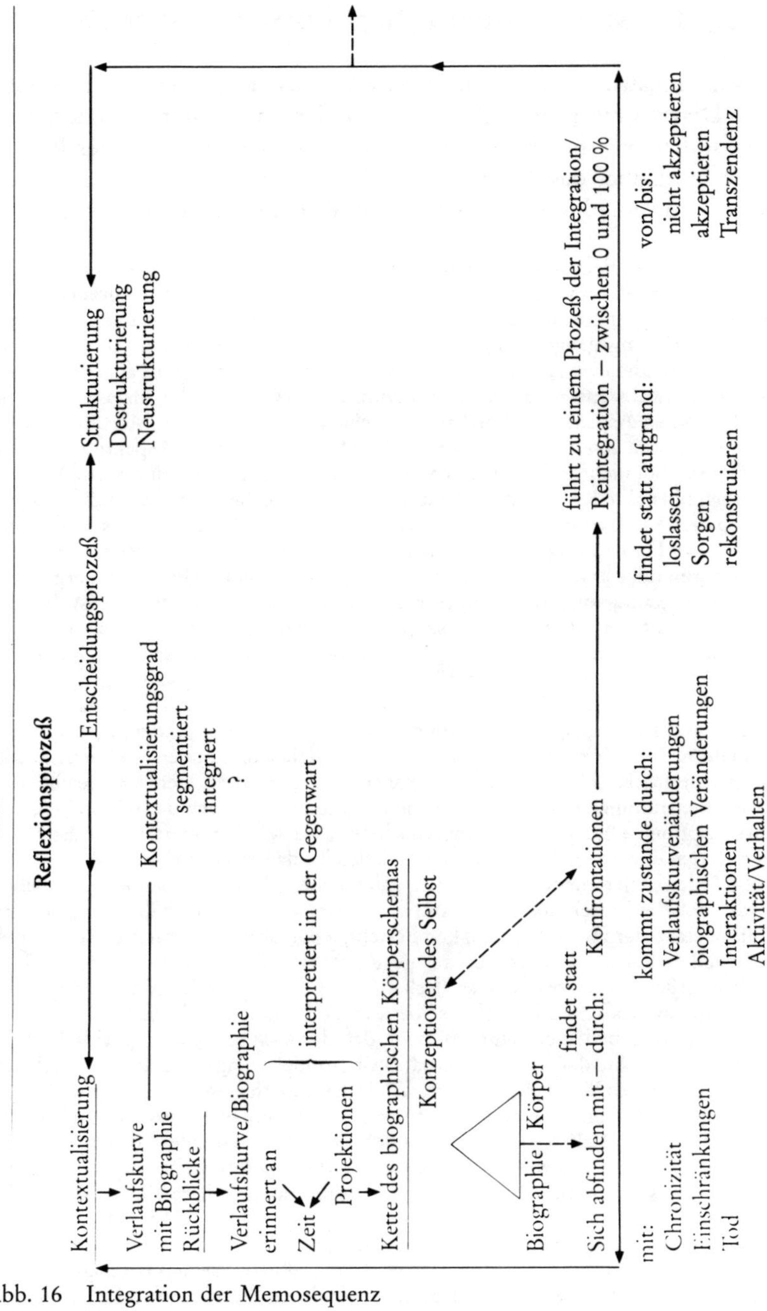

Abb. 16 Integration der Memosequenz

Von der Memosequenz zum Forschungsbericht

Um zu illustrieren, wie einige dieser Memos und ein Teil des integrativen Diagramms in einen Forschungsbericht, der später publiziert werden soll, umgearbeitet werden, drucken wir im folgenden einen kurzen Auschnitt über das Thema *Sich-mit-etwas-abfinden* ab. Dieser Text wurde für eine kürzlich erschienene Monographie geschrieben.

Der Prozeß, in dem sich ein Mensch mit seiner Krankheit abfindet, ist wie folgt gekennzeichnet, obwohl die spezifischen Merkmale nach Verlaufskurventyp und Grad der Körperstörung variieren. Zuerst tritt eine Konfrontation mit dem Potential an verlorengegangener Leistungsfähigkeit ein. Dem folgen ein oder mehrere Rückblicke, die eventuell zu Verleugnung, Wut und in einigen Fällen zum Feilschen führen, wenn nämlich das Individuum versucht, an herausragenden und bedeutsamen Aspekten des Selbst festzuhalten. Allmählich realisiert der kranke Mensch durch Konfrontationen und Rückblicke, daß diese Aspekte des Selbst verloren sind, nicht mehr existieren, und an diesem Punkt beginnt er, die Vergangenheit über eine Reihe von Schließungshandlungen, die das Selbst und die Anderen betreffen, loszulassen. Dieses Loslassen bedeutet Trauer um das Verlorene.

Mit der Trauer können unterschiedlich starke Depressionen auftreten. Schließlich beginnt der kranke Mensch einzusehen, daß er nicht mehr in der Vergangenheit leben kann, sondern anfangen muß, in die Zukunft zu schauen. Ist dies der Fall, beginnt der Prozeß des Akzeptierens; denn er kann die Situation nicht akzeptieren, wenn keine Hoffnung auf eine bessere Zukunft besteht. Ohne Hoffnung gibt es keinen Ansporn dafür, sich vom Loslassen wegzubewegen und auf einen gewissen Grad des Akzeptierens zuzugehen. Mit Hoffnung meinen wir hier, daß ein „Ausgang“ wahrgenommen wird – ein Ausweg aus der gegenwärtigen Situation. Die Zukunft wird besser sein. „Vielleicht können sie mein Leben solange erhalten, bis eine Heilungschance gefunden ist.“ Oder: „Vielleicht wird diese Behandlung etwas bringen.“ Die Hoffnung kann auch darin bestehen, von Erschöpfung, Leiden und Schmerzen befreit zu werden, etwa in der Erlösung durch den Tod; oder Hoffnung heißt vielleicht, daß es ein Leben nach dem Tod gibt. Oder: „Ich möchte noch erleben, daß mein Kind die High School abschließt.“ Oder daß die Einschränkungen abnehmen, wenn eine Renormalisierung eintritt. Ein Zustand der Hoffnungslosigkeit besteht, wenn der kranke Mensch verzweifelt ist, weil er keinen Ausweg aus der gegenwärtigen Situation mehr sieht (wie in Sartres Stück ‚Geschlossene Gesellschaft‘, engl. ‚No Exit‘). Es gibt für ihn keinen Weg, dieses Leiden zu lindern, „selbst der Tod entzieht sich mir“.

Akzeptieren bedeutet natürlich nicht, daß der kranke Mensch glücklich ist. Es heißt auch nicht, daß er seine Situation besonders mag. Akzeptieren bedeutet hier, daß er einen Weg gefunden hat, sich biographisch gesehen auf eine Krankheit einzustellen, indem er seine Lebensführung verändert oder umstellt, und mithin einen Weg, dem Leben trotz andauernder und fortschreitender körperlicher Störungen einen Sinn zu geben. Manche kranke Menschen erreichen nicht nur diesen Zustand des Akzeptierens, sondern sogar eine noch höhere Ebene, d.h. einen Zustand, den wir *Transzendenz* nennen. Transzendenz stellt sich ein, wenn jemand einen Weg gefunden hat, seinen Körper so zu überwinden, daß er echte Freude am Leben oder sogar am Sterben findet, obwohl seine Leistungsfähigkeit ernsthaft eingeschränkt ist. Das Leben hat eine neue Sinndimension erhalten und ist in mancher Hinsicht besser als vorher. Manche Menschen, wie z.B. Frau Bayh, sind fähig, durch den Glauben an ein Weiterleben nach dem Tod den Körper zu überwinden. Andere Menschen, wie etwa der frühere Senator Javits, haben die Energie, die durch die Krankheit gesetzten Grenzen zu überschreiten, weil sie in der Arbeit und den Beiträgen, die sie für die Gesellschaft noch leisten können, eine Herausforderung sehen. Wieder andere stellen fest, daß sie erst aufgrund ihrer Einschränkungen fähig sind, die Welt mit neuen Augen zu sehen. Zum ersten Mal können sie die Schönheit der Natur ausgiebig würdigen; oder den Wert von Menschen einschätzen, die sie früher übersehen haben. Agnes de Mille hat sehr schön das Wesen von Transzendenzerfahrungen eingefangen. Sie blickt auf ihr bisheriges Leben zurück und entdeckt, daß es „schal und abgenutzt" war, und sie betrachtet ihr Leben nach dem Schlaganfall als „einen neuen Kampf"; dadurch konnte sie „neue Freude erfahren und ohne die alten Zwänge leben" und weiterhin wachsen und lernen. „Ich hatte ein Gefühl von Freiheit, das ich nicht mehr gekannt habe, seit ich (. . .) fünf Jahre alt war" (de Mille 1981, S. 205).

Natürlich sind manche Menschen nicht in der Lage, sich mit ihrer Krankheit abzufinden, ihre Einschränkungen, die von der Krankheit selbst, von den Symptomen oder von der Leistungsfähigkeit her gesetzt sind, zu akzeptieren. Nicht-Akzeptieren bedeutet im wesentlichen, daß es einen radikalen biographischen Bruch mit der Vergangenheit gibt und daß Zukunft und Gegenwart immer gleich sein werden oder sich sogar noch verschlechtern. Im Hinblick auf das Selbst bedeutet das, daß die biographische Arbeit fehlgeschlagen ist. Wie es bei Limey und anderen von uns Interviewten der Fall ist, kann der kranke Mensch die Kluft zwischen dem vergangenen Selbst und dem gegenwärtigen-zukünftigen Selbst nicht schließen. Diese Menschen haben keine Zukunftsperspektive von Fortschritt oder besseren Zeiten, um sich in den harten Zeiten über Wasser zu halten.

Faustregeln für das Schreiben von Memosequenzen

Die Einführung zu diesem Kapitel wie auch die Memosequenz enthalten allgemeine Faustregeln für diese Art von Integrationsarbeit. Sie lauten folgendermaßen:

1. Die vielleicht wichtigste Verfahrensregel ist die, daran zu denken – und sich immer wieder darauf zu besinnen –, daß Ihre Memos möglicherweise kumulativ sind. Aus diesen Memos werden Memoreihen, die schließlich integrativ eingearbeitet werden.
2. Sortieren Sie gelegentlich die Memos, und zwar nicht nur, um Ihrem Gedächtnis nachzuhelfen, sondern um eine gewisse Kontinuität in Ihr Memoschreiben zu bringen.
3. Lesen Sie beliebige Memos immer wieder durch, entweder nach dem Sortieren oder aus aktuellem Anlaß; das wirkt anregend. Im Grunde sollten Sie für Anregungen immer offen sein. Ideen und Anregungen können kommen, weil sich gerade ein interessanter Weg aufgetan hat, weil Sie mit der Analyse oder einer Analysereihe unzufrieden sind, weil Ihnen gerade noch etwas Neues eingefallen ist, das zu einer bestimmten Memoreihe gehört usw.

4. Durch das Kodieren wird die Aufmerksamkeit auf die Möglichkeiten einer anderen Analyserichtung gelenkt, und wenn das der Fall ist, dann sollten Sie diese in einem Memo festhalten und sofort oder später durcharbeiten. Wenn Sie unerwarteterweise auf neues interessantes Datenmaterial stoßen, kann das der Analyse auch eine neue Richtung geben: Folgen Sie dieser Linie sofort, wenn Sie das Bedürfnis danach haben, auch wenn Sie darüber in Aufregung geraten.
5. Zögern Sie nicht, die Arbeit an einer Gedankenreihe (einer Memoreihe) zu verlassen, wenn Sie die Verfolgung einer neuen Gedankenspur aufnehmen. Es ist sehr wichtig zu wissen, daß Sie einen Gedankengang nicht zwanghaft zu Ende führen müssen, bevor Sie sich anderen Dingen zuwenden. Haben Sie Vertrauen in sich, vertrauen Sie Ihren Intuitionen, Ihrem Gedächtnis und dem späteren Sortieren, um auf Ihre früheren Ideen zurückzukommen, wenn die Zeit dafür reif ist. Auf diese Weise lassen sich alle Ideen besser integrieren. Wenn Sie im Team arbeiten und ein Kollege auf eine möglicherweise interessante neue Spur trifft, dann sollten Sie für Anregungen offen sein und die Option ermöglichen, daß die gemeinsame Arbeit in dieser Richtung fortgesetzt wird.
6. Wenn die Arbeit an einem Gedanken Sie langweilt oder ermüdet, dann müßte dies ein Warnsignal für Sie sein, diesen Weg zu verlassen und einen anderen einzuschlagen. Wenn sich Projektmitarbeiter langweilen, dann sollten sie die Möglichkeit haben, dem aktuellen Analyseansatz eine neue Richtung zu geben, was dazu führt, daß Memos mit unterschiedlichen Gedankengängen produziert werden.
7. Beim Schreiben dieser Memos sollten Sie daran denken, daß die Memos nicht notwendigerweise integrativ und kumulativ sind und wahrscheinlich auch nicht sein werden, wenn Sie sich Ihres Tuns nicht vollkommen sicher sind und nicht hin und wieder Phantomen nachjagen. Die Unsicherheit ist höchstwahrscheinlich ein Teil dieses Integrationsspiels. Die Bedrängnis, die von dieser Unsicherheit herrührt, wird oft aufgewogen von den herrlichen Durchbrüchen, wie sie gegen Ende des vorigen Kapitels beschrieben wurden.
8. Berücksichtigen Sie die Fachliteratur, wenn Sie Ihre Memos schreiben, entweder in bezug auf das Datenmaterial oder auf die in den Memos enthaltenen Konzepte oder Hypothesen.
9. Halten Sie bei der Entstehung Ihrer Memos nicht zwanghaft an einer gleichförmigen und geordneten Produktion fest. Sie müssen auch Zeit zum Kodieren haben, Zeit zum Denken – und Zeit für Ihre Erholung und für die Dinge des täglichen Lebens.
10. Zeichnen Sie gelegentlich ein Arbeitsdiagramm, um die Integration von Memobündeln zu fördern, oder aber ein integratives Diagramm, um auf den schon vorhandenen sukzessiven Diagrammen aufzubauen. (Natürlich können auch andere graphische Hilfsmittel zu diesem Zweck benutzt werden.)
11. Haben Sie bei der Arbeit an den letzten Teilen der Memosequenz ein waches Auge auf Ihre Schlüsselkategorie oder -kategorien. Diese Aufmerksamkeit wird Ihnen bei der endgültigen Integration zugutekommen, die erst dann erreicht ist, wenn Sie anfangen, Ihre Forschungsmaterialien zur Veröffentlichung vorzubereiten.

Schreiben als Integrationstechnik

Im Idealfall sollte die gesamte Integration, zumindest in den wesentlichen Zügen, zu der Zeit abgeschlossen sein, wenn die konkrete Arbeit an der Publikation aufgenommen wird. Doch selbst wenn der erste Entwurf einer Monographie (oder der ersten Aufsätze) geschrieben ist, entdeckt man als Forscher verständlicherweise immer noch etwas, was die ganze Analyse noch dichter macht oder erweitert. Bei mehrmaliger – oft auch sehr häufiger – Durchsicht oder Überarbeitung dieses ersten Entwurfs kommen vielleicht weitere integrative Details hinzu. Selbst große integrative Schritte sind hier noch möglich, weil der Forscher zusätzliche Datenerhebung oder zumindest weiteres Kodieren für notwendig hält, und zwar nicht nur deshalb, damit noch mehr Einzelheiten eingebaut werden, sondern wegen der Qualität der Gesamtintegration der Analyse.

Das ist der Idealfall und seine entsprechende Umsetzung. In der Praxis jedoch führt der Forscher unter bestimmten Bedingungen ein Großteil der Integration noch weiter, *während* er schon an der Publikation arbeitet. Eventuell rackert er sich nicht nur mit dem Forschungsbericht ab, sondern auch mit der gleichermaßen schwierigen Aufgabe, eine noch nicht ausgereifte Analyse zu einem zufriedenstellenden Abschluß zu bringen. In mindestens zwei Fällen kommt diese Art von unvollständiger Analyse vor. Der eine ist gegeben, wenn sich der Forscher (oder das Forscherteam) entschließt, ein zusätzliches Manuskript für eine Monographie oder einen Aufsatz zu schreiben, das Datenmaterial jedoch nicht detailliert genug kodiert ist oder ausreichend Memos geschrieben sind, um die Analyse zu tragen, die in dieser Publikation präsentiert werden soll. Aus diesem Grunde müssen in größerem Umfang alte Daten erneut und neue Daten frisch kodiert werden. Andernfalls wird die analytische Darstellung dünn oder zumindest dünner als notwendig. Und das, obwohl in bezug auf das untersuchte Phänomen vielleicht viel kodiert wurde und zahlreiche Memos geschrieben sind.

Ein zweiter Fall, bei dem während der Vorbereitung der Publikation eine beachtliche Integrationsarbeit geleistet werden muß, ist gegeben, wenn der Forscher entdeckt, daß trotz umfangreichen Memoschreibens und Kodierens zahlreiche Beziehungen unspezifiziert geblieben und noch einige dunkle Stellen vorhanden sind. Kurz, daß es noch etliche Lücken und Ungereimtheiten in den bestehenden Analysen gibt. Dann muß der Autor die Zähne zusammenbeißen und gewissenhaft die nötige Integrationsarbeit machen. Wahrscheinlich läuft die

Schlußanalyse in den meisten Fällen nach diesem Muster aber und seltener nach dem Idealverfahren, bei dem praktisch alle Vorarbeiten geleistet sind, wenn der Forscher mit der Vorbereitung der Publikation beginnt.

Also denken wir uns ein Kontinuum, das seinen Anfang nimmt bei einer mehr oder weniger integrativen Arbeit, die Ihre aktuelle Arbeit an der Publikation begleiten wird. Im folgenden sind die *Faustregeln* für diese Art von Integrationsarbeit aufgezählt:

1. Sie müssen wissen, daß die Integration möglicherweise unvollkommen ist, und sich darüber im klaren sein, diesen Zustand eher zu akzeptieren als sich darüber zu ärgern.
2. Mit der Erarbeitung eines jeden Kapitels, jeden Abschnitts, sogar eines jeden Punktes sollten Sie sich die Frage stellen: „Ist diese Konstruktion vollständig? Hat sie einen inneren Zusammenhang? Sind Lücken vorhanden? Fehlen vielleicht Details, die den integrativen Aufbau schwächen?" Dieses Prinzip sollte Sie nicht dazu auffordern, zwanghaft oder ängstlich danach zu trachten, alle diese Fragen bejahen zu können. Je mehr Fragen bejaht werden können, desto besser wird natürlich die Schlußintegration, auch wenn diese Arbeit viel Zeit, Mühe und Ärger kostet. Denken Sie daran, daß dies keine zusätzliche Arbeit ist, sondern eine Arbeit, die einkalkuliert, generell einkalkuliert werden muß, auch wenn sie nicht im Detail vorhersehbar ist.
3. Immer wenn Sie eine Frage bejahen können, müssen Sie darüber nachdenken, was das bedeutet. Die Reflexion bringt vielleicht eine bessere Spezifikation oder Ausarbeitung mit sich. Das heißt Rückgriff auf Ihre Erinnerungen an Daten, Kodes und Memos um dieser Spezifikation oder Ausarbeitung willen. Eventuell ist es auch notwendig, alte Daten erneut zu kodieren oder Datenmaterial, das ausdrücklich für diese Zwecke erhoben wurde, neu zu kodieren. Andererseits kann die Reflexion über Schwächen Ihrer Analyse eine grundlegende Neuordnung der ursprünglichen Ideen nach sich ziehen, wie der innere Zusammenhang der Analyse letztlich aussehen soll. Im Falle der Neuordnung müßten Sie sich – leider – mit dieser etwas umfangreichen Aufgabe konfrontieren. Das wird natürlich eher dann der Fall sein, wenn in den Forschungsphasen, die der Publikationsarbeit vorausgegangen sind, aus dem einen oder anderen Grund verhältnismäßig wenig Integrationsarbeit geleistet worden ist.
4. Die Gesamtintegration, die während der Arbeit an der ersten Version des Manuskripts durchgeführt wird, muß sorgfältig kontrolliert werden, bevor sie in einem zweiten Entwurf angelegt wird. Sie können nicht davon ausgehen, daß der erste Entwurf nur etwas überarbeitet werden muß und dann das ersehnte Ende Ihrer Arbeit gekommen ist. Sie müssen mindestens einen zusätzlichen integrativen Durchgang einplanen, selbst wenn dabei nur Details aufgefüllt oder hier und da ein paar Schrauben festgezogen werden. Wenn Sie den ersten Entwurf sorgfältig vorbereitet haben, dann wird Ihre weitere Arbeit wenig Aufwand erfordern. Aber behalten Sie im Hinterkopf, daß der Arbeitsaufwand vielleicht *nicht* geringfügig ist. Ferner werden die Gutachter Ihres Manuskripts, wenn Sie es beim Verlag eingereicht haben, Sie auf Dinge aufmerksam machen, die Sie entweder übersehen haben oder die Sie vielleicht für eine bestimmte Leserschaft, die solche Details u.U. vermissen könnte, hinzufügen möchten. Also müssen Sie gegen die verlockende Vorstellung ankämpfen, daß die Arbeit beendet ist, daß Sie dieses Projekt ein für allemal

hinter sich gelassen haben. Sie sind fertig, wenn Sie fertig sind! Andererseits sollten Sie nicht ins andere Extrem verfallen, wie es bei vielen Autoren der Fall ist, und Jahre damit verbringen, an dem Forschungsprodukt herumzuflikken, obwohl es schon längst der öffentlichen Prüfung hätte standhalten und vielleicht schon längst positive Auswirkungen hätte haben können.

Eine letzte Anmerkung

Nachdem ein englischer Freund und Soziologe, Paul Atkinson, das Material in diesem Kapitel in einem frühen Entwurf gelesen hatte, schrieb er mir den nachstehenden Kommentar. Er beschreibt genau das, womit sich alle qualitativ arbeitenden Forscher konfrontiert sehen, wenn sie versuchen, ihre Studien zu einem integrativen Abschluß zu bringen.

Diese Seite der Forschungsarbeit – alle Fäden zusammenbringen – ist eines der schwierigsten Dinge überhaupt. Abgesehen davon, dieses Ziel wirklich zu erreichen, ist es schwer, die richtige Mischung zu finden aus (a) dem *Glauben,* daß die Integration erreicht werden kann und wird; (b) der Erkenntnis, daß man an der Integration *arbeiten* muß und sie nicht auf romantischer Inspiration beruht; (c) daß die Integration nicht mit der Lösung eines Rätsels oder eines mathematischen Problems vergleichbar ist, sondern *geschaffen* werden muß; (d) daß man nicht immer *alle Fäden* in einer einzigen Version zusammenbringen kann und daß aus einem Forschungsprojekt verschiedene Versionen der Integration hervorgehen können.

10 Fallmaterialien präsentieren: Daten und Interpretationen

Wie jeder mit qualitativer Forschung vertraute Wissenschaftler weiß, enthalten die daraus resultierenden Publikationen fast immer Daten aus dem „wirklichen Leben". Monographien, Berichte, Aufsätze und sogar Vorträge, die auf qualitativen Untersuchungen beruhen, sind reich an Illustrationen: Sie enthalten Interviewzitate, Auszüge aus Beobachtungsprotokollen, historisches Material, kurze Fallberichte, seitenlange Biographien oder Verlaufsdarstellungen, sogar ganze Kapitel mit Fallbeschreibungen oder Fallrekonstruktionen von Organisationen. Derartiges Anschauungsmaterial benutzt man in allen sozialwissenschaftlichen Disziplinen und in beruflichen Bereichen wie z.B. der Sozialarbeit, des Erziehungswesens und der Krankenpflege.

Die Gründe für die Verwendung von Datenmaterial sind in der Literatur ausführlich besprochen worden. Zum Beispiel hat Diesing (1971), ein kompetenter Wissenschaftstheoretiker, dargelegt, was er als *Fallmethode* oder *holistische Methode* der Durchführung und Präsentation von Forschung bezeichnet, und zwar verglichen mit anderen methodischen Varianten wie dem Experiment und der Umfrageforschung.[11] Er hat systematisch die Annahmen erforscht, die diesem holistischen Stil des Denkens und des Handelns zugrundeliegen, und er ist der Frage nachgegangen, wie sich Forschungsmethoden aus diesen Annahmen ableiten lassen. Doch besteht hier kein Anlaß nachzuprüfen, weshalb so ausgiebig mit Datenmaterial gearbeitet wird. Zunächst möchten wir kurz einige Fragen über den Gebrauch von Anschauungsmaterial ansprechen und dann ein paar Faustregeln geben, die beim Aufbau von Fallrekonstruktionen und auch von langen Fallbeschreibungen nützlich sein können, wobei es gleichgültig ist, ob diese in Form von Monographien oder als einzelne Kapitel veröffentlicht werden.

---

[11] Aber eine interessante neuere Diskussion über die Möglichkeiten, Umfragedaten in Fallrekonstruktionen zu integrieren, findet sich bei McClintock u.a. (1983, S. 149–177).

Anschauungsmaterial

Da qualitativ arbeitende Forscher im allgemeinen nicht sehr viel statistisches Material einsetzen oder präsentieren, steht ihnen eine Reihe von interessanten Optionen offen. Sie können die Präsentation ihrer Daten sehr abstrakt halten; sie können ihre theoretischen Ausführungen aufs Notwendigste beschränken und sehr viel Datenmaterial anbieten, das für sich selbst sprechen kann. Sie können einen Mittelweg zwischen diesen beiden Extremen suchen. Für welche Option sie sich in ihrer Publikation entscheiden, hängt nicht nur von der persönlichen Vorliebe ab, sondern auch vom Zweck der Darstellung und ihrer Vorstellung vom Rezipienten. Üblicherweise nimmt man an, daß Illustrationsmaterial eingesetzt werden kann, um dem Bericht einen Hauch von Wirklichkeit zu geben, so daß der Leser das Gefühl hat, in gewissem Sinne dort zu sein, wo der Forscher war. Mit Illustrationsmaterial kann auch ganz bewußt gearbeitet werden, um den Standpunkt von Akteuren deutlich zu machen, um *Verstehen* zu ermöglichen, vor allem dort, wo der Standpunkt des Akteurs sehr weit von dem des Lesers entfernt ist. Datenmaterial kann auch herangezogen werden, um den theoretischen Ausführungen – oder dem Argument – des Autors zusätzliche Glaubwürdigkeit zu verleihen, kurz, um den Beweis zu liefern. Zusätzliche Daten können manchmal Informationen geben, die den Leser erst verstehen lassen, was es mit dem untersuchten Schauplatz und dem analysierten Phänomen auf sich hat; andernfalls könnte das, was präsentiert wird, mehr oder weniger unverständlich bleiben.

Diese traditionellen Gründe, weshalb Daten eingesetzt werden, führen zu der allgemeinen Frage, die früher schon angedeutet wurde: In welchem Verhältnis sollen Interpretation und Daten zueinander stehen? Die übergeordnete Frage setzt sich aus einer Reihe von untergeordneten Fragen zusammen. Zum Beispiel:

1. Welche Daten soll ich aufnehmen?
2. Welche Form sollen sie haben?
3. Wo soll ich sie plazieren?
4. Wie verbinde ich meine Interpretation mit meinen Daten?

Zweifellos denken sehr viele Wissenschaftler diese Fragen nicht bis zum Ende durch, sie machen einfach das, was sie für richtig halten und nehmen ihre Interpretation der Daten, die Daten an sich und die Rezipienten, an die sie ihre Botschaften richten, als gegeben an. Natürlich gibt es auch andere Wissenschaftler, die sich intensiv mit diesen Fragen befassen, wenn sie ihre Manuskripte ausarbeiten, ob sie nun

‚alte Hasen' sind (vgl. Becker 1982) oder gerade erst Neuland betreten (vgl. Polsby 1984).

Wissenschaftler, die nach der Grounded Theory arbeiten, sehen sich denselben Problemen gegenüber und behandeln in der praktischen Forschungsarbeit diese – und die Forderungen nach Glaubwürdigkeit, *Verstehen* usw. – genau so, wie es die meisten anderen qualitativ arbeitenden Forscher auch tun. Doch ihre Forschungspraxis wird von den spezifischen Merkmalen dieses Analysemodus beeinflußt (oder sollte zumindest!). Zu diesen Merkmalen zählen natürlich: das umfangreiche offene und theoretische Kodieren, die Betonung von Schlüsselkategorien, das Beharren auf konzeptueller Dichte, der Gebrauch des Theoretical Sampling und der kontinuierlichen vergleichenden Analyse. Verständlicherweise wird dadurch, daß die Aufmerksamkeit des Wissenschaftlers auf der Präsentation einer Theorie und weniger auf einer Deskription liegt, verhindert, daß große Teile rohen Datenmaterials mit geringem analytischem Kommentar eingearbeitet werden. Im allgemeinen setzt man, wie wir unten sehen werden, weitaus mehr Vertrauen in eine Verflechtung von diskursiven Aussagen – wobei die Ergebnisse aus Kodieren und Memoschreiben herangezogen werden – und sorgfältig ausgewählten Datensegmenten. Diese bestehen vielleicht nur aus zitierten Sätzen in Verbindung mit den dazugehörigen theoretischen Bemerkungen; es können auch sehr kurze Zitate oder Details aus dem Beobachtungsprotokoll sein, die auf einen systematisch aufgebauten theoretischen Punkt folgen. Es kann auch so sein, daß eine aktuelle Analyse in eine Gesamtbeschreibung eingearbeitet wird, die sich aus einer Reihe von Beobachtungsprotokollen, Interviews oder anderen Dokumenten ergeben hat. Hier sind zwei Beispiele für diese Anwendungsmöglichkeiten.

Vor allem unerfahrene Ärzte und Schwestern müssen sich davor hüten, die eigenen Reaktionen auf den Patienten und seinen bevorstehenden Tod zu zeigen, weil das im Patienten den Verdacht auf sein Ende erwecken könnte. Junge Krankenschwestern reagieren manchmal mit Betroffenheit, wenn Patienten in ihrem Alter sterben, weil sie dadurch an ihren eigenen möglichen Tod erinnert werden („Ich stellte fest, ... daß die Patienten, deren Tod mich am meisten berührte, Frauen in meinem Alter waren ..."). Identifizierungen dieser Art sind durchaus üblich und machen es dem Klinikpersonal schwerer, die Kontrolle über das eigene Verhalten zu wahren (Glaser/Strauss 1965, S. 38).

Über diese Maßnahmen hinaus gibt es noch andere Techniken, um zu vermeiden, daß der Verdacht des Patienten erregt wird. Man achtet sorgfältig auf die räumliche Distanz, so daß man nicht in Hörweite des Patienten über ihn spricht. Wenn eine Krankenschwester meint, daß der Patient durch ihre Anteilnahme oder ihre Traurigkeit Verdacht schöpfen könnte, geht sie schnell aus seiner Sichtweite. Sie kann sogar darum bitten, nicht mehr bei diesem Patienten eingesetzt zu werden. Die Gefahr möglicher Enthüllungen wird reduziert, indem die Zeit, die man mit dem Patienten verbringt, abgekürzt wird. Das Personal, das befürchtet, unbeabsichtigt etwas zu verraten, bleibt vielleicht nur kurze Zeit bei dem Patienten oder kümmert sich um seinen Körper, anstatt mit ihm zu reden. Der Zustand des Patienten wird durch rasches Kommen und Gehen kontrolliert, dabei werden die Gespräche mit dem Patienten auf ein Minimum beschränkt. ... Wenn der Patient schon im Koma liegt, bewegen sich die Schwestern und Helferinnen wieder frei im Zimmer des Patienten (Glaser/Strauss 1965. S. 37).

Von dieser Präsentation, sofern sie nicht um ausführliche Zitatstellen aus Interviews und Beobachtungsprotokollen ergänzt wird, scheint manchmal derjenige Leser enttäuscht zu sein, der in den Traditionen von „laßt den Akteur sprechen“ oder „laßt die Daten für sich sprechen“ ausgebildet ist. Wird aber nach diesem Stil der recht engen Verflechtung von theoretischer Interpretation und Deskription ordentlich verfahren, dann lassen sich die klassischen Forderungen nach *Verstehen,* Glaubwürdigkeit, Wirklichkeitsnähe und Leserverständnis einlösen. Darüber hinaus berücksichtigt dieser Arbeitsstil das Spezifische und die Variation, die das Anliegen eines jeden Wissenschaftlers sein sollte, der wirklich ernsthaft daran interessiert ist, eine Theorie zu generieren und darzustellen. [Apropos „Wirklichkeitsnähe“: Wie im 1. Kapitel erwähnt, wird eine gut geschriebene Monographie von den Leuten, die Gegenstand der Studie waren, von Nichtfachleuten und sogar von Sozialwissenschaftlern wahrscheinlich als eine beschreibende Darstellung – „Es hat sich tatsächlich so zugetragen“. – gelesen und weniger als eine Theorie, die mit theoretisch unterlegten Daten verbunden ist. Um einen anschaulichen Satz aus einer Rezension einer unserer Monographien zu zitieren: „Weshalb und wie das geschieht, wird sehr detailliert und mit einem enormen Scharfblick beschrieben“].

Fallbeschreibungen und Fallrekonstruktionen

Zum Datenmaterial, mit dem der Wissenschaftler kontinuierlich arbeitet, gehören Lebensgeschichten, Biographien und Erzählungen, die er mit Hilfe von Interviews über das Leben von Informanten zusammengetragen hat. Diese Materialien bilden jedoch nur eine Form der Fallbeschreibung. Ein wesentliches Merkmal der Fallbeschreibung ist, daß sie eine bestimmte Zeitspanne oder eine Periode in einem sozialen Leben behandelt – eine Biographie, eine berufliche Karriere, ein Projekt, eine Krankheit, ein Unglück, eine Feierlichkeit. Die Fallbeschreibung beinhaltet auch eine Geschichte über eine soziale Einheit – eine

Person, Gruppe, Organisation, Beziehung. Es ist zweckmäßig, zwischen einer *Fallbeschreibung* und einer *Fallrekonstruktion* zu unterscheiden. Beim Aufbau einer Fallrekonstruktion konzentriert sich der Forscher auf analytische Abstraktionen, um auf der einen oder anderen Ebene der Abstraktion eine Theorie zu formulieren. Wir werden zuerst den Aufbau einer Fallrekonstruktion besprechen, bevor wir uns ähnlichen Fragen im Hinblick auf Fallbeschreibungen zuwenden. (Siehe auch Strauss/Glaser 1971, wo einige der Materialien aus diesem und dem nächsten Abschnitt zuerst erschienen sind.)

Aufbau einer Fallrekonstruktion

Ein Großteil der Publikationen, die die qualitative Forschung hervorgebracht hat, ist in Form von Fallrekonstruktionen geschrieben, wie z.B. die analytische Schilderung verschiedener Arten von Gruppen, Organisationen und Kulturen. Im Gegensatz zu den Fallbeschreibungen wird hier nicht versucht, eine Geschichte als solche zu erzählen; denn die Zeitlichkeit ist nicht das ordnende Prinzip. Doch zugegebenermaßen sind viele Geschichten über Ereignisse, Menschen, ihre Karrieren usw. in die ausführlicheren Fallrekonstruktionen eingelassen. In der Tat scheint auch die Entwicklung der sozialen Einheit, die erforscht wird, in der Falldarstellung durch, aber die Zeitlichkeit ist kein entscheidendes Organisationsmerkmal der Analyse. Fritz Schütze, der Biographien als ein übergreifendes Phänomen untersucht, faßt seine Ergebnisse in die Form allgemeiner Theorien, aber er arbeitet notwendigerweise mit einer Kombination aus Theorie und Zeitlichkeit, nach deren Organisationsprinzip er seine Materialien präsentiert (Schütze 1981).

Die Fallrekonstruktionen im analytischen Präsentationsmodus der Grounded Theory unterscheiden sich in ihrem Aufbau nicht wesentlich von den Fallrekonstruktionen der meisten anderen qualitativ arbeitenden Forscher. Der Hauptunterschied liegt oft in der Dichte der Analyse von Konzepten und in der Straffheit der Darstellung. Im allgemeinen aber schreiben die nach der Grounded Theory arbeitenden Wissenschaftler – weil eben bei diesem Analysemodus so ausgiebig mit Theoretical Sampling und kontinuierlichem Vergleichen gearbeitet wird – eher seltener solche Fallrekonstruktionen, die dann in der Masse der vielen anderen Studien, in denen nicht mit diesen Verfahren gearbeitet wurde, untergehen. Sie befassen sich auf einer allgemeineren Ebene mit Phänomenen und weniger isoliert mit beispielsweise einem Krankenhaus, einer Gewerkschaft, einem wissenschaftlichen Laboratorium.

Manche Fallrekonstruktionen haben die Form von kurzen Beschreibungen, die dann als Falldarstellungen in Aufsätze und manchmal sogar als separate Kapitel oder Abschnitte in Monographien eingehen. Der Autor kann auch zwei oder mehrere Fälle in einer knappen Form miteinander kontrastieren. Der Aufbau solcher Falldarstellungen ist relativ einfach, da sie zum größten Teil aus streng ausgewähltem Datenmaterial bestehen, das zu einem mehr oder weniger kohärenten Ganzen zusammengesetzt ist, um einen oder mehrere theoretische Punkte zu veranschaulichen. Gewöhnlich werden theoretische Ausführungen vor der Falldarstellung eingeführt und eventuell danach neu formuliert oder ausgearbeitet. Oft wählt man diese Form der Präsentation sogar bei Fallrekonstruktionen, die eine ganze Monographie umfassen; der Unterschied ist dann der, daß der theoretische Teil generell ausführlicher ist und eventuell theoretische Kommentare in den Deskriptionsteil oder jeweils im Anschluß an einen Abschnitt eingebaut werden, sobald sich der Fokus von einem Aspekt der untersuchten sozialen Einheit auf einen anderen Aspekt verlagert. Wenn eine Fallrekonstruktion den Umfang eines Buches annimmt, dann werden die Datenteile eng verknüpft mit den theoretischen Ausführungen. Falldarstellungen von geringem Umfang ergänzen und illustrieren dann ab und zu die theoretischen Anmerkungen.

Die Konstruktion einer solchen Verflechtung von Theorie und Daten ist nicht besonders schwer, wenn man einmal das Prinzip begriffen hat, aber es bedarf zweifellos einer gewissen Schreibpraxis, um hier effektive Arbeit zu leisten und die Präsentation unterschiedlichen Leserschaften zugänglich zu machen. Soll dabei der eine oder andere Schwerpunkt (Glaubwürdigkeit, Verständlichkeit, *Verstehen*) gesetzt werden, dann greift der Wissenschaftler gelegentlich auf die üblichen Modalitäten der Veranschaulichung zurück: Er arbeitet mit Auszügen aus Beobachtungsprotokollen, mit Zitaten aus den Interviews mit den untersuchten Akteuren, auch mit kürzeren Fallrekonstruktionen und -beschreibungen. (Hier wären z.B. eine oder mehrere Abteilungen einer Großorganisation, eines Unternehmens oder eines wissenschaftlichen Laboratoriums, welche/s untersucht wurde, zu nennen.) Diese Materialien sind jedoch eingebunden in den Kontext spezifischer theoretischer Aussagen oder Kommentare.

Nützliche *Faustregeln für den Aufbau von Fallrekonstruktionen sind:*

1. Erheben Sie Daten und analysieren Sie diese, bauen Sie wie gewohnt Ihre Theorie um eine Schlüsselkategorie (-kategorien) herum auf. Das Datenmaterial kann natürlich mehr oder weniger umfangreiche und vielleicht theorierelevante Dokumente für Fallrekonstruktionen und -beschreibungen umfassen.

2. Dann entwerfen Sie ein Arbeitsmodell für Ihre Fallrekonstruktion, wobei Ihr Augenmerk noch nicht auf dem Anschauungsmaterial liegt, sondern auf Ihrer Theorie. Achten Sie sorgfältig auf die Notwendigkeit, alle theoretischen Elemente und ihre Verbindungslinien miteinander klar zu spezifizieren.
3. Danach bauen Sie entweder über das Manuskript verteilt oder in bestimmten Abschnitten Ihre Daten ein, die Sie nach der Gewichtung Ihrer Forderungen (*Verstehen,* Glaubwürdigkeit, Verständlichkeit, Wirklichkeitsnähe) ausgewählt haben. Wählen Sie diese Materialien aber sehr sorgfältig aus, um exakt die vielen theoretischen Aspekte herauszukristallisieren, die durch Illustrationen ergänzt werden müssen. Manchmal hat man als Wissenschaftler die Tendenz, die Falldarstellung mit Datenmaterial zu überladen, weil es so bunt und interessant ist – zumindest für den Autor. Denken Sie daran, daß diese Daten vorwiegend im Dienste Ihrer Theorie stehen.

Als Forscher erhebt man manchmal Daten im Hinblick auf eine Reihe von Fallrekonstruktionen, aber in der Publikation geht es dann nicht primär darum, Fallrekonstruktionen als solche zu präsentieren, sondern um allgemeine Schlußfolgerungen aus dem untersuchten Phänomen. Oft ist es dann so, daß man für jeden einzelnen Fall (z.B. das Leben von türkischen Gastarbeiterfamilien in Westdeutschland) zunächst eine grobe Beschreibung der Organisation der Falldarstellung anfertigt, in der sowohl die Beziehungen zwischen den Akteuren als auch die Beziehungen zur Welt jenseits der sozialen Einheit, die im Mittelpunkt der Untersuchung steht, berücksichtigt sind. Gewöhnlich wird dann im zweiten Schritt jeder einzelne Fall separat analysiert, obwohl hier natürlich das aus der Kontrastierung resultierende Wissen zwanglos oder implizit einfließt, weil der Forscher spätestens nach der Untersuchung des ersten Falles umfangreiche Daten und Kenntisse über zwei oder mehrere weitere Fälle hat. Ein dritter Schritt besteht dann darin, allgemeine Schlußfolgerungen aus diesen Fällen zu ziehen. Wenn aber eine Entscheidung darüber gefallen ist, einen konkreten Fall für die Publikation aufzubereiten oder diesen in Kurzfassung in die eher theoretische Diskussion einzuarbeiten, dann ist es für uns wichtig zu beobachten, was in diesem Moment vor sich geht. Dann kann nämlich die erste Analyse eines gegebenen Falles und selbst die grobe Fallbeschreibung, die im ersten Arbeitsschritt angefertigt wurde, nicht ohne wesentliche Veränderungen herangezogen werden. Warum? Weil erste Analyse und grobe Fallbeschreibung nur auf einen Teil der Theorie bezogen wären und nicht auf die gesamte Theorie (oder auf „allgemeine Schlußfolgerungen“). Die Aufgabe, eine theoriegeleitete Fallrekonstruktion herzustellen, muß jetzt bewerkstelligt werden. Für dieses Vorhaben leisten die oben genannten Faustregeln gute Dienste, und natürlich beeinflussen sie erheblich die Auswahl des Datenmaterials, das schließlich in der Endfassung der Fallrekonstruktion angeboten wird.

Aufbau einer Fallbeschreibung

Was Fallbeschreibungen anbelangt, so können diese sehr nützlich sein, wenn sie mit einer Theorie verbunden werden. Schließlich dreht sich das grundlegende Ordnungsprinzip einer Fallbeschreibung darum, eine Theorie entlang einer zeitlichen Linie zu präsentieren, um folglich auf „den Fall angewandt“ zu werden. Eigentlich sollten viel mehr Fallbeschreibungen veröffentlicht werden und die Regeln für ihren Aufbau weitaus mehr Beachtung finden, anstatt daß diese konzeptionslos oder nach traditionellen Mustern und nur gelegentlich entstehen. De facto ist es so, daß im Laufe eines Forschungsprojekts vermutlich viele Daten für Fallbeschreibungen erhoben und dann als analytische Grundlagen für irgendeine Art von Publikation verwendet werden, aber nicht für eine reine Fallbeschreibung. Doch eine Fallbeschreibung kann äußerst brauchbar sein, wenn sie in einen engen Bezug zu einer auf Daten gegründeten Theorie gesetzt wird. Mit dieser Methode kann der Forscher einen Typus, ein Mittelmaß, ein Extrem oder einen exemplarischen Fall darstellen. Die Fallbeschreibung ist ein lesenswertes und lebendiges Medium, das mit einer phantasievollen Bilderwelt ausgestattet ist und oft die den Akteuren eigene Sprache spricht oder in der Spontansprache des beobachtenden Feldforschers geschrieben ist – sie *kann* diese Bilderwelt aber auch in den Kontext und in den Dienst eines theoretischen Berichtes über das Datenmaterial stellen.

Mit einem theoretischen Kommentar bei der Interpretation der Fallbeschreibung verbindet der Wissenschaftler die Absicht, das Bild vom gegebenen Fall zu erweitern. Durch die Theorie wird der Fall in einen allgemeineren Verstehenskontext gestellt, d.h. was unter verschiedenartigen Bedingungen hätte geschehen können und weshalb sich demnach dieser Fall auf diese spezifische Weise abgespielt hat. Folglich geht es um das Thema der Varianz, wenn man über diese Fallbeschreibungen reflektiert und einen speziellen Fall (oder Fälle) auswählt, um ihn (oder sie) einzeln zu veröffentlichen oder als Teil einer anderen Publikation.

Üblicherweise wird eine Theorie auf eine Fallbeschreibung so angewandt, daß mit mehreren Kommentaren Teile ihres Inhalts erklärt und interpretiert werden. Die einzelnen Kommentare finden sich gewöhnlich im Anschluß an ein Segment aus der Fallbeschreibung. Manchmal umrahmen sie auch die Geschichte als Einführungs- und Schlußkapitel, oder sie ergänzen die episodischen Berichte. Manche

Fallbeschreibungen jedoch werden praktisch ohne theoretische Ausführung publiziert, wenn nämlich der Autor davon ausgeht, daß die Leserschaft mit einer gängigen Theorie so vertraut ist, daß sie die Fallbeschreibung ohne Anleitung selbst interpretieren kann. Ob der theoretische Teil in der Fallbeschreibung ausführlich oder weniger ausführlich sein soll, ist nur eine relevante Dimension, über die der Wissenschaftler zu entscheiden hat. Eine andere Entscheidung ist darüber zu treffen, auf welcher Generalisierungsebene sich der eingearbeitete Theorieteil bewegen soll: unteres Verallgemeinerungsniveau, mittlere Ebene, formale Theorie? (Siehe 11. Kapitel über formale Theorie.) Die dritte entscheidende Frage ist die nach der Quelle der Theorie: Hat der Autor sie selbst generiert? Wurde sie von anderen Wissenschaftlern in einer Reihe von Studien formuliert? Wenn es sich um eine formale Theorie handelt, dann stammt der Theorieteil wahrscheinlich aus der Tradition der Disziplin. Zwei weitere Punkte hat der Wissenschaftler zu berücksichtigen: Einmal muß er über den Grad der Systematisierung der dargestellten Theorie entscheiden und einmal über die Dichte, in der die Theorie formuliert werden soll. (Diese Entscheidungen müssen auch überlegt werden, wenn der Forscher eine Fallrekonstruktion plant.)

Einem Wissenschaftler, der nach der Grounded Theory arbeitet, dürften diese Entscheidungen nicht allzu schwer fallen; denn sein Arbeitsstil führt ihn unmittelbar zu den Antworten. Seine Theorien generiert er meistens, wenn auch nicht notwendigerweise, aus der Forschungsarbeit selbst; diese liegen zum größten Teil auf einer mittleren Generalisierungsebene, sind intensiv, d.h. dicht und ausführlich. Bleibt zu hoffen, daß sie auch systematisch sind. Also sollten die genannten Merkmale in die Organisation einer Fallbeschreibung eingehen.

Zu den *Faustregeln, die den Aufbau von Fallbeschreibungen leiten,* zählen:

1. Eine Fallbeschreibung, die veröffentlicht werden soll, wird *erst* konstruiert, wenn die Theorie gut formuliert ist. Natürlich können die Daten schon auf eine Fallbeschreibung oder -geschichte hin erhoben und in Form von Interviews oder Beobachtungsprotokollen aufgeschrieben werden: als Lebensgeschichte oder als Chronologie einer Sequenz miteinander zusammenhängender Ereignisse z.B. einer öffentlichen Zeremonie.
2. Um eine Fallbeschreibung aussagekräftig zu machen, müssen die einzelnen Elemente Ihrer Theorie klar formuliert und ganz spezifisch aufeinander bezogen sein.
3. Dann müssen Sie sich entscheiden, welche Aspekte der Theorie Sie mit einer Fallbeschreibung veranschaulichen möchten, wobei die Theorie und Ihre Vorstellung von der Leserschaft vorausgesetzt werden. Wenn Sie natürlich

nur eine oder zwei Fallbeschreibungen haben, ist die Wahl nicht schwer. Wenn Sie im Verlauf des Forschungsprojekts Datenmaterial speziell im Hinblick auf Fallbeschreibungen erhoben und mit dem Theoretical Sampling gearbeitet haben, dann müssen Sie sich noch entscheiden, welche Daten sie heranziehen. Wenn aus der Fallbeschreibung ein Kapitel oder ein Teil einer Monographie werden soll, dann können Sie weitaus mehr Aspekte beleuchten, als dies in einem Aufsatz möglich ist. Wie auch immer, Sie müssen die Fallbeispiele bewußt auswählen und dürfen die Entscheidung nicht dem Zufall überlassen oder rein intuitiv vorgehen.

4. Es gibt verschiedene Kriterien, nach denen man ein für die Publikation bestimmtes Fallbeispiel auswählt. Welchen besonderen Aspekt (oder Aspekte) Ihrer Theorie möchten Sie beleuchten, oder welcher Gesichtspunkt kann beleuchtet werden, wenn man lediglich Ihren Fundus an Fallbeschreibungsdaten voraussetzt? Soll das Fallbeispiel eine Evolution, eine Entwicklung oder verschiedene Stufen eines Prozesses usw. veranschaulichen? Soll ein Typus, ein Extrem oder ein Mittelmaß illustriert werden? Welche Leserschaften werden Ihrer Meinung nach diese Fallbeschreibung lesen? Auch diese Überlegung kann Ihre Entscheidung beeinflussen; denn es kann sein, daß sich der Leser von der einen Fallbeschreibung mehr angesprochen fühlt als von einer anderen, sich für manche Aspekte der Theorie mehr interessiert als für andere.
5. Diese Entscheidungsprozedur wird manchmal beschleunigt und erleichtert, wenn man schon während der Arbeit am Forschungsprojekt vorausplant und sein Datenmaterial vor dem Hintergrund einer späteren Veröffentlichung erhebt. Es hat große Vorteile, wenn man bei der Erhebung von Daten für Fallbeschreibungen nach theoretischen Gesichtspunkten vorgeht. Diese Aspekte können Sie sogar selbst aussuchen, wenn Sie mit dem Theoretical Sampling, einem Verfahren, das wir empfehlen, arbeiten.
6. Zu Beginn der Arbeit an der Fallbeschreibung ist es wichtig, daß man zuerst die Chronologie von Ereignissen skizziert, wodurch der Geschichte Kontinuität verliehen wird. Sie müssen den Faden der Geschichte klar im Kopf haben, auch wenn Sie sie jetzt noch nicht aufschreiben. Manchmal erweist sich das aber auch als notwendig.
7. Danach müssen Sie eine vorläufige Analyse der wichtigsten theoretischen Elemente durchführen, die für das Verstehen der Fallgeschichte als relevant erscheinen, und zwar Schritt für Schritt, Phase für Phase oder Stufe um Stufe. Solche Schritte, Phasen oder Stufen müssen Sie sehr detailliert ausarbeiten.
8. Danach ist es angebracht, sorgfältig die Fallmaterialien durchzugehen und Sätze, Abschnitte, Ereignisse und Teile aus diesen Dokumenten auszuwählen, die besonders für die unter Punkt 7 genannten theoretischen Elemente relevant zu sein scheinen.
9. Der nächste Schritt ist dann der, daß die ausgewählten Passagen im Detail analysiert werden, manche von ihnen Zeile für Zeile, aber andere natürlich auch viel weniger intensiv. Während des Analysierens behalten Sie sowohl den Faden der Fallbeschreibung als auch die theoretische Linie im Auge.
10. Um der abschließenden Analyse den letzten Schliff zu geben, sollten Sie auf Ihr Wissen, das Sie aus dem Vergleich mit anderen Fällen haben, zurückgreifen und eventuell einiges davon in Ihre aktuelle Fallbeschreibung einbauen.
11. Achten Sie darauf, daß die theoretische Argumentation in Ihrem Manuskript deutlich wird. Stellen Sie die Schlüsselkategorie (-kategorien) in den Vordergrund der Fallbeschreibung. Behandeln sie die Subkategorien auch wirklich

als nachgeordnete Kategorien, stellen Sie sie aber in der Deskriptionslinie in einen klaren Bezug zur Schlüsselkategorie (-kategorien). Die Subkategorien müssen auch untereinander in Beziehung gesetzt werden, ob sie nun in dieser Deskriptionslinie sequentiell oder gleichzeitig in Erscheinung treten.

12. Achten Sie sorgfältig auf den chronologischen Ablauf der Fallbeschreibung – d.h. auf die Auswahl der Ereignisse, Zufälle, Interaktionen und der Verhaltensweisen der Akteure. Nehmen Sie nicht alles in das Manuskript auf, was Ihnen interessant vorkommt: Seien Sie sehr wählerisch. Wenn Sie der Ansicht sind, daß Sie zuviel Material eingearbeitet haben, dann nehmen Sie unnötige Details weg. Sie dürfen sich nicht von jedem anschaulichen Detail verleiten lassen; am Ende sind Ihre Leser von den vielen Einzelheiten gelangweilt. Schließlich kann man als Leser nicht die Liebe zum Datendetail haben wie Sie, weil er nicht so tief in der Materie steckt und in den beschriebenen Ereignissen involviert ist oder Datenmaterial erhoben hat, das mit diesen Ereignissen verbunden ist. Ihre Aufgabe wird insgesamt etwas leichter, wenn Sie nach den bis jetzt genannten Leitlinien vorgegangen sind.
13. Wenn die Fallbeschreibung als Abschnitt oder Kapitel einer Monographie veröffentlicht werden soll, dann ist es nicht erforderlich, daß Sie das Fallbeispiel mit umfangreichen theoretischen Ausführungen einleiten; denn der Leser ist mit der Theorie wahrscheinlich schon vertraut. Ist die Fallbeschreibung als eigenständige Publikation konzipiert, dann müssen Sie den Leser selbstverständlich in diese Theorie und in deren Hauptelemente einführen. Doch auch hier besteht keinerlei Notwendigkeit, den theoretischen Teil zu überladen. Verwenden Sie nur das an Theorie, was speziell zur Fallbeschreibung gehört, um Bezüge herzustellen, und was in der Darstellung auch tatsächlich gebraucht wird. Auch hier ist man versucht, in der Einleitung zu viel zu sagen, vielleicht aus Furcht, daß die Theorie von den Lesern sonst nicht verstanden werden könnte. Vertrauen Sie darauf, daß man Ihre Verflechtung von relevanten theoretischen Elementen und konkreten Daten verstehen wird.
14. Wenn Sie dieses Gewebe aus Theorie und Deskription ordentlich gearbeitet haben, dann muß die Fallbeschreibung nicht noch einmal summarisch zusammengefaßt werden. Die Konstruktion steht dann sicher auf eigenen Beinen.

In den kommenden Abschnitten werden wir zwei Fallbeschreibungen vorstellen, um zu demonstrieren, wie man Theorie und Datenmaterial eng miteinander verflechten kann und die ganze Falldarstellung dennoch lesbar und lebendig bleibt. Diese Fallbeispiele sollen auch zeigen, wie man mit Daten umgeht, die von ihrem Spektrum oder Niveau her ziemlich verschieden sind, und was man mit Theorien anfängt, die konzeptuell sehr verschieden und auf unterschiedliche Gegenstandsbereiche gerichtet sind. In unseren relativ kurzen Fallbeschreibungen, die als Aufsätze angelegt sind und weniger als Teile von Monographien, finden sich extensive theoretische Einführungen. Also haben sich die Autoren entschlossen, die theoretischen Elemente eng mit dem Ablauf dieser Geschichte zu verknüpfen. Die Autoren hätten natürlich einfach an den Anfang oder an das Ende einer Phase einen theoretischen Kommentar setzen oder bestimmte Passagen sogar systematisch mit theoretischen Kommentaren einrahmen können. Doch ist diese Art des dichten Ineinanderwebens von theoretischer Ausführung und konkretem Material – in Verbindung mit einem gelegentlichen Innehalten in der Geschichte, um eine Bemerkung einzuflechten – dem Konstruktionsprinzip einer Fallbeschreibung nach der Grounded Theory im allgemeinen angemessener. Hier wird nur jeweils ein Auszug aus einer Fallbeschreibung wiedergegeben, weil wir mehr deren Konstruktionsprinzip und weniger deren Inhalt vorführen möchten.

Fallbeispiel Nr. 1

Das Wechselspiel von Verlaufskurve und Biographie: der Prozeß der Renormalisierung

Am Anfang der Publikation (von Corbin/Strauss 1986, siehe auch 9. Kap.) stehen allgemeine Überlegungen und die Darstellung von miteinander in Beziehung stehender Schlüsselkategorien. Dann wird die Fallbeschreibung in signifikanten Schritten und mit einer Analyse, die eng mit dem Datenmaterial verflochten ist, präsentiert. Die konkreten Daten werden zitiert, um zum Teil die ziemlich abstrakten Bedeutungen der analytischen Interpretationen inhaltlich zu füllen und um gelegentlich Farbe in die Ausführungen zu bringen sowie *den Verstehensprozeß* beim Leser zu fördern.

Das Phänomen

Das Leben eines Individuums einschließlich aller damit zusammenhängender Erfahrungen kann als Biographie betrachtet werden, die aus einer Vergangenheit, einer Gegenwart und einer Zukunft besteht. Jede Biographie beinhaltet ein Selbst oder eine Identität, das bzw. die sich aus vielen Aspekten eines multiplen Selbst zusammensetzt. An irgendeinem Punkt im Leben hat das Individuum vielleicht eine chronische Krankheit, die der Biographie – und mithin dem Selbst – eine weitere Dimension hinzufügt und die auch eine medizinische Verlaufskurve zur Folge hat. (Die Definition von Verlaufskurve bezieht sich auf den medizinischen Verlauf einer Krankheit und auf die gesamte Organisation der Arbeit, die während des Krankheitsverlaufs getan werden muß, einschließlich der Auswirkungen auf die Menschen, die mit dieser Arbeit und ihrer Organisation zu tun haben.) Die medizinische Verlaufskurve ist lediglich ein weiterer Aspekt des Lebens, mit dem sich das Individuum nun zu befassen hat. Wie die Probleme, die aus der Verkettung von Verlaufskurve und Biographie entstehen, bewältigt werden, hängt von ihrer jeweiligen Beschaffenheit ab; es hängt auch davon ab, an welchem Punkt im Leben sich Verlaufskurve und Biographie kreuzen; ebenso von der Art und Weise, in der Verlaufskurve und Biographie miteinander verknüpft sind. Das Eigenschaftswort *chronisch* weist genau darauf hin, daß diese Verflechtung von Verlaufskurve und Biographie eine langfristige oder sogar lebenslange ist.

Wenn jemand einen Herzinfarkt oder einen Schlaganfall erleidet, eine Rückgratverletzung hat oder sich einer Operation mit ungewissem Ausgang unterziehen muß, dann steht üblicherweise die Bewältigung der Krankheit, die Vorbeugung von Krisen und das Überleben des Patienten im Zentrum der Aufmerksamkeit. Das Interesse der Ärzte, der Familie und des beinträchtigten Individuums, sofern es bei Bewußtsein ist, richtet sich auf die medizinische Verlaufskurve, d.h. auf den voraussichtlichen Verlauf der Krankheit, und zwar im Hinblick auf die Gegenwart und auf die nahe und ferne Zukunft. Man überlegt sich also, welchen Verlauf diese Krankheit, Verletzung, Operation erwartungsgemäß nimmt. Welche Arbeit ist im Zusammenhang mit der Krankheit notwendig, damit der Patient durchkommt? Welche bleibenden Beeinträchtigungen kann die Krankheit u.U. haben? Die medizinische Verlaufskurve ist zu diesem Zeitpunkt im Fokus, wohingegen die Biographie in den Hintergrund gerückt ist. Wenn dann die akute Krise oder die postoperative Phase vorbei ist und die Verlaufskurve sich stabilisiert hat, kommt die Biographie ins Spiel. Das Moratorium ist aufgehoben, sobald das Individuum versucht, die Krankheit in sein Lebenskonzept zu integrieren. Es fängt nun an, Fragen zu stellen wie: Wie ist das passiert? Was heißt das in bezug auf meine Zukunft? Wie werde ich es schaffen, eine Krankheit und die ganze Arbeit, die damit zusammenhängt, in mein Leben zu integrieren?

Der Patient stellt einen Zusammenhang her durch Rückblicke auf die Verlaufskurve und auf die Biographie, die auf der Grundlage der gegenwärtigen Situation durchgeführt werden und den nach vorne gerichteten Blick einschließen. Rückblicke können in unterschiedlichen Formen stattfinden. Da gibt es zum Beispiel die Abrechnung mit der Vergangenheit: Der Patient schaut auf das Vergangene und stellt fest, daß es jetzt für immer vorbei ist, und er stellt sich Fragen wie: Habe ich alles zu einem Ende gebracht, was ich angefangen hatte? Habe ich das mir Mögliche getan? War ich der Mensch, der ich sein wollte? Warum habe ich die Zeit und die Möglichkeit nicht wahrgenommen, um dies und jenes zu tun, als ich noch fähig war dazu? Dann gibt es den Rückblick auf die körperliche Verfassung: Hier vergleicht das Individuum seinen Körper, wie er momentan ist, mit dem Körper, wie er in der Vergangenheit war. „Meine Beine, die früher so rank und schlank waren, trugen mich, wohin ich wollte. Jetzt sind sie krumm und schlaff, und ich kann nicht einmal stehen, geschweige denn gehen." Es gibt auch den Rückblick auf Symptome: Der Patient gibt hier zurückliegenden Symptomen wie Sodbrennen, Vergeßlichkeit, Schmerzanfällen eine neue Bedeutung aus der Sicht des gegenwärtigen Wissens. Manche Patienten erleben in Rückblenden den behinderten Menschen aus der Nachbarschaft, mit dem jeder Mitleid hatte, oder den Herzinvaliden, der nie mehr arbeiten konnte. Wieder andere Patienten entwickeln Projektionen der Verlaufskurve und machen sich bestimmte Vorstellungen von ihrem zukünftigen Krankheitsverlauf. Man kennt auch die Projektionen auf die Biographie, in denen sich der Patient vor Augen führt, wie sein zukünftiges Leben aussehen wird, wenn er als Krüppel, als Amputierter usw. leben soll.

Schließlich konfrontiert sich der kranke Mensch mit der Realität direkt und fängt an, an sich und an seine Umwelt Fragen zu stellen: Welche Teile meines Körpers haben ihre Funktion für immer verloren? Welche Fähigkeiten werde ich wiedererlangen? Werde ich meine Mobilität zurückbekommen? Mein Gedächtnis? Meine Sprache? Wenn das überhaupt möglich ist, wie lange wird es dauern? Wieviel von meinem früheren Zustand kann ich wiedererlangen? Auch wenn sich diese Fragen äußerlich gesehen um physische Fähigkeiten und um den Gebrauch des Körpers drehen, beinhalten sie implizit, nicht aber explizit, biographische

Probleme wie: Werde ich jemals wieder arbeiten können? Werde ich immer von jemandem abhängig sein, selbst wenn es um grundlegende Lebensbedürfnisse geht? Wie werden mich die anderen Menschen wahrnehmen? Werde ich wieder fähig sein zu reisen, meinen Hobbies nachzugehen, zu lieben? Das Individuum hat eine entscheidende Stelle im Strukturierungsprozeß erreicht, wenn es das Ausmaß, in dem die Krankheit sein Leben beeinflußt, bewußt registriert, und zwar nicht im Sinn eines schlichten Erkennens, sondern auch hinsichtlich seiner ganzen Biographie, die sich über die Gegenwart in die Zukunft erstreckt. Es ist diese Strukturierung – zusammen mit dem Wunsch, eine Zukunft zu haben, die eher der Vergangenheit ähnlich ist als der Gegenwart –, durch die das Individuum mobilisiert und befähigt wird, einen Plan oder ein Schema zu entwerfen, wonach sowohl die Krankheit als auch die unterbrochene Biographie bewältigt werden können, um eine gewisse Kontrolle über seine Zukunft zu gewinnen.

Auch wenn die medizinische Verlaufskurve in die Biographie integriert wird, heißt das noch nicht, daß das Individuum beiden Aspekten immer gleich viel Aufmerksamkeit schenkt. Wie es mit allem im Leben ist, so rückt einmal der eine Aspekt, dann wieder der andere in den Vordergrund, was von den Zufälligkeiten abhängt, die im Laufe eines Menschenlebens vorkommen. Wenn dann über die Zukunft reflektiert wird, können manche Menschen zu dem Schluß kommen, daß die krankheitsbedingten Einschränkungen für sie zu hart sind, daß ihr Leben unter diesen Einschränkungen nicht lebenswert ist, und sie fragen sich, weshalb sie in den natürlichen Ablauf der Krankheit eingreifen sollen. Andere Patienten entscheiden für sich, daß es vielleicht noch eine Chance gibt, und sie kämpfen die Krankheit bis zum letzten Zug durch. Wieder andere Menschen definieren für sich die Situation so, daß sie die körperliche Krise überstanden haben und sich jetzt nur noch mit einer langen Erholungszeit und verschiedenen Graden der physischen Einschränkung arrangieren müssen. Ob sie wollen oder nicht, sie sind an die Situation gebunden und müssen nun einen Weg finden, wie sie mit der Veränderung leben können. Das ist der Punkt, an dem die *Renormalisierung* einsetzt.

Der Prozeß der Renormalisierung ist für das Individuum ein schwerer Weg, der zurückgelegt werden muß, um zu einem befriedigenden, funktionsfähigen Leben im Rahmen der durch die körperlichen und/oder geistigen Einschränkungen gesetzten Grenzen zu gelangen. Dazu gehört der Versuch, jene wichtigen Aspekte des Selbst wiederzugewinnen, die aufgrund der Krankheit oder der Verletzung verlorengegangen sind. Die Renormalisierung kann sowohl in einzelnen als auch in allen Bereichen stattfinden, was von der Art der Krankheit oder Verletzung, dem Ausmaß der körperlichen/geistigen Behinderung und auch von der Art der Biographie abhängt. Sie kann leicht oder schwierig, schnell oder langsam vonstatten gehen, und man erkennt sie an deutlichen Zeichen des Fortschritts oder aber an deren Nichtvorhandensein. Sie ist gekennzeichnet durch Phasen der raschen Entwicklung, des Umschwungs, des Rückschlags, der Stabilität und der Variation im Rahmen der krankheitsbedingten Einschränkungen. Diese Stadien können vorübergehend oder von Dauer sein. Der Renormalisierungsprozeß findet in Phasen statt. Er kann konstant verlaufen, bis eine völlige Renormalisierung erreicht ist, er kann in einer Verlaufsphase stagnieren oder sich umkehren, verbessern und sich dann auf einem neuen Niveau zaghaft einpendeln.

In der medizinischen Terminologie bezeichnet man die Renormalisierung gewöhnlich als *Rehabilitation*. Dieser Begriff ist zu eng gefaßt und einschränkend; denn er beinhaltet nicht das, was sich biographisch und medizinisch ereignet. Um ein genaueres Bild vom tatsächlichen Kampf um Renormalisierung zu bekommen, müssen mindestens die drei folgenden Aspekte berücksichtigt werden: (1) *Reparieren:* der Heilungsprozeß, was schlicht heißt, daß es dem Patienten besser geht; (2) *Einschränkungen überwinden:* dieser Aspekt der Rehabilitation bedeutet, daß der Körper bearbeitet wird, um die momentanen Einschränkungen abzubauen und dadurch die körperliche Leistungsfähigkeit zu erhöhen; und (3) *wieder zusammenfügen:* die Biographie unter den Gegebenheiten der krankheitsbedingten Einschränkungen wieder zusammensetzen. Diese drei Vorgänge können sowohl gleichzeitig als auch zeitlich versetzt stattfinden. Manchmal steht der eine, manchmal der andere Aspekt im Mittelpunkt der Aufmerksamkeit. Zum Beispiel können sich Verlaufskurvenphasierung und die Entstehung von Komplikationen oder Krisen und die darauf folgende Erholungsphase zum guten oder schlechten auf den Renormalisierungsprozeß auswirken. Einfluß auf die Renormalisierung hat auch die biographische Phasierung, wenn die Krankheit z.B. in einen bestimmten Lebensabschnitt, in eine bestimmte Phase der beruflichen Karriere, in ein bestimmtes Stadium der Ehegemeinschaft fällt. Man hat aus analytischen Gründen die Verlaufskurve und die Biographie unter verschiedene Kategorien gefaßt; denn wenn die Krankheit einmal in die Biographie integriert ist, sind die beiden Aspekte so eng miteinander verknüpft, daß sie nur noch analytisch voneinander zu trennen sind.

Damit ein Patient den Weg der Renormalisierung beschreiten und dabei kontinuierlich Fortschritte machen kann, sind bestimmte Voraussetzungen notwendig. Diese haben nicht nur die Funktion von Vorbedingungen, sondern sie treten auch im gesamten Renormalisierungsprozeß ständig und unter veränderten Vorzeichen in Erscheinung. Dazu gehören:

1. Der Teil (die Teile) des Selbst, der verlorengegangen ist, stellt wichtige Aspekte eben dieses Selbst dar, und deshalb hält der Patient es für lohnenswert, daran zu arbeiten, daß er diese Aspekte entweder in derselben oder in veränderter Form wiedergewinnt.
2. Die Wiederherstellung des Körpers ist möglich, doch wie weit der frühere physische Zustand wieder hergestellt werden kann, hängt vom Grad der Beeinträchtigung ab.
3. Es findet eine Strukturierung statt, oder es entwickeln sich klare Vorstellungen von der Zukunft, woraufhin der Patient mobilisiert wird und somit den Anstoß für einen Neubeginn gibt; und wenn eine Destrukturierung stattgefunden hat, kommt es zur Neustrukturierung und zur erneuten Mobilisierung, um den Renormalisierungsprozeß in Gang zu halten.
4. Es muß eine Person geben, die den Renormalisierungsprozeß in Gang setzt (im allgemeinen ist es der Arzt, aber eine andere Person kann diese Rolle auch übernehmen): Diese Person arbeitet den ersten medizinischen Verlaufsplan aus und bringt das Individuum auf den Weg der Renormalisierung.
5. Sowohl medizinisch als auch biographisch besteht eine genaue Passung von Renormalisierungsschema und Individuum.
6. Ein Koordinator begleitet den Prozeß der Renormalisierung und stimmt die unterschiedlichen Arbeitstypen, die in dieser Zeit anfallen, wie auch die Bemühungen der mitarbeitenden Personen aufeinander ab.
7. Es sind Ressourcen vorhanden, d.h. mithelfende Menschen, finanzielle Mittel und Objekte, auf die sich der Patient verlassen kann.
8. Das kranke Individuum und die anderen am Renormalisierungsprozeß beteiligten Menschen arbeiten als Gruppe zusammen; dabei ist ein ständiges Kommen und Gehen von Leuten zu beobachten, die je nach Verlaufskurve, biographischer Phasierung und notwendigem Arbeitstyp spezielle Aufgaben übernehmen.

9. Der Patient hat realistische Ziele in der Zukunft, auf die er hinarbeitet.
10. Er hat Vertrauen in die Zukunft, weil er sich eine Zukunft vorstellt, die besser ist als die Gegenwart.
11. Der kranke Mensch hat die Fähigkeit, über Fehler zu lachen.
12. Er besitzt eine gewisse Flexibilität, er kann Kompromisse schließen und seine Phantasie einsetzen.
13. Es gibt kontinuierliche Zeichen von Fortschritt.

Der Weg zur Renormalisierung kann Schwerarbeit sein und ist es für gewöhnlich auch; das Zusammenspiel aller in diesem Prozeß involvierten Leute ist komplex; denn der ganze Vorgang steht unter dem Einfluß einer Vielzahl von internen und externen Bedingungen. Die Renormalisierung als solche läßt sich nicht dadurch erklären, daß lediglich ein paar Variablen untersucht werden. Um den Renormalisierungsprozeß verstehbar zu machen, muß ein systematischer Rahmen gesetzt werden. Vor dem Hintergrund dieses Bedingungsrasters soll unsere Fallbeschreibung veranschaulichen, wie die erwähnten Konzepte systematisch angewandt werden können, um eine Situation aus dem realen Leben zu analysieren.

Der Renormalisierungsprozeß und die Fallgeschichte

Die berühmte Tänzerin und Choreographin Agnes de Mille hat nach einer schweren Krankheit einen Prozeß der Renormalisierung durchgemacht, den sie in ihrem Buch *Reprieve* (1981) beschrieben hat und der hier analysiert werden soll. Dieser ergreifende Ausschnitt aus einer Lebensgeschichte zeigt deutlich die Phasen der Renormalisierung, das dynamische Zwischenspiel von Verlaufskurve und Biographie, und er schildert detailliert den Kampf von Frau de Mille, wie sie sich aus ihrer Krankheitssituation herausarbeitete und auf eine erfolgreiche Renormalisierung zubewegte. Unsere Analyse berücksichtigt nicht jedes Ereignis, das sich während des Renormalisierungsprozesses zutrug; denn sie soll lediglich einen allgemeinen Überblick geben. Da die Renormalisierung von Frau de Mille erfolgreich verlief, können wir keine Stagnation im Renormalisierungsprozeß analysieren, d.h. daß manche Patientin kurz, bevor sie ein gewisses Leistungspotential erreichen, schlappmachen und u.U. sogar den Einstieg in eine Renormalisierung verpassen. Mit diesen Überlegungen möchten wir an den Vorgang der Renormalisierung herangehen und über die erste Frage, die uns einfällt, nachdenken: Zu welchem Zeitpunkt setzt die Renormalisierung ein?

Die Renormalisierung beginnt mit einer ersten Bewußtheit, daß mit dem Körper etwas nicht in Ordnung ist, daß er nicht das leistet, was er leisten sollte und in früheren Zeiten geleistet hat. Deshalb bezeichnen wir diese erste Station der Renormalisierung als *Entdeckungsphase.* Die Entdeckung kann urplötzlich da sein oder sich allmählich entwickeln: In unserem Fall war es eine spontane Entdekkung. Die Geschichte beginnt damit, daß Frau de Mille mit einer Tänzergruppe für eine Galavorstellung im Theater probt. Während der Proben, am Nachmittag vor der Premiere, erleidet sie einen Schlaganfall und wird mit Blaulicht in die Klinik gebracht. Wir sehen also, wie die Verlaufskurve ihren Anfang nimmt, und wir sehen auch die Biographie, zumindest ihre professionellen Aspekte, die mit der Einlieferung ins Krankenhaus mit einem Mal stillsteht. Die Probe wird abgebrochen, die Vorstellung geht nicht mehr weiter. In diesem frühen Stadium der Verlaufskurve ist die Prognose des Arztes schlecht. Er ist sich nicht sicher, ob sie die Attake überleben wird. Frau de Mille erzählt jedoch, daß sie vom ersten Moment an geglaubt hat, daß sie am Leben bleiben würde.

Als sie sich schließlich in der Klinik eingerichter hat, so schreibt Frau de Mille, beginnt eine Reihe von Rückblicken auf die Verlaufskurve und auf ihre Biographie, durch die sie es schafft, die Krankheit in ihre Biographie zu integrieren. Sie schildert, wie sie Vergleiche anstellt zwischen dem gegenwärtigen Zustand ihres Körpers und dem Zustand ihres Körpers vor dem Schlaganfall, und sie beschreibt die daraus resultierenden Veränderungen in ihrer Selbstwahrnehmung. Sie erzählt von einer frischen, neugierigen Frau, die zu „einer entpersonalisierten Masse, die kaum ihren Namen stammeln konnte und angefangen hatte zu sabbern, einer gealterten, zusammengekauerten Hülle von Kreatur ..." geworden ist. Sie blickt auch zurück auf Symptome (S. 29) und beleuchtet im nachhinein ihre gegenwärtige Situation, indem sie einen Bezug herstellt zu ihrem hohen Blutdruck und zu den unbeachteten Anzeichen von möglichen Krankheiten, als sie z.B. einige Male plötzlich nicht mehr wußte, was sie gerade gesagt oder getan hatte (S. 33). Sie schaut in die Zukunft und fragt sich: Werde ich meine Sprache wiedergewinnen, meine Phantasie, meine Mobilität, mein Gedächtnis?

Wie in jeder Krisensituation traten die peripheren Aspekte des Lebens in den Hintergrund, und somit war der Inhalt ihres Lebens zuerst der, wie sie diese Krankheit überleben konnte. Sie sagt: „Ich wurde aufgerüttelt durch die Kleinigkeiten des Lebens. Alles, was getan werden mußte, war so außerordentlich schwierig und so neu. Jede einzelne Handlung wurde zu einem Geschicklichkeitswettbewerb; und Wettbewerbe können ermüdend sein" (S. 46). Doch schließlich wurden die grundlegenden Lebensvollzüge zur Routine, und sie begann, das Ausmaß ihrer durch die Krankheit auferlegten Einschränkungen zu erforschen, was zu der Einsicht führte, daß ihr Körper sie tatsächlich im Stich gelassen hatte (S. 55). Die Konsequenzen aus dieser Strukturierung waren Gefühle von Zorn und der Glaube, daß es aus dieser Situation keinen Ausweg geben würde.

Manche Menschen würden an diesem Punkt ihres Lebens beschließen, daß die Katastrophe doch unerträglich sei, und würden dann vielleicht aufgeben. Indem sich Frau de Mille aber mit der Wirklichkeit konfrontierte und erkannte, daß der Tod keine Lösung sei, entschied sie sich für eine Zukunft, die sich von der Gegenwart unterscheiden würde. Also sagte sie sich: „Ich nahm meine merkwürdige und verstümmelte Existenz in Angriff" (S. 64). Damit geht sie in die zweite Phase des Renormalisierungsprozesses und *begibt sich auf den Weg der Renormalisierung.*

Aber nicht jeder Mensch möchte sich auf einen Renormalisierungsprozeß einlassen bzw. beschreitet erfolgreich den Weg der Renormalisierung. An diesem Wendepunkt kommen vier wichtige Elemente ins Spiel. Zuerst muß ein Initiator da sein, z.B. ein Arzt, der das medizinische Vorgehen und das Rehabilitationsverfahren einleitet und dann zum Laufen bringt. Zweitens muß das kranke Individuum einen biographischen Entwurf oder bestimmte Ziele haben, für die es arbeitet; und es muß, bevor der eigentliche Renormalisierungsprozeß beginnt, die Notwendigkeit des ärztlichen Plans und der Rehabilitationsmaßnahmen, mit deren Hilfe es diese Ziele zu erreichen vermag, akzeptieren. Denn alle Rehabilitationsversuche werden einen Menschen, der aus irgendwelchen Gründen eine Kooperation verweigert und die von ihm geforderte Arbeit zurückweist, nicht wiederherstellen. Drittens muß der Patient mobilisiert werden. Die Mobilisierung stellt sich als eine Konsequenz dessen ein, daß das Individuum die notwendige Vorarbeit, d.h. sich seiner Situation zu stellen und sich, zumindest vorläufig, damit abzufinden, geleistet hat. Das bedeutet, daß der Patient Einschränkungen akzeptiert, aber auch davon überzeugt ist, daß diese wieder abgebaut werden können, und dehalb Vertrauen in eine bessere Zukunft hat. Frau de Mille erklärt, weshalb sie selbst und auch andere Menschen in ähnlichen Situationen bereit waren, die von ihnen geforderte Arbeit zu leisten: „Die Arbeit erfordert eiserne Disziplin, weil man hofft, nützlich und effektiv sein zu können: Weil man, obwohl das eigentliche Leben hinter einem liegt und man einer kürzer werdenden Zeit mit schwindenden Kräften gegenübersteht, betet und hofft, eine geringere Last zu werden“ (S. 68). Viertens muß das ganze Vorgehen korrekt sein: Es muß medizinisch, rehabilitationsmäßig und biographisch zueinander passen. Wenn das Vorgehen Mängel aufweist, dann muß es solange revidiert werden, bis eine Übereinstimmung zwischen Vorgehen und dem kranken Menschen gefunden ist.

Alle diese Bedingungen reichen noch nicht aus, damit der Renormalisierungsprozeß erfolgreich verläuft. Man muß auch bedenken, daß hier ein großes Maß an Teamarbeit notwendig ist. Dazu gehören nicht nur lange, mühselige und zeitweise übermenschliche Anstrengungen von seiten des kranken Menschen, sondern auch die miteinander koordinierten Leistungen anderer Leute, die nach Spezialgebieten und Fähigkeiten arbeitsteilig eingesetzt werden. Jeder, der in diesen Aufgabenbereich eingebunden ist, tritt in diesen Prozeß ein oder aus diesem aus, wie es die jeweilige Phase der Verlaufskurve und der Biographie und die damit verbundenen Zufälligkeiten erfordern. Im Fall von Frau de Mille bestand das Team z.B. aus einer Vielzahl von Mitarbeitern (Ärzten, Krankenschwestern, Beschäftigungstherapeuten, Physiotherapeuten, Sprechtherapeuten, Ehemann, Sohn, vielen Freunden und Bekannten). Jede Person hat auf ihre Weise zur Renormalisierung der Patientin beigetragen.

Die Anstrengungen von Frau de Mille waren zunächst auf die Wiederherstellung ihres Körpers und auf den Abbau der krankheitsbedingten Einschränkungen gerichtet. Ihre biographische Zeit und ihre Energie waren durch diese Aufgaben ziemlich erschöpft. Schließlich wurde ihr diese Arbeit zur Routine und reichte nicht mehr aus, um ihr wachsendes Bedürfnis nach einer Ausdehnung des Aktionsradius zu befriedigen. An diesem Punkt kam zur Arbeit an der Wiederherstellung ihres Körpers und zum Abbau von krankheitsbedingten Einschränkungen das Bemühen um die Renormalisierung hinzu. Die Renormalisierung als ein allgemeiner Prozeß beginnt dann, wenn der Patient sein Leben bewußt weiterführen will. Diese Wende kann sich an verschiedenen Punkten im Renormalisierungsprozeß ereignen: Der Zeitpunkt hängt von der Schwere der Krankheit des Menschen ab, von seinen Energiereserven und der Bedeutung, die er den früheren Aktivitäten in seinem Leben beimißt. Wie diese Wende aussieht, hängt von der individuellen Biographie ab. Sie macht sich bei manchen Menschen so bemerkbar, daß sie sich mit ihren Freunden treffen; andere Patienten rufen Geschäftskollegen an, wieder andere telefonieren mit der Familie und bestimmen fernmündlich über das Geschehen zu Hause.

Frau de Mille plauderte mit ihrer Familie und mit Freunden und telefonierte mit ihnen, sobald sie dazu fähig war, und konnte so ihre engen Kontakte aufrechterhalten. Doch eine entscheidende Handlung im Renormalisierungsprozeß war, daß sie sich das Manuskript des Buches bringen ließ, an dem sie schon vor ihrer Krankheit gearbeitet hatte. An diesem Punkt wußte sie, daß sie ihre Arbeit als Tänzerin und Choreographien nicht wieder würde aufnehmen können (doch las sie Texte, die ihr geschickt worden waren); sie wußte aber auch, daß sie einen anderen wichtigen und zumindest momentan passenderen Aspekt ihres Selbst beleben konnte: das Schreiben. Wenn sie diese Zeit schildert, dann spürt man zwischen den Zeilen ihre Enttäuschung – aber auch ihr Ziel, als sie versuchte, schriftlich zu arbeiten und ihre Gedanken niederzuschreiben; denn ständig glitten ihr die Papiere aus den Fingern, fielen zu Boden, gingen verloren und gerieten außer Reichweite. Sie erzählt, wie sie die Papiere auf einem Nottisch an ihrem Bett hatte, um immer wieder einen Blick darauf werfen zu können. Wenn sie gerade nicht mit den Papieren arbeiten konnte, so sagte sie, ruhten ihre Augen wenigstens darauf. Warum? Sie stellten für die Patientin einen Weg in die nahe Zukunft dar, ein Ziel, das sie durch die Arbeit in der Gegenwart erreichen konnte. „Ich dachte an sie in der Nacht, und sie waren ein Versprechen. Es reicht nicht aus, im ‚Jetzt' zu leben, wie man uns gesagt hat. Wir müssen uns das ‚Morgen' vorstellen" (S. 76). In dieser Phase stellt sie sich wieder die biographischen Fragen im Hinblick auf die Zeit: Wann, wann, wann? „Werde ich meine Vorlesung in sechs Monaten halten können? In acht Monaten? Kann ich in einem Jahr am Theater arbeiten? Wie schnell?"

Einen widerspenstigen Körper zu trainieren, ist nicht nur eine harte Arbeit, sie kann für den Patienten auch erschreckend sein. Normalerweise funktionieren die einzelnen Körperteile nach einer inneren Koordination, und wir können sie mit unserem Willen kontrollieren. Aber der behinderte Körper wird oft zum unkontrollierbaren Körper, und das ist etwas ganz anderes. „Ich fing mit den Übungen an, die zwar nicht langweilig waren, wie z.B. Handgymnastik, aber schrecklich. Ich stand zwischen den beiden Stangen und hatte je eine Hand auf einer Stange; das war unbequem, und ich fühlte mich sicher, bis auf die Tatsache, daß die rechte Hand nicht zu gebrauchen war und ständig herunterfiel." Und „ich wurde ermutigt, erst hinzustehen und dann zu gehen. Es war furchtbar. . . . Jedesmal, wenn ich den rechten Fuß vorstreckte, setzte ich Vertrauen in den ganzen übrigen Mechanismus – in meinen Kopf und meinen Atem, in mein Herz und meine Innereien – wozu?" (S. 83–84).

Die vergangene Biographie ist nicht nur etwas, auf das man traurig zurückblickt: Sie wird zu einer entscheidenden Quelle. Da ein Individuum relativ selten alle verschiedenen Aspekte des Selbst durch eine Krankheit verliert, können die aus der Vergangenheit herübergeretteten Aspekte in die Gegenwart eingehen und die Entwicklung zu einer besseren Zukunft hin ermöglichen oder auch blockieren. Daß die zurückliegende Biographie zu einer positiven Kraft in der Gegenwart werden kann, wird besonders im Renormalisierungsprozeß von Frau de Mille deutlich. Sie schildert, daß die Leute ständig Mitleid mit ihr bekundeten, wie schwer es für sie, eine Tänzerin, sein müsse, mit so vielen Einschränkungen fertig zu werden. Ihre Antwort auf solche Äußerungen war folgende: Gerade weil sie Tänzerin war und sich der für ihren Beruf notwendigen körperlichen und geistigen Disziplin unterworfen hatte, war sie auch jetzt fähig, den hohen Anforderungen der Gegenwart zu begegnen, um ihren Körper wieder zu trainieren (S. 86).

Eine linear verlaufende, kontinuierliche Besserung würde sicherlich jeder Patient begrüßen, doch das Leben ist leider nur selten so unkompliziert. Oft treten im Verlauf einer Renormalisierung Rückfälle oder Unterbrechungen auf, was u.U. zu einem zeitweiligen oder dauernden Stillstand führt oder sogar den mühsam erkämpften Fortschritt zunichte machen kann. Frau de Mille erlebte einen Rückschlag, als sie eine Embolie bekam. Ihre Bemühungen, die krankheitsbedingten Einschränkungen abzubauen und zu einer Renormalisierung zu kommen, waren zeitweilig unterbrochen, ihre Aufmerksamkeit richtete sich nun auf das physische Problem und auf eine potentielle Krise.

Folgendes muß noch angemerkt werden: Während der Zeit, die zwischen den ersten Krankheitssymptomen und der Einlieferung in die Klinik lag, so erzählt Frau de Mille, fühlte sie sich, als ob sie langsam weggleiten würde. Danach blickt sie auf ihre Biographie zurück und rechnet damit ab, und in diesen Augenblicken gelingt ihr die Schließung, weil sie sich sowohl mit ihrer Vergangenheit als auch mit ihrer Projektion auf ihren bevorstehenden Tod abfindet.

Fallbeispiel Nr. 2

Soziale Welt/Schauplatz: Gefahr und Diskussionen

Die Darstellung unserer zweiten Fallbeschreibung (von Strauss) steht in einem scharfen Kontrast zur vorangegangenen. Hier geht es nicht um einen Akteur mit einem stützenden Team und um die Entwicklung der Verlaufskurve eines einzelnen Akteurs, hier geht es um eine Reihe von Ereignissen, die sich in einem wissenschaftlichen Arbeitsfeld abspielen und in die viele Wissenschaftler und Nichtwissenschaftler aus dem ganzen Land involviert sind. An den Ereignissen sind auch mehrere wichtige Organisationen beteiligt. In dieser Fallbeschreibung werden die Ereignisse als Indikatoren für Subkategorien in Bezug gesetzt zu einer Schlüsselkategorie (Gefahr für die soziale Welt). Bei der Datenerhebung haben wir uns an den Konzepten ‚soziale Welt' und ‚Schauplatz' orientiert – beide Konzepte stammen aus der früheren Forschungsarbeit des Autors (Strauss 1978, 1982, 1984) – und das Datenmaterial dadurch erweitert, daß wir Fragen nachgegangen sind, die die Gefahr für die soziale Welt wie auch deren externe und interne Regulierungsmechanismen behandeln.

Zuerst möchten wir ein paar einführende Worte über soziale Welten und Schauplätze sagen. Eine soziale Welt ist eine – nicht unbedingt große oder in sich geschlossene – Gemeinschaft, die mindestens an einer elementaren Sache (mit damit zusammenhängenden Handlungsgruppen) arbeitet; die Örtlichkeiten hat, wo ihre Aktivitäten stattfinden; die eine Technologie hat, um ihre Aktivität durchzuführen; und die Organisationen unterhält, um den einen oder anderen Aspekt ihrer Aktivitäten zu fördern. Wenn die soziale Welt nicht gerade sehr klein ist, dann existieren auch Subwelten, d.h. Gruppierungen innerhalb der größeren Welt. In jeder sozialen Welt debattieren, verhandeln, kämpfen, forcieren und manipulieren Vertreter der zugehörenden Subwelten, wenn es um Fragen und Probleme geht. Zu einem Schauplatz gehört die Politik, aber nicht notwendigerweise die Legislative und die Exekutive. Fragen werden auch innerhalb einer Subwelt durch die einzelnen Mitglieder gelöst. Vertreter anderer Subwelten (derselben sozialen Welt und anderen sozialen Welten zugehörig) können ebenso in eine Auseinandersetzung eintreten.

Wir beginnen mit einer analytischen Diskussion über ein spezifisches Merkmal von sozialen Welten: nämlich dem, daß sie selbst und auch ihre Arbeitsschwerpunkte durch interne und/oder externe Zufälligkeiten gefährdet werden können. Wird eine Gefahr wahrgenommen, dann kommt es in einer sozialen Welt zu einer lebhaften Argumentation und manchmal dazu, daß sich ihre Mitglieder in externen politischen Schauplätzen orientieren, die für die einmal erkannte „Gefahr" relevant sind. Wir folgen dieser relativ abstrakten Diskussion über Schlüsselkonzepte und schildern die sich entfaltende Geschichte der sogenannten „DNS-Molekül-Kontroverse"[12] (Lear 1978) in Form einer Fallbeschreibung anhand von ausgewählten Datensegmenten mit integrierter Analyse.

Unsere Analyse ist so angelegt, daß sie sowohl die Zusammenhänge zwischen den Schauplätzen als auch die Entwicklung von komplexen Beziehungen zwischen den sozialen Welten, die diesen Schauplätzen zugeordnet sind, herausarbeitet. Die Schauplätze sind auf mehreren Betrachtungsebenen politische Schauplätze: auf der Ebene eines wissenschaftlichen Spezialgebiets, einer wissenschaftlichen Disziplin, einer Wissenschaft generell, einer Staats- und Bundesregierung, und auf der Ebene jener eher amorphen Arena, die wir einfach als „öffentlichen Schauplatz" bezeichnen.

Jede soziale Welt sieht sich einem schwerwiegenden Problem gegenüber – wenn auch nicht immer und unmittelbar, so doch zumindest potentiell. Das Problem ist, wie eine soziale Welt angesichts sich verändernder Bedingungen weiterbestehen kann. Die potentielle Gefahr besteht für die soziale Welt insgesamt und nicht nur für einzelne Mitglieder oder für bestimmte Organisationen innerhalb dieser Welt. Es gibt immer Ungewißheiten und nicht vorhersehbare Konsequenzen, die die Ausführung ihrer zentralen Aktivitäten begleiten. Diese können sich, müssen aber nicht, auf das Überleben der Welt als einer funktionstüchtigen Einheit auswirken. Also liegt der Punkt, an dem man dieses wichtige theoretische Problem und Forschungsthema untersuchen sollte, weiter zurück in einer Grundvoraussetzung, die zuallererst die Existenz einer sozialen Welt ermöglicht. Keine soziale Welt lebt vollkommen für sich allein. Doch so isoliert sich ihre Mitglieder in geographischer, sozialer oder wirtschaftlicher Hinsicht auch fühlen, ist diese Isolierung – dieser Schutz – allenfalls vorläufig und bedrohlich veränderten Umständen ausgesetzt. Die Gefahr, die der sozialen Welt und ihren Hauptaktivitäten von außen droht, ist vielleicht nur relativ – die Gefahr liegt auf einem Kontinuum –, aber die Bedrohung ist immer latent vorhanden. Nur in einer platonischen Umgebung, fern anderer Gemeinschaften, hätte eine soziale Welt keine von außen kommenden Zwänge, die ihre gehegten Aktivitäten stören oder lahmlegen können, zu gewärtigen. Andere Gemeinschaften weisen die Nähe oder die Ausweitung ihrer Aktivitäten von sich: Ihre Aktivitäten können auch als Einschränkungen fungieren. Solche Zwänge und Einschränkungen können räumlicher, gesetzlicher, zeitlicher, finanzieller, politischer Art und mehr oder wenig stark ausgeprägt sein.

Demnach handelt es sich hier um die allgemeine Bedingung, die der Gefahr

[12] DNS = Desoxyribonukleinsäure, engl. DNA = desoxyribonucleic acid.

für die soziale Welt zugrundeliegt. Dazu kommen noch unvermeidliche Spaltungsprozesse, die innerhalb der ursprünglichen Welt Subwelten produzieren. Durch diese Prozesse werden weitere Bedingungen gesetzt, die für die größere Welt nicht nur eine Zerreißprobe sein können, sondern diese allmählich auch bedrohen (oder die als bedrohlich empfunden werden). Eine Abspaltung kann zu Fehden, Rechtsstreitigkeiten, Rufschädigung führen und zur Folge haben, daß der abtrünnige Teil oder eine ausreichende Zahl von Mitgliedern aus der sozialen Welt abwandert, um eine signifikante Differenzierung herzustellen; das genügt in der Tat, um die Überlebenschancen der größeren Welt zu schwächen. Unter allen diesen Gegebenheiten muß jede soziale Welt Vorkehrungen treffen, um ernsthafte Bedrohungen zu neutralisieren oder diesen vorzubeugen und, wenn notwendig, sich energisch davor zu schützen. Nach außen hin zeigt sich das in einer Reihe von Abwehrmechanismen. Nach innen sind die Vorkehrungen informell, subtil und kaum wahrnehmbar, oder sie werden als selbstverständlich und in der Natur der Sache liegend betrachtet.

Soziale Welten funktionieren nach implizit getroffenen Vereinbarungen: Diese verhindern einerseits, daß eine soziale Welt sich in unpassender Weise in die Aktivitäten anderer sozialer Welten und deren Mitglieder einmischt oder sonstwie störend eingreift; andererseits erlauben sie, daß eine soziale Welt ihren eigenen Aktivitäten nachgehen kann, ohne von außen über Gebühr belästigt zu werden. Solche mehr oder weniger stillschweigend getroffenen Übereinkünfte – zuzüglich derer, die sich schon vor so langer Zeit etabliert haben, daß sich die heutigen Mitglieder nicht mehr daran erinnern – bestehen höchstwahrscheinlich auch zwischen benachbarten sozialen Welten. Das sind Vereinbarungen, die sich häufig oder gewohnheitsmäßig um Raum, Zeit, Geld, Arbeit und andere Ressourcen drehen: Ressourcen also, die jede soziale Welt benötigt, um die eigenen Zielsetzungen und implizierten Werte zu sichern: um in der gewohnten, bevorzugten oder zumindest einer annehmbaren Weise weiterarbeiten zu können.

Wenn sich Bedingungen, denen die soziale Welt unterliegt, stark verändern, dann werden diese Übereinkünfte partiell oder auch weitergehend thematisiert, folglich auch die Notwendigkeit, das Revier der sozialen Welt zu verteidigen, indem man neue und explizitere Vereinbarungen trifft. Dieser Vorgang ist unvermeidlich mit Positionskämpfen verbunden, die im Extremfall zu Druck, Gewalt, undurchsichtigen Strategien, Täuschung und dergleichen führen können. In Wirklichkeit ist es so, daß gerade implizite oder als selbstverständlich betrachtete Vereinbarungen sich mit der Zeit unmerklich verändern und daß die kontraktierenden Parteien kaum wahrnehmen, daß eine Verschiebung stattgefunden hat.

Auf von außen kommende Zwänge, die sich auf Ressourcen und Aktivitäten auswirken, reagiert die soziale Welt mit Reglementierung. Es ist nicht schwer zu verstehen, weshalb das so ist. Es ist schwerer zu begreifen, daß in jeder sozialen Welt nicht nur die soziale Kontrolle von seiten der konstituierenden Organisationen und Mitglieder notwendig ist, sondern auch ein beträchtliches Maß an Selbstregulierung. Man findet in einer sozialen Welt interne Regeln – sei es in Form von expliziten Verordnungen mit einem klaren Sanktionskatalog, als informelle Vereinbarungen oder als rein implizite Übereinstimmung. Wenn diese Regeln abzubröckeln beginnen, dann kann eine gewisse Gefahr für die soziale Welt entstehen. (Auch dieser Vorgang kann zu einer weiteren, möglicherweise nachteiligen Abspaltung führen.) Wenn, wie es manchmal vorkommt, der Zerfall der internen Regeln einer sozialen Welt spürbare Konsequenzen für benachbarte soziale Welten hat oder wenn diese derartige Auswirkungen fürchten, dann werden sie natürlich Gegenmaßnahmen ergreifen und sich auf den guten Namen und die institutionelle Maschinerie der größeren sozialen Welt sowie deren Gesetzlichkeiten und Kontrollmaßnahmen berufen. Im Zusammenhang mit Selbstregulierung denkt man gewöhnlich an Professionen wie die medizinische (Freidson 1970) und die juristische, die aufgrund ihrer gesellschaftlichen Stellung den Auftrag haben, sich selbst zu kontrollieren, aber die Selbstregulierung existiert ebenso, wenn auch eher als implizites Phänomen, in weniger professionellen Welten. Das gilt auch für die sozialen Welten der „reinen Wissenschaft". Selbst diejenigen sozialen Welten, die anscheinend überhaupt nicht an Regeln gebunden sind, wie z.B. die Welten der Hobbyisten und der Sammler, haben eine innere Regelhaftigkeit, die in ihren Strukturen verankert ist: Wenn dies nicht der Fall oder nur mangelhaft ausgeprägt ist, dann kommt die soziale Welt in ernsthafte und nicht mehr geheim zu haltende Schwierigkeiten.

Wenn allerdings die „breitere Öffentlichkeit", d.h. soziale Welten von größerer Bedeutung, aufgerüttelt wird, weil sie sich insgesamt, ihre Wertvorstellungen oder ihre Mitglieder bedroht sieht, dann unternimmt sie Schritte, um die Aktivitäten der feindlichen Welt zu beschneiden; das kann sogar so weit gehen, daß diese Welt lahmgelegt oder womöglich vollständig zerstört wird. Die Drohung mit gesetzlich zulässigen Regreßansprüchen, um eine harte Auseinandersetzung mit der feindlichen Welt zu erzwingen, kann der erste radikale Schritt sein, dem dann, wenn es sich als notwendig erweisen sollte, die eigentliche Drohung folgt. Die Nötigungen treffen nicht nur eine bestimmte Organisation innerhalb der sozialen Welt – obwohl diese oberflächlich betrachtet die Zielscheibe ist; sie treffen vielmehr den Kontext, für den die soziale Welt steht; denn es geht um die Wertvorstellungen und Aktivitäten dieser sozialen Welt, die grundlegend in Frage gestellt werden, und weniger um die eine oder andere Organisation dieser Welt. Die Verordnung von Gesetzen oder Verfügungen gegen spezifische Organisationen (vgl. Demonstrationen gegen einzelne Atomreaktoranlagen) sind nur die nächstliegenden Ziele: Der ganze Industriezweig, die soziale Bewegung oder ein anderer Typ von sozialer Welt ist der eigentliche Bösewicht.

Aber Verteidigungsstrategien und Schutzmanöver sind nur die halbe Geschichte, obgleich es für die Akteure den Anschein hat – und oft auch so ist –, daß diese defensiven Vorgehensweisen die wichtigen Schlachten um Sieg oder Niederlage entscheiden. Für den Forscher ist es genau so wichtig, vielleicht noch wichtiger, sich auf die *Prozesse* der Verteidigung zu konzentrieren. Damit meinen wir konkrete Ereignissequenzen, die am Anfang der Mobilmachung der sozialen Welt stehen und wodurch diese versucht, mit den erkannten Bedrohungen für ihre Aktivitäten oder sogar für ihr Weiterbestehen umzugehen. *Erkannt* ist in diesem Zusammenhang ein Schlüsselbegriff; denn nicht nur kann ein großer Unterschied zwischen der tatsächlichen und der vermuteten Gefahr bestehen (natürlich kann diese größer oder auch geringer sein), die soziale Welt und ihre Vertreter müssen auch zuallererst die Bedrohung definieren, bevor sie Gegenmaßnahmen ergreifen.

Der Vorgang, in dem die Bedrohung definiert wird, ist nicht unbedingt ein so einfacher Prozeß, wie dies auf den ersten Blick scheinen mag: Es kann eine äußerst komplexe und langwierige Angelegenheit werden. Damit man zu einer klaren Definition kommt, muß zuerst jemand die potentielle Gefahr überhaupt bemerken. Dies kann aber nicht einfach irgendeiner sein – denn die Person bzw. Personen, die die Gefahr erkannt haben, müssen fähig sein, andere wichtige Personen in der sozialen Welt zu überzeugen, daß genau *diese* Definition die richtige ist. Da soziale Welten (und Subwelten) von ihrer Struktur her oft recht komplex sind, bestehen aller Wahrscheinlichkeit nach ziemlich unterschiedliche Ansichten darüber, ob eine Gefahr existiert, in welchem Ausmaß, aus welcher Richtung Gefahr droht, was getan werden muß, um diese abzuwenden. Folglich sind interne Schauplätze, Debatten und die Manipulation von beteiligten Personen konstant bleibende Merkmale für defensive Haltung und Abwehrverhalten in einer sozialen Welt. Eine komplexe Welt mit einer gewissen Geschlossenheit nach außen zum Handeln zu bringen, ist sehr schwierig, und ein Konsensus, der die disparaten Gruppierungen innerhalb einer sozialen Welt – und auch solche Gruppierungen, die sich aus den Debatten heraus zu formieren beginnen – vereinigen soll, steht auf töneren Füßen. Ein gewisses Maß an Konsensus zu erreichen und aufrechtzuerhalten, erfordert beharrliches Arbeiten. Selbst in schon länger bestehenden Welten mit ihren fest etablierten Verteidigungsorganen [z.B. das American Farm Bureau, die Anti-Defamation League, die National Association for the Advancement of Colored People (NAAACP)] kann der innerweltliche Kampf um Kontrolle über die einzelnen Teilorganisationen oder auch um Unterbindung einer Entwicklung von alternativen Organisationen zur Dauereinrichtung werden und oftmals eine grausame Intensität annehmen.

Um die bis jetzt theoretisch diskutierten Punkte an einem konkreten Fall zu verdeutlichen und um den einen oder anderen neuen Aspekt hinzuzufügen, kommen wir nun zu einer Analyse der sogenannten DNS-Molekül-Kontroverse, wobei allerding nur der Prozeß, in dem sich diese soziale Welt verteidigte, berücksichtigt wird. Die Geschichte liest sich folgendermaßen. In den 50er und 60er Jahren begannen einige Biologen, sich für die Bakteriophagen-Forschung zu interessieren. Daraus ging später die jetzige Molekularbiologie hervor. Die Wissenschaftler, die an der Phagen-Forschung arbeiteten, kamen aus den verschiedensten Subwelten, die innerhalb der umfassenderen Welt der Biologie bestanden, und gründeten schließlich eine internationale Gemeinschaft von Wissenschaftlern mit gleichen Forschungsinteressen: Dies ging so weit, daß sie beschlossen, ein gemeinsames „Bakteriophagen-Abkommen“ auszuhandeln. Diese Übereinkunft war notwendig geworden, um eine gewisse Ordnung in die einzelnen Forschungsprojekte zu bringen, die ansonsten nicht ohne weiteres miteinander vergleichbar gewesen wären. Bis in die frühen 70er Jahre hatte die molekularbiologische Forschung gewaltige Fortschritte gemacht, es gab eine feste Einrichtung von Konferenzen und Tagungen, auf denen man sich treffen und arbeiten konnte, die Finanzierung der Forschungsarbeit war abgesichert usw. Im Jahre 1975 mußte die größere Welt der Biologie erschreckt lesen oder hören, daß die wissenschaftliche Subwelt der Molekularbiologie ein „Moratorium“ für bestimmte Arten von potentiell unsicheren Experimenten erklärt hatte, und zwar so lange, bis entweder eine sichere Technologie entwickelt sein würde oder aber bis durch weitere Forschung belegt werden würde, daß von den untersagten Experimenten nur wenig oder überhaupt keine Gefahr ausgehe. Diese Entwicklung in der DNS-Molekül-Forschung wurde – von einem breiteren Publikum, von Sozialwissenschaftlern und von den meisten Naturwissenschaftlern – gemeinhin so interpretiert: Die Molekularbiologen würden nicht primär, oder zumindest nicht ausschließlich, auf das Thema Sicherheit reagieren, sondern vielmehr auf Ängste vor einer externen Reglementierung, die automatisch kommen würde, wenn diese Subwelt nicht von selbst Schritte unternehmen würde, um das Problem der Sicherheit und das der Regulierung von außen zu lösen. Beide Problemkreise fanden in der Öffentlichkeit – durch Bürgerinitiativen, aufgeschlossene Politiker und durch Wissenschaftler – erstaunliche Beachtung (das läßt sich an zahlreichen Artikeln und Berichten in der Zeitschrift *Science* belegen, die die Entwicklung der Ereignisse über viele Monate verfolgte). Eine Zeitlang bestand auch eine gewisse Unruhe in der Bevölkerung, die sich an mehreren Orten in der Nähe von größeren Universitäten, wo die als unsicher geltende Forschung durchgeführt wurde oder durchgeführt werden könnte, formierte. Wie es halt so geht, wurde der Druck der Öffentlichkeit schließlich schwächer, als sich die Biologen mit den National Institutes of Health (NIH) zusammensetzten, um Richtlinien für eine sichere Forschung über Genmanipulation aufzustellen – die mit der Zeit abgeändert werden konnten, sobald sich die potentielle Gefahr zu verringern schien.

Eine komplexere und subtilere Interpretation läßt sich aus der Idee ableiten, daß man eher auf die *Prozesse,* in denen sich die soziale Welt verteidigt, achten sollte und nicht nur auf ihre Verteidigungsstrategien. Denken Sie vor diesem Hintergrund über die Sache nach, und ziehen Sie die folgenden bekannten Ereignisse in Erwägung. Der erste, der eine potentielle Gefahr bemerkte, war Pollack, ein Virologe, der bei jährlich stattfindenden Sommer-Workshops für Biologen zufällig erfuhr, daß Berg, ein Mirkobiologe, spezifische Experimente plante. Pollack war Spezialist auf dem Gebiet der biologischen Sicherheit und arbeitete an der Ostküste; Berg wußte praktisch nichts über die virologische Seite der Forschungsverfahren, mit denen er arbeitete, und lebte an der Westküste. Unser Virologe initiierte ein Telefongespräch mit dem Genetiker, das mit den Worten des Genetikers: „Ich denke darüber nach!" endete und dann zu einer einstweiligen Aussetzung seiner geplanten Experimente führte. Berg hat hiermit eine rudimentäre Form der Selbstregulierung praktiziert. Beachten Sie, daß sich hier die Vertreter zweier Subwelten der größeren Welt der Biologie über das Problem der Sicherheit (und der internen Regulierung) miteinander in Verbindung setzten.

Relativ kurze Zeit später gelang zwei anderen Genetikern, Boyer und Cohen, ein wissenschaftlicher Durchbruch mit einem revolutionären DNS-Molekül-Verfahren. Berg erkannte schnell (Cohen war an derselben Universität wie er und gleichzeitig ein Freund von ihm), daß der breite Zugang zu diesem Verfahren nicht nur eine rasante Invasion von Außenstehenden aus anderen genetischen Forschungsrichtungen und aus der Biologie generell mit sich bringen würde, sondern auch ein potentiell riskantes Verfahren in die Hände dieser Wissenschaftler geben würde. Es wurde ihm klar, daß das DNS-Molekül mit diesem Verfahren „schußartig" in eine unüberschaubare Anzahl von Organismen eingebaut werden und absolut unübersehbare Folgen für viele Organismen haben könnte – die aus den Laboratorien freigesetzt und in die Umwelt gelangen könnten. Berg begann langsam zu begreifen: Wenn sich die Mikrobiologen (auf dem klassischen wissenschaftlichen Weg, wie es z.B. beim Abkommen in der Bakteriophagen-Forschung der Fall war) in dieser Sache nicht schnell einig werden, dann – besonders, wenn sich noch widrige Vorkommnisse ereignen – würde die Außenwelt mit ihren gesetzlichen und administrativen Verordnungen reagieren. Dies hätte zwangsläufig fatale Auswirkungen für das ganze Forschungsunternehmen. Um diese Zeit stellte Boyer überraschend das revolutionäre Verfahren auf der Gorden-Konferenz vor, einem jährlich stattfindenden Kongreß, der von Biologen unterschiedlicher Couleur besucht wird und eine breite Palette von Themen anbietet; nicht dabei waren die von Berg geplanten Experimente und auch nicht die gemeinsame Forschungsarbeit von Boyer-Cohen. Durch Boyers Enthüllung waren viele Konferenzteilnehmer, die auf potentielle Risiken aufmerksam geworden waren, bestürzt und verwirrt; also beriefen sie spontane Versammlungen ein, um – in großer Uneinigkeit – zu beraten, was zu tun sein. Aber schließlich erreichten sie einen Konsens darüber, daß ein offener Brief über den Stand der Dinge an die Zeitschrift *Science* gehen sollte. Von diesem Augenblick an waren die größere wissenschaftliche Welt und die größere öffentliche Welt am Definiotionsprozeß beteiligt.

Aber was *war* die Definition? Welche soziale Welt oder Subwelt sollte – nach internen Debatten – die Definition entwickeln, die im Hinblick darauf, wie man mit diesem möglicherweise schwerwiegenden Problem der Sicherheit verfahren sollte, am meisten Gewicht bzw. überhaupt Gewicht haben würde? Sollte das übergreifende Problem im Rahmen von Sicherheit oder Verordnungen oder unter beiden Aspekten abgehandelt werden, und in welcher Beziehung sollten die beiden Aspekte zueinander stehen? In der Subwelt der Mikrobiologie konnte in dieser Sache kaum Einigkeit erzielt werden, ganz zu schweigen von der größeren Welt der Biologie generell. Die Virologen (z.B. Experten auf dem Gebiet der Bakteriologie und der bakteriellen Übertragung) warfen den Mikrobiologen mangelnde Sachkenntnis hinsichtlich der Gefahren, die durch die mikrobiologische Forschung heraufbeschwört werden könnten, vor. Wir können beobachten, daß die Virologen bald dazu übergingen, die Unwissenden zu überzeugen – genau wie damals, als ein Virologe mit seinem Telefongespräch von Küste zu Küste einen vormals unbedachten Genetiker wachrüttelte.

Die Biologen griffen auf traditionelle institutionalisierte Formen – besondes auf die Bildung von Ausschüssen – zurück, um mit den Problemen fertigzuwerden; es ist aber bemerkenswert, daß man auch andere institutionalisierte Formen – wie die Gorden-Konferenz und zwei Kongresse in Assilomar – dazu benutzte, um neben den übrigen wissenschaftlichen Themen auch über die Probleme der Sicherheit (und der internen Regulierung) zu diskutieren.

Bis jetzt haben wir den langsam voranschreitenden, allmählichen Prozeß des Entdeckens und Erkennens einer potentiellen Gefahr (Regulierung von außen) für dieses biologische Spezialgebiet und für seine zentralen Aktivitäten beobachtet. Es entstand auch intern eine bedrohliche Situation, weil einige Gruppierungen innerhalb des Spezialgebiets tief gekränkt waren und sich gegen die Richtlinien der National Institutes of Health – gegen Regeln also, die von diesen staatlichen Institutionen gemeinsam mit den Mikrobiologen erarbeitet worden waren – auflehnten. In diese Richtlinien sind die Bemühungen um Selbstregulierung und der Respekt vor den realen oder erkannten Gefahren durch eine Reglementierung von außen eingegangen. Es setzte aber auch ein Prozeß der Mobilisierung ein: Wie wendet man die Gefahren ab? Wenn wir nur auf die Verteidigungsstrategien schauen, sehen wir lediglich die Spitze des Eisbergs; denn es ist leicht zu erkennen, daß sowohl die Wissenschaftler als auch die staatlichen Stellen bewußt daran arbeiteten, lähmende Zwangsmaßnahmen abzuwenden und eine etwas formalisiertere interne Kontrolle zu entwickeln. Doch wenn wir in unserer Analyse nur die Verteidigungsstrategien erfassen und nicht den Prozeß der Verteidigung, dann entgeht uns ein zentrales Merkmal in dieser Entwicklung der Geschichte um das DNS-Molekül.

Hier sind relevante Fragen zu stellen: In welcher Weise hat sich diese wissenschaftliche Welt der Biologie mobilisiert? Welche Stufen der Mobilisierung gab es? Was mußten die Mitglieder dieser sozialen Welt psychisch, intellektuell, interaktionell und organisatorisch gesehen tun, um ihre Welt zu mobilisieren? Welche Hindernisse haben sie dabei überwunden bzw. welche konnten sie nicht überwinden? Welche Gruppierungen der sozialen Welt verbündeten sich mit welchen Gruppierungen ihrer Subwelten und anderer sozialer Welten, um ihre theoretischen Ansichten darüber, was konkret unternommen werden sollte, in die Praxis umsetzen zu können?

Damit dieser Bericht nicht zu sehr in die Länge gezogen und zu kompliziert wird (auch wenn die Geschichte wirklich sehr komplex ist), möchten wir nur noch auf zwei Vorgänge hinweisen! Der erste Prozeß ist der des *Überwachens*, der mindestens zwei Aspekte hat: zum einen die Überwachung der Effizienz der Verteidigungsbemühungen, zum anderen die Überwachung potentieller neuer Gefahren. Die Einschätzung der sozialen Welt, ob ihre Verteidigungsstrategien funktionierten, basierte teilweie auf politischen und teilweise auf technischen Überlegungen. Von außen kamen auf der politischen Ebene die lautesten Forderungen nach Reglementierung von den gesetzgebenden Körperschaften, und zwar überwiegend von der Zentralregierung, aber auch von einigen bundesstaatlichen Regierungen. Die Forscher trugen dazu bei, die von staatlicher Seite gehegten Befürchtungen, daß aus ihrer experimentellen Arbeit potentielle Gefahren erwachsen könnten, zu mildern, indem sie konsequent Aufklärung betrieben und Interessengruppen initiierten. Schon früh in der Debatte um das DNS-Molekül schien ein mächtiges Mitglied des amerikanischen Senats, Kennedy, eine starke Reglementierung dieser sozialen Welt zu favorisieren, weil er sich immerhin offen für mehr staatliche Aufsicht über die Entwicklung in der Wissenschaft generell eingesetzt hatte; also brauchten die Biologen in dem Moment weitere Verbündete aus der übergreifenderen wissenschaftlichen Welt. Ein besonders sensibler Akteur in der Einschätzung der Situation (sowie ein effizienter Verhandlungspartner) war der Direktor der National Institutes of Health, der seine Aufgaben als außerhalb der sozialen Welt stehender Regierungsvertreter mit seinem Engagement als innerhalb der sozialen Welt stehender Wissenschaftsvertreter ins Gleichgewicht bringen konnte. Vermutlich pendelte er nach Kissinger-Manier, nur weniger spektakulär, zwischen den verschiedenen involvierten Welten hin und her. Er führte nicht nur Verhandlungen und beurteilte die Lage, sondern er war auch damit beschäftigt, einflußreiche Leute aus allen diesen Welten zu überzeugen. Mit den öffentlichen Interessensgruppen hatte es folgendes auf sich: Einige Gruppen waren in jenem wichtigen Ausschuß der National Institutes of Health (RAC) vertreten, in dem über jede einzelne Richtlinie, die die Genforschung betraf, debattiert und abgestimmt wurde. Diese öffentlichen Interessensgruppen bestehen sogar heute noch und fungieren als Wachhund sowohl über den Ausschuß der National Institutes of Health als auch – durch die Wissenschaftler in ihren Reihen – bis zu einem gewissen Grad über die Entwicklung in der Forschung selbst.

Aber wie schätzten die Mikrobiologen die Effizienz ihrer Verteidigungsmaßnahmen ein, die sie gegenüber diesen außenstehenden Gruppierungen getroffen hatten? Wir wissen zwar nichts Konkretes darüber, aber wahrscheinlich schätzten sie ihre Bemühungen einfach deshalb positiv ein, weil sie feststellten, daß die öffentliche Entrüstung nachließ, die Medien immer weniger Interesse an ihrem Problem zeigten und der Druck auf zentral- und bundesstaatliche Gesetzgeber merklich geringer wurde. Diese politische Seite der Bewältigung des Problems, d.h. die notwendige Verteidigung der sozialen Welt und die Einschätzung ihrer Aktionen, war für die meisten Wissenschaftler dieses Fachgebiets ein völlig neues Unternehmen – wenn man einmal von den Wissenschaftlern absieht, die schon früher in den öffentlichen Interessensgruppen, welche dann von den geplanten Experimenten aufgeschreckt wurden, mitgearbeitet hatten. Für die Biologen bedeuteten diese Vorgänge Neuland; ihnen war die Art des außerhalb ihrer Welt liegenden politischen Schauplatzes, auf dem sie sich bisher noch nie bewegt hatten, unbekannt.

Im Gegensatz dazu fand die Arbeit an der technologischen Erneuerung, um die möglichen Risiken der Genmanipulation zu reduzieren, auf einem angenehm vertrauten Terrain statt. Ein hervorragender Biologe ließ seine eigentliche Forschungsarbeit zeitweilig ruhen, um eine Form der Kolibakterie *(Escherichia coli)* zu entwickeln, die einen Kontakt mit Sauerstoff außerhalb des Bereichs der streng kontrollierten experimentellen Bedingungen nicht überleben konnte. Diese geschwächte Züchtung von Bakterien fand unter den Genetikern schnell Verbreitung.

Darüber hinaus konnten sie mit dem Fortgang ihrer kollektiven Forschungsarbeit – nachdem sie auf die potentiell gefährlicheren Experimente, die durch die Richtlinien der National Institutes of Health verboten wurden, verzichtet hatten – die eigenen Ängste abbauen, weil nun keine widrigen Vorkommnisse mehr zu erwarten waren. Unter der Obhut der Virologen wurden die Genetiker allmählich sorgsamer im Umgang mit ihren Labormaterialien; aber der Fortschritt ihres gemeinsamen Unternehmens brachte ihnen auch weitere Erkenntnisse über das Phänomen des DNS-Moleküls ein. Dieser Fortschritt war im Zusammenhang mit dem Problem der Sicherheit sehr wichtig, weil die Biologen früher und mit Sicherheit noch zu der Zeit, als die zweite Assilomar-Konferenz stattfand und daraufhin die formalen Richtlinien, die zu den NIH-Richtlinien führten, ausgearbeitet wurden, (wie einer von ihnen sagte) „Überflieger" waren. Sie hatten wirklich nicht viel Ahnung von den möglichen Risiken ihrer Forschungsarbeit. Zusammenfassend läßt sich von diesem komplexen Erkenntnis- und Handlungsprozeß folgendes sagen: Er beinhaltete die Arbeit auf der technologischen wie auch auf der politischen Ebene und, genauer gesagt, waren es begabte Menschen und Wissenschaftler, die die konkrete Arbeit ausführten. Einige an diesem Vorgang beteiligten Leute waren auf beiden Handlungsebenen aktiv.

Der Prozeß, in dem eine Situation eingeschätzt und beurteilt wird, ist durch ein weiteres Merkmal gekennzeichnet, nämlich das der erneuten Einschätzung und Beurteilung. Für die Geschichte um das DNS-Molekühl bedeutete das zunächst, daß aus der Sicht der meisten Biologen die Überlegungen und konkreten Richtlinien, die mit dem Problem der Gefahr zu tun hatten, nicht sehr weit nach unten revidiert werden konnten. Aber diese Art der Neueinschätzung der Situation führte auch unmerklich zu einer erneuten Bewertung der „externen" Forderungen nach Reglementierung. Für einige, und möglicherweise für viele Genforscher, die das Verbot bestimmter gentechnischer Experimente nicht akzeptieren wollten, stellten die Richtlinien der National Institutes of Health einen von außen kommenden regulierenden Eingriff dar und gleichzeitig ein von Innen- und Außenwelt gemeinsam ausgehandeltes Produkt. Von Anfang an hatten sich skeptische Stimmen gegen die Richtlinien erhoben, die man öffentlich beschwichtigte mit dem Gegenargument, daß Schlimmeres über die Mikrobiologie kommen könnte, wenn die Richtlinien zu schnell gelockert würden. Daher war dieses Problem der Grund für eine permanente Spannung innerhalb der übergreifenden Welt der Biologen und sogar innerhalb der kleineren Welt der Mikrobiologie. Diese Spannung nahm zwischen 1979 und 1980 organisierte Formen einer Revolte an, als nämlich Revisionisten unter den Genforschern anfingen, die zu eng gesteckten Richtlinien anzugreifen, indem sie ihre energischen Botschaften in mikrobiologischen Fachzeitschriften veröffentlichten. Sie gingen nicht nur darüber hinweg, daß eine gewisse Einschränkung der Genexperimente notwendig war; sie gingen sogar noch weiter und klagten Verfechter (und Anhänger), die mit der Entstehung und dem Weiterbestehen der NIH-Richtlinien in Verbindung gebracht werden konnten, als totale Schwarzmaler an – was sich schädlich auf das Tempo des wissenschaftlichen Fortschritts auswirken würde. Sie versuchten aber nicht nur, die Ansicht der Mikrobiologie von einer potentiellen Gefahr zu korrigieren; unwissentlich revidierten sie auch die Geschichte: denn die Angeklagten hatten ihre früheren Beurteilungen genau auf der Brüchigkeit der wissenschaftlichen Erkenntnis dieser früheren Phase aufgebaut.

Erst kürzlich war diese Debatte innerhalb der Biologie Thema im Ausschuß der National Institutes of Health, der die NIH-Richtlinien überwacht und dafür verantwortlich ist, daß diese nur dann revidiert werden, wenn die Begründung für eine Korrektur gut durchdacht worden ist. In einer ordentlichen Versammlung beschloß der Ausschuß im Frühjahr 1983 schließlich, daß die NIH-Richtlinien nicht entscheidend gelockert werden – um in dieser Entwicklung langsam ein Stück weiter zu kommen –, weil die Öffentlichkeit auf eine weitere Lockerung der Zügel negativ regieren könnte, auch wenn die potentielle Gefahr bei weitem nicht mehr so groß sei. Der Prozeß, in dem die Situation eingeschätzt und beurteilt wurde, war noch nicht abgeschlossen.

Wir möchten diesen Teil unseres Berichts über die Debatte um das DNS-Molekül mit zwei weiteren Überlegungen schließen. Erstens überschneiden sich die einzelnen Prozesse, in denen man die Gefahren erkannte, in ihrem zeitlichen Ablauf. Selbst der Prozeß des Erkennens und Definierens von Gefahren bleibt bis zum Schluß Prozeß, nur ist später jeder erfahrener geworden, es sind mehr Leute und mehr Subwelten am Geschehen beteiligt; es hat sich auch eine gewisse Organisationsmaschinerie entwickelt, um neue Gefahren bemerken zu können, doch die Diskussion um Anzeichen von Gefahren geht weiter. Zweitens sollte bis jetzt deutlich geworden sein, daß die Probleme der Sicherheit und der Regulierung oft miteinander vermischt wurden – weil die Beteiligten die beiden Aspekte nicht auseinandergehalten haben. Und wir haben gesehen, weshalb. Von unserem Interesse an diesem Fall her gesehen, das ist die Gefahr für die soziale Welt, ist das Problem der Regulierung die zentrale Frage. Die Gefahr liegt im Ausmaß der Einschränkungen, die mehr oder weniger dauerhaft der reinen Forschung der Genetiker auferlegt werden.

Wie wir wissen, kann eine Gefahr für die zentralen Aktivitäten einer sozialen Welt verschiedene Ursprünge haben: Die Mobilisierung anderer sozialer Welten, mit der eine Welt wegen von ihr ausgehender physischer, biologischer oder vielleicht nur symbolischer Gefahr in ihrem Handlungsspielraum eingeschränkt werden soll, ist nur eine Quelle. Insofern ist die Geschichte um das DNS-Molekül ein Einzelfall; aber andererseits ist sie nicht so speziell, da Themen der Sicherheit (denken Sie an Literatur und Kunst, die als Pornographie bezeichnet werden, an Fluggesellschaften, an die Gefühlsausbrüche beim Tod von Boxern) bei diesen Gegenreaktionen manchmal die entscheidenden Auslöser sind. Was unseren Fall mit dem DNS-Molekül angeht, so ist es aus analytischen Gründen einfach notwendig, klar zu unterscheiden, in welchem Verhältnis die Probleme der Sicherheit und die Fragen der Regulierung zueinander gestanden haben. Vereinfacht gesagt heißt das, daß beide Problemkreise völlig getrennte Themen waren, aber beide Aspekte miteinander vermischt wurden. Wir konnten zum Beispiel folgendes beobachten: Je sicherer die Technik nach außen hin wirkte, desto eher bestand die Bereitschaft, sowohl die von außen kommende als auch die interne Reglementierung abzubauen. Letztendlich war es das Problem der Sicherheit, auf das man mit den beiden Formen der Reglementierung reagierte. Auf der anderen Seite wurden die Wissenschaftler durch das Problem der Regulierung dazu gezwungen, ihre Anstrengungen dahingehend zu verstärken, daß sie bei ihren Experimenten sorgfältiger vorzugehen hatten und die damit zuammenhängende Gefahr verringern mußten, indem sie eine risikomindernde Technologie entwikkelten.

11 Formale Theorie im Stil der Grounded Theory: Bewußtheitskontexte

Im Jahr 1979 hielt der Verfasser dieses Buches einen Vortrag bei der Jahrestagung der Society for the Study of Symbolic Interaction in San Francisco. Dieser Tagungsbeitrag ist hier als Kapitel abgedruckt, um zwei Punkte zu illustrieren, die bislang noch nicht diskutiert worden sind. Erstens: Wie geht man vor, wenn man eine formale Theorie entwickeln möchte? Die meisten Soziologen scheinen kein persönliches Interesse daran haben, Theorien auf einem hohen Abstraktionsgrad auszuarbeiten; sie geben sich damit zufrieden, bereichsbezogene Theorien über bestimmte Forschungsgegenstände zu formulieren oder einfach Verhaltensweisen in diesen Forschungsfeldern ethnographisch zu beschreiben; doch aus der Sicht eines nach der Methodologie der Grounded Theory arbeitenden Wissenschaftlers ist die Entwicklung formaler Theorien letztlich von größter Bedeutung. Zweitens wird mit diesem Kapitel gezeigt, wie man schriftliches Datenmaterial – aus der Fachliteratur oder aus sonstigen Quellen – benutzen und daraus eine formale Theorie entwickeln kann.

Wir haben hier überwiegend mit dem Theoretical Sampling und der damit verbundenen vergleichenden Analyse gearbeitet und diese Verfahren vom Anfang des Forschungsprojekts an eingesetzt; folglich liegt der Fokus eher auf dem offenen als auf dem selektiven Kodieren; die spezifischen Probleme, die mit der Integration und der Formulierung einer formalen Theorie verbunden sind, werden hier auch nicht diskutiert. Die Materialebene mit Hilfe des offenen Kodierens zu verlassen ist wahrscheinlich der schwierigste Schritt bei der Entwicklung einer formalen Theorie, aber auch bei der Entwicklung einer bereichsbezogenen Theorie; von daher gesehen können unsere Ausführungen dem Wissenschaftler von Nutzen sein, der diese für die Arbeit nach der Grounded Theory notwendige Fertigkeit, wie sie im folgenden an einem Beispiel demonstriert wird, erlernen möchte. Das selektive Kodieren auf eine formale Theorie hin scheint keine besonderen Probleme aufzuwerfen, außer daß die Analyse auf einer abstrakteren Ebene liegt und auf einer größeren Vielfalt von Datenmaterial beruht, als dies bei bereichsbezogenen Theorien der Fall ist. In diesem Kapitel wird das selektive Kodieren jedoch insofern gestreift, als die Entwicklung einer formalen Theorie beinhaltet, daß Subkategorien in Bezug gesetzt werden zur Schlüsselkategorie (zu dem Phänomen, das Gegenstand der Untersuchung ist).

Das Gesagte impliziert folgende *Faustregeln*:

1. Wählen Sie ein Phänomen aus und benennen Sie es; denn dieses wird Ihre Schlüsselkategorie sein, zu der sich alle Ihre Kodes in Bezug setzen lassen.
2. Wählen Sie einige Daten aus, in denen Ihr Phänomen, das Sie als die Schlüsselkategorie benannt haben, auftaucht, und analysieren Sie diese. Diese Daten können aus einem Interview stammen, aus einem Beobachtungsprotokoll, aus einem Aufsatz in einer Fachzeitschrift, aus einem Roman – also aus jeder Art von Dokument – oder aus Erfahrungen, die Sie selbst oder andere Leute gemacht haben.
3. Fangen Sie damit an, daß Sie diese Daten in der gewohnten Art und in Übereinstimmung mit dem Kodierparadigma kodieren, d.h. Dimensionen, Subkategorien usw. herausarbeiten.
4. Schreiben Sie Theorie-Memos, in die Sie Ihre ursprünglichen Ideen und die Ergebnisse Ihres Kodierens einbauen.
5. Arbeiten Sie mit dem Theoretical Sampling, indem Sie die nächsten Daten aus einem anderen Gegenstandsbereich nehmen. Dadurch ergeben sich dann neue Subkategorien, und es entwickelt sich allmählich eine Varianz zu den vorangegangenen Analysen.
6. Arbeiten Sie so kontinuierlich weiter: Führen Sie das Theoretical Sampling innerhalb gleicher Gegenstandsbereiche durch, aber auch in völlig anderen Bereichen. Dadurch wird das Feld von Ähnlichkeiten und Unterschieden in der Analyse stark erweitert, und gleichzeitig wird die Analyse dichter.
7. Denken Sie bei jedem Schritt Ihrer Analyse in Vergleichen – nicht nur, um immer neue Vergleichspunkte zu finden (Ursachen, Ereignisse, Akteure, Organisationen, Vorgänge), sondern um Ihre spezifischen Kodes und Theorie-Memos zu bereichern.
8. Wenn Sie alle Punkte berücksichtigen, dann werden Sie bemerken, daß sich eine natürliche konzeptuelle Dichte entwickelt, und Sie werden an sich feststellen, daß Sie fast von Anfang an nicht einfach nur offen kodiert haben, sondern allmählich auch selektiv kodieren. Das kommt daher, daß Sie Subkategorien mit der Schlüsselkategorie, die erforscht werden soll, in Bezug setzen. Folglich lautet die letzte Faustregel, die in diesem Kapitel illustriert wird: Achten Sie darauf, in welcher Weise alle Kodes, die Sie entwickelt haben, auf das Schlüsselphänomen bezogen sind, und *spezifizieren* Sie diese Bezüge *so klar wie möglich*.

Bevor wir nun das Wesentliche des Tagungsbeitrags wiedergeben, möchten wir kurz die typischen Merkmale einer formalen Theorie (die manchmal auch als *allgemeine* Theorie bezeichnet wird) und die einer bereichsbezogenen Theorie einander gegenüberstellen. Das Verfahren der komparativen Analyse kann bei der Generierung beider Theorietypen angewandt werden. Die bereichsbezogene Theorie wird entwickelt für ein materiales oder empirisches Forschungsgebiet, wie z.B. für die Krankenpflege, die berufliche Ausbildung oder für wirtschaftliche Beziehungen. Eine formale Theorie wird entwickelt für ein formales oder konzeptuelles Forschungsgebiet, wie z.B. für die Stigmatisierung, die formale Organisation oder Sozialisation. Beide

Theorietypen existieren auf – lediglich graduell – voneinander unterscheidbaren Ebenen der Verallgemeinerung. Deshalb kann es in einer Studie vorkommen, daß der eine Theorietyp manchmal in den anderen Theorietyp übergeht. Der Wissenschaftler jedoch muß sich eindeutig für die eine oder die andere Ebene seiner Theorie oder aber für eine ganz bestimmte Kombination aus beiden Theorietypen entscheiden, weil sich die Strategien, mit denen man zu einem Theorietypus gelangt, unterscheiden. Wenn also der Forscher seine Theorie auf der höheren Generalisierungsebene ansiedeln möchte, dann sollte er zwischen verschiedenen Arten von empirischen Fällen und deren Theorien vergleichend analysieren, ohne einen Bezug zwischen der Theorie und einem bestimmten empirischen Bereich herzustellen. Im folgenden kann man sehen, wie der Verfasser mit dieser Forschungsstrategie arbeitet.

Die Gründe, weshalb formale Theorien entwickelt werden müssen, sowie die Fragen, wie diese Theorien zu formulieren sind und wie *nicht,* sind Themen, über die Barney Glaser und ich ausführlich geschrieben haben (1967; siehe auch Strauss 1970 und Glaser 1978). Wir haben noch nie von konkreten Vorstellungen gesprochen, wie man eine ganz bestimmte formale Theorie entwickeln könnte. Das versuche ich heute, vielleicht in einer übertrieben personalisierten Art nachzuholen, indem ich einige Schritte nachzeichne, denen ich momentan bei der Entwicklung einer Theorie von Bewußtheitskontexten folge. Mein Vortrag soll zeigen, wie ein Theoretiker arbeitet, um dann einen Vorschlag für allgemeine Schritte im Formulierungsprozeß anzubieten. Ich hoffe sehr, daß Sie meine Illustration nun nicht als den einzigen Modus, wie man in der Sozialwissenschaft diese wichtige Aufgabe erfüllt, betrachten und daß Sie auch nicht meinen Arbeitsstil als esoterisch oder nur passend für einen Wissenschaftler, der mit der Entwicklung von Theorien sehr viel Erfahrung hat, abtun.

Wenn Sie die Darstellung meiner Vorgehensweisen aufmerksam verfolgen, werden Sie feststellen, daß einige Verfahren genau denjenigen gleichen, die ich empfohlen habe, als es um die Entwicklung einer bereichsbezogenen Theorie ging. Die analytische Arbeit beginnt mit der ersten Datenerhebung – sie darf nicht hinausgezögert werden, bis sich stapelweise Datenmaterial angesammelt hat. Man schreibt kontinuierlich analytische Memos. In den ersten Phasen der analytischen Arbeit, die sich über mehrere Monate erstrecken kann, steht eindeutig das offene Kodieren im Vordergrund. Der Fokus liegt in dieser Zeit auch auf der Verdichtung der Analyse, auf der Herstellung von Bezügen zwischen den Kategorien – und ebenso auf der Beachtung relevanter Bedingungen, Strategien, Taktiken, Interaktionen, Akteure, Konsequenzen. Die Integration der Theorie beginnt mit dieser Verdichtung, aber noch ist sie nicht in den Mittelpunkt der Forschungsarbeit gerückt. Das Theoretical Sampling ist so gut wie von Beginn des Projekts an dabei und bestimmt weitgehend über die weitere Datenerhebung. In diesen frühen Phasen bestehen die Unterschiede zwischen der Entwicklung einer bereichsbezogenen Theorie und der Entwicklung einer formalen Theorie darin, daß bei der formalen Theorie das *Theoretical Sampling durch viele Gegenstandsbereiche hindurch angewandt wird* und daß das offene Kodieren und die Verdichtung der Analyse auf deutlich abstrakteren Ebenen stattfindet, als dies bei der Entwicklung einer bereichsbezogenen Theorie der Fall ist.

Der gängige Modus, nach dem eine formale Theorie formuliert wird, ist der, daß man von einer bereichsbezogenen Theorie ausgeht und dann auf direktem Wege zu einer formalen Theorie kommt, ohne daß man letztere auf zusätzliches Datenmaterial gründet. Der Theoretiker kann z.B. behaupten, daß seine bereichsbezogenen Ergebnisse und vielleicht auch seine theoretischen Ausführungen zum, sagen wir einmal, Verhältnis zwischen Arzt und Patient Implikationen für eine allgemeine Theorie über das Verhältnis zwischen Spezialist und Klient enthalten, er arbeitet aber diese angenommenen Implikationen nicht weiter aus, indem er etwa das Spezialist-Klient-Verhältnis vergleichend untersucht. Wie schon erwähnt, ist diese Neuformulierung einer Forschungstechnik:

> nur eine adäquate Basis für eine formale Theorie, aber noch keine adäquate eigenständige Theorie. Der Forscher hat das konzeptuelle Niveau seiner Arbeit nur mechanisch angehoben; er hat es nicht qualitativ angehoben, indem er das Verstehen von Vorgängen durch den Vergleich mit anderen Gegenstandsbereichen in seine Theorie eingebracht hat. Er hat aufgrund fehlender Vergleichsuntersuchungen in verschiedenen Gegenstandsbereichen nichts dazu getan, das Spektrum seiner Theorie auf der formalen Ebene zu erweitern. Er hat sich nicht aus der Gebundenheit seiner Bereichsforschung an Zeit und Ort befreit. Darüber hinaus kann die formale Theorie nicht besonders angemessen oder brauchbar sein, wenn sie nur aus einem Gegenstandsbereich (und oft noch aus nur einem Fall aus diesem Bereich) abgeleitet worden ist; denn sie kann dann tatsächlich nicht so weit entwickelt werden, daß sie alle Zufälligkeiten und Qualitäten erfaßt, die in den verschiedenen Gegenstandsbereichen vorkommen, auf welche die Theorie angewandt werden soll (Glaser und Strauss, 1967, S. 179).

Dagegen ist es bei der generellen Strategie, die wir befürworten, notwendig, daß Datenmaterial aus *vielen* Gegenstandsbereichen vergleichend analysiert wird; diese Analyse soll nach Möglichkeit von Anfang bis zum Ende von der Prozedur des *Theoretical* Sampling geleitet werden. Eine gute bereichsbezogene Theorie kann eine ausgezeichnete Grundlage für eine aussagekräftige formale Theorie sein; aber natürlich gibt auch eine gute bereichsbezogene Theorie dem Wissenschaftler nur den ersten Anreiz, sich der Aufgabe des vergleichenden Analysierens zuzuwenden.

Vor drei Monaten begann ich mit meinen Vergleichsanalysen, die zu einer formalen Theorie im Stil der Grounded Theory über *Bewußtheitskontexte* führen sollte. Weshalb sind Bewußtheitskontexte noch etwas anderes für mich als nur ein altes Interesse an diesem Thema? Dem Bewußtheitskontext entsprechendes Verhalten ist universal, es kommt überall vor und findet sich in sehr vielen Lebensbereichen. Was einem dabei sofort in den Sinn kommt, sind Geheimnisse aller Art: ihr Schutz, ihr Einfluß und ihre Enthüllung; man denkt auch an verschiedene Arten von verbotenem und rechtswidrigem Verhalten (Betrug, Korruption, Prozeßabsprachen, Hochstapelei). Wie das auch beim Aushandeln ist, so konstituieren Bewußtheitskontexte ziemlich genau das, was mein Freund Fritz Schütze von der Gesamthochschule Kassel als „Mesostrukturen sozialer Ordnung" bezeichnet. Damit sind weder die uns vertrauten Makrostrukturen noch die Mikrostrukturen gemeint, sondern ein Zwischenbereich, der beide Strukturtypen miteinander verbindet und der für unser Verstehen einer sozialen Ordnung von großer Bedeutung ist.

Also vor drei Monaten begann ich meine Untersuchung, indem ich verschiedene Sorten von „Daten, die ich in meinem Kopf hatte", miteinander verglich; es waren Daten aus unserer Studie über *Interaktionen mit Sterbenden*, an die ich mich erinnerte, und es waren Daten über Spione, aus der Schwulenszene, über das „Ableben", über den Umgang mit stigmatisierenden Krankheiten wie z.B. Aussatz, die ich aus der Literatur kannte. Mein Ziel war es, aus diesen mir zur Verfügung stehenden Daten einige Hauptkategorien herauszuziehen, die möglicherweise für alle mit der Bewußtheit zusammenhängenden Phänomene Gültigkeit haben. Diese Hauptkategorien würden dann theoretische Fallbeispiele liefern, die bald untersucht werden mußten. Das Ergebnis meiner Analyse nach Dimensionen war ein getipptes Memo, in dem die folgenden Punkte enthalten waren und kurz diskutiert wurden: (1) die Art des interessierenden *Informationsobjekts* (z.B. Identität, Aktivität, Objekt); (2) die in der Sache enthaltene *Information;* (3) die *Sichtbarkeit* der Information; (4) die *Zugänglichkeit* der Information; (5) die *Interpretation* der Information. Später habe ich diesem paradigmatischen Entwurf zwei weitere Kategorien hinzugefügt: die *Bewertung* der Information und die *Überzeugungsarbeit,* die in bezug auf die Interpretation der Information gegenüber relevanten Anderen zu leisten ist. Aus diesen ersten Daten schloß ich auch, daß verschiedene strukturelle Merkmale zur Variation bei den mit der Bewußtheit zusammenhängenden Phänomenen beitragen könnten: die Anzahl der am Kontext beteiligten Personen; in welchem Ausmaß diese über den Kontext unterrichtet sind; aus welchen sozialen Welten sie kommen; welchen Einsatz sie fahren, um an das Kontextwissen heranzukommen usw.

Dann richtete sich meine erste Untersuchung neuer Daten auf ein Buch mit dem Titel *The Vindicators,* das etliche authentische Berichte enthielt, wie Menschen fälschlicherweise für Kriminelle gehalten und bestraft, schließlich aber rehabilitiert wurden. In den meisten Fällen war ihre Rehabilitierung nicht aus eigener Kraft zustandegekommen – denn ihre Ressourcen, um nachzuweisen, weshalb sie fälschlicherweise als kriminell identifiziert worden waren, waren gering –, sondern durch den Einsatz geschickter Anwälte oder Kriminalbeamter, die viele Möglichkeiten hatten, womit sie die neue und oft relativ unzugängliche Information (Beweismittel), die zur Korrektur der Akte gebraucht wurden, aufspüren und interpretieren konnten. Diese Verteidiger müssen nicht nur sich selbst von der Falschheit der Anklage überzeugen, sondern auch die Rechtsbehörden; dadurch kam ich zu der Einsicht, daß hier die „Überzeugungsarbeit" auch eine wichtige Kategorie war. Den ganzen Rehabilitierungsvorgang bezeichnete ich als *Korrektur* und schrieb mehrere Notizen mit Überschriften wie ‚falsche Identifizierung', ‚korrigierende Handlungen', ‚Bedingungen, die für eine Rehabilitierung hinderlich sind' und ‚das Überzeugen wichtiger Zuhörer'. Ich schrieb auch noch andere Notizen über Kategorien, die ich schon früher herausgearbeitet hatte, vor allem über die Hauptkategorien.

In den nächsten Memos ging es zum Teil um ähnliche Themen; ich hatte nämlich eine alte Ausgabe von Richard Wrights Buch *Black Boy* durchgeblättert. Dieses Buch führte mir vor Augen, obgleich ich diese Mahnung nicht brauchte, wie sehr die Information in einem Bewußtheitskontext eine Sache der Plazierung und der Kontrolle ist; und es zeigte mir auch, daß das menschliche Handeln in einem Bewußtheitskontext nur im Rahmen größerer makrostruktureller Bedingungen verstehbar ist, d.h. in diesem Fall im Rahmen der in den Vereinigten Staaten existierenden Verhältnisse zwischen Schwarzen und Weißen.

Dann fiel mir noch ein, daß Orrin Klapps Buch *Symbolic Leaders* Datenmaterial über prominente Personen enthielt, deren öffentliche Identität zu ihrer privaten Identität im Widerspruch stand. In diesem Fall entwarf man für die Öffentlichkeit ein anderes, nicht der Wahrheit entsprechendes Bild von diesen Menschen. Die meisten der von Klapp erhobenen Daten über Prominente gehören zu folgenden

Problemkreisen: Die prominente Person selbst bzw. ihre Agenten konstruieren eine falsche öffentliche Identität und halten diese aufrecht, obwohl ihr Privatleben völlig anders aussieht; gehütete persönliche Geheimnisse werden offenbar, wenn Einzelheiten aus dem Privatleben publik werden; dieser Vorgang hat Konsequenzen für die in der Öffentlichkeit stehende Person selbst wie auch für andere Personen in ihrem Umkreis. Die private und öffentliche Identität einer prominenten Person kann aber auch stimmig sein: Unter welchen Bedingungen und mit welchen Konsequenzen ist das möglich? Im selben Memo taucht ein neues Konzept auf, nämlich die *Diskreditierung* aufgrund einer unbeabsichtigten oder vorsätzlichen Freigabe von Informationen über die Identität eines Menschen. Die beabsichtigte Enthüllung von persönlichen Geheimnissen habe ich *öffentliche Korrektur* genannt.

Kurze Zeit später habe ich ein anderes Buch aus meiner Bibliothek, *Disappointed Guests,* durchgeforscht; hier berichten Studenten aus Commonwealth-Ländern über ihre ernüchternden Erfahrungen mit England, als sie in London lebten. Ich habe diesen Band deshalb als nächstes Untersuchungsobjekt ausgewählt, weil ich vermutete, daß sich hier eine weitere Form der Korrektur finden ließe. Tatsächlich: Ich habe dieses Konzept dann *Korrektur durch geballte Vorfälle oder Ereignisse* genannt: Die Studenten haben nämlich mit der Zeit realisiert, wie die Engländer über die Identität eines Ausländers wirklich denken; er ist für sie Außenseiter und von geringem Wert. Die mit dieser Erkenntnis verbundenen Bedingungen, Konsequenzen, Interaktionen und Strategien sind auch in diesem Memo festgehalten. Das Konzept der kumulativen Korrektur wird kontrastiert mit dem Konzept der Korrektur aufgrund einer abrupten Enthüllung, wie sie z.B. bei den entsetzlich harten Offenbarungsszenen in der Autobiographie von Wright vorkommen, als Weiße dem schwarzen Kind auf brutale Weise zeigen, was es bedeutet, im amerikanischen Süden schwarz zu sein. In meinen Notizen habe ich die kumulative Korrektur vorwiegend zu der Hauptkategorie *Interpretation von Information* in Bezug gesetzt.

Bis jetzt habe ich Ihnen nur Hauptkategorien und Überschriften aus Memos genannt, die überwiegend Beispiele für offenes Kodieren sind. Sie müssen sich auch vorstellen, daß einige meiner Notizen zur Verdichtung der Analyse beigetragen haben, d.h., daß sie analytisches Fleisch an die analytischen Knochen gegeben haben, und zwar in Form von Bedingungen, Konsequenzen, Strategien, Interaktionen, Akteuren usw., wie sie mir vor allem aufgefallen sind, als ich die Daten kodiert habe.

Mein nächstes theoretisches Fallbeispiel – das mir schon früh in den Sinn kam, dessen Thematisierung ich aber immer hinausgeschoben habe – drehte sich um den folgenden Kontrast: Der von einem erfahrenen und pfiffigen Team, ja sogar von einer ganzen Organisation (aus Profitgründen) geschlossen gehaltene Bewußtheitskontext versus dem von einem unerfahrenen und weniger pfiffigen Gegenüber geschlossen gehaltene Bewußtheitskontext. Die Akteure in diesem Drama waren der Betrüger und sein Opfer: Die dafür nötigen Daten habe ich dem Buch von Edwin Sutherland *Professional Thief* entnommen. Vor allem interessierte mich die Arbeitsteilung in einer Betrügerbande. Hier kam sofort die Kategorie *Verrat* ins Spiel, weil der Verrat immer latent vorhanden ist, wenn ein Geheimnis von mehr als einer Person getragen wird. Später, als ich Materialien über Spionageorganisationen analysierte, erforschte ich den Verrat in bezug auf den Bewußtheitskontext. Doch an diesem Punkt stellte ich fest, daß ich Memonotizen zu dem Thema schrieb, was eine soziale Welt tun muß, um hochwichtige Geheimnisse zu wahren, und daß ich Fragen stellte, wer z.B. am ehesten diese

Geheimnisse verraten würde. „Wir vermuten, daß wir den Verrat, das Denunziantentum, das Ausplaudern usw. an den Stellen finden, wo sich die sozialen Welten überschneiden." Ich hielt es für lohnenswert, solche Schnittstellen einmal näher anzuschauen; denn die betreffende soziale Welt müßte spezifische Mechanismen haben, mit denen sie ihre Geheimnisse schützt, und möglicherweise auch Techniken kennen, um die Geheimnisse der Personen aufzudecken, die für diese Welt zur Gefahr werden könnten. Die Art und Weise, wie der Dieb die „mißliche Lage" des Kriminellen schilderte und wie sich diese auswirkte, erinnerte mich an die Situation, die ich während meiner Forschungsarbeit über das Sterben in der Klinik kennengelernt hatte: Hier gehört der Umgang mit der Bewußtheit zu den Aufgaben des Klinikpersonals, und er ist eine Belastung für die alltägliche Arbeit, die verrichtet werden soll – für die Arbeit, wie das Personal sie versteht. Natürlich habe ich meine Memos ständig mit Bemerkungen über Dinge wie z.B. gestellte und echte Szenen, über den Gerichtssaal als Schauplatz von Enthüllungen usw. angereichert.

Um nun den Faden zu den Geheimnissen einer sozialen Welt wieder aufzunehmen, analysierte ich Daten, die ich im Buch von Carol Warren *Gay World* gefunden hatte; es waren vor allem Daten über Erkennbarkeit und Empfänglichkeit der Signale für Homosexualität gegenüber Außenstehenden und Eingeweihten dieser Welt. Die Frage nach dem Erkennen oder Nichterkennen dieser Signale setzte ich dann in einen Bezug zur räumlichen Dimension, d.h. zu den Orten, wo diese Signale ausgesendet oder unterdrückt werden. Vergleichbares Datenmaterial über den einer sozialen Welt zugeordneten Raum und über das Verhalten an diesen Orten, soweit die Aufrechterhaltung von Geheimnissen einer sozialen Welt gemeint ist, läßt sich offensichtlich auch in einer gesellschaftlichen Gruppierung wie der der Zigeuner finden. Also studierte ich ein Buch über die Zigeuner und entdeckte reihenweise ganz spezifische und raffinierte Strategien, mit denen sie ihre Aktivitäten vor Außenstehenden geheimhalten. Hier fand ich auch gute Daten über Bedingungen, unter denen ihre Geheimhaltetaktiken gelegentlich fehlschlagen und welche Konsequenzen dann daraus erwachsen.

Sie haben sich vielleicht über die Reihenfolge meiner theoretischen Fallbeispiele gewundert. Von gewissen Zufälligkeiten einmal abgesehen, daß man z.B. bestimmte Bücher in seinem Bücherschrank stehen hat, wird mein Theoretical Sampling tatsächlich von der in Arbeit befindlichen Analyse geleitet. Generell basiert die Abfolge der einzelnen Verfahrensschritte auf dem einen oder anderen Aspekt von vier Grundüberlegungen. Erstens ist eine Hauptdimension wie z.B. die Empfänglichkeit (relativ leicht oder schwer), die das Geheimnis der homosexuellen Welt mehr oder weniger charakterisiert, gründlicher zu erforschen. Zweitens ist eine Strukturbedingung herauszuarbeiten, die für den Bewußtheitskontext von sichtbarer Bedeutung ist, z.B. die Organisiertheit des Betrugs oder die Organisation der Informationskontrolle bei gefährdeten Zigeunern, wenn diese durch feindliches Territorium ziehen. Drittens ist mit einer wohlüberlegten Strategie ein Maximum an struktureller Variation in die Theorie einzubauen; diese Überlegung ist manchmal kombiniert mit dem nächsten Punkt. Viertens ist im Rahmen anderer formaler Theorien, z.B. im Rahmen der Theorie vom Ableben oder vom Aushandeln, ein Theoretical Sampling durchzuführen, wie es im nächsten Beispiel beschrieben wird. (Es ist natürlich sehr wichtig, daß man seine formale Theorie mit anderen formalen Theorien in Verbindung bringt, vorausgesetzt allerdings, daß diese in Daten gründen und nicht spekulativ sind.)

Denn mir war der Gedanke gekommen, daß persönliche Geheimnisse und intime Verhältnisse – anscheinend das krasse Gegenteil von Geheimnissen und

Beziehungen in einer sozialen Welt – theoretisches Gold sein könnten. Das Buch *Intimate Relations* von Murray Davis lieferte die Testgrundlage für die Idee, weil es reichhaltige Daten zu einem Übergangsphänomen (von „vertraut" zu „vertraulich") enthielt, das von einer oder zwei an diesem Vorgang beteiligten Personen beeinflußt wurde. Zu den Themen meines Memos gehörten: das erwähnte Übergangsphänomen; der Umgang mit öffentlichen und privaten Identitäten; die Merkmale von persönlichen und die soziale Welt betreffenden Geheimnissen; die mit der Freigabe von Geheimnissen verbundenen Gefahren; Strategien der Kontrolle; unterschiedliche Ebenen der gefährlichen Information; die psychische Bedrängnis; die gegenseitigen Gefährdungen; das Scheitern von Enthüllungs- oder Überzeugungsversuchen; die Interpretation von Kodes und ihre zeitliche Plazierung; der unbeabsichtigte und der vorsätzliche Verrat, der gegenseitige Verrat, der regelmäßige Verrat. Kurz und gut: Ich setzte das offene Kodieren fort und arbeitete gleichzeitig an der weiteren Verdichtung der Analyse. Ich notierte mehrere methodologische Direktiven, in denen ich mir sagte, daß ich nun bald dieses und jenes näher „anschauen" müßte.

Die Monographie von Davis wirft eine wichtige Frage auf: Wie kann der Wissenschaftler, der an der Entwicklung einer formalen Theorie arbeitet, die bereichsbezogene Theorie, die er in einer Publikation vorfindet, für seinen Zweck nutzbar machen? Ganz allgemein gesprochen können meine diesbezüglichen Erfahrungen wie folgt zusammengefaßt werden. Erstens: Manchmal enthält die bereichsbezogene Theorie Konzepte, die für die eigene formale Theorie verwertbar sein können, z.B. die von Davis verwendeten Konzepte „psychische Bedrängnis" und „persönliche Geheimnisse". Zweitens: Wenn einem die in der bereichsbezogenen Theorie verwendeten Konzepte sinnvoll erscheinen, dann gibt es dort wahrscheinlich auch eine Analyse von Bedingungen, Konsequenzen usw., die mit den durch die Konzepte angedeuteten Bezüge assoziiert sind. Bei Davis findet sich z.B. eine gute analytische Diskussion über gegenseitige Gefährdungen, über deren Bedingungen und Konsequenzen und über einzelne Phasen, in denen jemand in einen solchen Zustand kommt. Desgleichen erhalten wir aus der Studie über die Sozialisation von Pflegeschülern von Oleson und Whitaker *(Silent Dialogue)* nützliche analytische Informationen zum Thema öffentliche-private Identitäten, soweit sie sich auf die Selbstdarstellungen der Pflegeschüler beziehen. Und im Aufsatz von Fred Davis über das „Leugnen von Behindertsein" finden wir eine sehr fruchtbare bereichsbezogene Analyse über Phasen und Strategien, die sichtbar Behinderte durchmachen bzw. anwenden, um sich schon im Vorgriff zu rehabilitieren. Wenn die Entwicklung einer formalen Theorie auf derartigen Materialien beruht, muß man darauf achten, daß man die Ausgangsanalyse den formaltheoretischen Zielsetzungen unterordnet. Dies geschieht nicht nur dadurch, daß man in den Memos die Ausgangsanalyse mit den eigenen Kategorien – vor allem mit den Hauptkategorien – verknüpft, sondern auch dadurch, daß man weiterführende Fragen stellt, die die „nächsten Schritte" im Untersuchungsablauf einleiten. Das folgende Zitat aus einem Memo ist ein Beispiel für diesen Vorgang: „Doch das Leugnen der Identität kann irreführend sein und sich von dem bei Davis geschilderten Sachverhalt unterscheiden. Und diese falsche Selbstdarstellung kann von der Umgebung akzeptiert, als verdächtig empfunden oder zurückgewiesen werden. Unter welchen Bedingungen kommen solche Reaktionen zustande?"

Wenn ich Sie nun in dem Glauben lassen würde, daß die theoretischen Fallbeispiele sehr bewußt und sequentiell ausgewählt werden, dann wäre das kein zutreffendes Bild. Die Vorstellung von diesem Verfahren sollte mindestens um zwei weitere Bilder von einem Wissenschaftler, der seine theoretische Arbeit als Handwerk versteht, ergänzt werden. Diese Sorte von Theoretiker arbeitet nicht nur am Schreibtisch oder in der Bibliothek: Die Arbeit begleitet ihn im Unterbewußtsein und auch bei anderen Tätigkeiten. An mir habe ich nämlich festgestellt, daß ich beim Spazierengehen, Autofahren, sogar in den Momenten des Musikhörens über Bewußtheitskontexte nachgedacht habe. Dann wiederum stößt man an den unterschiedlichsten Stellen ganz zufällig auf Daten, die die eigenen Überlegungen erhellen und sogar bestätigen: in Zeitungsartikeln, in Erzählungen von Freunden, in Büchern, die man zur Unterhaltung gelesen hat, in Ereignissen, die man selbst erlebt hat. *Alles ist Wasser auf die Mühle des an einer formalen Theorie arbeitenden Wissenschaftlers,* besonders vielleicht noch in den frühen Phasen der Forschungsarbeit. Eine Anekdote aus der Autobiographie von Malcolm X spielt darauf an, wie die öffentliche Identität eines Menschen nur den privilegierten, aber einflußlosen Bürgern offenbart wird, nicht jedoch den Bürgern, die man als mächtig wahrnimmt und aus diesem Grund für gefährlich hält. Das erneute Anschauen des berühmten alten Films *Bridge on the River Kwai* (Die Brücke am Kwai) führt zu einer Memonotiz über das Nichterkennenkönnen wirklich wichtiger Dinge bei einer privaten Identität und über die Interpretation bzw. Mißinterpretation ihrer Merkmale durch andere Akteure im Drama. Die Reflexion über das Theaterstück *Taming of the Shrew* (Der Widerspenstigen Zähmung) resultiert in einer Notiz über die falsche Vorstellung vom „Wohl" eines anderen Menschen. Die zufällige Lektüre eines soziologischen Artikels fördert interessantes Datenmaterial über Bedingungen und Strategien zutage, wie z.B. in nebensächlichen Gesprächen mit Bewußtheit umgegangen wird.

Aus meiner Erfahrung kann ich sagen, daß diese zufälligen und kontinuierlichen Beiträge zur Entwicklung einer formalen Theorie sowohl aus logischen als auch aus psychologischen Gründen außerordentlich wertvoll sind. Aus logischen Gründen deshalb, weil sie mithelfen, die systematische theoretische Struktur, auf die der Wissenschaftler abzielt, aufzubauen. Aus psychologischen Gründen deshalb, weil sie dem Wissenschaftler oft die sogenannten „Aha"-Erlebnisse der Freude ("Natürlich!") oder der Überraschung („Verdammt, natürlich hätte ich daran denken sollen; es ist vorhersehbar!") bringen. Wenn der an der formalen Theorie arbeitende Wissenschaftler darüber hinaus noch als Dozent in Aufbaustudiengängen oder als wissenschaftlicher Berater tätig ist, dann stellt er fest, daß die Forschungsarbeiten der jungen Kollegen sein eigenes Datenmaterial stillschweigend erweitern sowie die weitere Analyse und die Entstehung von Memos forcieren.

Hierbei ist, zumindest für mich, ein eher unerwarteter und aufregender Nebenertrag der, daß sich das Spektrum der bereichsbezogenen Untersuchung allmählich vergrößert. Man denkt plötzlich an Gegenstandsbereiche, auf die man während seiner früheren Forschungsarbeit nie gekommen wäre, und erforscht diese dann auch konkret. Ich wußte immerhin, daß ich mir Spionageorganisationen, die Herstellung von Kunstfälschungen und das Buch von Goffman über die Stigmatisierung noch näher anschauen würde. Ich habe nicht geglaubt, daß die Arbeit an einem überzeugenden Theaterschauspiel zusammen mit so interessanten Themen oder Kategorien wie „überzeugende oder glaubwürdige Aufführungen" zum Ziel meiner Forschungen werden würde.

Vielleicht sollte ich meine Aufführung nun zu einem Abschluß bringen – in der Hoffnung, daß sie auch überzeugend war – und Sie offen dazu ermuntern, alle Gegenstandsbereiche anzuschauen, die *Sie* für wert befinden, nutzbringend erforscht und in Ihre formale Theorie aufgenommen zu werden. Denn wie wir vor allem in *Discovery of Grounded Theory* (und später in *Theoretical Sensitivity* von Barney Glaser) gesagt haben, sollte man, wenn man eine formale Theorie nach der *Grounded Theory* entwickeln möchte, eine „Mehrbereichs"-Theorie entwickeln, die auf der vergleichenden Analyse verschiedener Gegenstandsbereiche und auf zahlreichen Ereignissen aus diesen Bereichen aufgebaut ist. Ich möchte an dieser Stelle nicht wiederholen oder weiter ausführen, weshalb wir so dringend in Daten gegründete formale Theorien brauchen; ich hoffe natürlich, daß dieser Vortrag Sie ermutigen wird, Ihre Forschungsbemühungen in diese Richtung zu lenken und nicht nur nach bereichsbezogenen Theorien oder ethnographischen Beschreibungen zu streben, so korrekt und nützlich diese auch sein mögen. Eine gut entwickelte formale Theorie müßte mindestens eine Tonne Ethnographien und vielleicht ein halbes Gros bereichsbezogener Theorien aufwiegen, oder nicht?

Vielleicht ist der letzte Satz zu dogmatisch: Mit dem Appell, wie notwendig formale Theorien sind, soll dem in den Sozialwissenschaften bestehenden Übergewicht bereichsbezogener Theorien gegenüber den formalen Theorien entgegengesteuert werden. Schon vor Jahren (1967) haben wir darauf hingewiesen, daß die Mehrzahl der allgemeinen Theorien, zumindest die soziologischen, in einem nicht ausreichenden Maße in Datenmaterial gegründet waren, und dies ist auch heute noch so. Aus diesem Grunde möchten wir dem Wissenschaftler die am Anfang dieses Kapitels genannten Faustregeln ans Herz legen, wenn er eine Grounded Theory auf einem höheren Verallgemeinerungsniveau und nicht die übliche bereichsbezogene Theorie entwikkeln möchte.

12 Wissenschaftliche Veröffentlichungen lesen und schreiben

Auf die analytische Logik hin lesen

Eine wichtige Grundfertigkeit, die erlernt werden muß – und wenn man sie nur beherrscht, um die Qualität der eigenen wissenschaftlichen Schriften zu verbessern –, ist die, Forschungsarbeiten auf ihre zugrundeliegende analytische Logik hin zu lesen (siehe bes. Glaser 1978, S. 129f). Natürlich liest man Veröffentlichungen wegen ihrer Ideen, ihrer Ergebnisse aus bestimmten Gegenstandsbereichen und vielleicht wegen brauchbarer Daten. Aber nicht jeder Leser weiß, wie man eine wissenschaftliche Schrift auf ihre inneren analytischen Strukturen hin untersucht. Mit „zugrundeliegenden logischen Strukturen" ist folgendes gemeint: Enthält die Veröffentlichung in ihrem Kern eine Beweisführung, will sie einen Kausalzusammenhang herstellen, geht es primär um Konsequenzen, sollen Strategien oder Topologien aufgezeigt werden, oder ... Manche Wissenschaftler benennen die Foki ihrer Arbeiten recht deutlich, andere nicht; und manchmal sind sie sich über ihre analytischen Zielsetzungen selbst nicht im klaren.

Folglich ist es für den Anfänger auf dem Gebiet des Analysierens eine gute Übung, wenn er lernt, in Begriffen der Logik einer Analyse zu lesen und zu denken. Wenn er die Fertigkeit beherrscht, kann er die eigenen wissenschaftlichen Arbeiten klarer reflektieren, diese leichter strukturieren und die Präsentation der seinem Bericht zugrundeliegenden Analyse mit kritischeren Augen sehen. Aufgrund dieser Fertigkeit lernt der noch unerfahrene Forscher auch verstehen, wie eine Grounded Theory entwickelt und dargestellt wird und wie sich die Präsentation einer Grounded Theory von der anderer Theorien unterscheidet, die nach einem anderen „qualitativen" Analysemodus entstanden sind. Deshalb macht man die Studenten in einem Forschungsseminar schon recht bald mit Beispielen bekannt, die eine innere analytische Logik aufweisen: diese logischen Strukturen müssen dann von den Studenten selbst herausgefunden werden.

Wir möchten nun an mehreren Beispielen diese analytische Logik herausarbeiten und kurz diskutieren; denn wenn der Leser die Grundidee einer Schrift einmal erfaßt hat, dann können diese Untersuchungen mit ein bißchen Übung durchgeführt werden. Die einzelnen Beispiele stammen aus der Literatur, die sehr bekannt ist und/oder gegebenenfalls für weitere Nachforschungen zur Verfügung steht.

Bevor wir in die Diskussion über die analytische Logik einer wissenschaftlichen Publikation einsteigen, sollten wir über vier weitere Punkte nachdenken: Erstens: Der Leser kann die berechtigte Frage stellen: „Aber wie lernt man, diese Arten von Diagrammen herzustellen, und woher wissen wir, ob ein bestimmtes Diagramm genau die analytische Logik des gelesenen Textes widerspiegelt?" Die Antwort auf den ersten Teil der Frage lautet, daß die Qualität des Diagramms ganz davon abhängt, wie sorgfältig man die Schwerpunkte des Textes untersucht und dann seine analytische Struktur herausgearbeitet hat. Man benötigt das Diagramm nicht um jeden Preis, aber es kann helfen, die offengelegte analytische Logik im Gedächtnis zu behalten. Durch diese optische Hilfe können Sie Ihre eigenen Schlüsse aus dem Text auch besser nach außen vermitteln. Und die Antwort auf den zweiten Teil der Frage, woher Sie wissen, ob Ihr Diagramm „wirklich richtig" ist, lautet: Sie wissen es nicht. Sie wissen nur soviel, daß das Diagramm eine korrekte oder ungefähre visuelle Wiedergabe dessen ist, was verbal aufgewendet werden müßte, um die aus der Publikation herausgearbeitete analytische Struktur zu charakterisieren. Die Grundidee ist das Thema, nicht das Diagramm.

Zweitens: Wenn auch alle fünf hier vorgestellten Publikationen aus der Interaktionsforschung stammen, so sollte der Leser, der dieses Verfahren noch nicht kennt, danach doch imstande sein, jede Art von sozialwissenschaftlichem Forschungsbericht auf seine innere Logik hin zu untersuchen. So tendieren z.B. Berichte über wissenschaftliche Experimente im allgemeinen dazu, die Interaktion auszuklammern und sich auf Ursache(n) und Wirkung(en) zu konzentrieren. Bei quantitativen Evaluationsstudien ist es ähnlich; allerdings konzentriert man sich hier von der Natur der Sache her vor allem auf die Entscheidung, welche Konsequenzen positiv oder negativ zu bewerten sind und weshalb. Das Ziel von Überblicksstudien ist primär, zu messen, wie sich etwas (Einstellungen, Meinungen usw.) über einen bestimmten Zeitraum (Phasen) und mit welcher Begründung (Bedingungen) verändert.

Drittens: Bei der Untersuchung einer wissenschaftlichen Schrift besteht das Ziel nicht in erster Linie darin, die vorgefundene Analyse zu bewerten, sondern sie zu verstehen. Nur unter der Bedingung, daß man die Intention des Autors wirklich kennt, sollte eine Bewertung der Publikation vorgenommen werden, wobei sich diese Bewertung auf die Klarheit der Analyse, die Angemessenheit der Daten, die Aussagefähigkeit der Konzepte und auf die Plausibilität der Ereignisse usw. bezieht. Erst dann können Sie beurteilen, was – von Ihrem Standpunkt aus – die Analyse nicht berücksichtigt hat, weil sie von ihrer Art her nicht das eingelöst hat, was in Ihren Augen notwendig gewesen wäre. Und genau hier haben wir es mit einer legitimen Beurteilung zu tun, die allerdings erst nach einer sorgfältigen Untersuchung der analytischen Logik der Publikation zustandekommen darf, damit die Ausführungen des Verfassers nicht unterschlagen werden. Wir haben nämlich festgestellt: Solange man die Studenten nicht über diese Bewertungsgrundsätze aufgeklärt hat, neigen sie dazu, Veröffentlichungen vorschnell und oft scharf zu verunglimpfen und dann kurzerhand abzutun. In der Konsequenz heißt das, daß sie aus der Lektüre dieser für schlecht befundenen Publikationen nicht einmal lernen, wie sie es *nicht* machen sollten.

Viertens: Einen Text auf seine analytische Logik hin lesen zu können, sollte dem Wissenschaftler, ohne sich die Logik des Textes sonderlich erarbeiten oder in einem Diagramm erfassen zu müssen, zur Selbstverständlichkeit werden. Ein Nebeneffekt ist der, daß man beim Lesen längerer Publikationen auf ihre logischen Strukturen hin manche Stunde sparen kann, wenn man nicht gerade eine spezielle Arbeit mit besonderer Sorgfalt durcharbeiten möchte.

Zum Abschluß noch eine Vorsichtsmaßregel: Bis jetzt ging es um Forschungsberichte und darum, wie man diese erschließt. Doch als Sozialwissenschaftler publiziert man auch andere Arten von Arbeiten, z.B. themenorientierte Berichte, Methodenbeschreibungen, Rezensionen, Kommentare zu den Schriften großer Wissenschaftler, Kongreßbeiträge, rhetorische Abhandlungen, spekulative Theorien, Betrachtungen über spekulative Theorien, usw. Alle diese Typen von wissenschaftlichen Erzeugnissen haben ihre eigenen „Funktionen", und natürlich können einige von ihnen für die Entwicklung einer Disziplin außerordentlich nützlich oder am Ende verhängnisvoll sein, und das in der Tat mehr als mancher Forschungsbericht. Doch im allgemeinen besitzen derartige Arbeiten keine analytische Logik (im oben diskutierten Sinn), wie das bei Forschungsberichten oder bei „Grounded Theories" der Fall ist, die ihre Basis in größeren Datenmengen haben. Folglich sollten solche Arbeiten aus ganz anderen Gründen gelesen werden, u. a. sogar deshalb, weil man sie als unbearbeitetes Datenmaterial betrachten kann, das sich vor dem interessierten Forscher entfaltet, der dann aus der Fülle der Literatur auswählt, um diese auf ihre verwertbaren Daten zu untersuchen. In dieser Hinsicht haben solche Arbeiten keine andere Funktion als beispielsweise die gelben Seiten eines Telefonbuches. Andererseits sollten diese Arbeiten auch nicht über die Funktion eines Telefonbuchs hinaus als reine Datenlieferanten für Forschungsberichte mißverstanden werden. Es ist gut, wenn man den Unterschied kennt – bei manchen Lesern (und Verfassern) scheint das nicht der Fall zu sein.

Die Lesarten

I.
Opiate Addiction (1957) von Alfred Lindesmith: Dieses Buch gehört zu den Klassikern der soziologisch orientierten Sozialpsychologie und der Literatur über die Drogenabhängigkeit. Obwohl diese ausgezeichnete theoretische Darstellung über die Entstehung von Drogenabhängigkeit schon vor etlichen Jahren geschrieben wurde, nimmt die von Anfang an umstrittene Arbeit in der Debatte über Suchtverhalten immer noch einen wichtigen Platz ein. Kurz gesagt interpretiert Lindesmith sein Datenmaterial so, daß ein Mensch nicht allein dadurch abhängig wird, daß er hinreichende Dosen Rauschgift einnimmt, sondern nur in einem verknüpften physiologischen und sozialpsychologischen Prozeß. Wer einmal den Weg beschritten hat, daß sein Drogenkonsum immer höher wird und ihm diese Drogen dann entzogen werden – oder er sich diese Drogen selbst entzieht –, der erleidet das bekannte Phänomen der Entzugserscheinungen, d.h. schreckliche und erschreckende körperliche Reaktionen. Dann – und nur dann, wenn der Mensch die Droge wieder einnimmt oder sie ihm verabreicht wird, um diese physiologischen Reaktionen zu mildern, *und er gleichzeitig erkennt,* daß die Linderung seines Leidens auf die fortgesetzte Einnahme der Droge zurückzuführen war, *dann* ist er für immer abhängig. Auch spätere Anstrengungen, von der Abhängigkeit loszukommen, werden früher oder später zum Rückfall führen, weil das Opfer unwiderruflich gefangen ist.

Lassen wir die Tatsache beiseite, daß sich Lindesmith äußerst sorgfältig darum bemüht hat, auch nur eine Ausnahme für diese Verallgemeinerung zu finden (er schaffte es nicht), indem er die ganze Suchtliteratur durchgekämmt hat, und schauen wir uns die Logik seiner Analyse an. Ein Diagramm (Abb. 17) könnte dabei helfen. Wenn Sie sich das Diagramm genau angesehen haben, denken Sie über die folgende Wenn-dann-Aussage nach: *Wenn* die Entzugssymptome durch die Einnahme von Drogen gelindert werden (und das ist immer so) *und* der Betroffene den Grund für diese Linderung erkennt, *dann* liegt eine Abhängigkeit vor. Es geht hier ganz klar um eine Kausalaussage: eine Reihe von miteinander verknüpften Bedingungen und eine entsetzliche und nicht endende Konsequenz. Daß Lindesmith diese Aussage als eine universale ausgibt – daß nur ein einziger negativer Fall diese Aussage hinfällig machen würde –, ist hier nicht unser eigentliches Problem. Es geht uns auch nicht darum, ob diese Aussage wahr oder falsch ist. Lindesmith selbst beschäftigt sich natürlich mit solchen Fragen, und er macht auch das logische Prinzip seiner Studie vollkommen deutlich.

ABHÄNGIGKEIT →

Normales Leben	→	Verstärkte Einnahme von Drogen und zunehmendes physisches Verlangen	→	Abruptes Absetzen der Droge	→	Physische Reaktion; Entzugserscheinungen	→	Erneute Einnahme der Droge und Linderung der Symptome	→	Erkennen des Grundes der Linderung

Abb. 17 Diagramm von Alfred Lindesmith, *Opiate Addiction*

Aus der Organisation der Monographie kann man erkennen, wie dieser Forscher sein Kausalargument entwickelt. Er beginnt damit, daß er seine Methode und die Zielsetzung dieser Monographie vorstellt, nachdem er direkt das „zentrale theoretische Problem", wie jemand abhängig wird, formuliert hat.

Er vermerkt auch, wie andere Theorien beim Versuch, die Sucht zu erklären, versagt haben. In den nächsten Kapiteln beschreibt er detailliert die Auswirkungen von Drogen, die Phänomene der Gewöhnung und der Abhängigkeit und das Wesen der Sucht. Im zentralen Kapitel, das mit „Der Prozeß der Abhängigkeit" überschrieben ist, präsentiert und belegt er seine Theorie der Abhängigkeit; dem folgt ein weiteres Kapitel über „Therapie und Rückfall". Danach findet sich eine ausführliche Kritik an alternativen Theorien über die Drogenabhängigkeit, wo mit dem gleichen Datenmaterial gearbeitet wird, auf dem auch seine Interpretation beruht. Lindesmith bezieht sich auf den von G. H. Mead gesetzten Rahmen der Selbstreflexion und Selbstdeutung, wenn er seine zentrale Suchttheorie formuliert; da Lindesmith aber nicht danach strebt, Meads Konzeptionen zu verfeinern oder nachzuprüfen, sondern diese vielmehr in den Dienst einer Kausalaussage über Drogenabhängigkeit stellen möchte, kann man hier sehen, wie Meads Konzepte in der analytischen Arbeit[13] eingesetzt werden können.

II.

In einem seiner frühesten Aufsätze befaßte sich Erving Goffman (1975) mit dem von ihm als *facework* (Wahrung des Gesichts; in ‚Interaktionsrituale über Verhalten in direkter Kommunikation', 1967, mit „Imagepflege" übersetzt – Anm. d. Übs.) bezeichneten Phänomen, das er beschreibt und auch theoretisch interpretiert. Wenn im Verlauf einer ganz gewöhnlichen Interaktion einer der Beteiligten einen Fauxpas – ob verbal, durch Gestik oder situativ gesehen – begeht, dann ist der normale Interaktionsfluß grundlegend gestört. Die Interaktionsparteien sind durch das unglückliche Ereignis beunruhigt, einschließlich der störenden Person, sobald sie ihr Mißgeschick bemerkt hat. Daraufhin unternehmen die anderen

[13] Interessanterweise hat die Analyse von Lindesmith noch einen zweiten, wenn auch unbedeutenderen und weniger gut ausgearbeiteten Teil: Wie Abhängige versuchen, ihre Sucht loszuwerden, wonach es eine Zeitlang auch aussieht, was aber schließlich zusammenbricht, d.h. daß sie nie mehr von ihrer Sucht loskommen. Man muß wissen, daß in der Debatte über die Theorie von Lindesmith die beiden Teile der Analyse nicht immer auseinandergehalten werden, so daß die Argumente entsprechend undeutlich sind.

Akteure sichtliche Anstrengungen, um über den Vorfall hinwegzukommen und zu der Interaktion in ihrem gewohnten, ungehinderten Ablauf zurückkehren zu können. Diese Prozedur bringen sie durch eine Reihe von strategischen Aktionen (facework) zustande, z.B. indem sie den Fauxpas eifrig ignorieren oder ihn absichtlich falsch auslegen, um ihn in seiner Bedeutung und seinen Auswirkungen zu neutralisieren. Mit Hilfe solcher strategischer Handlungen wird die Interaktion in ihrer Stimmung und ihrem Stil wieder rasch in den ursprünglichen Zustand zurückversetzt.

Diesen Vorgang können wir in einem Diagramm (wie in Abb. 18) festhalten. Vom Diagramm und auch von der Gestaltung des Aufsatzes her wird sehr schnell klar, welchen Fokus Goffmans Analyse hat. ‚Facework' ist eine universal anwendbare Interpretation. Ein kritisches Ereignis (dessen Ursache bzw. Ursachen der Verfasser vernachlässigt) führt zu einer Phase der gestörten Interaktion. Goffman interessiert sich weniger für diese Konsequenz als für die *strategischen Konsequenzen,* die sicherstellen, daß diese Phase rasch beendet und der ursprüngliche Zustand der Interaktion wieder hergestellt wird. Demnach geht es in dieser Arbeit hauptsächlich um das Wesen einer gestörten Interaktion und um Wiederherstellungsstrategien, wobei das Gesicht der störenden Person – nicht ganz zufällig – gewahrt bleibt: Das ist notwendig, weil sein wiederhergestelltes Gleichgewicht zur Rettung der Interaktion beiträgt. Goffman beschäftigt sich auch nicht mit den darauf folgenden Interaktionsphasen, d.h. mit anderen die Interaktion betreffenden Konsequenzen aus der Störphase, und ebensowenig mit den Bedingungen, die den Fauxpas begründen.

Abb. 18 Diagramm von Erving Goffmans Konzept „facework"

Natürlich zählt Goffman einige Strategien auf und diskutiert diese auch, doch in Wirklichkeit handelt es sich nicht um eine Auflistung, die den Anforderungen an eine Typologie gerecht wird; offensichtlich braucht er für seine eigentliche analytische Aufgabe keine strenge Typologie. Wenn er daran interessiert gewesen wäre, weshalb z.B. der eine Strategietypus stärker eingesetzt wird als der andere, weshalb eine Strategie gerade zu dem Zeitpunkt angewandt wird und nicht zu einem anderen, wieso eine Strategie manchmal zum Erfolg führt und ein anderes Mal fehlschlägt, welcher Typ von Akteur am meisten oder am erfolgreichsten mit einer bestimmten Strategie arbeitet, d.h. wenn er an Varianz interessiert gewesen wäre, dann hätte er vielleicht eher eine explizite und ausgearbeitete Typologie angestrebt.

III.

Boys in White (1961) von Howard Becker u. a.: (Die Monographie ist überwiegend die Arbeit von Howard Becker und Blanche Geer.) In dieser Studie, die auf intensiver Arbeit im Forschungsfeld beruht, geht es um Medizinstudenten, die in den späten 50er Jahren an der University of Kansas Medical School eine

Ausbildung machten. Die Forscher konzentrierten sich zunächst auf die Frage, welche Entwicklung die Medizinstudenten während ihrer Ausbildung an der Medical School durchmachen; dann gingen sie mehr und mehr zu der Fragestellung über, welche Entwicklung sich in der Medical School als Organisation anbahnt, die dann wieder auf die Studenten, auf das Niveau und die Richtung ihrer wissenschaftlichen Arbeit zurückwirkt. Manche Kapitelüberschriften weisen auf bestimmte Hauptanliegen der Forscher hin und sind ohne weitere Erläuterungen relativ verständlich. Einige von ihnen lauten:

Studentische Sichtweise, studentische Kultur und die Organisation
Die langfristige Perspektive: „Der beste aller Berufe“
Die anfängliche Perspektive: Das Bemühen, „alles zu lernen“
Die vorläufige Perspektive: „Man kann nicht alles machen“
Die letzte Perspektive: „Welches Wissen sie von uns verlangen“
Die Arbeit während der Klinikjahre
Die Übernahme medizinischer Wertvorstellungen durch Studenten:
die Sichtweisen in bezug auf Verantwortung und Erfahrung
Die wissenschaftliche Perspektive: verhandeln mit der Fakultät
Studentische Zusammenarbeit
Studenten und Patienten
Studentische Sichtweisen im Hinblick auf medizinische Praktika
Studentische Ansichten über die Spezialgebiete

Das Buch ist in drei Teile gegliedert. Der erste Teil befaßt sich mit der studentischen Kultur im ersten Studienjahr; der nächste Teil befaßt sich mit den beiden folgenden Jahren des klinischen Studiums; der dritte Teil befaßt sich mit den Zukunftsperspektiven. Trotz dieser groben Chronologie ist der analytische Rahmen über das hinaus, was in den oben erwähnten Kapitelüberschriften über die allmähliche Entwicklung von Perspektiven angedeutet wird, nicht grundlegend chronologisch aufgebaut. Selbst die Sichtweisen im Hinblick auf Optionen in der Zukunft (medizinische Praktika, Spezialisierungen) lassen sich nicht bestimmten Monaten während der klinischen Jahre zuordnen. Die einzelnen Kapitel enthalten weitreichende und oft ausgedehnte Zitate aus dem Datenmaterial; diese vermitteln eine lebhafte Vorstellung davon, wie die Studenten (und Lehrer und das Klinikpersonal) interagieren, wie sie arbeiten (einschließlich Niveau und Richtung der Arbeit der Studenten) und wie sie diese Aktivitäten und Interaktionen (besonders, aber nicht ausschließlich die studentischen Sichtweisen) einschätzen.

Auch auf die Gefahr hin, daß das Spektrum der Analyse etwas vereinfacht wiedergegeben ist, so erfaßt das Diagramm in Abbildung 19 doch annähernd genau die der Analyse zugrundeliegende Logik. In jedem Kapitel der letzten beiden Teile des Buches – mit jeweils einem Thema – enthüllt die Analyse Zusammenhänge der drei zentralen Bedingungen: (1) die Sichtweisen der Studenten, (2) die studentische Kultur, (3) die Organisation (d.h. die Medical School und das Krankenhaus). Darüber hinaus wird im ersten Teil des Buches die Entwicklung der Studenten als ein kollektiver Prozeß von studentischer Kultur und Sichtweise gezeigt. Doch wird diese Entwicklung weder in bezug auf einzelne Stadien noch auf einzelne Phasen näher analysiert, sondern nur in den Überschriften der ersten Kapitel („anfänglich“, „vorläufig“ usw.) und in Wendungen wie „fangen aber damit an“ und „zu dieser Zeit“ angedeutet.

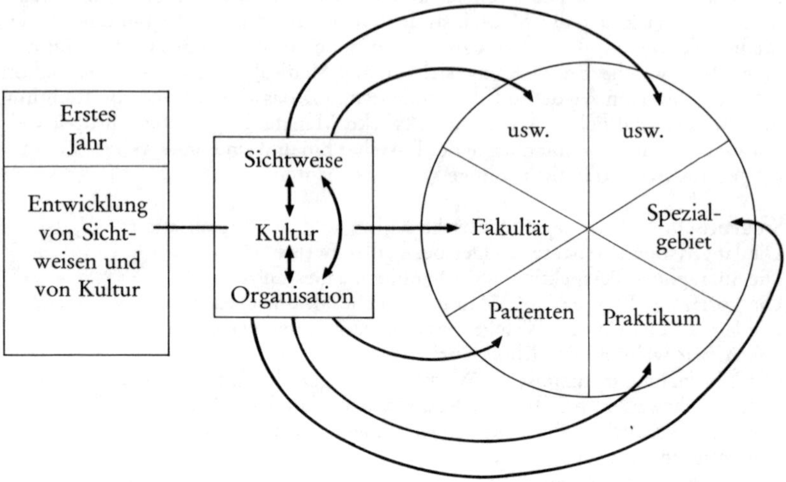

Abb. 19 Diagramm von Howard Becker u.a., *Boys in White*

Das Diagramm hat drei wichtige Funktionen. Erstens erfaßt es gut die elementare Analyserichtung des Buches; zweitens reflektiert es deutlich die grundlegende Organisation des Buches. Drittens deutet es noch etwas an, was mit dem Sachregister des Buches schnell nachgeprüft werden kann. Die zentralen Kategorien, die aus der Forschung entwickelt und im Buch abgehandelt werden, sind im Index aufgelistet; aber nur wenige andere Kategorien sind ausgearbeitet und benannt worden, z.B. die zahlreichen Strategien der Studenten. Kurz gesagt läßt sich aus dem Diagramm schließen, daß in jedem Kapitel womöglich zusätzliche Unterkategorien hätten entwickelt werden können – oder vielleicht auch nicht. Im Buch wurden keine weiteren Kategorien benutzt. Studentische Kultur und Sichtweise sind die Schlüsselkategorien, was aus dem Text, den Kapitelüberschriften und dem Register eindeutig hervorgeht. Diese Studie ist zwar sorgfältig auf Schlüsselkategorien hin organisiert – und gut integriert –, aber von der Konzeptualisierung und selbst von der Dimensionalisierung und Subdimensionalisierung der Schlüsselkategorien her nicht besonders dicht. Dieser Teil der Konzeptualisierung bleibt, wie das im Diagramm auch angedeutet wird, eher implizit, als daß er explizit gemacht wird; und in dieser Hinsicht unterscheidet er sich nicht so sehr von den Konzeptualisierungen vieler anderer guter Analysen aus der qualitativen Forschung. Vor Jahren einmal haben mir zwei Leser dieser Monographie den impliziten Charakter weiter Teile der Analyse, aber andererseits wieder ihre Unausgereiftheit deutlich gemacht. Ein befreundeter Arzt erzählte mir, daß dieses Buch in ihm ein unbehagliches Gefühl erzeugte, weil „diese Außenstehenden so viel erfahren!" Ganz anders ist die Reaktion eines Soziologen, der diese Art von Forschung sehr schätzt und dennoch das Buch mit einem Gefühl von Enttäuschung gelesen hat: „Es enthält wirklich nur wenige *Ideen*."

IV.

Fred Davis über die „Leugnung der Behinderung" (1961): In diesem bekannten Aufsatz geht es um Schlußfolgerungen aus Interviews mit Personen, die sichtbare

Behinderungen haben (siehe auch Anhang). Wie an einer Kapitelüberschrift deutlich wird, ist der Forscher grundsätzlich an der „Behinderung als Bedrohung für die soziale Interaktion“ und am „Prozeß der Leugnung der Behinderung und der Normalisierung“ interessiert. Die Spannweite reicht von einer sehr erschwerten bis weniger komplizierten und sogar bis zur „gemeisterten“ normalen Interaktion. Im Titel des Aufsatzes wird pauschal die Richtung dieses ganzen Interaktionsablaufs als Phase benannt: „Leugnung der Behinderung: Das Meistern einer erschwerten Interaktion“.

Die Behinderung als eine Bedrohung zerfällt konkret in drei Bedingungen: (1) die Behinderung steht im Brennpunkt der Interaktion; (2) sie ist ein alles mit sich reißendes Potential und (3) ein Widerspruch von Zuschreibungen. Auch die Phasen der Leugnung der Behinderung und der Normalisierung werden benannt: (1) eingebildete Akzeptierung; (2) Erleichterung wechselseitiger Rollenübernahme im Hinblick auf ein normalisiertes Selbstbild; (3) die Verfestigung einer Definition des Selbst, „das normal ist in seiner moralischen Dimension, wie eingeschränkt es in bezug auf seine situativen Kontexte auch sein mag.“

Unterschiedliche Reaktionen in einer Phase behandelt der Autor als interaktionale Konsequenzen und Bedingungen. Er zählt auch eine Reihe von interaktionalen Strategien auf, mit denen die Behinderten arbeiten. Nebenbei werden noch einige langfristige Konsequenzen erwähnt. Gute Freunde übersehen oft „die Tatsache der Behinderung und der dadurch auferlegten Einschränkungen“; und der nicht behinderte Mensch muß einen Teil seiner gewöhnlichen „Normalität“ dadurch aufgeben, „daß er sich mit einer gegenüber der ‚philisterhaften Welt der Normalen‘ marginalen, nahezu entfremdeten, nicht besonders toleranten Orientierung des Außenstehenden einläßt.“

Der Fokus dieser Arbeit liegt also auf der Prozeßhaftigkeit (Phasen), auf den einzelnen Phasen in Interaktionen, auf Bedingungen für die Überwindung der erschwerten Interaktion und auf dem Wunsch des Behinderten, die Interaktion so zu meistern, daß er sich auf eine unbelastete, normale Interaktion zubewegen kann. Eine normalisierte Interaktion zustandezubringen gehört zu den Hauptstrategien eines behinderten Menschen. Spezielle Taktiken werden erwähnt, stehen aber nicht im Zentrum der Analyse. Ein Diagramm, das den größten Teil dieser analytischen Struktur erfaßt, könnte wie das in Abbildung 20 aussehen.

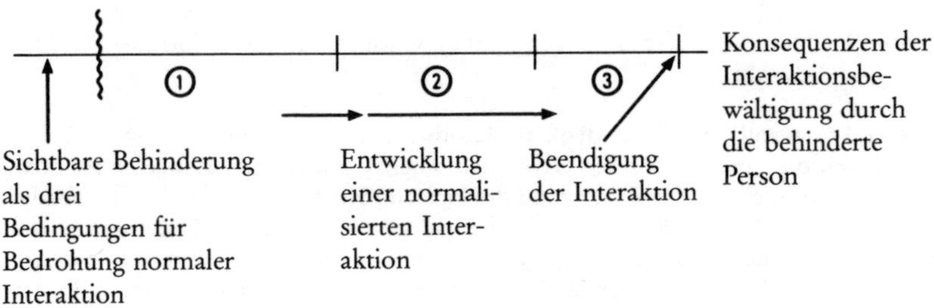

Abb. 20 Diagramm von Fred Davis: „Erschwerte Interaktion“ – drei Phasen.

V.

Time for Dying von Barney Glaser und Anselm Strauss (1968): Diese Monographie ist das zweite Hauptwerk, das nach dem Analysemodus der Grounded

Theory geschrieben ist, und viele der bis jetzt diskutierten Punkte werden hier veranschaulicht. Im Mittelpunkt des Buches steht die Schlüsselkategorie *Verlaufskurve,* die Kapitel ergeben sich aus der Phasenabfolge der Verlaufskurve. Die einzelnen Phasen beschreiben im wesentlichen, wie sich kranke Menschen in Kliniken auf ihren Tod zubewegen und wie die komplexen Interaktionen, die auch die Handlungen der Kranken einschließen, in deren Umkreis beschaffen sind. Für jede Phase werden entscheidende Bedingungen formuliert; die Interaktion wird im Hinblick auf eine Reihe von Kategorien dicht analysiert; Strategien und damit verbundene Taktiken sind explizit festgehalten und in Bezug gesetzt zu den Bedingungen, unter denen die Akteure handeln; Konsequenzen für den Patienten, das Klinikpersonal, die Station und das Krankenhaus sind aufgelistet. *Darüber hinaus* werden diese Konsequenzen wieder zu Bedingungen für die *nächste* Phase. (Wir heben diese Wörter hervor, um zu betonen, daß sich die Verlaufskurvenphasen Schritt für Schritt entwickeln und daß die Forscher versucht haben, diese Bewegung analytisch darzustellen; sie wollten diese Bewegung nicht deskriptiv oder als Bauklötzchenspiel darstellen, das bis auf die Reihenfolge des Legens keine besondere innere Verbindung hat.) Das sich daraus ergebende Diagramm findet sich in Abbildung 21.

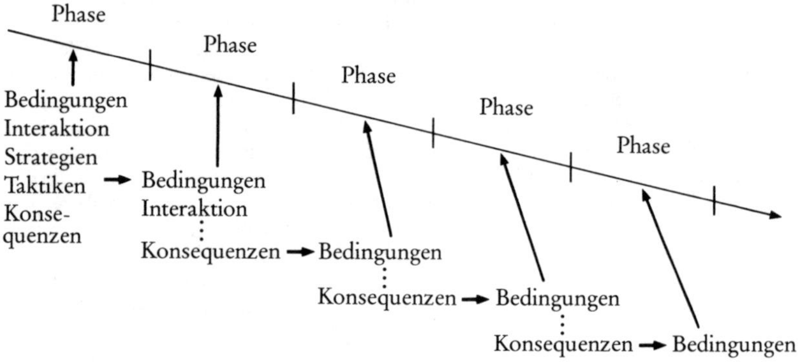

Abb. 21 Die „Verlaufskurve“ von Barney Glaser und Anselm Strauss als Diagramm.

Der Leser soll aber nicht denken, daß dies der einzige Fall von analytischer Logik sei, die eine im Stil der Grounded Theory aufgebaute Arbeit leitet oder dieser zugrundeliegt! Natürlich muß die logische Struktur von der Art der Studie – oder einem Aspekt der Studie – abhängig gemacht werden. Ein gutes Mittel gegen die falsche Annahme, daß „nur eine Logik möglich“ sei, besteht nun darin, *Awareness of Dying,* das Pendant zu *Time for Dying,* zu analysieren; denn der logische Aufbau dieses Buches ist völlig anders, obgleich die „Regeln“ des Kodierens, der Integration usw. identisch sind. Wie ein scharfsinniger Leser einmal sagte: „Wenn man diese Monographie (*Awareness of Dying* – Anm. d. Übs.) liest, dann ist es, als ob man langsam um eine Statue herumgeht, liest man aber *Time for Dying,* dann ist es, als ob man eine Zeitlinie abschreitet, wo bei jedem Schritt sehr viel passiert.“ Ein im Grunde für sich selbst sprechendes Diagramm zu einer neueren Monographie von Strauss u. a. *The Social Organization of Medical Work* (1985) würde ungefähr so aussehen wie das in Abbildung 22.

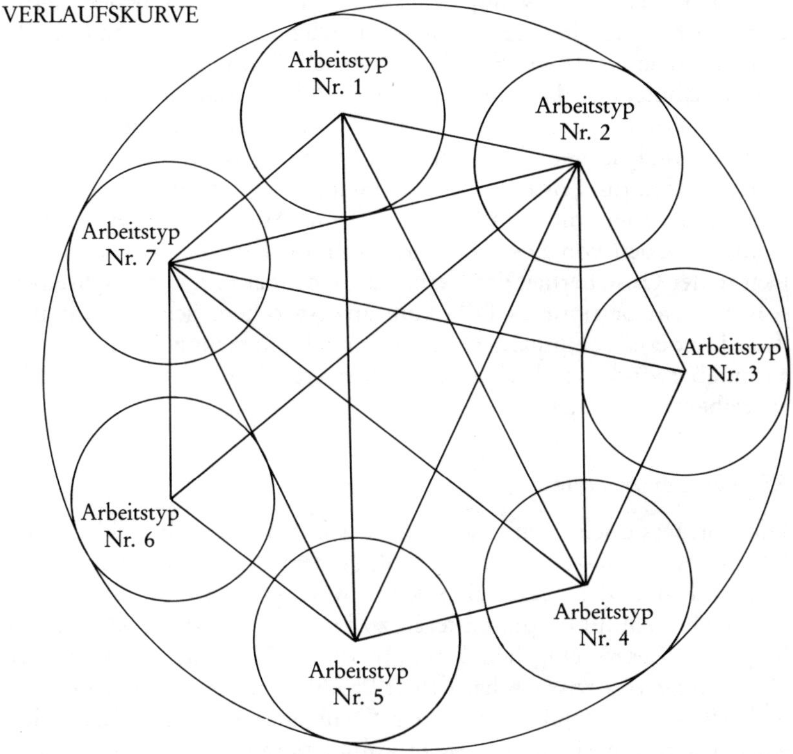

Abb. 22 Diagramm von Anselm Strauss u. a.: *The Social Organization of Medical Work.*

Von der Analyse nach der Grounded Theory zum Forschungsbericht[14]

In der Methodologie der Grounded Theory ist das Schreiben die Umkehrung, also das Spiegelbild des Lesens. Deshalb folgt dieser Abschnitt jenem über das Lesen. Wir sehen, daß unsere Studenten in

[14] Ergänzend zu diesem Abschnitt sollte man Kapitel 8 „Theoretical Writing" im Buch von Barney Glaser *Theoretical Sensitivity* (1978) lesen.

Forschungsseminaren, so kommt es uns als Dozenten zumindest vor, die größten Schwierigkeiten mit dem Schreiben haben; das kommt entweder daher, weil sie ihre Analysen unvollständig durchführen, oder aber, weil sie zu wenig Vertrauen in ihre Analysen haben, selbst dann noch, wenn diese schon längst ausreichen, um eine gute Grundlage für einen effektiven Bericht abzugeben. Wir neigen in der Tat zu der Annahme, daß das fehlende Vertrauen beim Schreiben eines Forschungsberichts zum größten Teil von einer unvollständig durchgeführten Analyse herrührt – und mithin die größere Barriere beim Schreiben ist. Ein dritter Grund für Hemmungen, Schwerfälligkeiten, sogar Blockaden, die man besonders beim Abfassen von Aufsätzen, weniger jedoch von Dissertationen oder Büchern beobachten kann, liegt in der Unsicherheit des Verfassers, worüber und wie er schreiben soll, um ein bestimmtes Publikum anzusprechen. Schauen wir uns diese Hindernisse einmal genauer an, um mit ihnen umgehen zu lernen, sie zu überwinden und schließlich den eigentlichen Forschungsbericht schreiben zu können.

Klarheit der Analyse

Jeder professionelle Autor weiß, daß er in Schriften, die erklärenden Charakter haben – es sei denn, er folgt einem abgedroschenen Muster –, den Faden der Geschichte klar im Kopf haben muß, um die Geschichte dann klar präsentieren zu können, so daß sie klar in den Kopf des Lesers eingehen kann. In dieser Hinsicht ist es bei der Darstellung von wissenschaftlichen Produkten, die nach der Grounded Theory entstanden sind, kein Deut anders. In der Grounded Theory sind die Materialien nicht komplizierter oder auf einer komplexeren Interpretationsebene angesiedelt als in einem anderen Analysemodus. Der Hauptunterschied liegt in der Vorläufigkeit der Analyse, was sich dann im Kompositionsprinzip eines Forschungsberichts niederschlagen müßte.

Und so ist es auch. Aber wie sieht das aus? Jede Schrift, ob sie nun an Sozialwissenschaftler oder an Nichtfachleute gerichtet ist, ob sie als Aufsatz oder als Buch verfaßt ist, beruht – oder sollte beruhen – auf einer sehr intensiven Vorbereitung, das bedeutet Kodieren, Memoschreiben, Sortieren und dann wieder Überprüfen der Memos und Reflektieren auf diese Überprüfung. Wie Barney Glaser (1978) schreibt, sollte es dem Forscher, wenn er diese Analyse gründlich durchgeführt hat, nicht übermäßig schwer fallen, seine analytischen Bemühungen in eine erste Manuskriptfassung umzusetzen.

Achten Sie auf den wertenden Ausdruck „übermäßig"; denn mit

Sicherheit ist diese Aufgabe auch dann nicht ganz leicht zu erfüllen, vor allem unter der Maßgabe, für ein bestimmtes Publikum zu schreiben oder psychisch blockiert zu sein; darauf kommen wir später noch zu sprechen. Aber hier haben wir es unmittelbar mit dem Problem zu tun, daß die Klarheit der analytischen Logik eine Voraussetzung dafür ist, die Qualen zu mildern, unter denen die ersten Umrisse für den Entwurf der Organisation des Manuskripts zustandekommen, was danach die Entstehung des Forschungsberichts erleichtert.

Wie wir immer wieder betont haben, müssen Sie während der Arbeit am Manuskript natürlich völlig offen sein für Erweiterungen, Ergänzungen und sogar Veränderungen in der von Ihnen skizzierten analytischen Struktur sowie in Ihrem Entwurf, in dem sich diese Struktur widerspiegelt. Sie werden auch feststellen, daß gute Memos oder Memosegmente ausgezeichnet zu bestimmten Abschnitten in Ihrem Entwurf passen und nach entsprechender sprachlicher und terminologischer Überarbeitung auch benutzbar sind. Ein gutes zusammenfassendes Memo kann für einen Abschnitt im Gesamtentwurf sogar Titelzeilen liefern. Und wenn Sie entdecken, daß ein wertvolles Memo analytisch nie richtig durchgearbeitet worden ist, dann können Sie das an dieser Stelle nachholen – und gegebenenfalls zu Kodierungen oder Daten zurückgehen – und somit diesen Abschnitt des Manuskripts, an dem Sie gerade arbeiten, verdichten.

Doch nachdem Sie alles gesagt und getan haben und der erste Manuskriptentwurf abgeschlossen ist, dann ist Ihrer Aufgabe, einen Forschungsbericht zu schreiben, mit größter Wahrscheinlichkeit noch nicht Genüge getan. Was den analytischen Strang der Geschichte betrifft, so sind noch mindestens drei Aufgaben zu erledigen. Die erste Aufgabe ist die, daß Sie eine Zeitlang sozusagen in der Geschichte leben: Wie lange, hängt von der Person, von der Erfahrung mit dieser Art des Schreibens oder von der Art des Themas usw. ab. Wenn Sie dann mit Details der Geschichte noch nicht zufrieden sind, modifizieren Sie diese. Das analytische Gerüst sollten Sie nicht von Grund auf verändern müssen. Die zweite Aufgabe besteht darin, daß Sie darüber nachdenken, wie klar Sie Ihre Analyse dargestellt haben. Ist sie wirklich ganz klar, eindeutig? Eine dritte Ausgabe hat weniger mit dem Problem der Klarheit als mit dem der Wirkung der präsentierten Analyse zu tun: Ist sie in einer möglichst effektiven Form (für ein gegebenes Publikum) dargestellt worden? Kann sie an der einen oder anderen Stelle im Manuskript noch effektiver formuliert werden und wie? (Doch diese Aufgabe bringt uns zum Thema Publikum, das nach dem Abschnitt über dasVertrauen in die Analyse diskutiert wird.)

Vertrauen in die Analyse

Wir haben schon einmal darüber gesprochen, daß unsere Studenten, sobald sie mit dem Schreiben anfangen und erst recht während des Schreibens, manchmal blockiert sind, wenn ihnen das Vertrauen in ihre Analyse fehlt. Habe ich die Analyse wirklich richtig gemacht? Habe ich etwas Wesentliches ausgelassen? Habe ich auch tatsächlich die Schlüsselkategorie erfaßt? Wenn diese Fragen bejaht werden können, bleibt immer noch der Zweifel: Habe ich detailliert genug gearbeitet (konzeptuelle Dichte)? Die Antworten auf diese Fragen können ja, nein oder vielleicht sein! Doch das Problem ist hier nicht, ob die Analyse in angemessener Weise und intensiv genug durchgeführt worden ist, sondern es geht um das Vertrauen, daß man die Antworten auf diese Fragen wirklich kennt. Selbst erfahrene Forscher sind sich vielleicht nicht immer sicher und müssen erst lange darüber nachdenken, um herauszufinden, wo genau die Lücken in Ihren Analysen sind – oder um nach einer nochmaligen Durchsicht ganz sicher sein zu können, daß die Analyse keine schwerwiegenden Lücken aufweist. Ob erfahren oder nicht, eine häufig angewandte Strategie, mit der sich das Gefühl der Unsicherheit eindämmen läßt, ist „der Versuch" – probieren Sie aus, wie andere Leute, einzelne Personen oder Gruppen, in informellen oder formellen Kontexten auf Ihre Analyse reagieren. Durch die Vorstellung seiner Arbeit in Seminaren und inoffiziellen Forschungskolloquien, die regelmäßig abgehalten oder eigens anberaumt werden, kann der Forscher lernen, Vertrauen zu entwickeln in seine – vorläufigen oder endgültigen – Analysen und auch in die im Forschungsbericht eingebundenen Analysen. Positiv aufgenommene Vorträge bei Kongressen oder Tagungen können zur weiteren Validierung einer Analyse und ihrer erfolgreichen Behandlung in der Fachliteratur beitragen.

Nichtsdestoweniger stellt sich kurz vor dem Schreiben oder sogar noch in der Schreibphase fast ausnahmslos eine gehörige Portion Angst davor ein, ob das Ganze effektiv zu Ende geführt werden kann oder wird. Schließlich sind manche Menschen eben Perfektionisten und können sich anscheinend nicht mit einer Leistung zufriedengeben, die unter dem Idealniveau liegt. Das kann natürlich bedeuten, daß es überhaupt keinen Forschungsbericht gibt oder einen, der mit großer Verspätung veröffentlicht wird. Wieder andere Forscher haben generell zu wenig Vertrauen in sich und ergehen sich in Grübeleien über ihre eigene Fähigkeit, diese spezielle Aufgabe fertigstellen zu können.

Die meisten haben sich einen bestimmten Stil und Habitus beim Schreiben angeeignet, die sich in einer jahrelangen Produktion von Schulaufsätzen und Thesenpapieren entwickelt haben, von Texten also, die unter dem Druck einer engen Zeitplanung schnell und oft oberflächlich – und ohne sorgfältige Überarbeitung des Entwurfs – verfaßt wurden. Nun muß der Forscher, auch wenn ihm ein Termin für seine Arbeit gesetzt ist, seine eigene Zeitplanung machen; er muß jedenfalls erkennen, daß die dahingeworfene und oft oberflächliche Art des Schreibens das krasse Gegenstück zu dem ziemlich komplizierten, dichten, straff organisierten Stil ist, wie er der Methodologie der Grounded Theory angemessen ist, besonders dann, wenn es um eine Dissertation oder um Monographien geht.

Diese Ängste und Sorgen, die sowohl im Stil der Grounded Theory arbeitende Forscher als auch andere Sozialwissenschaftler haben, können zusätzlich abgeschwächt werden, indem man seine Analyse schon vor oder während der Arbeit am endgültigen Forschungsbericht mündlich vorstellt oder indem man einen oder zwei Aufsätze schreibt, bevor man sich – ernsthaft – an die lange und eigentliche Aufgabe des Schreibens macht. Als Student empfiehlt es sich außerdem, in diesen Produktionsmodus einzusteigen, um sich so auf zukünftige Forschungsvorhaben und Publikationen vorzubereiten. Wenn dann noch ein Verlag einen oder zwei Aufsätze zur Veröffentlichung annimmt, kann das einem Forscher, der unter einem lädierten Selbstvertrauen oder an hartnäckigen Zweifeln an seinen Forschungsfähigkeiten leidet, mächtig Auftrieb geben.

Leserschaft

Eine Monographie zu schreiben sollte in bezug auf die Frage: „Für welches Publikum?“ kein großes Problem sein, da der Forscher gewöhnlich die Kollegen seines Fachgebiets oder seiner Disziplin und vielleicht Wissenschaftler aus benachbarten Disziplinen ansprechen möchte. Auch die Frage, welcher Präsentationsstil bei dieser Adressatengruppe angezeigt ist, sollte lösbar sein. Eine Dissertation zu schreiben ist dagegen problematischer, weil ihr Präsentationsstil auf die Prüfungskommission zugeschnitten ist; denn, wo man hinschaut, machen sich Doktoranden Gedanken über die einzelnen Fakultätsmitglieder, die der Prüfungskommission angehören, und darüber, wie man es fertigbringt, sie alle in gleicher Weise „anzusprechen“. Nicht ein einziges dieser Probleme ist auf die Arbeit im Stil der Grounded Theory beschränkt. Doch gibt es ein paar problematische Punkte, die vielleicht nur in diesem Kontext relevant sind.

Zunächst ist es so, daß nach unserem Analysemodus verfaßte Zeitschriftenartikel genauso negativ aufgenommen werden können wie Publikationen, die auf anderen qualitativen Analysemodi basieren, wenn sie von quantitativ orientierten Wissenschaftlern begutachtet werden. Vielleicht haben Forscher, die nach der Grounded Theory arbeiten, noch das zusätzliche Problem, daß ihre Analysemethoden sogar von Gutachtern, die mit dem qualitativen Analysemodus Erfahrung haben, nicht verstanden werden. Diesem Mangel an Verstehen kann nicht dadurch abgeholfen werden, daß man in einem Fachjargon redet, der bei den Gutachtern eine zu große Vertrautheit mit dieser Begrifflichkeit voraussetzt oder über den sie sich möglicherweise ärgern. Abhilfe kommt auch nicht unbedingt daher, daß zum Zweck der Legitimation oder Information Grounded Theory-Veröffentlichungen zitiert werden. Worauf es vielmehr ankommt, ist eine klare Formulierung, welche Verfahren eingesetzt worden sind, und das möglichst anhand einiger Beispiele (wenn auch nur in Fußnoten), so daß die Gutachter und später auch die Leser besser verstehen können, was in dem Aufsatz geleistet wurde. Wenn schließlich die Gutachter sich nicht überzeugen lassen und der Herausgeber das Manuskript zurückweist, dann kann man es immer noch bei einem anderen Verlag einreichen. (Jeder Wissenschaftler sollte so verfahren, wenn seine Arbeit nicht angenommen wird; denn das ist ein durchaus gängiges Verfahren in unserer Profession.) Wenn ein Verlag Ihr Manuskript ablehnt, sollten Sie sofort die Gutachten zur Einsicht anfordern, falls das nicht schon geschehen ist: Dadurch können Sie etwas über den Hintergrund erfahren, weshalb Ihre Arbeit für bestimmte und durch die Gutachter repräsentierte Leserschaften nicht geeignet ist; und Sie erfahren, wie eben diese Leserschaften der Tendenz nach auf genau diesen Artikel reagieren. Wenn man aus einem solchen Vorgang seine Lehren zieht, kann einem das darin bestärken, sein Manuskript für die im Grunde gleiche Leserschaft einer anderen Fachzeitschrift umzuschreiben. Wenn Sie die ablehnenden Gutachten vor sich haben, können Sie auch mit dem Herausgeber, der Ihr Manuskript abgelehnt hat, inhaltlich argumentieren: Es gab schon Fälle, wo nach der Grounded Theory arbeitende Forscher ihre Sache dem Verlag gegenüber sehr effektiv vorgetragen haben und eine andere Lesart erreichen konnten, so daß der Verlag schließlich den umstrittenen Aufsatz angenommen hat.

Besonders schwer haben es Krankenschwestern, Pädagogen oder auch andere Forscher, die nach der Methodologie der Grounded Theory arbeiten, wenn sie Manuskripte bei Zeitschriften aus ihrem eigenen Fachgebiet einreichen. In der Krankenpflege, die (zumindest in den Vereinigten Staaten) heftig nach der Anerkennung von Wissenschaftlichkeit strebt, wird vielleicht jedes Manuskript mit einer qualitativen Analyse sehr schnell abgelehnt – und diese Lesart mit Sicherheit als „Grounded Theory“ bezeichnet. Aber was kann man tun, außer daß man die abschlägigen Kommentare der Gutachter zur Kenntnis nimmt und es, wenn möglich, noch einmal mit demselben Verlag probiert oder sein Manuskript bei einer anderen Zeitschrift einreicht? Unser Vorschlag ist der, daß man den Gutachtern eine scharf formulierte, aber höflich gehaltene und überaus detaillierte Kritik an ihren Kommentaren vorlegt, um ihnen auf diese Weise ihre Mißverständnisse und Fehldeutungen vor Augen zu führen.

Ein zweites Problem, dem man sich als Verfasser von Forschungsberichten gegenübersieht – und das man mit anderen Sozialwissenschaftlern teilt –, ist folgendes: Wie schreibt man für ein nichtwissenschaftliches Publikum oder für eine gemischte Leserschaft aus Sozialwissenschaftlern und anderen Lesern? Aber schauen wir uns zunächst die einfachere Aufgabe an, nämlich für eine homogene nicht-wissenschaftliche Leserschaft, z.B. für Leute aus dem Gesundheitswesen zu schreiben. Man sollte seinen Schreibstil auf die anvisierte Leserschaft (und die Zeitschrift) abstimmen, den Text von überflüssigem Fachjargon bereinigen usw. – so gehen auch andere Sozialwissenschaftler vor. In dieser Hinsicht gibt es tatsächlich keine speziellen Probleme, mit denen es ausschließlich nach der Grounded Theory arbeitende Forscher zu tun haben. Der beste Ratschlag, den man geben kann, ist ganz einfach: Schauen Sie sich die Zeitschrift, in der Sie publizieren möchten, genau an, und vermeiden Sie einen Schreibstil, der ihr völlig unangemessen wäre (Länge des Artikels, überlange Zitate aus Beobachtungsprotokollen usw.); versuchen Sie, sich in die Denkprozesse Ihrer antizipierten Leser hineinzuversetzen und über die Entwicklungen in ihrem Arbeitsbereich oder Vorgänge in ihrem Leben nachzudenken.

Wenn Sie für eine gemischte Leserschaft aus Kollegen und, sagen wir, Leuten aus anderen professionellen Bereichen (Staatsbeamte, Angestellte im Gesundheitswesen, Sozialarbeiter, Rechtsanwälte, Ingenieure usw.) schreiben, besteht die Kunst für einen Forscher, der nach der Grounded Theory arbeitet, darin, daß er „Theorie“ anbietet; *aber* diese muß so dargestellt sein, daß andere potentielle Leserschaften in dem Artikel oder der Monographie die Mitteilung von „Ergebnissen“ oder die Abbildung von „Wirklichkeit“ sehen können. Leute, die im Gesundheitswesen tätig sind und z.B. *Awareness of Dying* und *Time for Dying* gelesen haben, waren mit dem Gesagten oft einer Meinung oder stellten fest: „Genau so ist es!“ (vielleicht mit einem

„Aber", und dann fügten sie der von ihnen nicht erkannten, im Text enthaltenen theoretischen Struktur eine weitere Variante hinzu). Woran Sie beim Schreiben unbedingt denken sollten, ist das Ziel, daß sowohl die Kollegen als auch die anderen Rezipienten imstande sein müssen, die Veröffentlichung zu lesen und diese in ihrem jeweils *eigenen* Kontext zu verstehen.[15]

Es ist allerdings nicht notwendig, daß der Leser die Schrift so versteht wie der Forscher – das kann er doch nicht; worauf es ankommt, ist, daß eine Publikation etwas mehr bewirkt, als die Leser nur zum bejahenden Nicken zu bewegen oder sie in ihren Ansichten zu bestärken. Das Ziel des Forschers sollte es sein, daß die Leser intensiver und in einer neuen Sichtweise über ihre Erfahrungen und Ansichten, wie sie in der Publikation beschrieben sind, reflektieren. „Ich habe in diesem Sinne nie darüber nachgedacht", ist die metaphysische Saite, die wir zum Klingen bringen sollten. In John Deweys Terminologie (obwohl er hier über die Reaktionen von Nicht-Fachleuten auf Kunst spricht) heißt das, daß wir nicht nach „Erkenntnis" suchen sollten: „Bloße Erkenntnis ist befriedigt, wenn sie mit einer ‚echten' Bezeichnung oder Etikettierung verbunden ist. ... Sie schließt keine Aufregung in sich ... keine innere Bewegung" (1934, S. 53). Wir wollen aktive, gedankenvolle, tiefe Reaktionen – oder weshalb sonst schreibt man für diese Leserschaften?

Die Theorie formulieren

Wenn Sie Bücher und längere Artikel schreiben, in denen Sie *auch* Ihre Theorie mit den darin eingebundenen Ergebnissen ziemlich ausführlich vorstellen möchten, dann sind Sie mit einem Thema befaßt, das Sie mit allen Sozialwissenschaftlern, die Theorien formulieren, teilen. Sie (und Sie) beschäftigen sich aktuell mit Theorie, sind sich aber dessen vielleicht nicht bewußt und bauen diese vielleicht nach

[15] Zu den diskutierten Punkten über Klarheit der Analyse, Vertrauen in die Analyse und Leserschaft kommen noch die Momente, die über den Erfolg eines Autors entscheiden: Wie verfaßt man wirkungsvolle Publikationen und das so zügig wie möglich und ohne psychische Blockade? Da es jeder Autor – ob Sozialwissenschaftler oder nicht – mit diesen Problemen zu tun hat, werden wir hier nicht darüber sprechen. Sehr guter Rat kommt von Howard Becker (1986), der die Probleme beim Schreiben anspricht, die seine Studenten hatten; er widmet sich auch den alltäglichen Problemen, wie man z.B. klar und eindeutig schreibt, und er nennt Gründe, weshalb manche Autoren das schaffen und manche nicht. Er gibt auch einige Tips, wie man die üblichen inneren Sperren gegenüber dem Schreiben überwinden kann.

traditionellen Mustern auf. Das führt dann dazu, daß manche Wissenschaftler formale Aussagen (z.B. „wenn *x*, dann *y*") präsentieren, die sie mit einer erläuternden Diskussion kombiniert haben; doch aus den genannten Gründen gehen nicht sehr viele qualitativ arbeitende Forscher nach diesem Verfahren vor. Manche Verfasser präsentieren Aussagen in weniger formalisierten Begriffen und sind sich vielleicht dennoch der Notwendigkeit wissenschaftlicher Aussagen bewußt. Doch andere würden das als Ideologie und weniger als wissenschaftlichen Imperativ bezeichnen, oder wahrscheinlich ist es so, daß sie den strengen Aussagemodus für ihre eigenen Schriften einfach als ungeeignet ansehen – und als Leser im konkreten Fall oft langweilig finden. Nach der qualitativen Methode arbeitende Wissenschaftler schreiben ihre Theorien normalerweise im diskursiven Stil und zitieren oft zeilen-, abschnitts- oder sogar seitenweise aus ihrem Datenmaterial. Das ist in jedem Falle so, ob sie nun bestimmte Phänomene deskriptiv beschreiben, die Sichtweisen ihrer Akteure im Forschungsfeld optimal vermitteln möchten, oder ob sie den Leser überzeugen möchten, daß ihre Interpretation der Daten schlüssig ist. Sehr viele echte Propositionen können in die Monographie bzw. Artikel eingehen, doch werden sie kaum als formale Aussagen präsentiert – auch im Sachregister kaum als solche aufgeführt – und sind immer in einem mehr oder weniger fruchtbaren Kontext von Diskussion und Interpretation eingebettet.

Die nach dem Modus der Grounded Theory schreibenden Forscher – die eine komplexe Theorie herausstellen, die Sichtweisen der Akteure verstehbar machen möchten, die Glaubwürdigkeit von Erklärungen anstreben usw. – verzichten im allgemeinen auf formale wissenschaftliche Aussagen und wählen Darstellungsformen, in denen implizite Aussagen in einen Kontekt von Diskussion und Deskription eingebettet sind. Folgendes ist noch anzumerken (und ich zitiere hier aus einer jüngeren Monographie, Strauss u. a. 1985, S. 296):

> In unseren Monographien ... versuchen wir, die Daten intensiv zu analysieren ... so daß wir daraus eine integrierte und dichte Theorie konstruieren können. Also sind die Zitate aus Interviews und Beobachtungsprotokollen im allgemeinen überschaubar und oftmals in die Analyse eingearbeitet. Längere Zitate (besonders aus Beobachtungsprotokollen) werden herangezogen, um Fallbeispiele zu illustrieren ... oder dann, wenn die im Beobachtungsprotokoll beschriebenen Ereignisse oder Aktionen dazu beitragen können, daß sich die Leser in Verbindung mit den genannten analytischen Punkten eine genaue Vorstellung machen können; dies ist vor allem dann wichtig, wenn die Ereignisse und Aktionen auf anderem Wege nur schwer erfaßbar sind. ... Und weil viele Leser mit dem, was in Krankenhäusern vor sich geht, vielleicht überhaupt nicht vertraut sind, wird das Illustrationsmaterial

manchmal dazu benutzt, diese Lücke zu schließen, auch wenn wir dieses Problem im allgemeinen mit unseren eigenen Worten lösen.

Unser Ziel, eine *komplexe* Theorie, eine verstehbare, lesenswerte, brauchbare und sich entfaltende Theorie zu entwickeln und zu formulieren, hat uns vor einigen Jahren zur folgenden Äußerung bewogen (Glaser/Strauss 1968, S. 32):

Durch die diskursive Form, in der die Theorie formuliert ist, haftet ihr ein Hauch von „immerwährender Entwicklung“ an; sie wird dadurch ergiebig, komplex und dicht und gleichzeitig gut verstehbar in ihrer Angemessenheit und Relevanz. Auf der anderen Seite ist eine in propositionaler Form geschriebene Theorie – von ein paar verstreuten Schlüsselaussagen vielleicht abgesehen – weniger komplex, dicht und ergiebig und außerdem mühsamer zu lesen. Implizit würde die Theorie durch diese Form tendenziell „einfrieren“, anstatt den Wunsch nach kontinuierlicher Weiterentwicklung zu wecken. Wenn es für (weitere) Verifizierungen notwendig sein sollte, können einzelne Teile der theoretischen Diskussion an jedem beliebigen Punkt zu Aussagen umformuliert werden. Doch ist diese Umformulierung eine rein formale Übung, weil die Konzepte schon in der Diskussion zueinander in Beziehung gesetzt werden. Darüber hinaus kann (man) aus einer Grounded Theory, ob sie in präpositionaler oder diskursiver Form geschrieben ist, ... logischerweise weitere Hypothesen ableiten. In der Tat gehören die Deduktionen aus einer Grounded Theory, in dem Maße, wie sich diese entwickelt, zu der Methode, nach der sich der Forscher beim Theoretical Sampling leiten läßt.

Wichtig ist, daß Sie als qualitativ arbeitender Forscher, ob Sie nun nach der Methodologie der Grounded Theory arbeiten oder nicht, die diskutierten Punkte verstehen. Denn dieses Verständnis wird Ihnen helfen: zumindest in *diesen* Aspekt Ihres Schreibens Vertrauen zu gewinnen; Sie vor Anwandlungen, nicht „wissenschaftlich“ genug zu sein, zu schützen; Ihre Bereitschaft, standardisierten Formen der Darstellung zu widerstehen, zu erhöhen; und Sie folglich darauf hinzuführen, teilweise oder vollständig neue Formen der Präsentation einer komplexen Theorie[16] zu erkunden.

[16] Ein schönes Beispiel dazu siehe Fisher/Galler 1988. Fisher ist in der Methodologie der Grounded Theory ausgebildet. In ihrem Artikel geht es darum, wie sich die gesundheitliche Beeinträchtigung auf die Freundschaft zwischen Frauen auswirkt; ihr Präsentationsstil ist auf eine feministische Leserschaft zugeschnitten. Außerdem handelt es sich um eine streng diskursiv-propositionale wie auch integrierte und dichte Schrift und um eine der besten qualitativen Analysen, die man in den populärwissenschaftlichen Publikationen findet.

13 Forschungsarbeit – Forschungsberatung und Lehre: Leitlinien, Strategien und Stil

Es ist nicht mehr als recht, daß wir nun noch einiges zu den Leitlinien, Strategien und zum allgemeinen Stil sagen, die unserem Vorgehen, den Studenten die Methodologie der Grounded Theory zu vermitteln und Projektmitarbeiter, Kollegen und andere Leute bei ihrer Forschungsarbeit zu beraten, zugrundeliegen. Nicht jeder Wissenschaftler, der diesen analytischen Ansatz vertritt, würde dem, was wir im folgenden sagen, unbedingt zustimmen; denn Strategien und Stile hängen vom Temperament des Einzelnen ab, von persönlichen Vorlieben und Zufälligkeiten in der Lehr- und Beratungssituation. Doch der Leser wird den Inhalt dieses Buches besser verstehen, wenn er weiß, daß die darin dargestellte Art des Lehrens und Beratens von den in diesem Kapitel besprochenen Momenten geprägt ist.

Wieder sind die genannten Punkte als Leitlinien zu verstehen und nicht als feste Regeln. Betrachten Sie diese bitte nicht als dogmatisch angelegte Rezepte, nach denen gelehrt und gelernt wird. In unserer Arbeit mit Forschungspartnern und Projektmitarbeitern gehen wir auch nach diesen Leitlinien vor, die für den allein arbeitenden Forscher wahrscheinlich genau so hilfreich sein können.

Es handelt sich dabei um Leitlinien für die Lehre und Beratung, wobei das Ziel nicht nur darin besteht, analytische Techniken zu vermitteln (obwohl das auch dazugehört) oder verfahrenstechnische Probleme zu lösen. Das Ziel besteht darin, die Kreativität der Studenten und ratsuchenden Forscher zu steigern und manchmal freizusetzen. Während die Forschung selbstverständlich ihre Routineabläufe und auch ihre routinehaften Aktivitätsschübe hat, involviert die beste Forschung – kann jemand ernsthaft daran zweifeln? – einen kreativen Prozeß durch einen kreativen Geist. Hier geht es also um die Frage, wie sich kreativer Prozeß und kreativer Geist fördern lassen.

Da es aber unterschiedliche strukturelle Bedingungen sind, die bei der Beratung von Forscherkollegen oder Projektmitarbeitern, bei der Beratung von Studenten und bei der Lehre in Forschungskolloquien wirksam sind, besprechen wir die Aktivitäten während der einzelnen Anlässe separat. Der Hauptteil der Diskussion wird jedoch der Situation im Forschungsseminar gewidmet sein.

Zuvor möchte ich noch ein paar allgemeine Dinge zu diesen Situationen anmerken. Die Beratung, wie man nach dem qualitativen Analysemodus arbeitet, und die Vermittlung dieses Analysestils können nicht nach einem vorgegebenen Schema ablaufen; dazu braucht es Berater und Dozenten, die äußerst sensibel und hellhörig auf Zwischentöne in der Interaktion mit den Ratsuchenden bzw. Studenten reagieren. Letztere betreten die Sitzungsszenerie in verschiedenen Phasen ihrer individuellen Forschungsarbeit und Forschungserfahrung – dasselbe trifft auch für den Berater bzw. Dozenten zu. Diese Phasen sind entscheidend für die Interaktion, weil von den Gegebenheiten einer Phase abhängt, was der Einzelne hört, bemerkt, sagt, und worauf er reagiert. Außerdem zeigen unsere hier wiedergegebenen Beratungs- und Lehrsituationen exemplarisch, daß die effektivste, oder zumindest rationellste Analyse oft nicht von einem Forscher allein durchgeführt wurde, sondern von zwei oder mehreren Leuten gemeinsam; denn sogar in Beratungsgesprächen sollten beide Parteien zusammenarbeiten. Oftmals wird die Interaktion für den einzelnen Teilnehmer zu einer Entdeckungsreise, selbst wenn jeder im Verlauf der Seminar- oder Beratungssitzung etwas ganz anderes herausfindet. Wir sollten nicht vergessen, daß ein Forscher, solange er im Analysieren von Daten noch nicht besonders erfahren ist, auf *manche* Schwierigkeiten trifft, wenn er es mit einer größeren Menge von Datenmaterial zu tun hat; diese Daten, so bemerkte ein Leser des Entwurfs dieses Buches, „scheinen chaotisch und angsteinflößend zu sein". In Beratungssitzungen und Lehrsituationen befassen wir uns häufig mit diesem Problem.

Die Beratung

Wenn Kollegen oder Forschungsmitarbeiter um Rat bei ihrer Forschungsarbeit fragen, dann muß dies einen Grund haben. Daraus läßt sich die Forderung ableiten, daß der Berater sorgfältig auf diesen Grund (oder diese Gründe) im Gespräch achtet – oder gegebenenfalls danach fahndet – und versucht, auf das Problem, das Thema, die Frage des Ratsuchenden einzugehen oder mit seinem „psychischen Zustand", durch den eine effektive Forschungsarbeit verhindert wird, adäquat umzugehen. Das Schlimmste, was passieren kann, ist, daß der Berater die explizite oder implizite Botschaft, die durch die Worte und Gesten des ratsuchenden Menschen mitgeteilt wird, übergeht. Also lautet die erste Regel: Hören Sie zu! Und die zweite Regel lautet: Es ist in dieser Situation nicht angebracht, Ihre eigene Brillianz zur Schau zu stellen oder Ihre eigenen Wünsche zu formulieren. Die Bedürfnisse des anderen stehen jetzt im Mittelpunkt, nicht die eigenen.

Folglich sind die ersten Fragen, die sich der Berater stellt oder auch laut formuliert: Was geht im Kopf dieses Menschen vor sich? Was erwartet er von dieser Sitzung? Ist er sich im klaren darüber, was er überhaupt möchte? In welchem Abschnitt seiner Forschungsarbeit befindet er sich – oder in welcher Lebenssituation, die sich eventuell nachteilig auf die Forschungsarbeit auswirkt? Da die Gründe, weshalb jemand zur Beratung kommt, sehr unterschiedlich sind und nicht immer sofort oder direkt auf der Hand liegen und manchmal vom Ratsuchenden selbst nicht klar identifiziert werden können, muß der Berater wachsam und geduldig sein und mit großer Sorgfalt auf die Botschaft zwischen den Zeilen achten: Kurz, er sollte ein aufmerksamer Zuhörer sein. Unter Umständen muß der Berater geschickte Strategien anwenden, um das Grundproblem, das gelöst werden soll, herauszuarbeiten oder formulieren zu helfen.

Hat der Berater dieses Grundproblem erfaßt oder erraten, dann ist die nächste Regel zu beachten: Arbeiten Sie in dem vom Ratsuchenden gesetzten Rahmen – es sei denn, dieser hat seine Unzufriedenheit oder sogar seine Verzweiflung über die Praktikabilität dieses Rahmens signalisiert. Der Berater versucht, bei der Ausarbeitung des Rahmenentwurfs zu helfen, diesen zu verdichten, zu erweitern, analytische Schlüsse daraus zu ziehen.

Wenn sich aber der gesetzte Rahmen (früher oder später) für den Ratsuchenden als unangemessen herausstellen sollte, dann kann der Berater vorsichtig alternative Zugangsweisen zum Datenmaterial vorschlagen. Wir meinen „vorschlagen", weil aufgenötigte Alternativen gewöhnlich nicht zum Erfolg führen und, falls der Ratsuchende sie annimmt, später mit großer Wahrscheinlichkeit wieder verworfen werden. Ein Vorschlag sollte – wie alle Ideen, Vermutungen, Hypothesen – als ein vorläufiger gegeben und angenommen werden; das Motto lautet: „Probieren wir ihn einfach aus." Wenn ein Vorschlag in diesem Sinne akzeptiert wird, dann ist der nächste Schritt der, daß beide Parteien den neuen Weg beschreiten und mit den Ideen, dem Konzept, Diagramm, Arbeitsrahmen – was auch immer – arbeiten, um zu sehen, wohin die Diskussion dann führt. Die Diskussion kann natürlich von einer genuinen Analyse nach der Grounded Theory bis zu grundlegenderen Fragen reichen, wie z.B. psychologischen oder Eheproblemen des ratsuchenden Forschers oder anderen Schwierigkeiten, die ihn in seiner Datenanalyse blockieren. Die wesentlichen Fragen sind in diesem Zusammenhang: Ist mein Ratschlag wirklich die Antwort auf das Problem oder die Probleme; und glaubt der Ratsuchende auch, daß meine Antwort die richtige ist?

Wenn die Antwort auf eine dieser Fragen negativ oder zweifelhaft ist, dann erforscht der Berater das Problem weiter oder schlägt vorsichtig andere Alternativen vor. Sind schließlich die Fragen aus der Sicht beider Parteien hinreichend beantwortet, dann sollte der Berater dem ratsuchenden Wissenschaftler empfehlen, daß er den einen oder anderen Weg, der sich in diesem Austausch abgezeichnet hat, einfach ausprobiert; und, falls dies sinnvoll oder möglich ist, kann der Berater darüber hinaus eine weitere Beratungssitzung anbieten. Auf jeden Fall sollte sich der Berater davor hüten (das ist eine weitere generelle Regel), den Ratsuchenden mit Dingen zu überschütten, die dieser während einer Sitzung nicht verarbeiten kann, selbst wenn es die einzige Beratungssitzung bleibt; denn das könnte die Effektivität der Beratung schmälern.

Am Rande sei noch hinzugefügt, daß unserer Erfahrung nach ein Bedürfnis nach Beratung oft dann entsteht, wenn der – manchmal in der Forschungsarbeit sehr erfahrene – Wissenschaftler eine gewisse Unzufriedenheit über die mehr quantitativ und positivistisch orientierten Methoden verspürt oder wenn er auch nur realisiert hat, daß sich mit diesen in seinen laufenden Forschungsprojekten nicht besonders gut arbeiten läßt. Beratung wird oft auch dann gesucht, wenn der übliche Berg an Datenmaterial zusammengetragen ist, der Forscher dann vor diesem erschauert und nicht mehr weiß, wie er einen Sinn hineinbringen soll, oder wenn ihm seine momentanen Interpretationen des Datenmaterials nicht gefallen.

Dann gibt es noch eine weitere Art der Beratung, die ihrer Form nach ein Diskurs über die Forschungsarbeit des Ratsuchenden und ein Austausch von Standpunkten ist, gleichzeitig aber Elemente eines Beratungsgesprächs, die implizit bleiben, enthält. Dabei kann es manchmal zu offenen Reaktionen auf die Vorschläge des Beraters kommen („Das hat mir wirklich sehr geholfen.“), doch manchmal sind die Reaktionen etwas gedämpfter. Die Strategien des „Beraters“ sind letztlich dieselben, als wenn die Beratung in einem offiziellen Rahmen stattfindet.

Die Beratung von Studenten

Die oben genannten Leitlinien lassen sich voll und ganz auf die Situation eines Studenten anwenden, der wegen seiner Forschungsarbeit zur Beratung kommt. Doch hier (wie auch bei der Beratung von jungen Kollegen oder Projektmitarbeitern) sind noch zwei besondere strukturelle Bedingungen im Spiel: Der Berater kennt nämlich sein Gegenüber mehr oder weniger gut und wird ihm in einem Seminar, bei anderen internen Gelegenheiten oder bei Projektsitzungen wieder begegnen. Außerdem braucht ein Student oder Projektmitarbeiter ohne Forschungserfahrung u.U. eher den direkten Ratschlag, zusätzliche Aufträge und sogar explizite Direktiven oder Weisungen. In diesem Falle lautet die Grundregel, daß man sich als Berater/Dozent eine weitere Beratungssitzung für den Zeitpunkt vorbehält, „wenn Sie so weit sind"; man kann mit dem Ratsuchenden auch einen bestimmten Zeitpunkt für das nächste Treffen vereinbaren, wenn dieser den engeren Kontakt braucht oder so zurückhaltend ist, daß er die nächste Sitzung nicht selbst initiieren würde.

Manchmal erwarten die Studenten oder Forscherkollegen eine Bewertung ihrer Arbeit oder sie fragen direkt: „Wie sieht es mit meiner Arbeit aus?" Auf diese Frage antwortet der Berater nach bestem Wissen und Gewissen und überlegt sich genau, was er sagt und wie er es sagt; er kann auch Ratschläge geben und/oder gemeinsam mit dem Ratsuchenden eine Lösung ausarbeiten, wie sich Schwächen bei seiner analytischen Arbeit oder auch andere Barrieren, die einer effektiven Forschungsarbeit im Wege stehen, beseitigen lassen. Wieder ist diese allgemeine Regel lediglich als Richtlinie gedacht, weil sie nicht alle denkbaren Situationen abdecken kann. In der Tat profitiert der Student manchmal mehr davon, wenn er direkt mit seinen Schwächen konfrontiert wird; eine solche Roßkur ist unserer Meinung nach aber nicht oft angezeigt; denn wenn sich der Berater in seinen Ausführungen vergreift, dann kann das fatale Folgen haben. Gleichgültig, ob man als Berater auf die Schwächen des Ratsuchenden abzielt oder seine Stärken heraushebt, ist es immer besser, ganz spezifische Aussagen zu machen, wie z.B.: „Sie haben die Fähigkeit, Zugang zum Datenmaterial zu finden; Ihre Daten sind aussagekräftig. Sie müssen aber noch kräftig daran arbeiten, daß Sie nicht einfach Sätze auf einer deskriptiven Ebene übersetzen und daß Sie anfangen zu lernen, wie man richtig kodiert. Das ist dann der nächste Schritt. Fangen Sie doch sofort damit an!" Das ist ein impliziter oder expliziter Kontrakt: „Machen Sie das, und ich werde darauf reagieren; ich werde den nächsten Schritt in dieser Beratung tun; aber erst dann, wenn Sie oder/und ich glauben, daß die Zeit dafür reif ist."

Die Vermittlung des Analysemodus im Seminar

Die genannten Leitlinien haben ebenso ihre Gültigkeit, wenn man die Analyse nach der Grounded Theory in Forschungskolloquien vermitteln möchte. Demungeachtet werden, wie die einzelnen Beispiele zeigen, unterschiedliche Lehrstrategien eingesetzt, die davon abhängen, wie geübt die Seminarteilnehmer im Analysieren schon sind und was der Student, der Daten im Kolloquium vorstellt, von der betreffenden Sitzung erwartet. Im allgemeinen jedoch ist der Vermittlungsstil, der unten skizziert werden soll, wie folgt gekennzeichnet.

Es gibt fünf wichtige Punkte, die wir berücksichtigen, wenn wir die Analyse nach der Grounded Theory vermitteln: (1) Das sind zunächst Art und Form des Kolloquiums. (2) Dann sind die Erwartungen, die der Student, der die Daten vorstellt, an die Seminarsitzung hat, zu berücksichtigen sowie der Entwicklungsstand des gesamten Kolloquiums. (3) Daraus ergibt sich der Fokus, den der Dozent einer Sitzung gibt. (4) Zu achten ist auf die Kontrolle, die der Dozent über die Richtungen, die die Seminardiskussion nimmt, ausübt. (5) Schließlich ist noch zu überlegen, inwieweit es sinnvoll ist, die Bewußtheit der Seminarteilnehmer dahingehend zu schärfen, „was" in bestimmten Phasen der Kolloquiumdiskussion „vor sich gegangen ist". Aus diesen Überlegungen ergeben sich unsere Leitlinien für die Vermittlung der Analyse im Forschungsseminar.

Die Art des Kolloquiums. Die Kolloquiumsgruppe wird zahlenmäßig begrenzt auf maximal zehn bis zwölf Teilnehmer; denn bei einer größeren Teilnehmerzahl ist eine konzentrierte Analysearbeit schwierig, und die Zeitspanne, bis die einzelnen Studenten ihre Daten wieder im Seminar vorstellen können, wird zu lang. Besucher dürfen nicht am Kolloquium teilnehmen; wir haben nämlich festgestellt, daß der Student, der seine Daten vorstellt, und manchmal die ganze Gruppe durch die Anwesenheit von Besuchern, selbst wenn diese sich nicht an der Diskussion beteiligen, gehemmt sind. Auch Gasthörer sind im Seminar nicht erlaubt, weil alle Seminarteilnehmer Datenmaterial haben sollten, das sie anbieten können, d.h., daß sie also Datenmaterial haben, an dem und über das während der Sitzungen gearbeitet werden muß. Hat ein Kolloquium einmal angefangen, dann sollten keine neuen Teilnehmer mehr zugelassen werden (und das *ist* wichtig); denn es braucht seine Zeit, bis sich die Forschungsgruppe zu einer mehr oder weniger effektiv arbeitenden Einheit zusammengefunden hat. Im Prinzip ist es so, daß die Gruppe zu einer festen Arbeitsgemeinschaft zusammenwachsen muß und diesen Status aufrechterhält: Man macht Entdeckungen zusammen, unterweist sich gegenseitig, die Teilnehmer lehren und lernen wechselseitig und gemeinsam mit dem Dozenten, man arbeitet Dinge durch, wird sich zunehmend der eigenen Denkprozesse bewußt – und auch über einige psychologisch erklärbare Vorgänge, um schließlich die Fähigkeiten zu erreichen, die zur Durchführung einer aussagekräftigen Analyse notwendig sind.

Aus diesen Gründen legt der Dozent schon in den ersten Sitzungen den Stil der sich entwickelnden Diskussionen fest. Diese Sitzungen sind als Arbeitstreffen und als Übungsveranstaltungen zu verstehen: Man arbeitet ernsthaft, auch wenn noch genügend Spielraum für weniger ernste Dinge vorhanden ist. Angebereien, Effekthaschereien und andere Momente der übertriebenen Selbstdarstellung sind nicht gern gesehen. Abgesehen von solchen unerlaubten Aktionen werden die Teilnehmer ermutigt und aufgefordert, die verschiedensten Dinge auszuprobieren: Sie können sich in hochfliegende Vorstellungswelten versteigen, vorausgesetzt, daß diese einen Bezug zur Wirklichkeit oder zum Datenmaterial haben; sie können über ihre Ideen phantasieren; sie können sogar gewagte Vorstellungen riskieren, ohne Spott fürchten zu müssen oder in einem kompletten Reinfall zu enden. „Das Recht, einen Irrweg zu gehen, ist ausschlaggebend, weil (sogar) falsche Fährten auf die richtigen Wege führen (können)“ (Glaser 1978, S. 34). Außerdem muß man manchmal als Student lernen, nicht aus der Defensive heraus zu agieren *und* sich auch nicht in die Defensive drängen zu lassen, weil auch das hemmend wirkt. Das heißt nun nicht, daß man einen Studenten nicht kritisieren oder ihn auf seine Schwächen aufmerksam machen darf; denn die Artikulation der Probleme lohnt sich oft für alle Beteiligten. In einem Forschungskolloquium können sich die Teilnehmer gegenseitig „anfeuern“, wenn es um die Entwicklung von Konzepten geht – nicht aber in psychologischen Bereichen –, weil die „Aufgabe aller darin besteht, die Konzeptualisierung“ der Analyse „voranzutreiben“ (Glaser 1978, S. 34). Sie können auch ihre Daten auf jede Art und Weise aufbrechen oder zerlegen, die sie für die kollektive Analyse als förderlich ansehen; dabei müssen sie allerdings bedenken, was der Student, der seine Daten vorstellt, als Erwartung an die Analysesitzung signalisiert oder kundgetan hat. (Wie man solche Erwartungen formuliert oder signalisiert, wird im Anschluß besprochen.) Es gibt Studenten, die aus verschiedenen Gründen längere Zeit oder auch die ganze Sitzung über keine mündlichen Beiträge leisten; und dieses Recht zu schweigen muß von jedem anderen Teilnehmer respektiert werden. Die Schweigsamkeit eines Studenten kann auf seinen individuellen Arbeitsrhythmus zurückzuführen sein und muß nicht unbedingt bedeuten, daß er Hemmungen hat, zu sprechen oder seinen Unmut über die Richtung einer Diskussionsphase zu äußern. Aber wenn der Seminarleiter bei einem Studenten eine psychische Barriere, die ihn am Sprechen hindert, vermutet, dann muß er versuchen, die Schweigsamkeit zu knacken, vor allen Dingen dann, wenn der Student schon mehrere Seminarsitzungen lang beharrlich geschwiegen hat.

In unseren Kolloquien stellen die Studenten (meistens einer allein, manchmal auch zwei gemeinsam) der Reihe nach und mit unterschiedlichsten Zielsetzungen Datenmaterial vor. Entweder vor oder am Anfang der Sitzung werden dann Kopien des Interviews, des Beobachtungsprotokolls oder eines anderen Dokuments verteilt. Ein anderer Student führt während der Sitzung Protokoll, das anschließend getippt, vervielfältigt und an die Seminarteilnehmer verteilt wird. Alle Daten werden vertraulich behandelt und sind nur für die Leute im Kolloquium bestimmt. Im allgemeinen verlangt man von den Studenten, daß sie sich für ein Forschungsprojekt entscheiden und dann auch bis zum Schluß dabeibleiben, es sei denn, es bestehen triftige Gründe, mittendrin aufzuhören; denn dadurch wird die kontinuierliche Arbeit des einzelnen Projektteilnehmers gestört und die sich entwickelnde Analyse an einem gegebenen Datenkorpus beeinträchtigt. Manche Studenten – diejenigen, die Daten vorstellen, und auch andere Seminarteilnehmer – nehmen die Diskussionen auf Band auf, um sich die Sitzung noch einmal in Ruhe anzuhören und durchzudenken. Es ist in der Tat so, daß sich viele Studenten von der analytischen Diskussion im Moment überrollt fühlen oder sich fürchten, analytische Bezüge und Schritte zu verpassen; deshalb überlassen sie diese Dinge nicht allein ihrem Gedächtnis oder den oft unangemessenen, ungenügend detaillierten oder zu spät verteilten Protokollnotizen.

Kurz und gut: Das Ziel der Kolloquiumssitzung ist es, den Denkprozeß des einzelnen Teilnehmers und seine Fertigkeit im Analysieren zu erleichtern und zu fördern. „Man setzt voraus, daß die Teilnehmer durch die Diskussion lernen. Schließlich wird diese Art des gemeinsamen Arbeitens zu einem inneren Dialog und der einzelne Teilnehmer so geübt darin, daß er den Weg der Analyse allein gehen kann“ (Glaser 1978, S. 34). Natürlich lernen die Studenten das Analysieren mit unterschiedlichem Erfolg. Aber es besteht immer die Möglichkeit, daß sie sich mit den anderen Kolloquiumsteilnehmern wieder treffen oder sich mit Kollegen austauschen. Manche Studentengruppen treffen sich gelegentlich oder sogar regelmäßig zur gemeinsamen Arbeit, um ihren analytischen Schwung nicht zu verlieren oder um analytische oder psychische Barrieren abzubauen. Natürlich „ist das Kolloquium am produktivsten, wenn es verbunden ist mit anderen Wissens- und Arbeitsbereichen, z.B. mit Seminaren, die dasselbe Forschungsfeld bearbeiten, und mit Seminaren, die über ganz andere Forschungsfelder arbeiten" (Glaser 1978, S. 35); das nämlich kann die Augen für die Möglichkeiten der eigenen Daten öffnen und die eigenen analytischen Operationen beschleunigen helfen.

Schließlich sei noch zu erwähnen, daß der Dozent und manchmal auch die einzelnen Seminarteilnehmer im Laufe einer Kolloquiumssitzung die Strategien der Vermittlung/der Beratung ändern, was im Einzelfall von den Beurteilungen abhängt, die im Hinblick auf die nächsten Punkte in der Diskussion getroffen worden sind.

Die Erwartungen des Studenten, der seine Daten vorstellt. Der Student, der als erster im Kolloquium seine Daten vorstellt, wird gebeten, den anderen mitzuteilen, was er von der kommenden Diskussion erwartet, so daß jeder Seminarteilnehmer lernt, die Vorstellungen von Daten mit solchen oder ähnlichen Ankündigungen oder Forderungen einzuleiten. Dadurch wird das Risiko verringert, daß die Teilnehmer die Erwartungen des Studenten an die Diskussion falsch interpretieren, und es wird die Wahrscheinlichkeit erhöht, daß sie dem Studenten ihre eigenen Herangehensweisen an die Daten nicht ungezügelt aufnötigen. Diese Lehrstrategie wird schnell zu einem Bestandteil des Eröffnungsrituals aller noch folgenden Sitzungen, und zwar in dem Maße, daß die Teilnehmer, die ihre Daten vorstellen, ihre Forderungen/Erwartungen schon in ihren einleitenden Bemerkungen formulieren oder sogar schon ins Vorwort ihrer schriftlichen Kolloquiumsvorlagen eingebaut haben. Die Erwartungen der Studenten sind unterschiedlich und hängen davon ab, wie geübt sie im Analysieren sind, in welchem Stadium sich ihre Forschungsarbeit gerade befindet und welches Gespür sie für Erfolg oder Fehlschlag in der Forschungsarbeit haben. (Im allgemeinen erheben die Studenten ihre Daten in einer klein angelegten Untersuchung, aber manchmal benutzen sie Daten aus einem großen Forschungsprojekt, in dem sie mitarbeiten.)

Manche Studenten „probieren" gerne aus, wie ihre ersten Ideen oder Formulierungen bei den anderen Kolloquiumsteilnehmern ankommen. Andere werden bei der Vorstellung ihrer Daten unsicher und brauchen eine feste Anleitung oder vielleicht auch nur die Ermutigung, um sich in Richtungen zu bewegen, die schon erforscht sind. Wieder andere haben gelungene Analysen ausgearbeitet und wollen nun sehen, ob ihre Studienkollegen noch weitere Herangehensweisen an die Daten vorschlagen können, und so weiter. Wenn der Student, der seine Daten vorstellt, nicht explizit kundtut, was er von der Sitzung erwartet, dann fragen ihn die anderen frank und frei: „Was erwartest du von dieser Sitzung?" Die Studenten sind also darin geübt, sich in die Rolle des Beraters oder in die des zukünftigen Lehrers hineinzudenken, der im gegebenen Rahmen und im Hinblick auf die Erwartungen der Studenten oder Ratsuchenden handelt.

Der Fokus, den der Dozent setzt. Dieser Fokus wird von zwei Überlegungen abhängig gemacht: vom Entwicklungsstand des Studenten, der die Daten vorstellt, und vom Entwicklungsstand des gesamten Kolloquiums. Der Dozent muß diese Überlegungen natürlich sorgsam gegeneinander abwägen. Den einzelnen Studenten in seiner Entwicklung fördern bedeutet glücklicherweise meistens auch, daß man zum Fortschritt der anderen Seminarteilnehmer beiträgt. Zum Beispiel kann es hin und wieder sinnvoll erscheinen, dem Studenten, der seine Daten vorstellt, noch eine zweite oder sogar dritte Sitzung anzubieten. Die Kolloquiumsteilnehmer müssen gefragt werden, ob sie mit dieser Verlängerung einverstanden sind, oder man muß ihnen klar machen, was jeder einzelne davon profitieren würde: Etwa, wenn sich im Laufe der ersten Diskussion die konzeptuelle Integration abzuzeichnen beginnt und in den nächsten ein oder zwei Sitzungen gut zu Ende geführt werden könnte, so daß jeder Teilnehmer besser begreifen kann, „wie es geschieht".

Manchmal realisiert der Dozent auch schnell, in welcher Entwicklungsphase sich der Student in bezug auf sein Datenmaterial befindet, und teilt dies dann u.U. den Kolloquiumsteilnehmern mit: Ihr Kommilitone ist von der Menge der Daten überschwemmt. Sein theoretischer Bezugsrahmen ist diffus, undeutlich. Seine Arbeit leidet am Problem des „going native", weil er zu bereitwillig die Interpretationen übernommen hat, die die Informanten ihm angeboten haben. Er ist ausgebrannt, weil er über einen sehr langen Zeitraum mit den Interpretationen seiner Daten gekämpft hat. Er ist zu ungeduldig und möchte schnell weitreichende Interpretationen erhalten, er muß sich erst einmal hinter die harte Arbeit klemmen und sorgfältig, aber auch einfallsreich detailliert kodieren – dazu braucht man *Sitzfleisch*.

Alles in allem muß der Dozent mit flexiblen Strategien arbeiten, die der Einschätzung des Stadiums, in dem sich der Student mit seinen Daten befindet, angemessen sind. Sicherlich ist der Dozent nicht immer der einzige, der darauf hinweist, was offensichtlich notwendig ist: Die Studenten, die ihre Daten vorstellen, oder die anderen Kolloquiumsteilnehmer können das auch tun.

Was die Entwicklung des gesamten Seminars anbelangt, so hat der Dozent auch diesen Aspekt im Hinterkopf; also wägt er auf einer allgemeineren Ebene – wenn auch nicht alle Augenblicke – ab, was der Student von der Diskussion braucht und was die anderen Teilnehmer davon haben könnten. Dabei überwiegt manchmal die eine Seite und manchmal die andere, aber glücklicherweise können beide Ziele mit denselben Vorgehensweisen und Diskussionssequenzen erreicht werden.

Während der ersten Sitzungen zum Beispiel kann es vorkommen, daß der Student, der seine Daten vorstellt, und auch die anderen Teilnehmer sehr enttäuscht sind, weil die Diskussion „aus den Fugen geraten" ist; denn jeder meint, seinen eigenen Gedankengängen Ausdruck verleihen zu müssen, die gewöhnlich durch Bemerkungen der anderen provoziert werden. Der Dozent greift nicht unbedingt sofort ein, sondern erst dann, wenn einige Studenten zusehends ungeduldig werden; dann vermittelt er den Teilnehmern, was gerade vor sich geht, und setzt gewöhnlich einen Rahmen für die nächste Diskussionsphase. Diese Strategie hilft am Ende jedem; denn alle müssen lernen, die individuell und kollektiv erforderliche Disziplin aufzubringen, um den analytischen Gedankengang nicht abschweifen zu lassen.

Die Kontrolle, die der Dozent über Seminardiskussionen ausübt. Dieses Beispiel führt uns zu der nächsten pädagogischen Überlegung, nämlich zum Anliegen des Dozenten, wohin sich die Diskussion de facto bewegt und in welche Richtung sie sich besser bewegen sollte. Wiederum muß der Dozent abwägen, welches Maß an Kontrolle über Inhalt und Richtung der Diskussion zuträglich ist. Wir sind der Meinung, daß eine zu enge und zu häufig ausgeübte Kontrolle den Kolloquiumsteilnehmern nicht genug Spielraum läßt, um die sich langsam entwickelnden und hart erarbeiteten analytischen Fertigkeiten auszuprobieren. Natürlich kann zu wenig Kontrolle – sogar in den Übungsseminaren – manchmal dazu führen, daß gemeinsame Zeit und Energie verschwendet werden.

Dazu ein Beispiel: Die Kolloquiumsteilnehmer sind vom vorgestellten Gegenstand so gefesselt, daß sie den Studenten, um dessen Daten es geht, nach immer weiteren Details fragen – einfach aus dem Grund, weil die Daten so interessant sind und sich einige Studenten persönlich davon angesprochen fühlen. Während dieser Zeit liegt das Analysieren brach. Spielt sich ein solcher Vorgang schon relativ früh im Kolloquium ab, dann kann der Dozent das Nachschieben weiterer Daten ziemlich schnell abbrechen; wenn sich ein solcher Vorgang zu einem späteren Zeitpunkt ereignet, kann der Dozent das Geschehen beobachten, bis zu einer Stunde lang abwarten und dann die Teilnehmer fragen: „Was glauben Sie, was da vor sich gegangen ist – und noch vor sich geht – und weshalb?“ Wenn sich die Kolloquiumsteilnehmer ihrer Abschweifung bewußt geworden sind (schließlich hat der Student, der seine Daten vorstellt, um eine Analyse gebeten!), dann kann der Dozent mit unterschiedlichen pädagogischen Überlegungen arbeiten: Sie dürfen nie vergessen, was der Ratsuchende verlangt hat; Sie dürfen sich nie von reizvollen Fragen nach weiteren Datendetails forttragen lassen; einige von Ihnen (auch der Student, der seine Daten vorstellt) hätten dieses deskriptive Spiel stoppen sollen. Doch im allgemeinen lernen die Seminarteilnehmer schnell, wie man Abschweifungen vom analytischen Fokus in den Griff bekommt.

Bei der Vermittlung der Analyse, wie bei jeder anderen Art des Lehrens auch, liegt es auf der Hand, daß der Dozent entsprechend dem Entwicklungsstand der Studenten spezifische pädagogische Lehrstrategien einsetzt. In den Fallbeispielen, die in diesem Buch angeführt werden, dürfte dieser Punkt gut demonstriert sein. Unsere allgemeinen *Leitlinien*, die sich auf die Kontrolle des Dozenten über die Diskussion beziehen, lauten jedoch folgendermaßen: Wenn die Diskussion gut läuft – gemessen daran, mit welchen Ergebnissen Ihrer Meinung nach die Analysesitzung enden sollte –, lassen Sie sie ungehindert weiterlaufen. Wenn die Diskussion anfängt abzuschweifen, bringen Sie sie zum Hauptstrang zurück. Wenn sich in der Diskussion kein Fokus herausbildet, dann setzen Sie einen provisorischen Rahmen (nicht streng verordnet, sondern als Vorschlag) und weisen die Seminarteilnehmer an, sich mindestens eine Weile in diesem Rahmen zu bewegen. Vielleicht entwickelt sich noch ein besserer Bezugsrahmen; dann kann der Dozent darauf hinweisen und vorschlagen, die nächsten Diskussionsphasen in diesen Grenzen zu halten.

Um die Diskussion in wahrscheinlich fruchtbare Bahnen zu lenken, wendet man eine grundlegende Lehrstrategie an: Man stellt generative Fragen. Einige dieser Fragen führen zur sofortigen Analyse in der Diskussion. Andere Fragen setzen Bezugsrahmen für eine längere Diskussion. Wieder andere Fragen geben den Studenten sogar die Möglichkeiten, sich noch lange nach der Sitzung daran zu erinnern, was damals geschah, nachdem man mit einer solchen Frage konfrontiert worden war. („Ich erlebte einen Durchbruch, als wir so lange über den Daten von Pat saßen, in denen es um die telefonische Sexualberatung ging; der entscheidende Satz hieß: ‚Sie sind 23?‘ Sie bestanden darauf, daß wir uns lange mit diesem Satz aus dem Interview beschäftigen; schließlich hatte ich keine Ahnung, worauf Sie hinaus wollten, bis Sie schließlich darauf hinwiesen, daß dieser Satz folgendes nahelegte: Es gibt Fragen, die statthaft sind, und solche, die es nicht sind. Wie kam sie dazu, diese Frage zu stellen? Dies brachte mich schlagartig *weg* von den Daten und *über* die Daten hinaus auf eine neue konzeptuelle Ebene; nichts hatte bis dahin mehr Eindruck auf mich gemacht, und jetzt finde ich es viel leichter, diese Art der Distanzierung von den *eigenen* Daten zu erreichen" (Nan Chico in einem Memo an Anselm Strauss).

Der Dozent kann sich solche Fragen einfallen lassen, weil sein Denken durch die Diskussion im Kolloquium angeregt wird, aber auch deshalb, weil er noch auf eine andere Strategie zurückgreifen kann. In den ersten Minuten der Sitzung, wenn alle Teilnehmer die vorgestellten Daten durchlesen, skizziert der Dozent den wahrscheinlichen Verlauf der Analyse, er notiert ihre Kategorien usw. Manchmal entwirft er auch ein vorläufiges Diagramm. Normalerweise kommen dann noch andere und oft wichtige Punkte hinzu, weil der Dozent aus den Bemerkungen der einzelnen Studenten weitere Anregungen schöpft oder deren Konzepte mit seinen eigenen zusammenbringt. Das alles zusammengenommen wird zu einer Quelle für viele – und sorgfältig entwickelte – generative Fragen. Die integrativen Diagramme können, wie die Fallillustrationen gezeigt haben, herangezogen werden, um die Kolloquiumsdiskussion am Ende der Sitzung zusammenzufassen. Sie können auch an einem bestimmten Punkt der Diskussion an die Tafel gezeichnet werden, um einen Bezugsrahmen zu setzen, in dem dann die nächsten Diskussionsphasen ablaufen. Instinktiv fangen einige Studenten an, dem Dozenten über die Schulter zu schauen, und übernehmen schließlich seine Herangehensweise an die Daten und auch seine Art, potentiell generative Fragen zu stellen.

Vorgänge bewußt machen. Bei der Vermittlung von Verfahrensweisen im Stil der Grounded Theory ist es sehr wichtig, daß den Studenten die analytischen Operationen und deren Anwendung bewußt gemacht werden. Es ist eine Sache, diese Operationen mehr oder weniger passend anzuwenden, und eine andere Sache, sich völlig im klaren darüber zu sein, welche Operationen eingesetzt werden, weshalb, wie, ob effektiv oder nicht; man muß auch wissen, wann die eine oder andere Operation eingesetzt werden sollte, aber nicht eingesetzt wird und mit welchen Operationen man gut arbeitet und mit welchen weniger gut.

Da die Verwendung analytischer Hilfsmittel in einem engen Zusammenhang steht mit dem Diskussionsfluß im Kolloquium, mit der Art der analytischen Aufgabe, die der Student, der die Daten präsentiert, stellt, und mit dem Entwicklungsstand des gesamten Seminars, ergibt sich daraus für den Dozenten eine weitere generelle *Leitlinie*. Von Zeit zu Zeit muß er darauf hinweisen, was in der Diskussion auf der analytischen Ebene passiert und ob das Ergebnis effektiv, ineffektiv, angemessen, unangemessen usw. ist. Früher oder später werden die Studenten diese Aufgabe selbst übernehmen, entweder still und für sich allein, oder sie teilen ihre Beobachtungen den anderen Seminarteilnehmern mit.

Um diese Strategie abzurunden, kann der Dozent gelegentlich fragen: Was geht nun vor sich? Er kann die Teilnehmer zwischendurch auch bitten, die letzten zehn, zwanzig oder dreißig Minuten zusammenzufassen. Manchmal ist es sinnvoll, dies erst am Ende der Sitzung zu tun (besonders dann, wenn die Diskussion sehr anregend war). Man kann von den Seminarteilnehmern auch verlangen, daß jeder für sich nach der Sitzung herausarbeitet, welches die Hauptlinie in der analytischen Entwicklung war, indem diese Linie so gut es geht Schritt für Schritt zurückverfolgt wird. Hin und wieder ist es auch nützlich, einen Bezug herzustellen zwischen einer Diskussionsphase bzw. der gesamten Diskussion einer Sitzung und dem Entwicklungsstand eines einzelnen Studenten bzw. des ganzen Seminars, indem man die soeben erreichten Leistungen vergleicht mit den früheren Leistungen. Wenn die Sitzung eine völlig andere Wendung genommen hat, als es üblicherweise der Fall ist, dann wird der Dozent den Teilnehmern auftragen, das bisher Gesagte zusammenzufassen und herauszuarbeiten, was geschehen ist und weshalb. Schließlich lernen die Kolloquiumsteilnehmer, auch mit diesen zusätzlichen Lehrstrategien zu arbeiten.

Die Vermittlung von Forschungsplanung

In der Methodologie der Grounded Theory legt man besonderen Wert auf das sorgfältige und kontinuierliche Bemühen, eine Theorie in Daten zu gründen, so daß manche Studenten fälschlicherweise annehmen, eine Planung oder ein Entwurf der Forschungsarbeit seien unnötig. Sie tendieren dazu, die Planung und den Entwurf mit der *Deduktion* und die Spekulation als Gegenstück zur Arbeit mit den Daten, also mit der *Induktion*, zu verwechseln. Daraus schließen sie dann, daß sie „ihren Weg“ durch ein Forschungsprojekt „erspüren“ müssen. Das ist in mindestens dreifacher Hinsicht ein völlig falsches Verständnis von Forschungsarbeit.

Erstens sind Induktion, Deduktion und Verifikation grundlegende Verfahrensweisen der Forschungsarbeit (siehe 1. Kapitel, Teil 1). Zweitens muß man sich aufgrund der Forderung nach einer integrierten und konzeptuell dichten Theorie mit der Frage auseinandersetzen: In welche Richtung bewegt sich meine Studie, und was kann ich im Moment und langfristig für ihre Weiterentwicklung tun? Hier wird natürlich viel mehr vom Forscher verlangt, als sich nur treiben zu lassen oder „seinen Weg zu erspüren"; er muß vorausdenken und -planen, während er die entsprechenden Verfahrensschritte gemäß seiner Planung durchführt. Obwohl der Vorgang des Theoretical Sampling grundlegend ist und die spezifischen Einzelheiten nicht vorhersehbar sind, entwickeln sich mit der Zeit doch bestimmte Analyselinien. Wenn sich zum einen solche Linien abzeichnen und zum anderen die Integration auch deutlicher wird, dann sollte der Forscher aus diesem Wechselspiel erkennen, daß er seine Aufmerksamkeit auf eine längerfristige Planung richten muß. Drittens beginnen die erfahreneren Forscher ihre Arbeit im allgemeinen mit einem zumindest vorläufigen Plan (wenn auch nicht „Entwurf"), wohlwissend, daß angesichts der sich entwickelnden Theorie und ihrer zunehmenden Integration ein Großteil der Pläne revidiert oder sogar beiseite gelegt wird. Den Studenten muß man solche Aspekte der Forschungsarbeit klar machen. Im allgemeinen geschieht das am effektivsten dadurch, daß man sie bei den integrativen Schritten in ihrer Forschungsarbeit begleitet und ihnen Beispiele aus der eigenen Forschungspraxis gibt; darüber hinaus ermutigt man sie, von Zeit zu Zeit Projektpläne zu machen und sich von diesen leiten zu lassen, sich aber nicht übermäßig an die geplante Arbeitsfolge gebunden zu fühlen.

Es stimmt aber schon, daß es für einen Wissenschaftler, der nach diesem Stil der qualitativen Analyse arbeitet – und für die meisten anderen Modi von „qualitativer Forschung" trifft das auch zu –, im Prinzip sogar nach einer Explorationsphase unmöglich ist, bis in alle Einzelheiten zu planen. Wenn sie dann Forschungsmittel beantragen, erklären sie also, weshalb sie dieses und jenes nicht durchführen können, obwohl sie eine allgemeine Planung vorliegen haben; oder aber sie präsentieren einen Entwurf, von dem sie ganz genau wissen, daß sie sich im Detail nicht unbedingt daran halten werden. Vielleicht ist das bei standardisierten Umfrageforschungen oder bei Forschungsanträgen in naturwissenschaftlichen Disziplinen anders; oder auch nicht. Diese Vagheit der Planung, so unterweisen wir unsere Studenten, schließt nicht die Verpflichtung aus, sich in Projektanträgen für Forschungsvorhaben um größtmögliche Spezifizierung zu bemühen: Man erklärt, wie kodiert wird; man bringt konkrete Beispiele für Theoretical Sampling; dabei benennt man klar die Hauptprobleme, die erforscht werden sollen, usw. Abgesehen von der Beschaffung von Forschungsmitteln besteht das eigentliche Problem darin, wie man mit einem Maximum an schöpferischer Kraft und den unvermeidlichen Beschränkungen von Projektmitteln die Ziele des Forschungsprojekts erreicht.

Vier notwendige Fähigkeiten

Abgesehen von den ganz normalen Problemen, die ein Student hat, wenn er sich die Kompetenz für diese Art der qualitativen Analyse anzueignen beginnt, muß man fragen, welche Besonderheiten die Wissenschaftler haben, die in unseren Augen schon die perfekten Praktiker der Grounded Theory sind. Es scheint vier Elemente zu geben:

1. die Fähigkeit, frei und ungezwungen mit *Kontextwissen* zu arbeiten;
2. das *Gespür für Verhaltensnuancen,* d.h. für den Sinn, den die Akteure, die Gegenstand der Studie sind, ihrem Verhalten und ihren sozialen Beziehungen zuschreiben; ebenso das *Gespür für theoretische Themen,* wenn soziale Phänomene erforscht werden;
3. die *Beherrschung grundlegender Techniken der Analyse nach der Grounded Theory;* dazu gehört auch die Ausdauer, diese Techniken in der eigenen Forschungsarbeit anwenden zu lernen;
4. die *analytische Fähigkeit* im allgemeinen, die aber jetzt in Verbindung mit den genannten drei Punkten genutzt wird.

Schauen wir uns jeden Punkt einzeln an.

Kontextwissen. Da wir über den Gebrauch von Kontextwissen schon früher gesprochen haben, muß hier vielleicht nur noch so viel gesagt werden: Die meisten Studenten lernen schnell, ihre persönlichen Erfahrungen einzubringen, und sie lernen oft etwas langsamer, ihr Wissen aus der Fachliteratur einzusetzen, aus dem sie dann Daten und passende Ideen entwickeln. Doch Erfahrung und Fachwissen mühelos und geschwind umzusetzen lernen sie nur durch die praktische Arbeit in Kolloquiumsdiskussionen und durch die *eigene* Forschungsarbeit. Sie müssen hier regelrecht gezwungen werden, „am Ball zu bleiben“ – das trifft auch für die Entwicklung von anregenden Vergleichen zu. Die Forscher, die an einem Thema aus ihrem Spezialgebiet arbeiten, das darüber hinaus noch mit ihrer Arbeit oder ihrem Beruf verknüpft ist, haben genau das entgegengesetzte Problem zu bewältigen: Sie werden von persönlichen Erfahrungen und Erinnerungen überschwemmt.

Gespür. Das Gespür für Nuancen in sozialen Beziehungen ist an sich keine direkt vermittelbare Fertigkeit; denn es hängt eher von Fähigkeiten ab, die von Kindheit an entwickelt worden sind, und ist vielleicht auch ein Teil der Persönlichkeit und des Temperaments. Vielleicht ist es tatsächlich möglich, eine gewisse Sensibilität gegenüber Interaktionen durch Training auszubilden; doch auf diesem Gebiet haben wir keine besonderen Erfahrungen. Die meisten Studenten, die zu uns kommen, zeigen ein beträchtliches Einfühlungsvermögen für soziale Beziehungen; aber vielleicht finden sich in unserem Graduiertenprogramm besonders sensible Menschen zusammen. Das Buch von Barney Glaser (1978) beinhaltet eine ziemlich lange Diskussion über *theoretical sensitivity;* damit meint er die Fähigkeit, bei der Untersuchung von Daten sensibel zu sein für theoretische Fragestellungen. Umfassende Kenntnisse der Literatur des eigenen Arbeitsgebiets und verwandter Disziplinen sind sehr nützlich und wahrscheinlich notwendig, um ein Gespür für theoretische Probleme ausbilden zu können: und das nicht um spezieller Ideen oder eines bestimmten Schulwissens willen, sondern wegen der Perspektiven und Sichtweisen, die der Forscher von gesellschaftlichen Phänomenen entwickelt und die seinen Sinn für theoretische Fragestellungen schärfen. Wenn sich theoretische Sensitivität im besonderen mit einem Gespür für soziale Beziehungen im allgemeinen paart, dann hat der Forscher entscheidende Vorteile gegenüber demjenigen, der in der einen oder anderen Fertigkeit weniger begabt oder geübt ist. Indirekt ist es aber wahrscheinlich so, daß die theoretische Sensitivität und das Gespür für Interaktionen sehr häufig zusammenfallen. Die letztgenannte Fähigkeit einschließlich ihrer zugeordneten Fertigkeiten wird nicht allein durch die Erfahrungen des Interviewens und Beobachtens im Forschungsfeld weiterentwickelt, sondern auch dadurch, daß man lernt, in Vergleichen zu denken, und sich die Erfahrung aneignet, sein Datenmaterial in den Griff zu bekommen.

Beherrschung grundlegender Analysetechniken. Dies ist für die Studenten ein technisches Problem: Erstens. Wie begreift man die Perspektive der Analyse nach der Grounded Theory? Zweitens. Wie lernt man ihre Grundelemente? Drittens. Wie setzt man die Techniken ein? Viertens. Wie nutzt man diese Techniken für die eigene Forschungsarbeit? Unsere Studenten scheinen durchweg mit den ersten beiden Punkten klar zu kommen; doch beim dritten und besonders beim vierten Punkt stoßen sie auf unterschiedlich starke Schwierigkeiten, ebenso begreifen sie diese Punkte unterschiedlich schnell und mit unterschiedlichem Erfolg.

Zweifellos kann ein Student die Analysetechniken nicht in ein paar Monaten beherrschen lernen. Er braucht Zeit, um die Prozeduren auszuprobieren, um Vertrauen in ihre Anwendung zu gewinnen, sie immer wieder auszuprobieren, die Bestätigung zu bekommen, daß „sie für mich arbeiten" und „ich wirklich damit arbeiten kann". Es ist eine absolute Notwendigkeit, ein Forschungsprojekt vom Anfang bis zum Ende durchzuziehen (die meisten Studenten machen daraus ihre Dissertation) und dabei die Analysetechniken einzusetzen; erst danach kann der Forscher mit diesen Werkzeugen gute und überzeugende Arbeit leisten und erkennen, wie sich konzeptuelle Dichte und Integration im konkreten Fall ergeben haben. Manche Studenten sind zu ungeduldig, weil ihnen die Zeit bis zur meisterhaften Durchführung der Analyse sehr lang vorkommt; sie wünschen sich schnelle Lernerfolge und sind auch sehr besorgt, ob sie überhaupt *jemals* das Analysieren lernen werden.

Analytische Fähigkeit. Die einzelnen Menschen unterscheiden sich in ihrer Fähigkeit, analytisch zu arbeiten, sehr stark voneinander. Selbstverständlich gibt es verschiedene Ausprägungen der analytischen Fähigkeit, beispielsweise neigen manche Leute eher zum theoretischen Arbeiten; über eine mögliche Bedeutung für die Durchführung einer qualitativen Analyse haben wir nicht intensiv nachgedacht. Doch was uns veranlaßt hat, die analytischen Talente als vierten Punkt aufzulisten, ist folgendes: Leute mit großer analytischer Fähigkeit – *wenn diese kombiniert ist mit* dem Einsatz von Kontextwissen, mit einem Gespür für soziale Beziehungen sowie theoretische Fragestellungen und mit technischer Perfektion – scheinen so zu arbeiten, wie es unserem Arbeitsstil am nächsten kommt. Also freuen wir uns über ihre Arbeit natürlich am meisten. Da nun eine rein analytische Fähigkeit nicht alles ist und die Beherrschung der Analysetechniken in einem ziemlich langsamen Prozeß erworben wird, folgt daraus, daß ein wirklich beeindruckendes Niveau in qualitativer Analyse nicht ohne intellektuelle Kämpfe und ohne hartnäckiges Arbeiten erreicht werden kann. Diejenigen, die diese Höhen nicht erklimmen können (zumindest unserer Bewertung nach), können verschiedene Abstufungen der analytischen Meisterschaft erlangen: aber gewiß gibt es genügend Raum für die verschiedenen Abstufungen der analytischen Durchführung. Schließlich bemißt sich der Wert einer Forschungsarbeit nicht an einer intellektuellen Werteskala, sondern danach, welchen Wert sie für ein interessiertes Publikum darstellt. Demzufolge können

Praktiker aus der Sozialarbeit, aus dem pädagogischen Bereich, aus dem Gesundheitswesen von der Forschung profitieren, die ihre Kollegen nach der Grounded Theory durchführen, auch wenn diese Arbeiten nicht die höchsten Gipfel der Vollkommenheit erreichen. Wir sagen dies nicht aus Nächstenliebe oder aus Toleranz, sondern weil wir pragmatisch und relativistisch denken. Diese Sichtweise steht in Übereinklang mit den ersten Diskussionen in *Discovery of Grounded Theory* (1967) und *Theoretical Sensitivity* (1978) über Angemessenheit und Relevanz einer guten bereichsbezogenen Theorie.

Nach einer Sitzung im Forschungskolloquium

Zum Abschluß des Themas, wie man den Vorgang des Analysierens im Seminar vermittelt und dabei die kollektive Arbeit der Teilnehmer in den Mittelpunkt rückt, geben wir zwei Kommentare von Studentinnen wieder. Der zweite Beitrag stammt von einer Studentin im Aufbaustudium, die ganz allgemein darüber schreibt, was sie unter der *Kultur der Grounded Theory* versteht. Der erste Beitrag geht auf die Notizen zurück, die eine Studentin ein paar Tage, nachdem sie im Kolloquium ein Interview und einige mündliche Anmerkungen vorgestellt hatte, niedergeschrieben hat. (Die Seminarteilnehmer hatten bis dahin erst etwa zwei Monate zusammengearbeitet.) Zwei Jahre lang hatte diese Studentin in einem Indianerreservat gelebt und dort als Sozialarbeiterin gearbeitet. Ihr waren nicht nur die stereotypen Verhaltensmuster des Reservatpersonals gegenüber den Ureinwohnern Amerikas aufgefallen; sie war auch zu dem Schluß gekommen, daß es den Anthropologen, die über diesen Indianerstamm geschrieben hatten, zum größten Teil nicht gelungen war, die Sichtweisen der Indianer zu begreifen. Als sie ihre Materialien vorstellte, trug sie diese Ansichten sehr leidenschaftlich vor; denn sie wußte zu der Zeit noch nicht, wie sie mit der Masse der sich ihr widersetzenden Daten umgehen sollte. Ihre schriftlich festgehaltenen Gedanken über die Sitzung stehen hier nicht als Lobgesang auf die Vermittlung der Grounded Theory, sondern weil sie sehr lebhaft mitteilen, was diese gemeinsamen Lehr- und Forschungssitzungen für den einzelnen Studenten/Forscher bedeuten können.

Vieles kann und muß über das Phänomen der interkulturellen Forschung gesagt werden. Von besonderem Interesse sind für mich in dieser Analysesitzung die Begriffe *Vollständigkeit* und *Genauigkeit* in der Form, wie sie in bezug auf

Methode und Analyse in Erscheinung getreten sind. Mit ‚Vollständigkeit' meine ich, daß im Datenmaterial so viele Definitionen und Konstruktionen von Wirklichkeit angelegt sind, um dem Verständnis und der Kenntnis Tiefen geben zu können; das bedeutet, daß Daten dehnbar und nicht einengend sind, daß sie den Blick des Forschenden und Analysierenden für Variationen und Unterschiedlichkeiten öffnen und ihn nicht auf enge Perspektiven festlegen. Das scheint, zumindest aus meiner Sicht, ein integraler Bestandteil der Forschung zu sein, die kulturübergreifend arbeitet oder da, wo der Forscher mit dem Gegenstand nicht vertraut ist oder den etablierten Gewohnheiten und Sinngebungen einer bestimmten Gruppe fremd gegenübersteht. Mit dem Begriff ‚Genauigkeit' meine ich, daß es einen hohen Grad an Übereinstimmung zwischen dem gibt, wie der Forschende/Analysierende die Welten der erforschten Leute sieht, und dem, wie diese Leute angeben, sich selbst zu sehen. Einfach gesprochen meine ich damit folgendes: Wie der Forscher die Daten analysiert und seine Ergebnisse interpretiert, reflektiert genau die Erfahrung der erforschten Leute, d.h. daß diejenigen, die erforscht werden, die Interpretation des Forschers lesen könnten und sagen: „Genau so ist es." Die Genauigkeit ist an die Vollständigkeit gebunden. Dadurch, daß man beide Aspekte im Forschungsprozeß berücksichtigt, garantiert man nicht nur Validität und Reliabilität, sondern auch Exaktheit, Relevanz und besseres Verstehen/genauere Kenntnis.

Vor dieser Analysesitzung saß ich im wahrsten Sinn des Wortes auf Kisten von Datenmaterial; mein Kopf war voll von Erinnerungen und äußerst deprimierenden Bildern aus der Zeit meiner zweijährigen Arbeit im Forschungsfeld in einem Indianerreservat. Reservate sind fast per definitionem isolierte ländliche Gemeinden, die zu den ökonomisch schwächsten Teilen dieses Landes gehören. Seit mindestens einem Jahrhundert sind Indianer die Hauptattraktion für Anthropologen und andere Forscher, die ungeladen ins Reservat kommen, indianische Gebräuche untersuchen wollen und dabei oft das Mindestmaß an Anstand und Höflichkeit vermissen lassen. Es gibt Bibliotheken, die voll sind mit Literatur über diese Art von Indianerforschung. Die Indianer machen Witze darüber, daß mit dieser Forschung so wenig angefangen wird, um ihnen zu nützen, und daß so viel getan wird, um ihr Leben zu stören, ihre Selbstachtung auszulöschen und das nationale Ansehen der Indiander zu schädigen – „aber die Forscher schauen nicht auf das, was nach ihnen kommt."

Da mir in den zwei Jahren von meinen Gastgebern die dunkle Seite der Forschung vorgeführt wurde, kam ich etwas widerstrebend zu der Analysesitzung; denn ich wollte nicht, daß die Daten „mißbraucht" würden, d.h. ich wollte, daß die Daten für sich selbst sprechen durften und daß sich die Analyse eng an die Daten halten sollte. Ich hatte eine gewisse Furcht vor Studenten, die mit Reservaten und Indianern nicht vertraut sind, die sich dogmatisch über die Daten hermachen und aufgrund ihrer vorgefaßten Meinungen davon, was es heißt, Indianer zu sein oder in einem Reservat zu leben, eine schiefe Interpretation liefern würden; ich war auch bange davor, daß sie eine Menge anderer Spontanhypothesen an den Daten ausprobieren wollten.

Diese Befürchtungen wurden im Verlauf der zweistündigen Sitzung systematisch und gründlich zerstreut. Ich beobachtete sehr sorgfältig und hörte aufmerksam zu, was die Leute sagten und wie sie ihre Gedanken und Vorstellungen mit den Daten entwickelten; sie fragten mich vorsichtig, wenn weitere Informationen notwendig waren, und stürzten sich nicht vorschnell auf Schlußfolgerungen. Die Studenten schienen sorgfältig im Reichtum des Datenmaterials zu fahnden, sie griffen problematische Punkte heraus und gaben diesen weitere Bedeutungen durch Gegenüberstellungen, wobei sie für viele Situationen mehrere denkbare Interpretationen lieferten. Die den Daten innewohnende Vollständigkeit wurde nicht nur sichtbar, sie wurde auch erhalten. Ich war sehr zufrieden über das Maß an Übereinstimmung zwischen dem, was die Studenten herausgearbeitet hatten, und dem, was ich während meiner Arbeit im Reservat gehört und gesehen hatte. Die Aspekte der Vollständigkeit und der Genauigkeit wurden erhellt und getragen durch den pädagogischen Arbeitsstil, der einhergeht mit (oder nicht zu trennen ist von) der Terminologie, der Wissenslehre des Interaktionismus und dem konzeptuellen und analytischen Rahmen der Grounded Theory.

Abgesehen von meinen Überlegungen zur interkulturellen Forschung bezieht sich ein zweiter wichtiger Aspekt der Analysesitzung auf meine Position in bezug auf das Datenmaterial. Ganz allgemein gesagt, war ich in einer explosiven Verfassung, hatte enorme Mengen von Daten im Kopf und meine Emotionen hinsichtlich der Daten in mir. Es ist schon eine eigenartige Erfahrung, in einer armen Gegend zu leben und sich die medizinische Versorgung unterprivilegierter Menschen anzusehen und daran beteiligt zu sein. Der Versorgungsmangel war manchmal unsäglich. Menschen *starben*, weil keine medizinische Versorgung da war. Diesen Aspekt meiner Umgebung konnte ich nur schwer aushalten, und er war analytisch fast genauso schwer zu verstehen. Die Gefühle überwältigen einen, und die Analyse kam einem als Trugbild vor oder vielleicht als ein Patentrezept, das dem Ganzen einen Sinn geben könnte. Kurz und gut, ich ging in die Sitzung und war den Daten sehr nahe. Ich mußte das aufrechterhalten, was ich als natürliche und genuine Sensibilität ansehe, aber gleichzeitig brauchte ich Unterstützung, um eine gewisse Distanz zu den persönlichen Empfindungen über die Erfahrungen im Forschungsfeld zu bekommen. Diese Distanz konnte ich schon bald erreichen, als nämlich der Dozent das Dilemma zwischen gut und schlecht im Bereich der Arbeit ansiedelte und aus dem Bereich des persönlichen Erlebens herausnahm. Die genaue Frage lautete: „Was ist notwendig, um eine gute Medizin zu machen?" Für mich war das eine wunderbare Frage, da sie nun weite Teile meines Denkapparates in Anspruch nahm, so daß sich der ganze Fokus verschob und ich klar und umfassender über eine Fülle von Themen nachdenken konnte, die mir bis dahin verschlossen waren, weil ich mich auf die persönlichen und moralischen Zwischentöne konzentriert hatte. Zwar konnte ich diese persönlichen oder moralischen Probleme nicht wegstecken, ich konnte sie aber aus einer weniger belasteten Perspektive – einer, die möglicherweise dichter ist – angehen.

Alles in allem nahm ich aus dieser Sitzung die Hoffnung und das Vertrauen mit, daß eine genaue, lebensfähige und relevante Forschung möglich ist; daß mein Datenmaterial reichhaltig ist und es meine Erfahrungen im Forschungsfeld sowie die Lebenskonstruktion der Menschen im Reservat vollständig in sich trägt; daß mir die analytischen Werkzeuge (in der Gruppe und zeitweise auch individuell) helfen werden, das Ziel meines Forschungsprojekts, d. h. ein besseres Verständnis von der medizinischen Versorgung in Reservaten zu erreichen. Ich bin der Gruppe zu Dank verpflichtet für ihre Sensibilität, für ihr implizites und explizites Interesse an meiner Arbeit und für ihre Bereitschaft, mir bei diesem Prozeß behilflich zu sein. Gleichermaßen wichtig ist der Übergang von der Deskription zur Analyse: die Erfahrung, die verschiedenen Ebenen des Verstehens – zuerst zu erleben – im Kopf zu haben und zu lernen, wie man von einer Ebene zur anderen gelangt. Im Augenblick ist die Bewußtheit um diesen Prozeß noch neu und zerbrechlich. Es war ein kathartisches Moment, als mir das im Kolloquium als Reaktion auf die Frage nach den Bedingungen für eine gute Medizin bewußt wurde. Ich bin zuversichtlich, daß sich diese Erfahrung des Bewußtwerdens nicht immer nur als

Reaktion auf die Handlung einer anderen Person einstellen, sondern mit einer gewissen Übung zu einem sich selbst generierenden Vorgang wird.

Die Kultur der Grounded Theory

Ich gehöre zu einer Arbeitsgruppe, die sich seit einigen Jahren ungefähr einmal im Monat trifft. Wir besprechen und kritisieren reihum unsere im Werden begriffenen Forschungsarbeiten und helfen uns manchmal bei schwierigen Stellen in der Analyse. Kürzlich kam eine ehemalige Mitarbeiterin unserer Gruppe zurück und beschrieb uns ihren wenig erfolgreichen Versuch, eine ähnliche Arbeitsgruppe an einem anderen Ort aufzubauen. Die Teilnehmer ihrer Arbeitsgruppe hatten – formal – nach denselben Verfahren gearbeitet wie wir, waren aber mit den Arbeiten der einzelnen Mitarbeiter sehr schroff umgegangen und hatten sich mehr auf den Wettbewerb konzentriert als auf eine genuine Zusammenarbeit. Unsere Gruppe versuchte dann herauszufinden, weshalb wir erfolgreich zusammenarbeiteten, und stellte fest: Dies hatte viel mit der Tatsache zu tun, daß vier unserer Leute in der Methodologie der Grounded Theory ausgebildet worden sind. Es war aber nicht einfach nur so, daß wir einen gemeinsamen analytischen Fokus hatten; in Wirklichkeit waren wir sehr verschieden. Das Auffällige in unserer Gruppe war, daß wir gelernt hatten, kooperativ und unterstützend *miteinander zu arbeiten.* Manche unserer Erfahrungen könnten für das geplante Handbuch interessant sein:

1. Wir haben erlebt, daß das Analysieren wie ein Abenteuer sein kann. Sich „Flügel wachsen zu lassen“ ist ein integraler Bestandteil der Grounded Theory, da *Ideen billig und ergiebig* sind. Man kann Kodes und Ideen weiterspinnen und sich dabei sehr frei fühlen. Diese werden schnell genug an der Wirklichkeit gemessen, miteinander verglichen, ersetzt, ergänzt usw. Diese Praxis ist das krasse Gegenstück zu der Art des Arbeitens in weiten Teilen der akademischen Welt, wo man eine kostbare Idee hat und diese über Jahre hinweg einsam vor sich hin pflegt, die man schließlich präsentiert und wie ein schönes Geschenk enthüllt. Diese Überlegung wird begleitet von einer impliziten Annahme der Robustheit.

2. Robustheit. Wir haben gelernt, daß eine Idee dann robust ist, wenn sie die von vielen Leuten geführten Debatten überlebt und sich in vielen Kontexten (Betonung des kontinuierlichen Vergleichens) behauptet hat. Theorien, die nach der Grounded Theory entstanden sind, werden fortwährend auf den neuesten Stand gebracht; sie können jederzeit widersprüchliche Daten enthalten; sie involvieren immer widersprüchliche Standpunkte, die ausgehandelt werden müssen, durch die aber eine rein zentralistische oder rein logische Organisation abgeschwächt wird. Da es sich hier um eine andere Definition von Robustheit handelt als die, die gemeinhein als „wissenschaftlich“ gilt (siehe Wimsatt 1981), ist es oft schwierig, einem Wissenschaftler, der nicht in der Methodologie der Grounded Theory ausgebildet ist, präzise mitzuteilen, was ein *Ergebnis* im Sinne der Grounded Theory bedeutet. Andererseits aber ist es genau diese Definition von Robustheit, die sich aus der Kollektivität im Arbeiten und der Forderung nach *Gegründetheit* der Theorie in Daten ergibt. Als ich am Tag darauf einem Naturwissenschaftler die Methodologie der Grounded Theory erklärte, gebrauchte ich das Bild von Wissenschaftlern, die in einem Laboratorium arbeiten – die gegenseitig ihre Ideen und Teilergebnisse überprüfen, die sich Flügel wachsen lassen, die

permanent interagieren und Daten überprüfen, als Gegenbild zum humanistischen Modell des einsamen Gelehrten.

3. Ich muß noch einen weiteren, damit zusammenhängenden Punkt erwähnen: *kollektiver* versus *persönlicher* Bezug zum Datenmaterial. Es ist (nach meiner Erfahrung in der akademischen Welt) einmalig, daß in Seminaren, in denen nach der Grounded Theory gearbeitet wird, mit Nachdruck auf das kollektive Teilen und Kritisieren von Datenmaterial verwiesen wird. In vielen anderen Forschungsbereichen ist man beim Umgang mit Daten gehemmt oder es entsteht ein Gefühl, daß es dabei um sehr persönliche Dinge geht. Man würde nie jemandem seine Beobachtungsprotokolle oder sein unbearbeitetes Interviewmaterial zeigen; allenfalls dann, wenn man es schon ein bißchen geglättet hat. Ich vermute, daß die Bedeutung des öffentlichen und kollektiven Geistes in einer Gruppe, die nach der Grounded Theory arbeitet, noch weit größer ist als in den Naturwissenschaften.

4. Schließlich ist die *Prozeßhaftigkeit,* die die Arbeit nach der Grounded Theory (und natürlich auch die fertige Analyse) bestimmt, sehr wichtig. In den nach der Grounded Theory arbeitenden Seminaren findet ein lang anhaltender „Glättungs"prozeß statt, der das genaue Gegenstück zu der Suche nach *dem* wahren oder dem signifikanten ($p < .05$) Ergebnis ist. Es ist vielmehr so, daß es erste Einschnitte gibt; dann die nächsten Einschnitte; Memos mit vagen Konturen; wirklich hochkonzentrierte Analyseteile; und am Ende Berichte, Papiere und Bücher. Der Prozeß des Arbeitens und der Prozeß des Analysierens werden miteinander verflochten – darauf wird in diesen Seminaren besonders geachtet – und sind von der Anwendung der Analyse zu trennen.

Epilog

Nachdem die erste Fassung dieses Buches fertiggestellt war, wurden wir auf eine treffende Bemerkung von C. W. Mills (1959, S. 28) aufmerksam, die im folgenden zitiert wird: Sie scheint die von uns gewählte Arbeitsweise sehr wohl abzurunden.

Über Methode und Theorie im allgemeinen brauche ich hier nichts mehr zu sagen. Dieses Thema langweilt mich gegenwärtig sehr schnell: die ewigen Diskussionen darüber behindern unsere eigentlichen Studien. Ich muß feststellen, daß mir ein Bericht eines empirisch arbeitenden Studenten darüber, wie es ihm in seiner Forschungsarbeit ergeht, weitaus lieber ist als ein Dutzend „kodifizierter Verfahren" von Wissenschaftlern meines Fachs, die in den seltensten Fällen größere Arbeiten von Bedeutung geleistet haben. Besser noch: Wenn wir manchmal in unserem professionellen Forum mehr über Methode und Theorie diskutieren als über den Gegenstandsbereich unserer Forschungen, sollten wir jeden, von dem wir annehmen, daß er gute oder hervorragende Arbeit leistet, bitten, uns einen detaillierten Bericht über seine Arbeitsweisen zu geben.

Anhang

Das Entdecken einer neuen Theorie, ausgehend von einer bestehenden Theorie

Alle Daten, die in diesem Buch analysiert werden, sind „im Feld" erhoben worden, ob in Form von Interviews, Beobachtungsprotokollen oder anderswie. Zum größten Teil neigen die nach der Grounded Theory arbeitenden Forscher, wenn sie eine bereichsbezogene Theorie entwickeln, dazu, ihre Forschungen damit *zu beginnen*, daß sie den Implikationen einer früheren Theorie folgen. Vielleicht sind sie im Umgang mit den Theorien anderer Leute übervorsichtig, wenn sich einmal die Linien in ihrer eigenen Forschung herauszukristallisieren beginnen. Doch wie schon im 1. Kapitel erwähnt, gibt es keinen Grund, weshalb man die eigene Forschung nicht mit einer schon bestehenden Theorie anfangen sollte – *vorausgesetzt,* daß auch diese sorgfältig in Daten gegründet ist –, an der dann die Erhebung neuer Daten ausgerichtet wird, um schließlich eine neue (und wahrscheinlich umfassendere) Theorie zu entwickeln. Unter Heranziehung der vertrauten Techniken des Kodierens, Theoretical Sampling, der vergleichenden Analyse und mit der Betonung auf der Variation von Dimensionen, Bedingungen, Konsequenzen, Interaktionen wird die schon existierende Theorie zum Ausgangspunkt für potentielle Linien der Forschungsarbeit. Danach kann sich der Forscher entscheiden, welchen Linien er folgt, welche Richtungen er einschlägt, und ein möglicherweise effektives und persönlich interessantes Forschungsprojekt initiieren.

Es ist also völlig legal, von der Theorie eines anderen Wissenschaftlers auszugehen, wenn der Schritt ins Forschungsfeld unmittelbar darauf folgt oder zumindest, noch bevor man sich für das Forschungsprojekt verpflichtet: Man muß nämlich prüfen, ob das Projekt durchführbar ist, ob Daten auch wirklich verfügbar sind *und* ob die hergeleiteten Arbeitslinien für den Gegenstandsbereich, der erforscht werden soll, tatsächlich relevant sind. *Ebenso* muß der Forscher sofort auf das neue Datenmaterial reagieren und dessen Potential für neues Kodieren, für konzeptuelle Verdichtung und Integration erkennen.

Nach diesen Ausführungen halte ich es für angebracht, einen früheren Aufsatz wiederzugeben (Strauss 1970), um zu zeigen, wie man als Forscher einer Gefahr entgeht, die die Verwendung einer – sogar in

Daten gegründeten – Theorie automatisch mit sich bringt. Diese darf sehr wohl verfeinert, vielleicht auch ein bißchen erweitert werden, man darf sie aber nicht qualifizieren oder stark verändern. Des weiteren soll gezeigt werden, wie man den Implikationen einer bestehenden Theorie folgt, so daß diese *auf ganz spezifische Weise* zur Bereicherung der eigenen Theorie führt. Die nachstehenden Materialien zeigen wiederum einen Analytiker, der Kategorien, Dimensionen, theoretische Fallbeispiele, Vergleiche und dergleichen einbringt, d. h. mit den üblichen Verfahren arbeitet, die in diesem Buch diskutiert werden. Folgendes ist noch anzumerken: Wenn ein Wissenschaftler im Laufe seiner früheren Forschungen eigene Theorien entwickelt hat, kann er mit diesen durchaus weiterarbeiten. Natürlich sollte er denselben Leitlinien und Faustregeln folgen, die ihm auch vorher geholfen haben, wie es der Verfasser des abgedruckten Artikels auch getan hat.

In seinem Aufsatz „Leugnung der Behinderung" (1961) präsentiert Fred Davis eine wertvolle Grounded Theory darüber (wie der Titel schon sagt), „wie sichtbar behinderte Menschen erschwerte Interaktionen meistern." ... diese Darstellung ist ungewöhnlich, weil der Verfasser genau schildert, auf welche Bereiche diese Theorie anwendbar ist und auf welche Phänomene nicht, und Inhalte nennt, bei denen die Theorie irreführend wäre. (Folglich: „Weil der sichtbar behinderte Mensch im Fokus des Aufsatzes steht ... wird seine Interaktionsarbeit beleuchtet im Vergleich zu der verhältnismäßig überbewerteten Arbeit eines normalen Menschen".) Zu den wertvollsten Eigenschaften dieses Aufsatzes gehört, daß er zum Nachdenken über Variablen anregt, die Davis selbst nicht ausdiskutiert, völlig übergeht oder die außerhalb seines Spektrums lagen, als er seine Theorie entwikkelt hat. Bei der Lektüre des Artikels habe ich oft festgestellt, daß ich darauf brannte, mehr über diese unbehandelten Inhalte zu wissen. Natürlich bleibt es der Verantwortung des Lesers überlassen, diesen unfertigen Vorgang weiterzuführen, wenn der Autor das nicht selbst tut.

Die Theorie von Davis befaßt sich mit (1) *erschwerter* (2) *geselliger Interaktion* (3) im *direkten* Kontakt zwischen (4) *zwei Personen,* eine mit einer (5) *sichtbaren Behinderung,* die andere ist (6) *normal* (ohne erkennbare Behinderung). Die Theorie beinhaltet Propositionen über Strategien, vor allem solche, die die sichtbar behinderte Person anwendet. Der eigentliche Fokus liegt aber auf den *Stadien des Meisterns,* vornehmlich (a) auf der eingebildeten Akzeptierung, (b) auf der Erleichterung wechselseitiger Rollenübernahme im Hinblick auf ein normalisiertes Selbstbild und (c) auf der Verfestigung einer Definition des Selbst, das normal ist in seiner moralischen Dimension. Die Betonung der einzelnen Stadien macht daraus eine ausgesprochen prozeßhafte Theorie.

Die kursiv gedruckten Begriffe ... legen nahe, was Davis in seiner theoretischen Darstellung explizit oder implizit übergangen hat. Die Theorie bezieht sich auf sichtbar (körperlich) behinderte Menschen, nicht auf solche Leute, deren Behinderungen für die anderen nicht auf den ersten Blick sichtbar sind, wenn überhaupt. Die Theorie bezieht sich auf die Interaktion zwischen zwei Menschen (nicht auf mehr als zwei) oder auf eine kombinierte Interaktion zwischen normalen und behinderten Menschen (einer interagiert mit zwei anderen, zwei Personen mit einer, zwei Leute mit zweien). Die Interaktion ereignet sich in Situationen, die als „gesellig" bezeichnet werden können, d. h. das Verhältnis zwischen den Akteuren ist weder unpersönlich noch intim. Gesellig meint auch eine Interaktion, die lang genug dauert, um über einen flüchtigen Austausch hinauszugehen, aber nicht so lang, daß sich daraus eine enge Vertrautheit entwickelt. Eine gesellige Interaktion ist keine ritualisierte Interaktion.

Die Interaktion ist aber nicht nur gesellig, sie ist auch direkt – nicht z. B. telefonisch oder brieflich. Diese Interaktion ist das erste Treffen zwischen den Akteuren, es ist kein späteres Treffen oder eines, das auf einer interpersonellen Gewohnheit beruht. Dieses Treffen ist das erste in einer Serie von Episoden, die vielleicht zu einem vertrauteren Verhältnis führen und von der behinderten Person so gesehen werden. Während der ganzen Interaktion versucht der Behinderte, seine Behinderung herunterzuspielen und diese nicht hervorzuheben oder Kapital daraus zu schlagen. Die normale Person versucht auch, die Behinderung zu bagatellisieren und diese nicht vorteilhaft oder nachteilig zu überhöhen. Auch die Kontrolle über die Interaktion wird dem Behinderten übertragen, der in der normalen Person einen willigen Komplizen hat. Darüber hinaus muß der Normale das Spiel der Normalisierung mitspielen, statt daß er sich widersetzt, indifferent ist oder sogar versäumt, diese anzuerkennen. Erwähnenswert ist vor allem, daß die Interaktion deshalb erschwert ist, weil die sichtbare Behinderung tendenziell in die Interaktion eingreift, eine Bedrohung für die Geselligkeit darstellt, den Bezugsrahmen für normative Regeln und Annahmen, unter denen sich Geselligkeit entwickelt, gefährdet.

Sichtbare Behinderungen, die keine besondere Gefahr für eine gesellige Interaktion darstellen, sind in dieser Theorie nicht berücksichtigt. Hinzu kommt, daß im Zentrum der Theorie das Meistern einer Interaktion durch den Behinderten steht und folglich dessen Strategien und Reaktionen sehr gründlich erforscht werden, daß sie aber relativ wenig aussagt über die Strategien und Reaktionen des Normalen. Und schließlich bezieht sich die Theorie auf eine behinderte Person, die schon ziemlich erfahren ist im Meistern erschwerter Interaktionen mit einem normalen Menschen – der verglichen damit verhältnismäßig unerfahren ist in der Interaktion mit behinderten Menschen. Wenn wir uns eine einfache Vierfeldermatrix vorstellen, können wir auf Anhieb drei Vergleichssituationen nennen, in denen derartige Erfahrungen involviert sind.

Die Inhalte zu füllen, die in der existierenden Theorie noch offen sind, ist ein erster wichtiger Schritt zur Erweiterung ihres Spektrums. Wir haben die Originaltheorie ergänzt. (Ergänzung heißt *nicht*, die Schwachstellen einer Theorie zu korrigieren.) Durch die Ergänzung wurden zusätzliche Kategorien generiert, was uns wieder veranlaßt – wenn wir unser Vorhaben nicht abkürzen –, über diese neuen Kategorien nachzudenken. Die Reflexion über die Kategorien läuft darauf hinaus, daß Hypothesen um diese Kategorien gebildet werden, und zwar genau so, wie Davis seine Hypothesen um Kategorien bildet, die er aus den Daten generiert. Wir können über diese neuen Kategorien isoliert nachdenken, z. B. über die nicht sichtbare Behinderung. Wir können aber auch weitaus effektiver arbeiten, indem wir die neue Kategorie mit anderen vergleichen, ob diese nun neu generiert worden sind oder aus der Erbmasse von Davis stammen.

Stellen wir uns vor, was in der ersten Episode einer direkten Interaktion mit geselligem Charakter geschieht, wenn (1) eine Person mit einer relativ unsichtbaren (doch potentiell erkennbaren) Behinderung einen normalen Menschen trifft im Vergleich dazu, wenn (2) der sichtbar Behinderte bei Davis einen Normalen trifft. ... Verglichen mit der zuletzt genannten Situation ist eine Eigenschaft der neuen Situation die „Geheimhaltung“; denn der nicht sichtbar behinderte Mensch wird, wenn er eine gewisse Erfahrung mit seiner Situation hat, seine Behinderung gut versteckt halten wollen. Wenn er schon routinierter ist, hat er vermutlich weniger Sorgen, sein Geheimnis zu verraten. Es muß uns aber sofort auffallen, daß dieser Mensch auf jeden Fall Erfahrung hat, es sei denn, die Behinderung ist noch ganz frisch; nehmen wir beispielsweise eine Frau, die kurz zuvor an Brustkrebs operiert worden ist und die nun mit einer Brustprothese ausgeht.

Dadurch, daß wir diesen Fall als Beispiel herangezogen haben, haben wir (in der Vorstellung) ein Theoretical Sampling durchgeführt; wir könnten nun so verfahren, daß wir zu diesem Fall Interviews machen oder bereits existierendes Datenmaterial suchen, und zwar nicht nur über brustamputierte Patientinnen, sondern auch über andere Leute mit unterschiedlichen nicht sichtbaren, aber potentiell erkennbaren und noch frischen Behinderungen. Wir können fragen, welche Gruppen von Personen (d. h. Vergleichsgruppen) das sein könnten? ... Zu den Gruppen mit nicht sichtbaren Behinderungen könnten Leute mit angeborenen Hautschäden gehören, die durch Kleidung leicht überdeckt werden können.

Eine kurze Reflexion über diese Vergleichsgruppen von Menschen mit – sichtbaren oder nicht sichtbaren – Behinderungen sagt uns, daß wir weitere Kategorien generiert haben. ... So gibt es angeborene nicht sichtbare Behinderungen und andere, die kürzlich, vor einiger Zeit, vor langer Zeit erworben worden sind. Es gibt Behinderungen, ob sichtbar oder nicht, die sich nie verschlimmern, und solche, die schlimmer werden. Manche Behinderungen sind vorübergehend und verschwinden oder verändern sich nach einer gewissen Zeit. Manche Behinderungen werden überwiegend als stigmatisierend empfunden, während wieder andere Behinderungen Mitgefühl, Mitleid oder Indifferenz erwecken. Manche können auch Angst erzeugen (Aussatz) oder Abscheu (Syphillis).

Wenn wir in dieser Analyse weitergehen (und die neuen Kategorien nicht achselzuckend beiseitelegen und sagen: „Ach, das ist ja klar.“), können wir schließlich überprüfbare Hypothesen über jede einzelne Gruppe von behinderten Personen bilden, wie diese Menschen in geselligen oder anderen Situationen mit normalen oder anderswie behinderten Menschen interagieren. Die Hypothesen sollen nicht nur demonstrieren, was dieser Gruppe von Behinderten widerfährt; sie sollen unserer im Entstehen begriffenen Theorie der Interaktion, die sich generell auf Behinderte bezieht, konzeptuelle Dichte geben.

Erinnern wir uns an die brustamputierten Frauen mit ihren nicht sichtbaren Behinderungen. Welche Überlegungen bestimmen ihr Denken in einer geselligen Interaktion? Müssen sie ihr Geheimnis wahren, weil der Verlust einer Brust, wenn die Öffentlichkeit davon erfährt, stigmatisierend ist? Wird dieser Verlust eher von unverheirateten jungen Frauen als grauenvoll und als ein zu hütendes Geheimnis empfunden als von jungen Müttern? Eher von jungen als von älteren Müttern? (Wir beschäftigen uns jetzt nicht weiter mit anderen naheliegenden Vergleichen wie beispielsweise: Wenn brustamputierte Frauen mit normalen Männern versus normalen Frauen zusammentreffen.) Man kann sich nun leicht die Hypothesen vorstellen, die über solche Situationen mit ihren jeweiligen Strategien, um die Amputation geheim zu halten, generiert werden können. Wir können z. B. die Hypothese aufstellen, daß eine Frau kurz nach einer Brustoperation besonders sorgfältig auf ihre Kleidung und auf ihr äußeres Erscheinen achtet, wenn sie ausgeht, und daß sie im Verlauf geselliger Interaktionen ängstlich, wenn auch geheim, auf ihre Brustprothese achtgibt. Über die schon routinierten Frauen, die ihre Brustprothesen seit vielen Jahren tragen, können wir folgende Hypothese aufstellen: Sie sorgen sich weniger darum, ihr Geheimnis zu verraten, so daß die sozialen Interaktionen mit diesen Frauen den Interaktionen zwischen zwei normalen Personen nahekommen. Unter welchen Bedingungen wird die Angst vor einer zufälligen Enthüllung für diese routinierten Frauen wieder zum Problem?

Dadurch, daß wir die Geheimhaltung als eine wichtige Eigenschaft aller oben genannter Interaktionen ausgewählt haben, wird nahegelegt, daß es sich um eine Schlüsselkategorie handelt; diese Schlüsselkategorie steht ungefähr oder sogar genau im gleichen Verhältnis zu der nicht sichtbaren Behinderung wie die „Normalisierung" zu der sichtbaren Behinderung. In der Terminologie, die wir in unserem Buch *Awareness of Dying* entwickelt haben, würde das heißen, daß der nicht sichtbar behinderte Mensch versucht, den Kontext „geschlossen" zu halten, während der sichtbar behinderte Mensch – mit der stillschweigenden Mitwirkung des Normalen – versucht, einen Kontext von „gegenseitiger Vortäuschung" aufrechtzuerhalten. Geheimnisse und die Möglichkeit ihrer Entdeckung sind typische Eigenschaften für geschlossene Kontexte, ganz zu schweigen von den spezifischen stillschweigenden Vereinbarungen, die typisch sind für Kontexte der gegenseitigen Vortäuschung. In unserem Theoretical Sampling haben wir auf eine breite Variation geachtet, was den Umgang mit nicht sichtbaren Behinderungen angeht; dies wäre auch für das Meistern erschwerter Interaktionen aufgrund einer sichtbaren Behinderung unter ähnlichen variablen Bedingungen möglich.

An diesem Punkt der Analyse hat der Theoretiker mehrere Optionen. Er kann den Fall der brustamputierten Patientin weiterverfolgen und ihn wie einen kompliziert geschliffenen Diamanten von allen Seiten betrachten und ihren Facettenreichtum erforschen. Die Stichworte für diese Analyse sind schon gefallen. Wie verhalten sich diese Frauen in verschiedenen nicht-geselligen Interaktionstypen? Wie verhalten sie sich in den Episoden sozialer Interaktionen im Vergleich zur ersten Episode? Was geschieht, wenn brustamputierte Frauen in unterschiedlichen Arten von interaktionellen Situationen zusammentreffen? Was passiert in der intimen Interaktion, wenn die Frau ihre kranke Brust als häßlich empfindet, ihr Ehemann aber nicht? Angenommen, sie betrachtet sich als Opfer des Schicksals, er aber hat Mitleid mit ihr? Mit der Beantwortung dieser Fragen (imaginär oder später anhand von Daten) erstellt der Theoretiker Hypothesen unterschiedlicher Reichweite und auf verschiedenen Abstraktionsebenen, wobei sich die Variablen in der Analyse immer wieder überschneiden; so macht er die Theorie allmählich konzeptuell dichter und arbeitet gleichzeitig an ihrer Integration.

Anstatt genau diese Vergleichsgruppe weiter zu analysieren, ... hat der Analytiker die Möglichkeit, andere Gruppen zu untersuchen, vor allem solche, die die Aussagekraft seiner Vergleichsanalyse aufgrund großer Unterschiedlichkeiten maximieren. Er kann z. B. über folgende Interaktionen nachdenken: Die bei Davis sichtbar behinderte Person ist nicht routiniert, während seine normale Person im Umgang mit, sagen wir, stigmatisierenden Behinderungen außergewöhnlich viel Erfahrung hat. Physiotherapeuten sind nicht nur erfahren – aufgrund ihres Berufs sind sie damit befaßt, behinderte Patienten zu behandeln und ihnen „psychischen Beistand" zu geben. Wir können nun Hypothesen bilden über gesellige, private Treffen, und zwar aus der professionellen Perspektive oder aus der Sicht des behinderten Menschen. Wir könnten auch ein imaginäres (später dann ein echtes) Interview mit Physiotherapeuten führen und sie nach ihren Reaktionen auf verschiedene Gruppen von Behinderten fragen. Wie reagieren sie auf Leute, die identische oder ähnliche Behinderungen wie ihre Patienten haben versus Leute mit völlig anderen Behinderungen (Taubheit, Astigmatismus, Blindheit)?

Wenn der Forscher die Interaktion behinderter Patienten mit Professionellen (Normalen) in seine Theorie einbauen möchte, kann er den Schwerpunkt legen auf Vergleiche zwischen diesem Interaktionstyp und der geselligen Interaktion. Die Möglichkeiten des Verhaltens sind nicht nur auf das Beispiel des Physiotherapeuten, der mit unterschiedlichen Behindertengruppen (Schlaganfall, Kinderlähmung, Arthritis, Unfallschäden) arbeitet, beschränkt, sondern können auch die beruflich bedingte Interaktion zwischen Arzt und Brustkrebspatientinnen (und anderer körperlich behinderter Patienten) beinhalten.

Der Theoretiker kann die Theorie natürlich auch abgrenzen – de facto muß er irgendwo Grenzen ziehen – und diese sogar auf ein so enges Spektrum wie das der geselligen Interaktion beschränken. In diesem Fall wird er die nicht geselligen Begegnungen vernachlässigen (außer auf einer sekundären Ebene, um sein Denken über gesellige Begegnungen anzuregen) und seinen Fokus stets auf die Vergleiche legen, die ihm immer mehr Hypothesen über sein zentrales Phänomen einbringen. Wieder sucht er nach Vergleichen zwischen einzelnen Gruppen, die augenscheinlich sehr verschieden sind, und solchen, die augenscheinlich relativ ähnlich sind. Bei jedem Vergleich wird er nach Ähnlichkeiten und Unterschiedlichkeiten fahnden. Diese Vergleichsgruppen ergeben sich, wie vorher auch, mit der voranschreitenden Theorie. Dem Forscher werden immer neue Gruppen einfallen, so lange seine Theorie sich als anregend erweist.

Wann stoppt man diesen Prozeß, so fruchtbar er auch sein mag, um nicht auszuufern? Dieses Problem wird in dem Buch *The Discovery of Grounded Theory* behandelt. ... Kurz gesagt führt die durch das Theoretical Sampling geleitete Datenerhebung schließlich dazu, daß sich im Forscher der Wunsch nach einem Abschluß seiner Arbeit entwickelt. Schlüsselkategorien und untergeordnete Kategorien tauchen auf. Durch die Erhebung von Daten tritt eine gewisse „Sättigung“ dieser Kategorien ein. Hypothesen auf unterschiedlichen Abstraktionsebenen sind gebildet. ... Diese Hypothesen werden bestätigt oder qualifiziert durch eine gerichtete Datenerhebung. Zusätzliche Kategorien und Hypothesen, die sich zu einem späteren Zeitpunkt ergeben, werden in die Theorie aufgenommen. ...

Wenn einmal diese Theorie so weit entwickelt ist (ob sie aus einer schon bestehenden Theorie abgeleitet worden ist oder nicht), dann kann man durchaus andere in Daten gegründete Theorien in die eigene Theorie einbauen; die Voraussetzung ist allerdings, daß diese andere Theorie sich gut einpaßt und, auf unsere Daten angewandt, einen Sinn ergibt. Ein Beispiel dafür war die oben genannte Verbindung zwischen der „Bewußtheitstheorie“ und der sich gerade entwickelnden Theorie. Dem einen oder anderen Leser werden weitere wertvolle Verbindungslinien zu anderen Grounded Theories einfallen. Umgekehrt ist nun unsere eigene Theorie Gegenstand der Erweiterung, die effektiverweise auf dem Theoretical Sampling und der damit verbundenen Vergleichsanalyse aufgebaut wird. Vielleicht sollte noch erwähnt werden, daß diese Erweiterung eine Bestimmung der Grenzen unserer Theorie ist und mithin eine Bewertung darstellt.

Literatur

Becker, H. S. 1982: Art Worlds. Berkeley.
– 1986: Writing for Social Scientists. Berkeley.
Becker, H. S. und B. Geer 1960: *Participant Observation: The Analysis of Qualitative Field Data.* In: R. N. Adams und J. Preiss, Hrsg.: Human Organization Research. Homewood, S. 267–289 (dt. 1979. In: C. Hopf und E. Weingarten, Hrsg.: Qualitative Sozialforschung. Stuttgart, S. 139–170).
Becker, H. S., B. Geer, E. C. Hughes und A. L. Strauss 1961: Boys in White: Student Culture in Medical School. Chicago.
Biernacki, P. 1986: Pathways from Heroin Addiction. Philadelphia.
Bowers, B. 1983: Intergenerational Caretaking: Processes and Consequences of Creating Knowledge. Dissertation, Department of Social and Behavioral Sciences, University of California, San Francisco.
Broadhead, R. S. 1983: The Private Lives and Professional Identity of Medical Students. New Brunswick.
Cauhape, E. 1983: Fresh Starts: Men and Women after Divorce. New York.
Charmaz, K. C. 1983: *The Grounded Theory Method: An Explication and Interpretation.* In: R. M. Emerson, Hrsg: Contemporary Field Research. Boston, S. 109–126.
Clarke, A. E. 1984: Emergence of the Reproductive Enterprise: A Sociology of Biology, Medicine, and Agricultural Science in the United States, 1900–1940. Dissertation, Department of Social and Behavioral Sciences. University of California, San Francisco.
Conrad, P. und S. Reinharz 1985: *Special Issue on Computers and Qualitative Data.* In: Qualitative Sociology 7 (Sommer), S. 3–168
Corbin, J. M. und A. L. Strauss 1985: *Accompaniments of Chronic Illness: Changes in Body, Self, Biography, and Biographical Time.* In: J. A. Roth und P. Conrad, Hrsg.: Research in the Sociology of Health Care, Bd. 5. Greenwich, S. 249–281
– 1988: Unending Work and Care: Managing Chronic Illness at Home. San Francisco.
Davis, F. 1961: *Deviance Disavowel: The Management of Strained Interaction by the Visibly Handicapped.* In: Social Problems 9. S. 120–132. Auch in: A. R. Lindesmith, A. L. Strauss und N. K. Denzin, Hrsg.: Readings in Social Psychology. 2. Aufl. Hinsdale 1975. S. 254–267.
De Mille, A. 1981: Reprieve. New York.
Dewey, J. 1934: Art as Experience. New York (dt. 1980: Kunst als Erfahrung. Frankfurt).
– 1937: Logic: The Theory of Inquiry. New York.
Diesing, P. R. 1971: Patterns of Discovery in the Social Sciences. New York.
Fagerhaugh, S. Y. und A. L. Strauss 1977: Politics of Pain Management: Staff-Patient Interaction. Menlo Park.
Fagerhaugh, S. Y., A. L. Strauss, B. Suczek und C. L. Wiener 1987: Hazards in Hospital Care: Ensuring Patient Safety. San Francisco.
Fann, K. T. 1970: Peirce's Theory of Abduction. Den Haag.
Fisher, B. und R. Galler 1988: *Friendship and Fairness: How Disability Affects Friendship between Women.* In: A. Asch und M. Fine, Hrsg.: Voices from the Margin: Lives of Disabled Girls and Women. Philadelphia, S. 45–65

Freidson, E. 1970: Professional Dominance: The Social Structure of Medical Care. New York.
Gerson, E. M. 1983: *Scientific Work and Social Worlds.* In: Knowledge 4, S. 357–373.
– 1984: *Qualitative Work and the Computer.* In: Qualitative Sociology 7, S. 61–74.
Gerson, E. M. und S. L. Star 1986: *Modeling Due Process in the Office.* In: ACM Transactions on Office Information Systems 4, S. 257–270.
Glaser, B. G. 1976: Experts versus Laymen: A Study of the Patsy and the Subcontractor. New Brunswick.
– 1978: Theoretical Sensitivity. Mill Valley.
Glaser, B. G. und A. L. Strauss 1965: Awareness of Dying. Chicago (dt. 1974: Interaktion mit Sterbenden: Beobachtungen für Ärzte, Schwestern, Seelsorger und Angehörige. Göttingen).
– 1967: The Discovery of Grounded Theory: Strategies for Qualitative Research. Chicago.
– 1968: Time for Dying. Chicago.
– 1971: Status Passage. Chicago.
Goffman, E. 1975: *On Face-Work: An Analysis of Ritual Elements in Social Interaction.* In: A. R. Lindesmith, A. L. Strauss und N. K. Denzin. Hrsg.: Readings in Social Psychology. 2. Aufl. Hinsdale, S. 236–253.
Hammersley, M. und P. Atkinson 1983: Ethnography: Principles in Practice. London.
Hartshorne, C., P. Weiss und A. W. Burks, Hrsg. 1958: Collected Papers of Charles Sanders Peirce, Bde. 7 und 8. Cambridge.
Hazan, A. 1985: A Study of Shrinking Institutions: The Transformation of Health and Human Services Work. Dissertation, Department of Social and Behavioral Sciences, University of California, San Francisco.
Hoffmann-Riem, C. 1984: Das adoptierte Kind: Familienleben mit doppelter Elternschaft. München (Übergänge Bd. 8).
Hughes, E. C. 1971: The Sociological Eye. Chicago (Nachdruck 1985. New Brunswick).
Jick, T. D. 1983: *Mixing Qualitative and Quantitative Methods: Triangulation in Action.* In: J. Van Maanen, Hrsg.: Qualitative Methodology: An Updated Reprint of the December Issue of Administrative Science Quarterly. Beverly Hills, S. 135–148.
Kling, R. und E. M. Gerson 1978: *Patterns of Segmention and Intersection in the Computing World.* In: Symbolic Interaction 1, S. 24–43
Lakoff, G. und M. Johnson 1980: Metaphors We Live By. Chicago.
Lear, J. 1978: Recombinant DNA. New York.
Lifchez. R. und B. Winslow 1981: Design for Independent Living: The Environment and Physically Disabled People. Berkeley.
Lindesmith, A. R. 1957: Opiate Addiction. Evanston.
Louis, K. S. 1982: *Multisite/Multimethod Studies: An Introduction.* In: American Behavioral Scientist 26, S. 6–22.
McClintock, C. C. u.a. 1983: *Applying the Logic of Sample Surveys to Qualitative Case Studies: The Case-Cluster Method.* In: J. Van Maanen, Hrsg.: Qualitative Methodology: An Updated Reprint of the December Issue of Administrative Science Quarterly. Beverly Hills, S. 149–178.

Mead, G. H. 1934: Mind, Self, and Society. Chicago.
Miles, M. B. 1979: *Qualitative Data as an Attractive Nuisance: The Problem of Analysis.* In: Administrative Science Quarterly 24, S. 590–601. Auch in: J. Van Maanen, Hrsg.: Qualitative Methodology: An Updated Reprint of the December Issue of Administrative Science Quarterly. Beverly Hills 1983. S. 117–134.
Miles, M. B. und A. M. Huberman 1984: Qualitative Data Analysis: A Sourcebook of New Methods. Beverly Hills.
Mills, C. W. 1959: *On Intellectual Craftmanship.* In: L. Gross, Hrsg.: Symposium on Sociological Theory. Evanston. S. 25–53.
Peirce, C. S.: Collected Papers 1935–1966. Hrsg. von C. Hartshorne, P. Weiss und A. W. Burks. 8 Bde. 1958. Cambridge.
Polsby, N. W. 1984: Political Innovation in America. New Haven.
Riemann, G. 1987: Das Fremdwerden der eigenen Biographie: Narrative Interviews mit psychiatrischen Patienten. München (Übergänge Bd. 19).
Rosenbaum, M. 1981: Women on Heroin. New Brunswick.
Roth, J. A. 1963: Timetables: Structuring the Passage of Time in Hospital Treatment and Other Careers. Indianapolis.
Roth, J. A. und P. Conrad, Hrsg. 1985: Research in the Sociology of Health Care, Bd. 5. Greenwich.
Schatzman, L. und A. L. Strauss 1973: Field Research: Strategies for a Natural Sociology. Englewood Cliffs.
Schütze, F. 1981: *Prozeßstrukturen des Lebenslaufs.* In: J. Matthes, A. Pfeifenberger und M. Stosberg, Hrsg.: Biographie in handlungswissenschaftlicher Perspektive. Nürnberg, S. 67–156.
Sieber, S. D. 1976: *Synopsis and Critique of Guidelines for Qualitative Analysis Contained in Selected Textbooks.* Project on Social Architecture in Education. New York: Center for Policy Research.
Smith, A. G. und A. E. Robbins 1982: *Structured Ethnography.* In: American Behavioral Scientist 26, S. 45–61.
Star, S. L. 1983: *Simplification and Scientific Work: An Example from Neuroscience Research.* in: Social Studies of Science 13, S. 205–228.
– 1985: *Scientific Work and Uncertainty.* In: Social Studies of Science 15, S. 391–427.
– 1986: *Triangulating Clinical and Basic Research: British Localizationists, 1870–1906.* In: History of Science 24, S. 29–48.
Star, S. L. und E. M. Gerson 1987: *The Management and Dynamics of Anomalies in Scientific Work.* In: Sociological Quarterly 28, S. 147–169.
Strauss, A. L. 1970: *Discovering New Theory from Previous Theory.* In: T. Shibutani, Hrsg.: Human Nature and Collective Behavior: Papers in Honor of Herbert Blumer. Englewood Cliffs, S. 46–53.
– 1978: Negotiations: Varieties, Contexts, Processes and Social Order. San Francisco.
Strauss, A. L., S. Y. Fagerhaugh, B. Suczek und C. L. Wiener 1985: Social Organization of Medical Work. Chicago.
Strauss, A. L., L. Schatzman, R. Bucher, D. Ehrlich und M. Sabshin 1964: Psychiatric Ideologies and Institutions, New York.
Volberg, R. A. 1983: Commitments and Constraints: The Development of Ecology in the United States, 1900–1940. Dissertation, Department of Social and Behavioral Sciences, University of California, San Francisco.
Wiener, C. L. 1981: The Politics of Alcoholism. New Brunswick.

Wimsatt, W. C. 1980: *Reductionist Research Strategies and Their Biases in the Units of Selection Controversy.* In: T. Nickles, Hrsg.: Scientific Discovery, Vol. 2: Historical and Scientific Case Studies. Dordrecht, S. 213–259.
– 1981: *Robustness, Reliability, and Overdetermination.* In: M. B. Brewer and B. E. Collins, Hrsg.: Scientific Inquiry and the Social Sciences. San Francisco, S. 124–162.

Namenregister

Sachregister

Über diese Reihe

Die Bände der Reihe „Übergänge" bewegen sich in einem Zwischenbereich, in dem *philosophische* Überlegung und *sozialwisschenschaftliche* Forschung aufeinander stoßen und sich verschränken. Das thematische Schwergewicht sind Prozesse des gemeinsamen Handelns, Sprechens und leiblichen Verhaltens, die sich in einer sozialen Lebenswelt abspielen und deren Strukturen bereichern und verändern. Die Frage nach der Ordnung der Welt und Gesellschaft und nach den *Übergängen* von einer Ordnung zur anderen stellt sich auf neue Weise, sobald man von einer Zwischensphäre ausgeht, die auf die Dauer von keiner Einzelinstanz zu steuern und durch keine bestimmte Ordnung zu erschöpfen ist. In dieser Begrenzung liegt das Potential zu einer Kritik, die nicht aufs Ganze geht.

In der Abfolge der Reihe, die der phänomenologischen Tradition verbunden, aber nicht auf sie beschränkt ist, soll die Erörterung *theoretischer und methodischer Grundfragen* abwechseln mit der Präsentation *spezifischer Forschungsansätze* und *geschichtsvariabler Untersuchungen.* Bevorzugte Themen sind etwa die leibliche Verankerung von Milieus, Prozesse der Normalisierung und Typisierung, der Kontrast von Alltags- und Forschungspraktiken, die Divergenz von Erkenntnis- und Rationalitätsstilen, der Austausch zwischen fremden Kulturen, Krisen der abendländischen Lebens- und Vernunftordnung u.ä.

Um diesen Studien ein *historisches* Relief zu verleihen, werden thematisch relevante Traditionsbestände in repräsentativen Texten vergegenwärtigt. Diesem internationalen Programm entspricht auf deutscher Seite der Versuch, an die Forschungslage vor 1933 wiederanzuknüpfen und Vergessenes wie Verdrängtes zurückzuholen.

Herausgeber:
Richard Grathoff und
Bernhard Waldenfels

Erschienen sind:

Band 1
Richard Grathoff/Bernhard Waldenfels (Hrsg.)
Solzialität und Intersubjektivität
Phänomenologische Perspektiven der Sozialwissenschaften im Umkreis von Aron Gurwitsch und Alfred Schütz.
1983.
410 S. ISBN 3-7705-2187-0

Band 2
Ulf Matthiesen
Das Dickicht der Lebenswelt und die Theorie des kommunikativen Handelns
2. Aufl. 1985. 186 S. ISBN 3-7705-2188-9

Band 3
Maurice Merleau-Ponty
Die Prosa der Welt
Hrsg. v. Claude Lefort. Einl. z. dt. Ausg. v. Bernhard Waldenfels. Aus d. Franz. v. Regula Giuliani.
1984. 168 S. ISBN 3-7705-2189-7

Band 4
Alfred Schütz, Aron Gurwitsch
Briefwechsel 1931–1959
Hrsg. v. Richard Grathoff. Mit einer Einl. v. Ludwig Landgrebe.
1985. XXXX, 544 S. mit Frontispiz. ISBN 3-7705-2260-5

Band 5
Herman Coenen
Diesseits von subjektivem Sinn und kollektiven Zwang
Schütz – Durkheim – Merlau-Ponty.
Phänomenologische Soziologie im Feld des zwischenleiblichen Verhaltens.
1985. 332 S. ISBN 3-7705-2242-7

Band 7
Käte Meyer-Drawe
Leiblichkeit und Sozialität
Phänomenologische Beiträge zu einer pädagogischen Theorie der Inter-Subjektivität.
2. Aufl. 1987. 301 S. ISBN 3-7705-2241-9

Band 8
Christa Hoffmann-Riem
Das adoptierte Kind
Familienleben mit doppelter Elternschaft.
3. Aufl. 1989. 343 S. mit 36 Tab. ISBNN 3-7705-2248-6

Band 9
Peter Kiwitz
Lebenswelt und Lebenskunst
Perspektiven einer kritischen Theorie des sozialen Lebens.
1986. 230 S. ISBN 3-7705-2322-9

Band 11
Stéphane Mosès
System und Offenbarung
Die Philosophie Franz Rosenzweigs. Vorw. v. Emmanuel Lévinas. Aus d. Franz. v. Rainer Rochlitz.
1985. 242 S. mit 7 Tab. ISBN 3-7705-2314-8

Band 12
Paul Ricœr
Die lebendige Metapher
(Vom Verfasser gekürzte Fassung). Aus d. Franz. v. Rainer Rochlitz.
1986. 325 S. ISBN 3-7705-2349-0

Band 13
Maurice Merleau-Ponty
Das Sichtbare und das Unsichtbare
Gefolgt von Arbeitsnotizen. Hrsg., mit Vorw. u. Nachw. vers. v. Claude Lefort. Aus d. Franz. v. Regula Giuliani/Bernhard Waldenfels.
1986. 391 S. ISBN 3-7705-2321-0

Band 14
Rüdiger Welter
Der Begriff der Lebenswelt
Theorien vortheoretischer Erfahrungswelt
11986. 219 S. ISBN 3-7705-2357-1

Band 15
Alexandre Métraux, Bernhard Waldenfels (Hrsg.)
Leibhaftige Vernunft
Spuren von Merleau-Pontys Denken.
1986. 309 S. u. Frontispiz. ISBN 3-7705-2315-6

Band 16
Wolfgang Eßbach
Die Junghegelianer
Soziologie einer Intellektuellengruppe.
1988. 470 S. ISBN 3-7705-2434-9

Band 17
Jacques Derrida
Husserls Weg in die Geschichte am Leitfaden der Geometrie
Ein Kommentar zur Beilage III der „Krisis". Aus d. Franz. v.Rüdiger Hentschel u. Andreas Knop. Mit ein. Vorw. v. Rudolf Bernet.
1987. 233 S. ISBN 3-7705-2424-1

Band 18/I
Paul Ricœur
Zeit und Erzählung
Band I: Zeit und historische Erzählung. Aus d. Ffranz. v. Rainer Rochlitz.
1988. 357 S. ISBN 3-7705-2467-5

Band 18/II
Paul Ricœur
Zeit und Erzählung
Band II: Zeit und literarische Erzählung
1989. 286 S. ISBN 3-7705-2468-3

Band 19
Gerhard Riemann
Das Fremdwerden der eigenen Biographie
Narrative Interviews mit psychiatrischen Patienten.
1987. 512 S. ISBN 3-7705-2396-2

Band 20
Eckhardt Lobsien
Das literarische Feld
Phänomenologie der Literaturwissenschaft.
1988. 225 S. ISBN 3-7705-2485-3

Band 21
Józef Tischner
Das menschliche Drama
Phänomenologische Studien zur Philosophie des Dramas
1989. 267 S. ISBN 3-7705-2589-2